Freiheitsentzug im Verwaltungsrecht

Europäische Hochschulschriften

Publications Universitaires Européennes
European University Studies

Reihe II
Rechtswissenschaft

Série II Series II
Droit
Law

Bd./Vol. 3713

PETER LANG
Frankfurt am Main · Berlin · Bern · Bruxelles · New York · Oxford · Wien

Elke Trautwein

Freiheitsentzug im Verwaltungsrecht

Ein Rechtsvergleich im Lichte der EMRK

PETER LANG
Europäischer Verlag der Wissenschaften

Bibliografische Information Der Deutschen Bibliothek
Die Deutsche Bibliothek verzeichnet diese Publikation in der Deutschen Nationalbibliografie; detaillierte bibliografische Daten sind im Internet über <http://dnb.ddb.de> abrufbar.

Zugl.: Bielefeld, Univ., Diss., 2002

Gedruckt mit freundlicher Unterstützung
des Auswärtigen Amtes.

D 361
ISSN 0531-7312
ISBN 3-631-51087-X

www.peterlang.de

„Freiheit! Schmeichelndes, doch vieldeutiges Wort, gehasst von den Tyrannen und Despoten, den Knechten unverständlich, von Thoren vielfach mißverstanden, von Fanatikern schrecklich mißbraucht, und dennoch die Losung aller Guten; ein begeisternder, die herrlichen Großthaten erzeugender Zauberton, ein Haupttriebrad der Weltgeschichte, ein fortwährend von allen Denkenden und menschlich Fühlenden erstrebtes, doch schwer zu erreichendes noch schwerer zu behauptendes Ziel."

Karl Welcker (Hrsg.), Das Staats-Lexikon, Leipzig 1861, S. 640

Vorwort

Diese Arbeit ist in der Zeit von Oktober 1999 bis September 2002 entstanden. Literatur, Gesetze und Rechtsprechung wurden nicht nur in der Bibliothek der Universität Bielefeld, sondern auch in den Bibliotheken der Université Robert Schumann in Strasbourg (Frankreich) und der University of Cambridge (UK) recherchiert und ausgewertet.

Dafür, dass diese Arbeit entstehen konnte, habe ich vielen Menschen zu danken: An erster Stelle meinen Eltern, die mir das Studium ermöglichten. Ebenso meiner Doktormutter Frau Prof. Dr. Ulrike Davy für die Begleitung des Vorhabens und dem Zweitgutachter Herrn Prof. Dr. Christoph Gusy für die Betreuung und die Unterstützung im Promotionsverfahren. Dr. Tina Pohl und Katja Fahlbusch danke ich für die Hilfe bei der Korrektur der Arbeit. Besonderer Dank gilt Christian Olms, der mich in allen Phasen der Arbeit unterstützt hat, sowie den Kollegen aus dem „7. Stock" für die angenehme Arbeitsatmosphäre.

Nicht zuletzt danke ich dem deutschen Akademischen Austauschdienst (DAAD) für die finanzielle Unterstützung meines Aufenthalts in Cambridge (UK) und dem Auswärtigen Amt der Bundesrepublik Deutschland für die Gewährung eines Zuschusses zu den Druckkosten.

Bielefeld im April 2003

Elke Trautwein

Inhaltsverzeichnis

Abkürzungsverzeichnis

a.A.	anderer Ansicht
Abg.	Abgeordnete/Abgeordneter
Abs.	Absatz
A.C.	Law Reports: Appeal Cases
Admin LR	Administrative Law Report
AEMR	Allgemeine Erklärung der Menschenrechte der Vereinten Nationen verkündet von der Generalversammlung der Vereinten Nationan am 20. Dezember 1948
a.F.	alte Fassung
AJDA	Actualité juridique de droit administratif
al.	alinéa
All ER	All England Law Reports
Appl.-No.	Application Number
Art.	Artikel
Ass. Nat.	Assemblée Nationale
AuAS	Ausländer- und asylrechtliche Sofortinformationen
BayVBl.	Bayerische Verwaltungsblätter
Bd.	Band
BGBl.	Bundesgesetzblatt der Bundesrepublik Deutschland
BGS	Bundesgrenzschutz
BRD	Bundesrepublik Deutschland
BR-Drs.	Bundesratsdrucksachen
BT-Drs.	Bundestagsdrucksachen
Bull. Civ.	Bulletin des arrêts de la Cour de Cassation, Chambre Civile
Bull. Crim.	Bulletin des arrêts de la Cour de Cassation, Chambre criminelle
BVerfG	Bundesverfassungsgericht
BVerfGE	Entscheidungen des Bundesverfassungsgerichts
BVerwG	Bundesverwaltungsgericht
BVerwGE	Entscheidungen des Bundesverwaltungsgerichts
bzw.	beziehungsweise
CC	Conseil Constitutionnel
CE	Conseil d'Etat

Ch	Chapitre/Chapter
ch.	chapter
Cmnd	Command Paper
col.	column
CoxCC	E.W. Cox's Criminal Law Cases
CrimAppR	Criminal Appeal Reports
CrimLR	Criminal Law Review
[D] ASOGBln	Allgemeines Gesetz zum Schutz der öffentlichen Sicherheit und Ordnung in Berlin (Allgemeines Sicherheits- und Ordnungsgesetz — ASOGBln) vom 14. April 1992 (GVBl. 119), zuletzt geändert durch Gesetz vom 8. Dezember 2000 (GVBl. S. 515)
[D] AsylVfG	Asylverfahrensgesetz vom 6. Juni 1992 (BGBl I , S. 1126) in der Fassung der Bekanntmachung vom 27. Juli 1993 (BGBl I, S. 1361) zuletzt geändert durch Gesetz vom 9. Januar 2002 (BGBl I, S. 361)
[D] AuslG	Ausländergesetz vom 9. Juli 1990 (BGBl I 1990, S. 1354, 1356), zuletzt geändert durch Gesetz vom 9. Januar 2002(BGBl. I, S. 361)
[D] BayPAG	Gesetz über die Aufgaben und Befugnisse der Bayrischen Staatlichen Polizei (Polizeiaufgabengesetz-PAG) in der Fassung der Bekanntmachung vom 14. September 1990 (GVBl. S. 397), zuletzt geändert durch Gesetz vom 27. Dezember 1999 (GVBl. S. 541)
[D] BayStrUBG	Bayerisches Gesetz zur Unterbringung besonders rückfallgefährdeter hochgefährlicher Straftäter (BayStrUBG) vom 24. Dezember 2001 (GVBl. S. 978)
[D] BbgPolG	Gesetz über Aufgaben und Befugnisse der Polizei im Land Brandenburg (Brandenburgisches Polizeigesetz — BbgPolG) vom 14. März 1996 (GVBl. S. 74), zuletzt geändert durch Gesetz vom 19. Dezember 2000 (GVBl. S. 179)
[D] BbgPsychKG	Gesetz über Hilfen und Schutzmaßnahmen sowie über den Vollzug gerichtlich angeorndeter Unterbringung für psychisch Kranke des Landes Brandenburg (Brandenburgisches Psychisch-Kranken-Gesetz — BbgPsychKG) vom 8. Februar 1996 (GVBl. S. 26)

[D] BbgVwVG	Verwaltungsvollstreckungsgesetz für das Land Brandenburg vom 18. Dezember 1991 (GVBl. S. 661), zuletzt geändert durch Gesetz vom 26. November 1998 (GVBl.II/98 S. 218, 219)
[D] BGSG	Gesetz über den Bundesgrenzschutz (Bundesgrenzschutzgesetz — BGSG) vom 19. Oktober 1994 (BGBl. I S. 2978), zuletzt geändert durch Gesetz vom 22. Dezember 1999 (BGBl. I S. 2534)
[D] BlnVwVfG	Verwaltungsverfahrensgesetz in der Fassung der Bekanntmachung vom 21. September 1998 (BGBl. I S. 3050) zuletzt geändert durch Gesetz vom 3. Dezember 2001 (BGBl. I, S. 2206)
[D] BremPolG	Bremisches Polizeigesetz vom 21. März 1983 (GVBl. S. 141), zuletzt geändert durch Gesetz vom 12. September 2001 (GVBl. S. 267)
[D] BSeuchenG	Gesetz zur Verhütung und Bekämpfung übertragbarer Krankhetien beim Menschen (Bundes-Seuchengesetz) in der Fassung der Bekanntmachung vom 18. Dezember 1979 (BGBl. I S. 2262) aufgehoben durch Gesetz zur Verhütung und Bekämpfung von Infektionskrankheiten beim Menschen IfSG vom 20. Juli 2000 (BGBl. I S. 1045)
[D] BVerfGG	Gesetz über das Bundesverfassungsgericht (Bundesverfasssungsgerichtsgesetz — BVerfGG) vom 12. März 1951 (BGBl.I 1951, S. 243) Neugefasst durch Bekanntmachung vom 11. August 1993 (BGBl. I S. 1473) zuletzt geändert durch Gesetz vom 19. Juni 2001 (BGBl. I S. 1046)
[D] FreihEntzG	Gesetz über das gerichtliche Verfahren bei Freiheitsentziehungen vom 29. Juni 1956 (BGBl. I S. 599) zuletzt geändert durch Gesetz vom 26. August 1998 (BGBl. I S. 2461)
[D] GeschlKrG	Gesetz zur Bekämpfung der Geschlechtskrankheiten vom 23. Juli 1953 (BGBl I S.700), zuletzt geändert Gesetz vom 2. März 1974 (BGBl. S. 469) aufgehoben durch Gesetz zur Verhütung und Bekämpfung von Infektionskrankheiten beim Menschen IfSG vom 20. Juli 2000 (BGBl. I 2000, 1045)
[D] GG	Grundgesetz für die Bundesrepublik Deutschland vom 23. Mai 1949 (BGBl. I S. 1) zuletzt geändert durch Gesetz vom 26. November 2001 (BGBl. I S. 3219) mit Wirkung vom 30. November 2001

[D] GVG	Gerichtsverfassungsgesetz in der Fassung der Bekanntmachung vom 9. Mai 1975 (BGBl. I S. 1077) zuletzt geändert durch Gesetz vom 11. Dezember 2001 (BGBl. I S. 3513)
[D] HbgSOG	Hamburgisches Gesetz zum Schutz der öffentlichen Sicherheit und Ordnung vom 14. März 1966 (GVBl. S. 77) zuletzt geändert durch Gesetz vom 14. Juli 2000 (GVBl. S. 146)
[D] HbgVwVG	Verwaltungsvollstreckungsgesetz Hamburg (VwVG) vom 13. März 1961, zuletzt geändert durch Gesetz vom 14. April 1993 (GVBl. S. 83)
[D] HmbPsychKG	Hamburgisches Gesetz über Hilfen und Schutzmaßnahmen bei psychsichen Krankheiten (HmbPsychKG) vom 27. September 1995 (GVBl. S. 235)
[D] HPsychKG	Hessisches Gesetz über die Entziehung der Freiheit geisteskranker, geistesschwacher, rauschgift- oder alkoholsüchtiger Personen vom 19. Mai 1952 (GVBl. S. 111) zuletzt geändert durch Gesetz vom 15. Juli 1997 (GVBL. S. 217)
[D] HSOG	Hessisches Gesetz über die öffentliche Sicherheit und Ordnung in der Fassung vom 31. März 1994 (GVBl. S. 174) zuletzt geändert durch Gesetz vom 22. Dezember 2000 (GVBl. S. 577)
[D] IfSG	Gesetz zur Verhütung und Bekämpfung von Infektionskrankheiten beim Menschen InfSG vom 20. Juli 2000 (BGBl. I 2000 S. 1045)
[D] LVwG SH	Allgemeines Verwaltungsgesetz für das Land Schleswig-Holstein (Landesverwaltungsgesetz — LVwG) in der Fassung vom 30. Januar 1992 (GVoBl. S. 243) zuletzt geändert durch Gesetz vom 11. Dezember 1998 (GVoBl. S. 370)
[D] LVwVG BW	Landesverwaltungsvollstreckungsgesetz Baden-Württemberg vom 12. März 1974 (GVBl. S. 93) zuletzt geändert durch Gesetz vom 18. Dezember 1995 (GVBl. S. 1996, S. 29)
[D] MEPolG	Musterentwurf eines einheitlichen Polizeigesetzes des Bundes und der Länder vom 11. Juni 1976
[D] NdsVwVG	Niedersächsisches Verwaltungsvollstreckungsgesetz vom 2. Juli 1982 (Nds. GVBl. S. 139) zuletzt geändert durch Gesetz vom 17. Dezember 1998 (Nds. GVBl. S. 710)
[D] NGefAG	Niedersächsisches Gefahrenabwehrgesetz (NGefAG) in der Fassung vom 20. Februar 1998 (GVBl. S. 101)
[D] NPsychKG	Niedersächsisches Gesetz über Hilfen und Schutzmaßnahmen für psychisch Kranke (NPsychKG) vom 16. Juni 1997 (GVBl. S. 272)

[D] OWiG	Gesetz über Ordnungswidrigkeiten vom 24. Mai 1968 (BGBl. I 1968 S. 481) zuletzt geändert durch Gesetz vom 25. August 1998 (BGBl. I S. 2432)
[D] Personalausweis G	Gesetz über Personalausweise in der Fassung der Bekanntmachung vom 21. April 1986 (BGBl. I, S. 548) zuletzt geändert durch Gesetz vom 1. Mai 2000 (BGBl. I, S. 626)
[D] POG R-P	Polizei- und Ordnungsbehördengesetz Rheinland-Pfalz (POG) in der Fassung vom 10. November 1993 (GVBl. S. 595) zuletzt geändert durch Gesetz vom 6. Februar 2001 (GVBl. S. 29)
[D] PolGBW	Polizeigesetz Baden-Württemberg, in der Fassung vom 13. Januar 1992 (GVBl. S. 1) zuletzt geändert durch Gesetz vom 19. Dezember 2000 (GVBl. S. 752)
[D] PolGNW	Polizeigesetz des Landes Nordrhein-Westfalen in der Fassung der Bekanntmachung vom 24. Februar 1990 (GVBl. S. 70) zuletzt geändert durch Gesetz vom 18. Dezember 2001 (GVBl. S. 870)
[D] PsychKG Bln	Gesetz für psychisch Kranke (PsychKG) des Landes Berlin vom 8. März 1985 (GVBl. S. 586) zuletzt geändert durch Gesetz 17. März 1994 (GVBl. S. 86)
[D] PsychKG Bremen	Gesetz über Hilfen und Schutzmaßnahmen bei psychischen Krankheiten und zur Änderung anderer Gesetze des Landes Bremen vom 19. Dezember 2000 (GVBl. S. 471)
[D] PsychKG LSA	Gesetz über Hilfen für psychisch Kranke und Schutzmaßnahmen des Landes Sachsen-Anhalt (PsychKG LSA) vom 30. Januar 1992 (GBVBl. S. 88, berichtigt in GVBl. S. 432)
[D] PsychKG M-V	Gesetz über Hilfen und Schutzmaßnahmen für psychisch Kranke des Landes Mecklenburg-Vorpommern vom 1. Juli 1993 in der Fassung der Bekanntmachung vom 13. April 2000 (GVBl. S. 182)
[D] PsychKG NW	Gesetz über Hilfen und Schutzmaßnahmen bei psychsichen Krankheiten des Landes Nordrhein-Westfalen (PsychKG) vom 17. Dezember 1999 (GVBl. S. 662)
[D] PsychKG R-P	Landesgesetz für psychisch kranke Personen Rheinland-Pfalz vom 17. November 1995 (GBVBl. S. 473)
[D] PsychKG S-H	Gesetz zur Hilfe und Unterbringung psychisch kranker Menschen (Psychisch-Kranken-Gesetz- PsychKG) des Landes Schleswig-Holstein vom 14. Januar 2000 (GVBl. S. 106)

[D] PVG	Preußisches Polizeiverwaltungsgesetz vom 01. Juni 1931 in der Fassung der Bekanntmachung vom 13. November 1974 (Amtsbl. S. 1011)
[D] SächsPolG	Sächsisches Polizeigesetz in der Fassung vom 15. August 1994 (GVBl. S. 929) zuletzt geändert durch Gesetz vom 21. Juni 1999 (GVBl. S. 330), Bekanntgabe am 13. August 1999 (GVBl. S. 466)
[D] SächsPsychKG	Sächsisches Gesetz über die Hilfen und die Unterbringung bei psychischen Krankheiten (SächsPsychKG) vom 16. Juni 1994 (GVBl. S. 1097)
[D] SächsVwVG	Verwaltungsvollstreckungsgesetz für den Freistaat Sachsen (SächsVwVG) vom 17. Juli 1992 (SächsGVBl. 1992 S. 327) zuletzt geändert durch Gesetz vom 19. Oktober 1998 (SächsGVBl. 1998 S. 505)
[D] SOG LSA	Gesetz über die öffentliche Sicherheit und Ordnung des Landes Sachsen-Anhalt in der Neufassung vom 1. Januar 1996 (GVBl. S. 2) zuletzt geändert durch Gesetz vom 20. Juli 2000 (GVBl. S. 444)
[D] SOG M-V	Gesetz über die öffentliche Sicherheit und Ordnung in Mecklenburg-Vorpommern in der Fassung vom 25. März 1998 (GVBl. S. 335)
[D] SPolG	Saarländisches Polizeigesetz, Gesetz Nr. 1252 zur Neuordnung des Saarländischen Polizeirechts vom 8. November 1989 (ABl. S. 1750), zuletzt geändert durch Gesetz Nr. 1452 vom 25. Oktober 2000 (ABl. S. 146)
[D] StGB	Strafgesetzbuch vom 15. Mai 1871 (RGBl. 1871, 127) in der Fassung der Bekannmachung vom 13. November 1998 (BGBl. I S. 3322) zuletzt geändert durch Gesetz vom 20. Dezember 2001 (BGBl. I S. 3983)
[D] StrUBG-BW	Straftäter-Unterbringungsgesetz Baden-Württemberg vom 20. Februar 2001 (GBl. S. 18)
[D] StVollzG	Gesetz über den Vollzug der Freiheitsstrafe und der freiheitsentziehenden Maßregeln der Besserung und Sicherung vom 16. März 1976 (BGBl. I S. 581, 2088; BGBl. I 1977 S. 436), zuletzt geändert durch Gesetz vom 10. Dezember 2001 (BGBl. I S. 3422)
[D] SUBG	Saarländisches Gesetz über die Unterbringung psychisch Kranker (Unterbringungsgesetz - UBG) vom 11. November 1992 (Amtsbl. S. 1271)

[D] SVwVG	Saarländisches Verwaltungsvollstreckungsgesetz vom 27. März 1974 (Amtsbl. S. 430) zuletzt geändert durch Gesetz vom 7. November 2001 (Amtsbl. S. 2159)
[D] ThürOBG	Thüringer Gesetz über die Aufgaben und Befugnisse der Ordnungsbehörden (Ordnungsbehördengesetz — OBG) vom 18. Juni 1993 (GVBl. S. 323)
[D] ThürPAG	Thüringer Gesetz über die Aufgaben und Befugnisse der Polizei (Polizeiaufgabengesetz — PAG) vom 4. Juni 1992 (GVBl. S. 199) zuletzt geändert durch Gesetz vom 27. Juli 1999 (GVBl. S. 454)
[D] ThürPsychKG	Thüringer Gesetz zur Hilfe und Unterbringung psychisch Kranker (ThürPsychKG) vom 2. Februar 1994 (GVBl. S. 81)
[D] ThürVwZVG	Thüringer Verwaltungszustellungs- und Vollstreckungsgesetz in der Fassung der Bekanntmachung vom 27. September 1994 (GVBl. S. 1053) zuletzt geändert durch Gesetz vom 14. Oktober 2001 (GVBl. S. 265)
[D] UBG BW	Gesetz über die Unterbringung psychisch Kranker des Landes Baden-Württemberg (Unterbringungsgesetz - UBG) in der Fassung vom 2. Dezember 1991 (GVBl. S. 794) zuletzt geändert durch das gesetz zur Neuorganisation der Psychiatrischen Landeskrankenhäuser vom 3. Juli 1995 (GVBl. S. 510)
[D] UBG LSA	Gesetz über die Unterbringung besonders rückfallgefährdeter Personen zur Abwehr erheblicher Gefahren für die öffentliche Sicherheit und Ordnung Sachsen-Anhalts (SächsUBG) vom 06. März 2002 (GVBl. S. 80)
[D] UnterbrG Bayern	Gesetz über die Unterbringung psychisch Kranker und deren Betreuung (Unterbringungsgesetz - UnterbrG) in der Fassung der Bekanntmachung vom 5. April 1992 (GVBl. S. 60) zuletzt geändert durch Gesetz vom 28. März 2000 (GVBl. S. 138)
[D] VwVG	Verwaltungsvollstreckungsgesetz vom 27. April 1953 (BGBl. I S. 157) zuletzt geändert durch Gesetz vom 17. Dezember 1997 (BGBl. I S. 3039)
[D] VwVG BW	Verwaltungsvollstreckungsgesetz für Baden-Württemberg vom 12. März 1974 (GVBl. S. 93) zuletzt geändert durch Gesetz vom 18. Dezember 1995 (GVBl. 1996 S. 29)

[D] VwVG NW	Verwaltungsvollstreckungsgesetz für das Land Nordrhein-Westfalen (VwVG NW) vom 13. Mai 1980 (GVBl. S. 510) zuletzt geändert durch Gesetz vom 18. März 1997 (GVBl S. 50)
[D] VwZVG Bayern	Verwaltungszustellungs- und Vollstreckungsgesetz Bayern in der Fassung der Bekanntmachung vom 11. November 1970 (BayRS 2010-2-I) zuletzt geändert durch Gesetz vom 24. April 2001 (GVBl. S. 140)
Der Parlamentarische Rat	Der Parlamentarische Rat 1948-1949 Akten und Protokolle bearbeitet von Eberhardt Pikart und Wolfram Werden herausgegeben vom Deutschen Bundestag und vom Bundesarchiv
ders.	derselbe
d.h.	das heißt
DHSS	Department of Health and Social Services
dies.	dieselbe
Doc.	Document
DÖV	Die Öffentliche Verwaltung
DR	Decisions and Reports, European Commission of Human Rights, Council of Europe
Drs.	Drucksache
DVBl.	Deutsches Verwaltungsblatt
EGMR	Europäischer Gerichtshof für Menschenrechte
EHRR	European Human Rights Review
EKMR	Europäische Kommission für Menschenrechte
EMRK	Europäische Konvention zum Schutze der Meschenrechte und Grundfreiheiten vom 4. November 1950
EuGRZ	Europäische Grundrechte-Zeitschrift
f.	folgende (Seite)
ff.	folgende (Seiten)
[F] CGCT	Code Général des Collectivités Territoriales
[F] CIC	Code d'instruction criminelle
[F] CP	Code Pénal
[F] CPP	Code de procédure pénale
[F] CSP	Code de la Santé Publique
[F] CTADAA	Code des Tribunaux administratives d'appel

[F] Décret 1903	Décret du 20 mai 1903 portant règlement sur l'organisation et le service de la gendarmerie
[F] Décret 1939	Décret du 18 novembre 1939 relatif aux mesures à prendre à l'égard des individus dangereux pour la défense nationale ou la sécurité publique, J.O. du 19 novembre 1939, p. 13218
[F] Décret 1956	Décret n° 56-274 du 17 mars 1956, J.O. du 19. mars 1957, p. 266
[F] Loi 1940	Loi du 3 septembre 1940 relative aux mesures à prende, sur instructions du gouvernement, à l'égard des individus dangereux pour la défense nationale ou la sécurité publique, J.O. du 4 septembre 1940, p. 4490
[F] Loi 1941	Loi du 2 juin 1941 J.O. du 14 juin 1941, p. 2475
[F] Loi 70-1320	Loi n° 70-1320 du 31. décembre 1970, J.O. du 3 janvier 1971, p. 74
[F] Loi 90-527	Loi n° 90-527 du 27 juin 1990, J.O. du 30 juin 1990, p. 7664
[F] Loi Bonnet	Loi n° 80-9 du 10 janvier 1980 relative à la prévention de l'immigration clandestine et portant modification de l'ordonnance n° 45-2658 du 2. novembre 1945 relative aux conditions d'entrée et de séjour en France des étrangers et portant création de l'Office national d'immigration, J.O. du 11 janvier 1980, p. 71
[F] Loi d'orientation et de programmation relative à la sécurité	Loi d'orientation et de programmation n° 95-73 du 21. janvier 1995 relative à la sécurité, J.O. du 24 janvier 1995, p. 1249
[F] Loi Pasqua	Loi n° 86-1025 du 09. septembre 1986 relative aux conditions d'entrée et de séjour des étrangers en France, J.O. du 12 sepembre 1986, p. 9952
[F] Loi Sécurité et Liberté	Loi n° 81-82 du 2 février 1981 renforcant la sécurité et protégeant la liberté des personnes, J.O. du 3 févirer 1981, p. 415
[F] Ordonnance n° 45-2658	Odonnance n° 45-2658 du 2 novembre 1945 relative aux conditions d'entrée et de séjour en France des étrangers et portant création de l'office nationale de l'immigration, J.O. du 4 novembre 1945, p. 7225

[F] Ordonnance 2000	Ordonannce n° 2000-548 du 15 juin 2000, relative à la partie législative du code de la santé publique, prise en application de la loi n° 99-1071 du 16 décembre 1999 portant habilitation du Gouvernement à procéder, par ordonnances, à l'adoption de la partie législative de certains codes, J.O. du 22 juin 2000, p. 9337
FLR	Family Law Reports
Fn.	Fußnote
FRG	Federal Republic of Germany
GAJA	Les grands arrêts de la jurisprudence administrative
Gaz. Pal.	Gazette du Palais
gem.	gemäß
GFK	Abkommen über die Rechtsstellung der Flüchtlinge vom 28. Juli 1951 (UNTS Vol. 189, p. 150) — Genfer Flüchtlingskonvention
HdbVerfR	Handbuch des Verfassungsrechts
H.L.	House of Lords
HRLJ	Human Rights Law Journal
HRR	Human Rights Review
HStR	Handbuch des Staatsrechts
ICLQ	International and Comparative Law Quarterly
ImmAR	Immigration Appeal Reports
InfAuslR	Informationsbrief Ausländerrecht
IRLR	Industrial Relations Law Reports
iSv.	im Sinne von
iVm.	in Verbindung mit
JCL	Journal of Criminal Law
JCP	Jurisclasseur Periodique
J.O.	Journal Officiel de la République française
JöR n.F.	Jahrbuch des Öffentlichen Rechts der Gegenwart (neue Fassung)
JPR	Justice of the Peace Reports
JR	Juristische Rundschau
JVA	Justizvollzugsanstalt
JZ	Juristen Zeitung
K.B.	Law Reports: King's Bench Division

KJ	Kritische Justiz
LQR	Law Quarterly Review
MLR	Modern Law Review
mwN	mit weiteren Nachweisen
NdsVBl.	Niedersächsische Verwaltungsblätter
NJW	Neue Juristische Wochenschrift
NVwZ	Neue Zeitschrift für Verwaltungsrecht
Ord	order
p.	page
para.	paragraph
PL	Public Law
Q.B.	Law Reports: Queen's Bench Division
R	Regina
R&P	Recht und Psychiatrie
r.	rule
RCDIP	Revue Critique de Droit International Privée
RDP	Revue du droit public et de la science politique
RDSS	Revue de droit sanitaire et social
Rec. CC	Receuil des Décisions du Conseil Constitutionnel
Rec. CE	Receuil des Décisions du Conseil d'État
Rec. Dalloz Chron.	Receuil Dalloz, Chronique
Rec. Dalloz Inf.	Receuil Dalloz, Informations rapides
Rec. Dalloz jur.	Receuil Dalloz, Jurisprudence
Rec. Dalloz leg.	Receuil Dalloz, Legislative
Rev. Adm.	Revue Administrative
Rev. trim. fr. h.	Revue trimestrielle des droits de l'homme
RFD Const	Revue Française de Droit Constitutionnel
RFDA	Revue Française de Droit Administratif
RGBl	Reichsgesetzblatt
RGDIP	Revue générale de droit international public
RIDC	Revue Internationale de droit comparé
RTDA	Revue Trimestrielle des Droits de l'Homme
Sched.	Schedule
Sec.	Section

sog.	sogenannt
st. Rspr.	ständige Rechtsprechung
TA	Tribunal Administratif
TC	Tribunal des Conflits
TGI	Tribunal de Grande Instance
TP	Traveaux Préparatoires de la Convention Européene des Droits de l'homme, zitiert nach „Receuil des Traveaux Préparatoires" Matinus Nijhoff, La Hague 1975
[UK] Administration of Justice Act 1960	An Act to make further provision for appeals to the House of Lords in criminal cases; and to amend the law relating to contempt of court, habeas corpus and certiorari; and for purposes connected with the matters aforesaid, 1960, c. 65
[UK] Aliens Act 1905	An Act to amend the Law with regard to Aliens, 5 Edw. 7, c. 13
[UK] Aliens Order 1920	Aliens Order, Statutory Instruments 1920 n° 448
[UK] Anti-Terrorism Act 2001	An Act to amend the Terrorism Act 2000; to make further provision about terrorism and security; to provide for the freezing of assets; to make provision about immigration and asylum; to amend or extend the criminal law and powers for preventing crime and enforcing that law; to make provision about the control of pathogens and toxins; to provide for the retention of communications data; to provide for implementation of Title VI of the Treaty on European Union; and for connected purposes, 2001, c. 24
[UK] Asylum and Immigration Appeals Act 1993	An Act to make provision about persons who claim asylum in the United Kingdom and their dependants; to amend the law with respect to certain rights of appeal under the Immigration Act 1971; and to extend the provisions of the Immigration (Carriers' Liability) Act 1987 to transit passengers, 1993, c. 23
[UK] Contempt of Court Act 1981	An Act to amend the law relating to contempt of court and related matters, 1981, c. 49
[UK] Council Tax Regulations 1992	Concil Tax, England and Wales; The council Tax (Administration and Enforcement) Regulations 1992, n° 613

[UK] Criminal Attempts Act 1981	An Act to amend the law of England and Wales as to attempts to commit offences and as to cases of conspiring to commit offences which, in the circumstances, cannot be committed; to repeal the provisions of section 4 of the Vagrancy Act 1824 which apply to suspected persons and reputed thieves; to make provision against unauthorised interference with vehicles; and for connected purposes, 1981, c. 47
[UK] Criminal Justice (Terrorism and Conspirancy) Act 1998	An Act to make provision about procedure and forfeiture in relation to offences concerning proscribed organisations, and about conspiracy to commit offences outside the United Kingdom, 1998, c. 40
[UK] Criminal Justice Act 1967	An Act to amend the law relating to the proceedings of criminal courts, including the law relating to evidence, and to the qualification of jurors, in such proceedings and to appeals in criminal cases; to reform existing methods and provide new methods of dealing with offenders; to make further provision for the treatment of offenders, the management of prisons and other institutions and the arrest of offenders unlawfully at large; to make further provision with respect to legal aid and advice in criminal proceedings; to amend the law relating to firearms and ammunition; to alter the penalties which may be imposed for certain offences; and for connected purposes, 1967, c. 80
[UK] Criminal Justice Act 1972	An Act to make further provisions with respect to the administration of criminal courts and the penal system, and to the methods of dealing with offenders (including the provision of new methods); to amend the law about qualification for jury service, the summoning of jurors and the payment of allowances in respect of jury service, 1972, c. 71

[UK] Criminal Justice Act 1982	An Act to make further provisions as to the sentencing and treatment of offenders (including provision as to the enforcement of fines and the standardisation of fines and of certainother sums specified in enatments relating to the powers of criminal courts); to make provision for the prescribing of criteria for the placing and keeping of children in different descriptions of accomodation in community homes; to amend the law of Scotland relating to the mode of trial of certain offences and the recall of witnesses; to amend the law of England and Wales relating to the remand in custody of accused persons convicted or sentenced in the Crown Court; to abolish the rights of a person accused in criminal proceedings under the law of England and Wales to make an unsworn statement; and for connected purposes, 1982, c. 48
[UK] Criminal Justice and Public Order Act 1994	An Act to make further provision in relation to criminal justice (including employment in the prison service); to amend or extend the criminal law and powers for preventing crime and enforcing that law; to amend the Video Recordings Act 1984; and for purposes connected with those purposes, 1994, c. 33
[UK] Criminal Law Act 1977	An Act to amend the law of England and Wales with respect to criminal conspirancy; to make new provision in that law, in place of provisions of the common law and the Statutes of Forcible Entry, for restricting the use or threat of violence for securing entry into any premises and for penalising unathorised entry or remaining on premises in certain circumstances; otherwise to amend the criminal law, including the law with respect to the administration of criminal justice; to provide for the alteration of certain pecuniary and other limits; to amend section 9(4) of the Administration of Justice Act 1974 and the Disease of Animals (Northern Ireland) Order 1975 and the law about juries and coroners' inquests; and for connected purposes, 1977, c. 45
[UK] Criminal Procedure (attendance of Witnesses) Act 1965	An act to make new provisions for securing the attendance of witnesses in criminal proceedings before courts of assize and quarter sessions, to abolish the binding over of prosecutors for the purpose of such proceedings; to restrict the issue of subpoenas for securing the attendance of witnesses before magistrates' courts; and for connected purposes, 1965, c. 69

[UK] Homelessness Act 2002	An Act to make further provision about the functions of local housing authorities relating to homelessness and the allocation of housing accommodation; and for connected purposes, 2002, c. 7
[UK] Housing Act 1996	An Act to make provision about housing, including provision about the social rented sector, houses in multiple occupation, landlord and tenant matters, the administration of housing benefit, the conduct of tenants, the allocation of housing accommodation by local housing authorities and homelessness; and for connected purposes, 1996, c. 52
[UK] Immigration Act 1971	An Act to amend and replace the present immigration laws, to make certain related changes in the citizenship law and enable help to be given to those wishing to return abroad, and for purposes connected therewith, 1971, c. 77
[UK] Immigration and Asylum Act 1999	An Act to make provision about immigration and asylum; to make provision about procedures in connection with marriage on superintendent registrar's certificate; and for connected purposes, 1999, c. 33
[UK] Immigration Rules 1994	Statement of Changes in Immigration Rules, laid before Parliament on 23rd May 1994 under sec. 3 (2) of the Immigration Act 1971
[UK] Licensing Act 1902	An Act to amend the Law relating to the Sale of intoxicating Liquors and to drunkenness, and to provide for the Registration of Clubs, 1902, c. 28
[UK] Local Government Finance Act 1989	An Act to create community charges in favour of certain authorities, to create new rating systems, to provide for precepting by certain authorities and levying by certain bodies, to make provision about the payment of grants to certain authorities, to require certain authorities to maintain certain funds, to make provision about the capital expenditure and the administration of the financial affairs of certain authorities, to abolish existing rates, precepts and similar rights, to abolish rate support grants and supplementary grants for transport purposes, to make amendments as to rates and certain grants, to make certain amendments to the law of Scotland as regards community charges, rating and valuation, to provide for the establishment of valuation and community charge tribunals, and for connected purposes, 1988, c. 41

[UK] Magistrates' Courts Act 1952	An Act to consolidate certain enactments relating to the jurisdiction of, and the practice and procedure before, magistrates' courts and the functions of justices' clerks, and to matters connected therewith, with corrections and improvements made under the Consolidation of Enactments (Procedure) Act, 1949, 16&17 Geo.6 &1 Eliz. 2, c. 55
[UK] Magistrates' Courts Act 1980	An Act to cosolidate certain enactments relating to the jurisdiction of, and the practice and procedure before magistrates' courts and the functions of justices' clerks, and to matters connected therewith, with amendments to give effect to recommendationa of the Law Commission, 1980, c. 43
[UK] Mental Health (Scotland) Act 1999	An Act of the Scottish Parliament to add public safety to the grounds for not discharging certain patients detained under the Mental Health (Scotland) Act 1984; to provide for appeal against the decision of the sheriff on applications by these patients for their discharge; and to amend the definition of "mental disorder" in that Act, 1999, asp. 1
[UK] Mental Health (Amendment) (Scotland) Act 1983	An Act to amend the Mental Health (Scotland) Act 1960; and for connected purposes, 1983, c. 39
[UK] Mental Health (Scotland) Act 1960	An Act to repeal the Lunacy (Scotland) Acts 1857 to 1913, and the Mental Defiency (Scotland) Acts 1913 and 1940; to make fresh provision with respect to the reception, care and treatment of personnes suffering, or appearing to be suffering, from mental disorder, and with respect to their property and affairs; and for purposes connected with the matters aforesaid, 1960, c. 61
[UK] Mental Health (Scotland) Act 1984	An Act to cosolidate the Mental Health (Scotland) Act 1960, 1984, c. 36
[UK] Mental Health Act 1959	An act to repeal the Lunacy and Mental Treatment Acts, 1890 to 1930, and the Mental Defiency Acts 1913 to 1938, and to make fresh provision with respect to the treatment and care of mentally disordered persons and with respect to their property and affairs; and for purposes connected with the matters aforesaid, 1959, c. 72
[UK] Mental Health Act 1983	An Act to consolidate the law relating to mentally disordered persons, 1983, c. 20

[UK] Misuse of Drugs Act 1971	An Act to make new provision with respect to dangerous or otherwise harmful drugs and related matters and for purposes connected therewith, 1971, c. 38
[UK] Northern Ireland (Emergency Provisions) Act 1996	An Act to make provision for elections in Northern Ireland for the purpose of providing delegates from among whom participants in negotiations may be drawn; for a forum constituted by those delegates; for referendums in Northern Ireland; and for connected purposes, 1996, c. 11
[UK] PACE 1984	Police and Criminal Evidence Act, 1984, c. 60
[UK] Police (Scotland) Act 1956	An Act to consolidate with amendments certain enactments relating to police forces in Scotland and to the execution of warrants in the border counties of England and Scotland, 4&5 Eliz. 2, c. 26
[UK] Police Act 1964	An Act to re-enact with modifications certain enactments relating to police forces in England and Wales, to amend the Police (Scotland) Act 1956 and to make further provisions with respect to the police, 1964, c. 48
[UK] Police Act 1996	An Act to consolidate the Police Act 1964, Part IX of the Police and Criminal Evidence Act 1984, Chapter I of Part I of the Police and Magistrates' Courts Act 1994 and certain other enactments relating to the police, 1996, c. 16
[UK] Police and Magistrates' Courts Act 1994	An Act to make provision about police areas, police forces and police authorities; to make provision for England and Wales about magistrates' courts committees, justices' clerks and administrative and financial arrangements for magistrates' courts; and for connected purposes, 1994, c. 29
[UK] Prevention of Terorism (Temporary Provisions) Act 1984	An act to repeal and to re-enact with amendments the provisions of the Prevention of Terrorism (Temporary Provisions) Act 1976, 1984, c. 8
[UK] Prevention of Terorism Act 1989	An Act to make provision in place of the Prevention of Terrorism (Temporary Provisions) Act 1984; to make further provision in relation to powers of search under, and persons convicted of scheduled offences within the meaning of, the Northern Ireland (Emergency Provisions) Act 1978; and to enable the Secretary of State to prevent the establishment of new explosives factories, magazines and stores in Northern Ireland, 1989, c. 4

[UK] Prison Act 1952	An Act to consolidate certain enactments relating to prisons and other institutions for offenders and related matters with corrections and improvements made under the Consolidation of Enactments (Procedure) Act 1949, 1952, c. 52
[UK] Public Health Act 1984	An Act to consolidate certain enatments relating to the control of disease and to the establishment and functions of port health authorities, including enactments relating to burial and cremation and to the regulation of common lodging-houses and canal boats, with amendments to give effect to recommendations of the Law Commission, 1984, c. 22
[UK] Public Order Act 1986	An act to abolish the common law offences of riot, rout, unlawful assembly and affray and certain statutory offences relating to public order; to create new offences relating to public order; to control public processions and assemblies; to control the stirring up of racial hatred to provide for the exclusion of certain offenders from sporting events; to create a new offence relating to the contamination of or interference with goods; to confer power to direct certain trespassers to leave land; to amend sec. 7 of the Conspirancy and Protection of Property Act 1875, sec. 1 of the Prevention of Crime Act 1953, Part V of the Criminal Justice (Scotland) Act 1980 and the Sporting Events Control Act 1985; to repeal certain obsolete or unnecessary enactments; and for connected purposes, 1986, c. 64, as amended by the Immigration and Asylum Act 1999, c. 33
[UK] Sporting Events (Control of Alcohol) Act 1985	An Act to make provision for punishing those who cause or permit intoxicating liquor to be carried on public service vehicles and railway passenger vehicles carrying passengers to or from designated sporting events ot who possess intoxicating liquor or certain articles capable of causing injury at designated sports grounds during the period of designated sporting events, for punishing drunkenness on such vehicles and, during the period of designated sporting events, at such grounds and, where licensed premises or premises in respect of which a club is registered are within designated sports grounds, to make provision for regulating the sale or supply of intoxicating liquor and for the closure of bars, 1985, c. 57
[UK] Suicide Act 1961	An Act to amend the law of England and Wales relating to suicide and for purposes connected therewith, 1961, c. 60

[UK] Summary Jurisdiction Act 1879	An Act to amend the Law relating to the Summary Jurisdiction of Magistrates, 42&43 Vict., c. 49 (1897)
[UK] Terrorism Act 2000	An Act to make provision about terrorism; and to make temporary provision for Northern Ireland about the prosecution and punishment of certain offences, the preservation of peace and maintainance of order, 2000, c. 11
[UK] Vagrancy Act 1824	An Act for the Punishment of the idle and disorderly Persons, and Rogues and Vagabounds, in that Part of Great Britain called England, 5 George II, IV, c. 83 (1824)
UNTS	United Nations Treaty Series
usw.	und so weiter
v.	versus
VfGH	Österreichischer Verfassungsgerichtshof
VfSlg	Amtliche Sammlung der Entscheidungen des Verfassungsgerichtshofs
vgl.	vergleiche
Vol.	Volume
VR	Verwaltungsrundschau
VwGO	Verwaltungsgerichtsordnung
WLR	Weekly Law Reports
WRV	Weimarer Reichsverfassung vom 11. August 1919 (RGBl. S. 1383)
ZaöRV	Zeitschrift für ausländisches öffentliches Recht und Völkerrecht
ZAR	Zeitschrift für Ausländerrecht und Ausländerpolitik
z.B.	zum Beispiel
ZfV	Zeitschrift für Verwaltung
ZNR	Zeitschrift für neuere Rechtsgeschichte
ZP	Zusatzprotokoll
ZParl	Zeitschrift für Parlamentsfragen
ZSR	Zeitschrift für Schweizerisches Recht

Kapitel 1: Freiheitsentzug im Verwaltungsrecht — Grundlagen

„[...] in der Erwägung, daß das Ziel des Europarates die Herbeiführung einer größeren Einigkeit unter seinen Mitgliedern ist und daß eines der Mittel zur Erreichung dieses Zieles in der Wahrung und in der Entwicklung der Menschenrechte und Grundfreiheiten besteht;
[...] entschlossen, als Regierungen europäischer Staaten, die vom gleichen Geiste beseelt sind und ein gemeinsames Erbe an geistigen Gütern, politischen Überlieferungen, Achtung der Freiheit und Vorherrschaft des Gesetzes besitzen, die ersten Schritte auf dem Wege zu einer kollektiven Garantie gewisser in der Allgemeinen Erklärung verkündeter Rechte zu unternehmen; [...]"

vereinbarten die unterzeichnenden Regierungen der Staaten des Europarats am 4. November 1950 in Rom die Einhaltung der in der Europäischen Konvention zum Schutze der Menschenrechte und Grundfreiheiten (EMRK) verankerten Rechte und Freiheiten. Das Ziel der Verfasser dieser Menschenrechtskonvention war hoch gesteckt. Durch die EMRK sollte in den Staaten des Europarats nicht nur ein Mindest-Grundrechtsstandard gewährleistet werden. Auch zur Europäischen Integration und zur Herbeiführung größerer Einheit des Menschenrechtsschutzes sollte die Konvention beitragen. Zwar sahen sich die Vertragsstaaten bereits zum Zeitpunkt der Unterzeichnung der EMRK als „vom gleichen Geiste beseelt" an. Dennoch sollte mit Hilfe der Konvention und durch die Wahrung und Entwicklung der in ihr festgeschriebenen Menschenrechte und Grundfreiheiten eine noch größere Einheitlichkeit und Einigkeit zwischen den Europaratsmitgliedern erreicht werden. Ziel der Staaten war es dabei nicht, Einheit auf der Ebene der Grundrechtsminima der Europaratsstaaten herzustellen. Es sollte vielmehr „Einheit durch Rechtsangleichung" auf einem möglichst hohen Schutzniveau erreicht werden.

Inwieweit die Mitgliedstaaten Deutschland, Frankreich und das Vereinigte Königreich im Hinblick auf freiheitsentziehende Maßnahmen im Bereich des Verwaltungsrechts tatsächlich „vom gleichen Geiste beseelt" sind und inwieweit die EMRK im Sinne ihrer Zielvorgabe — der Einigkeit zwischen den Europaratsstaaten — auch zu einer größeren Einheitlichkeit der nationalen Rechtsordnungen beigetragen hat und noch beitragen kann, soll diese Arbeit zeigen.

Abschnitt 1: Gegenstand der Untersuchung

I. Freiheitsentzug im Verwaltungsrecht

Gegenstand der rechtsvergleichenden Untersuchung sind Freiheitsentziehungen im Verwaltungsrecht. Dabei handelt es sich um staatliche Maßnahmen, bei denen der jeweils betroffenen Person die Freiheit entzogen wird, ohne dass die Freiheitsentziehung an eine begangene strafbare Handlung anknüpft.

Das Festhalten von Personen auf der Polizeiwache zur Feststellung ihrer Identität; die Ingewahrsamnahme einer Person, um sie an der Begehung einer Straftat oder auch an der Begehung von Selbstmord zu hindern; das Wegtragen oder Einkesseln von Demonstranten, die einen Platzverweis nicht freiwillig nachkommen; die Ausnüchterungshaft; die zwangsweise Unterbringung psychisch kranker Personen in einer entsprechenden Anstalt; die Abschiebungshaft; das Einsperren von Ausländern in sogenannten Transiträumen von Flughäfen — alle diese staatlichen Maßnahmen knüpfen nicht — oder zumindest nicht zwingend — an eine Straftat an. Gemeinsam ist diesen Maßnahmen auch, dass sie in erheblichem Maße die körperliche Bewegungsfreiheit der betroffenen Personen beschränken und somit staatliche Freiheitsentziehungen darstellen.

Das Hauptaugenmerk wissenschaftlicher Untersuchung staatlicher Freiheitsentziehungen ist vor allem auf Maßnahmen im Bereich des Straf- und Strafprozessrechts, wie beispielsweise auf die Untersuchungshaft oder die Freiheitsstrafe gerichtet. Dennoch zeigt bereits die obige, unvollständige Aufzählung von Freiheitsentziehungen im Verwaltungsrecht die Bedeutung staatlicher Freiheitsentziehungen im außerstrafprozessualen Bereich auf. Gerade Freiheitsentziehungen mit präventivem Charakter bergen zudem — wie sich in der Vergangenheit immer wieder gezeigt hat — das Risiko des Machtmissbrauchs und der Willkür in sich. So wurden beispielsweise gesetzliche Ermächtigungen der Verwaltung zu Freiheitsentziehungen im Bereich der Gefahrenabwehr oft sehr weit gefasst, oder aber sehr weit ausgelegt, um missliebige Personen inhaftieren zu können.

Auch aus diesem Grund stellt diese Arbeit staatliche Freiheitsentziehungen in den Vordergrund, die im weiteren Sinne der Aufrechterhaltung der öffentlichen Sicherheit und Ordnung zu dienen bestimmt sind und daher dem Gefahrenabwehrrecht zuzuordnen sind. Von der Untersuchung ausgeschlossen sind hingegen alle Freiheitsentziehungen, die an eine bereits begangene Straftat anknüpfen und damit jede Haft im Dienste der Strafrechtspflege. Ausgeschlossen sind ferner Freiheitsentziehungen durch Verwaltungsbehörden, durch die lediglich gerichtliche Urteile vollstreckt oder strafgerichtliche Befehle ausgeführt werden. Nicht jede Freiheitsentziehung durch die Verwaltung ist daher eine Freiheitsentziehung im Verwaltungsrecht im hier verwendeten Sinne. Aber auch nicht jede Freiheitsentziehung im Verwaltungsrecht wird allein von Verwaltungsbehörden vorgenommen. So ist beispielsweise in Deutschland aufgrund des Richtervorbehalts des Grundgesetzes auch eine Freiheitsentziehung auf dem Gebiet des Verwaltungsrechts grundsätzlich durch den Richter anzuordnen. Gegenstand dieser Arbeit sollen daher nicht Freiheitsentziehungen durch die Verwaltung, sondern Freiheitsentziehungen im Verwaltungsrecht sein. Diese freiheitsentziehenden staatlichen Maßnahmen werden daraufhin untersucht, ob sie das durch die Europäische Menschenrechtskonvention gewährleistete Recht auf Freiheit verletzen und inwieweit rechtsstaatlichen Anforderungen genüge getan wird.

II. Rechtsvergleich

Eine Untersuchung zum europäischen Menschenrechtsschutz kann, soll sie einigermaßen überschaubar bleiben, nahezu unmöglich alle Konventionsstaaten einbeziehen. Notwendig ist es jedoch, wenigstens die großen Rechtssysteme zu analysieren. Hier bieten sich insbesondere die Rechtsordnungen Deutschlands, Frankreichs und des Vereinigten Königreichs an. Die vorliegende Arbeit beschränkt sich daher auf die Analyse freiheitsentziehender staatlicher Maßnahmen in diesen drei Rechtsordnungen. Da im deutschen Recht die Gefahrenabwehr in den Kompetenzbereich der Bundesländer fällt, gilt es jeweils die verschiedenen landesrechtlichen Regelungen aufzuführen und zu untersuchen. Die landesrechtlichen Regelungen unterscheiden sich indes regelmäßig nur wenig voneinander. In den Fällen, in denen einzelne landesrechtliche Gesetze Abweichendes regeln, werden diese besonders hervorgehoben. Auch im Vereinigten Königreich gelten in einigen wenigen Rechtsgebieten keine einheitlichen Regelungen. Sofern die Regelungen in Irland oder Schottland von denen in England und Wales abweichen, wird in erster Linie das englische Recht untersucht und auf Besonderheiten des schottischen und des irischen Rechts verwiesen.

Abschnitt 2: Gang der Untersuchung

Freiheitsentziehende nationale Maßnahmen des Verwaltungsrechts in Deutschland, Frankreich und im Vereinigten Königreich sollen zunächst auf ihre Vereinbarkeit mit der Europäischen Menschenrechtskonvention (EMRK) — und damit insbesondere auf ihre Vereinbarkeit mit Art. 5 EMRK — untersucht werden. Dafür ist es, wie noch zu zeigen sein wird, auch von Bedeutung, ob und inwieweit staatliche Freiheitsentziehungen mit dem jeweiligen nationalem Recht vereinbar sind. Um den Maßstab für diese Analyse festzulegen, wird in Kapitel 2 zunächst der Schutzbereich des Rechts auf Freiheit in Art. 5 Abs. 1 EMRK hergeleitet und definiert. Nachdem damit die Vorgaben der EMRK für den Schutz des Rechts auf Freiheit dargestellt sind, werden die verfassungsrechtlichen Konzepte des Freiheitsschutzes in den drei untersuchten Staaten erläutert.

Die Kapitel 3 bis 9 dieser Arbeit gehen der Frage nach, inwieweit auch nach der EMRK staatliche Freiheitsentziehungen im Verwaltungsrecht zulässig sind. Die einzelnen Haftgründe des Art. 5 Abs. 1 EMRK werden dargestellt und kritisch beleuchtet. Dem werden jeweils die Freiheitsentziehungen gegenübergestellt, wie sie im nationalen Recht der drei Staaten vorgesehen sind, oder wie sie in der staatlichen Praxis erfolgen. Es wird analysiert, inwieweit das jeweilige nationale Recht freiheitsentziehende Maßnahmen zulässt und inwieweit diese staatlichen Maßnahmen mit der Konvention vereinbar sind.

Während die ersten Kapitel sich somit der Frage widmen, ob und unter welchen Voraussetzungen Freiheitsentziehungen im Verwaltungsrecht zulässig sind, beschäftigt sich das sich anschließende Kapitel 10 mit der Prüfung von Freiheitsentziehungen durch nationale Gerichte. Art. 5 Abs. 4 EMRK gewährt jeder Person, der die Freiheit entzogen ist, einen Anspruch auf eine Prüfung der Freiheitsentziehung durch ein Gericht. Wie dieser Anspruch in den einzelnen Staaten erfüllt wird, wie die Prüfung von Freiheitsentziehungen im einzelnen ausgestaltet ist und ob die nationalen Haftprüfungsverfahren den Anforderungen der EMRK genügen, ist Gegenstand dieses Kapitels.

Schließlich werden in einem elften und letzten Kapitel die unterschiedlichen Konzepte des Freiheitsschutzes der einzelnen Staaten miteinander verglichen. Es wird analysiert, ob und inwieweit den festgestellten Verstößen der drei Staaten gegen Art. 5 EMRK gemeinsame Ursachen zugrunde liegen. In einem weiteren Schritt werden die nationalen Ermächtigungen zu staatlichen Freiheitsentziehungen und die staatlichen Haftprüfungsverfahren einander gegenübergestellt. Dabei wird untersucht, ob die in der Rechtstheorie teilweise sehr unterschiedlichen nationalen Regelungen in ihrer einfachrechtlichen Ausgestaltung und in ihrer Anwendung im Einzelfall tatsächlich einen unterschiedlichen Schutz des Rechts auf Freiheit zur Konsequenz haben, oder ob nicht die einfachgesetzliche Ausgestaltung und die Praxis freiheitsentziehender staatlicher Maßnahmen einander möglicherweise ähnlicher sind, als es die drei teilweise sehr unterschiedlichen Konzepte staatlichen Freiheitsschutzes zunächst vermuten lassen.

Kapitel 2: Das Recht auf Freiheit

Abschnitt 1: Das Recht auf Freiheit und Sicherheit aus Artikel 5 Absatz 1 EMRK

I. Entstehungsgeschichte

A. Entstehung der EMRK

Nach dem zweiten Weltkrieg wurde auf internationaler Ebene eine Reihe von Versuchen unternommen, den für eine moderne Gesellschaft wesentlichen Bestand von Freiheitsrechten zu einer internationalen Angelegenheit zu erklären. Der Schutz der Menschenrechte sollte nicht länger allein den einzelnen Staaten überlassen bleiben.[1] Einer dieser Versuche der Internationalisierung von Menschenrechten war die Ausarbeitung der Allgemeinen Erklärung der Menschenrechte der Vereinten Nationen. Einen weiteren, regionalen Versuch der Stärkung des Menschenrechtsschutzes stellte die Europäische Konvention zum Schutz der Menschenrechte und Grundfreiheiten (EMRK) dar, mit deren Ausarbeitung bereits zum Zeitpunkt der Verkündung der Allgemeinen Erklärung der Menschenrechte der Vereinten Nationen begonnen worden war.[2]

Der Anstoß zur Schaffung einer Europäischen Konvention zum Schutz der Menschenrechte ging nicht wie bei der Allgemeinen Erklärung der Menschenrechte der Vereinten Nationen von den Regierungen, sondern von Volksvertretern verschiedener europäischer Staaten aus, die sich zur „Europäischen Bewegung" zusammengeschlossen hatten. Auf ihrem Kongress im Mai 1948 in Den Haag forderte die Europäische Bewegung den Abschluss einer europäischen Menschenrechtskonvention als Grundlage einer europäischen Gemeinschaft.[3] Der Rechtsausschuss der Europäischen Bewegung erarbeitete daraufhin einen Entwurf einer solchen Konvention, den er am 12. Juli 1949 dem Ministerkomitee des Europarats vorlegte.[4] Damit war die weitere Ausarbeitung der Europäischen Menschenrechtskonvention in die Hände des gerade gegründeten Europarats gelegt.

Der Europarat seinerseits hatte es sich bereits in Artikel 1 seiner am 5. Mai 1949 in London unterzeichneten Satzung zur Aufgabe erklärt, „eine engere Verbindung zwischen seinen Mitgliedern zum Schutze und zur Förderung der Ideale und Grundsätze, die ihr gemeinsames Erbe bilden" herzustellen. Diese Aufgabe sollte von den Organen des Europarats unter anderem durch den Schutz der Menschenrechte und Grundfreiheiten erfüllt werden. In Art. 3 der Satzung des Europarat wurde zudem fest-

1. *Jeschek*, NJW 1954, 783 (783).
2. *Trechsel*, Menschenrechtskonvention, S. 72.
3. Dazu: *Zwingenberger*, Europäische Konvention, S. 31ff.
4. *Velu/Ergec*, Convention, p. 37.

gelegt, dass jeder, der der Hoheitsgewalt eines Mitgliedsstaates unterliegt, „der Menschenrechte und Grundfreiheiten teilhaftig werden soll". Bereits in der Satzung des Europarats war damit der Grundstein für die Erarbeitung einer Konvention des Europarats zum Schutz der Menschenrechte und Grundfreiheiten gelegt. So sah auch die Beratende Versammlung des Europarats die Erarbeitung einer solchen Konvention als Erfüllung des mit der Satzung des Europarats gegebenen Versprechens an.[5]

Als die Beratende Versammlung zum ersten Mal zusammentrat, beschloss sie daher, sich die Ausarbeitung einer Menschenrechtskonvention zur Aufgabe zu machen. Nachdem das Ministerkomitee der Beratenden Versammlung seine Zustimmung zur Erörterung einer europäische Grundrechtscharta erteilt hatte, wurde der Menschenrechtskatalog zunächst in der Beratenden Versammlung selbst diskutiert. Diese überwies die die Ausarbeitung der Konvention dann an den Rechts- und Verwaltungsausschuss. Der Rechts- und Verwaltungsausschuss erarbeitete unter dem Vorsitz von *Sir Maxwell-Fyfe* und mit *Pierre-Henri Teitgen* als Berichterstatter den ersten Entwurf einer Europäischen Menschenrechtskonvention.[6] Dieser Entwurf wurde von der Beratenden Versammlung mit großer Mehrheit gebilligt und am 9. September 1949 dem Ministerkomitee zugeleitet. Das Ministerkomitee überwies die Ausarbeitung der Konvention seinerseits an einen Expertenausschuss, in dem der Inhalt und die Formulierung einzelner Menschenrechte intensiv beraten wurde. Eine der Grundsatzentscheidungen, die der Expertenausschuss zu treffen hatte, war die Entscheidung über die Formulierung der Menschenrechte. Diesbezüglich lagen der Diskussion zwei Vorschläge zugrunde. Eine Möglichkeit bestand darin, die einzelnen Menschenrechte nur durch ihre kurze Nennung in einem Katalog aufzulisten und die detaillierte, inhaltliche Ausgestaltung der Rechte den Mitgliedstaaten und den Konventionsorganen zu überlassen. Eine andere Möglichkeit war, die einzelnen Rechte hinsichtlich ihres Umfangs und ihrer Beschränkbarkeit genau zu definieren, um den zukünftigen Organen der Europäischen Menschenrechtskonvention genügend Anhaltspunkte für die Auslegung der Rechte im Einzelfall zu bieten. Der Expertenrat legte schließlich einen Entwurf beider Varianten dem Ministerkomitee zur Entscheidung vor.[7]

Da auch das Ministerkomitee die Frage der Formulierung der Konventionsrechte nicht entscheiden konnte, überwies es die Formulierungsfrage an einen Ausschuss der Regierungsvertreter. Der Ausschuss der Regierungsvertreter folgte weitgehend der Variante, die die einzelnen Menschenrechte und ihre Schutzbereiche genau definierte.[8] Nach Zustimmung der Beratenden Versammlung zum — durch das Ministerkomitee leicht geänderten — Entwurf des Ausschusses der Regierungsvertreter und der end-

---

5. Teitgen in der ersten Sitzung der Beratenden Versammlung am 19.08.1949, TP Vol. I Ch. VI, p. 38f.
6. Bericht des Rechts- und Verwaltungsausschusses an die Beratende Versammlung vom 05.09.1949 (Doc. A 290), TP Vol. I Ch. VI, p. 192 ff.
7. Entwurf des Expertenrates (Doc. CM/WP I (5) 14; A 932) vom 16.03.1950, TP Vol. III Ch. X, p. 313f.
8. Sitzung der Konferenz des Ausschusses der Regierungsvertreter am 12.06.1950, TP Vol. IV Ch. XV, p. 179.

gültigen Verabschiedung des Konventionstextes durch das Ministerkomitee fand am 5. November 1950 in Rom die feierliche Unterzeichnung der Konvention statt. Die Europäische Konvention zum Schutze der Menschenrechte und Grundfreiheiten trat am 3. September 1953 nach der Ratifikation von zehn Staaten in Kraft.

B. Entstehung des Artikel 5 EMRK

Das Recht auf Freiheit spielte bei den Beratungen der Konvention stets eine wichtige Rolle und fand sich von Beginn an in allen Entwürfen der Konvention.[9] Die Verfasser der Konvention wurden bei der Ausarbeitung des Rechts auf Freiheit wesentlich durch die Art. 3 und 9 der Allgemeinen Erklärung der Menschenrechte der Vereinten Nationen inspiriert. Dort heißt es:

> Art. 3: „Everyone has the right to life, liberty and security of person."
>
> Art. 9: „No one shall be subjected to arbitrary arrest, detention or exile."

Der Vorschlag des Rechts- und Verwaltungsausschusses unter dem Vorsitz von *Pierre-Henri Teitgen*, der als Empfehlung der Beratenden Versammlung an das Ministerkomitee weitergeleitet wurde, lehnte sich unter Verweis auf einzelne Artikel der Erklärung eng an die Menschenrechtserklärung der Vereinten Nationen an. So heißt es in Art. 2 der Empfehlung der Beratenden Versammlung:

> „In this Convention, the Member States shall undertake to ensure to all persons residing within their territories:
>
> 1) Security of person, in accordance with Articles 3, 5 and 8 of the United Nations Declaration (...).
>
> 3) Freedom from arbitrary arrest, detention, exile and other measure in accordance with Articles 9, 10 and 11 of the United Nations Declaration (...)."[10]

Bei den Beratungen im Expertenausschuss wurde vor allem diskutiert, ob es bei der bloßen Nennung des Rechts auf Freiheit bleiben sollte, oder ob das Recht und seine Grenzen genau definiert werden sollten. Vor allem die Vertreter des Vereinigten Königreichs befürworteten eine genaue Umschreibung der Eingriffsmöglichkeiten in das Recht auf Freiheit. In mehreren Änderungsanträgen forderten sie eine deutlichere und detailliertere Regelung dieses Rechts. Insbesondere der Begriff der „willkürlichen" Freiheitsentziehung sei zu unbestimmt und durch einen präziseren Ausdruck zu ersetzen. Es solle sich eindeutig aus der Konvention ergeben, welche Verpflichtungen die Staaten mit der Ratifikation der EMRK eingehen.[11] Als eigenen Beitrag zu einer solchen Präzisierung der Rechte der EMRK brachte die Delegation

---

9. Sogar in der durch Lord Layton am 08.09.1949 vorgeschlagenen Liste, die die Menschenrechte auf die drei „Kardinalprinzipien der politischen Demokratie" beschränkte, ist das Recht auf Freiheit genannt, TP Vol. II Ch. VI, p. 52f.

10. Doc. 77 der Beratenden Versammlung vom 05.09.1949, TP Vol. I Ch. V, p. 228.

11. Bericht des Expertenausschusses an das Ministerkomitee vom 16.03.1950, Doc. 1 (50) 15; A 924, TP Vol. IV Ch. XI, p. 8; schon bei der Ausarbeitung des Art. 9 der Allgemeinen Erklärung der Menschenrechte der Vereinten Nationen, war die Auslegung des mehrdeutigen Begriffs der „Willkür" umstritten und nicht abschließend geklärt.

des Vereinigten Königreichs am 4. Februar 1950 im Expertenausschuss eine Fassung des Rechts auf Freiheit ein, die der endgültigen Formulierung des Rechts in Art. 5 Absatz 1 EMRK schon sehr ähnlich war:

„No one shall be deprived of his liberty save by legal procedure in the case of—
a) The lawful detention of a person after conviction by a competent court or as security measure;
b) The lawful arrest or detention of a person for non-compliance with the lawful order of a court;
c) The arrest of a person effected for the purpose of bringing him before the competent legal authority on suspicion of having committed an offence or which is reasonably considered to prevent his committing a crime or fleeing after having done so;
d) The lawful detention of persons of unsound mind or of minors by lawful order for the purpose of educational surveillance;
e) The lawful arrest and detention of a person to prevent his effecting an unauthorised entry into the country or of a person against whom deportation or extradition proceedings are pending."[12]

Dieser Vorschlag des Vereinigten Königreichs wurde vom Expertenausschuss zunächst abgelehnt. Statt dessen findet sich in Art. 2 a des Vorentwurfs des Expertenausschusses die wörtliche Wiedergabe von Art. 3 und 9 der Menschenrechtserklärung der Vereinten Nationen wieder.[13] In der zweiten Sitzung des Expertenausschusses am 6. März 1950 wurde das Projekt einer detaillierten Formulierung des Rechts auf Freiheit jedoch erneut eingebracht.[14] Der Antrag, der diesmal vom Redaktionsausschuss ausging, wich von der vom Vereinigten Königreich vorgeschlagenen Fassung nur wenig ab. Der Redaktionsausschuss hatte allerdings in lit. b den Haftgrund der Nichtbefolgung einer gesetzlichen Verpflichtung aufgenommen.[15] Zudem wurde die Haft Jugendlicher zum Zweck überwachter Erziehung gesondert in lit. d aufgeführt. In lit. e wurde als Haftgrund neben der Geisteskrankheit auch die Gefahr der Ausbreitung ansteckender Krankheiten, die Landstreicherei und die Alkohol- und Drogensucht eingeführt. Mit der Aufnahme der Haftgründe der Landstreicherei und der Alkohol- und Drogensucht berücksichtigte der Vorschlag des Redaktionsausschusses einen Antrag der Vertreter Schwedens.[16] Diese hatten gefordert klarzustellen, dass die Garantie des Rechts auf Freiheit die Mitgliedstaaten nicht daran hindere, Maßnahmen gegen Landstreicher, Alkohol- und Drogensüchtige zu ergreifen. Auch die Ermächtigung zu Freiheitsentziehungen zum Zweck der Erzwingung der Erfüllung einer gesetzlichen Verpflichtung wurde durch den Antrags Schwe-

12. Doc. A 782, TP Vol. III Ch. XI, p. 189.
13. Doc. 833, TP Vol. III Ch. XI, p. 237.
14. Änderungsantrag des Redaktionsausschusses zum britischen Entwurf Doc. CM/WPI (50); A 919, TP Vol. III Ch. XI, p. 289.
15. Zu den weitreichenden Folgen der Änderung der Formulierung des Art. 5 Abs. 1 lit. b EMRK vgl. unten Kapitel 3 Abschnitt 1 Seite 120.
16. Doc. A 777, TP Vol. III Ch. XI, p. 185.

dens angeregt. Die Vertreter Schwedens legten besonderen Wert darauf, dass gesetzliche Unterhaltsverpflichtungen auch weiterhin mittels Freiheitsentzugs durchgesetzt werden konnten.[17]

Durch einen Änderungsantrag der Vertreter des Vereinigten Königreichs fanden in der zweiten Sitzung des Expertenausschusses neben der Garantie des Rechts auf Freiheit Verfahrensrechte festgenommener und inhaftierter Personen Eingang in die Beratungen.[18] Bei den Verfahrensrechten handelte es sich um das Recht, über den Grund der Inhaftierung informiert zu werden, das Recht auf unverzügliche Vorführung vor ein Gericht und auf rasche Aburteilung, das Recht auf Haftprüfung und das Recht auf Schadensersatz für erlittenen rechtswidrigen Freiheitsentzug.[19] Das Recht auf Haftprüfung war in diesem Antrag wie folgt formuliert:

> „Everyone who is deprived of his liberty by arrest or detention shall be entitled to take proceedings by which the lawfulness of his detention shall be decided speedily by a court and his release ordered if the detention is not lawful."[20]

Der Expertenausschuss legte dem Ministerkomitee schließlich die zwei verschiedenen Formulierungsvorschläge des Rechts auf Freiheit vor: Die Variante A beschränkte sich auf die Wiedergabe der Formulierung der Art. 3 und 9 der Menschenrechtserklärung der Vereinten Nationen.[21] Die Variante B enthielt die detaillierte Regelung des Rechts auf Freiheit und der zulässigen Haftgründe sowie bestimmte Rechte der Personen, denen die Freiheit entzogen wurde. Der Ausschuss der Regierungsvertreter, auf den die Entscheidung zwischen den beiden Varianten damit letztlich übertragen wurde, entschied sich für einen Kompromiss. In Art. 5 Abs. 1 S. 1 der Konvention[22] wurde die allgemeine Formulierung aufgenommen:

> „Everyone has the right to liberty and security of the person."

In Absatz 2[23] wurden die einzelnen zulässigen Haftgründe und in Absatz 3 bis 6 die Rechte der festgenommenen und inhaftierten Personen genannt.[24] Im Ministerkomitee wurde auf Antrag des Vereinigten Königreichs der Haftgrund der Litera d schließlich noch dahingehend ergänzt, dass auch eine Inhaftierung Jugendlicher zum Zwecke der Vorführung vor die zuständige Behörde zulässig ist, um sie einem schädlichen Umfeld entziehen zu können.[25] In dieser Fassung wurde das Recht auf Freiheit

17. Doc. A 777, TP Vol. III Ch. XI, p. 185.
18. Änderungsantrag des Vereinigten Königreichs Doc. CM/WPIU (50) 2; A 915, TP Vol. III Ch. XI, p. 282f.
19. Bericht des Expertenausschusses an das Ministerkomitee Doc. CM/WP 1 (50) 15; A 924 vom 16.03.1950, TP Vol. IV Ch. XI, p. 58.
20. In Art. 6 Abs. 4 des Entwurfs im Bericht des Expertenausschusses an das Ministerkomitee Doc. CM/WP 1 (50) 15; A 924 vom 16.03.1950, TP Vol. IV Ch. XI, p. 60.
21. Bericht des Expertenausschusses an das Ministerkomitee Doc. CM/WP 1 (50) 15; A 924 vom 16.03.1950, TP Vol. IV Ch. XI, p. 53.
22. In der endgültigen Fassung entspricht dies Art. 5 Abs. 1 Satz 1 EMRK.
23. In der endgültigen Fassung entspricht dies Art. 5 Abs. 1 Satz 2 EMRK.
24. Bericht des Ausschusses der Regierungsbeamten an das Ministerkomitee Doc. CM/WP 4 (50) 16; A 1426, TP Vol. IV Ch. XV, p. 220.
25. Änderungsantrag des Vereinigten Königreichs Doc. CM I (50); A 1867, TP Vol. V Ch. XIX, p. 67.

dann auch in den Art. 5 des Entwurfs des Ministerkomitees aufgenommen.[26] Abgesehen von kleineren Abweichungen bei der Formulierung des Anspruchs auf Schadensersatz nach rechtswidrigem Freiheitsentzug und einer Änderung des Wortlauts in Absatz 1 lit. c[27] änderte sich der Art. 5 der Konvention bis zu deren feierlicher Unterzeichnung am 5. November 1950 nicht mehr.[28]

II. Das Schutzgut „Freiheit"

In Art. 5 Absatz 1 Satz 1 EMRK heißt es: „Jeder hat ein Recht auf Freiheit und Sicherheit". Geschützt werden sollen nach dem Wortlaut dieser Norm damit zwei Rechte: ein Recht auf Freiheit und ein Recht auf Sicherheit.[29] Im weiteren soll zunächst dargestellt werden, welche Schutzgüter in welchem Umfang vom Schutzbereich des Rechts auf Freiheit der EMRK umfasst werden, bevor in einem weiteren Abschnitt auf den Schutzbereich des Rechts auf Sicherheit einzugehen sein wird.

Der Begriff „Freiheit" ist unbestimmt und daher auslegungsbedürftig.[30] Unter der Freiheit des Menschen kann man mit *John Locke* eine Eigenschaft des Menschen verstehen, die ihm Kraft seiner Natur zukommt und die es verbietet, den Menschen ohne seine Einwilligung der politischen Gewalt eines anderen zu unterwerfen.[31] In der Vergangenheit wurde unter dem Recht auf Freiheit unter anderem auch das Recht verstanden, einen Herrscher abzusetzen, zu wählen oder Waffen zu tragen.[32] Aber auch heute noch ruft der Begriff der Freiheit und das Recht auf Freiheit unterschiedlichste Assoziationen hervor. Man fasst unter diesen Begriff das Recht, nicht willkürlich inhaftiert zu werden, die körperliche Bewegungsfreiheit, die Freizügigkeit, die Freiheit von Furcht sowie die Freiheit — im Sinne einer allgemeinen Handlungsfreiheit — alles zu tun. Im weitesten Sinne wird unter der Freiheit des Einzelnen aber auch ein allumfassendes Freiheitsrecht verstanden, das die Selbstbestimmung und die Möglichkeit des Vollzugs des eigenen Willens schützt. Freiheit in diesem Sinne wird auch als Synonym für alle Grundrechte verstanden.[33]

---

26. Entwurf der Konvention durch das Ministerkomitee vom 07.08.1950 Doc. A 1937.
27. Auf die später noch einzugehen ist, vgl. unten Kapitel 4 Abschnitt 1 Seite 204.
28. Endgültige Fassung in TP Vol. VI Ch. XXIV, p. 46.
29. Zum Recht auf Sicherheit vgl. unten Kapitel 2 Abschnitt 1 Seite 61.
30. *Rotteck/Welcker*, Staats-Lexikon, S. 640: „Freiheit! Schmeichelndes, doch vieldeutiges Wort, gehasst von den Tyrannen und Despoten, den Knechten unverständlich, von Thoren vielfach mißverstanden, von Fanatikern schrecklich mißbraucht, und dennoch die Losung aller Guten; ein begeisternder, die herrlichen Großthaten erzeugender Zauberton, ein Haupttriebrad der Weltgeschichte, ein fortwährend von allen Denkenden und menschlich Fühlenden erstrebtes, doch schwer zu erreichendes noch schwerer zu behauptendes Ziel."
31. *Locke*, Regierung, Bd. 2, S. 264 § 95.
32. *Montesquieu*, L'Esprit, p. 209.
33. *Kopetzki*, Unterbringungsrecht Bd. 1, S. 240.

Was unter dem Begriff der Freiheit im Sinne des Art. 5 Abs. 1 S. 1 EMRK zu verstehen ist, lässt sich somit nicht durch eine abstrakte Auslegung des Begriffs der Freiheit, sondern nur im Zusammenhang mit dem konkreten Bezugsrahmen bestimmen. Für die „Freiheit" des Art. 5 EMRK ist daher eine eigene Begriffsbestimmung zu suchen.[34]

A. Auslegung durch die Rechtsprechung

Der Europäische Gerichtshof für Menschenrechte (EGMR) und die Europäische Kommission für Menschenrechte (EKMR) äußerten sich schon sehr früh zum Schutzgut des Rechts auf Freiheit im Sinne des Art. 5 Abs. 1 S. 1 EMRK. So heißt es im Urteil *Engel*:

> „In proclaiming the „right to liberty", paragraph 1 of Article 5 (art. 5-1) is contemplating individual liberty in its classic sense, that is to say the physical liberty of the person. Its aim is to ensure that no one should be dispossessed of this liberty in an arbitrary fashion."[35]

Das Recht auf Freiheit umfasst danach das Recht des Einzelnen auf körperliche Bewegungsfreiheit. Im Urteil *Guzzardi* stellte der Gerichtshof darüber hinaus klar, dass das Recht auf Freizügigkeit nicht vom Recht auf Freiheit des Art. 5 EMRK, sondern von Art. 2 des 4. Zusatzprotokolls zur EMRK geschützt werde:

> „(...) the paragraph is not concerned with mere restrictions on liberty of movement; such restrictions are governed by Article 2 of Protocol No. 4 (P4-2)."[36]

Von dieser Bestimmung des Schutzbereichs des Art. 5 EMRK weichen die Konventionsorgane auch in späteren Entscheidungen nicht ab. Nach der ständigen Rechtsprechung der Organe der EMRK wird daher durch Art. 5 EMRK nur die körperliche Bewegungsfreiheit des Einzelnen geschützt.

B. Auslegung durch die Literatur

Darüber, dass Art. 5 Abs. 1 S. 1 EMRK nicht die Freiheit in allen ihren möglichen Ausprägungen schützt, herrscht auch in der Literatur weitgehend Einigkeit. Auch dass die körperliche Integrität des Einzelnen — im Sinne eines Rechts auf Leben und körperliche Unversehrtheit — nicht vom Schutzbereich des Art. 5 EMRK umfasst wird, sondern als Verbot der Folter in Art. 3 EMRK geregelt ist, ist unumstritten.[37] Im Übrigen wird der Schutzbereich des Rechts auf Freiheit in der Literatur jedoch unterschiedlich ausgelegt. Vereinzelt wird angenommen, dass das Recht auf Freiheit in Art. 5 Abs. 1 S. 1 EMRK den Schutz der Freizügigkeit des Einzelnen mitumfasse.[38] Andere Autoren ver-

---

34. *Trechsel*, Menschenrechtskonvention, S. 178.

35. EGMR 08.06.1976 Engel/Netherlands, Series A 22 para. 58, dazu *Stein*, EuGRZ 1976, 285 (286).

36. EGMR 06.11.1980 Guzzardi/Italy, Series A 39 para. 92. In diesem Fall war diese Abgrenzung der Schutzbereiche entscheidend, da Italien zwar die EMRK, nicht jedoch das 4. Zusatzprotokoll ratifiziert hatte.

37. *Herzog*, AöR 86 (1961), 194 (194); *Trechsel*, Menschenrechtskonvention, S. 178 und *Peukert* in: Frowein/Peukert, EMRK-Kommentar, Art. 5 Rn. 8.; a.A. *Zwingenberger*, Europäische Konvention, S. 183.

weisen meist ohne weitere Erläuterung darauf, dass das Recht auf Freiheit in Art. 5 EMRK die klassische"*liberté d'aller et de venir*" schütze.[39] Mit dieser Auslegung ist jedoch insofern nicht viel an Klarheit gewonnen, als auch der Ausdruck „*liberté d'aller et de venir*" mehrdeutig ist. So wird im französischen Recht unter der „*liberté d'aller et de venir*" sowohl der Schutz vor willkürlicher Freiheitsentziehung,[40] als auch das Recht auf Freizügigkeit[41] verstanden. In der aktuelleren französischen Literatur scheint sich allerdings als Bezeichnung für das Recht, nicht willkürlich seiner Freiheit beraubt zu werden, der Begriff der „*sûrete*" durchgesetzt zu haben. Der Ausdruck „*liberté d'aller et de venir*" wird dagegen weitgehend einheitlich zur Bezeichnung der Freizügigkeit verwendet.

Die Annahme, Art. 5 EMRK schütze auch das Recht der „*liberté d'aller et de venir*" im Sinne eines Rechts auf Freizügigkeit, stößt jedoch bei einigen Autoren auf Kritik. Gegen eine solche Auslegung des Rechts auf Freiheit spreche vor allem die Systematik des Art. 5 EMRK. Art. 5 Abs. 1 S. 2 EMRK enthalte einen Katalog von zulässigen Eingriffen in das in Satz 1 genannte Recht auf Freiheit. Die dort genannten Ausnahmen beträfen alle die zulässige Haft oder Festnahme einer Person. Dies deute darauf hin, dass das Recht auf Freiheit des Art. 5 EMRK nur vor Eingriffen in die sogenannte körperliche Bewegungsfreiheit schütze und damit nicht das Recht auf Freizügigkeit umfasse.[42] Gegen einen Schutz der Freizügigkeit durch Art. 5 EMRK spreche zudem, dass dieses Recht gesondert in Art. 2 des 4. Zusatzprotokolls zur EMRK aufgenommen wurde.[43]

Teilweise wird Art. 5 Abs. 1 S. 1 EMRK in der Literatur auch als Ausprägung des Grundsatzes der allgemeinen Handlungsfreiheit angesehen.[44] Dieser Annahme wird jedoch entgegengehalten, dass die EMRK einen Katalog einzelner Grundrechte enthalte und daher ein allgemeines Auffanggrundrecht wie die allgemeinen Handlungsfreiheit von der Konvention nicht — und schon gar nicht an dieser Stelle — geschützt werde.[45] Auch spreche gegen einen derart weiten Schutzbereich, dass ein Recht der allgemeinen Handlungsfreiheit nur in den wenigsten Rechtsordnungen der Mitgliedstaaten des Europarats bekannt sei.[46] Mit der Konvention habe man aber nicht etwas grundlegend Neues schaffen, sondern die fundamentalen Grundfreiheiten des Individuums verankern wollen, die gemeinsames Erbe der Mitgliedstaaten waren.[47] Ein Grundrecht auf allgemeine Handlungsfreiheit sei in der EMRK daher nicht geschützt.

---

38. *Zwingenberger*, Europäische Konvention, S. 183f.
39. *Kopetzki*, Unterbringungsrecht Bd. 1, S. 240; *Villiger*, Handbuch Rn. 313.
40. *Budereau*, Libertés, p. 129.
41. *Carmarz*, Police, p. 1; *Oliva*, Droit constitutionnel, S. 250; *Robert*, Libertés, S. 456; *Wachsmann*, Libertés, p. 341.
42. Herzog, AöR 86 (1961), 194 (195); *Pettiti*, La Convention, S. 190; *Schorn*, EMRK, S. 129.
43. *Velu/Ergec*, Convention, p. 254.
44. *Zwingenberger*, Europäische Konvention, S. 183f.
45. *Herzog*, AöR 86 (1961), 194 (201).
46. *Herzog*, AöR 86 (1961), 194 (201).
47. *Zwingenberger*, Europäische Konvention, S. 111.

C. *Eigene Begriffsbestimmung*

1. Wortlaut und Systematik

Bei der Auslegung des Begriffs „Freiheit" in Art. 5 EMRK bietet es sich zunächst an, den Wortlaut des Art. 5 EMRK und seine systematische Einbettung in den Gesamtzusammenhang der EKMR zu untersuchen. Dabei fällt auf, dass der Wortlaut der französischen und der englischen Fassung des Art. 5 Abs. 1 S. 1 EMRK voneinander abweichen.[48] Während es im französischen Text heisst: *„toute personne a droit à la liberté (...)"* ist im englischen Text von der *„liberty of person"* die Rede. Diese Abweichung beruht wohl auf einer redaktionellen Änderung der französischen Fassung, die in den ersten Entwürfen noch die Formulierung *„liberté et sûreté de la personne"* enthielt.[49] Da aber weder der Begriff der *liberté* noch der Begriff der *liberté personnelle* im französischen Recht einen eindeutig bestimmbaren Inhalt haben, sondern sowohl Freiheit im weiten Sinne als auch körperliche Bewegungsfreiheit bedeuten können, führt diese Beobachtung letztlich nicht weiter.

Auffällig ist zudem, dass sowohl in Art. 5 Abs. 1 S. 1 EMRK als auch in Art. 5 Abs. 1 S. 2 EMRK das Wort „Freiheit" genannt wird, ohne dass eine sprachliche Unterscheidung — etwa zwischen einer allgemeinen (Handlungs-) Freiheit in Satz 1 und der körperlichen Bewegungsfreiheit in Satz 2 — vorgenommen wird. Art. 5 Abs. 1 S. 2 EMRK regelt die Fälle zulässiger Festnahme und Haft und betrifft damit eindeutig nur die Freiheit im Sinne der körperlichen Bewegungsfreiheit: das Recht, nicht willkürlich verhaftet oder inhaftiert zu werden. Wenn also in beiden Sätzen dasselbe Schutzgut angesprochen ist, so handelt es sich in beiden Fällen wohl um den Schutz der körperlichen Bewegungsfreiheit. Auch der Aufbau des Art. 5 EMRK lässt darauf schließen, dass Art. 5 EMRK die körperliche Bewegungsfreiheit des Einzelnen vor Eingriffen durch Freiheitsentziehung schützt. Während in Art. 5 Abs. 1 S. 2 EMRK verschiedene Haftgründe aufgezählt werden, enthalten die Absätze 2-5 Rechte für festgenommene und inhaftierte Personen. Die Übereinstimmung des Schutzgutes des Art. 5 Abs. 1 S. 1 EMRK und der in allen weiteren Absätzen garantierten Rechte spricht ebenfalls dagegen, dass sich der Grundrechtsschutz in Art. 5 Abs. 1 S. 1 EMRK auf völlig andersartige Rechte erstreckt.[50]

Schließlich spricht auch die Systematik des gesamten Grundrechtsteils der Konvention für eine Interpretation, nach der in Art. 5 EMRK allein die körperliche Bewegungsfreiheit geschützt wird. So ist der Grundrechtsteil der EMRK auf die altbekannten liberalen Freiheitsrechte beschränkt und nichts deutet darauf hin, dass mit Art. 5 Abs. 1 S. 1 EMRK ein besonderes Wagnis, wie etwa die Aufnahme eines allgemeinen Rechts

---

48. *Trechsel*, Menschenrechtskonvention, S. 176, Fn. 569.
49. So im Entwurf des Rechts- und Verwaltungsausschusses, TP Vol. I Ch. VI, p. 197; die neue Fassung taucht erstmals im Entwurf des Ministerkomitees vom 08.08.1950 (Doc. CM (50) 52, TP Vol. V Ch. XIX, p. 77 f.) auf.
50. *Herzog*, AöR 86 (1961), 194 (202); *Schorn*, EMRK, S. 129.

auf Handlungsfreiheit oder freie Entfaltung der Persönlichkeit hätte aufgenommen werden sollen.[51] Ein solch allgemeines Recht stünde wohl auch eher an einer exponierteren Stelle als in Art. 5 Abs. 1 EMRK.

2. Entstehungsgeschichte und historischer Kontext

Zur Auslegung des Begriffs der Freiheit in Art. 5 Abs. 1 S. 1 EMRK kann auch die Entstehungsgeschichte und der historische Kontext der EMRK herangezogen werden. Wie bereits dargestellt[52] handelt es sich bei der endgültigen Fassung des Art. 5 EMRK um einen vom Ausschuss der Regierungsbeamten erarbeiteten Kompromiss zwischen zwei vom Expertenrat[53] vorgeschlagenen Varianten. In Art. 5 Abs. 1 S. 1 EMRK wird die allgemeine Formulierung der Variante A aufgenommen und in Art. 5 Abs. 1 S. 2 EMRK durch die präziseren und detaillierten Ausführungen der Variante B ergänzt. Damit sollte zum einen eine programmatische Formulierung — wie sie in der Allgemeinen Menschenrechtserklärung der Vereinten Nationen (AEMR) enthalten ist — aufgenommen werden, zum anderen sollte das Recht inhaltlich konkret bestimmt werden.[54] Mit der Formulierung des Art. 5 Abs. 1 S. 1 EMRK wurde die Formulierung des Art. 3 der AEMR in die EMRK aufgenommen. Ob mit der Aufnahme der Formulierung der AEMR in Art. 5 Abs. 1 S. 1 EMRK ein über den in Art. 5 Abs. 1 S. 2 EMRK hinausgehendes Schutzgut aufgenommen wurde, hängt also davon ab, was sich hinter diesem allgemein formulierten Recht verbirgt.

Das Recht auf Freiheit der Allgemeinen Erklärung der Menschenrechte der Vereinten Nationen geht seinerseits auf bedeutende Vorbilder zurück.[55] Diesen Vorbildern, die vornehmlich der britischen, der amerikanischen und der französischen Verfassungstradition entstammen, könnten daher weitere Hinweise für die Auslegung des Schutzbereichs des Rechts auf Freiheit zu entnehmen sein. Auch waren sowohl die Vertreter des Vereinigten Königreichs als auch die Vertreter Frankreichs stark an der Ausarbeitung der Konvention beteiligt, so dass die Rechtsordnungen dieser beiden Staaten auch auf diese Weise Einfluss auf das Recht des Art. 5 EMRK genommen haben können.

a) Britische Verfassungstradition

Der Wortlaut des Art. 5 EMRK ist aufgrund der Einflussnahme der Vertreter des Vereinigten Königreichs durch die britische Rechtsordnung und das britische Rechtsverständnis beeinflusst worden. Insbesondere die detaillierte Ausgestaltung der zulässigen Haftgründe und der Rechte der festgenommenen und inhaftierten Personen ba-

51. Herzog, AöR 86 (1961), 194 (202).
52. Vgl. Kapitel 2 Abschnitt 1 Seite 47.
53. Bericht des Expertenausschusses an das Ministerkomitee Doc. CM/WP 1 (50) 15; A 924 vom 16.03.1950, TP Vol. IV Ch. XI, p. 53, 58.
54. *Chiavario*, Convenzione, p. 167.
55. *Moser*, Menschenrechtskonvention, S. 139.

sieren auf Anregungen der Vertreter des Vereinigten Königreichs. Diese Anregungen entsprangen dem Wunsch nach einer konkreten Regelung, der sich die einzelnen Pflichten der Staaten präzise entnehmen lassen.[56] Diese detaillierte Regelung des Rechts auf Freiheit entspricht insoweit der britischen Verfassungstradition, als der britische Gesetzgeber bei der Kodifizierung von britischem Richterrecht gesetzliche Regelungen stets besonders detailliert ausgestaltet.

Die bürgerlichen Freiheitsrechte normieren in der Rechtstradition des Vereinigten Königreichs in der Regel politische Konzessionen, die den jeweiligen Machthabern abgerungen wurden und sind schon aus diesem Grunde präzise formuliert. Daher enthalten auch die historischen Dokumente dieses Rechtskreises keine abstrakten Formulierungen allgemeiner Menschenrechte, sondern die Festschreibung konkreter — gerichtlich erzwingbarer — Rechte der Bürger, die jeweils die Antwort auf ein bestimmtes Bedürfnis der Zeit sind. In Art. 39 der Magna Charta Libertatum von 1215[57] — der ersten Kodifizierung dieses Rechts — ist das „Recht auf Freiheit" wie folgt formuliert:

> „No free man shall be seized or imprisoned, or stripped of his rights or possessions, or outlawed or exiled, or deprived of his standing in any other way, nor will we proceed with force against him, or send others to do so, except by the lawful judgement of his equals or by the law of the land."

Eine ähnliche Garantie der Freiheit findet sich in der Petition of Rights von 1628, die aufgrund tatsächlicher Missstände den König zur Einhaltung der in der Magna Charta festgelegten Rechte mit den Worten aufruft:

> „(that) no man hereafter be compelled to make or yeild any gift, loane, benevolence, taxe, or such like charge without common consent by acte of Parliament, and that none be called to make aunswere, or take such oath, or to give attendance, or be confined, or otherwise molested or disquieted concerning the same, or for refusal thereof. And that no freeman, in any such manner as is before mencioned, be imprisoned or deteined. ... And that the aforesaid commissions for proceeding by martiall lawe may be revoked and annulled."

In der berühmtesten Verfassungsurkunde in diesem Zusammenhang, dem Habeas Corpus Act von 1679, findet sich zum Schutz der Freiheit schließlich auch das Recht auf Prüfung der Haft durch ein Gericht.

Abstrakte Formulierungen eines Freiheitsrechts, wie die des Art. 5 Abs. 1 S. 1 EMRK, entsprechen damit nicht der britischen Verfassungstradition. Das Recht auf Freiheit in diesem Rechtskreis wurde stets als Recht, nicht willkürlich verhaftet oder inhaftiert zu werden, verstanden. Der Rechtsordnung des Vereinigten Königreichs lässt sich damit kein über das Recht auf körperliche Bewegungsfreiheit hinausgehendes Recht des Art. 5 EMRK entnehmen.

---

56. Vgl. oben Kapitel 2 Abschnitt 1 Seite 47.
57. Die Magna Charta wird häufig als Vorläuferin der EMRK bezeichnet, vgl. *Janssen-Pevtschin/Velu/Vanwelkenhuyzen*, Convention, p. 199; *Trechsel*, Menschenrechtskonvention, S. 71.

b) Französische Verfassungstradition

Vorbild der Allgemeinen Erklärung der Menschenrechte der Vereinten Nationen (AEMR) und der EMRK war auch die französische Erklärung der Menschen- und Bürgerrechte von 1789.[58] Diese formuliert das Recht auf Freiheit in Art. 2 wie folgt:

> „Le but de toute association politique est la conservation des droits naturels et imprescriptibles de l'homme. Ces droits sont la liberté, la propriété, la sûreté et la résistance à l'oppression."

Art. 4 enthält darüber hinaus eine Legaldefinition des Begriffs der Freiheit:

> „La liberté consiste à pouvoir faire tout ce qui ne nuit pas à autrui: ainsi, l'exercice des droits naturels de chaque homme n'a de bornes que celles qui assurent aux autres membres de la Société la jouissance de ces mêmes droits. Ces bornes ne peuvent être déterminées que par la Loi."

Die Freiheit eines Menschen besteht danach als natürliches Recht des Menschen darin, alles tun zu können, was einem anderen nicht schadet. Die Ausübung der natürlichen Rechte jedes Menschen hat ihre Grenze nur in den Rechten der übrigen Mitglieder der Gesellschaft. In dieser Formulierung spiegelt sich die während der Zeit der französischen Revolution vorherrschende Idee vom Gesellschaftsvertrag wieder, nach der dem Staat die Aufgabe zugewiesen ist, die natürlichen Rechte des Menschen in der Gesellschaft vor Angriffen Dritter zu schützen. Dies lässt sich auch den Debatten zu Art. 2 und 4 der Erklärung von 1789 entnehmen, in denen eher philosophische Aspekte, wie zum Beispiel die Rousseau´sche Idee des *Contrat Social*, eine Rolle spielten.[59] Auch die Vorstellung Lockes vom Menschen, der sich, um frei zu sein, unter den Schutz des Staates (*force commune*) begibt, spielte an dieser Stelle der Debatten eine Rolle.[60] Bei den Art. 2 und 4 der Erklärung von 1789 handelt es sich damit um die Formulierung allgemeiner Staatsaufgaben, die auch in der Präambel hätten geregelt werden können, nicht aber um subjektive Rechte des Einzelnen.

Auf konkrete Probleme hingegen reagierte die Erklärung mit dem in Art. 7 verankerten Recht, nicht willkürlich verhaftet und inhaftiert zu werden:

> „Nul homme ne peut être accusée, arreté ni détenu que dans les cas déterminés par la Loi, et selon les formes qu´elle a préscrites. Ceux qui sollicitent, expédient, exécutent ou font exécuter des ordres arbitraires doivent être punis; mais tout citoyen appelé ou saisi en vertu de la Loi, doit obéir à l'instant: il se rend coupable par la résistance."

Dieser Schutz vor willkürlichen Verhaftungen war eine Reaktion auf die sogenannten *„lettres de cachet"*. Die gefürchteten *lettres de cachet* waren mit dem königliche Siegel verschlossene Haftbefehle, mit denen jedermann ohne Gerichtsverfahren verhaftet oder ausgewiesen werden konnte.[61] Mit dem Recht, nicht willkürlich der Freiheit

---

58. *Ermacora*, Menschenrechte Bd. 1, S. 539; *Oppermann*, Europarecht, Rn. 97; *Strzelewicz*, Menschenrechte, S. 251.

59. Debatte in der Ass. Nat. vom 20.08.1789, Madival (Hrsg.) Archives Parlementaires de 1789 à 1860 receuil complèt Série I Tome VIII, Paris 1875, p. 465.

60. Debatte in der Ass. Nat. vom 20.08.1789, Madival (Hrsg.) Archives Parlementaires de 1789 à 1860 receuil complèt Série I Tome VIII, Paris 1875, p. 462. Es wurde sogar vorgeschlagen aufzunehmen, dass „toute société est le résultat d´une convention."

61. *Samwer*, Menschen- und Bürgerrechte, S. 10.

beraubt zu werden, sollten konkrete Mißstände beseitigt werden. Es sollte der *„despotisme juridique"* abgeschafft, die Rückwirkung von Gesetzen begrenzt und mildere Strafen eingeführt werden.[62] Absicht der Verfasser der Erklärung war es dabei, das bereits in Art. 2 und 4 der Deklaration genannte Recht auf Freiheit in einem eigenen Artikel zu präzisieren.[63]

Schon bei den Beratungen der Erklärung der Menschen- und Bürgerrechte von 1789 wurde damit zwischen allgemeinen Deklarationen und konkret formulierten Rechten unterschieden. Die französischen Verfassungen von 1791 und 1793 nahmen diese Unterscheidung wieder auf.[64] Die Erklärung der Menschen- und Bürgerrechte-von 1789 ist durch einen Verweis der Präambel in die Verfassung der fünften Republik integriert.[65] Auch im heutigen Staatsrecht Frankreichs wird daher zwischen denjenigen Präambelsätzen der Verfassung, die einen gewissen Grad an inhaltlicher Präzision erreichen und daher den Charakter geltender Rechtssätze haben, und solchen, die lediglich allgemeine Absichten, Ratschläge oder Programme beinhalten und rechtlicher Anwendung nicht fähig sind, unterschieden.[66] So werden aus der Menschenrechtserklärung von 1789 als geltendes Recht angesehen: die Freiheit der Person in den Artikeln 7, 8 und 9, die Meinungs-, Presse- und Gewissensfreiheit in den Artikeln 10 und 11, die Garantie des Eigentums in Artikel 17 und schließlich der Gleichheitssatz des Artikel 6 und des Artikel 13 der Menschenrechtserklärung.[67] Die allgemeine Formulierung des Rechts auf Freiheit könnte daher durchaus ein französisches Vorbild haben. Nach französischer Vorstellung würde ihr dann aber eine rein deklaratorische Bedeutung zukommen, ohne dass der Schutzbereich des Art. 5 EMRK über den Schutz vor willkürlichen Gefahren hinaus erweitert würde.

Die Gliederung von Staatszielbestimmungen und Rechten — wie in der französischen Verfassung — findet sich auch in vielen anderen Verfassungen dieser Zeit. Die-Virginia Bill of Rights von 1776 zum Beispiel bestimmt in Section 1 die natürlichen und unveräußerlichen Rechte[68] und enthält in Section 8 eine konkrete Ausgestaltung dieses Rechts.[69] Auch internationale Menschenrechtsabkommen enthalten oft eine

---

62. Debatte in der Ass Nat vom 22. 8. 1789, Madival (Hrsg.) Archives Parlementaires de 1789 à 1860 receuil complèt Série I Tome VIII, Paris 1875, p. 471.

63. *Walch*, Déclaration, p. 158.

64. So heisst es in Art. 1 und 2 der Verfassung von 1793: „Le but de la société est le bonheur commun. Le gouvernement est institué, pour garantir à l'homme la jouissance de ses droits naturels et imprescriptibles. Ces droits sont l'égalité, la liberté, sûreté, la propriété." und in Art. 10: „Nul ne doit être accusé, arrêté ni détenu que dans les cas déterminés par la loi et selon les formes, qu' elle a préscrites. Tout citoyen appelé ou saisi par l'autorité de la loi, doit obéir à l'instant; il se rend coupable par la résistance". In der Verfassung von 1795 findet sich die allgemeine Erklärung in Art. 1: „Les droit de l'homme en société sont la liberté, l'égalité, la sûreté, la proprieté." und die konkrete Ausgestaltung in Art. 8: „Nul ne peut être appelé en justice, accusé, arrêté ni détenu, que dans les cas détermines par la loi et selon les formes, quelles a préscrites".

65. Vgl. dazu unten Kapitel 2 Abschnitt 3 Seite 104.

66. *Colliard*, Libertés, p. 57; *Esmein*, Droit Constitutionnel Bd. 1, S. 591; *Stahl*, Grundfreiheiten, S. 7.

67. *Burdeau*, Droit Constitutionnel, p. 72; *Stahl*, Grundfreiheiten, S. 34.

Norm, die das Recht auf Freiheit als Recht des Menschen abstrakt nennt, während die konkrete Ausgestaltung des Rechts auf Freiheit in einer anderen Norm desselben Abkommens geregelt wird.[70] Wenn in anderen Grundrechtskatalogen auf eine eigene Norm für die Deklaration der menschlichen Freiheit verzichtet wird, wird diese oft als erster Satz der Regelung der körperlichen Bewegungsfreiheit vorangestellt.[71] Ausgelegt wurden und werden diese Normen, die der Formulierung des Art. 5 EMRK sehr ähnlich sind, trotz des allgemeinen einleitenden Satzes als Recht auf körperliche Bewegungsfreiheit.[72]

c) Menschenrechtserklärung der Vereinten Nationen

Wichtigstes Vorbild bei der Ausarbeitung der EMRK war zweifelsohne die Allgemeine Erklärung der Menschenrechte der Vereinten Nationen (AEMR). Die ersten Entwürfe der EMRK beschränkten sich sogar darauf, die Nummern der Artikel der AEMR zu nennen. Für das Recht auf Freiheit wurde in diesen Entwürfen auf Art. 3 und 9 der Erklärung verwiesen. Mit der Formulierung des allgemeinen Rechts auf Freiheit in Art. 5 Abs. 1 S. 1 EMRK wurde — wenngleich ohne das Recht auf Leben — die Formulierung des Art. 3 der Allgemeinen Erklärung der Menschenrechte der Vereinten Nationen in die EMRK aufgenommen. Aus diesem Grund kann der Schutzbereich und die Auslegung des Art. 3 der AEMR für die Auslegung des Begriffs der Freiheit in Art. 5 EMRK herangezogen werden.

---

68. Section 1: „That all men are by nature equally free and independent and have certain inherent rights, of which, when they enter into a state of society, they cannot by any compact deprive or divest their posterity; namely the enjoyment of life and liberty, with the means of acquiring and possessing property and pursuing and obtaining happiness and safety."

69. Section 8: „That in all capital or criminal prosecutions a man hath a right to demand the cause and nature of his accusations, to be confronted with the accusers and witnesses, to call for evidence in his favour and to a speedy trial by an impartial jury of twelve men of his vicinage, without whose unanimous consent he cannot be found guilty; nor can he be compelled to give evidence against himself; that no man be deprived of his liberty, except by the law of the land or the judgement of his peers."

70. American Declaration of the Rights and Duties of Man, O.A.S. Res. XXX, adopted by the Ninth International Conference of American States (1948): Art. I „Every human being has the right to life, liberty and the security of his person.", Art. XXV „No person may be deprived of his liberty except in the cases and according to the procedures established by pre-existing law. No person may be deprived of his liberty for nonfulfillment of obligations of a purely civil character. Every individual who has been deprived of his liberty has the right to have the legality of his detention ascertained without delay by a court, and the right to be tried without undue delay or, otherwise, to be released. He also has the right to humane treatment during the time he is in custody"
Arabische Charta der Menschenrechte vom 15.09.1994: Art. 5 „Jeder hat das Recht auf Leben Freiheit und Sicherheit. Diese Rechte sind gesetzlich zu schützen."Art. 8 „Jeder hat das Recht auf persönliche Freiheit und Sicherheit; niemand darf ohne rechtsgültigen Haftbefehl und ohne unverzüglich einem Richter vorgeführt zu werden festgenommen, in Gewahrsam oder Haft gehalten werden."

Zwar gilt die Allgemeine Erklärung der Menschenrechte der Vereinten Nationen insgesamt als unverbindlich, dennoch lässt sich auch in diesem Menschenrechtskatalog eine Trennung von allgemeiner Deklaration der Freiheit und konkretem Freiheitsrecht erkennen. Während Art. 3 AEMR die allgemeine Feststellung enthält, dass jeder Mensch das Recht auf Freiheit hat, ist in Art. 9 AEMR geregelt, dass niemand willkürlich seiner Freiheit beraubt werden darf. Dort heißt es:

„Niemand darf willkürlich festgenommen, in Haft gehalten oder des Landes verwiesen werden."

Art. 3 AEMR steht mit Art. 1 der Erklärung, der deklariert, dass alle Menschen gleich an Würde und Rechten geboren sind, und mit Art. 2 AEMR, dem allgemeinen Diskriminierungsverbot, in engem Zusammenhang.[73] Alle drei Artikel sind Teil der einleitenden Bestimmungen, auf denen die dann folgenden Artikel mit der Ausgestaltung der einzelnen Rechte beruhen. In der Diskussion in der Generalversammlung wurde bei der Ausarbeitung der Menschenrechtserklärung daher auch gefordert, den Inhalt dieser drei Artikel in die Präambel aufzunehmen, da es sich — anders als bei den in Art. 4 ff. AEMR genannten Rechten — eher um eine Prinzipienerklärung als um subjektive Rechte handele.[74] Dieser Vorschlag wurde jedoch mit der Begründung abgelehnt, dass die Erklärung größeres Gewicht erhalte, wenn sie in den ersten Artikeln der Erklärung positioniert wäre.[75] Der Charakter als allgemeine Prinzipienerklärung

71. Vgl. z.B.: Constitution de la Belgique vom 07.02.1831, Art 7: „La liberté individuelle est garantie. Nul ne peut être poursuivi que dans les cas prévus par la loi et dans la forme qu'elle prescrit";
Verfassung des Deutschen Reiches vom 28.03.1849 § 138: „Die Freiheit der Person ist unverletzlich. Die Verhaftung einer Person soll, außer im Falle der Ergreifung auf frischer Tat, nur geschehen in Kraft eines richterlichen, mit Gründen versehenen Befehls. Dieser Befehl muß im Augenblick der Verhaftung oder innerhalb der nächsten 24 Stunden dem Verhafteten zugestellt werden. Die Polizeibehörde muß jeden, den sie in Verwahrung genommen hat, im Laufe des folgenden Tages entweder wieder freilassen oder der richterlichen Behörde übergeben.";
Verfassung des Deutschen Reiches vom 11.08.1919, Art. 114: „Die Freiheit der Person ist unverletzlich. Eine Beeinträchtigung oder Entziehung der persönlichen Freiheit durch die öffentliche Gewalt ist nur auf Grund von Gesetzen zulässig. Personen, denen die Freiheit entzogen wird, sind spätestens am darauffolgenden Tage in Kenntnis zu setzen, von welcher Behörde und aus welchen Gründen die Entziehung der Freiheit angeordnet worden ist; unverzüglich soll ihnen Gelegenheit gegeben werden, Einwendungen gegen ihre Freiheitsentziehung vorzubringen.";
Österreichische Ständische Verfassung vom 01.05.1934, Art. 19: „1) Die Freiheit der Person ist gewährleistet. Eine Beeinträchtigung oder Entziehung der persönlichen Freiheit durch die öffentliche Gewalt ist nur auf Grund eines Gesetzes zulässig. 2) Eine Person darf nur kraft eines richterlichen, mit Gründen versehenen Befehls verhaftet werden. Dem richterlichen Haftbefehl ist im Verwaltungsverfahren die Anordnung der Verhaftung durch die gesetzlich befugte Behörde gleichzuschalten. Haftbefehle müssen dem Verhafteten längstens binnen 24 Stunden zugestellt werden."
Internationaler Pakt über bürgerliche und politische Rechte, Art. 9(1) „Jedermann hat das Recht auf persönliche Freiheit und Sicherheit. Niemand darf willkürlich festgenommen oder in Haft gehalten werden. Niemand darf seine Freiheit entzogen werden, es sei denn aus gesetzlich bestimmten Gründen und unter Beachtung des im Gesetz vorgeschriebenen Verfahrens."

72. Zur Auslegung der Weimarer Reichsverfassung von 1919 vgl. *Nipperdey*, Reichsverfasssung Bd. I, S. 324.

73. *Kanger*, Human Rights, p. 81; *Robinson*, Declaration, p. 106.

wurde den Normen damit aber nicht abgesprochen.[76] Art. 3 AEMR ist somit Teil der einleitenden Stellungnahmen der Allgemeinen Erklärung der Menschenrechte der Vereinten Nationen und — anders als der Schutz vor willkürlicher Inhaftierung in Art. 9 — nicht als subjektives Recht der Einzelnen zu bewerten.[77]

d) Ergebnis

Die EMRK nimmt in Art. 5 Abs. 1 S. 1 die allgemeine Formulierung des Art. 3 der Allgemeinen Erklärung der Menschenrechte der Vereinten Nationen als Kompromiss zwischen der Formulierung einer allgemeinen Erklärung und der Ausgestaltung als konkretes Recht wieder auf.[78] Die allgemeine Nennung des im Weiteren konkret geregelten Rechts ist im Rahmen der EMRK keineswegs ungewöhnlich. In ähnlicher Form findet sich diese Regelungstechnik in Art. 2, 7, 8, 9, 10 und 11 der Konvention.[79] Diese Art der Formulierung entsprach auch dem in der Geschichte der Grund- und Menschenrechtskataloge üblichen Vorgehen. In keinem der Menschenrechtskataloge ist dieser allgemeinen Deklaration der Freiheit des Menschen jedoch ein Recht zu entnehmen, dessen Schutzbereich über den Schutz vor willkürlichen Freiheitsentziehungen hinausgeht. Auch die Analyse der möglichen Vorbilder des Rechts auf Freiheit der EMRK ergibt keinen Hinweis darauf, dass mit der Einführung des Rechts auf Freiheit in Art. 5 Abs. 1 S. 1 EMRK der Schutzbereich des Art. 5 über das Recht auf körperliche Bewegungsfreiheit hinaus — etwa um die Komponente der Freizügigkeit oder der allgemeinen Handlungsfreiheit — erweitert wurde. Das Recht auf Freiheit schützt damit ausschließlich das Recht auf körperliche Bewegungsfreiheit.

---

74. M. García Bauer (Guatemala), M. Carrera Andrade (Ecuador) und M. Te Walter (Südafrikanische Union) in der 96. Sitzung des 3. Kommitees der Generalversammlung am 07.10.1948 A/C.3/SR 96 Official Records p. 96f.; M. Beaufort (Niederlande) in der 97. Sitzung des 3. Kommitees der Generalversammlung am 08.10.1948 A/C.3/SR 97 Official Records p. 104ff.

75. M. Carton de Wiart (Belgien) und M. Cassin (Frankreich) in der 96. Sitzung des 3. Kommitees der Generalversammlung am 07.10.1948 A/C.3/SR 96 Official Records p. 96 und 99; M. de Alba (Mexiko) und M. Castberg (Norwegen) in der 97. Sitzung des 3. Kommitees der Generalversammlung am 08.10.1948 A/C.3/SR 97, Official Records p. 104f.

76. Darüber, dass Art. 1 der Erklärung keine subjektiven Rechte garantiert, sondern eine reine Prinzipienerklärung beinhaltet herrschte in der Diskussion Einigkeit. Dieser Charakter werde auch nicht durch die Aufnahme in Art. 1 der Erklärung geändert, so Alfaro (Panama), A/C.3/SR 97 Official Records p. 105.

77. *Kanger*, Human Rights, p. 82.

78. Vgl. oben Kapitel 2 Abschnitt 1 Seite 49.

79. Das stellte auch die EKMR in der Entscheidung vom 06.03.1978 East African Asians/United Kingdom, DR 13, 17 (21) fest.

III. Das Schutzgut „Sicherheit"

Neben dem Schutz des Rechts auf Freiheit wird in Art. 5 Abs. 1 S. 1 EMRK seinem Wortlaut nach auch ein Recht auf Sicherheit *(sûreté/security)* gewährleistet. Bei dieser Gewährleistung scheint es sich auf den ersten Blick um ein eigenständiges Recht zu handeln. Dennoch wird dem Recht auf Sicherheit in der Regel eine eigenständige Bedeutung neben dem Recht auf Freiheit abgesprochen.

A. Auslegung durch die Rechtsprechung

Die EKMR geht davon aus, dass dem Recht auf Sicherheit des Art. 5 EMRK keine eigenständige Bedeutung zukommt. Aus der Systematik des Art. 5 EMRK ergebe sich, dass die Begriffe „Freiheit und Sicherheit" zusammengelesen werden müssten.[80] Beide bezögen sich ausschließlich auf die physische Freiheit und Sicherheit.[81] Der Ausdruck *sûreté* bzw. *security* stelle lediglich klar, dass alle Maßnahmen des Freiheitsentzugs im Sinne des Art. 5 EMRK im Einklang mit nationalen Gesetzen stehen müssten und nicht willkürlich sein dürften.[82] Freiheit im Sinne des Art. 5 Abs. 1 EMRK sei die Freiheit von Verhaftung und Inhaftierung und Sicherheit der Schutz vor willkürlichen Eingriffen in dieses Recht.[83] Nicht erfasst sind vom Recht auf Sicherheit nach dieser Rechtsprechung folglich das Recht auf Bereitstellung von Sicherheitspersonal für durch Terrorakte gefährdete Personen[84] oder ein Asylrecht für Personen, deren persönliche Sicherheit im Empfängerstaat gefährdet ist.[85] Auch der EGMR scheint dieser Auslegung des Begriffs der Sicherheit zu folgen. In seinem Urteil im Fall *Bozano*[86] stellte er fest, dass es das Ziel des Art. 5 EMRK sei, den Einzelnen vor willkürlichem Freiheitsentzug zu schützen. Dies ergebe sich nicht nur aus dem Recht auf Freiheit, sondern auch aus dem Recht auf Sicherheit. Beide Rechte schützen damit auch nach der Rechtsprechung des Gerichtshofs dasselbe Schutzgut. Auch der Gerichtshof unterscheidet nicht zwischen den beiden in Art. 5 Abs. 1 S. 1 EMRK genannten Rechten.

---

80. St. Rspr. der EKMR: EKMR 06.03.1978 East African Asians/United Kingdom, DR 13, 17 (21): „(...) the term security of person under this article must be interpreted in its particular context. The full text of Article 5 shows that the expression 'liberty and security of person' should be understood in the context of 'liberty'.".
81. EKMR 16.06.1976 A/Germany, DR 7, 8 (26): „The term 'liberty and security of person' in this provision must be read as a whole and, in view of this context, as referring only to physical liberty and security."; EKMR 06.03.1978 East African Asians/United Kingdom, DR 13, 5 (10).
82. EKMR 17.12.1976 Agee/United Kingdom, DR 7, 164 (173).
83. EKMR 12.10.1978 Arrowsmith/United Kingdom, DR 19, 5 (18): „The rights to security of person comprises the guarantee that individuals will be arrested and detained only for the reasons and according to the procedure prescribed by law."
84. EKMR 20.06.1973 X/Ireland, YB 16 (1973), 388 (392).
85. Einen Schutz vor derartigen Ausweisungen prüft die EKMR in ständiger Rechtsprechung unter Art. 3 EMRK: EKMR 06.10.1976 Lynas/Suisse, DR 6, 141 (165); EKMR 07.12.1989 Mani/Suede, DR 64, 242 (246); so auch: EGMR 07.07.1989 Soering/United Kingdom, Series A 161 para. 81ff.
86. EGMR 18.12.1986 Bozano/France, Series A 111, para. 54.

Die Kommission leitet aus dem Recht auf Sicherheit des Art. 5 EMRK jedoch bestimmte Anforderungen ab, denen das Gesetz, auf dem die Freiheitsentziehung beruht, genügen muss, damit eine Freiheitsentziehung mit der Konvention vereinbar sein kann. Das zu Freiheitsentziehungen ermächtigende Gesetz müsse — so die Kommission — ausreichend bestimmt sein, so dass jede Freiheitsentziehung vorhersehbar und Willkür in der Auslegung ausgeschlossen sei.[87] Diese rechtsstaatlichen Anforderungen an die nationale Ermächtigungsgrundlage ergeben sich jedoch auch nach der Rechtsprechung der Konventionsorgane bereits aus dem der Konvention zugrunde liegenden Rechtsstaatsprinzip. Danach kann eine Norm nicht als „Gesetz" angesehen werden, wenn sie nicht allgemein zugänglich und so präzise formuliert ist, dass der Bürger sein Verhalten danach einrichten kann.[88] Das Recht auf Sicherheit fügt diesem Prinzip nach der Rechtsprechung der Kommission nichts hinzu.[89]

Trotz der relativ einheitlichen ständigen Rechtsprechung der Konventionsorgane gibt es auch Entscheidungen, die auf eine eigenständige Bedeutung des Rechts auf Sicherheit zumindest hindeuten. In der Entscheidung *Kamma/Niederlande* stellte die EKMR beiläufig fest, dass das Recht auf Sicherheit in Art. 5 EMRK uneingeschränkt garantiert sei, wohingegen das Recht auf Freiheit in Übereinstimmung mit den Voraussetzungen des Art. 5 EMRK eingeschränkt werden könne.[90] Diese Entscheidung wurde in der Literatur als „Lapsus" der Kommission bewertet.[91]

Aber auch in der neueren Rechtsprechung lassen sich Anhaltspunkte für eine eigenständige Bedeutung des Rechts auf Sicherheit finden. In der Entscheidung der Kommission im Fall *Zypern/Türkei*[92] ging es um das unerklärte Verschwinden von in der Türkei inhaftierten Personen. Die EKMR stellte in diesem Zusammenhang fest, dass sich aus dem Wortlaut des Art. 5 EMRK ergebe, dass jeglicher Freiheitsentzug überprüfbar sein müsse. Jedes Verschwinden einer festgenommen Person sei daher als besonders schwerwiegende Verletzung des Art. 5 EMRK anzusehen. Zwar leitet die Kommission diesen „Schutz vor Verschwinden" aus dem gesamten Art. 5 EMRK her, die Erweiterung des Schutzbereichs des Art. 5 EMRK durch die Kommisssion ist jedoch eher als Bestandteil des Rechts auf Sicherheit im Sinne des Schutzes vor staatlicher Willkür zu werten.

Deutlicher wird der EGMR im Urteil *Kurt/Türkei.*[93] Auch in diesem Fall geht es um das spurlose Verschwinden von Personen, die sich zuletzt im Gewahrsam des türkischen Militärs befanden. Der EGMR stellt fest, dass es das Ziel des Rechts auf Freiheit und Sicherheit sei, den Einzelnen vor willkürlichem Freiheitsentzug zu schützen. Durch das unerklärliche Verschwinden von Personen aus dem Gewahrsam des Staates sei die persönliche Sicherheit *(personal security)* betroffen.[94] Dieses Verschwinden stelle

87. EKMR 12.10.1978 Arrowsmith/United Kingdom, DR 19, 5 (18).
88. Vgl. EGMR 24.04.1974 Sunday Times/United Kingdom, Series A 30 para. 49.
89. *Peukert* in: Frowein/Peukert, EMRK-Kommentar, Art. 5 Rn. 5.
90. EKMR 14.07.1974, DR 1, 4 (10).
91. *Trechsel*, EuGRZ 1980, 514 (518), Fn. 37.
92. EKMR 04.10.1983, DR 72, 5 (38).
93. EGMR 25.05.1998 Kurt/Turkey, Reports 1998-III para. 23.

daher eine besonders schwere Verletzung des Art. 5 EMRK dar. Aus Art. 5 EMRK ergebe sich die Verpflichtung der Mitgliedstaaten, geeignete Maßnahmen zu treffen, um das Verschwinden von Personen aus staatlichem Gewahrsam zu verhindern. Diese Rechtsprechung wird vom EGMR in anderen Urteilen gegen die Türkei bestätigt.[95] Man kann damit der neueren Rechtsprechung zumindest entnehmen, dass das Recht auf Sicherheit auch vor Willkür beim Vollzug der Freiheitsentziehung schützt und insoweit über den Schutz des Rechts auf Freiheit hinausgeht.

Ob sich diese neuere Rechtsprechung in der Zukunft durchsetzen wird, bleibt indes abzuwarten.

B. Auslegung durch die Literatur

In der Literatur wird überwiegend die ursprüngliche Auffassung der EKMR und des EGMR geteilt, wonach dem Recht auf Sicherheit keine eigenständige Bedeutung zukommt.[96] Beide Rechte seien zusammen zu lesen[97] und bildeten „zwei Seiten der selben Medaille"[98]. Das Recht auf Sicherheit betone, dass die Haft nach Art. 5 Abs. 1 EMRK nur dann zulässig sei, wenn sie rechtmäßig und auf dem gesetzlich vorgeschriebenen Weg vorgenommen werde.[99] Sicherheit bedeute die Abwesenheit von willkürlichen Angriffen auf die persönliche Freiheit.[100] Nicht durch das Recht auf Sicherheit geschützt sei demzufolge das Recht auf soziale Sicherheit.[101] Teilweise wird auch vertreten, das Recht auf Sicherheit habe deshalb keine eigenständige Bedeutung, weil sein Inhalt mit den in Art. 5 Abs. 2-5 EMRK genannten Verfahrensrechten identisch sei.[102]

---

94. „What is at stake is both the protection of the physical liberty of individuals as well as their personal security in a context which, in the absence of safeguards, could result in a subversion of the rule of law and place detainees beyond the reach of the most rudimentary forms of legal protection."

95. EGMR 08.06.1999 Cakici/Turkey, Reports 1999-IV para. 104; EGMR 13.06.2000 Timurtas/Turkey Appl.- No. 23531/94 para. 103: „The unacknowledged detention of an individual is a complete negation of these guarantees and discloses a most grave violation of Article 5. Bearing in mind the responsibility of the authorities to account for individuals under their control, Article 5 requires them to take effective measures to safeguard against the risk of disappearance and to conduct a prompt and effective investigation into an arguable claim that a person has been taken into custody and has not been seen since.".

96. *Kopetzki*, Unterbringungsrecht, Bd. I, S. 242.

97. *Harris/O'Boyle/Warbrick*, Convention, p. 103; *Murdoch*, Article 5, p. 9.

98. *Fawcett*, Convention, S. 58.

99. *Partsch*, Menschenrechtskonvention, S. 124; *Peukert* in: Frowein/Peukert, EMRK-Kommentar Art. 5, Rn. 4; *Teitgen-Colly* in: Fulchiron, Étrangers, p. 247.

100. *Cohen-Jonathan*, Convention, p. 315; *Velu/Ergec*, Convention, p. 251.

101. *Robbers*, Sicherheit, S. 23; *Schorn*, EMRK, S. 131.

102. *Guradze*, Menschenrechte, S. 195.

Diese Einschätzung wird jedoch nicht von allen Autoren geteilt. Vereinzelt wird vertreten, dass allein die Aufnahme des Begriffs der Sicherheit in die Norm darauf hindeute, dass dem Recht auf Sicherheit eine eigenständige Bedeutung zukommen müsse.[103] Welche Bedeutung dies sei, sei jedoch nicht klar.[104] In Betracht komme die Gewährleistung des Rechts auf physische Sicherheit vor Angriffen des Staates oder Dritter bzw. die psychische Sicherheit im Sinne der Freiheit von Furcht.[105]

C. Eigene Begriffsbestimmung

1. Wortlaut und Systematik

Der Begriff 'Sicherheit' ist mindestens ebenso mehrdeutig wie der Begriff 'Freiheit'. Gerade Sicherheit bezieht sich auf eine Vielzahl verschiedener Rechtsgüter und der Begriff kann in wechselndem historischen Zusammenhang durchaus unterschiedliche Bedeutungen haben.[106] Allgemein kann man unter dem Begriff der Sicherheit die Abwesenheit von Gefahren verstehen.[107] Aber auch die Freiheit des Einzelnen von Furcht[108] oder das Recht auf körperliche Unversehrtheit[109] sowie ökologische oder soziale Sicherheit kann in den Begriff hineingelesen werden.[110] Wie schon bei der Auslegung des Rechts auf Freiheit dargestellt, scheint jedoch die Systematik des Art. 5 EMRK für eine Einschränkung des Bedeutungsgehalts des Begriffs der Sicherheit zu sprechen. Ein solch allgemeines Recht auf Abwesenheit staatlicher Willkür wäre üblicherweise an prominenterer Stelle positioniert.[111]

2. Entstehungsgeschichte und historischer Kontext

Betrachtet man die verschiedenen Entwürfe der Konvention so stellt man fest, dass die ersten Entwürfe, in denen das Recht auf Freiheit detailliert geregelt wurde, ganz ohne den Begriff der Sicherheit auskamen. In den Entwürfen, die eher deklaratorischen Charakter hatten und sich eng an die Allgemeine Erklärung der Menschenrechte anlehnten, wurde der Begriff der Sicherheit hingegen stets verwendet. So sollte nach einem ersten Entwurf von *Pierre-Henri Teitgen* die Sicherheit der Person in Übereinstimmung mit Art. 3, 5 und 8 der Allgemeinen Erklärung der Menschenrechte der Verein-

103. *Van Dijk/van Hoof*, Convention, p. 253.
104. *Castberg*, Convention, p. 92.
105. *Herzog*, Grundrechtsbeschränkung, S. 17f. leitet diese Bedeutung aus dem lateinischen 'Securitas' her, das — wörtlich übersetzt — Trennung oder Freiheit von Sorge bedeute; *Isensee*, Sicherheit, S. 25.
106. *Robbers*, Sicherheit, S. 28.
107. *Krings*, Sécurité, p. 1548 versteht darunter die Minimierung des Lebensrisikos auf ein Mindestmaß; *Trechsel*, Menschenrechtskonvention, S. 176.
108. *Herzog*, Grundrechtsbeschränkung, S. 17f.
109. So *Schorn*, EMRK, S. 131.
110. Zum Begriff der Sicherheit vgl. *Calliess*, ZRP 2002, 1ff. mwN.
111. Vgl. zur systematischen Argumentation oben Kapitel 2 Abschnitt 1 Seite 53.

ten Nationen durch die Mitgliedstaaten geschützt werden. Neben dem Recht auf Freiheit aus Art. 3 spielte danach für das Recht auf Sicherheit auch das Verbot der Folter aus Art. 5 und der Anspruch auf Rechtsschutz vor innerstaatlichen Gerichten aus Art. 8 der Allgemeinen Erklärung der Menschenrechte der Vereinten Nationen für die Sicherheit der Person eine Rolle.[112]

In den endgültigen Text der EMRK wurde der Begriff der Sicherheit erst durch den Ausschuss der Regierungsbeamten bei der Kombination der beiden durch den Expertenausschuss vorgeschlagenen Varianten aufgenommen.[113] Der Begriff 'Sicherheit' wurde in diesem Zuge nicht diskutiert. Aus der Entstehungsgeschichte der EMRK selbst ergeben sich daher keine weiteren Anhaltspunkte für die Auslegung des Begriffs.

Auch der Begriff der Sicherheit in Art. 5 Abs. 1 S. 1 EMRK steht jedoch in engem Zusammenhang zur Allgemeinen Erklärung der Menschenrechte der Vereinten Nationen. Wie bereits gezeigt, wurde mit der Einführung des ersten Satzes in Art. 5 EMRK eine Formulierung des Art. 3 der AEMR übernommen, der seinerseits durch historische Vorbilder inspiriert war.[114] Um mögliche Inhalte des Begriffs 'Sicherheit' zu ergründen, erscheint es sinnvoll, diese Vorbilder näher zu beleuchten.

a) Britische Verfassungstradition

Starken Einfluss auf die Entstehung der EMRK hatte, wie bereits gezeigt, das britische Grundrechtsverständnis. Obwohl es der britischen Tradition entsprechend keine allgemeine Deklaration des Rechtes auf Sicherheit gibt, spielte die Sicherheit in der englischen Literatur schon früh eine wichtige Rolle. So stellte *Bowyer* 1842 fest, dass die wichtigsten Rechte des Bürgers 1. das Recht auf Sicherheit und 2. das Recht auf Freiheit seien.[115] *Bowyer* beruft sich mit dieser Äußerung auf *Blackstone*. Auch *Blackstone* zählt das Recht auf Sicherheit zu den wichtigsten aller Menschenrechte und definierte 1765 Sicherheit als *„a person's legal und uninterrupted enjoyment of his life, his limbs, his body, his health and his reputation"*.[116] Diese Rechte werden in der Verfassungstradition des Vereinigten Königreichs dadurch gesichert, dass dem Einzelnen die Möglichkeit gegeben wird, sich bei Beeinträchtigungen durch Einlegung von Rechtsmitteln *(legal remedies)* an den Staat zu wenden. Zudem schützt der Staat diese Rechte durch die strafrechtliche Sanktionierung eines die geschützten Rechtsgüter beeinträchtigenden Verhaltens.[117]

In der britischen Rechtstradition ist der Begriff der Sicherheit mit dem Schutz vor staatlicher Willkür verknüpft. So lassen sich diverse Textpassagen finden, die ein solches Recht auf Sicherheit erwähnen. In der Petition of Rights von 1628, die konkrete

---

112. *Heim*, Sicherheit, S. 14.
113. Vgl. oben Kapitel 2 Abschnitt 1 Seite 49.
114. Vgl. oben Kapitel 2 Abschnitt 1 Seite 54.
115. *Bowyer*, Commentaries, p. 565.
116. *Blackstone*, Commentaries, Vol. I, p. 125.
117. *Bowyer*, Commentaries, p. 570.

Einzelrechte wie die Gesetzmäßigkeit von Steuern und Verhaftung enthält, taucht der Gedanke auf, dass der Einzelne vor willkürlichen Übergriffen des Staates sicher sein soll:

> „(that) no man hereafter be compelled to make or yeild any gift, loane, benevolence, taxe, or such like charge without common consent by acte of Parliament, and that none be called to make aunswere, or take such oath, or to give attendance, or be confined, or otherwise molested or *disquieted* concerning the same, or for refusal thereof. And that no freeman, in any such manner as is before mencioned, be imprisoned or deteined."

Die Petition of Rights von 1628 endet schließlich mit der Aufforderung an den Herrscher:

> „And that your Majestie would be alsoe graciously pleased, for the further comfort and *safetie of your people,* to declare your royall will and pleasure that in the things aforesaid all your officers and ministers shall serve you according to the lawes and statutes of thes realme, as they tender the honor of your Majestie and the prospeeritie of this kingdome."

Für die Sicherheit des Volkes war danach die Einhaltung der Gesetze durch die Offiziere und Minister besonders wichtig. Es handelt sich somit beim Recht auf Sicherheit um eine frühe Form eines Gesetzesvorbehalts, durch den willkürliches Handeln der Exekutive ausgeschlossen werden sollte. Im britischen Rechtskreis lässt sich einem Recht auf Sicherheit daher die Bedeutung des Schutzes vor Willkür staatlichen Handelns entnehmen.

b) Französische Erklärung der Menschen- und Bürgerrechte

Besondere Bedeutung für die Auslegung der Allgemeinen Erklärung der Menschenrechte der Vereinten Nationen — und damit auch der aus dieser in die EMRK übernommenen Passagen — kommt der französischen Erklärung der Menschen- und Bürgerrechte von 1789 zu. Dort heißt es in Art. 2:

> „Le but de toute association politique est la conservation des droits naturels et imprescriptibles de l'homme. Ces droits sont la liberté, la propriété, la sûreté et la résistance à l'oppression."

Danach hat der Staat die Aufgabe, das Recht auf Sicherheit als natürliches Menschenrecht zu sichern. Sicherheit in diesem Sinne wird später in der Verfassung von 1793 wie folgt definiert:

> „Art. 8: La sûreté consiste dans la protection, accordée par la société à chacun de ses membres pour la conservation de sa personne, de ses droits et de ses propriétés."

Das Recht auf Sicherheit besteht darin, dass die Rechte des Einzelnen durch das Zusammenwirken aller und damit durch die Gesellschaft geschützt werden. Die Gesellschaft bietet dem Einzelnen Schutz seiner Person, seiner Rechte und seines Eigentums. In dieser Vorstellung vom Staat spiegelt sich die Idee des Gesellschaftsvertrags wieder, derzufolge der Einzelne in die Gesellschaft eintritt, um durch sie Sicherheit für seine Rechte und Freiheiten zu erhalten. Aufgabe des Staates war es nach dieser Vorstellung vor allem, das Zusammenleben der Menschen in Sicherheit zu ermöglichen.[118] Dabei erwartet der Einzelne Schutz durch die Gesellschaft vor

118. Dazu *Hobbes*, Leviathan, Zweiter Teil, XVII; *Locke*, Regierung, Bd. 2, S. 264 § 95; *Rousseau*, Gesellschaftsvertrag, 6. Kapitel, S. 17.

Angriffen Dritter. Auf der anderen Seite aber soll der Staat diese Aufgabe ohne Willkürmaßnahmen erfüllen, die ihrerseits eine Bedrohung der natürlichen Freiheitsrechte darstellen würden. Jeder Einzelne soll jederzeit die Folgen seines Verhaltens abschätzen können. Um diesen Erfordernissen Rechnung zu tragen, wird das — in Art. 2 der Erklärung der Menschen- und Bürgerrechte von 1789 nur allgemein als Staatsaufgabe deklarierte — Recht auf Sicherheit in den folgenden Artikeln der Erklärung konkretisiert.[119] Als Konkretisierung des Rechts auf Sicherheit gelten die Art. 7 [120] (nulla poene sine lege), Art. 8[121] (der Grundsatz der Verhältnismäßigkeit von Strafen) und Art. 9[122] (die Unschuldsvermutung).[123] Die Formulierung dieser einzelnen Rechte entsprach sowohl dem aktuellen Bedürfnis nach Schutz vor der Willkür des absoluten Herrschers[124] als auch der Vorstellung, dass nur durch die Einführung und die gleichmäßige Durchsetzung allgemeiner und bekannter Gesetze Willkür im Umgang mit Einzelnen ausgeschlossen und ein sicheres Zusammenleben der Menschen im Staat ermöglicht würde.[125]

In der französischen Verfassungstradition versteht man folglich unter dem Begriff der Sicherheit *(sûreté)* einen Schutz vor willkürlicher Verhaftung, Gefangenschaft und Strafe und insofern eine Garantie der Rechtssicherheit des Individuums gegenüber der Staatsmacht.[126] Sicherheit im Sinne dieses Willkürverbots erfordert die Bestimmtheit der Gesetze, das Rückwirkungsverbot, die Angemessenheit von Strafen, die Unschuldsvermutung, das Recht auf ein zügiges Gerichtsverfahren und die Unabhängigkeit der Gerichte.[127] Das Recht auf Sicherheit wird damit auch in der französischen Rechtsordnung als Schutz vor Willkür interpretiert.

---

119. Vgl. dazu oben Kapitel 2 Abschnitt 1 Seite 57.

120. Art. 7: „Nul homme ne peut être accusé, arrêté ni détenu que dans les cas déterminés par la loi, et selon les formes qu'elle a préscrites. Ceux qui sollicitent, expédient, exécutent ou font exécuter des ordres arbitraires doivent être punis; mais tout citoyen appelé ou saisi en vertu de la loi doit obéir à l'instant: il se rend coupable par la résistance".

121. Art. 8: „La loi ne doit établir que des peines strictement et évidemment nécessaires, et nul ne peut être puni qu'en vertu d'une loi établie et promulguée antérieurement au délit, et légalement appliquée."

122. Art. 9: „Tout homme étant présumé innocent jusqu'à ce qu'il ait été déclaré coupable, s'il est jugé indispensable de l'arrêter, toute rigueur qui ne serait pas nécessaire pour s'assurer de sa personne doit être sévèrement réprimée par la loi."

123. *Burdeau*, Libertés, p. 129; *Colliard*, Libertés, p. 301ff.; *Lebreton*, Libertés, p. 74.; *Robbers*, Sicherheit, S. 19.

124. *Rivero*, Libertés, Vol. 2, p. 23.

125. *Locke*, Regierung, Bd. 2, S. 213 und 283ff. §§ 21, 124ff.

126. *Burdeau*, Libertés, p. 129; *Israel*, Libertés, p. 377; *Itin*, Grundrechte, S. 50ff.; *Luchaire*, RDP 1989, 609, (610); *Morange*, Libertés, p. 132; *Robbers*, Sicherheit, S. 18; *Stahl*, Grundfreiheiten, S. 155; *Turpin*, Libertés, p. 158.

127. *Rivero*, Libertés, Vol. 1, p. 31.

c) Ergebnis

Sowohl aus der französischen Verfassungstradition, die die Allgemeine Erklärung der Menschenrechte der Vereinten Nationen und damit indirekt die EMRK beeinflusst hat, als auch aus der britischen Tradition lässt sich dem Recht auf Sicherheit in erster Linie ein Willkürverbot für Handlungen des Staates — insbesondere für den Bereich des Strafrechts — entnehmen. Das Recht des Art. 5 EMRK, das diesen Begriff aufgreift, könnte daher ebenfalls als allgemeines Willkürverbot interpretiert werden.

Art. 5 EMRK ist jedoch nicht die einzige Norm der Konvention, die den Einzelnen vor der Willkür des Staates schützen soll. Ausprägungen des Gedankens der Sicherheit in diesem Sinne finden sich auch in Art. 6 Abs. 1 und 3 EMRK (richterliche Unabhängigkeit und Verfahrensrechte), Art. 6 Abs. 2 EMRK (Unschuldsvermutung) und Art. 7 EMRK (nulla poene sine lege). Diese Normen schützen alle Einzelrechte, die üblicherweise aus dem Recht auf Sicherheit abgeleitet werden. Inhaltlich bleibt für den Schutzbereich des Art. 5 EMRK nurmehr der Schutz vor willkürlichem Freiheitsentzug übrig. Diesbezüglich gilt es die Gesetzmäßigkeit der Freiheitsentziehung und bestimmte Verfahrensrechte zu sichern. Mit dem Recht auf Sicherheit in Art. 5 Abs. 1 S. 1 EMRK ist daher die gleiche Sicherheit gemeint wie sie in Art. 5 Abs. 1 S. 2 und Abs. 2-4 konkretisiert ist. 'Freiheit' und 'Sicherheit' schützen folglich beide die körperliche Bewegungsfreiheit.

Damit ist nun aber nicht gesagt, dass dem Recht auf Sicherheit gar keine eigenständige Bedeutung zukommt. Durch die Nennung des Rechts auf Sicherheit in Art. 5 EMRK werden allgemeine rechtsstaatliche Anforderungen an eine Haft oder Verhaftung gestellt. Aspekte des Rechts auf Sicherheit, die sich nicht dem Wortlaut des Art. 5 Abs. 1 S. 2, Abs. 2-4 EMRK entnehmen lassen, ergeben sich aus dem allgemeinen Recht des Art. 5 Abs. 1 S. 1 EMRK. So kann beispielsweise die rechtsstaatliche Forderung, dass der Staat über den Verbleib seiner Gefangenen Auskunft geben können muss — wie sie durch den EGMR verschiedenen Urteilen gegen die Türkei aufgestellt wird[128] — auf diese Weise aus dem Begriff der Sicherheit abgeleitet werden.

IV. Freiheitsentziehung

Art. 5 EMRK schützt also die körperliche Bewegungsfreiheit des Einzelnen bzw. aller Menschen, die sich auf dem Hoheitsgebiet des Mitgliedstaates befinden oder sonst deren Jurisdiktion unterliegen.[129] Damit steht das durch Art. 5 EMRK geschützte Rechtsgut fest. Noch nicht geklärt ist aber, in welchem Umfang das Recht auf körperliche Bewegungsfreiheit durch Art. 5 EMRK geschützt wird. Staatliche Eingriffe in das Recht auf körperliche Bewegungsfreiheit sind sehr vielfältig.

128. Vgl. oben Kapitel 2 Abschnitt 1 Seite 62.

129. Der persönliche Schutzbereich ergibt sich aus Art. 1 EMRK, in dem es heisst: „The High Contracting Parties shall secure to everyone within their jurisdiction the rights and freedoms defined in Section I of this Convention."

Es lassen sich verschiedene Maßnahmen unterscheiden: Zum ersten gibt es Fälle, in denen eine Beschränkung der körperlichen Bewegungsfreiheit mit dem Einverständnis des Betroffenen erfolgt und solche, in denen dem Betroffenen die Freiheit gegen seinen Willen entzogen wird. Die körperliche Bewegungsfreiheit kann sowohl durch eine Inhaftierung als auch durch das bloße Verbot, einen bestimmten Ort zu betreten, beschränkt werden. Die Beschränkung der körperlichen Bewegungsfreiheit kann Sekunden, aber auch Jahre andauern. Zudem kann danach differenziert werden, ob die körperliche Bewegungsfreiheit mittels unmittelbarem körperlichen Zwang oder allein durch das Auferlegen von rechtlichen Aufenthaltspflichten beeinträchtigt wird. Schließlich kann ein Eingriff in das Recht auf körperliche Bewegungsfreiheit alleiniges Ziel einer Maßnahme oder aber nur Mittel zur Verfolgung eines ganz anderen Zieles sein. Verschiedene Kriterien, wie der Grad der räumlichen Beschränkung, die Dauer, der Zweck und die Mittel des Eingriffs spielen bei der Qualifizierung des Eingriffs eine Rolle. Allgemein werden diese Eingriffe auch terminologisch nach der Schwere unterschieden. So trifft auch der EGMR in seiner Rechtsprechung die Unterscheidung zwischen weniger schweren und eingriffsintensiveren Freiheitsbeschränkungen.[130]

Ein Hinweis auf den Schutzumfang des Art. 5 EMRK findet sich in Art. 5 Abs. 1 S. 2. EMRK. Dort heisst es, dass nur „in den folgenden Fällen und nur auf dem gesetzlich vorgeschrieben Wege" jemandem seine Freiheit entzogen werden darf:

„No one shall be deprived of his liberty (...)."/ „Nul ne peut être privée de sa liberté (...)."

Art. 5 EMRK schützt danach nicht vor jeglicher Beeinträchtigung der persönlichen Freiheit, sondern nur vor dem Entzug der Freiheit.[131] Damit ist jedoch noch nicht gesagt, was unter einem solchen Freiheitsentzug zu verstehen ist und gegenüber welchen staatlichen Eingriffen genau Schutz geboten wird.

Auch EKMR und EGMR gehen davon aus, dass Art. 5 EMRK nur vor Freiheitsentziehungen schützt. Die Abgrenzung von Freiheitsbeschränkung und Freiheitsentziehung ist nach ihrer Rechtsprechung nur gradueller Art.[132] Es sei in jedem Einzelfall die Intensität der Maßnahme zu prüfen, um festzustellen, ob eine Freiheitsentziehung im Sinne des Art. 5 EMRK vorliegt.[133] Dabei seien die der betroffenen Person auferlegten Beschränkungen sowie deren Zweck und Dauer zu berücksichtigen.[134]

---

130. EGMR 25.06.1996 Amuur/France, Reports 1996-III para. 43.

131. Eine Abgrenzung von Freiheitsentzug und anderen, die Bewegungsfreiheit beeinträchtigenden Maßnahmen, ist auch im Rahmen des Art. 104 GG vorzunehmen, vgl. dazu unten Kapitel 2 Abschnitt 2 Seite 96.

132. EGMR 06.11.1980 Guzzardi/Italy, Series A 39 para. 93: „The difference between deprivation of and restriction upon liberty is nonetheless merely one of degree or intensity, and not one of nature or substance."

133. *Cohen-Jonathan*, Convention, p. 317.

134. St. Rspr. vgl.: EGMR 08.06.1976 Engel/Netherlands, Series A 22, para. 59; EGMR 28.05.1985, Series A 93 para. 41.

A. Einwilligung

Grundsätzlich liegt ein „Entzug" der Freiheit dann nicht vor, wenn der Aufenthalt einer Person an einem bestimmten Ort freiwillig ist und die Person zu jeder Zeit den Gewahrsam verlassen kann.[135] In dieser Situation kann die Person jederzeit ungehindert ihre körperliche Bewegungsfreiheit ausüben und wird durch nichts in diesem Recht beeinträchtigt. Daraus ergibt sich jedoch nicht, dass bereits eine einmalige Einwilligung in den Gewahrsam ausreicht, damit eine dann erfolgende Beschränkung der Bewegungsfreiheit aus dem Anwendungsbereich des Art. 5 EMRK herausfällt.[136] Auch wenn die betroffene Person ursprünglich selbst um Haft nachgesucht hat, später aber nicht mehr den einmal gewählten Gewahrsam frei verlassen kann, liegt eine Freiheitsentziehung vor, die am Maßstab des Art. 5 EMRK zu messen ist. In diesem Fall kann die betroffene Person sich nicht zu jeder Zeit an jeden beliebigen Ort bewegen. In dem Moment, in dem sie sich zu einem Ortswechsel entschließt, diesem aber äußere Hindernisse entgegenstehen, liegt eine Beschränkung der körperlichen Bewegungsfreiheit vor. So entschieden EKMR und EGMR im Fall *de Wilde, Ooms.*[137] In diesem Fall hatten sich die drei Antragsteller des Verfahrens freiwillig zur Polizeistation begeben und um Obdach nachgesucht. Sie wurden daraufhin inhaftiert und in einer Anstalt für Landstreicher untergebracht, die sie nicht mehr verlassen konnten. Die belgische Regierung argumentierte, dass ein Freiheitsentzug im Sinne des Art. 5 EMRK deshalb nicht vorläge, weil sich alle drei Personen freiwillig bei der Polizei gemeldet hätten. Der EGMR stellte hingegen fest, dass das Recht auf Freiheit in einer demokratischen Gesellschaft zu wichtig sei, als dass sich eine Person durch einmalige Einwilligung in ihre Inhaftierung des Schutzes des Art. 5 EMRK begeben könne.[138]

Im Ergebnis ist also ein Verzicht auf das Recht auf Freiheit immer dann beachtlich, wenn der Verbleib einer Person an einem bestimmten Ort zu jeder Zeit von deren Willen getragen ist. In diesem Fall liegt tatbestandlich kein 'Entzug' der Freiheit vor. Allein durch eine einmalige Einwilligung in eine Ingewahrsamnahme kann jedoch nicht auf den Schutz des Art. 5 EMRK verzichtet werden.

B. Zwangselement

Eine Freiheitsentziehung im Sinne des Art. 5 EMRK liegt immer dann vor, wenn physische Gewalt angewendet wird, um eine Person am Verlassen eines Ortes zu hindern. In Betracht kommt dabei das Festhalten oder Einsperren einer Person, aber

135. So auch *Herzog*, AöR 86 (1961), 194 (207); *Trechsel*, Menschenrechtskonvention, S. 98.
136. *Harris/O'Boyle/Warbrick*, Convention, p. 102; *Velu/Ergec*, Convention, p. 254.
137. EGMR 18.06.1971 de Wilde, Ooms and Versyp/Belgium, Series A 12.
138. EGMR 18.06.1971 de Wilde, Ooms and Versyp/Belgium, Series A 12 para. 65: „the right to liberty is too important in a 'democratic society' within the meaning of the Convention for a person to lose the benefit of the protection of the Convention for the single reason that he gives himself up to be taken into detention. Detention might violate Article 5 (art. 5) even although the person concerned might have agreed to it."

auch deren Einkesselung durch Polizeibeamte. Die Freiheit kann jedoch auch durch die Auferlegung von Rechtspflichten zum Verweilen an einem bestimmten Ort beschränkt werden. Können diese Rechtspflichten für den Fall ihrer Nichtbefolgung unmittelbar durch physischen Zwang durchgesetzt werden, befindet sich die betroffene Person in einer dem Festhalten durch unmittelbaren physischen Zwang vergleichbaren Situation.[139] Versucht sie den Ort zu verlassen, wird sie durch physischen Zwang daran gehindert.

Anders hingegen verhält es sich, wenn einer Person eine Pflicht zum Aufenthalt an einem bestimmten Ort auferlegt ist, diese Pflicht im Fall der Nichtbefolgung aber nicht durch physischen Zwang, sondern durch die Androhung von Strafsanktionen oder Bußgeldern durchgesetzt wird. Gedacht werden kann diesbezüglich beispielsweise an die Vorladung — nicht aber die zwangsweise Vorführung — vor Gericht oder zum Verkehrsunterricht oder auch die Schul- bzw. Militärdienstpflicht. Die betroffene Person hat unter diesen Umständen die Wahl, ihrer Verpflichtung nachzukommen, oder sich ihr — unter Inkaufnahme anderer Nachteile — zu entziehen.[140] Zwar können die angedrohten Sanktionen ihrerseits einen Freiheitsentzug mit sich bringen, allein die Rechtspflicht, sich an einem Ort aufzuhalten oder dort zu erscheinen, stellt jedoch noch keinen Entzug der Freiheit im Sinne des Art. 5 EMRK dar.

C. Arrest and detention

Eine Einschränkung des Schutzbereichs des Art. 5 EMRK könnte darin gesehen werden, dass gemäß Art. 5 Abs. 1 S. 2 lit. a-f EMRK eine Freiheitsentziehung nur zu bestimmten Zwecken zulässig ist. Die lit. a-f betreffen allesamt die Festnahme oder Haft: „*arrest or detention*". Daraus könnte im Umkehrschluss abgeleitet werden, dass Art. 5 EMRK auch nur vor solchen Maßnahmen schützen will, die eine Festnahme oder Haft im Sinne des Art. 5 Abs. 1 S. 2 EMRK darstellen.[141] Die Begriffe „*arrest*" bzw. „*arrestation*" bezeichnen — sowohl im englischen als auch im französischen Rechtskreis — den Akt, durch welchen die Haft beginnt: die Festnahme. „*Detention*" bzw. „*détention*" bezeichnen jede Form der staatlichen Freiheitsentziehung.[142] Die Ausdrücke „*arrest or detention*" sind hinsichtlich der Dauer der Freiheitsentziehung, der räumlichen Beschränkung und der Ziele, die mit ihnen verfolgt werden, neutral.[143] Allein durch die Deutung dieser Ausdrücke lässt sich folglich nicht auf eine Beschränkung des Schutzbereiches des Art. 5 EMRK schließen.[144]

---

139. *Davy*, ZfV 1992, 14 (18); *Kopetzki*, Unterbringung Bd. 1, S. 262.
140. *Kopetzki*, Unterbringung Bd. 1, S. 262; *Koschwitz*, Freiheitsentziehung, S. 34f.
141. *Gollwitzer* in: Löwe-Rosenstein, StPO-Kommentar, Art. 5 EMRK Rn.17; *Guradze*, EMRK-Kommentar, Art. 5 Rn. 5; *Harris/O'Boyle/Warbrick*, Convention, p. 97.
142. Vgl. zum 'arrest' im Recht des Vereinigten Königreichs unten Kapitel 3 Abschnitt 4 Seite 182.
143. *Koschwitz*, Freiheitsentziehung, S. 188.
144. So auch *Schubarth*, ZSR 94 (1975), 465 (467).

D. Räumliche Beschränkung

Auch die Größe des Raumes, auf den die Bewegungsfreiheit einer Person beschränkt ist, kann für die Qualifikation einer Maßnahme als Freiheitsbeschränkung oder Freiheitsentziehung herangezogen werden. Der EGMR war bereits mehrfach mit der Frage befasst, ob es sich bei einer Beschränkung der körperlichen Bewegungsfreiheit auf ein bestimmtes Gebiet oder eine bestimmte Räumlichkeit um eine Freiheitsentziehung im Sinne des Art. 5 EMRK handelt. Das Festhalten einer Person in einem Haftraum oder auch in einem Gebäude wurde vom Gerichtshof stets als Freiheitsentziehung im Sinne des Art. 5 EMRK angesehen.[145] Keine Freiheitsentziehung liegt nach der Rechtsprechung des EGMR dagegen dann vor, wenn faktisch die Möglichkeit besteht, den Raum zu verlassen.[146] Aufenthaltsbeschränkungen auf größere geografische Gebiete, wie z.B. das Gebiet einer Gemeinde oder einer Ortschaft, stellen nach der Rechtsprechung der EKMR ebenfalls keine Freiheitsentziehung dar.[147] Da in die Bewertung aber auch andere Kriterien, wie die Dauer und die Möglichkeit zur Unterhaltung von Sozialkontakten eine Rolle spielen, kann ein Zwangsaufenthalt auf einer etwa 2,5 km großen Insel bei ständiger Bewachung, langer Dauer und unter Abbruch aller Kontakte zur Außenwelt nach der Rechtsprechung des EGMR als Freiheitsentzug gewertet werden.[148]

Bei der Beantwortung der Frage, ob eine staatliche Maßnahme eine Freiheitsentziehung oder eine Freiheitsbeschränkung darstellt, spielt damit die Größe des Raumes, in dem sich die betroffene Person bewegen kann, eine wichtige Rolle. Handelt es sich um ein größeres Gebiet, so ist nicht das Recht auf Freiheit des Art. 5 EMRK, sondern das Recht auf Freizügigkeit des Art. 2 des 4. Zusatzprotokolls zur EMRK betroffen.

E. Dauer

Neben dem Kriterium der räumlichen Begrenzung der Bewegungsfreiheit spielt in der Diskussion um den Begriff der Freiheitsentziehung die Frage nach der Dauer eines Eingriffs in die körperliche Bewegungsfreiheit eine große Rolle. Während EGMR und EKMR die Dauer der Beschränkung als ein im Einzelfall zu bewertendes Kriterium heranziehen, neigt die Literatur dazu, kurzfristige Freiheitsentziehungen ganz aus dem

145. EGMR 01.06.1961 Lawless/Ireland, Series A 3 para. 12 (Haft in einem Gefängnis und einem Gefangenenlager); EGMR 08.06.1976 Engel/Netherlands, Series A 22 para. 63; EKMR 07.10.1976 X, Y/Sweden DR 7, 123 (124) (Aufenthalt in einem Flugzeug); EGMR 28.05.1985 Ashingdane/United Kingdom, Series A 93, para. 42 (Unterbringung in einem psychiatrischen Krankenhaus trotz der Möglichkeit, sich in dem Krankenhaus frei zu bewegen und dies zu einzelnen Gelegenheiten zu verlassen).

146. EKMR 19.03.1981 X/Germany, DR 24, 158 (161) (In dem Fall mussten zwei Kinder in einem unverschlossenen Raum der Polizeidienststelle auf ihre Eltern warten).

147. EKMR 27.05.1991 Ciancimino/Italy DR 70, 103 (112).

148. EGMR 06.11.1980 Guzzardi/Italy, Series A 39, para. 95.

Anwendungsbereich des Art. 5 auszuklammern.[149] Als Grund dafür wird angeführt, dass es Formen kurzfristigen Freiheitsentzuges gebe, die von den Eingriffsvorbehalten des Art. 5 Abs. 1 S. 2 lit. a-f EMRK nicht gedeckt seien, jedoch in fast allem Vertragsstaaten existierten.[150] Gedacht wird dabei an das Anhalten einer Person zur Identitätsfeststellung, das Festhalten Betrunkener zur Ausnüchterung, den polizeiliche Gewahrsam, die zwangsweise Vorführung von Zeugen oder die Anwendung von unmittelbarem Zwang im Rahmen der Verwaltungsvollstreckung. Diese Maßnahmen seien von vornherein nur auf eine kurze Dauer ausgerichtet, weshalb die Verfahrensrechte des Art. 5 Abs. 2-4 EMRK nicht auf sie zugeschnitten seien.[151]

Bereits die Prämisse, dass die genannten Maßnahmen nicht unter die Eingriffstatbestände des Art. 5 Abs. 1 S. 1 lit. a-f subsumiert werden können,[152] ist zumindest angreifbar. Gegen eine Beschränkung des Schutzbereiches auf Maßnahmen, deren Ziel eine längerfristige Aufhebung der Bewegungsfreiheit ist, spricht aber auch, dass es schwer ist, eine exakte Dauer zu benennen, ab der eine Maßnahme von einer Freiheitsbeschränkung zur Freiheitsentziehung wird.[153] So werden von einigen Autoren sogar Maßnahmen wegen ihrer kurzen Dauer aus dem Anwendungsbereich des Art. 5 EMRK herausgenommen, die durchaus mehrere Stunden dauern können, wie beispielsweise die Ausnüchterungshaft.[154] Sogar eine regelmäßige Dauer des Gewahrsams von mehr als 24 Stunden wird von einigen Autoren als kurzfristige Freiheitsentziehung aus dem Schutzbereich des Art. 5 EMRK ausgenommen.[155]

Dies führt im Ergebnis dazu, dass Maßnahmen, die nur auf eine kurzfristige Freiheitsentziehung gerichtet sind, nicht mehr im Rahmen der Prüfung einer Verletzung des Art. 5 EMRK vom EGMR geprüft werden können. Eine Prüfung der Maßnahme ist somit selbst dann nicht möglich, wenn die Freiheitsentziehung im Einzelfall doch über einen längeren Zeitraum aufrecht erhalten wird. Zwar ist es nachvollziehbar, dass Art. 5 EMRK nicht so ausgelegt werden sollte, dass den Vertragsstaaten die Möglichkeit der Anwendung von Zwang zur Durchsetzung einer Pflicht gänzlich genommen wird. Diese Möglichkeit wird den Staaten aber auch dann nicht genommen, wenn man davon ausgeht, dass auch Maßnahmen vom Schutzbereich des Art. 5 EMRK erfasst werden, die eigentlich nur auf einen kurzfristige Freiheitsentziehung abzielen. Statt einer pauschalen Beschränkung des Schutzbereichs des Art. 5 EMRK, die dazu führt, dass sich der EGMR mit diesen Fällen gar nicht mehr befassen kann, kann eine Prüfung der Intensität des Eingriffs — und damit seine Dauer — in jedem Einzelfall

149. *Gollwitzer* in: Löwe-Rosenstein, StPO-Kommentar, Art. 5 EMRK Rn. 22; *Haller, W.*, Polizeigesetzgebung, S. 563; *Koschwitz*, Freiheitsentzug, S. 177.

150. Dazu ein ausführlicher Rechtsvergleich bei *Koschwitz*, Freiheitsentzug, S. 221ff.; so auch noch *Trechsel*, Menschenrechtskonvention, S. 186, der seine Meinung später aber ausdrücklich geändert hat vgl. *Trechsel*, HRLJ Vol. 1 (1980), 88 (96).

151. *Gollwitzer* in: Löwe-Rosenstein, StPO-Kommentar, Art. 5 EMRK Rn. 22.

152. Dazu: *Davy*, ZfV 1992, 14 (18).

153. *Koschwitz*, Freiheitsentziehung, S. 256; *Schubarth*, ZSR 94 (1975), 465 (466); *Velu/Ergec*, Convention, p. 253.

154. *Haller, W.*, Polizeigesetzgebung, S. 570.

155. So *Koschwitz*, Freiheitsentziehung, S. 256.

erfolgen. Ist die Freiheitsentziehung im konkreten Fall tatsächlich von kurzer Dauer, so kann dies dazu führen, dass sie bei näherer Prüfung keine Freiheitsentziehung im Sinne des Art. 5 EMRK darstellt. Wird im Einzelfall die Freiheit jedoch länger entzogen, so kann dies dazu führen, dass die Maßnahme als Freiheitsentziehung im Sinne des Art. 5 EMRK zu bewerten ist.

Diese Einzelfallprüfung hat für die Vertragsstaaten den Nachteil, dass schwerer vorhersehbar ist, welche Maßnahmen eine Freiheitsentziehung im Sinne des Art. 5 EMRK darstellen. Da aber auf diese Weise alle Maßnahmen justiziabel bleiben, wird im Ergebnis ein wesentlich höheres Schutzniveau erreicht werden, als im Fall des generellen Ausschlusses kurzfristigen Freiheitsentzugs aus dem Schutzbereich des Art. 5 EMRK.

Auch der EGMR und die EKMR haben sich für eine Einzelfallprüfung der Dauer der Freiheitsbeschränkung entschieden.[156] Nach der Rechtsprechung des EGMR im Fall *Amuur* kann eine bloße Freiheitsbeschränkung durch Zeitablauf zu einer Freiheitsentziehung im Sinne des Art. 5 EMRK werden.[157] Im Urteil *Riera Blume* ging es um einen Fall, in dem Mitglieder einer Sekte von der Polizei festgenommen und zu ihren Familien gebracht wurden. Den Familien wurde von der Polizei geraten, die Betroffenen einige Tage einzusperren.[158] Schon der Transport im Polizeiwagen über 30 km fiel trotz seiner kurzen Dauer in den Anwendungsbereich des Art. 5 EMRK und damit unter die Kontrolle des EGMR. Auch die sofortige Abschiebung von Ausländern, die weniger als zwei Stunden nach ihrer Festnahme erfolgte[159] und das Festhalten zur Durchführung eines Bluttestes[160] wurden von der EKMR als Freiheitsentziehungen im Sinne des Art. 5 EMRK gewertet. Es lässt sich damit festhalten, dass auch nach der Rechtsprechung der Konventionsorgane vom Schutzbereich des Art. 5 EMRK grundsätzlich auch Maßnahmen erfasst werden, die auf eine kurze Dauer ausgerichtet sind. Wann eine Maßnahme in einem solchen Fall eine Freiheitsentziehung darstellt, ist im Einzelfall zu entscheiden.

Für diese Arbeit ergibt sich bei einer derart weiten Auslegung des Schutzbereichs die Schwierigkeit, dass nicht einzelne Maßnahmen auf ihre Dauer im konkreten Einzelfall und damit ihre Vereinbarkeit mit Art. 5 EMRK hin überprüft werden kann. Es muss daher eine abstrakte Betrachtung der gesetzlichen Ermächtigungen zum Freiheitsentzug erfolgen. Gegenstand der Betrachtung soll das nationale Recht mit seinen Ermächtigungen zum Freiheitsentzug in ihrer „typischen" Anwendung durch die Praxis sein. Außer Betracht gelassen werden sollen daher im Weiteren die nationalen Er-

---

156. Vgl. oben Kapitel 2 Abschnitt 1 Seite 69.
157. EGMR 25.06.1996 Amuur/France, Reports 1996-III para. 43: „Such holding should not be prolonged excessively, otherwise there would be a risk of it turning in a mere restriction on liberty — inevitable with a view to organising the practical details of the alien's repatriation or, where he has requested asylum, while his application for leave to enter the territory for that purpose is considered — into a deprivation of liberty."
158. EGMR 14.10.1999 Riera Blume/Spain, Appl.-No. 37680/97 para. 30.
159. EKMR 07.10.1976 X/Sweden, DR 7, 123 (124).
160. EKMR 13.12.1979, DR 18, 154 (156).

mächtigungsgrundlagen, die zwar zur körperlichen Einwirkung — auch durch Festhalten einer Person — ermächtigen, aber auf Maßnahmen von kurzer, d.h. von unter einer Stunde Dauer ausgerichtet sind.

F. Zweck

Häufig wird neben dem Kriterium der Dauer einer Freiheitsbeschränkung auch auf das Kriterium des Zwecks der staatlichen Maßnahme abgestellt. So soll es sich bei Eingriffen in die körperliche Bewegungsfreiheit nicht um Freiheitsentziehungen im Sinne des Art. 5 EMRK handeln, wenn sie lediglich Folge von Maßnahmen seien, die nicht primär die Freiheitsentziehung bezwecken, sondern die Freiheitsentziehung zur Sicherung einer den Bürger treffenden Pflicht als unvermeidbar in Kauf nehmen.[161] Der österreichische Verfassungsgerichtshof stellt bei seiner Auslegung des Art. 5 EMRK darauf ab, ob der Wille der einschreitenden Beamten primär auf die Freiheitsbeschränkung oder auf eine andere Maßnahme gerichtet war.[162] Der Gerichtshof qualifizierte die im Rahmen einer Eskorte von Personen[163], einer Identitätskontrolle[164], einer Personendurchsuchung[165], einer Fahrzeugkontrolle[166] und der Durchführung eines Alkoholtests[167] erfolgende Anhaltung von Personen als bloß sekundäre Folge einer primär einem anderen Zweck dienenden Anwesenheitspflicht.

Die Kommission scheint sich ebenfalls des Kriteriums des Zweckes der Freiheitsbeschränkung zu bedienen. So qualifizierte sie das Festhalten zweier 10-jähriger Kinder in einem unverschlossenen Raum einer Polizeistation nicht als eine Freiheitsentziehung im Sinne des Art. 5 EMRK. Die Kommission begründete diese Entscheidung damit, dass die Kinder nur zum Zwecke der Befragung mit auf die Wache genommen wurden und nicht in der Absicht, sie zu inhaftieren.[168] Gegen eine Qualifizierung dieser Maßnahme als Freiheitsentzug sprach aber auch, dass der Raum, in dem die Kinder warteten, nicht verschlossen war und die Maßnahme letztlich nur zwei Stunden andauerte. Die EKMR bezieht in ihrer Entscheidung alle diese Kriterien mit ein, so dass letztlich nicht klar ist, ob sie tatsächlich den Zweck einer Maßnahme für ausschlaggebend hält.

Der Ausschluss von Maßnahmen aus dem Schutzbereich des Art. 5 EMRK, die primär einen anderen Zweck als den der Freiheitsentziehung verfolgen, erscheint aus verschiedenen Gründen problematisch. Stellt man auf die subjektive Intention der

---

161. *Gollwitzer* in: Löwe-Rosenstein, StPO-Kommentar, Art. 5 EMRK Rn. 17; *Gusy*, NJW 1992, 457 (460).
162. Vgl. z.B. VfSlg 2861/1955, 8327/1978, 11397/1987., dazu *Rosenmayr*, EuGRZ 1988, 153 (154).
163. VfSlg 2861/55.
164. VfSlg 5280/66.
165. VfSlg 7298/74, 9384/82.
166. VfSlg 8879/80.
167. VfSlg 7499/75.
168. EKMR 19.03.1981, DR 24, 158 (161).

handelnden Behörde oder des Beamten ab — so handelt ist dies ein nur schwer fassbares und noch schwerer zu überprüfendes Kriterium. Es obläge der Definitionsmacht der Verwaltung, einer Person die Freiheit zu entziehen, die daran geknüpften rechtsstaatlichen Folgen jedoch mit der Begründung zu umgehen, dem Eingriff lägen andere Motive und Zwecke zugrunde.[169] Willkürlichem Freiheitsentzug wären damit Tür und Tor geöffnet.

Aber auch wenn man auf eine objektive Zielsetzung einer Maßnahme abstellt, ist festzustellen, dass jede Verhaftung einem bestimmten anderen Zweck als dem der Freiheitsentziehung dient.[170] So dient die Vollstreckung einer Freiheitsstrafe sowohl dem Ziel der Bestrafung, als auch der Resozialisierung. Als Zweck der Unterbringung psychisch Kranker ist in vielen Gesetzen die Gefahrenabwehr und die Heilung explizit genannt,[171] dennoch bestehen keine Zweifel daran, dass es sich bei der zwangsweisen Unterbringung um eine Freiheitsentziehung im Sinne des Art. 5 EMRK handelt.[172] Da zudem freiheitsentziehende Maßnahmen in keinem Fall zum Selbstzweck verhängt werden dürfen, wäre eine Maßnahme, die „primär" auf den Freiheitsentzug abzielt, in jedem Fall unzulässig.[173] Worauf es bei der Beurteilung einer Maßnahme ankommt, ist vielmehr, ob die von der Maßnahme betroffene Person sich tatsächlich fortbewegen kann oder nicht. Ob dies der Fall ist, ist von dem von der staatlichen Stelle mit dem Eingriff verfolgten Zweck unabhängig. Für die Qualifikation einer staatlichen Maßnahme als Freiheitsentziehung im Sinne des Art. 5 Abs. 1 EMRK kann es daher nicht auf die Intention einer Behörde oder die objektive Zielsetzung einer staatlichen Handlung, sondern allein auf den Erfolg, nämlich die allseitige Aufhebung der körperlichen Bewegungsfreiheit ankommen.

G. Soziale Kontakte und Haftbedingungen

Nach der Rechtsprechung des EGMR spielen weitere Kriterien bei der Qualifikation eines Eingriffs in die körperliche Bewegungsfreiheit eine Rolle. So entschied der EGMR im Fall *Guzzardi*, dass die ihm durch den italienischen Staat auferlegte Aufenthaltsbeschränkung auch und vor allem deshalb einen Freiheitsentzug darstelle, weil ihm die Aufnahme sozialer Kontakte nicht möglich war.[174]

---

169. *Knösel*, ZAR 1990, 75 (78).

170. Dazu: *Davy*, ZfV 1992, 14 (18); *Kopetzki*, Art. 5, S. 293.

171. Z.B in Sec. 2 und 3 des Mental Health Act 1983; Article L3212-1 und Article L3213-1 du Code de la Santé Publique; zum Zweck der Gefahrenabwehr vgl. § 1 Abs.4 UBG BW; § 8 Abs. 1 PsychKG Bln; § 9 Abs. 1 HmbgPsychKG; § 1 Abs. 2 HPsychKG; § 11 Abs. 1 PsychKG NW; § 11 Abs. 1 PsychKG R-P; § 4 Abs. 1 SUBG; § 10 II SächsPsychKG; § 7 Abs. 1 PsychKG S-H.; § 6 Abs. 1 ThürPsychKG.

172. EGMR 28.05.1985 Ashingdane/United Kingdom, Series A 93, para. 42.

173. *Davy*, ZfV 1992, 14 (18); *Davy*, Asyl, Bd. 2, S. 226.

174. EGMR 06.11.1980 Guzzardi/Italy, Series A 39 para. 95: „(...) there were few opportunities for social contacts available to the applicant other than with his near family, his fellow 'residents' and the supervisory staff."

Im Fall *Amuur* qualifizierte der EGMR den Zwangsaufenthalt von Asylbewerbern in einer Unterkunft auf dem Flughafengelände bzw. in unmittelbarer Nähe auch deshalb als Freiheitsentziehung im Sinne des Art. 5 EMRK, weil den Betroffenen kein rechtlicher oder sozialer Beistand zur Beantragung der Anerkennung als politischer Flüchtling gewährt wurde. [175] Im Fall *H.M.* gegen die Schweiz dagegen stellte eine Unterbringung in einem Altenheim nach der Auffassung des EGMR schon deshalb keine Freiheitsentziehung dar, weil die betroffene Person Kontakte zur Außenwelt aufrecht erhalten konnte.[176]

Die Eignung dieser Kriterien zur Feststellung, ob eine Maßnahme einen Freiheitsentzug im Sinne des Art. 5 EMRK darstellt, erscheint jedoch zweifelhaft. Ist einer Person das Verlassen eines Ortes unmöglich, so ist ihr die Freiheit damit bereits entzogen. Ihr stehen dann die in Art. 5 Abs. 2-5 EMRK garantierten Rechte zu. Die Gewährung von rechtlichem bzw. sozialem Beistand oder das Ermöglichen der Kommunikation mit anderen Menschen nimmt der Beschränkung der Bewegungsfreiheit nicht den Charakter der Freiheitsentziehung. Auch die Tatsache, dass die betroffene Person durch Kooperation mit der Verwaltung eine Unterbringung hätte verhindern können, ist für die Frage, ob aktuell eine Freiheitsentziehung vorliegt, irrelevant.[177] Diese Kriterien eigenen sich nicht zur Beurteilung des freiheitsentziehenden Charakters einer Maßnahme.

H. Ergebnis

Festzuhalten ist daher, dass Art. 5 EMRK den Einzelnen vor dem Entzug der Freiheit schützt. Ein Freiheitsentzug setzt eine räumliche Beschränkung der Bewegungsfreiheit über eine gewisse Dauer voraus, durch die eine Person am Verlassen eines Ortes gehindert wird. Festzuhalten ist weiter, dass Maßnahmen, die die Freiheit einer Person beschränken, nicht schon wegen ihrer Rechtsnatur, ihres Zweckes oder anderer Gründe aus dem Schutzbereich des Art. 5 EMRK ausgeschlossen werden können. Nur so wird dem EGMR die Möglichkeit eröffnet, alle staatlichen Maßnahmen daraufhin zu überprüfen, ob sie im konkreten Einzelfall eine Freiheitsentziehung im Sinne des Art. 5 EMRK darstellen. Nur so kann eine umfassende Kontrolle der Einhaltung der staatlichen Pflichten gewährleistet werden.

175. EGMR 25.06.1996 Amuur/France, Reports 1996-III para. 45:„The Court notes that for the greater part of the above period the applicants, who claimed to be refugees, were left to their own devices. They were placed under strict and constant police surveillance and had no legal and social assistance - particularly with a view to completing the formalities relating to an application for political refugee status - until 24 March, when a humanitarian association, which had in the meantime been informed of their presence in the international zone, put them in contact with a lawyer. (...) The Court concludes that holding the applicants in the transit zone of Paris-Orly Airport was equivalent in practice, in view of the restrictions suffered, to a deprivation of liberty.

176. EGMR 26.02.2002 H.M./Switzerland, App. N° 39187/98 para. 45.

177. A.A. EGMR 26.02.2002 H.M./Switzerland, App. N° 39187/98 para. 44.

V. Schranken des Rechts auf Freiheit

A. Die Haftgründe des Art. 5 Abs. 1 S. 2 lit. a-f EMRK

Wie die anderen Rechte der EMRK ist das Recht auf Freiheit im Sinne des Art. 5 EMRK nicht uneingeschränkt gewährleistet. Schon in der ersten Sitzung der Beratenden Versammlung wurde klargestellt, dass der Schutz des Rechts auf Freiheit trotz seiner besonderen Bedeutung nicht dazu führen dürfe, dass die Feinde der Freiheit „frei die Waffen erheben" könnten, um das Recht abzuschaffen. Das Recht auf Freiheit und Sicherheit müsse seine Schranke in dem Recht auf Freiheit und Sicherheit des Nächsten finden.[178]

Bereits in den ersten Entwürfen der detaillierten Fassung des Art. 5 Abs. 1 EMRK waren daher diverse Fälle vorgesehen, in denen freiheitsentziehende Maßnahmen durch den Staat zulässig sein sollten.[179] Mit der Entscheidung für die detaillierte Fassung des Entwurfs, wurde eine Aufzählung der zulässigen Haftgründe in Art. 5 Abs. 1 S. 2 EMRK aufgenommen.[180] Die Verfasser haben sich dabei sichtlich bemüht, alle Fälle der Freiheitsentziehung zu erfassen, die in einer modernen Gesellschaft auftreten können.[181] So wurde die Liste der zulässigen Haftgründe im Laufe der Diskussion mehrfach modifiziert. Letztlich einigte man sich darauf, dass Freiheitsentzug zulässig sein sollte:

- nach rechtmäßiger Verurteilung durch ein Gericht (lit. a),
- zur Erzwingung der Erfüllung eines Gerichtsbeschlusses oder einer durch das Gesetz vorgeschriebenen Verpflichtung (lit. b),
- bei Verdacht einer strafbaren Handlung, zur Verhinderung der Flucht nach einer strafbaren Handlung oder zur Verhinderung der strafbaren Handlung selbst (lit. c),
- zur überwachten Erziehung oder zur Vorführung eines Jugendlichen (lit. d), im Falle ansteckender oder psychischer Krankheiten, bei Landstreichern oder Alkohol- bzw. Drogenabhängigen (lit. e)
- und zur Verhinderung der illegalen Einreise bzw. während eines Ausweisungs- oder Abschiebungsverfahrens (lit. f). [182]

---

178. Maccas (Griechenland) in der ersten Sitzung der Beratenden Versammlung am 19.08.1949, TP Vol. I, Ch. VI. p. 109: „(...) human freedom, just because it is scared, must not become an armoury in which the enemies of freedom can find weapons which they can later use unhindered to destroy this freedom. Next, the freedom and safety of human persons, by reason of their very universality and interdependence, have, as necessary corollary and front line the freedom and security of one's neighbour. If this were not so, safety could only be guaranteed to criminals; and so, the only certainty that innocent people could enjoy would be the certainty of becoming victims."

179. So im Entwurf des Vereinigten Königreichs, eingebracht am 02.02.1950, Doc. A 782, TP Vol. III Ch. XI, p. 189.

180. Bericht des Ausschusses der Regierungsbeamten an das Ministerkomitee Doc. CM/WP 4 (50) 16; A 1426, TP Vol. IV Ch. XV, p. 220; vgl. dazu oben Kapitel 2 Abschnitt 1 Seite 49.

181. *Partsch*, Menschenrechte, S. 123.

182. Auf die einzelnen Haftgründe wird im Folgenden noch einzugehen sein.

Die Diskussion über die Einführung der einzelnen Haftgründe zeigt, dass eine Freiheitsentziehung nur in den aufgeführten Fällen zulässig und der Katalog abschließend sein sollte.[183] Auch der Wortlaut der endgültigen Fassung macht deutlich, dass die Haftgründe abschließend aufgezählt werden. In Art. 5 Abs. 1 S. 2 EMRK heisst es, dass außer in den folgenden Fällen niemandem die Freiheit entzogen werden darf.[184] Ebenso deutet ein Vergleich mit den Rechten der Art. 8-12 EMRK darauf hin, dass die Haftgründe in Art. 5 EMRK abschließend aufgezählt sind. Die Artikel 8 bis 12 EMRK sehen jeweils in ihrem Absatz 2 vor, dass die jeweiligen geschützten Rechte dann beschränkt werden können, wenn die Beschränkung gesetzlich geregelt ist und in einer demokratischen Gesellschaft zu bestimmten (sehr weit gefassten) Zwecken — wie die öffentliche Ruhe und Ordnung — notwendig sind. Ein solcher allgemeiner Gesetzesvorbehalt wäre auch für das Recht auf Freiheit denkbar gewesen. Eine solche Formulierung des Rechts auf Freiheit findet sich noch in Art. 9 der Allgemeinen Erklärung der Menschenrechte, bei dessen Ausarbeitung über eine Liste zulässiger Haftgründe kein Konsens erzielt werden konnte.[185] Im Unterschied zu diesen Regelungen enthält die Aufzählung in Art. 5 Abs. 1 S. 2 EMRK jedoch konkrete Fälle, wie die Alkohol- oder Drogenabhängigkeit, in denen ein Eingriff zulässig sein soll. Diese Aufzählung von einzelnen zulässigen Eingriffen, die in der EMRK einmalig ist, deutet ebenfalls darauf hin, dass die Liste der Haftgründe in Art. 5 EMRK abschließend ist.[186] In der Literatur[187] und der Rechtsprechung[188] herrscht aus diesen Gründen über den abschließenden Charakter der Aufzählung zulässiger Haftgründe in Art. 5 Abs. 1 EMRK Einigkeit.

B. Voraussetzungen rechtmäßigen Freiheitsentzugs

Eine Freiheitsentziehung ist gemäß Art. 5 EMRK nur dann zulässig, wenn einer der Haftgründe des Art. 5 Abs. 1 EMRK vorliegt. Darüber hinaus sieht Art. 5 Abs. 1 EMRK aber noch weitere Voraussetzungen für die Rechtmäßigkeit einer solchen Freiheitsentziehung vor. Zum einen muss die Freiheit auf die „gesetzlich vorgeschriebene Weise" entzogen werden, und zum anderen sehen die einzelnen Litera vor, dass die Haft oder Festnahme „rechtmäßig"erfolgen muss.

---

183. Vgl. oben Kapitel 2 Abschnitt 1 Seite 47.
184. EGMR 08.06.1976 Engel/Netherlands, Series A 22 para. 57: „(...) but the list of deprivations of liberty set out therein is exhaustive, as is shown by the words 'save in the following cases'."
185. *Niemi-Kiesilänen*, UDHR, Art. 9, p. 148.
186. *Herzog*, AöR 86 (1961), 194 (208).
187. *Cohen-Jonathan*, Convention, p. 316; *Fawcett*, Convention, p.68; *Herzog* AöR 86 (1961), 194 (207); *Murdoch*, ICLQ Vol. 42 (1993) 494 (501); *Pettiti*, Convention, p. 191; *Velu/Ergec*, Convention, p. 256; *Villiger*, Handbuch Rn. 329.
188. EGMR 08.06.1976 Engel/Netherlands, Series A 22 para. 57; EGMR 06.11.1980 Guzzardi/Italy, Series A 39 para. 96; EGMR 21.02.1990 Van der Leer/Netherlands, Series A 170-A, para. 22; EGMR 27.09.1990 Wassink/Netherlands, Series A 185-A para. 24; EGMR 22.03.1995 Quinn/France, Series A 311 para. 42.

1. Freiheitsentziehung „auf die gesetzlich vorgeschriebene Weise"

Die Freiheitsentziehung darf gemäß Art. 5 Abs. 1 S. 2 EMRK nur „auf die gesetzlich vorgeschriebene Weise"(*in accordance with a procedure prescribed by law/selon les voies légales*) erfolgen. Mit dieser Formulierung verweist die EMRK auf das nationale Recht, in dem das Verfahren für die freiheitsentziehende Maßnahme „gesetzlich vorgeschrieben" sein muss.[189] Die in Art. 5 EMRK genannten Haftgründe bilden somit für sich allein keine ausreichende Rechtsgrundlage für Freiheitsentziehungen, sondern bedürfen der Konkretisierung durch nationales Recht.[190] Eine Freiheitsentziehung ist somit auch dann konventionswidrig, wenn sie gegen nationales Recht verstößt, das das Verfahren bei Freiheitsentziehungen zum Inhalt hat.[191] Durch diese Regelung sollen willkürliche Freiheitsentziehungen — beispielsweise durch die unzuständige Behörde oder durch Überschreitung der im nationalen Recht gegebenen Kompetenzen — verhindert werden.[192] Das im nationalen Recht vorgesehene Verfahren muss schließlich seinerseits den Anforderungen der Konvention genügen und dafür Sorge tragen, dass willkürlicher Freiheitsentzug möglichst ausgeschlossen ist. Dazu muss eine qualifizierte Stelle zur Anordnung und zum Vollzug der Freiheitsentziehung ermächtigt sein und diese darf ihrerseits nicht willkürlich handeln.[193]

Damit eine Freiheitsentziehung „auf die gesetzlich vorgeschriebene Weise" im Sinne des Art. 5 Abs. 1 S. 2 EMRK entzogen werden kann, müssen folglich drei Voraussetzungen gegeben sein:

- Zunächst muss es ein gesetzlich geregeltes innerstaatliches Verfahren geben, das den Freiheitsentzug regelt.
- Dieses Verfahren muss seinerseits konventionskonform sein.
- Das Verfahren muss im konkreten Fall auch eingehalten worden sein.

189. EGMR 24.10.1979 Winterwerp/Netherlands, Series A 33 para. 45: „the words 'in accordance with a procedure prescribed by law' essentially refer back to domestic law; they state the need for compliance with the relevant procedure under that law."

190. *Funk/Gimpel-Hinteregger*, EuGRZ 1985, 1 (6); dies entspricht auch Art. 53 EMRK: „Nothing in this Convention shall be construed as limiting or derogating from any of the human rights and fundamental freedoms which may be ensured under the laws of any High Contracting Party or under any other agreement to which it is a Party."

191. EGMR 09.01.2001 Kawka/Poland, Appl. No. 25874/94, para. 47; *Sudre*, RGDIP 1987, 533 (563); *Trechsel*, Menschenrechtskonvention, S. 92.

192. *Cohen-Jonathan*, Convention, p. 316; *Villiger*, Handbuch Rn. 321.

193. EGMR 24.10.1979 Winterwerp/Netherlands, Series A 33 para. 45: „However, the domestic law must itself be in conformity with the Convention, including the general principles expressed or implied therein. The notion underlying the term in question is one of fair and proper procedure, namely that any measure depriving a person of his liberty should issue from and be executed by an appropriate authority and should not be arbitrary."vgl. auch EGMR 24.11.1994 Kemmache/France, Series A 296-C para. 37.

2. „Rechtmäßige" Festnahme oder Haft

Ebenfalls auf das nationale Recht verweisen die Formulierungen der einzelnen Haftgründe in Art. 5 Abs. 1 S. 2 lit. a-f, die allesamt voraussetzen, dass die Festnahme oder die Haft „rechtmäßig" (*lawful/régulière*) ist. Die Voraussetzung, dass die Freiheitsentziehung „auf die gesetzlich vorgeschriebene Weise" erfolgen muss und die Forderung der Rechtmäßigkeit der Festnahme oder Haft überschneiden sich daher insoweit, als durch sie jeweils Anforderungen für das nationale Recht aufgestellt werden.[194] Der Gerichtshof prüft aus diesem Grund die beiden Voraussetzungen oft gemeinsam und hat für beide einen einheitlichen Inhalt entwickelt.[195]

Die Rechtmäßigkeit der Festnahme oder Haft in diesem Sinne setzt zunächst voraus, dass das nationale Recht überhaupt eine gesetzliche Ermächtigung für die freiheitsentziehende Maßnahme vorsieht.[196] Die nationale Rechtsgrundlage muss daher nicht nur das Verfahren der Freiheitsentziehung, sondern auch die materiellen Voraussetzungen des Eingriffs regeln.

Angesichts der Bedeutung eines wirksamen Schutzes der persönlichen Freiheit könnte man fordern, dass Eingriffe in das Recht auf Freiheit ihre Grundlage in einem Parlamentsgesetz finden müssen.[197] Diese Forderung wird jedoch nicht vom Wortlaut des Art. 5 EMRK gestützt. Die englische Fassung lässt mit dem Begriff „*lawful*"— der englischen Rechtstradition folgend — einen Eingriff auch aufgrund ungeschriebenen Rechts zu. Die französische Fassung verwendet — abweichend von anderen Vorschriften wie Art. 8 bis 12 EMRK — gerade in Art. 5 EMRK nicht den Begriff „*loi*", der am ehesten mit dem Begriff „Gesetz" zu übersetzen wäre. Statt dessen taucht in Art. 5 EMRK der viel schwächere Begriff „*regulier*" (vorschriftsmäßig) auf. Zudem ist aufgrund der Besonderheiten des *Common Law* klar, dass für den angelsächsischen Rechtskreis realistischerweise wohl kein Gesetz im formellen Sinn als Ermächtigungsgrundlage zu fordern ist. Für eine Auslegung, die für die einzelnen Vertragsstaaten

---

194. EGMR 24.10.1979 Winterwerp/Netherlands, Series A 33 para. 39: „As regards the conformity with the domestic law, the Court points out that the term „lawful" covers procedural as well as substantive rules. There thus exists a certain overlapping between this term and the general requirement stated at the beginning of Article 5 para. 1 (art. 5-1), namely observance of „a procedure prescribed by law."

195. EGMR 24.10.1979 Winterwerp/Netherlands, Series A 33 para. 39: „Indeed, these two expressions reflect the importance of the aim underlying Article 5 para. 1: in a democratic society subscribing to the rule of law, no detention that is arbitrary can ever be regarded as „lawful"; EGMR 09.01.2001 Kawka/Poland, Appl. No. 25874/94, para. 47.

196. EGMR 24.10.1979 Winterwerp/Netherlands, Series A 33 para. 39; EGMR 05.11.1981 X/United Kingdom, Series A 46, para. 41; EGMR 25.05.1985 Ashingdane/United Kingdom, Series A 93 para. 44; EGMR 08.06.1976 Engel/Netherlands, Series A 22 para. 69.

197. *Bischofberger*, Verfahrensrechte, S. 184; *Guradze*, Menschenrechte, S. 181; so im Ergebnis auch *Herzog*, AöR 86 (1961), 194 (211), der das Erfordernis eines Parlamentsgesetzes (zumindest für die kontinentaleuropäischen Rechtsordnungen) auch aus einem Vergleich bisheriger Grundrechtskataloge ableitet. Ein solcher Vergleich ergebe, dass eine Freiheitsbeschränkung stets eine formell-gesetzliche Ermächtigung verlange.

unterschiedliche Voraussetzungen aufstellt, lassen sich jedoch im Rahmen der Konvention und ihrer Entstehungsgeschichte keinerlei Anhaltspunkte finden. Aus diesen Gründen genügt als Eingriffsgrundlage ein Gesetz im materiellen Sinne den Anforderungen des Art. 5 EMRK.[198] Gerade im *Common Law* kann auch ein sich aus ständiger Rechtsprechung ergebendes Recht diesem Erfordernis genügen,[199] wenn sich aus der Rechtsprechung hinreichend bestimmte Haftvoraussetzungen ergeben.[200]

Die Rechtssätze, die zu einem Entzug der Freiheit ermächtigen, müssen ihrerseits bestimmten Voraussetzungen genügen.[201] Sie müssen vor allem mit der Konvention vereinbar sein,[202] die eine Norm nur unter bestimmten Voraussetzungen als Gesetz *(law)* anerkennt.[203] Zur Vermeidung von willkürlichem Freiheitsentzug — der eigentlichen Aufgabe des Art. 5 EMRK — muss gewährleistet sein, dass der Einzelne sein Verhalten nach dem geltenden Recht ausrichten und die Folgen seines Handelns vorhersehen kann.[204] Nationale Ermächtigungsgrundlagen müssen die Dauer und die Ausgestaltung der Haft regeln. Zudem müssen die Gründe für die Haft präzise formuliert werden.[205] Vor allem aber muss das Gesetz für jedermann zugänglich und hinreichend bestimmt formuliert sein.[206] Zu unbestimmte Gesetze, die die Voraussetzungen der Freiheitsentziehung nicht abgrenzbar festlegen, gewähren somit nicht die von Art. 5 EMRK geforderte Sicherheit vor Willkür.[207] So stellte der EGMR fest, dass unveröffentlichte Verwaltungsvorschriften nicht hinreichend zugänglich seien und eine darauf basierende Haft damit nicht *„lawful"* sei.[208] Eine Vorschrift der Strafprozessordnung, die durch drei verschiedene staatliche Instanzen jeweils unterschiedlich ausgelegt wurde, wurde vom Gerichtshof als nicht hinreichend bestimmt angesehen.[209]

Um rechtmäßig (*lawful/régulier*) im Sinne des Art. 5 EMRK zu sein, muss eine Freiheitsentziehung damit auf einem konventionskonformen nationalen Gesetz im materiellen Sinne beruhen, das seinerseits ordnungsgemäß vollzogen worden sein muss.[210]

---

198. So im Ergebnis auch: *Trechsel*, Menschenrechtskonvention, S. 191; *Velu/Ergec*, Convention, p. 255 kritisieren diesen Befund. Bei einem derart wichtigen Rechtsgut sollte ein Eingriff nur durch ein Gesetz im formellen Sinne zulässig sein.

199. EGMR 26.04.1979 Sunday Times /United Kingdom, Series A 30 para. 47.

200. Vgl. EGMR 23.09.1998 Steel and others/United Kingdom, Reports 1998-VII para. 54, in dem die durch die Rechtsprechung englischer Gerichte geschaffene Figur des breach of the peace als dem Kriterium der „lawfulness" genügend angesehen wurde; vgl. dazu auch unten Kapitel 3 Abschnitt 4 Seite 185.

201. Dazu: *Hodler*, Menschenrechtskonvention, S. 81ff.

202. St. Rspr. des EGMR vgl. EGMR 24.10.1979 Winterwerp/Netherlands, Series A 33 para. 39; EGMR 25.05.1985 Ashingdane/United Kingdom, Series A 93 para. 44; EGMR 31.07.2000 Jecius/Lithuania Appl. No. 34578/97 para. 56.

203. EGMR 26.04.1979 Sunday Times/United Kingdom, Series A 30 para. 47ff.

204. EGMR 28.03.2000 Baranowski/Poland Appl. No. 28358/95 para. 51f.; EGMR 31.07.2000 Jecius/Lithuania Appl. No. 34578/97 para. 56; EGMR 09.01.2001 Kawka/Poland, Appl. No. 25874/94, para. 47; *Gollwitzer* in: Löwe-Rosenstein, StPO-Kommentar, Art. 5 EMRK Rn. 29; *Peukert* in: Frowein/Peukert, EMRK-Kommentar, Art. 5 Rn. 26.

205. *Villiger*, Handbuch Rn. 324.

3. Sonstige Rechtmäßigkeitsvoraussetzungen

Ein Entzug der Freiheit muss schließlich, um mit der Konvention vereinbar zu sein, mit den übrigen Bestimmungen der EMRK vereinbar sein. Die freiheitsentziehende Maßnahme darf vor allem nicht gegen den Gleichheitssatz des Art. 14 EMRK verstoßen.[211] Grenzen für den Vollzug der Festnahme oder Inhaftierung ergeben sich des weiteren aus Art. 3 EMRK, wonach niemand der Folter und unmenschlicher oder erniedrigender Behandlung unterworfen werden darf.

Aus dem Grundsatz der Verhältnismäßigkeit, der der EMRK zugrunde liegt[212] und auch in Art. 5 EMRK auftaucht,[213] ergibt sich schließlich, dass eine Freiheitsentziehung stets geeignet und erforderlich, sowie das mildeste Mittel zur Erreichung des gewünschten Ziels sein muss. Dieses Erfordernis kann dem Merkmal der Rechtmäßigkeit

206. EGMR 23.09.1998 Steel and others/United Kingdom, Reports 1998-VII para. 54; EGMR 28.03.2000 Baranowski/Poland, Appl. No. 28358/95 para. 52: „the Court stresses that where deprivation of liberty is concerned it is particularly important that the general principle of legal certainty be satisfied. It is therefore essential that the conditions for deprivation of liberty under domestic law be clearly defined and that the law itself be foreseeable in its application, so that it meets the standard of "lawfulness" set by the Convention, a standard which requires that all law be sufficiently precise to allow the person – if need be, with appropriate advice – to foresee, to a degree that is reasonable in the circumstances, the consequences which a given action may entail."; EGMR 31.07.2000 Jecius/Lithuania Appl. No. 34578/97 para. 56: „The Court must moreover ascertain whether domestic law itself is in conformity with the Convention, including the general principles expressed or implied therein. On this last point, the Court stresses that, where deprivation of liberty is concerned, it is particularly important that the general principle of legal certainty be satisfied. It is therefore essential that the conditions for deprivation of liberty under domestic law be clearly defined and that the law itself be foreseeable in its application, so that it meets the standard of "lawfulness" set by the Convention, a standard which requires that all law be sufficiently precise to allow the person – if need be, with appropriate advice – to foresee, to a degree that is reasonable in the circumstances, the consequences which a given action may entail."; *Murdoch*, Article 5, p. 18.

207. EGMR 10.10.2000 Grauslys/Lithuania Appl. No. 36743/97 para. 39; *Gollwitzer* in: Löwe-Rosenstein, StPO-Kommentar, Art. 5 EMRK Rn. 29.

208. EGMR 25.06.1996 Amuur/France, Reports 1996-III para. 53, In diesem Fall hatte der Gerichtshof die Frage zu beurteilen, ob eine unveröffentlichte Verwaltungsvorschrift (*circulaire*) diesen Anforderungen genügt: „(...) neither the Decree of 27 May 1982 nor the - unpublished - circular of 26 June 1990 (the only text at the material time which specifically dealt with the practice of holding aliens in the transit zone) constituted a "law" of sufficient "quality" within the meaning of the Court's case-law (...)"; vgl. auch EGMR 02.08.1984 Malone/United Kingdom, Series A 82 para. 67.

209. EGMR 31.07.2000 Jecius/Lithuania Appl. No. 34578/97 para. 59: „The Court does not deem it necessary to resolve this discrepancy as to the practical effects of former Article 226 § 6 of the Code of Criminal Procedure, because it has been shown to have been vague enough to cause confusion even amongst the competent State authorities. It was therefore incompatible with the requirements of "lawfulness" under Article 5 § 1 of the Convention. Furthermore, the above provision permitted detention by reference to matters wholly extraneous to Article 5 § 1."

210. Zum ordnungsgemäßen Vollzug der Gesetze vgl. EGMR 18.12.1986 Bozano/France, Series A 111 para. 55; EKMR 30.04.1981 Caprino/United Kingdom DR 12, 14 (17).

211. Dazu auch: *Herzog*, AöR 86 (1961), 194 (208).

des Freiheitsentzugs entnommen werden.[214] Der EGMR betonte die Anwendbarkeit des Verhältnismäßigkeitsprinzips jüngst im Fall *Witold Litwa*.[215] In diesem Fall sah der EGMR die Inhaftierung eines Betrunkenen zum Zwecke der Ausnüchterung nicht als verhältnismäßig an, da es im konkreten Fall ebensogut möglich gewesen sei, den Betroffenen nach Hause zu bringen.[216]

4. Umfang der Kontrolle durch die Organe der EMRK

Für den Schutz der Freiheit durch die EMRK ist ebenfalls von Bedeutung, inwieweit die Organe der EMRK die staatlichen Maßnahmen überprüfen.[217] Die Zuständigkeit der Konventionsorgane beschränkt sich in der Regel darauf, innerstaatliche Hoheitsakte auf ihre EMRK-Konformität hin zu überprüfen, Art. 19 EMRK. Im Vergleich mit anderen Konventionsrechten fällt bei der Analyse des Rechts aus Art. 5 EMRK jedoch auf, dass dieser Bezug auf das nationale Recht nimmt. Ein Freiheitsentzug kann gemäß Art. 5 EMRK nur dann konventionskonform sein, wenn er auf die „gesetzlich vorgeschriebene Weise" und „rechtmäßig" erfolgt. Die Vereinbarkeit einer freiheitsentziehenden Maßnahme mit Art. 5 EMRK setzt die Vereinbarkeit mit nationalem Recht und dessen Vereinbarkeit mit der Konvention voraus. So kann ein Verstoß gegen Art. 5 EMRK auch darin begründet sein, dass nationales Recht nicht eingehalten wurde oder dass das nationale Recht seinerseits nicht mit der Konvention vereinbar ist. Mit dieser Feststellung stünde es den Organen der EMRK offen, eine staatliche Maßnahme, durch die jemandem die Freiheit entzogen wird, auf ihre Übereinstimmung mit dem nationalen Recht — und zwar sowohl dem materiellen als auch dem Verfahrensrecht — hin zu überprüfen. So stellte der EGMR wiederholt fest, dass an den Stellen, an denen Art. 5 EMRK auf das nationale Recht verweist, die Einhaltung des nationalen Rechts eine der Verpflichtungen darstelle, die die Staaten mit der Ratifikation der EMRK eingegangen seien und deren Erfüllung durch den Gerichtshof gemäß Art. 19 EMRK sicherzustellen sei.[218] Kommission und Gerichtshof könnten danach in vollem

212. Abgeleitet wird der Grundsatz der Verhältnismäßigkeit als Grundprinzip der Konvention aus der Vorherrschaft des Gesetzes (rule of law), die allen Vertragsstaaten gemein ist und in der Präambel als der Konvention zugrunde liegendes Prinzip erwähnt wird. Vgl. EGMR 21.02.1975 Golder/United Kingdom, Series A 18 para. 34.

213. So heißt es in Art. 5 Abs. 1 S. 2 lit. c EMRK, dass die Haft notwendig sein muß, um den Betroffenen an der Begehung einer strafbaren Tat zu hindern.

214. Eine Haft ist danach nur rechtmäßig (*lawful*), wenn sie verhältnismäßig ist.

215. EGMR 04.04.2000 Witold Litwa/Poland, Appl. No. 26629/95.

216. EGMR 04.04.2000 Witold Litwa/Poland, Appl. No. 26629/95 para. 78: „The Court reiterates that a necessary element of the 'lawfulness' of the detention within the meaning of Article 5 § 1 (e) is the absence of arbitrariness. The detention of an individual is such a serious measure that it is only justified where other, less severe measures have been considered and found to be insufficient to safeguard the individual or public interest which might require that the person concerned be detained. That means that it does not suffice that the deprivation of liberty is executed in conformity with national law but it must also be necessary in the circumstances."

217. Seit der Abschaffung der EKMR durch das 11. Zusatzprotokoll zur EMRK kommt es allein auf die Prüfungskompetenz des EGMR an.

Umfang kontrollieren, ob nationale Ermächtigungsgrundlagen für einen Freiheitsentzug vorliegen, ob diese den Anforderungen der Konvention genügen und ob nationale Instanzen die nationalen Gesetze richtig ausgelegt und angewendet haben.

Dennoch hielten sich Kommission und Gerichtshof von Anfang an bei der Prüfung der Übereinstimmung einer Maßnahme mit dem nationalen Recht zurück. Die Kommission beschränkte sich darauf, zu prüfen, ob der Staat willkürlich oder rechtsmissbräuchlich gehandelt hat und die handelnde Behörde dabei bösgläubig war.[219] Auch der Gerichtshof unterwirft sich bei der Prüfung der Vereinbarkeit einer Maßnahme mit dem nationalen Recht einem *judicial self-restraint*[220] und begründet dies damit, dass es in erster Linie Aufgabe der nationalen Gerichte sei, die staatlichen Gesetze zu interpretieren und anzuwenden.[221] Die nationalen Organe seien dazu aufgrund ihrer Nähe zum Sachverhalt und der besseren Kenntnisse des nationalen Rechts grundsätzlich besser geeignet als die EKMR oder der EGMR. Daher sei den nationalen Organen ein Einschätzungs- und Handlungsspielraum bei der Auslegung und Anwendung des nationalen Rechts einzuräumen. Aus diesem Grund stellt der Gerichtshof in der Regel nur dann eine Verletzung des nationalen Rechts fest, wenn diese zwischen den Parteien unstreitig ist.[222] Wenn die Auslegung des nationalen Rechts hingegen unklar und umstritten ist, verzichtet der EGMR auf eine Entscheidung der nationalen Kontroverse um die Auslegung nationaler Normen.[223] Zudem führt nach der Rechtsprechung der Organe der EMRK ein Verstoß gegen nationales Recht dann nicht zu einer Verletzung des Rechts auf Freiheit aus Art. 5 EMRK, wenn es sich nach deren Auffas-

---

218. EGMR 24.10.1979 Winterwerp/Netherlands, Series A 33 para. 46; EGMR 18.12.1986 Bozano/France, Series A 111, para. 58; EGMR 24.11.1994 Kemmache/France, Series A 296-C para. 42; EGMR 12.10.1999 Perks/United Kingdom Appl. No. 25277/94 para. 62; EGMR 19.10.2000 Wloch/Poland Appl. No. 27785/95 para. 110.

219. EKMR 01.04.1966 X/Netherlands YB 9, 475 (480); EKMR 31.05.1967 X/Federal Republic of Germany Collection 23, p. 118; auf die Bösgläubigkeit stellte auch der EGMR vereinzelt ab, so in: EGMR 18.12.1986 Bozano/France, Series A 111, para. 55: „It may happen that a Contracting State's agents conduct themselves unlawfully in good faith. In such cases, a subsequent finding by the courts that there has been a failure to comply with domestic law may not necessarily retrospectively affect the validity, under domestic law, of any implementing measures taken in the meantime.".

220. *Haller, W.*, Polizeigesetzgebung, S. 567; kritisch zu dieser Rechtsprechung *Trechsel*, Menschenrechtskonvention, S. 190.

221. St. Rspr: EGMR 24.10.1979 Winterwerp/Netherlands, Series A 33 para. 46; EGMR 18.12.1986 Bozano/France, Series A 111 para. 58; EGMR 24.11.1994 Kemmache/France, Series A 296-C para. 42; EGMR 10.06.1996 Benham/United Kingdom, Reports 1996-III para. 41; EGMR 19.10.2000 Wloch/Poland Appl. No. 27785/95 para. 110.

222. So z.B. in EGMR 21.02.1990 Van der Leer/Netherlands, Series A 170-A para. 22; EGMR 27.09.1990 Wassink/Netherlands, Series A 185-A para. 27.

223. EGMR 24.10.1979 Winterwerp/Netherlands, Series A 33 para. 46, in diesem Fall war zwischen den staatlichen Organen umstritten, ob bestimmte Verfahrensregeln mit der niederländischen Zivilprozessordnung übereinstimmten; EGMR 18.12.1986 Bozano/France, Series A 111, para. 58, zwar hatte der EGMR „gravest doubts" an der Vereinbarkeit der Haft mit nationalem Recht, dennoch entschied er den Streit über die Zulässigkeit einer Verurteilung in Abwesenheit nach dem nationalen Recht nicht; EGMR 19. 10. 2000 Wloch/Poland Appl. No. 27785/95 para. 111ff.

sung um bloße Formfehler handelt.[224] Diese Haltung des EGMR hat in einigen Fällen zur Konsequenz, dass trotz eines Verstoßes einer freiheitsentziehenden Maßnahme gegen innerstaatliche Normen, diese vom EGMR als „rechtmäßig" oder „auf die gesetzlich vorgeschriebende Weise erfolgt" angesehen wird. Dies führt verschiedentlich zu unbefriedigenden Ergebnissen. Im Fall *Steel* wurde beispielsweise eine Rechtsgrundlage, die zuvor durch nationale Behörde als zu unbestimmt und daher als nicht EMRK-konform beurteilt wurde, vom EGMR als rechtmäßig im Sinne des Art. 5 Abs. 1 EMRK angesehen.[225] Andererseits erhöht der EGMR dadurch, dass er sich nicht zu weit in die Auslegung und Anwendung nationalen Rechts einmischt, die Akzeptanz seiner Rechtsprechung bei den Mitgliedstaaten. Zudem erscheint fraglich, ob eine Auslegung einer nationalen Norm durch den EGMR für die betroffenen Personen besser vorhersehbar wäre als die Auslegung durch nationale Organe.

Trotz dieser grundsätzlichen Zurückhaltung überprüft der EGMR in einzelnen Fällen die Vereinbarkeit einer Maßnahme mit dem nationalen Recht. So stellte der EGMR im Fall *Van der Leer* fest, dass eine im nationalen Recht vorgesehene Anhörung einer Person vor ihrer Inhaftierung nicht erfolgt war.[226] Dieser im Verfahren unstreitige Verstoß gegen das nationale Verfahrensrecht führte zu einem Verstoß der Haft gegen Art. 5 EMRK. Auch die Abwesenheit eines gesetzlich vorgesehenen Urkundsbeamten bei Gericht[227] oder die Unterbringung, die abweichend von den gesetzlichen Vorschriften auf Grund eines nur nach Aktenlage erstellten medizinischen Gutachtens verfügt wurde,[228] sowie die Überschreitung gesetzlicher Fristen,[229] führte zur Feststellung eines Verstoßes gegen Art. 5 Abs. 1 EMRK.

Besonders zurückhaltend ist der EGMR aber in der Regel dann, wenn ein Verstoß gegen Art. 5 EMRK mit der Begründung gerügt wird, dass ein gerichtliches Urteil, durch das der Betroffene zu einer Freiheitsstrafe verurteilt wurde, aus materiellen oder prozessualen Gründen gegen nationales Recht verstoße.[230] Der Gerichtshof will mit dieser Zurückhaltung verhindern, als „Berufungsinstanz" des jeweiligen nationalen Rechtswegs angesehen zu werden. Dennoch überprüfte der Gerichtshof im Fall *Douiyeb*, in dem eine Untersuchungshaft aufgrund eines Tippfehlers auf eine falsche Ermächtigungsgrundlage gestützt wurde, ob der die Haft anordnende Richter die rich-

224. EKMR 19.12.1969 X/Federal Republic of Germany CD 31, 8 (14) bei der Nichterwähnung der Sicherungsverwahrung im Gesamtstrafenbeschluss habe es sich um einen reinen Formfehler („erreur de pure forme") gehandelt; EGMR 25.10.1990 Keus/Netherlands, Series 185-C para. 25: bezüglich der Zustellung der Entscheidung über eine Haftverlängerung entschied der EGMR: „It cannot therefore be regarded as a procedural rule for the purposes of the application of Article 5 (art. 5) of the Convention.".

225. Vgl. EGMR 23.09.1998 Steel/United Kingdom, Reports 1998-VII para. 54.

226. EGMR 21.02.1990 Van der Leer/Netherlands, Series A 170-A para. 22f.

227. EGMR 27.09.1990 Wassink/Netherlands, Series A 185-A para. 27.

228. EKMR 07.07.1993 Kay/United Kingdom, Appl. No. 17821/91.

229. EKMR 10.07.1989 Smiet/Netherlands, Appl. No. 12889/87; EKMR 10.03.1988 Herczegfalvy/Austria, Appl. No. 10533/83.

230. EGMR 02.03.1987 Weeks/United Kingdom, Series A 114 para. 50; EGMR 10.06.1996 Benham/United Kingdom, Reports 1996-III para. 41f.

tige Ermächtigungsgrundlage anwenden wollte und ob deren Voraussetzungen vorlagen.[231] Damit geht der Gerichtshof bei der Überprüfung der nationalen Rechtmäßigkeit ungewöhnlich stark ins Detail.

Obwohl der EGMR sich dergestalt selbst in der Ausübung seiner Prüfungskompetenz beschränkt, kann der Gerichtshof aufgrund des Bezugs des Art. 5 EMRK zum jeweiligen nationalen Recht der Vertragsstaaten jederzeit seinen Kontrollumfang so weit ausdehnen, dass er auch nationalen Vorschriften zur Geltung verhelfen kann — und tut dies immer öfter auch.[232]

VI. Grenzen des Freiheitsschutzes

Das Recht auf Freiheit der EMRK kann, wie andere Konventionsrechte, von den Vertragsstaaten in bestimmten Fällen ganz außer Kraft gesetzt werden.

A. Notstand

Nach Art. 15 EMRK können die Vertragsstaaten im Falle eines Krieges oder eines anderen öffentlichen Notstandes Maßnahmen ergreifen, die die in der Konvention vorgesehenen Verpflichtungen außer Kraft setzen.[233] Dies gilt unter anderem für das Recht auf Freiheit, dass trotz seiner besonderen Bedeutung nicht als Ausnahme in Art. 15 Abs. 2 EMRK genannt und daher nicht notstandsfest ist.[234] Bezüglich der Außerkraftsetzung der Konventionsrechte gemäß Art. 15 EMRK ist jedoch stets der Grundsatz der Verhältnismäßigkeit zu beachten. Dies bringt die Konvention dadurch zum Ausdruck, dass sie die Staaten nur in dem Umfang von ihren Verpflichtungen entbindet, als es „die Lage unbedingt erfordert".[235]

Von dieser Ausnahmeregelung ist in der Vergangenheit verschiedentlich Gebrauch gemacht worden.[236] Bereits in einem seiner ersten Fälle war der EGMR mit der Frage befasst, ob die irische Regierung sich zu Recht auf den öffentlichen Not-

231. EGMR 04.08.1999 Douiyeb/Netherlands Appl. No. 31464/96 para. 45ff.
232. *Trechsel*, Menschenrechtskonvention, S. 190; a.A. *Peukert* in: Frowein/Peukert, EMRK-Kommentar, Art. 5 Rn. 30.
233. Formelle Voraussetzung für die Anwendung des Art. 15 EMRK ist die Unterrichtung des Generalsekretärs des Europarats über Maßnahmen und Gründe (Art. 15 Abs. 3 EMRK).
234. A.A. *Huber*, ZaöRV 1961, 649 (653); *Bischofberger*, Verfahrensgarantien, S. 231.
235. EGMR 26.03.1993 Brannigan and McBride/United Kingdom, Series A 258-B para. 43; EGMR 18.12.1996 Aksoy/Turkey, Reports 1996-VI para. 68: „It is for the Court to rule whether, inter alia, the States have gone beyond the 'extent strictly required by the exigencies' of the crisis. The domestic margin of appreciation is thus accompanied by a European supervision. In exercising this supervision, the Court must give appropriate weight to such relevant factors as the nature of the rights affected by the derogation and the circumstances leading to, and the duration of, the emergency situation."

stand berufen hatte. Der EGMR entschied damals, dass es sich bei den Terrorakten der IRA um eine Ausnahme- und Krisensituation handelte, die die gesamte Bevölkerung betraf und das gesamte Staatswesen bedrohte.[237]

Neuestes Beispiel für die Außerkraftsetzung von Art. 5 EMRK ist die Erklärung des öffentlichen Notstands durch das Vereinigte Königreich im Zusammenhang mit der Bedrohung durch den internationalen Terrorismus nach dem Anschlag auf die Türme des World-Trade-Centers am 11. September 2001.[238] Ob aber in diesem Fall die Voraussetzungen des Art. 15 EMRK — eine Bedrohung des Lebens der Nation — vorliegt, muss bezweifelt werden, da es bisher zu keinen terroristischen Akten auf dem Gebiet des Vereinigten Königreichs gekommen ist. Gerade die terroristischen und gewalttätigen Akte im Staatsgebiet hat der EGMR bisher jedoch zur Rechtfertigung des Notstands herangezogen.

B. Verwirkung

Die Rechte der EMRK können durch Mißbrauch verwirkt werden. So darf nach Art. 17 EMRK keine Bestimmung der Konvention dahingehend ausgelegt werden, dass sie das Recht begründet, eine Tätigkeit auszuüben oder eine Handlung zu begehen, die auf die Abschaffung der in der Konvention garantierten Rechte und Freiheiten oder auf eine weitergehende Beschränkung dieser Rechte und Freiheiten als in der Konvention vorgesehen, hinzielt. Derjenige, der es darauf abgesehen hat, die Menschenrechte anzugreifen, verliert seinen Anspruch auf deren Schutz. Ob auch das Recht auf Freiheit aus Art. 5 EMRK verwirkt werden kann, erscheint fraglich. Bei Art. 5 EMRK handelt es sich um ein reines Abwehrrecht gegenüber dem Staat. Zwar ist die körperliche Bewegungsfreiheit in der Regel notwendige Voraussetzung zur Ausübung von Tätigkeiten, die auf die Abschaffung der in der Konvention garantierten Rechte abzielen, jedoch an sich nicht hinreichend. Allein durch die Ausübung des Rechts auf Freiheit können die Rechte der Konvention nicht gefährdet werden. Hinzukommen muss vielmehr eine weitere Aktivität, wie die Äußerung bestimmter Meinungen oder die Vornahme bestimmter Handlungen. So stellte der Gerichtshof schon im Urteil *Lawless* fest, dass Art. 17 EMRK es zwar ausschließe, eine Rechtfertigung für Handlungen aus

---

236. Vor allem im Nordirlandkonflikt, vgl. EGMR 01.06.1961 Lawless/Ireland, Series A 3 para. 22ff.; EGMR 18.01.1978 Ireland/United Kingdom, Series A 25 para. 203ff.; EGMR 26.05.1993 Brannigan/United Kingdom, Series A 258-B, para. 192; und im Konflikt zwischen der türkischen Regierung und der PKK vgl. EGMR 18.12.1996 Aksoy/Turkey, Reports 1996-VI para. 68; EGMR 26.11.1997 Sakik/Turkey, Reports 1997-VII para. 34f.

237. EGMR 01.07.1961 Lawless/Ireland, Series A 3 para. 21ff.

238. Declaration contained in a note verbale from the Permanent representation of the United Kingdom 18.12.2001, registered by the Secretary General 18.12.2001, vgl. dazu Kapitel 9 Abschnitt 4 Seite 384.

der Konvention herzuleiten, nicht aber die Berufung auf Rechte unmöglich mache, die den Staatsorganen generelle Pflichten auferlegen, wie Art. 5 und Art. 6 EMRK.[239] Das Recht aus Art. 5 EMRK kann folglich nicht verwirkt werden.

Abschnitt 2: Das Recht auf Freiheit in Deutschland

In Deutschland ist das Recht auf Freiheit durch das Grundgesetz geschützt. Bereits die Analyse des Rechts auf Freiheit auf Verfassungsebene lässt Rückschlüsse auf den Schutz der Freiheit im einfachen Recht und im Einzelfall zu. Die Betrachtung des Freiheitsschutzes auf Verfassungsebene im deutschen Recht ist für die Beurteilung der einzelnen Maßnahmen und der einfachgesetzlichen Regelungen im Hinblick auf ihre Vereinbarkeit mit der EMRK insbesondere deshalb interessant, weil die Vereinbarkeit freiheitsentziehender Maßnahmen deutscher Hoheitsträger mit dem deutschen Grundgesetz Voraussetzung für deren Rechtmäßigkeit ist. Nur eine verfassungskonforme Festnahme oder Haft kann daher „rechtmäßig" im Sinne des Art. 5 EMRK sein. Nur unter Einhaltung der Verfahrensrechte, die das Grundgesetz vorsieht, ist ein Freiheitsentzug auf „die gesetzlich vorgeschriebene Weise" im Sinne des Art. 5 EMRK erfolgt.

I. Entwicklung des Freiheitsschutzes

In Deutschland fanden Grundrechte erst im 19. Jahrhundert und nur zögernd Eingang in die Verfassungen der Einzelstaaten. Das Recht auf Freiheit taucht erstmals in den drei süddeutschen Verfassungen Bayerns, Baden und Württembergs auf.[240] Die Verfassungen enthielten jeweils eine Norm, in der dem Einzelnen der Schutz der Freiheit durch den Staat zugesichert wurde. Zudem regelten die süddeutschen Verfassungen, dass die Freiheit nur in den durch das Gesetz bestimmten Fällen entzogen werden darf.[241] Die Verfassungen Bayerns und Württembergs enthielten darüber hinaus die Regelung, dass niemand länger als 24 bzw. 48 Stunden inhaftiert werden darf, ohne über den Grund des Freiheitsentzugs informiert zu werden.

Die späteren Verfassungen Kurhessens und Sachsens, die ebenfalls einen Grundrechtskatalog enthielten, beschränkten sich darauf festzustellen:

> „Die Freyheit der Person und des Eigenthums ist in dem Großherzogthume keiner Beschränkung unterworfen, als welche Recht und Gesetz bestimmen."[242]

239. EGMR 01.06.1961 Lawless/Ireland, Series A 3 para. 7.

240. Verfassung des Königreichs Bayern vom 26.05.1818; Verfassung des Großherzogtums Baden vom 22.08.1818 und Verfassung des Königreichs Württembergs vom 25.09.1819.

Eine umfassende Kodifizierung von Grundrechten erfolgte auf der Ebene des Bundes mit der Paulskirchenverfassung vom 28. März 1849. Diese Verfassung enthielt in ihrem Grundrechtskatalog eine relativ ausführliche Regelung zum Schutz der Freiheit. In § 138 der Paulskirchenverfassung heißt es:

„§ 138. (1) Die Freiheit der Person ist unverletzlich.

(2) Die Verhaftung einer Person soll, außer im Falle der Ergreifung auf frischer That, nur geschehen in Kraft eines richterlichen, mit Gründen versehenen Befehls. Dieser Befehl muß im Augenblicke der Verhaftung oder innerhalb der nächsten vier und zwanzig Stunden dem Verhafteten zugestellt werden.

(3) Die Polizeibehörde muß jeden, den sie in Verwahrung genommen hat, im Laufe des folgenden Tages entweder freilassen oder der richterlichen Behörde übergeben.

(4) Jeder Angeschuldigte soll gegen Stellung einer vom Gericht zu bestimmenden Caution oder Bürgschaft der Haft entlassen werden, sofern nicht dringende Anzeigen eines schweren peinlichen Verbrechens gegen denselben vorliegen.

(5) Im Falle einer widerrechtlich verfügten oder verlängerten Gefangenschaft ist der Schuldige und nöthigenfalls der Staat dem Verletzten zur Genugthuung und Entschädigung verpflichtet.

Die für das Heer- und Seewesen erforderlichen Modifikationen dieser Bestimmungen werden besonderen Gesetzen vorbehalten."

Dem einfachen Vorbehalt des Gesetzes wurden in dieser Norm Verfahrensrechte an die Seite gestellt, die die Entscheidung über den Freiheitsentzug in erster Linie in die Hand des Richters legten. Grund dafür war die Absicht, für freiheitsentziehende Maßnahmen eine möglichst enge Gesetzesbindung zu erreichen, die man beim Richter am wenigsten gefährdet sah.[243] Zudem sah § 138 der Paulskirchenverfassung Regelungen über die Freilassung gegen Kaution und einen Schadensersatzanspruch nach rechtswidrigen Freiheitsentzug vor. Durch die Paulskirchenverfassung und die belgische Verfassung von 1831[244] inspiriert, fand auch in die Landesverfassungen nach 1848 eine Ausweitung der Verfahrensrechte bei Eingriffen in die kör-

---

241. Verfassung des Königreichs Bayern vom 26.05.1818: § 8. Der Staat gewährt jedem Einwohner Sicherheit seiner Person, seines Eigenthums und seiner Rechte. Niemand darf seinem ordentlichen Richter entzogen werden. Niemand darf verfolgt oder verhaftet werden, als in den durch die Gesetze bestimmten Fällen, und in der gesetzlichen Form. Niemand darf gezwungen werden, sein Privat-Eigenthum, selbst für öffentliche Zwecke abzutreten, als nach einer förmlichen Entscheidung des versammelten Staatsraths, und nach vorgängiger Entschädigung, wie solches in der Verordnung vom 14.08.1815 bestimmt ist.

Verfassung des Großherzogtums Baden vom 22.08.1818: § 13: Eigenthum und persönliche Freyheit der Badener stehen für alle auf gleicher Weise unter dem Schutze der Verfassung, § 15: (2) Niemand kann anders als in gesetzlicher Form verhaftet und länger als zweymal 24 Stunden im Gefängniß festgehalten werden, ohne über den Grund seiner Verhaftung vernommen zu seyn.

Verfassung des Königreichs Württembergs vom 25.09.1819: § 24 Der Staat sichert jedem Bürger Freiheit der Person, Gewissens- und Denk-Freiheit, Freiheit des Eigenthums, und Auswanderungs-Freiheit. § 26 Niemand darf seinem ordentlichen Richter entzogen, und anders, als in den durch das Gesetz bestimmten Fällen, und in den gesetzlichen Formen verhaftet und bestraft, noch länger als Einmal vier und zwanzig Stunden über die Ursache seiner Verhaftung in Ungewißheit gelassen werden.

242. Art. 23 der Verfassung für das Großherzogtum Hessen vom 17. 12.1820; so auch § 27 der Verfassung für das Königreich Sachsen vom 04.09.1831.

243. Vgl. *Kühne*, Paulskirchenverfassung, S. 330f.

perliche Bewegungsfreiheit Eingang.[245] Auch in der preußischen Verfassung von 1850 wurden — neben der Gewährleistung des Rechts auf Freiheit — die Bedingungen und Formen, unter denen der Freiheitsentzug und die Verhaftung zulässig sein sollte, geregelt.[246] Die Bismarksche Reichsverfassung enthielt hingegen — wie schon die Verfassung des Norddeutschen Bundes vom 16. 4. 1867 — keinen Grundrechtskatalog und garantierte damit auch nicht das Recht auf Freiheit. Der Schutz dieses Rechts wurde in dem damaligen § 114 der Strafprozessordnung nur einfachgesetzlich gewährleistet.[247]

Wieder in die Verfassung aufgenommen wurde das Recht auf Freiheit in der Weimarer Reichsverfassung (WRV) von 1919,[248] die ihren gesamten zweiten Teil den Grundrechten widmete.[249] Das Recht auf Freiheit wurde in Art. 114 WRV geregelt, der im wesentlichen die Formulierungen des § 138 der Paulskirchenverfassung wieder aufnahm:

> „Die Freiheit der Person ist unverletzlich. Eine Beeinträchtigung oder Entziehung der persönlichen Freiheit durch die öffentliche Gewalt ist nur auf Grund von Gesetzen zulässig.
> Personen, denen die Freiheit entzogen wird, sind spätestens am darauffolgenden Tage in Kenntnis zu setzen, von welcher Behörde und aus welchen Gründen die Entziehung der Freiheit angeordnet worden ist; unverzüglich soll ihnen Gelegenheit gegeben werden, Einwendungen gegen ihre Freiheitsentziehung vorzubringen."

Die in Art. 114 WRV garantierte Freiheit wurde sowohl als Garantie der körperlichen Bewegungsfreiheit als auch als Garantie der allgemeinen Handlungsfreiheit verstanden.[250] Das Grundrecht unterlag jedoch einem weitgefassten Einschränkungsvorbehalt. Zwar war der Entzug der Freiheit nur auf Grund von Gesetzen zulässig. Der Begriff des Gesetzes wurde jedoch zumeist mit allen Rechtsnormen gleichgesetzt, was dazu führte, dass das Recht auf Freiheit auch durch Verordnungen, Satzungen einschränkbar war.[251] Der Vorbehalt des Gesetzes wurde in Art. 114 Abs. 2 WRV

---

244. Zum Einfluss der belgischen Verfassung vom 07.02.1831 auf die Preußische Verfassung vgl. *Dennewitz*, Verfassungen, S. 23f.

245. Dazu *Hantel*, Freiheitsentziehung, S. 194.

246. Art. 5 der Preußischen Verfassung vom 31.01.1850: „Die persönliche Freiheit ist gewährleistet. Die Bedingungen und Formen, unter welchen eine Beschränkung derselben, insbesondere eine Verhaftung zulässig ist, werden durch das Gesetz bestimmt."

247. Zum Grundrechtsschutz im Bismarkschen Reichssystem vgl. *Huber*, Grundrechte, S. 163ff.

248. Zur Entstehungsgeschichte vgl. *Hantel*, Freiheitsentziehung, S. 213.

249. Zur Bedeutung der Grundrechte in der Weimarer Republik vgl. *Gusy*, ZNR 1993, 16ff.

250. *Anschütz*, Verfassung, Art. 114 WRV Anm. 1; *Hantel*, Freiheitsentziehung, S. 5.

251. Dazu: *Anschütz*, Verfassung, Art. 114 WRV Anm. 3; *Gusy*, Weimarer Reichsverfassung, S. 295; *Mannheim* in: Nipperdey, Grundrechte Bd. 1, S. 326ff., der sich für einen „Vorbehalt des Spezialgesetzes" ausspricht.

durch verfahrensrechtliche Garantien ergänzt.[252] Nicht aufgenommen wurde indes ein Richtervorbehalt, der zu der Zeit eher als überflüssig, weil selbstverständlich empfunden wurde.[253]

Am 28. Februar 1933 wurde das Recht auf Freiheit des Art. 114 WRV durch eine Notverordnung außer Kraft gesetzt.[254] Beschränkungen des Rechts auf Freiheit — sowie verschiedener anderer Grundrechte — waren danach auch außerhalb der sonst bestimmten Grenzen zulässig. Ohne Einhaltung von Verfahrensrechten und ohne gesetzliche Grundlage konnten Personen in sogenannte „Schutzhaft" genommen werden. In politische Schutzhaft wurden während des Dritten Reiches „politische Feinde der neuen Regierung, (...) Kritiker der Regierung, (...) Mießmacher, Saboteure der wirtschaftlichen Maßnahmen der Regierung, unsoziale Arbeitgeber usw."[255] genommen. Gegen die Verhängung der Schutzhaft standen den betroffenen Personen keine Rechtsmittel zur Verfügung.[256]

Vor dem Hintergrund dieser massenhaft verhängten Schutzhaft wurden in die nach dem Ende des Zweiten Weltkriegs entstandenen Landesverfassungen die Garantie der Unverletzlichkeit der persönlichen Freiheit, die Verankerung eines Gesetzesvorbehalts und bestimmte Verfahrensgarantien aufgenommen.[257] Auch die Entstehungsgeschichte des Rechts auf Freiheit im Grundgesetz war durch die Erfahrungen des Dritten Reiches geprägt.[258] Eine Garantie des Rechts auf Freiheit war bereits im Expertenentwurf von Herrenchiemsee vorgesehen. Der Herrenchiemseer Entwurf bestimmte in Art. 3:

„(1) Die Freiheit der Person ist unverletzlich

(2) Niemand darf verfolgt, festgenommen oder in Haft gehalten werden außer in den Fällen, die

---

252. Dazu: *Anschütz*, Verfassung, Art. 114 WRV Anm. 5.

253. *Anschütz*, Verfassung, Art. 114 WRV Anm. 7; *Gusy* in: v. Mangoldt/Klein, GG, Art. 104, Rn. 4.

254. Verordnung des Reichspräsidenten zum Schutz von Volk und Staat vom 28. 02. 1933, RGBl. I 83; bereits zuvor: Verordnung des Reichspräsidenten, betreffend die Wiederherstellung der öffentlichen Sicherheit und Ordnung in Groß-Berlin und der Provinz Brandenburg vom 20. 07. 1932 (RGBl I, S. 377).

255. *Spohr*, Schutzhaft, S. 7, der einen Musterfall der die Schutzhaft rechtfertigenden Auflehnung gegen den Staat in der Überschreitung der in einer Baugenehmigung vorgesehenen Beschränkung der Höhe eines Bauwerks durch einen Architekten sieht.

256. *Spohr*, Schutzhaft, S. 15: „[...] eine Nachprüfung politischer Staatsakte [wozu Spohr auch die Verhängung der Schutzhaft zählt] durch eine richterliche Instanz ist im nationalsozialistischen Staat undenkbar."; Durch das Gesetz über die Geheime Staatspolizei vom 10. 02. 1936 (PrGS 1936, 21) wurden die Verfügungen und Angelegenheiten der Geheimen Staatspolizei der Kontrolle durch die Verwaltungsgerichte generell entzogen.

257. Einige der Landesverfassungen sahen auch die richterliche Kontrolle des Freiheitsentzugs durch die Verwaltung vor (z.B. Art. 102 Abs. 2 der Bayerischen Verfassung vom 02.12.1946; Art. 23 der Hessischen Verfassung vom 01.12.1946 sah gesonderte Rechte für die aufgrund psychischer oder körperlicher Krankheit Untergebrachten vor. Art. 24 der Verfassung regelte abschließend die Fälle zulässigen Freiheitsentzugs.

258. *Gusy* in: v. Mangoldt/Klein, GG, Art. 104 Rn. 6; *Hesse* in: Handbuch des Verfassungsrechts, S. 130f.

das Gesetz bestimmt, und nur in den vom Gesetz vorgeschriebenen Formen.

(3) Jeder von der öffentlichen Gewalt Festgenommene ist auf Verlangen, spätestens am Tage nach der Festnahme, dem zuständigen Richter vorzuführen. Dieser hat dem Festgenommenen mitzuteilen, von welcher Behörde und aus welchen Gründen die Festnahme verfügt worden ist, und ihm Gelegenheit zu geben, Einwendungen gegen die Festnahme zu erheben und eine Person seines Vertrauens von der Festnahme zu verständigen. Der Richter hat entweder die Festhaltung zu bestätigen oder den Festgenommenen unverzüglich in Freiheit zu setzen.

(4) Den auf Grund von gesetzlichen Vorschriften festgehaltenen Personen wird Sicherheit vor körperlicher und seelischer Misshandlung gewährleistet."

Mit dieser Regelung sollte die persönliche Bewegungsfreiheit im engeren Sinn gewährleistet werden. Auch vor außerstrafrechtlicher Freiheitsentziehung sollte durch die Einführung der richterlichen Kontrolle Schutz gewährt werden.[259] Die Verfahrensregelungen sowie der qualifizierte Gesetzesvorbehalt wurden ebenfalls im Grundgesetz verankert, um eine Wiederkehr der polizeilichen Schutzhaftpraxis zu verhindern.[260] Auch der Richtervorbehalt bei Freiheitsentziehungen durch die Verwaltung wurde in das Grundgesetz aufgenommen.[261] Der durch den Allgemeinen Redaktionsausschuss schließlich vorgelegte Vorschlag sah dann eine Trennung der allgemeinen Gewährleistung des Rechts auf Freiheit von den besonderen Verfahrensvorschriften zum Schutz der Freiheit vor.[262] Die allgemeine Garantie wurde in den Grundrechtsteil und die Verfahrensregeln in den der Rechtspflege gewidmeten Teil des Grundgesetzes aufgenommen. Diese Trennung, die vom Grundsatzausschuss in zweiter Lesung schließlich akzeptiert wurde,[263] wurde mit einer befürchteten Überfrachtung des Grundrechtsteils begründet.[264] Die Trennung zwischen Verfahrensre-

259. Bericht über den Verfassungskonvent auf Herrenchiemsee in: Der Parlamentarische Rat 1948-1949 Bd. 2, S. 579.

260. Dazu: Abg. Zinn in der 4. Sitzung des Grundsatzausschusses am 23.09.1948 in: Der Parlamentarische Rat 1948-1949 Bd. 5/1, S. 78; zur Einführung des Mißhandlungsverbots aus den selben Gründen: Schmid SPD 4. Sitzung des Grundsatzausschusses vom 23.09.1948 in: Der Parlamentarische Rat 1948-1949 Bd. 5/1 S. 81.

261. Dazu: *Gusy* in: v. Mangoldt/Klein, GG, Art. 104 Rn. 7; vgl. zur Entstehungsgeschichte des Richtervorbehalts unten Kapitel 10 Abschnitt 2 Seite 410.

262. Vorschlag bezüglich der Art. 1-20 in der vom Allgemeinen Rechtsausschuss in erster Lesung formulierten Fassung 16.11.1948 in: Der Parlamentarische Rat 1948-1949 Bd. 5/2, S. 578.

263. Feststellung durch den Vorsitzenden Dr. v. Mangoldt 23. Sitzung des Grundsatzausschusses am 19.11.1948 in: Der Parlamentarische Rat 1948-1949 Bd. 5/2, S. 610.

264. Dr. Heuss in der 4. Sitzung des Grundsatzausschusses am 23.09.1948 in: Der Parlamentarische Rat 1948-1949 Bd. 5/1, S. 81; dazu auch: *Hantel*, Freiheitsentziehung, S. 227.

geln und allgemeiner Grundrechtsgarantie erklärt, warum für den Schutz der körperlichen Bewegungsfreiheit sowohl Art. 2 GG als auch Art. 104 GG eine Rolle spielen.

II. Schutz der Freiheit im Grundgesetz

A. Schutz der Freiheit in Art. 2 Abs. 2 S. 2 GG

Das Recht auf Freiheit ist im Grundgesetz zunächst in Art. 2 Abs. 2 S. 2 GG geschützt:

> „Die Freiheit der Person ist unverletzlich."

Anders als in Art. 5 Abs. 1 EMRK wird im Grundgesetz nicht die Sicherheit des Einzelnen erwähnt, auch wenn die Aufnahme eines Rechts auf Sicherheit in die Verfassung in den Beratungen des Hauptausschusses des Parlamentarischen Rates diskutiert wurde.[265] Enger als es der Begriff „Freiheit" vermuten lässt, gewährleistet Art. 2 Abs. 2 S. 2 GG nach allgemeiner Auffassung ausschließlich die körperliche Bewegungsfreiheit.[266] Das in den wortidentischen Art. 114 WRV hinein interpretierte Recht, alles zu tun, was nicht durch Gesetze verboten ist[267], ist im Grundgesetz als Recht der allgemeinen Handlungsfreiheit in Art. 2 Abs. 1 GG als eigenständiges Recht aufgenommen worden. Freiheit im Sinne des Art. 2 Abs. 2 S. 2 GG umfasst damit nicht die allgemeine Handlungsfreiheit, sondern stellt vielmehr eine Spezialfreiheit dar.[268] Der Schutz der Freizügigkeit — und damit das Recht, an jedem Ort innerhalb des Geltungsbereichs des Grundgesetzes Aufenthalt und Wohnung zu nehmen — findet sich in Art. 11 Abs. 1 GG und wird ebenfalls nicht vom Schutzbereich des Rechts auf Freiheit in Art. 2 Abs. 2 S. 2 GG umfasst.[269]

Die Begrenzung des Schutzbereichs des Rechts auf Freiheit ergibt sich auch aus dem systematischen Zusammenhang des Art. 2 Abs. 2 S. 2 GG mit Art. 104 GG. Art. 104 GG — der auch sprachlich an die „Freiheit der Person" anknüpft — enthält in seiner endgültigen Fassung Verfahrensgarantien für Eingriffe in das in Art. 2 Abs. 2 S. 2 GG geschützte Recht. Die in Art. 104 GG erfassten Eingriffe sind das Festhalten, die Freiheitsentziehung, das In-Gewahrsam-Halten, die Festnahme und die Haft und damit ausschließlich Eingriffe in die physische Bewegungsfreiheit. Nur vor Eingriffen in die körperliche Bewegungsfreiheit sollte Art. 2 Abs. 2 S. 2 GG demnach schützen.[270]

---

265. Dazu vgl. *Robbers*, Sicherheit, S. 15.
266. BVerfGE 6, 254 (355); BVerfGE 22, 21 (26).
267. Vgl. oben Kapitel 2 Abschnitt 2 Seite 91.
268. *Gusy*, NJW 1992, 457 (458).
269. Zur Abgrenzung vgl. *Grabitz* in: HStR VI, § 130 Rn. 8ff.; *Gusy* in: v. Mangoldt/Klein, GG, Art. 104 Rn. 16.
270. So auch schon Dr. Eberhard und Dr. v. Mangoldt 23. Sitzung des Grundsatzausschusses am 19.11.1948 in: Der Parlamentarische Rat 1948-1949 Bd. 5/1, S. 610.

Sowohl Art. 2 Abs. 2 S. 2 GG als auch Art. 104 GG schützen damit die Freiheit des Einzelnen, jeden tatsächlich und rechtlich zugänglichen Ort zu verlassen oder aufzusuchen.[271] Eingriffe in dieses Recht müssen gemäß Art. 2 Abs. 2 S. 3 GG aufgrund eines Gesetzes erfolgen. Anders als Art. 5 EMRK sieht das Grundgesetz jedoch keine inhaltliche Bindung des Gesetzgebers an bestimmte Haftgründe vor, sondern überlässt der Legislative die materielle Ausgestaltung des Rechts auf Freiheit, das damit eben doch nicht ganz „unverletzlich" ist.[272]

B. Schutz der Freiheit in Art. 104 GG

Während Art. 2 Abs. 2 GG sich auf die reine Deklaration eines Freiheitsrechts und die Formulierung eines einfachen Gesetzesvorbehalts beschränkt, regelt Art. 104 GG detaillierte Verfahrensrechte zum Schutz der körperlichen Bewegungsfreiheit des Einzelnen:

> Art. 104 GG: „(1) Die Freiheit der Person kann nur auf Grund eines förmlichen Gesetzes und nur unter Beachtung der darin vorgeschriebenen Formen beschränkt werden. Festgehaltene Personen dürfen weder seelisch noch körperlich mißhandelt werden.
> (2) Über die Zulässigkeit und Fortdauer einer Freiheitsentziehung hat nur der Richter zu entscheiden. Bei jeder nicht auf richterlicher Anordnung beruhender Freiheitsentziehung ist unverzüglich eine richterliche Entscheidung herbeizuführen. Die Polizei darf aus eigener Machtvollkommenheit niemanden länger als bis zum Ende des Tages nach dem Ergreifen in eigenem Gewahrsam halten. Das Nähere ist gesetzlich zu regeln.
> (3) Jeder wegen des Verdachts einer strafbaren Handlung vorläufig Festgenommene ist spätestens am Tage nach der Festnahme dem Richter vorzuführen, der ihm die Gründe der Festnahme mitzuteilen, ihn zu vernehmen und ihm Gelegenheit zu Einwendungen zu geben hat. Der Richter hat unverzüglich entweder einen mit Gründen versehenen schriftlichen Haftbefehl zu erlassen oder die Freilassung anzuordnen.
> (4) Von jeder richterlichen Entscheidung über die Anordnung einer Freiheitsentziehung ist unverzüglich ein Angehöriger des Festgehaltenen oder eine Person seines Vertrauens zu benachrichtigen."

1. Gesetzesvorbehalt

Art. 104 Abs. 1 GG stellt zunächst klar, dass für die Regelung der Voraussetzungen für Eingriffe in das Recht auf Freiheit ein förmliches Gesetz erforderlich ist.[273] Das Parlamentsgesetz auf Grund dessen in das Schutzgut Freiheit eingegriffen werden kann, muss — auch aus Gründen der Rechtssicherheit — selbst bestimmen, dass ein Eingriff in die Freiheit der Person zulässig ist und muss darüberhinaus die Voraussetzungen

---

271. BVerfGE 94, 166 (198); *Grabitz* in: HStR VI, § 130 Rn. 4f.; *Kunig* in: v. Münch/Kunig, GG, Art. 2 Rn. 74; *Schultze-Fielitz* in: Dreier, GG, Art. 2 Abs. 2 Rn. 60.
272. *Hantel*, Freiheitsentziehung, S. 3.
273. Förmliche Gesetze sind die Gesetze, die von den für die Gesetzgebung zuständigen Stellen in dem für die Gesetzgebung zuständigen Verfahren beschlossen wurden. Nach der heutigen Verfassungsordnung sind dies nur Rechtnormen, die vom Bundestag oder von den Landtagen beschlossen wurden.

des Eingriffs regeln.[274] Anders als bei einer Einschränkung des Rechts auf Freiheit nach Art. 5 EMRK genügen als Ermächtigungsgrundlage daher weder Gewohnheitsrecht, noch Verordnungen, Satzungen, Richterrecht, Verwaltungsanweisungen noch die analoge Anwendung von Gesetzen den Erfordernissen des Gesetzesvorbehalts.[275]

2. Richtervorbehalt

Für Freiheitsentziehungen enthält Art. 104 Abs. 2 GG darüberhinaus einen sogenannten Richtervorbehalt. Da Art. 104 Abs. 2 GG nur für Freiheitsentziehungen nicht aber für Freiheitsbeschränkungen die Voraussetzung vorheriger richterlicher Entscheidung aufstellt, ist — wie schon bei der Bestimmung des Schutzbereichs des Art. 5 EMRK — eine Abgrenzung von Freiheitsbeschränkung und Freiheitsentziehung erforderlich. Anders als bei der Bestimmung des Schutzbereichs des Art. 5 EMRK kann die Lösung für das Grundgesetz jedoch nicht im Einzelfall gesucht werden, da bereits vor dem Ergreifen einer Maßnahme feststehen muss, ob gemäß Art. 104 Abs. 2 GG zunächst der Richter entscheiden muss oder nicht.[276]

a) Freiheitsbeschränkung und Freiheitsentziehung

Jeder Eingriff in das Recht auf körperliche Bewegungsfreiheit im Sinne des Art. 2 Abs. 2 S. 2 GG stellt eine Freiheitsbeschränkung dar. Eine Freiheitsbeschränkung ist daher jede staatliche Maßnahme, die die Ausübung der körperlichen Bewegungsfreiheit erschwert oder unmöglich macht, indem eine Person gegen oder ohne ihren Willen daran gehindert wird, einen ihr rechtlich und tatsächlich zugänglichen Ort aufzusuchen oder zu verlassen.[277] Demgegenüber stellt die Freiheitsentziehung den intensiveren Eingriff in das Recht auf körperliche Bewegungsfreiheit dar.[278] Als Freiheitsentzug im Sinne des Grundgesetzes werden Eingriffe in die Freiheit der Person angesehen, die die körperliche Bewegungsfreiheit einer Person nach jeder Richtung hin aufheben.[279] Beispiele dafür sind das Einschließen oder Einsperren in einer Haftanstalt, die Unterbringung in einem Krankenhaus und die polizeiliche Ingewahrsamnah-

---

274. *Gusy* in: v. Mangoldt/Klein, GG, Art. 104 Rn. 25.
275. BVerfGE 29, 183 (195f.): „Aus der Verschärfung des schon in Art. 2 Abs. 2 GG enthaltenen Gesetzesvorbehalts durch Art. 104 Abs. 1 GG, der noch unterstützt wird durch die formalen Garantien in Art. 104 Abs. 2 GG, ist zu entnehmen, dass es dem Grundgesetz im Bereich der Freiheitsentziehung auf eine besonders rechtsstaatliche förmliche Regelung ankommt. Der Gesetzgeber soll gezwungen werden, Freiheitsentziehungen in berechenbarer, messbarer und kontrollierbarer Weise zu regeln. Gewohnheitsrecht und die analoge Heranziehung von Normen genügen daher nicht den Erfordernissen des Art. 104 GG."
276. *Rüping* in: BK Art. 104 Rn. 49.
277. BVerfGE 94, 166 (198); *Grabitz* in: HStR VI, § 130 Rn. 4f.; *Kunig* in: v. Münch/Kunig, GG, Art. 2 Rn. 74; *Schultze-Fielitz* in: Dreier, GG, Art. 2 Abs. 2 Rn. 60.
278. *Dürig* in: Maunz/Dürig, GG, Art. 104 Rn. 5.
279. BVerfGE 62, 325 (327); BVerfGE 94, 166 (198); BVerfG 15.03.2002 2 BvR/00.

me, die auch im Sinne der EMRK Freiheitsentziehungen darstellen. Umstritten ist hingegen die Bewertung von Grenzfällen. Dazu gehören insbesondere Fälle besonders kurzfristigen Freiheitsentzugs und Zwangsmaßnahmen, wie die Vorführung, die Abschiebung oder das Festhalten zum Zwecke der Identitätsfeststellung.

Zur Abgrenzung von Freiheitsentziehung und Freiheitsbeschränkung in diesen Grenzfällen werden in der Rechtsprechung und der Literatur verschiedene Kriterien, wie die Dauer, der Zweck oder die Art des Zwangs, herangezogen.[280] Die Bundesgerichte, deren Auslegung des Begriffs des Freiheitsentzugs für den tatsächlichen Schutz des Rechts auf Freiheit in der deutschen Rechtsordnung maßgeblich ist, legen den Begriff der Freiheitsentziehung eher eng aus.[281] Der Bundesgerichtshof (BGH) und das Bundesverwaltungsgericht (BVerwG) orientieren sich in problematischen Fällen an der einfachgesetzlichen Definition des § 2 FEVG, der Freiheitsentziehungen auf das Einsperren in einem abgeschlossenen Raum beschränkt.[282] Das BVerwG stellt zudem auf den Zweck der staatlichen Maßnahme ab: Wenn die Maßnahme nicht primär auf das Festhalten einer Person, sondern auf die Durchsetzung anderer Pflichten gerichtet sei, handele es sich nicht um eine Freiheitsentziehung im Sinne des Art. 104 Abs. 2 GG.[283] In Auswertung dieser Rechtsprechung ergibt sich, dass als Freiheitsentziehungen die Unterbringung in einer geschlossenen Anstalt,[284] die Freiheitsstrafe[285] und die Untersuchungshaft,[286] die Erzwingungshaft[287] und die Abschiebungshaft[288] anerkannt sind.[289] Nicht um Freiheitsentziehungen handelt es sich nach der maßgeblichen deutschen Rechtsprechung dagegen bei der Durchführung der Abschiebung[290] oder der Vorführung zur Durchführung von ärztlichen Untersuchungen.[291]

b) Richterliche Anordnung der Freiheitsentziehung

Für Maßnahmen, die eine Freiheitsentziehung im Sinne des Art. 104 GG darstellen, gilt, dass grundsätzlich nur der Richter über ihre Zulässigkeit und Fortdauer zu entscheiden hat. Der Richtervorbehalt des Art. 104 Abs. 2 GG stellt eine nationale Besonderheit des deutschen Verfassungsrechts dar. Will eine Behörde einer Person die

280. Zum Streitstand vgl. *Gusy* in: v. Mangoldt/Klein, GG, Art. 104 Rn. 19ff.
281. *Hanraths*, VR 1992, 243 (247); *Schieder*, KritV 83 (2000), 218 (221).
282. Vgl. BGHZ 36, 1 (7); BGHZ 81, 261 (270); BVerwGE 62, 325 (327f.).
283. BVerwGE 62, 325 (328); so auch *Gusy*, NJW 1992, 457 (460), der davon ausgeht, dass Zwangsmaßnahmen zur Durchsetzung von Verhaltenspflichten, die ihrerseits keine Freiheitsentziehung darstellen, nicht als Freiheitsentziehung zu beurteilen sind.
284. BVerfGE 10, 302 (310).
285. BVerfGE 14, 156 (173).
286. BVerfGE 35, 185 (190).
287. BVerfGE 27, 18 (33).
288. BVerwGE 62, 325 (327); a.A. BVerwGE 62, 317 (319).
289. Zur Rechtsprechung vgl. *Hanraths*, VR 1992, 243 (246); *Wolf/Stephan*, Polizeigesetz, para. 4 Rn. 12.
290. BVerwGE 62, 325 (328); vgl. dazu unten Kapitel 9 Abschnitt 2 Seite 353.
291. BGHZ 81, 261 (270).

Freiheit entziehen, so hat sie nach diesem verfassungsrechtlichen Grundsatz grundsätzlich zuerst die Entscheidung des Haftrichters einzuholen. Nur dieser kann eine Freiheitsentziehung anordnen. Der Richtervorbehalt stellt die Behörde unter Begründungszwang und gibt dem Einzelnen die Gelegenheit, sich gegenüber der Exekutive durchzusetzen und auf diese Weise die Schaffung vollendeter Tatsachen durch sofortigen Vollzug zu verhindern.[292] Der Richter im Sinne des Art. 92 GG hat eine eigenverantwortliche Entscheidung über die Recht- und Zweckmäßigkeit der Haft zu fällen.[293] Dabei hat er selbst die Tatsachen festzustellen, die für oder gegen die Freiheitsentziehung sprechen und zu entscheiden, ob eine Freiheitsentziehung erforderlich ist.[294] Er trifft die Entscheidung über das „Ob" der Freiheitsentziehung und ihre Dauer, sowie über ihre Verlängerung oder Aussetzung.[295] Die getroffene Entscheidung ist durch den Richter schriftlich zu begründen. Dazu genügt weder das einfache Ankreuzen auf einem Formular noch die bloße Wiederholung des Gesetzestextes.[296] Jede Freiheitsentziehung ohne richterliche Anordnung ist — soweit sie nicht durch Art. 104 Abs. 2 und Abs. 3 GG gedeckt ist — verfassungswidrig und verstößt deshalb gegen Art. 5 EMRK.[297]

Der Fall, in dem einer Person die Freiheit entzogen wird, ohne dass dies durch den Richter angeordnet wurde, soll demzufolge eine Ausnahme von diesem Grundsatz darstellen.[298] Für diesen Fall bestimmt Art. 104 Abs. 2 S. 2 GG, dass unverzüglich nach der Freiheitsentziehung eine richterliche Entscheidung herbeizuführen ist.[299] Damit setzt Art. 104 Abs. 2 GG Maßnahmen vorläufigen Freiheitsentzugs durch die Exekutive als zulässig voraus.[300] Die Exekutive bleibt jedoch auf den Erlass vorläufiger Maßnahmen von kurzer Dauer beschränkt. Grundsätzlich ist eine Entscheidung des

292. *Gusy*, JZ 1998, 167 (169).
293. BVerfGE 22, 311 (318); BVerfGE 83, 24 (33f.); *Hantel*, Freiheitsentziehung, S. 20.
294. BVerfGE 83, 24 (33f).
295. *Schultze-Fielitz* in Dreier, GG, Art. 104 Rn. 34.
296. *Gusy* in: v. Mangoldt/Klein, GG, Art. 104 Rn. 44.
297. Diese verfahrensrechtliche Sicherungen, die in diesem Punkt weit über die von Art. 5 EMRK geforderten Verfahrensrechte hinausgehen, sollen dem Einzelnen einen besonders umfassenden Schutz des Rechts auf Freiheit vor willkürlichen Eingriffen durch die Exekutive gewähren, dazu *Podlech* in: AK, Art. 104 Rn. 23.
298. *Dürig* in: Maunz/Dürig, GG, Art. 104 Rn. 34; BVerfG 15.03.2002 2 BvR/00.
299. Dies gilt für alle Arten des Freiheitsentzugs: Abg. Zinn in der vierten Sitzung des Grundsatzausschusses am 23.09.1948 in: Der Parlamentarische Rat 1948-1949 Bd. 5/1, S. 80: „Wir wollen mit dieser Formulierung eine umfassende Sicherung: Keinerlei Freiheitsentziehung auf die Dauer ohne Tätigwerden des Richters. Wir gehen da also viel weiter als andere Verfassungen, die nur den wegen eines Delikts Verfolgten und Festgenommenen im Auge haben."
300. *Dürig* in: Maunz/Dürig, GG, Art. 104 Rn. 34; *Kern*, DÖV 1954, 112.

Richters unverzüglich, d.h. ohne jede Verzögerung einzuholen.[301] Die Freiheitsentziehung durch die Exekutive darf gemäß Art. 104 Abs. 2 S. 3 GG in keinem Fall länger als bis zum Ende des Tages nach dem Ergreifen der betroffenen Person andauern.[302]

Die Verfassung stellt in Art. 104 Abs. 2 S. 1-3 GG ganz klar ein Regel-Ausnahme Verhältnis zugunsten der richterlichen Anordnung der Freiheitsentziehung auf. Dennoch kommt der Vorschrift über die unverzügliche Einholung einer richterlichen Entscheidung nach erfolgter Freiheitsentziehung eine besondere Bedeutung zu, da insbesondere im Bereich der Gefahrenabwehr dieses Regel-Ausnahme Verhältnis — wie noch zu zeigen sein wird[303] — in der Praxis oft in sein Gegenteil verkehrt wird.[304]

3. Sonstige Verfahrensrechte

Als weiteres Verfahrensrecht sieht Art. 104 Abs. 4 GG vor, dass vor jeder richterlichen Anordnung einer Freiheitsentziehung ein Angehöriger oder eine Person des Vertrauens der festgehaltenen Person zu benachrichtigen ist. Über den Schutz der körperlichen Bewegungsfreiheit hinaus schließlich sieht Art. 104 Abs. 1 S. 2 GG ein Mißhandlungsverbot vor. Danach dürfen festgehaltene Personen weder seelisch noch körperlich mißhandelt werden.

III. Die Rolle des Bundesverfassungsgerichts

Für den Schutz der Freiheit des Einzelnen spielt neben der verfassungsrechtlichen Verankerung von Grund- und Menschenrechten auch deren gerichtliche Durchsetzbarkeit eine wichtige Rolle. In Deutschland ist das Bundesverfassungsgericht[305] für die Überprüfung der Verfassungsmäßigkeit von Gesetzen und auch von Einzelakten hoheitlicher Gewalt zuständig, Art. 93 und Art. 100 GG. Dem Individualrechtsschutz des Bürgers gegen Grundrechtsverletzungen dient das Verfahren der Verfassungsbeschwerde,[306] Art. 93 Abs. 1 Nr. 4a GG. Das Bundesverfassungsgericht kann im Rahmen dieses Verfahrens auf Antrag eines Bürgers alle Akte deutscher Staatsgewalt auf ihre Vereinbarkeit mit der Verfassung hin überprüfen, und im Falle ihrer Verfassungswidrigkeit Urteile aufheben und Gesetze für nichtig erklären.

---

301. Auf ein besonderes Verschulden analog § 121 BGB kommt es bei der Beurteilung, ob die richterliche Entscheidung „unverzüglich" herbeigeführt wurde nicht an, BVerwGE 45, 51 (63); BVerfG 15.03.2002 2 BvR/00; vgl. auch *Dürig* in: Maunz/Dürig, GG, Art. 104 Rn. 38; *Gusy* in: v. Mangoldt/Klein, GG, Art. 104 Rn. 47; *Schulze-Fielitz* in: Dreier, GG-Kommentar, Art. 104 Rn. 42.
302. Zum Begriff der Polizei in Art. 104 Abs. 2 S. 3 GG vgl. *Gusy* in: v. Mangoldt/Klein, GG, Art. 104 Rn. 56.
303. Vgl. unten Kapitel 3 Abschnitt 2 Seite 142.
304. Vgl. dazu auch die statistische Erhebung bei *Hartlaub*, Freiheitsentziehung, S. 86.
305. Zu den Aufgaben des Bundesverfassungsgerichts vgl. *Schlaich*, Bundesverfassungsgericht, S. 72f.
306. Zur Verfassungsbeschwerde vgl. *Gusy*, Verfassungsbeschwerde, S. 644f.

Auch einfache Gerichte können in der Bundesrepublik die Vereinbarkeit von Maßnahmen der Verwaltung mit dem Grundgesetz überprüfen. Art. 19 Abs. 4 GG garantiert jedem, der durch die öffentliche Gewalt in seinen Rechten verletzt ist, den Zugang zur Gerichtsbarkeit. Der Einzelne kann dementsprechend, wenn er sich durch hoheitliche Maßnahmen in seinen Rechten verletzt sieht, Rechtsschutz auch vor den Verwaltungsgerichten erlangen, § 40 Abs. 1 VwGO. Das Verwaltungsgericht hebt rechtswidrige und verfassungswidrige Maßnahmen der Exekutive auf. Stellt das Fachgericht fest, dass das Gesetz, auf dessen Grundlage eine Maßnahme der Verwaltung ergangen ist, selbst gegen die Verfassung verstößt, legt es das Gesetz dem Bundesverfassungsgericht, dem insoweit das Verwerfungsmonopol zusteht, zur Entscheidung vor, Art. 100 GG. Die durch das Grundgesetz verbürgten materiellen Rechte und damit auch das Recht auf Freiheit sind damit durch den Bürger selbst sowohl vor den einfachen Gerichten, als auch vor dem Bundesverfassungsgericht durchsetzbar.

IV. Schutz der Freiheit durch die EMRK

Der Schutz des Rechts auf Freiheit des Einzelnen wird in Deutschland damit vor allem durch die grundgesetzlichen Gewährleistungen garantiert. Da die Bundesrepublik Vertragsstaat der EMRK ist, kann — je nach Rang und Stellung der Konvention im nationalen Recht — die Konvention selbst zum Schutz des Rechts auf Freiheit beitragen.

A. Ratifikation

Die Bundesrepublik Deutschland hat die EMRK am 4. November 1950 unterzeichnet und am 5. Dezember 1952 ratifiziert.[307] Man wollte mit einer baldigen Ratifikation und der damit verbundenen Distanzierung von den während des Dritten Reichs begangenen Taten vermeiden, in eine folgenschwere politische Isolation zu geraten.[308] Auch wurde die EMRK als beachtlicher Fortschritt des Völkerrechts und des Menschenrechtsschutzes gewürdigt.[309] Ein Unterausschuss des Rechtsausschusses des Bundestages stellte fest, dass sich der Grundrechtskatalog des Grundgesetzes weitgehend mit den in der Konvention garantierten Rechten decke und in den meisten Fällen sogar über diesen Schutz hinausgehe.[310] Nachdem zu Art. 7 Abs. 2 EMRK ein

307. Ausführlich zum Ratifikationsprozess vgl. *Zwingenberger*, Europäische Konvention, S. 68ff.

308. Mühlenhöver in der 146. Sitzung des Ausschusses für Rechtswesen und Verfassungsrecht, Deutscher Bundestag 1. Wahlperiode 23. Ausschuss, Protokoll Nr. 146 S. 5; zustimmend auch die Stellungnahme des Ausschusses für das Besatzungsstatut und auswärtige Angelegenheiten, BT-Drs. Nr. 3338 S. 5.

309. So Schmid (SPD) in der ersten Beratung des Bundestages am 18.04.1951, Dt. Bundestag 1. Wahlperiode 135. Sitzung, BT-Drs. Stenographische Protokolle S. 5267.

310. Bericht des Unterausschusses an den Rechtsausschuss (Dr. Brill), Deutscher Bundestag 1. Wahlperiode 23. Ausschuss sten. Protokoll 146. Sitzung 16.01.1952.

Vorbehalt erklärt worden war, wurde das Gesetz über die Konvention zum Schutze der Menschenrechte und Grundfreiheiten am 7. August 1952 beschlossen und am 22. August im Bundesgesetzblatt verkündet.

B. Rang und Bedeutung der EMRK

In der deutschen Rechtsordnung gilt die EMRK als völkerrechtlicher Vertrag seither im Rang eines einfachen Bundesgesetzes.[311] Zwar gilt für die Konvention nicht die Vorrangstellung, die Art. 25 S. 2 GG für die allgemeinen Regeln des Völkerrechts vorsieht, dennoch spielt die EMRK bei der Beurteilung der Rechtmäßigkeit nationaler Gesetze bisweilen eine Rolle.[312] Das Bundesverfassungsgericht stellte in ständiger Rechtsprechung fest, dass die EMRK nur den Rang eines einfachen Gesetzes inne habe.[313] Damit können insbesondere Verfassungsbeschwerden nicht auf die EMRK gestützt werden.[314] Dennoch seien bei der Auslegung des Grundgesetzes auch Inhalt und Entwicklungsstand der EMRK in Betracht zu ziehen. Auch Gesetze seien im Einklang mit den völkerrechtlichen Verpflichtungen der BRD auszulegen und anzuwenden, sogar wenn sie zeitlich später erlassen worden sind als die Konvention. Begründet wird letzteres damit, dass nicht davon auszugehen sei, dass der Gesetzgeber, sofern er dies nicht klar bekundet habe, von völkerrechtlichen Verpflichtungen abweichen oder die Verletzung solcher Verpflichtungen ermöglichen wolle.[315]

Der EMRK scheint in jüngerer Zeit auch in Deutschland wachsende Bedeutung zuzukommen.[316] Dies äußert sich unter anderem darin, dass mehrere deutsche Gerichte die EMRK — und auch Art. 5 EMRK — bei der Auslegung einfachgesetzlicher Normen und für die Beurteilung von Einzelmaßnahmen heranziehen.[317]

---

311. So die wohl herrschende Auffassung: BVerfGE 19, 342 (347); BVerfGE 22, 254 (265); BVerfGE 74, 358 (370); SächsVerfGH 14.5.1996 DVBl. 1423, 142; *Dreier* in: Dreier, GG, Vorb. Rn. 22; *Hesse*, HdbVerfR § 5 Rn. 11; *Hilf*, Rang, S. 31f.; *Stern*, Staatsrecht Bd. III/2, S. 1625; *Staebe*, JA 1996, 75 (79); a.A. *Bleckmann* EuGRZ 1994, 149 (152f.); *Menzel*, DÖV 1970, 509 (514).

312. Hesse, HdbVerfR § 5 Rn. 11; *Dreier* in: Dreier, GG, Vorb. Rn. 22.

313. BVerfGE 74, 358 (370); BVerfGE 82, 106 (115); BVerfGE 83, 119 (128).

314. St. Rspr. BVerfGE 10, 271 (274); BVerfGE 64, 137 (158); BVerfGE 74, 102 (128), zur Rechtsprechung des BVerfG vgl. *Frowein*, Bundesverfassungsgericht, S. 1766.

315. BVerfGE 74, 358 (370); Auch könne unter bestimmten Umständen eine willkürliche Anwendung oder Auslegung der EMRK zugleich einen Verstoß gegen das Gleichbehandlungsgebot und Willkürverbot des Art. 3 Abs. 1 GG und damit einen Verfassungsverstoß darstellen, BVerfGE 64, 137 (157); BVerfGE 74, 102 (128).

316. Dazu *Frowein*, HStR Bd. VII § 180 Rn. 24ff.

317. Zur Beurteilung polizeilichen Gewahrsams vgl. BayVerfGH 02.08.1990 NVwZ 1991, 664ff.; zur Beurteilung des sächsischen Polizeigesetzes vgl. SächsVerfGH 14.05.1996, DVBl. 1996, 1423 (1425f.); zum Gewahrsam von Nichtstörern vgl. OVG Bremen 06.07.1999 NVwZ 2001, 221f.; zur EMRK-Konformität des Gewahrsams wegen nächtlicher Ruhestörung vgl. VG Schleswig 15.06.1999 NJW 2000, 970f.

Abschnitt 3: Das Recht auf Freiheit in Frankreich

In der französischen Verfassungstradition spielt die persönliche Bewegungsfreiheit als *"noyau de base"*, also als wesentliche Bedingung zur Ausübung aller anderen Grundfreiheiten, eine wichtige Rolle.[318]

I. Entwicklung des Freiheitsschutzes

Aufgrund des wenig ausgeprägten Schutzes der persönlichen Freiheit vor der Revolution und der Praxis willkürlicher königlicher Verhaftungen *(lettres de cachet)* wurde das Recht, nicht willkürlich seiner Freiheit beraubt zu werden, in die Französische Erklärung der Menschen und Bürgerrechte von 1789 aufgenommen. Von besonderer Bedeutung erschien es damals, durch die Einführung eines Gesetzesvorbehalts willkürliche Freiheitsentziehungen zu verhindern.[319] Noch unter dem Eindruck der vorrevolutionären Praxis fand das Recht auf Freiheit in diesem Sinne dann Eingang in die französischen Verfassungen von 1791 und 1793.[320] Auch in der Verfassung von 1848 findet sich der Schutz vor willkürlicher Haft an prominenter Stelle.[321] Während die französischen Verfassungen in der Zeit von 1875 bis 1946 keine Grund- und Menschenrechte enthielten, wurde mit der Verfassung der IV. Republik 1946 durch einen Verweis der Präambel auf die Allgemeine Erklärung der Menschen und Bürgerrechte von 1789 der Schutz der Freiheit des Einzelnen wieder in das Verfassungsrecht aufgenommen.[322]

Es gab jedoch Zeiten, in denen das Recht auf Freiheit vor willkürlichem Freiheitsentzug in Frankreich faktisch außer Kraft gesetzt war. Dies geschah beispielsweise zu Beginn des Zweiten Weltkrieges, als durch Rechtsverordnung[323] das sogenannte *internement administratif* (Verwaltungshaft) eingeführt wurde.[324] Nach dieser Rechtsver-

318. *Armand*, Autorité judiciaire, p. 7.

319. Vgl. Debatte in der Ass. Nat. vom 22.08.1789, Madival (Hrsg.) Archives Parlementaires de 1789 à 1860 receuil complèt Série I Tome VIII, Paris 1875, S. 471.

320. Art. VII der französischen Verfassung vom 03.09.1791: „Nul homme ne peut être accusé, arreté ni détenu que dans les cas déterminés par la loi et selon les formes, qu'elle a préscrites. Ceux qui sollicitent, expédient, exécutent ou font exécuter des ordres arbitraires, doivent être punis: mais tout citoyen, appelé ou saisi en vert de la loi, doit obéir à l'instant; il se rend coupable par la résistance."
Art. 10 der französischen Verfassung vom 24.06.1793: „Nul ne doit être accusé, arreté ni détenu que dans les cas déterminés par la loi et selon les formes, qu'elle a préscrites. Tout citoyen appelé ou saisi par l'autorité de la loi, doit obéir à ' instant; il se rend coupable par la résistance."

321. Art. 2 der französischen Verfassung vom 04.11.1848: „Nul ne peut être arreté ou détenu que selon les prescriptions de la loi."

322. Präambel der Verfassung von 1946: „(...) le peuple français proclame à nouveau que tout être humain, sans distinction de race, de religion ni de croyance, possède des droits inaliénables et sacrés. Il réaffirme solennellement les droits et libertés de l'homme et du citoyen consacrés par la Déclaration des droits de 1789 et les principes fondamentaux reconnus par les lois de la République. (...)".

ordnung war der Präfekt als Träger der Polizeigewalt dazu ermächtigt, Personen in sogenannten Verwaltungszentren zu internieren, wenn dies für die Verteidigung oder die öffentliche Sicherheit erforderlich zu sein schien.[325] Erst mit dem Ende des Krieges wurde diese Praxis wieder eingestellt.

Einen zweiten Tiefpunkt erreichte der Schutz der persönlichen Freiheit in Frankreich zur Zeit der Algerienkrise, als auf die Praxis der *internements administratives* zurückgegriffen wurde. Die Administrativhaft bekam in diesem Zusammenhang einen neuen Namen. Die entsprechenden Rechtsnormen bezeichneten die Maßnahmen als *assignation à résidence* (gerichtliche Bestimmung des Aufenthaltsortes), ermächtigten jedoch — zumindest nach der Auslegung des Conseil d'État[326] — die Polizeibehörden ebenfalls dazu, die betroffenen Personen in sogenannten *centres d' herbergement* zu internieren.[327] Betroffen waren von dieser Regelung zunächst Personen, die für die öffentliche Ordnung gefährlich erschienen.[328] Später waren auch Personen betroffen, die den Rebellen der algerischen Departements Hilfe leisteten oder an einer Unternehmung gegen die Behörden oder die Gesetze der Republik beteiligt waren.[329] Ein effektiver Rechtsschutz gegen diese Maßnahmen war nicht vorgesehen.[330]

In die Verfassung der V. Republik wurde indes noch während der Algerienkrise durch einen Verweis auf die Präambel der Verfassung von 1946 und die Allgemeine Erklärung der Menschen- und Bürgerrechte von 1789 das Grundrecht auf Freiheit des Einzelnen integriert. Darüber hinaus wurde gerade das Recht, nicht willkürlich seiner Freiheit beraubt zu werden, als eines der wenigen Grundrechte direkt in die Verfassung von 1958 aufgenommen. Dennoch wurde die Praxis der *internements administratifs* über das Inkrafttreten der Verfassung von 1958 hinaus aufrechterhalten und durch Verordnung und Anordnung des Präsidenten sogar noch verschärft.[331] Erst mit dem Ende des Algerienkrieges und der Aufhebung des verfassungsrechtlichen Notstandes wurden die *internements administratifs* überflüssig, und die entsprechenden Ermächtigungsgrundlagen für die Verwaltung traten außer Kraft.

---

323. Décret du 18.11.1939 relatif aux mesures à prendre à l'égard des individus dangereux pour la défense nationale ou la sécurité publique, J.O. 19.11.1939, p. 13218 und Loi relative aux mesures à prende, sur instructions du gouvernement, à l'égard des individus dangereux pour la défense nationale ou la sécurité publique, J.O. 04.09.1940, p. 4490.

324. Dazu vgl. *Burdeau*, Libertés, p. 168; *Robert*, Libertés, p. 297.

325. Im Laufe des Krieges wurden die Möglichkeiten der Verwaltung zur Inhaftierung von Personen durch Erweiterung des betroffenen Personenkreises noch ausgeweitet: Loi du 02.06.1941 J.O. 14.06.1941, p. 2475 ermächtigt zur Inhaftierung von Juden, die gegen bestimmte Berufsverbote verstoßen haben; Ordonnance vom 30.6.1945 relative à la constatation, la poursuite et la répression des infractions à la législation économique, J.O. 08.07.1945, p. 4156 ermächtigt zur Inhaftierung von Personen, die gegen bestimmte Preisvorschriften verstoßen haben.

326. Conseil d'État 07.03.1958 Rec. CE 1958, p. 150.

327. *Philip*, Rec. Dalloz Chron. 1962, 137f.

328. Décret n° 56-274 du 17.3.1956, J.O. 19.03.1957, p. 2665 (galt nur für Algerien).

329. Loi n° 57-832 du 26.07.1957 Rec. Dalloz Leg 1957, 226, Art. 2.

330. Dazu vgl. *Burdeau*, Libertés, p. 174.

331. Décision du Président du 24.04.1961, J.O. 24.04.1961, p. 3876.

II. Schutz der Freiheit in der fünften Republik

Das Recht auf Freiheit im Sinne der körperlichen Bewegungsfreiheit taucht in der französischen Literatur und Rechtsprechung unter verschiedenen Namen auf. Einige Autoren bezeichnen diese Freiheit als *liberté d'aller et de venir*, die jedoch die Freizügigkeit mitumfasse.[332] Das Recht auf körperliche Bewegungsfreiheit wird teilweise auch als *liberté individuelle* im engeren Sinne bezeichnet, wobei *liberté inividuelle* im weiteren Sinne als Oberbegriff für alle individuellen Freiheitsrechte verstanden wird.[333] Durchgesetzt zu haben scheint sich der Begriff der *sûreté* als Bezeichnung des Rechts, nicht willkürlich seiner Freiheit beraubt zu werden.[334] In diesem Sinne soll der Begriff auch hier verwendet werden.

Der Verweis in der Präambel der Verfassung von 1958 auf die Allgemeine Erklärung der Menschen- und Bürgerrechte von 1789 inkorporiert diese Erklärung in das französische Verfassungsrecht der V. Republik.[335] Es war in der französischen Literatur und Rechtsprechung jedoch lange umstritten, ob es sich bei dem Verweis um eine reine Absichtserklärung mit politischem oder ideellem Charakter oder aber um unmittelbar geltendes Recht handelt, an dem dann auch nationale Gesetze zu messen wären. Der Conseil Constitutionnel hat diesen Streit in den 70er Jahren zugunsten des Verfassungsrangs der Präambel entschieden. Nach ganz herrschender Meinung handelt es sich bei den in der Präambel garantierten Rechten um positiv-rechtliche, unmittelbar anwendbare Bestimmungen, die jedes Staatsorgan zu beachten hat.[336] 1977 stellt der Conseil Constitutionnel ausdrücklich fest, dass das Recht auf Freiheit in den Bestimmungen der Allgemeinen Erklärung der Menschen- und Bürgerrechte von 1789 sowie direkt in Art. 66 der Verfassung verankert ist.[337]

Art. 66 S. 1 der Verfassung von 1958, dessen Verfassungsrang und unmittelbare Geltung unumstritten ist, bestimmt, dass niemand willkürlich in Haft gehalten werden darf.[338] Haft *(détention)* im Sinne des Art. 66 wird in einem weiten Sinn verstanden. Darunter fällt nicht nur die Inhaftierung in einem Gefängnis im Rahmen des Vollzugs einer Freiheitsstrafe, sondern jede Maßnahme eines Gerichts oder der Verwaltung

332. *Carmarz*, Police, p. 1; *Oliva*, Droit constitutionnel, p. 250; *Robert*, Libertés, p. 456; *Wachsmann*, Libertés, p. 341.

333. *Bauer*, Grundrechtsschutz, S. 153f.

334. *Lebreton*, Libertés, p. 347; *Renoux*, Code Constitutionnel, p. 514.

335. Zum Rechtscharakter der Deklaration von 1789 und der Präambel der Verfassung von 1958 vgl. *Bacot*, RDP 1989, 685 (689ff.).

336. Dazu vgl. *Itin*, Grundrechte, S. 27; *Rivero*, RIDC 1977, 9 (12f.); dies ist für das Recht auf Freiheit insofern von Bedeutung, als dass der Conseil Constitutionnel dieses Recht zunächst einem principe fondamental des französischen Rechts entnahm, das als solches nur über den Verweis der Präambel der Verfassung von 1958 auf die Präambel der Verfassung von 1946 garantiert ist.

337. Conseil Constitutionnel 12.01.1977 n° 76-77 DC, J.O. 13.01.1976, p. 344; Conseil Constitutionnel 09.01.1980 n° 79-109 Rec. Dalloz Jur. 1980, p. 249; Conseil Consitutionnel 27. 07.1994 n° 94-343/344 DC, J.O. 29.07.1994, p. 11024; *Barloy*, Rev. Adm. 1995, 483 (487).

338. „Nul ne peut être arbitrairement détenu."; zur Entstehung des Art. 66 vgl. *Itin*, Grundrechte, S. 9ff.; *Renoux*, Code Constitutionnel p. 514.

durch die einer Person über kürzere oder längere Zeit die Freiheit entzogen wird.[339] Das durch Art. 66 der Verfassung geschützte Recht ist das Recht, nicht gegen seinen Willen an einem Ort festgehalten zu werden.[340] Das Schutzgut des Art. 66 der Verfassung von 1958 entspricht somit im Wesentlichen dem des Art. 5 EMRK.[341] Der Conseil Constitutionnel hat das Festhalten von Ausländern außerhalb von Justizvollzugsanstalten,[342] sowie den Polizeigewahrsam *(garde à vue)*[343] und das Festhalten einer Person zum Zweck der Identitätskontrolle[344] als Haft im Sinne des Art. 66 der Verfassung angesehen.

Willkürlich im Sinne des Art. 66 der Verfassung von 1958 ist eine Haft dann, wenn sie ohne eine ausdrückliche gesetzliche Ermächtigung vorgenommen wird.[345] Willkürlich in diesem Sinne ist eine Haft aber auch, wenn sie nicht erforderlich ist oder bestimmte Verfahrensrechte nicht gewährleitet sind. Zu diesen Verfahrensrechten gehört nach der Rechtsprechung des Conseil Constitutionnel das Recht auf einen Anwalt, einen Dolmetscher und gegebenenfalls auf einen Arzt sowie die Einschaltung eines Richters.[346] Die Einschaltung des Richters als Kontrollorgan der Verwaltung ergibt sich direkt aus Art. 66 S. 2 der Verfassung von 1958, der die ordentliche Gerichtsbarkeit als Hüterin der Freiheit einsetzt.[347] Anders als beim Richtervorbehalt des deutschen Grundgesetzes genügt diesem Erfordernis jedoch eine baldmöglichste Einschaltung des Richters *nach* der Inhaftierung einer Person.[348] Eine freiheitsentziehen-

---

339. Dazu vgl. *Armand*, Autorité judiciaire, p. 39; *Bauer*, Grundrechtsschutz, S. 152; *Renoux*, Code Constitutionnel, p. 514; *Wachsmann*, Libertés, p. 344.

340. *Renoux*, Code Constitutionnel, p. 515.

341. *Wachsmann*, Libertés, p. 343.

342. Conseil Constitutionnel 09.01.1980 n° 79-109 Rec. Dalloz Jur. 1980, p. 249.

343. Conseil Constitutionnel 19. et 20.01.1981, n° 80-127, J.O. 22.01.1981, p. 308.

344. Conseil Constitutionnel 13.08.1993 n° 93-925, J.O. 18.08.1993, p. 11722.

345. Conseil Constitutionnel 22.11.1978 n° 78-98 DC, J.O. 23.11.1978; dazu *Armand*, Autorité judiciaire, p. 144.

346. Conseil Constitutionnel 09.01.1980 n° 79-109 Rec. Dalloz Jur. 1980, p. 249: „Considérant que ces mesures, qui ne peuvent être prises, comme il vient d'être dit, qu'en cas de nécessité, sont prononcées initialement par l'autorité administrative, mais ne peuvent être prolongées qu'en vertu d'une ordonnance du président du tribunal de grande instance ou du magistrat délégué par lui; que l'intéressé peut, dès le début de l'application de ces mesures, demander l'assistance d'un interprète, d'un médecin et d'un conseil; qu'ainsi l'intervention du juge, statuant, dans l'un comme dans l'autre cas, sous le contrôle de la Cour de cassation et devant lequel l'intéressé est à même de présenter ses moyens de défense, est de nature à éviter que l'un ou l'autre de ces régimes ne présente le caractère d'un internement arbitraire; qu'au surplus la loi ne fait pas obstacle à ce que, dans le cas où la situation dans laquelle est placé l'étranger se poursuivrait sans nécessité, l'intéressé fasse constater par la juridiction pénale le caractère arbitraire de la privation de liberté dont il est l'objet; (...)".

347. „L'autorité judiciaire, gardienne de la liberté individuelle, assure le respect de ce principe dans les conditions prévues par la loi."

348. Zur richterlichen Kontrolle vgl. unten Kapitel 10 Abschnitt 3 Seite 437ff.

de Maßnahme kann damit auch durch die Verwaltung angeordnet werden. Der Gesetzgeber muss in diesem Fall jedoch dafür Sorge tragen, dass baldmöglichst der Richter zur Kontrolle der Maßnahmen eingeschaltet wird.[349]

III. Rolle des Conseil Constitutionnel

Die Kontrolle der nationalen Gesetze anhand der Verfassung ist in der französischen Rechtsordnung Aufgabe des durch die Verfassung von 1958 neu geschaffenen Conseil Constitutionnel.[350] Gemäß Art. 61 Abs. 1 der Verfassung von 1958 sind Gesetze vor ihrer Verkündung dem Conseil Constitutionnel vorzulegen, der über deren Verfassungsmäßigkeit zu entscheiden hat. Eine in diesem Verfahren für verfassungswidrig erklärte Bestimmung darf weder verkündet noch angewandt werden (Art. 62). Im Gegensatz zum deutschen Bundesverfassungsgericht kann der Conseil Constitutionnel ein einmal verkündetes Gesetz nicht mehr auf seine Verfassungsmäßigkeit hin überprüfen. Auch können beim Conseil Constitutionnel keine Beschwerden des Einzelnen gegen Verfassungsverstöße der öffentlichen Gewalt vorgebracht werden.[351] Zwar kann der Einzelne Akte der Verwaltung vor den Verwaltungsgerichten angreifen, diese werden von den Gerichten im Falle eines Verfassungsverstoßes jedoch nur dann aufgehoben, wenn sie nicht ihrerseits auf einem Gesetz beruhen. Das Gesetz selbst kann damit auch nicht im Rahmen einer Inzidentkontrolle von anderen Gerichten auf seine Verfassungsmäßigkeit hin überprüft werden. Es gibt daher in Frankreich keinen Rechtsschutz gegen Parlamentsgesetze. Schon allein deshalb spielt der Schutz der Rechte durch die EMRK in Frankreich eine besondere Rolle.[352]

IV. Schutz der Freiheit durch die EMRK

Auch in Frankreich als einem der Vertragsstaaten der EMRK kann die Konvention selbst durch ihren Einfluss auf das nationale Recht zum Schutz der Menschenrechte beitragen. Ob und inwieweit dies der Fall ist, hängt vom Rang und der Stellung der Konvention in der französischen Rechtsordnung ab.

A. Ratifikation

Obwohl Frankreich — insbesondere durch *Pierre-Henri Teitgen* — wesentlich an der Ausarbeitung der Konvention beteiligt war, war der Prozess der Ratifikation langwierig und sehr umstritten.[353] Zwar wurde bereits am 29. Dezember 1953 eine Gesetzesvorlage zur Ratifikation in das Parlament eingebracht,[354] diese scheiterte jedoch unter

349. *Favoreu*, Droit Constitutionnel, p. 820; *Renoux*, Code Constitutionnel, p. 516.
350. Dazu vgl. *Gehler*, Grundfreiheiten, S. 63ff. *Lavroff*, Droit Constitutionnel, p. 177.
351. Ein Versuch eine Individualbeschwerde einzuführen scheiterte 1990, dazu: *Lavroff*, Droit Constitutionnel, p. 179.
352. Vgl. dazu unten Kapitel 2 Abschnitt 3 Seite 108.

anderem an der sogenannten Kolonialklausel des Art. 63 EMRK, der bestimmte, dass die Rechte der EMRK in den Gebieten außerhalb des Staatsgebietes der Vertragsstaaten nur in beschränktem Maße gelten. Dies hielt man in Frankreich für eine unerträgliche Diskriminierung und eine zu starke Beschränkung der Menschenrechte. Zudem war man der Auffassung, eine Ratifikation der EMRK sei nicht notwendig, da die Menschenrechte bereits durch die Allgemeine Erklärung der Menschenrechte der Vereinten Nationen hinreichend geschützt seien.[355] Ein neues Hindernis für den Prozess der Ratifikation ergab sich durch die Algerienkrise. Das Verhalten Frankreichs während dieser Zeit entsprach, wie bereits gezeigt,[356] nicht den Anforderungen der EMRK. Frankreich wollte sich für dieses Verhalten jedoch nicht international verantworten müssen.[357] Nach dem Ende der Algerienkrise tauchten dann weitere Probleme auf. So erkannte man, dass die EMRK in Anlehnung an das angelsächsische Recht einige Grundsätze enthielt, die sich kaum in das französische Recht einfügen liessen.[358] Nach herrschender Auffassung ließ sich beispielsweise die französische Praxis der *garde à vue* (Polizeigewahrsam), bei der keine Vorführung des Verdächtigen vor den Richter vorgesehen war, nicht mit Art. 5 Abs. 3 EMRK vereinbaren.[359] Andererseits wurde aber auch die Auffassung vertreten, man müsse die Konvention nicht ratifizieren, da sie dem französischen Recht nichts Neues brächte.[360] Auch wollte man die französische Verwaltung nicht unnötig belasten.[361] Schließlich entschied sich das französische Parlament — aufgrund des außen- und innenpolitischen Drucks — trotz der genannten Bedenken grundsätzlich für eine Ratifikation der EMRK.

353. Zum Ratifikationsprozess vgl. *Pellet*, RDP 1974, I, p. 1319, (1324ff.); zum Einfluss Frankreichs auf die Entstehung der EMRK vgl. *Kündig-Schaad*, Verhältnis, S. 3ff.

354. J.O. Doc. Parl. A.N. 1953, n° 7514.

355. J.O. Débats Parl. A.N. 07.04.1954.

356. Vgl. dazu oben Kapitel 1 Abschnitt 3 Seite 103.

357. J.O. Débats. Parl. A.N. 03.12.1960, dazu *Pellet*, RDP, 1974, Vol. 1, 1319 (1335).

358. J.O. Déb. Parl. A.N. 17.11.1964, 5418; J.O. Déb. Parl. A.N. 28.04.1970, 13465.

359. Dazu *Levasseur* in seinem Gutachten zur EMRK, RDH 1970, 595 (626); aber auch mit Art. 15 und Art. 10 schien das französische Recht nicht vereinbar zu sein, dazu: *Duffar*, Droits de l'homme, p. 85f.

360. J.O. Déb. Parl. A.N. 20.12.1973, 7263.; diese Auffassung teilt anscheinend anfangs auch der Conseil d'Etat, der davon ausgeht, dass die EMRK im Bewusstsein ratifiziert worden sei, sie sei mit französischen Recht vereinbar. Deshalb gelte es auch, sie versöhnlich auszulegen (Rec. CE 1978, 395 (396); Auch die Begründung des 'projet loi' enthält die Bemerkung, dass die Regierung nicht denke, dass dieses Engagement unverzichtbar sei, um den französischen Bürgern entsprechende Freiheiten zu garantieren, J.O. Doc. Parl., Sénat 19723-1974, n° 2.

361. So der Aussenminister Jobert in J.O. Débats Parl. Sénat 30.10.1973, 1547.

Frankreich ratifizierte am 31. Dezember 1973 als letzter der Gründerstaaten des Europarats die EMRK, erklärte jedoch zu den Art. 5, 6, und 15 EMRK Vorbehalte[362] und gab zu Art. 10 EMRK eine Interpretationserklärung ab.[363] Auch das Individualbeschwerderecht wurde zunächst von Frankreich nicht anerkannt.

B. Rang und Bedeutung der EMRK

Nach der Ratifikation der EMRK war deren Rang und Anwendbarkeit im französischen Recht zunächst umstritten. Zwar bestimmt Art. 55 der französischen Verfassung von 1958, dass internationalen Verträgen übergesetzlicher Rang zukommt, dennoch hat sich der Conseil d'Etat lange geweigert, jüngere nationale Gesetze auf ihre Vereinbarkeit mit der EMRK hin zu überprüfen.[364] Obwohl die Anwendbarkeit des Art. 55 der Verfassung von 1958 und damit der übergesetzliche Rang der EMRK vom Conseil Constitutionnel 1975 bestätigt wurde,[365] sah sich die Verwaltungsgerichtsbarkeit — allen voran der Conseil d'État — nicht veranlasst, diesen Vorrang der Konvention in ihrer Rechtsprechung zu berücksichtigen.[366] Dies änderte sich erst 1989, als der Conseil d'État in der Entscheidung *Nicolo* ausdrücklich von seiner alten Rechtsprechung abwich.[367] Seither gilt die EMRK unstreitig als direkt anwendbares Recht im Rang über den einfachen nationalen Gesetzen.[368]

Eine Kontrolle nationaler Gesetze auf ihre Übereinstimmung mit der EMRK kann jederzeit erfolgen und auch von den einfachen Gerichten durchgeführt werden.[369] Auch dem Recht auf Freiheit des Art. 5 EMRK wird bisweilen aufgrund dieser Entwicklung in Frankreich gegenüber dem nationalen Recht zum Durchbruch verholfen.[370] Die unmittelbare Anwendbarkeit des Art. 5 EMRK ist daher gerade in Frankreich geeignet, Schutzlücken des nationalen Rechts zu schließen.[371]

---

362. Der Vorbehalt zu Art. 5 und 6 EMRK betraf ausschließlich das militärische Disziplinarrecht: „Le Gouvernement de la République, conformement à l'article 64 de la Convention, émet une réserve concernant les articels 5 et 6 de cette Convention en ce sens que ces articles ne sauraient faire obstacle à l'application des dispositions de l'article 27 de la loi n° 72-662 du 13 juilliet 1972 portant statut géneral des militaires, ainsi qu'à celles de l'aricle 375 du Code de justice militaire."

363. Loi n° 73-1227 du 31.12.1973 (autorisant la ratification de la convention européene de sauvegarde des droits de l'homme et des libertés fondamentales et de ses protocoles additionnels) n°s 1, 3, 4 et 5 J.O. 03.01.1974, p. 67.

364. Conseil d'État 01.03.1968 (Syndicat général des fabricants de semoule de France) AJDA 1968, 235; *Estoup*, Gaz. Pal. 1990, 08.02.1990, 110 (111).

365. Conseil Constitutionnel n° 74-54 du 15 janvier 1975 J.O. 16.01.1975, p. 671.

366. Vgl. zur Problematik *Flauss*, AJDA 1983, 387 (390).

367. Conseil d'État 20.10.1989 (Arrêt Nicolo) Rec. CE 1989, p. 190.

368. *Cohen-Jonathan*, Place, p. 2ff.

369. *Estoup*, Gaz. Pal. 1990, 110 (110).

Abschnitt 4: Das Recht auf Freiheit im Vereinigten Königreich

I. Entwicklung des Freiheitsschutzes

Anders als in den kontinentaleuropäischen Staaten war die Entwicklung einzelner Rechte der Bürger im Vereinigten Königreich nicht mit einer zusammenfassenden Deklaration verbunden. Jedes einzelne dieser Rechte stellte vielmehr eine dem jeweiligen Herrscher abgerungene Beschränkung seiner Staatsmacht dar.[372] Eine erste Formulierung von den König bindenden, vertraglichen Verpflichtungen, die zumindest einem Teil der Bevölkerung Rechte zusicherte, war die Magna Charta von 1215. Bezüglich des Rechts auf Freiheit findet sich in diesem Dokument die Zusage des Königs, dass kein freier Mann ergriffen oder gefangen genommen werden wird, ohne dass ein entsprechendes Urteil seiner Standesgenossen ergangen ist oder die Maßnahme durch das Gesetz vorgesehen ist. Eine ähnliche Garantie findet sich, wie bereits gezeigt,[373] in der Petition of Rights von 1628.

Neben dem Erfordernis einer gesetzlichen Grundlage für Eingriffe in die persönliche Freiheit wurde das Recht auch durch die Verfahrensgarantie des Habeas Corpus gesichert. 'Habeas Corpus' sind die Anfangsworte eines Befehls der Krone an einen Gefängnisdirektor oder sonst eine Person, in deren Gewahrsam sich die betroffene Person befindet. Mit diesem Befehl wurde der entsprechenden Person aufgegeben, den Gefangenen „vor die Schranken" zu bringen, d.h. dem Gericht vorzuführen. Bis zum Ende des 12. Jahrhunderts wurde das Verfahren des Habeas Corpus vom König zur Kontrolle der Verwaltung und zur schnelleren Aburteilung von Gefangenen genutzt und diente nur mittelbar der Freilassung Unschuldiger.[374] Ab dem 15. Jahrhundert konnte dann auch der Einzelne einen Antrag auf Erlass des Habeas Corpus Befehls an die Krone stellen und dadurch eine Haftprüfung einleiten. Das Verfahren, das erst nur im Richterrecht verankert war, wurde später durch mehrere Acts normiert. Der bekannteste darunter ist wohl der Habeas Corpus Act von 1679.[375] Der Habeas Corpus Act von 1679 fand jedoch ausschließlich Anwendung auf die Fälle,

---

370. Vgl. dazu beispielsweise das Urteil der Cour d'Appel de Paris vom 29.09.1988 (Rec. Dalloz 1989 Jur. S. 43), in dem eine Freilassung eines Untersuchungshäftlings wegen überlanger Dauer der Haft und aufgrund eines Verstoßes gegen Art. 5 Abs. 4 EMRK verfügt wurde; vgl. auch das Urteil der Cour d'Appel de Colmar vom 21.11.1985 (Rec. Dalloz, 1987 somm p. 80), die entschied, dass sich der Untersuchungshäftling mit seiner Haftbeschwerde direkt an die Chambre d'accusation wenden kann, wenn der nach Art. 148 CPP eigentlich zuständige Untersuchungsrichter den Antrag auf Freilassung nicht direkt an die Staatsanwaltschaft weiterleitet (d.h. nicht hinreichend schnell tätig wird). Diese direkte Beschwerdemöglichkeit findet im nationalen Recht keine Grundlage und wird direkt aus Art. 5 Abs. 4 EMRK hergeleitet.

371. *Henne* in der Anmerkung zum Urteil des Cour d'appel de Paris vom 29.09.1988 Rec. Dalloz Jur. 1989, p. 43; vgl. auch *Cohen-Jonathan*, Place, p. 10f.

372. *Carroll*, Constitutional Law, p. 323; *Gearty*, Liberties, p. 53f.; *Loewenstein*, Staatsrecht, Bd. 2, S. 261f.

373. Vgl. dazu oben Kapitel 2 Abschnitt 1 Seite 55.

374. Zum Recht auf Habeas Corpus vgl. *Sharpe*, Habeas Corpus, p. 3ff.

in denen eine Person im Zusammenhang mit der Begehung einer Straftat inhaftiert wurde. Erst der Habeas Corpus Act von 1816 erweiterte die Anwendbarkeit des Habeas Corpus Verfahrens auf andere Fälle der Freiheitsentziehung, die sich vorher aber bereits aus dem *Richterrecht* ergab. [376]

II. Schutz der Freiheit im Verfassungsrecht des Vereinigten Königreiches

Der Schutz der Menschen- und Bürgerrechte — und damit der Schutz des Rechts auf Freiheit — in der Rechtsordnung des Vereinigten Königreichs unterscheidet sich in wesentlichen Punkten vom Schutz dieser Rechte in Deutschland und Frankreich. So kennt die britische Rechtsordnung keinen umfassenden, geschriebenen Verfassungstext, der die Aufgaben der Staatsorgane und ihr Verhältnis zueinander regelt.[377] Die Regeln des Verfassungsrechts finden sich vielmehr in einer Reihe unterschiedlicher Normen des geschriebenen und des ungeschriebenen Rechts.

Einer der wichtigsten dieser Grundsätze des ist der Grundsatz der Parlamentssouveränität. Danach ist das Parlament bei der Gesetzgebung keinerlei rechtlichen Bindungen unterworfen.[378] Es gibt keine Normen, durch die ein Parlament oder ein verfassunggebender Gesetzgeber sich oder seine Nachfolger binden könnte.[379] Dementsprechend besteht — anders als in Deutschland und Frankreich — der Schutz bürgerlicher Freiheiten nicht aus einem Katalog von Regeln, die das Parlament binden.[380] Es ist kein besonderes Verfahren und keine besondere Mehrheit im Parlament erforderlich, um die nur einfachgesetzlich gewährten Bürgerechte aufzuheben oder zu beschränken.[381] Schutz der Menschen- und Bürgerrechte wird im Vereinigten Königreich daher nur durch, nicht aber vor dem Gesetzgeber gewährt.[382] Die Sicherung der individuellen Freiheiten wird ausschließlich dem Gesetzgeber überlassen, wobei der parlamentarische Entscheidungsprozess als Sicherungsmechanismus verstanden wird.[383] Eine Verankerung von Freiheitsrechten in einer höherrangigen Norm wird aber auch nicht als zum Schutz der Rechte des Einzelnen notwendig angesehen,[384] da im *Common Law* der Grundsatz gelte, dass jeder Mensch frei ist, zu tun, was er möchte, solange er gegen kein gesetzliches Verbot verstößt.[385] So besteht auch das

375. An Act for the better Secureing the Liberty of the Subject and for Prevention of Imprisonemts beyond the Seas.
376. Vgl. Halsbury's Law of England, 4th ed., Vol. 1 (1), para. 213.
377. *de Smith/Brazier*, Constitutional Law, p. 15; *Geary*, Civil Liberties, p. 53.
378. *Dicey*, Introduction, p. 39f; *Wade/Bradley*, Constitutional Law, p. 471.
379. *Bradley/Ewing*, Constitutional Law, p. 4.
380. Halsbury's Law of England, 4th ed. Vol 8 (2), para. 105.
381. *Loewenstein*, Staatsrecht, S. 265; *De Smith/Brazier*, Constitutional Law, p. 15, sehen den Vorteil des Fehlens eines bestimmten Verfahrens oder einer „Ewigkeitsgarantie" darin, dass die Verfassung flexibler und leichter neuen Gegebenheiten anzupassen ist.
382. *Bradley/Ewing*, Constitutional Law, p. 58.
383. *Loewenstein*, Staatsrecht, Bd. 2, S. 267.
384. Mit dieser Begründung wurde auch die Anwendung der Konvention durch nationale Gerichte bisweilen abgelehnt, vgl. Lord Denning in Home Office v. Harman [1982] 1 All ER 532.

Recht des Einzelnen auf persönliche Freiheit darin, nicht gegen seinen Willen Beschränkungen der Bewegungsfreiheit unterworfen zu sein, es sei denn, diese Beschränkungen ergeben sich aus einem Gesetz oder dem *Common Law*.[386] Eine Beschränkung der Freiheit wird grundsätzlich als rechtswidrig angesehen und kann nur durch ein Gesetz gerechtfertigt werden.[387] Zur Absicherung dieser Rechte dienen bestimmte Verfahrensrechte und vor allem das Haftprüfungsverfahren, Habeas Corpus.[388]

Dadurch, dass das Parlament seinerseits keinen Beschränkungen unterworfen ist, findet — anders als in Deutschland und Frankreich — keine Kontrolle der Parlamentsgesetze durch die Gerichte statt.[389] Der Einzelne kann seine Rechte nur im Rahmen der Gesetze durchsetzen.

III. Schutz der Freiheit durch die EMRK

Gerade aufgrund des Fehlens eines Grundrechtskatalogs, an dem Gesetze gemessen werden können, ist im Vereinigten Königreich eine Überprüfung der Vereinbarkeit staatlicher Maßnahmen und vor allem nationaler Gesetze mit den durch die EMRK gewährleisteten materiellen Rechten von besonderem Interesse.

A. Ratifikation

Das Vereinigte Königreich hat die Konvention am 4. November 1950 als einer der ersten Staaten unterzeichnet und als erster Staat im März 1951 ratifiziert. Angesichts der vorherrschenden Meinung, dass die Rechte der EMRK im wesentlichen mit den durch das englische Recht bereits gewährleisteten Rechten übereinstimmen,[390] wurden auch keine Vorbehalte erklärt.[391] Bald nach der Ratifikation stellte sich jedoch durch mehrere Verurteilungen des Vereinigten Königreichs durch den EGMR heraus, dass die Rechte, wie sie im britischen Recht geschützt waren, nicht dem Standard der EMRK entsprachen.[392]

---

385. *Bradley/Ewing*, Constitutional Law, p. 460; *Dicey*, Introduction, p. 207.
386. *Blackstone*, Commentaries, Vol. 1, p. 121; *Bowyer*, Commentaries, p. 94; *Phillips*, Constitutional Law, p. 489.
387. *Dicey*, Introduction, p. 208; *Hogan*, Constitutional Law, p. 65.
388. Vgl. zum Schutz der Freiheit durch das Habeas Corpus Verfahren unten Kapitel 10 Abschnitt 4 Seite 452ff.
389. *Bradley/Ewing*, Constitutional Law, p. 4f.
390. *Beddard*, ICLQ 1967, 206 (210f); *Drzemczewski*, Convention, p. 178.
391. *Marston*, ICLQ 1993, 796 (823).
392. So rückblickend die Regierung des Vereinigten Königreichs: The Government's White Paper on the policy behind the Human Rights Act 1997 Cm. 3782 para. 1.16; vgl. auch *de Smith/Brazier*, Constitutional Law, p. 395; *Phillips*, Constitutional Law, p. 428.

B. Rang und Bedeutung der EMRK

Die Tatsache, dass die Organe der EMRK das britische Recht immer wieder als mit der Konvention unvereinbar beurteilten, wurde unter anderem auf den Rang und die Bedeutung der EMRK in der nationalen Rechtsordnung zurückgeführt.[393]

1. Stellung der EMRK vor dem Human Rights Act

Die EMRK wurde zunächst als rein völkerrechtliche Verpflichtung angesehen und nicht in das nationale Recht inkorporiert. Aufgrund der dualistischen Prägung der Verfassung des Vereinigten Königreichs wäre eine Inkorporation der EMRK durch ein Transformationsgesetz erforderlich gewesen, das dann im Rang eines einfachen Gesetzes den Rechten der Konvention zur nationalen Geltung verholfen hätte.[394] Ein solches Transformationsgesetz wurde jedoch nicht erlassen. Die EMRK war demzufolge nicht unmittelbar geltendes nationales Recht und der Einzelne konnte daher vor den nationalen Gerichten nicht die Verletzung seiner Rechte aus der EMRK geltend machen.[395]

Dennoch hatte die EMRK insofern Einfluss auf das Recht des Vereinigten Königreichs, als sie bei der Auslegung mehrdeutiger nationaler Normen herangezogen wurde.[396] Die Gerichte gingen in dem Fall, dass das nationale Recht mehrere Deutungen zuließ, davon aus, dass das Parlament im Zweifel nicht gegen seine völkerrechtlichen Verpflichtungen verstoßen wollte.[397] War das nationale Recht indes eindeutig, so konnte bei der Auslegung nicht auf die Konvention zurückgegriffen werden.[398] Aber auch in den Fällen, in denen eine Auslegung des nationalen Rechts im

393. Dazu vgl. *Loveland*, Constitutional Law, p. 576; The Government's White Paper on the policy behind the Human Rights Act 1997 Cm. 3782 para. 1.18.

394. J.H. Rayner (Mincing Lane) Ltd. v. Department of trade and industry [1990] 2 AC 418, 500, per Lord Oliver at p. 500 und Rustomjee v. R (1896) 2 Q.B.D. 69, 74 (CA): „[...] a treaty is not part of the English law until it has been incorporated into the law by legislation. So far as individuals are concerned, it is res inter alios acta from which they cannot derive rights and by which they cannot be deprived of their rights or subjected to obligations ... as a source of rights and obligations it is irrelevant."

395. *Harris*, [1966] CrimLR, 205 (206); *Loveland*, Constitutional Law, p. 576, der diesem Umstand die Schuld für die große Zahl an Verurteilungen des Vereinigten Königreichs durch die Konventionsorgane zuschreibt.

396. Vgl. Re K D (a minor) (Ward: termination of access) [1988] 1 All ER 577 (587): „Although it is not binding on your lordships, the United Kingdom is, of course, a party to the Convention for the protection of Human Rights and Fundamental Freedoms and it is urged that it is at least desirable that the domestic law of the United Kingdom should accord with the decisions of the Court of Human Rights under the convention."; *McBride/Brown*, Yearbook of European Law 1 (1981), 167 (176); *Loveland*, Constitutional Law, p. 579ff.

397. Vgl. Salomon v. Commissioners of Customs and excise [1967] 2 QB 116 (143): „[...] there is a prima facie presumption that Parliament does not intend to act in breach of international law."; Birdi v. Secretary of the State for Home Affairs [1975] 119 Solicitor's Journal, 322: „Acts of Parliament should be interpreted so as to be in accordance with the convention." und R v. Secretary of the State for the Home Department, Ex. P. Brind [1991] 1 All ER 720 (722ff.).

Lichte der Konvention möglich gewesen wäre, unterblieb deren Heranziehung oft.[399] Dies war nicht zuletzt auf die Rechtsprechung des *House of Lords* zurückzuführen. Das *House of Lords* stand einer Heranziehung der Konventionsrechte eher ablehnend gegenüber,[400] was wiederum die einfachen Gerichte beeinflusste.[401] Die Bedeutung der EMRK für das nationale Recht des Vereinigten Königreichs war aufgrund dessen vor dem Erlass des Human Rights Act 1998 als eher gering zu bewerten.[402]

2. Stellung der EMRK nach dem Human Rights Act

Bereits vor 1998 gab es von Seiten der Regierung des Vereinigten Königreichs Versuche, die EMRK in das nationale Recht zu inkorporieren — sie blieben jedoch stets ohne Erfolg.[403] In der Literatur war die Einführung eines Grundrechtskatalogs durch die Inkorporation der EMRK sehr umstritten. Es wurde befürchtet, dass die Konvention aufgrund ihres — für das englische Recht ungewöhnlichen — abstrakten und generellen Charakters in der Praxis unanwendbar sein würde. Die nationalen Gerichte müssten bei der Auslegung solch abstrakter Normen politische Entscheidungen treffen, was nicht ihre Aufgabe sei und ihrem Ansehen als neutrale Instanz schaden würde.[404] Zudem sah man eine Überlastung auf die nationalen Gerichte zukommen. Andere hingegen sahen in der Inkorporation das einzige Mittel, um zu erreichen, dass die EMRK auf nationaler Ebene ernst genommen wird. Nur auf diese Weise könne ein besserer Menschenrechtsschutz erreicht werden.[405]

---

398. Salomon v. Commissioners of Customs and excise [1967] 2 QB 116 (143): „If the terms of the legislation are clear and unambigous, they must be given effect to, whether or not they carry out Her Majesty's treaty obligations."

399. *Coppel*, HRA, p. 3; *Schieren*, ZParl 1999, 999 (1006).

400. Im Fall Derbyshire Country Council v. Times Newspaper Ltd. hatte der Court of Appeal die EMRK zur Auslegung wegen einer bestehenden 'ambiguity' herangezogen [1992] 3 All ER 65. Das House of Lords entschied nach umfänglicher Auslegung des nationalen Rechts hingegen: „The Court of Appeal approached the matter upon the basis that the law of the England was uncertain upon this issue lying in the heart of the case. [...] My Lords I have reached my conclusion upon the common law of England without finding any need to rely upon the European Convention." Derbyshire Country Council v. Times Newspaper Ltd. [1993] 1 All ER 1011 (1021) HL (Lord Keith of Kinkel).

401. Wie im Fall R v. Ministry of defence, Ex. P. Smith [1995] 4 All ER 427 (452) (DC): „On the application of the European Convention on Human Rights I consider Brind v. Secretary of the Home Department [1991] 1 All ER 720 makes it clear, that since no question of the construction of or any ambiguity in domestic law arises, the applicants cannot rely on the Convention. It's argued that this court should none the less have regard to it. I do not believe that such an attempt to incorporate the convention by the back door can be permissible. If it makes no difference why allude to it?" (Simon Brown L.J.).

402. Auch auf die Entscheidungen des Gesetzgebers übte die EMRK mangels Inkorporation keinen bindenden Einfluss aus, dazu vgl. *Symmons*, Legislation, p. 389.

403. *Loveland*, Constitutional Law, p. 576; *Schieren*, ZParl 1999, 999 (1001).

404. *Samuels*, Solicitors Journal 1997, 400.

405. *Wadham*, Solicitors Journal 1997, 452.

Trotz der bestehenden Bedenken gegen eine Umsetzung der EMRK beschloss die *Labour*-Regierung auf ihrem Parteitag 1995, sich für eine Transformation der EMRK einzusetzen und legte 1997 einen entsprechenden Gesetzesentwurf vor.[406] Durch den Human Rights Act 1998[407] sollte eine Inkorporation der EMRK erfolgen. Ziel des Entwurfes war *„to bring rights home"*.[408] Der Bürger sollte seine Rechte aus der Konvention vor nationalen Gerichten durchsetzen können.[409]

Der Human Rights Act 1998 (HRA), der am 2. Oktober 2000 vollständig in Kraft trat, bindet in erster Linie die Exekutive und die Judikative.[410] Für die Exekutive bedeutet die Bindung an die Konventionsrechte, dass sie die Konvention in Zukunft bei all ihren Handlungen beachten muss,[411] wozu sie allerdings völkerrechtlich schon vor Inkrafttreten des HRA verpflichtet war. Verstöße der Exekutive gegen die Konventionsrechte — und das ist das eigentlich Neue — sind jedoch nun auch von nationalen Gerichten feststellbar, Sec. 7 - 9 HRA 1998.[412]

Die nationalen Gerichte müssen seit dem Inkrafttreten der EMRK die Rechte der Konvention, die Rechtsprechung des EGMR und der EKMR und Entscheidungen des Ministerkomitees im Rahmen ihrer Rechtsprechung berücksichtigen. Auch bei der Auslegung und Anwendung nationaler Gesetze sind die Gerichte verpflichtet, die Konvention zu beachten, indem sie die Gesetze — soweit dies möglich ist — konventionskonform auslegen, Sec. 3 HRA 1998. Gesetze in diesem Sinne sind sowohl Parlamentsgesetze, als auch auf Parlamentsgesetz beruhende Verordnungen *(subordinate legislation)*. Anders verhält es sich allerdings, wenn die Handlung der öffentlichen Gewalt auf einem Gesetz beruht, das ein konventionskonformes Handeln nicht zulässt, Sec. 6 (2) (a) HRA 1998. Falls eine konventionskonforme Auslegung eines nationalen Gesetzes nicht möglich ist — zum Beispiel aufgrund des klaren Wortlauts einer Norm —, können die obersten Gerichte[413] nach Sec. 4 HRA 1998 eine sogenannte Inkompatibilitätserklärung abgeben. Sie sind dazu aber nicht verpflichtet, es besteht vielmehr ein weiter gerichtlicher Ermessensspielraum. Wird eine solche Erklärung über die Unvereinbarkeit des nationalen Rechts mit der Konvention abgegeben, so hat dies gemäß Sec. 4 (6) (a) HRA 1998 auf die Geltung des als konventionswidrig

---

406. *Rivers*, JZ 2001, 127 (129).
407. Act to give further effect to rights and freedoms guaranteed under the European Convention on Human Rights; to make provision with respect to holders of certain judicial offices who become judges of the European Court of Human Rights; and for connected purposes, 9. 11. 1998 (1998 c.42).
408. The Government's White Paper on the policy behind the Human Rights Act 1997 CM 3782.
409. *Chandran*, HRA, p. 10.
410. Wade, Administrative Law, p. 189; Von der Bindung an die EMRK völlig ausgenommen sind Gesetzgebungsakte des Parlaments. Der britischen Rechtstradition entsprechend ist das Parlament für die Zukunft inhaltlich nicht gebunden, Loveland, Constitutional law, p. 596.
411. *Lairg*, Public Law 1998, 221 (226).
412. Zu den Verfahren vor den Gerichten *Klug*, Public Law 1999, 246 (259ff.); *Lairg*, Public Law 1998, 221 (226).
413. House of Lords, Judicial Commitee of the Privy Council, the Courts-Martial Appeal Court, in Scotland the High Court of Justiciary, in England and Wales the High Court or the Court of Appeal.

beurteilten Gesetzes keinen Einfluss. Auch für die Parteien des zugrunde liegenden Rechtsstreits hat die Erklärung keine Konsequenzen, Sec. 4 (6) (b) HRA 1998. Die Inkompatibilitätserklärung dient lediglich dem Gesetzgeber als Hinweis auf eine mögliche Verletzung der Pflichten aus der Konvention und ermöglicht ein vereinfachtes Gesetzgebungsverfahren zur Beseitigung der Unvereinbarkeit des nationalen Rechts mit der EMRK, Sec. 10 HRA 1998. Weder die Konentionsrechte selbst noch eine Inkompatibilitätserklärung binden das Parlament. Mit dieser Regelung stellt der HRA 1998 den Grundsatz der Parlamentssouveränität über den der Einhaltung der Rechte der EMRK.[414]

Zwar bleiben konventionswidrige Gesetze bis zu ihrer Aufhebung durch das Parlament in Kraft, und das Parlament kann durch neueres Recht die Regelungen des einfachgesetzlichen Human Rights Act außer Kraft setzen. Dennoch entfaltet der HRA auf die Gesetzgebung des Vereinigten Königreichs eine gewisse Wirkung. Nach Sec. 19 HRA 1998 wird das Gesetzgebungsverfahren leicht modifiziert. Vor der zweiten Lesung einer Gesetzesvorlage im Parlament muss ein *Minister of the Crown* erklären, dass das geplante Gesetz mit der Konvention vereinbar ist, oder dass die Regierung trotz der Unvereinbarkeit mit der EMRK den Erlass des Gesetzes wünscht. Diese Erklärung wird veröffentlicht. Durch dieses Verfahren wird verhindert, dass die Recht der EMRK konkludent aufgehoben oder modifiziert werden. Das Parlament wird über die Konsequenzen des Erlasses des Gesetzes informiert, und den Gerichten wird insofern eine Auslegungshilfe an die Hand gegeben, als das Gesetz aufgrund des ausdrücklichen Willens des Gesetzgebers nicht konventionskonform auszulegen ist.

Ob mit dem HRA 1998 wirklich eine Inkorporation der EMRK in das nationale Recht erreicht wurde, darf bezweifelt werden. Weder sind die Rechte der EMRK nun direkt anwendbar, noch werden die vor dem Human Rights Act erlassenen Gesetze derogiert.[415] Dennoch kann der Act vielleicht seinem Titel gerecht werden und den Rechten der EMRK zu *„further effect"* verhelfen. Vom HRA 1998 wird erwartet, dass der Einfluss der EMRK auf das nationale Recht des Vereinigten Königreichs zunehmen wird.[416] Dies ist schon allein deshalb wahrscheinlich, weil alle Gewalten sich nun mit den Rechten der EMRK und ihrer Auslegung durch die Organe der EMRK befassen müssen. Ob der Act sich jedoch letztlich wirklich auf das Recht des Vereinigten Königreichs auswirken wird, hängt stark von der politischen Einstellung des Parlaments und von der Ermessensausübung der Gerichte ab und bleibt daher abzuwarten.

414. *Lairg*, Public Law 1998, 221 (225); *Schieren*, ZParl 1999, 999 (1009).
415. *Chandran*, HRA, p. 10; *Coppel*, HRA, p. 4.
416. *Coppel*, HRA, p. 8; *Lairg*, Public Law 1998, 221 (224); *Schieren*, ZParl 1999, 999 (1013); *Wadham*, Solicitors Journal 1997, 452.

Kapitel 3: Freiheitsentziehung zur Durchsetzung einer Verpflichtung

Das Recht auf Freiheit des Art. 5 Abs. 1 EMRK, wie es bis hierhin dargestellt wurde, ist nicht schrankenlos gewährleistet. Trotz des generellen Verbots staatlicher Freiheitsentziehungen läßt Art. 5 Abs. 1 EMRK Festnahmen und Haft in speziellen Fällen zu. So enthalten Art. 5 Abs. 1 S. 2 litera a bis f EMRK verschiedene Gründe aus denen trotz des allgemein formulierten Verbots staatlicher Freiheitsentziehungen freiheitsentziehende Maßnahmen zulässig sind.[1] Einige dieser sogenannten Haftgründe beziehen sich mehr auf strafprozessuale Maßnahmen, andere dagegen betreffen Lebenssachverhalte, die Bestandteil der Regelungen des Verwaltungsrechts — und damit auch für diese Arbeit von Bedeutung — sind.

Während Art. 5 Abs. 1 lit. a EMRK zu Freiheitsentziehungen nach Verurteilung durch ein Gericht (*detention after conviction/détention après condamnation...)* und damit ausschließlich zu Freiheitsentziehungen mit Sanktionscharakter im Rahmen des Strafprozessrechts ermächtigt,[2] kann eine Haft im Sinne des Art. 5 Abs. 1 lit. b EMRK auch zur Gefahrenabwehr im Rahmen des Verwaltungsrechts zulässig sein.

Abschnitt 1: Freiheitsentziehung nach Art. 5 Abs. 1 lit. b EMRK

In Art. 5 Abs. 1 lit. b EMRK sind zwei verschiedene Haftgründe genannt. Zum einen ist eine Festnahme oder Haft zulässig, wenn sie wegen der Nichtbefolgung eines rechtmäßigen Gerichtsbeschlusses erfolgt, Art. 5 Abs. 1 lit. b 1. Alt EMRK, und zum anderen, wenn die Festnahme oder Haft der Erzwingung der Erfüllung einer durch das Gesetz vorgeschriebenen Verpflichtung dient, Art. 5 Abs. 1 lit. b 2. Alt. EMRK. Die beiden Alternativen unterscheiden sich sowohl in ihrer rechtlichen Begründung als auch in ihrer Zwecksetzung. Die Haftgründe haben jedoch gemeinsam, dass sie jeweils Freiheitsentziehungen aus Gründen zulassen, die materiell nicht durch die EMRK bestimmt sind.[3] Beide Alternativen der litera b setzen des weiteren voraus, dass eine Person in Haft gehalten wird, weil sie einer ihr auferlegten Verpflichtung nicht nachgekommen ist.[4]

1. Vgl. dazu oben Kapitel 2 Abschnitt 1 Seite 78.
2. St. Rspr.: EGMR 08.06.1976 Engel/Netherlands, Series A 22 para. 98; EGMR 06.11.1980 Guzzardi/Italy, Series A 39 para. 100: „for Convention purposes there cannot be a 'condamnation' (in the English text: 'conviction') unless it has been established in accordance with the law that there has been an offence - either criminal or, if appropriate, disciplinary. Moreover, to use 'conviction' for a preventive or security measure would be consonant neither with the principle of narrow interpretation to be observed in this area nor with the fact that that word implies a finding of guilt."; EGMR 24.06.1982 Van Droogenbroeck/Belgium, Series A 50 para. 35;
so auch *Cliquennois*, CEDH, p. 40; *Cohen-Jonathan*, Convention, p. 315; *Pettiti*, Convention, p. 192; *Peukert* in: Frowein/Peukert EMRK-Kommentar, Art. 5 Rn. 49; *Villiger*, Handbuch, Rn. 330; a.A. nur *Partsch*, Menschenrechtskonvention, S. 124.
3. *Trechsel*, Menschenrechtskonvention, S. 206.

I. Freiheitsentziehung wegen Nichtbefolgung eines Gerichtsbeschlusses

Nach Art. 5 Abs. 1 lit. b 1. Alt. EMRK ist die Haft wegen der Nichtbefolgung eines rechtmäßigen Gerichtsbeschlusses *(for non-compliance with the lawful order of a court/pour insoumission à une ordonnance rendue par un tribunal)* zulässig. Von Art. 5 Abs. 1 lit. a EMRK unterscheidet sich dieser Haftgrund zum einen dadurch, dass die Haft nach Verurteilung durch ein Gericht im Sinne des Art. 5 Abs. 1 lit. a EMRK im Gegensatz zur Freiheitsentziehung wegen der Nichtbefolgung einer gerichtlichen Anordnung im Sinne des Art. 5 Abs. 1 lit. b 1. Alt. EMRK einen verwirklichten straf- oder disziplinarrechtlichen Tatbestand sowie die Feststellung von Schuld voraussetzt.[5] Im Fall der Freiheitsentziehung im Sinne des Art. 5 Abs. 1 lit. b 2. Alt. EMRK muss dagegen im Unterschied zur Haft gemäß Art. 5 Abs. 1 lit. a EMRK das Gericht nicht selbst die Freiheitsentziehung angeordnet, sondern lediglich die nichtbefolgte Pflicht auferlegt haben.[6] In den Fällen, in denen das Gericht die Freiheitsentziehung als Strafe für Ungehorsam gegenüber dem Gericht anordnet, überschneiden sich jedoch die Anwendungsbereiche der beiden Haftgründe. Diese Überschneidung ist aber unproblematisch, da es sich nicht auf die Zulässigkeit der Haft auswirkt, welchem der beiden Haftgründe die Freiheitsentziehung zuzuordnen ist.[7]

Im Vergleich zum zweiten Haftgrund des Art. 5 Abs. 1 lit. b EMRK zeichnet sich die Freiheitsentziehung gemäß Art. 5 Abs. 1 lit. b 1. Alt EMRK dadurch aus, dass sich die Pflicht, wegen deren Nichtbefolgung eine Haft verhängt werden kann, aus einem Gerichtsbeschluss ergeben muss. Die erste Alternative des Art. 5 Abs. 1 lit. b EMRK erfasst damit die Fälle, in denen ein Gericht allgemeine gesetzliche Regelungen zu einer bestimmten Anordnung gegenüber dem Einzelnen konkretisiert hat.[8] Wird der, sich aus dem Gerichtsbeschluss ergebenden Pflicht nicht nachgekommen, so kann eine Freiheitsentziehung „wegen" dieser Nichtbefolgung erfolgen. Das bedeutet, dass die Freiheitsentziehung — anders als bei einer Freiheitsentziehung im Sinne des Art. 5 Abs. 1 lit. b 2. Alt. EMRK — stets Reaktion auf den Ungehorsam einer Person sein muss und insofern eine repressive Maßnahme darstellt.[9]

Der Gerichtsbeschluss selbst muss, anders als im Fall der Freiheitsentziehung nach einer Verurteilung im Sinne des Art. 5 Abs. 1 lit. a EMRK, keine Sanktion beinhalten, sondern kann seinerseits der Durchsetzung einer gesetzlichen oder anderen Pflicht

4. *Gollwitzer* in: Löwe-Rosenstein, StPO-Kommentar, Art. 5 EMRK Rn. 49.

5. St. Rspr. EGMR 06.11.1980 Guzzardi/Italy, Series A 39 para. 100; EGMR 08.06.1976 Engel/Netherlands, Series A 22, para. 59; EGMR 28.05.1985, Series A 93 para. 68; EGMR 24.06.1982 Van Droogenbroeck/Belgium, Series A 50 para. 35; *Cliquennois*, CEDH, Art. 5 p. 40; *Cohen-Jonathan*, Convention, p. 315; *Pettiti*, Convention, Art. 5 Rn. 192; *Peukert* in: Frowein/Peukert, EMRK-Kommentar, Art. 5 Rn. 49; *Villiger*, Handbuch, Rn. 330; a.A. *Hodler*, Menschenrechtskonvention, S. 87.

6. *Schubarth*, ZSR 94 (1975), 465 (474).

7. *Trechsel*, Menschenrechtskonvention, S. 202.

8. *Trechsel*, Menschenrechtskonvention, S. 203.

9. *Herzog*, AöR 86 (1961), 194 (217).

dienen.[10] Zu denken ist beispielsweise an die zwangsweise Vorführung vor ein Gericht nach der Nichtbefolgung einer Vorladung. Aber auch die Weigerung, einer gerichtlichen Zahlungsaufforderung Folge zu leisten, kann nach Art. 5 Abs. 1 lit. b 1. Alt. EMRK mit einer Freiheitsentziehung geahndet werden.[11] Von der Kommission und dem Gerichtshof wurden des weiteren als mit Art. 5 Abs. 1 lit. b 1. Alt. EMRK vereinbar angesehen:

- die Inhaftierung einer Person, die trotz gerichtlicher Anordnung ihrer Steuerpflicht nicht nachkam;[12]
- das Festhalten einer Person, die sich der gerichtlichen Anordnung eines Bluttests zur Feststellung der Vaterschaft entziehen wollte;[13]
- die Inhaftierung einer Person, die sich von dem Ort entfernte, an dem sie sich infolge gerichtlicher Anordnung aufzuhalten hatte;[14]
- die Haft bei Nichtbezahlung einer gerichtlich verhängten Geldbuße;[15] und
- die zwangsweise Unterbringung zur Durchführung einer gerichtlich angeordneten psychiatrischen Untersuchung.[16]

Da der Inhalt eines Gerichtsbeschlusses vielgestaltig sein kann, ist auch die Anzahl der verschiedenen Maßnahmen, die dem Haftgrund des Art. 5 Abs. 1 lit. b 1. Alt. EMRK unterfallen, nahezu unbegrenzt.

II. Freiheitsentziehung zur Durchsetzung einer gesetzlichen Verpflichtung

Auch zur Durchsetzung einer durch das Gesetz vorgeschriebenen Verpflichtung *(to secure the fulfilment of any obligation prescribed by law/en vue de garantir l'exécution d'une obligation precite par la loi)* lässt die EMRK freiheitsentziehende Maßnahmen der Staaten gemäß Art. 5 Abs. 1 lit. b 2. Alt. EMRK zu. Die zweite Alternative ist insofern weiter als die erste Alternative, als sie keinen gerichtlichen Beschluss voraussetzt, der die gesetzliche Pflicht konkretisiert. Der Haftgrund des Art. 5 Abs. 1 lit. b 2. Alt. EMRK ist jedoch zugleich enger als die erste Alternative, da sie die Haft nur als Mittel zur Durchsetzung der Pflicht und nicht auch als Sanktion zulässt.[17] Der Wortlaut dieses Haftgrundes — *„to secure the fulfilment of any obligation prescribed by law"* — gibt keinerlei Hinweise auf mögliche Inhalte der gesetzlichen Verpflichtung, zu deren Durchsetzung eine Festnahme oder Haft zulässig ist. Unklar und umstritten ist daher, welche gesetzlichen Pflichten von Art. 5 Abs. 1 lit. b 2. Alt. EMRK umfasst werden. Die weitgefasste Formulierung des Art. 5 Abs. 1 lit. b 2. Alt. EMRK legt den Schluss nahe, dass die Konvention an dieser Stelle die Haft zur Durchsetzung *jeder (any)* gesetzli-

---

10. *Cohen-Jonathan*, Convention, p. 320.
11. EKMR 04.09.1996 Tyrell/United Kindom, Appl. No. 28188/95.
12. EKMR 04.09.1996 Tyrell/United Kingdom, Appl. No. 28188/95.
13. EKMR 13.12.1979 X/Austria, DR 18, 154 (156).
14. EKMR 07.10.1980 Freda/Italy, DR 21, 250 (253).
15. EKMR 07.07.1977 Airey/Ireland, DR 8, 42 (48).
16. EKMR 10.12.1975 X/FRG, DR 3, 92 (94).
17. *Gollwitzer* in: Löwe-Rosenstein, StPO-Kommentar, Art. 5 EMRK Rn. 49.

chen Verpflichtung für zulässig erklärt und einen unbeschränkten Gesetzesvorbehalt statuiert.[18] Die Konvention würde nach dieser Auffassung zulassen, dass jede gesetzliche Verpflichtung — auch in Form allgemeiner Generalklauseln — mittels freiheitsentziehender Maßnahmen durchgesetzt werden kann, ohne dass gegen diese Verpflichtungen zuvor auch nur verstoßen worden sein müsste.[19]

Dieser weiten Auslegung des Haftgrundes sind jedoch schwerwiegende Einwände entgegenzuhalten. Gegen die Annahme, Art. 5 Abs. 1 lit. b 2.Alt EMRK beinhalte einen allgemeinen Gesetzesvorbehalt, spricht zunächst die Systematik des Art. 5 EMRK. Ein allgemeiner Gesetzesvorbehalt für Eingriffe in das Recht auf Freiheit hätte nach herkömmlicher Gesetzestechnik entweder an den Anfang oder an das Ende des Katalogs des Art. 5 Abs. 1 EMRK gehört.[20] Dass der Haftgrund in Art. 5 Abs. 1 lit. b 2. Alt. EMRK inmitten einer Aufzählung spezieller Haftgründe einen allgemeinen Vorbehalt enthalten soll, erscheint zumindest unüblich. Schwerer wiegt noch das Argument, dass die Formulierung eines allgemeinen Gesetzesvorbehalts in Art. 5 Abs. 1 lit. b 2. Alt. EMRK die anderen Haftgründe des Katalogs in Art. 5 Abs. 1 EMRK überflüssig erscheinen ließe, da auch ihnen allgemeine gesetzliche Verpflichtungen zugrunde liegen.[21]

Gegen die Annahme, Art. 5 Abs. 1 lit. b 2. Alt. EMRK enthalte einen allgemeinen Gesetzesvorbehalt, spricht weiter, dass die Verfasser der EMRK nach den Vorarbeiten durch den Expertenausschuss die Wahl zwischen zwei Fassungen des Rechts auf Freiheit hatten.[22] Sie entschieden sich gegen eine allgemeine Formulierung und für die Fassung, die die Einschränkbarkeit dieses Rechts detailliert auflistete.[23] In den ersten detaillierten Fassungen des Rechts auf Freiheit, die bereits einen Katalog von Haftgründe enthielten, war der Haftgrund der Durchsetzung einer gesetzlichen Verpflichtung noch nicht enthalten. Erst in der sechsten Sitzung des Expertenausschusses wurde die Formulierung des Rechts auf Freiheit durch den Redaktionsausschuss um diesen Haftgrund ergänzt.[24] Diese Änderung wurde weder im Expertenrat noch im Ministerrat diskutiert. Es ist daher nicht anzunehmen, dass der Redaktionsausschuss bei der Umformulierung des Rechts auf Freiheit die grundsätzliche Entscheidung für einen abschließenden und detaillierten Katalog von Haftgründen mit der Aufnahme eines versteckten allgemeinen Gesetzesvorbehalts revidieren wollte.

Schließlich würde eine weite Auslegung des Art. 5 Abs. 1 lit. b 2. Alt. EMRK, nach der Freiheitsentziehungen zur Durchsetzung jedweder, auch generalklauselartig formulierter Pflichten zulässig wären, dem Zweck des Art. 5 EMRK widersprechen.[25] Wä-

18. *Jescheck*, NJW 1954, 783 (785); *Partsch*, Menschenrechtskonvention, S. 126; *Trechsel*, Menschenrechtskonvention, S. 203; *Van Dijk/Van Hoof*, Convention, p. 259.
19. *Trechsel*, Menschenrechtskonvention, S. 203; *Van Dijk/Van Hoof*, Convention, p. 259.
20. Vgl. Art. 8 Abs. 2, Art. 9 Abs. 2, Art. 10 Abs. 2 und Art. 11 Abs. 2 EMRK; *Koschwitz*, Freiheitsentziehung, S. 172.
21. *Koschwitz*, Freiheitsentziehung, S. 178.
22. Vgl. dazu oben Kapitel 2 Abschnitt 1 Seite 49.
23. Vgl. oben Kapitel 2 Abschnitt 1 Seite 49.
24. Sechste Sitzung des Expertenausschusses am 06.03.1950, TP Vol. III Ch. XI, S. 289.

re eine Haft zur Durchsetzung einer generalklauselartigen gesetzlichen Verpflichtung — wie etwa der Pflicht zur Rechtstreue — zulässig, wären willkürliche Verhaftungen von Personen möglich, nur um sie zur Gesetzestreue anzuhalten. Es sind auch aus diesem Grund oft grundsätzliche Bedenken gegen den Haftgrund des Art. 5 Abs. 1 lit. b 2. Alt. EMRK erhoben worden, dessen Wortlaut sogar eine Grundlage für die Errichtung von Konzentrationslagern bieten könne.[26] Eine derart weite Auslegung verstoße gegen den Grundgedanken der Vorherrschaft des Rechts.[27] Tatsächlich wären bei dieser unbeschränkten Auslegung des Haftgrundes in Art. 5 Abs. 1 lit. b 2. Alt. EMRK die „Schutzhaft" und die *internements administratives* zur Durchsetzung der Pflicht zur Wahrung der öffentlichen Sicherheit und Ordnung vom Haftgrund des Art. 5 Abs. 1 lit. b 2. Alt. EMRK umfasst.[28]

Die Kritik am Haftgrund des Art. 5 Abs. 1 lit. b 2. Alt. EMRK setzt damit an zwei verschiedenen Punkten an. Zum einen wird eine inhaltliche Beschränkung der gesetzlichen Verpflichtung gefordert. Nicht jeder vom Gesetzgeber verfolgte Zweck soll eine Freiheitsentziehung nach sich ziehen können. Zum anderen wird gefordert, dass es sich bei der gesetzlichn Pflicht um eine konkrete Pflicht handeln müsse. Eine Regelung, die als Generalklausel die Sicherungsverwahrung von Personen zulässt, wann immer dies nach der Auffassung der Behörden zur Beachtung der allgemeinen Pflicht jedes Bürgers, Recht und Ordnung zu respektieren erforderlich erscheint, soll aus dem Anwendungsbereich des Art. 5 Abs. 1 lit. b 2. Alt EMRK ausgeschlossen sein. Unter beiden Gesichtspunkten haben Literatur und Rechtsprechung sich darum bemüht, den Anwendungsbereich dieses Haftgrundes zu beschränken, ohne dass sich daraus bislang eine einheitliche Auslegung von Art. 5 Abs. 1 lit. b 2. Alt. EMRK entwickelt hat.

A. Die gesetzliche Verpflichtung

Wenngleich eine inhaltliche Beschränkung des scheinbar allgemeinen Gesetzesvorbehalts des Art. 5 Abs. 1 lit. b 2. Alt. EMRK aus systematischen Überlegungen notwendig und aus politischen Gründen wünschenswert erscheint, so bleibt doch unklar, auf welche gesetzlichen Verpflichtungen sich Art. 5 Abs. 1 lit. b 2. Alt. EMRK bezieht und auf welche nicht. Eine willkürliche Einengung des Anwendungsbereichs des Haftgrunds auf bestimmte Pflichten kommt nicht in Betracht. Es müssen veilmehr Anhaltspunkte für eine Begrenzung des Haftgrundes der Konvention und insbesondere Art. 5 EMRK selbst entnommen werden.

25. So auch *Van Dijk/Van Hoof*, Convention, p. 259.
26. *Partsch*, Menschenrechtskonvention, S. 126.
27. *Gollwitzer* in: Löwe-Rosenstein, StPO-Kommentar, Art. 5 EMRK Rn. 55.
28. Vgl. zur Schutzhaft Kapitel 2 Abschnitt 2 Seite 92 und zu den 'internements administratifs' Kapitel 2 Abschnitt 3 Seite 102.

Eine Festnahme oder Haft ist gemäß Art. 5 Abs. 1 lit. b 2. Alt. EMRK dann zulässig, wenn es eine Pflicht *(obligation)* durchzusetzen gilt. Ob vom Begriff der Pflicht im Sinne dieses Haftgrundes alle oder nur bestimmte Pflichten erfasst sind und welchen Anforderungen die Verpflichtungen genügen müssen, ist umstritten.

1. Spezielle und konkrete Pflichten

Art. 5 Abs. 1 lit. b 2. Alt. EMRK bestimmt, dass die Staaten zur Durchsetzung einer (beliebigen) Pflicht zum Zwangsmittel der Freiheitsentziehung greifen dürfen. Wenngleich der Wortlaut des Haftgrundes an dieser Stelle keine Hinweise auf den Inhalt der zu erfüllenden Verpflichtung gibt, so können doch Schlüsse auf die Anforderungen, die an die gesetzliche Verpflichtung zu stellen sind, aus dem Zweck der Norm gezogen werden. Art. 5 EMRK soll die Freiheit des Einzelnen vor willkürlichen Freiheitsentziehungen schützen. Gerade allgemeine, generalklauselartige und unbestimmte Formulierungen von Pflichten der Bürger bergen jedoch das Risiko willkürlicher Freiheitsentziehungen durch die Verwaltung. Zur Durchsetzung der gesetzlichen Pflicht zur Wahrung des Rechtsfriedens und der Rechtsordnung ließe sich durch die Exekutive jede von ihr für erforderlich angesehene Inhaftierung einer Person begründen, selbst wenn diese noch nicht gegen die Rechtsordnung verstoßen hätte. Der Schutz vor Willkür der Staatsmacht erfordert, dass die Voraussetzungen, unter denen eine Freiheitsentziehung zulässig ist, hinreichend genau definiert sind. Nur eine Pflicht, deren Inhalt und Umfang sich abschätzen lässt, kann von Art. 5 Abs. 1 lit. b 2. Alt EMRK umfasst sein.

Bereits in einem ihrer ersten Fälle — dem Fall *Lawless* — hatten sich die Kommission und der Gerichtshof mit der Problematik des weiten Anwendungsbereichs von Art. 5 Abs. 1 lit. b 2. Alt. EMRK auseinander zu setzen.[29] Der Beschwerdeführer Richard Lawless, der der IRA angehörte, wurde in Irland zunächst wegen der Mitgliedschaft in einer terroristischen Organisation inhaftiert. Nach Ablauf der Höchstfrist für diese Inhaftierung wurde er aufgrund eines Beschlusses des Justizministers in einem Militärgefängnis weiter festgehalten. Letztere Maßnahme stützte sich auf Sec. 4 des Offences Against the State (Amendment) Act 1940. Dort heißt es:

> „Whenever a Minister of State is of opinion that any particular person is engaged in activities which in his opinion are prejudicial to the preservation of public peace and order or to the security of the State, such Minister may by warrant under his hand and sealed with his official seal order the arrest and detention of such person under this section."

Die irische Regierung berief sich gegenüber der EKMR darauf, dass die Haft des Richard Lawless zur Erzwingung der Erfüllung einer gesetzlichen Pflicht gemäß Art. 5 Abs. 1 lit. b 2. Alt. EMRK zulässig gewesen sei. Lawless sollte durch die Haft daran gehindert werden, weitere Verstöße gegen die Belange des Staates zu begehen. Die Haft habe zumindest auch der Durchsetzung der gesetzlich normierten Loyalitätspflicht des Bürgers gegenüber dem Staat dienen sollen. Die Kommission folgte die-

29. EGMR 01.07.1961 Lawless/Ireland, Series A 3; EKMR 19.12.1959 Lawless/Ireland, Series B 1960-1961.

ser Argumentation jedoch nicht. Zwar könne eine Person gemäß Art. 5 Abs. 1 lit. b 2. Alt. EMRK zur Durchsetzung einer gesetzlichen Pflicht festgenommen und in Haft gehalten werden, jedoch genüge die Pflicht, die öffentliche Ordnung oder die öffentliche Sicherheit zu wahren, nicht den Anforderungen des Art. 5 Abs. 1 lit. b 2. Alt. EMRK. Es müsse sich bei der gesetzlichen Pflicht im Sinne des Art. 5 Abs. 1 lit. b 2. Alt. EMRK um eine konkrete und spezifische Pflicht (*specific obligation/obligation précise)* handeln. Diese Auslegung entspreche der Bedeutung des Wortlauts der Bestimmung. Zudem untergrabe eine Auslegung des Art. 5 Abs. 1 lit. b 2. Alt. EMRK, wie sie die irische Regierung befürwortete, das Recht auf Sicherheit und Freiheit, was nicht die Intention der Verfasser der EMRK gewesen sein könne.[30] Die Ermächtigung zur Inhaftierung zum Zweck der Erzwingung eines Verhaltens, das nicht gegen die öffentliche Sicherheit und Ordnung verstoße, könne zu willkürlichen Freiheitsentziehungen führen. Die allgemeine Pflicht zu Rechtsgehorsam und zur Wahrung der öffentlichen Sicherheit und Ordnung stelle daher keine gesetzliche Pflicht im Sinne des Art. 5 Abs. 1 lit. b 2.Alt EMRK dar.[31] Eine Pflicht müsse, so die Kommission, im Gesetz hinreichend konkret formuliert sein, um den Anforderungen des Art. 5 Abs. 1 lit. b 2. Alt. EMRK zu genügen.

Der EGMR[32] und die Literatur[33] übernahmen die Auffassung der Kommission. Seither entspricht es ständiger Rechtsprechung und herrschender Meinung, dass die Pflicht, zu deren Durchsetzung jemandem die Freiheit entzogen werden darf, nur eine genau umrissene Pflicht sein darf.[34] Geklärt ist somit, dass eine generalklauselartige Verpflichtung zur Wahrung der Rechtsordnung und der öffentlichen Ordnung oder auch eine allgemeine Gehorsamspflicht[35] keine gesetzlichen Pflichten im Sinne des Art. 5 Abs. 1 lit. b 2. Alt. EMRK sind. Allgemeine Kriterien dafür, wann eine gesetzliche Bestimmung eine *obligation précise* bzw. eine *specific obligation* darstellt, sind der Rechtsprechung bislang jedoch nicht zu entnehmen.[36] Als mit Art. 5 Abs. 1 lit. b 2. Alt. EMRK vereinbar wurden beispielsweise anerkannt:

- Haft zur Feststellung der Personalien bei Weigerung, sich einer Ausweiskon-

---

30. EKMR 19.12.1959 Lawless/Ireland, Series B 1960-1961, p. 64.
31. So auch EKMR 04.03.1978 Eggs/Switzerland, DR 15, 35 (46).
32. EGMR 01.07.1961 Lawless/Ireland, Series A 3 para. 12.
33. Vgl. *Coppel*, HRA, p. 3; *Gollwitzer* in: Löwe-Rosenstein, StPO-Kommentar, Art. 5 EMRK Rn. 54; *Harris/O'Boyle/Warbrick*, Convention, p. 112; *Nedjati*, Human Rights, p. 88; *Partsch*, Menschenrechtskonvention, S. 126f.; *Peukert* in: Frowein/Peukert EMRK-Kommentar Art. 5 Rn. 68; *Pettiti*, Convention, p. 193; *Trechsel*, Menschenrechtskonvention, S. 206; *Velu/Ergec*, Convention, p. 266; *Villiger*, Handbuch, Rn. 334.
34. EGMR 08.06.1976 Engel/Netherlands, Series A 22 para. 69: „[...] the words 'secure the fulfilment of any obligation prescribed by law' concern only cases where the law permits the detention of a person to compel him to fulfil a specific and concrete obligation [...]"; EKMR 18.03.1981 McVeigh, O'Neill, Evans/United Kingdom, DR 25, 15 (37); EGMR 22.02.1989 Ciulla/Italy, Series A 148 para. 36.
35. Dazu EKMR 04.03.1978 Eggs/Switzerland, DR 15, 35 (46).
36. *Peukert* in: Frowein/Peukert EMRK-Kommentar, Art. 5 Rn. 69; *Velu/Ergec*, Convention, p. 266.

trolle zu unterziehen;[37]

- Haft bei Verweigerung des Offenbarungseides;[38]
- Freiheitsentzug während der Untersuchung von mutmaßlichen Terroristen bei der Einreise;[39]
- Haft zur Durchsetzung der Zahlung von Kommunalabgaben;[40]
- Haft zur Durchsetzung der Pflicht zur Abgabe einer Steuererklärung;[41]
- Die zwangsweise Vorführung von Zeugen, die der Vorladung nicht Folge geleistet haben;[42]
- Die Haft zur Erzwingung der Befolgung der Militärdienstpflicht[43] und
- Haft bei Nichtbefolgung der Pflicht zur Wohnsitznahme an einem bestimmten Ort.[44]

Mit dieser Beschränkung der Pflichten im Sinne des Art. 5 Abs. 1 lit. b 2. Alt. EMRK auf eine konkrete Pflicht, die erkennen lässt, was in ihrer Erfüllung zu tun oder zu unterlassen ist, wird dem Zweck des Art. 5 EMRK, dem Schutz vor Willkür, Rechnung getragen. Erreicht wird dadurch, dass nicht mehr allgemeine, generalklauselartig formulierte Pflichten mittels freiheitsentziehender Zwangsmaßnahmen durchgesetzt werden können. Auch die Pflicht, den Anweisungen der Behörden Folge zu leisten, ist damit keine hinreichend konkrete Pflicht im Sinne des Art. 5 Abs. 1 lit. b 2. Alt. EMRK.[45] Eine inhaltliche Beschränkung der Pflichten, zu deren Erzwingung eine Freiheitsentziehung im Sinne des Art. 5 EMRK zulässig ist, ergibt sich jedoch daraus nicht. Es bleibt vielmehr dem nationalen Gesetzgeber überlassen, welche Pflichten des Bürgers er gesetzlich hinreichend konkret ausgestaltet und mit dem Zwangsmittel der Freiheitsentziehung versieht.

37. EKMR 13.05.1987 B/France, DR 52, 111 (118); EKMR 9. 9. 1992 Reyntjens/Belgium, DR 73, 136 (143).
38. EKMR 18.12.1971 X/FRG, CD 39, 95 (97).
39. EKMR 18.03.1981 McVeigh/O'Neill, Evans/United Kingdom, DR 25, 15 (40); EKMR 12.07.1986 Harkin/United Kingdom DR 48, 237 (242).
40. EGMR 10.06.1996 Benham/United Kingdom, Rec 1996-III, para. 36-39.
41. EKMR 18.03.1981 McVeigh/O'Neill, Evans/United Kingdom, DR 25, 15 (40).
42. EGMR 14.12.1999 A.C./France, Appl. No. 37547/97: „La Cour relève qu'en droit français, selon l'article 153 du Code de procédure pénale, tout témoin cité pour être entendu en exécution d'une commission rogatoire est tenu de comparaître, de prêter serment et de déposer, sous peine de sanctions. L'article 154 du même Code dispose que l'officier de police judiciaire chargé d'exécuter ladite commission rogatoire peut, si nécessaire, garder une personne à sa disposition, sous le contrôle du juge d'instruction, pendant une durée maximale de vingt-quatre heures. La Cour en déduit que la privation de liberté de la requérante rentrait, non pas dans le champ d'application de l'article 5 § 1 c) de la Convention, mais dans celui de l'alinéa b) du même paragraphe, qui vise les cas de détention régulière 'en vue de garantir l'exécution d'une obligation prescrite par la loi'."
43. EKMR 14.10.1985 Johanson/Norway, DR 44, 155 (162).
44. EGMR 22.02.1989 Ciulla/Italy, Series A 148 para. 36.
45. *Trechsel*, Menschenrechtskonvention, S. 206.

2. Verpflichtung im Zusammenhang mit der Rechtspflege

Vereinzelt wurde in der Literatur die Auffassung vertreten, dass die gesetzlichen Pflichten, deren Durchsetzung nach Art. 5 Abs. 1 lit. b 2. Alt. EMRK mittels Freiheitsentzuges erzwungen werden können, nur solche seien, die die Rechtspflege betreffen.[46] Dies ergebe sich aus der Systematik des Art. 5 Abs. 1 EMRK, der in lit. a und lit. b 1. Alt. Regelungen zugunsten der Rechtspflege und in den folgenden lit. c-f Eingriffsvorbehalte zugunsten der Strafverfolgungs- und Ordnungsbehörden enthalte. Die Stellung des Haftgrundes zur Durchsetzung einer gesetzlichen Verpflichtung in Art. 5 Abs. 1 lit. b 2. Alt. EMRK lege daher die Annahme nahe, dass nur Verpflichtungen gemeint seien, die in Zusammenhang mit der Rechtspflege stehen. Nicht erfasst seien dagegen Pflichten, die mit der Aufrechterhaltung der öffentlichen Sicherheit oder Ordnung zusammenhängen.[47]

Diese Auslegung überzeugt indes nicht. Dem Wortlaut des Art. 5 Abs. 1 lit. b 2. Alt. EMRK lässt sich eine inhaltliche Beschränkung der gesetzlichen Pflichten auf Maßnahmen der Rechtspflege nicht entnehmen.[48] Auch erscheint das vorgebrachte systematische Argument nicht zwingend. Bereits die Prämisse, dass sich die Haftgründe in Art. 5 Abs. 1 lit. c bis f EMRK ausschließlich mit Maßnahmen der Strafverfolgung befassen, ist — wie noch zu zeigen sein wird — zweifelhaft. Die Gemeinsamkeit der beiden Haftgründe Art. 5 Abs. 1 lit. b EMRK kann nicht nur in ihrem Bezug zur Rechtspflege gesehen werden. Die systematische Stellung beider Haftgründe des Art. 5 Abs. 1 lit. b EMRK kann vielmehr auch damit begründet werden, dass beide Haftgründe zumindest unter anderem die Durchsetzung der Pflichten des Bürgers zum Ziel haben. Während die Pflichten im Sinne des Art. 5 Abs. 1 lit. b 1. Alt. EMRK durch gerichtlichen Beschluss konkretisiert werden müssen, ergeben sich die Pflichten im Sinne des Art. 5 Abs. 1 lit. b 2. Alt. EMRK direkt aus dem Gesetz. Beide Haftgründe können daher auch aus diesem Grund und nicht nur wegen ihres vermeindlichen Bezugs zur Rechtspflege zusammen in Art. 5 Abs. 1 lit. b EMRK geregelt worden sein.

Zudem deutet die Entstehungsgeschichte des Art. 5 EMRK auf eine andere Auslegung des Art. 5 Abs. 1 lit. b 2. Alt. EMRK hin.[49] Während der Debatte im Expertenausschuss beantragten die Vertreter Schwedens klarzustellen, dass das Recht der Staaten gewahrt bleibe, Personen zur Durchsetzung von Unterhaltspflichten in Gewahrsam zu nehmen.[50] Zudem sollten die Staaten weiterhin das Recht haben, Alkoholiker und Landstreicher zu inhaftieren. Die geforderten Ermächtigungsgrundlagen für die Festnahme und Haft von Alkoholikern und Landstreichern wurden daraufhin in den Vorschlag des Redaktionsausschusses aufgenommen.[51] Im gleichen Vorschlag

---

46. *Herzog*, AöR 86 (1961), 194 (219).
47. *Koschwitz*, Freiheitsentziehung, S. 171.
48. Ablehnend daher auch *Gollwitzer* in: Löwe-Rosenstein, StPO-Kommentar, Art. 5 EMRK Rn. 56.
49. Vgl. oben Kapitel 2 Abschnitt 1 Seite 48; dazu *Trechsel*, Menschenrechtskonvention, S. 206.
50. Doc. A 777, TP Vol. III Ch. XI, p. 185, dazu auch *Fawcett*, Convention, p. 74.
51. Doc. A 777, TP Vol. III Ch. XI, p. 185.

des Redaktionskomitees wurde auch zum ersten Mal der Haftgrund der Durchsetzung einer gesetzlichen Pflicht eingearbeitet.[52] Es erscheint daher naheliegend, dass mit der Aufnahme dieses Haftgrundes den Forderungen Schwedens zur Zulässigkeit von Freiheitsentziehungen zur Durchsetzung von Unterhaltsverpflichtungen genüge getan werden sollte. Damit wären die gesetzlichen Verpflichtungen im Sinne des Art. 5 Abs. 1 lit. b 2. Alt. EMRK gerade nicht auf solche beschränkt, die im Zusammenhang mit der Rechtspflege stehen.

3. Vertragliche Pflichten

Eine inhaltliche Beschränkung des Anwendungsbereichs des Art. 5 Abs. 1 lit. b 2. Alt. EMRK könnte sich daraus ergeben, dass der Haftgrund seinem Wortlaut nach nur durch Gesetz auferlegte Verpflichtungen erfasst. Es stellt sich daher die Frage, ob auch den Verpflichtungen, die sich aus einem Vertrag ergeben, mit dem Mittel der Freiheitsentziehung gemäß Art. 5 Abs. 1 lit. b 2. Alt. EMRK zur Durchsetzung verholfen werden kann. Zwar bezieht sich der Wortlaut des Art. 5 Abs. 1 lit. b 2. Alt EMRK eindeutig auf durch das Gesetz auferlegte Verpflichtungen, jedoch kann sich die Pflicht zur Erfüllung von Verträgen ihrerseits aus Gesetz — z.B. aus dem Zivilrecht — ergeben.[53] Geht man davon aus, dass sich die Pflicht zur Erfüllung von Verträgen aus dem Gesetz ergibt und diese Pflicht damit eine durch Gesetz auferlegte Pflicht ist, so sind freiheitsentziehende Maßnahmen auch zur Durchsetzung dieser Pflicht zulässig. Eine Festnahme oder Haft wäre nach Art. 5 EMRK nur dann ausgeschlossen, wenn sie nicht der Durchsetzung der Pflicht dienen würde, sondern reinen Sanktionscharakter hätte. So dient beispielsweise die Inhaftierung einer mittelosen Person nicht der Durchsetzung einer vertraglichen Zahlungsverpflichtung, da diese durch die Haft nicht zur Begleichung dieser Schuld angehalten werden kann.[54] Auch wenn die Erfüllung der Pflicht z.B. durch Zeitablauf unmöglich geworden ist, dient eine Freiheitsentziehung nicht mehr deren Durchsetzung und ist somit unzulässig.[55] Abgesehen von diesen Fällen ist eine Freiheitsentziehung zur Durchsetzung vertraglicher Pflichten gemäß Art. 5 Abs. 1 lit. b EMRK jedoch wohl immer dann zulässig, wenn diese auf der gesetzlichen Verpflichtung zur Vertragserfüllung beruht oder gar bereits durch ein Gericht bestätigt worden ist.

52. Änderungsantrag des Redaktionsausschusses zum britischen Entwurf Doc. CM/WPI (50); A 919, TP Vol. III Ch. XI, p. 289.
53. *Fawcett*, Convention, p. 75.
54. *Jacobs/White*, ECHR, p. 111.
55. *Jacobs/White*, ECHR, p. 111.

Der Schutz des Rechts auf Freiheit durch Art. 5 EMRK wurde im Hinblick auf freiheitsentziehende Maßnahmen zur Durchsetzung vertraglicher Pflichten als nicht hinreichend empfunden.[56] Das Verbot von Freiheitsentziehungen aufgrund vertraglicher Verpflichtungen wurde daher ausdrücklich in Art. 1 des 4. Zusatzprotokolls der EMRK geregelt.[57] Dort heißt es:

> „No one shall be deprived of his liberty merely on the ground of the inability to fulfil a contractual obligation."

Eine Person soll nicht allein wegen ihrer vertraglichen Verpflichtungen inhaftiert werden können.[58] Nach Art. 1 4. Zusatzprotokoll bleibt eine Freiheitsentziehung zur Durchsetzung vertraglicher Verpflichtungen jedoch zulässig, wenn die Nichterfüllung der Pflicht nicht allein auf der Zahlungsunfähigkeit des Schuldners beruht.[59] Verhält der Schuldner sich arglistig oder will er sich absichtlich einer Verpflichtung entziehen, deren Erfüllung ihm möglich wäre, so schließt auch Art. 1 4. Zusatzprotokoll eine Festnahme oder Haft nicht aus.[60]

Das Zusatzprotokoll, das von Deutschland und Frankreich, nicht aber vom Vereinigten Königreich ratifiziert wurde, bestimmt insoweit, dass die alte Regelung des „Schuldturms" unzulässig ist.[61] Dass das ausdrückliche Verbot der Freiheitsentziehung im Hinblick auf vertragliche Verpflichtungen, durch das der Schutz der Freiheit des Art. 5 EMRK verstärkt werden sollte, in diesem Zusatzprotokoll verankert wurde, spricht dafür, dass eine Festnahme oder Haft zur Durchsetzung nichterfüllter vertraglicher Verpflichtungen nicht nach Art. 5 EMRK verboten, sondern gemäß Art. 5 Abs. 1

---

56. Explantory reports on the second to fifth protocols to the European Convention for the Protection of Human Rights and fundamental Freedoms, doc. H (71) 11 p. 25, danach war es das Ziel des Ministerrats, durch das Protokoll Rechte zu schützen, die durch die Konvention selbst noch nicht umfasst waren.

57. Protokoll Nr. 4 zur Konvention zum Schutze der Menschenrechte und Grundfreiheiten durch das gewisse Rechte und Freiheiten gewährleistet werden, die nicht bereits in der Konvention oder im ersten Zusatzprotokoll enthalten sind vom 16.09.1963, in Kraft getreten am 02.05.1968; von Frankreich am 03.05.1974 und von Deutschland am 01.06.1968 ratifiziert; vom Vereinigten Königreich am 06.09.1963 unterzeichnet, jedoch nicht ratifiziert.

58. Explantory reports on the Second to fifth protocols to the European Convention for the Protection of Human Rights and fundamental Freedoms, doc. H (71) 11 p. 26.

59. Dazu *Velu/Ergec*, Convention, p. 315.

60. Explantory reports on the Second to fifth protocols to the European Convention for the Protection of Human Rights and fundamental Freedoms, doc. H (71) 11 p. 28: „Deprivation of liberty is not forbidden if any other factor is present in addition to the inability to fulfil a contractual obligation for example: if a deptor acts with malicious or fraudulent intent; if a person deliberately refuses to fulfil an obligation, irrespective of his reasons therefor; if inability to meet a commitment is due to negligence. (...) For example, the law of a Contracting Party would thus not be in conflict with this Article is it permitted the deprivation of liberty of an individual who: knowing that he is unable to pay, orders food and drink in a cafe or restaurant and leaves without paying for them; through negligence, fails to supply goods to the army when he is under contract to do so, is preparing to leave a country to avoid meeting his commitments."

61. *Peukert* in: Frowein/Peukert EMRK-Kommentar, Art. 1 4. ZP, S. 843.

lit. b 2. Alt EMRK zulässig ist. Ist die vertragliche Verpflichtung durch ein gerichtliches Urteil bestätigt worden, kommt als rechtfertigender Haftgrund auch Art. 5 Abs. 1 lit. b 1. Alt EMRK in Betracht.[62]

B. Gesetzliche Grundlage der Pflicht

Die Pflicht, zu deren Durchsetzung nach Art. 5 Abs. 1 lit. b 2. Alt. EMRK Festnahme und Haft zulässig sind, muss schließlich eine durch das Gesetz vorgeschriebene Verpflichtung sein *(prescribed by law/prescrite par la loi)*. Gesetzliche Verpflichtungen des Bürgers lassen sich zum einen ausdrücklichen Regelungen entnehmen. Zum anderen ergeben sie sich aus der mit der gesetzlichen Regelung von Ermächtigungen der Verwaltung korrespondierenden Pflicht des Bürgers. Der Ermächtigung der Verwaltung, die Identität einer Person unter bestimmten Umständen zu kontrollieren, entspricht die Pflicht des Betroffenen, auf Aufforderung Auskunft über seine Identität zu geben. In vielen Fällen ergeben sich damit gerade im Polizeirecht die Pflichten des Einzelnen aus gesetzlich normierten Ermächtigungen der Verwaltung.

1. Bestimmtheit der gesetzlichen Verpflichtung

Eine Rechtsnorm muss, um ein Gesetz im Sinne des Art. 5 EMRK darstellen zu können, bestimmten Anforderungen genügen. Die Pflicht, deren Erfüllung durch die Vertragsstaaten mittels freiheitsentziehender Maßnahmen erzwungen werden kann, muss sich ebenfalls aus einem Gesetz ergeben *(obligation prescribed by law/ obligation prescrite par la loi)*. Aus diesem Grund muss nicht nur die Norm, die zum Freiheitsentzug ermächtigt, sondern auch die Norm, deren Durchsetzung die freiheitsentziehende Maßnahme dient, die Qualität eines Gesetzes im Sinne der Konvention aufweisen.

Die Anforderungen, die an ein Gesetz zu stellen sind, das zu Beschränkungen der Konventionsrechte ermächtigt, wurde von der Rechtsprechung in erster Linie anhand anderer Konventionsbestimmungen entwickelt. So findet sich die Formulierung *„prescribed by law"* außer in Art. 5 Abs. 1 lit. b 2. Alt. EMRK auch in Art. 9 Abs. 2, Art. 10 Abs. 2 und Art. 11 Abs. 2 EMRK sowie in abgewandelter Form in Art. 8 Abs. 2 EMRK. Anders als zu Art. 5 Abs. 1 lit. b 2. Alt. EMRK hat der EGMR zu der wortgleichen Formulierung der Schranken dieser Rechte eine allgemeine Rechtsprechung entwickelt. Das Recht auf Privat- und Familienleben, das Recht auf Glaubensfreiheit, das Recht auf Meinungsfreiheit und das Recht auf Versammlungs- und Vereinigungsfreiheit können durch den Staat eingeschränkt werden, wenn die Beschränkung gesetzlich vorgesehen ist. Nach der Rechtsprechung des EGMR ist eine Beschränkung dieser Rechte dann gesetzlich vorgeschrieben, wenn das Gesetz angemessen gut zugänglich[63] und hinreichend bestimmt formuliert[64] ist. Ein Gesetz ist hinreichend bestimmt formuliert, wenn der betroffene Bürger seinen Inhalt verstehen kann und sein Verhalten danach ausrichten kann. Der Bürger muss in der Lage sein, dem Gesetz zu ent-

62. *Jacobs/White*, ECHR, p. 111.

nehmen, welche Konsequenzen sein Verhalten haben wird.[65] Da aber Gesetze auf verschiedene Situationen anwendbar sein müssen, ist eine gewisse Abstraktion bei ihrer Formulierung notwendig.[66] Der EGMR fordert daher nicht, dass der Bürger mit absoluter Sicherheit die Folgen seines Handelns vorhersehen können muss. Es genüge vielmehr, wenn er bis zu einem gewissen Grad Sicherheit erlangen könne.[67] Ein Gesetz, das der Verwaltung Ermessen einräumt, müsse daher zumindest die Grenzen des Ermessens festlegen, damit für den Bürger die Reaktion der Verwaltung auf ein bestimmtes Verhalten leichter vorhersehbar sei.[68] Durch eine Präzisierung unbestimmter gesetzlicher Formulierungen durch behördliche oder richterliche Praxis könne den Anforderungen an die Vorhersehbarkeit genügt werden, wenn diese Praxis ihrerseits einheitlich und der Öffentlichkeit zugänglich sei. Auch schade es nicht, wenn die Bürger die Normen nur mit Hilfe von rechtlichem Beistand verstehen und ihr Verhalten danach ausrichten können.[69] Zusammenfassend hat der Gerichtshof die Anforderungen an die Bestimmtheit eines nationalen Gesetzes wie folgt formuliert:

> „... the expression... requires firstly that the impugned measures should have a basis in domestic law. It also refers to the quality of the law in question, requiring that it be accessible to the persons concerned and formulated with sufficient precision to enable them - if need be, with appropriate legal advice - to foresee, to a degree that is reasonable in the circumstances, the consequences which a given action may entail. A law which confers a discretion is not in itself inconsistent with this requirement, provided that the scope of the discretion and the manner of its exercise are indicated with sufficient clarity, having regard to the legitimate aim in question, to give the individual adequate protection against arbitrary interference."[70]

Die Anforderungen an die Vorhersehbarkeit und Bestimmtheit der Gesetze, aufgrund derer einen Beschränkung der Rechte der Art. 8 bis 11 EMRK erfolgen kann, sind somit nicht besonders streng.

Trotz der mit Art. 9 Abs. 2, 10 Abs. 2 und 11 Abs. 2 EMRK identischen Formulierung könnte für die Bestimmtheit eines Gesetzes im Sinne des Art. 5 Abs. 1 lit. b 2. Alt. EMRK jedoch aufgrund der Schwere des mit einer Freiheitsentziehung verbundenen Eingriffs ein strengerer Maßstab gelten. Die willkürliche Freiheitsentziehung, vor der Art. 5 EMRK schützen will, ist insoweit eher mit der willkürlichen Strafe im Sinne des Art. 7 Abs. 1 EMRK vergleichbar, die letztlich auch eine Freiheitsentziehung zur Folge haben kann. Gemäß Art. 7 EMRK kann eine Verurteilung wegen einer Handlung oder Unterlassung nur dann erfolgen, wenn diese zur Zeit ihrer Begehung strafbar war. Zum Schutz vor Willkür muss das Gesetz, das die Strafbarkeit regelt, hinrei-

63. EGMR 29.04.1979 Sunday Times/United Kingdom, A 30 para. 49: „[...] the citizen must be able to have an indication that is adequate in the circumstances of the legal rules applicable to a given case.".
64. EGMR 29.04.1979 Sunday Times/United Kingdom, A 30 para. 49.
65. EGMR 29.04.1979 Sunday Times/United Kingdom, A 30 para. 49.
66. EGMR 24.04.1990 Kruslin/France, A 176-A para. 30.
67. EGMR 02.08.1984 Malone/United Kingdom, Series A 82 para. 67.
68. EGMR 25.03.1983 Silver/United Kingdom, Series A 61 para. 88.
69. EGMR 29.04.1979 Sunday Times/United Kingdom, Series A 30 para. 49: „[...] if need with appropriate advice".
70. EGMR 25.02.1992 Margareta and Roger Andersson/Sweden, Series A 226-A, para. 75.

chend bestimmt formuliert und die strafbare Tat hinreichend präzise bestimmt sein.[71] Man könnte nun annehmen, dass an die Bestimmtheit von Strafgesetzen im Sinne des Art. 7 EMRK besonders strenge Anforderungen zu stellen sind. Aber auch Strafnormen in diesem Sinne müssen sich nach der Rechtsprechung der Konventionsorgane nicht zwingend aus dem geschriebenen Recht ergeben.[72] Kommission und Gerichtshof haben in ständiger Rechtsprechung entschieden, dass Begriffe, die in strafrechtlichen Normen häufig nur unter Berücksichtigung der Rechtsprechung und mit Rechtsrat[73] verstanden werden können, dem Bestimmtheitserfordernis nicht entgegenstehen.[74] Die Verwendung von Generalklauseln und unbestimmten Rechtsbegriffen, die die Auslegung einer Norm erschweren können, wird durchaus als zulässig angesehen.[75] Für hinreichend bestimmt und daher mit Art. 7 EMRK vereinbar befanden Kommision und Gerichtshof den Begriff der Gewalt im Nötigungsstatbestand des deutschen Strafrechts[76], den Begriff des Proselytismus (aufdringliche Werbung für einen Glauben) des griechischen Strafrechts.[77] Auch die Strafbarkeit der Vergewaltigung in der Ehe im Strafrecht des Vereinigten Königreichs erklärte der EGMR für hinreichend bestimmt.[78] Alle Fälle haben gemeinsam, dass es in der nationalen Rechtsprechung und Lehre gerade keine einheitliche Auslegung der in Frage stehenden nationalen Normen gab. EKMR und EGMR genügte es jedoch, dass eine bestimmte Tendenz bezüglich der Strfabarkeit in der nationalen Rechtsprechung zu erkennen war und die Betroffenen daher mit einer Bestrafung für ihr Verhalten rechnen mussten.[79] Die Anforderungen, die die Rechtsprechung an die Bestimmtheit nationaler Strafgesetze stellt, sind daher ebenfalls nicht besonders streng. Das erklärt auch, dass bisher nur wenige Fälle, die den Art. 7 EMRK betrafen, vor den EGMR gelangten. Erst in zwei Fällen wurde ein Verstoß gegen Art. 7 EMRK festgestellt.[80] In beiden Fällen fehlte jedoch zum Zeitpunkt der Tat ein die Strafbarkeit bestimmendes Gesetz völlig. Auf die Bestimmtheit der Gesetze kam es in diesen Fällen nicht an.

Der Maßstab, den die Rechtsprechung für die Bestimmtheit von Gesetzen im Sinne des Art. 7 EMRK entwickelt hat, entspricht exakt dem Maßstab für andere nationale Gesetze, die zu Eingriffen in die Rechte der Konvention ermächtigen. Anschaulich

71. EGMR 22.11.1995 S.W./United Kingdom, Series A 335-B para. 35; EKMR 07.05.1982 X,Y/United Kingdom, DR 28, 77 (81); EKMR 06.05.1985 J.O.K. Gerlach/FRG, DR 43, 210 (212); EKMR 07.05.1986 Prasser/Austria, DR 46, 81 (89).
72. EKMR 07.05.1982 X, Y/United Kingdom, DR 28, 77 (80).
73. EGMR Tolstoy Miloslavsky/United Kingdom 13.07.1995, Series A 316-B para. 41; EGMR 15.11.1996 Cantoni/France, Rep. 1996-V para. 18.
74. EGMR 25.05.1993 Kokkinakis/Greece, Series A 260-A para. 40.
75. EKMR 01.03.1977 X,Y/United Kingdom, DR 9, 13 (17f.).
76. EKMR 06.03.1989 G/FRG, DR 60, 256 (262).
77. EGMR 25.05.1993 Kokkinakis/Greece, Series A 260-A para. 18ff.
78. EGMR 22.11.1995 S.W./United Kingdom, Series A 335-B para. 42ff.
79. EGMR 25.05.1993 Kokkinakis/Greece, Series A 260-A para. 52; EGMR 22.11.1995 S.W./United Kingdom, Series A 335-B para. 35.
80. EGMR 08.06.1995 Jamil/France, Series A 217-B, para. 36; EGMR 27.02.2001 Ecer, Zeyrek/Turkey, Appl. No. 29295/95, 29363/95.

wird dies insbesondere in den Fällen, in denen der Gerichtshof bei der Auslegung des *„nulla poene sine lege"* Grundsatzes ausdrücklich auf seine Rechtsprechung zu Art. 8 Abs. 2, 9 Abs. 2, 10 Abs. 2 und 11 Abs. 2 EMRK verweist.[81] Damit gilt nach der Rechtsprechung der Konventionsorgane für alle nationalen Gesetze, dass sie zwar hinreichend bestimmt formuliert sein müssen, jedoch durchaus auch Generalklauseln und unbestimmte Rechtsbegriffe verwenden dürfen. Strengere Anforderungen an die Bestimmtheit von Gesetzen im Sinne des Art. 5 EMRK lassen sich daher auch nicht aus einem Vergleich mit den Eingriffsvoraussetzungen des Art. 7 EMRK herleiten.

Bei dem Gesetz, dass dem Einzelnen Pflichten auferlegt, zu deren Durchsetzung Festnahme oder Haft gemäß Art. 5 Abs. 1 lit. b 2. Alt. EMRK zulässig sind, muss es sich um *„law"*im Sinne der Konvention handeln. Es gelten damit die gleichen Anforderungen wie für die Gesetze in den oben genannten Normen. Daraus folgt, dass die Pflicht, die sich aus dem Gesetz ergibt, für den einzelnen erkennbar sein muss. Darüber hinaus muss der Einzelne erkennen, dass die Nichtbefolgung der Pflicht einen Freiheitsentzug zur Folge haben kann. Die Pflicht kann sich sowohl aus geschriebenem als aus ungeschriebenem Recht ergeben. Das Gesetz muss dem Einzelnen aber zugänglich sein.

Trotz der formellen Anforderungen an die gesetzliche Pflicht im Sinne des Art. 5 Abs. 1 lit. b 2. Alt. EMRK bleibt dem Gesetzgeber ein sehr weiter Spielraum bei der Entscheidung darüber, welche Pflichten mittels Freiheitsentzuges durchgesetzt werden können. Die damit verbundene Aufweichung des Freiheitsschutzes durch die EMRK wird aus diesem Grund oft als unbefriedigend empfunden.[82]

2. Konkretisierung der gesetzlichen Pflicht durch die Verwaltung

Die Verpflichtung, zu deren Durchsetzung die Vertragsstaaten zum Zwangsmittel des Freiheitsentzugs greifen dürfen, muss folglich eine konkrete Verpflichtung sein, die sich darüberhinaus aus einem hinreichend bestimmten Gesetz ergibt. In der Regel ergeben sich die Pflichten für den Bürger aber nicht allein aus dem Gesetz, sondern werden durch Handlungen der Verwaltung zumindest konkretisiert. So ergibt sich die Pflicht, Auskunft über die eigene Identität zu geben, aus dem Gesetz, das die Behörde zu Identitätskontrollen ermächtigt. Der Einzelne ist erst dann konkret dazu verpflichtet, sich gegenüber der Behörde auszuweisen, wenn er dazu aufgefordert wird. Die Pflicht, einen Ort zu verlassen, ergibt sich für den Einzelnen ebenfalls erst aus der Verbindung der gesetzlichen Ermächtigung der Verwaltung, einen Platzverweis auszusprechen und der tatsächlichen Aufforderung durch die Behörde, den Platz zu verlassen. Auch die Pflicht zur Zahlung von Unterhalt oder zur Zahlung von Steuern setzt regelmäßig eine Festsetzung des zu zahlenden Betrags durch die Verwaltung voraus.

---

81. EGMR 25.05.1993 Kokkinakis/Greece, Series A 260-A para. 52; EGMR 22.11.1995 S.W./United Kingdom, Series A 335-B para. 35; EGMR 15.11.1996 Cantoni/France, Rep. 1996-V para. 18.
82. *Partsch*, Menschenrechtskonvention, S. 128.

Die Notwendigkeit einer Anwendung gesetzlicher Normen auf den Einzelfall durch die Verwaltung ergibt sich aus dem Charakter des Gesetzes als allgemeiner und abstrakter Norm.[83] Dennoch wird vereinzelt vertreten, dass generelle Pflichten nicht in den Anwendungsbereich des Art. 5 Abs. 1 lit. b 2. Alt. EMRK fallen, wenn sie zu ihrer Anwendung im Einzelfall der Konkretisierung bedürfen und noch keine Konkretisierung durch gerichtlichen Beschluss im Sinne des Art. 5 Abs. 1 lit. a 1. Alt EMRK erfolgt ist.[84] Diese Auffassung beruft sich auf den Wortlaut des Art. 5 Abs. 1 lit. b 2. Alt. EMRK, der zu Freiheitsentziehungen nur zum Zweck der Durchsetzung einer durch das Gesetz vorgeschriebenen Verpflichtung (*„obligation préscrite par la loi/obligation prescribed by law"*) ermächtigt.[85] Mit dem Wortlaut ist jedoch auch die gegenteilige Auffassung vereinbar, die eine Freiheitsentziehung zur Durchsetzung einer sich aus einem Verwaltungsakt ergebenden Verpflichtung als gerechtfertigt ansieht, solange der Verwaltungsakt seinerseits auf der Grundlage einer gesetzlichen Ermächtigung beruht. Ergibt sich aus dem Gesetz konkret, welche Pflichten die Verwaltung dem Bürger unter welchen genau bestimmten Voraussetzungen auferlegen kann, dient eine Freiheitsentziehung zur Durchsetzung des Verwaltungsakts in erster Linie der Erzwingung der Erfüllung einer durch das Gesetz vorgeschriebenen Verpflichtung.

Gegen eine Auslegung, derzufolge Freiheitsentziehungen zur Durchsetzung einer sich aus einem Verwaltungsakt ergebenden Pflicht zulässig sind, könnte des weiteren die Gefahr der Willkür vorgebracht werden. Die Verwaltung könnte sich bei dieser Auslegung des Haftgrundes durch den Erlass von Verwaltungsakten selbst die Voraussetzungen für eine rechtmäßige Freiheitsentziehung schaffen und willkürlich handeln. Dem ist jedoch entgegen zu halten, dass rechtmäßige Verwaltungsakte nur auf der Grundlage von gesetzlichen Ermächtigungen ergehen können. Sind diese gesetzlichen Ermächtigungen ihrerseits hinreichend konkret ausgestaltet und ist auf diese Weise der Spielraum für die Verwaltung derart eingegrenzt, dass für den Bürger eine Entscheidung der Behörde vorhersehbar ist, so besteht die Gefahr der Willkür nicht. Für den Ausschluss von Willkür ist es daher nicht erforderlich, dass sich die Pflicht ohne eine Konkretisierung durch die Verwaltung direkt aus dem Gesetz selbst ergibt.

Es ist daher in erster Linie danach zu differenzieren, ob sich aus der gesetzlichen Ermächtigungsgrundlage bereits eine hinreichend konkrete Verpflichtung ergibt, oder nicht.[86] So genügt eine allgemeine gesetzliche Verpflichtung, den Anordnungen der Polizei und der Verwaltung Folge zu leisten, nicht den Anforderungen des Art. 5 Abs. 1 lit. b 2. Alt. EMRK.[87] Aus einer solchen Regelung ergibt sich weder die konkrete Pflicht eines Bürgers, noch die Voraussetzungen, unter denen die Pflicht von der Verwaltung eingefordert werden kann. Eine Pflicht ist somit nur dann „durch das Gesetz vorgeschrieben", wenn sich bereits aus dem Gesetz ergibt, welche Pflicht einen

83. Dazu *Mayer*, Verwaltungsrecht, S. 237ff.
84. *Van Dijk/Van Hoof*, Convention, p. 260.
85. *Echterhölter*, JZ 1956, 142 (144).
86. *Echterhölter*, JZ 1956, 142 (144) spricht das Problem als einziger ausdrücklich an, erklärt jedoch nur, dass die Frage im Einzelfall einer sorgfältigen Prüfung bedürfe.
87. *Trechsel*, Menschenrechtskonvention, S. 205.

bestimmten Personenkreis unter bestimmten Voraussetzungen trifft, und was zu ihrer Erfüllung zu tun ist.[88] Ergibt sich dies erst aus einer Entscheidung der Verwaltung, so ist die konkrete Pflicht nicht im Sinne des Art. 5 Abs. 1 lit. b 2. Alt EMRK „durch Gesetz vorgeschrieben".

Der EGMR und die EKMR haben die Konkretisierung einer sich aus dem Gesetz ergebenden konkreten Pflicht durch die Verwaltung bislang nicht problematisiert. Nach der Rechtsprechung der Konventionsorgane fällt sowohl ein Festhalten zum Zweck der Identitätskontrolle[89] als auch die Haft zur Erzwingung der Zahlung von Kommunalabgaben[90] sowie die Militärdienstpflicht[91] in den Anwendungsbereich des Art. 5 Abs. 1 lit. b 2. Alt. EMRK, obwohl die jeweilige Pflicht in diesen Fällen erst durch die Konkretisierung durch die Verwaltung (Identitätskontrolle, Steuerbescheid, Einberufung) entsteht. Auch eine zwangsweise Vorführung, die der Durchsetzung der sich erst aus der Vorladung ergebenden Anwesenheitspflicht ergibt, wurde von der EKMR unter Art. 5 Abs. 1 lit. b 2. Alt. EMRK subsumiert.[92]

3. Konventionsmäßigkeit des Gesetzes

Ein Gesetz, das zum Eingriff in ein durch die Konvention geschütztes Recht ermächtigt, muss stets seinerseits mit der Konvention vereinbar sein.[93] Gesetzliche Pflichten, die gegen einzelne Rechte der Konvention verstoßen, sind nicht geeignet, Grundlage einer zulässigen Freiheitsentziehung im Sinne des Art. 5 Abs. 1 lit. b 2. Alt. EMRK zu sein.

Zudem muss das Gesetz dem sich auch aus der Konvention ergebenden Prinzip der Verhältnismäßigkeit genügen.[94] Die Freiheitsentziehung muss vor allem geeignet sein, der gesetzlichen Pflicht zur Durchsetzung zu verhelfen. Dies ergibt sich schon aus dem Wortlaut des Art. 5 Abs. 1 lit. b 2. Alt. EMRK, nachdem die Festnahme oder Haft nur „zur Durchsetzung" *(to secure the fulfilment/en vue de garantir l'exécution)* der gesetzlich auferlegten Pflicht zulässig ist. In den Fällen, in denen eine Person durch die Freiheitsentziehung gerade daran gehindert wird, der Plicht genüge zu tun, ist die Haft folglich nicht zulässig.[95] Über die Eignung zur Durchsetzung der gesetzlichen Pflicht hinaus muss die Maßnahme der Freiheitsentziehung in einem angemessenen Verhältnis zur Bedeutung der Pflicht stehen. Die Pflicht muss so gewichtig sein, dass zu ihrer Durchsetzung die eingriffsintensive Maßnahme des Freiheitsentzugs angemessen erscheint.[96]

---

88. *Trechsel*, Menschenrechtskonvention, S. 206.
89. EKMR 13.05.1987 B/France, DR 52, 111 (118).
90. EGMR 10.06.1996 Benham/United Kingdom, Rec 1996-III, para. 36-39.
91. EKMR 14.10.1985 Johanson/Norway, DR 44, 155 (162).
92. EKMR 14.12.1999 A.C./France, Appl. No. 37547/97.
93. *Trechsel*, Menschenrechtskonvention, S. 207.
94. Zum Verhältnismäßigkeitsprinzip und Art. 5 vgl. oben Kapitel 2 Abschnitt 1 Seite 83.
95. So ist beispielsweise die Inhaftierung einer mittellosen Person aufgrund der Nichterfüllung gesetzlich auferlegter Zahlungsverpflichtungen nicht von Art. 5 Abs. 1 lit. b 2. Alt. EMRK umfasst.

C. „Erzwingung der Erfüllung" einer Pflicht

Die Freiheitsentziehung im Sinne des Art. 5 Abs. 1 lit. b 2. Alt. EMRK muss der Erzwingung der Erfüllung einer gesetzlichen Verpflichtung dienen. Zwar lässt sich dem Wortlaut des Haftgrundes des Art. 5 Abs. 1 lit. b 2. Alt. EMRK eine inhaltliche Beschränkung der gesetzlichen Verpflichtungen im Sinne des Art. 5 Abs. 1 lit. b 2. Alt. EMRK insoweit nicht entnehmen, als vom Wortlaut alle gesetzlich vorgeschriebenen Verpflichtungen erfasst sind. Der Wortlaut des Haftgrundes stellt jedoch klar, dass Festnahme und Haft nur zulässig sind, wenn damit die Durchsetzung einer gesetzlichen Verpflichtung *(en vue de garantir l'exécution/to secure the fulfilment)* erreicht werden soll. Die Haft muss also auf ein künftiges Verhalten hin ausgerichtet sein. Die allgemeine Abschreckungswirkung, die mit jeder Verhängung von Sanktionen einhergeht, genügt diesem Erfordernis nicht.[97] Eine reine Sanktion für die Nichtbefolgung gesetzlicher Pflichten fällt damit dem Wortlaut nach nicht in den Anwendungsbereich des Art. 5 Abs. 1 lit. b 2. Alt. EMRK.[98]

Dass die Haft im Sinne des Art. 5 Abs. 1 lit. b 2. Alt. EMRK keinen Sanktionscharakter haben darf, ergibt sich bei näherer Betrachtung auch aus der Systematik des Art. 5 EMRK.[99] So bestimmt Art. 5 Abs. 1 lit. c EMRK, dass einer Person dann die Freiheit entzogen werden darf, wenn sie einer Straftat verdächtig ist oder wenn die Begehung einer Straftat bevorsteht. Für diese Fälle statuiert Art. 5 Abs. 3 EMRK besondere Verfahrensrechte, wie beispielsweise das Recht auf unverzügliche Vorführung vor den Richter. Die speziellen Verfahrensrechte des Art. 5 Abs. 3 EMRK werden dagegen nicht den Personen zugestanden, die zur Durchsetzung einer gesetzlichen Verpflichtung im Sinne des Art. 5 Abs. 1 lit. b 2. Alt. EMRK inhaftiert worden sind. Um zu vermeiden, dass die Garantien des Art. 5 Abs. 3 EMRK umgangen werden, darf eine Haft oder Festnahme bei Verdacht einer bereits begangenen oder bevorstehenden Straftat nicht zugleich unter Art. 5 Abs. 1 lit. b 2. Alt. EMRK subsumiert werden, für den diese Garantien nicht vorgesehen sind.[100] Eine Freiheitsentziehung, die der Durchsetzung der Pflicht, zum Unterlassen strafbarer Handlungen dient, kann somit nur gemäß Art. 5 Abs. 1 lit. c EMRK zulässig sein.

Neben der Freiheitsentziehung als Sanktion für eine begangene Straftat, die als rein repressive Maßnahme bereits durch den Wortlaut des Art. 5 Abs. 1 lit. b 2. Alt. EMRK ausgeschlossen ist, fällt auch die Freiheitsentziehung zur Verhinderung bevorstehender Straftaten nicht in den Anwendungsbereich Art. 5 Abs. 1 lit. b 2. Alt. EMRK.

---

96. *Trechsel*, Menschenrechtskonvention, S. 205f.
97. EKMR 04.03.1978 Eggs/Switzerland, DR 15, 35 (46).
98. EGMR 08.06.1976 Engel/Netherlands, Series A 22, para. 69; *Nedjati*, Human Rights, p. 88; *Velu/Ergec*, Convention, p. 266.
99. Dazu *Harris/O'Boyle/Warbrick*, Convention, p. 113.
100. EKMR 19.12.1959 Lawless/Ireland, Series B 1960-1961, p. 64.

D. „Rechtmäßigkeit“ der Festnahme oder Haft

Wie jede Freiheitsentziehung im Sinne des Art. 5 Abs. 1 EMRK muss die Festnahme oder Haft im Sinne des Art. 5 Abs. 1 lit. b 2. Alt. EMRK „rechtmäßig“ *(lawful/regulier)* sein.[101] Es muss folglich nicht nur die Pflicht, zu deren Durchsetzung die Staaten letztlich zu freiheitsentziehenden Maßnahmen greifen dürfen, sondern auch die Freiheitsentziehung selbst in einem nationalen Gesetz geregelt sein. Zur Verhinderung willkürlichen Freiheitsentzugs durch die Verwaltung bei der Durchsetzung gesetzlich auferlegter Pflichten muss der nationale Gesetzgeber ausdrücklich die Möglichkeit des Freiheitsentzugs als Zwangsmittel zulassen. Nicht jede gesetzliche Pflicht kann zu einer Beugehaft führen, sondern nur diejenigen Pflichten, für die das Gesetz dieses Zwangsmittel zu ihrer Durchsetzung vorsieht.

E. Verhältnismäßigkeit der freiheitsentziehenden Maßnahme

Nachdem nun die Grenzen des Gesetzes abgesteckt sind, das dem Einzelnen die Pflicht auferlegt, zu deren Durchsetzung der Staat zum Mittel der Freiheitsentziehung greifen darf, sind schließlich noch die Grenzen der einzelnen Maßnahmen aufzuzeigen. So muss auch die einzelne freiheitsentziehende Maßnahme zu deren Vornahme die Verwaltung durch ein Gesetz, das den Anforderungen des Art. 5 Abs. 1 lit. b 2. Alt. EMRK genügt, ermächtigt ist, ihrerseits verhältnismäßig sein.[102] Die Freiheitsentziehung muss dazu nicht nur zur Zweckerreichung geeignet, sondern im Einzelfall auch erforderlich sein. So ist in der Regel eine Freiheitsentziehung zur Durchsetzung einer Pflicht erst dann zulässig, wenn der Betroffene nicht freiwillig der Pflicht nachkommt. Um dies herauszufinden, muss der Betroffene regelmäßig zunächst die Gelegenheit haben, die Pflicht zu erfüllen, bevor zum Mittel der Freiheitsentziehung gegriffen wird.[103] Auch darf die Durchsetzung der gesetzlichen Pflicht nicht durch andere, weniger einschneidende Maßnahmen als die Freiheitsentziehung durchsetzbar sein.

F. Ergebnis

Festzuhalten bleibt, dass der Gesetzgeber bei der Normierung von Pflichten, zu deren Durchsetzung Freiheitsentziehungen zulässig sind, inhaltlich nicht beschränkt ist, solange die Pflicht nicht ihrerseits gegen die in der Konvention garantierten Rechte verstößt. Dennoch muss die gesetzliche Verpflichtung bestimmten Anforderungen genügen, um im Sinne des Art. 5 Abs. 1 lit. b 2. Alt. EMRK mittels freiheitsentziehender Maßnahmen durchgesetzt werden zu dürfen:

- Für den Einzelnen muss sich aus einem hinreichend bestimmten Gesetz eine spezielle und konkrete Verpflichtung ergeben.

---

101. Vgl. dazu oben Kapitel 2 Abschnitt 1 Seite 81.
102. Vgl. dazu oben Kapitel 2 Abschnitt 1 Seite 83.
103. EKMR 18.03.1981 McVeigh, O'Neill, Evans/United Kingdom, DR 25, 15 (15).

- Diese gesetzliche Pflicht darf nicht ihrerseits gegen die Konvention verstoßen.
- Aus dem Gesetz muss hervorgehen, dass bei der Nichtbefolgung der Pflicht eine Freiheitsentziehung droht.
- Die gesetzliche Pflicht darf nicht erfüllt worden sein und muss noch erfüllbar sein.[104]
- Der Betroffene muss (in der Regel) bereits Gelegenheit gehabt haben, der Verpflichtung nachzukommen.
- Die Haft muss der Durchsetzung der Pflicht dienen und darf keine reine Sanktion darstellen.
- Es darf nach den Umständen des Einzelfalles kein milderes Mittel geben, um die Verpflichtung durchzusetzen.

Abschnitt 2: Deutschland

Das deutsche Recht — insbesondere das Landesrecht — ermächtigt bestimmte Behörden dazu, zur Durchsetzung bestimmter gesetzlicher Verpflichtungen Personen die Freiheit zu entziehen. So ist die Polizei beispielsweise unter bestimmten Voraussetzungen befugt, eine Person zur Feststellung ihrer Identität festzuhalten. Zur Durchsetzung eines Platzverweises aber auch zu anderen Zwecken können Personen in polizeilichen Gewahrsam genommen werden. Eine freiheitsentziehende Maßnahme im Rahmen der Verwaltungsvollstreckung stellt die Ersatzzwangshaft dar. Leistet eine Person einer polizeilichen Vorladung nicht Folge, kann sie zwangsweise vorgeführt werden. Die Ermächtigungen zu den meisten dieser Maßnahmen lassen sich den Polizeigesetzen der deutschen Bundesländer entnehmen, und für die Mehrzahl dieser Maßnahmen sind die Landespolizeibehörden zuständig. Im Folgenden soll daher kurz auf das deutsche Gefahrenabwehrrecht, seine verfassungsrechtlichen Vorgaben sowie die Organisation der deutschen Polizei- und Ordnungsbehörden eingegangen werden.

I. Das deutsche Gefahrenabwehrrecht

A. Föderaler Aufbau

Der föderale Aufbau der Bundesrepublik Deutschland wirkt sich auch auf die Verteilung der Kompetenzen im Gefahrenabwehrrecht aus. Das Grundgesetz weist in Art. 70 GG[105] die Gesetzgebungskompetenz im Bereich des Gefahrenabwehrrechts den Ländern zu, die gemäß Art. 30 und Art. 83 GG[106] grundsätzlich zugleich für den Vollzug dieser Gesetze zuständig sind. Das Gefahrenabwehrrecht und damit die ver-

104. Ob die Pflicht jedoch schuldhaft oder vorsätzlich nicht befolgt wurde, ist nicht relevant, da es sich bei der Haft im Sinne des Art. 5 Abs. 1 lit. b 2. Alt. EMRK nicht um eine Sanktion handelt, vgl. auch EKMR 18.03.1981 McVeigh, O'Neill, Evans/United Kingdom, DR 25, 15 (37).

105. Art. 70 Abs. 1 GG: „Die Länder haben das Recht zur Gesetzgebung, soweit dieses Grundgesetz nicht dem Bunde Gesetzgebungsbefugnisse verleiht."

waltungsrechtlichen Normen, die zum Zwecke der Gefahrenabwehr zu freiheitsentziehenden Maßnahmen ermächtigen, unterfallen damit dem Zuständigkeitsbereich der Länder.[107] Bei der Analyse der deutschen Ermächtigungsgrundlagen müssen daher stets die Normen aller sechzehn Bundesländer betrachtet werden. Diese Vorgehensweise wird dadurch erleichtert, dass die Landesgesetze bezüglich der Ermächtigungen zum Freiheitsentzug bis auf wenige Ausnahmen, die im Folgenden auch dargestellt werden, sehr ähnliche Regelungen enthalten. Dies ist vor allem darauf zurückzuführen, dass sich die meisten Bundesländer beim Erlass ihrer Polizeigesetze an einem Musterentwurf eines einheitlichen Polizeigesetzes von 1976 orientiert haben,[108] der von der Innenministerkonferenz der Länder vorgeschlagen wurde.[109] Die neuen Bundesländer haben sich nach der Wiedervereinigung bei ihrer Polizeigesetzgebung an den Gesetzen der alten Bundesländer orientiert.[110] Trotz vieler Änderungen und Ergänzungen der einzelnen Landespolizeigesetze, die teilweise zu einer Auseinanderentwicklung des Polizeirechts der Länder führten, ist gerade im Bereich der Ermächtigungen zu freiheitsentziehenden Maßnahmen noch eine große Übereinstimmung der Regelungen zu erkennen.

Zuständig für den Bereich der Gefahrenabwehr sind in den meisten Ländern in erster Linie die Polizei- und die Ordnungsbehörden.[111] Die Polizeibehörden sind dabei in der Regel für die Maßnahmen des ersten Zugriffs zuständig. Ihre Kompetenz ist gegeben, wenn eine andere zuständige Behörde nicht oder nicht rechtzeitig eingreifen kann, um eine Gefahr abzuwehren.[112] In vielen Fällen, in denen das Gesetz die Behörden zur Vornahme freiheitsentziehender Maßnahmen ermächtigt, wird aufgrund der Eilbedürftigkeit des Einschreitens daher die Polizei zuständig sein.[113] Zusätzlich zu den allgemeinen Polizei- und Ordnungsbehörden bestehen auf Landesebene beson-

---

106. Art. 30 GG: „Die Ausübung der staatlichen Befugnisse und die Erfüllung der staatlichen Aufgaben ist Sache der Länder, soweit dieses Grundgesetz keine andere Regelung trifft oder zuläßt." Art. 83 Abs. 1: „Die Länder führen die Bundesgesetze als eigene Angelegenheit aus, soweit dieses Grundgesetz nichts anderes bestimmt oder zuläßt."

107. Zur Aufgabenverteilung zwischen Bund und den Ländern im Bereich der Gefahrenabwehr vgl. *Drews/Wacke/Vogel/Martens*, Gefahrenabwehr, S. 43ff.; *Gusy*, Polizeirecht, Rn. 33ff.

108. Musterentwurf eines einheitlichen Polizeigesetzes des Bundes und der Länder vom 11.06.1976, abgedruckt bei *Heise/Riegel*, Musterentwurf.

109. Vgl. dazu *Gusy*, Polizeirecht, Rn. 27.

110. Eine Rolle haben dabei auch die Länderpartnerschaften Baden-Württembergs mit Sachsen, Nordrhein-Westfalens mit Brandenburg und Rheinland-Pfalz mit Thüringen gespielt, vgl. *Stoermer*, Gewahrsam, S. 16f.

111. In den Ländern Baden-Württemberg, Bremen, Sachsen und im Saarland sehen die entsprechenden Gesetze jedoch eine umfassende Zuständigkeit der Polizeibehörde vor, neben der keine gesonderten Ordnungsbehörden bestehen.

112. Vgl. § 2 BayPAG; § 2 PolG BW; § 1 BremPolG; § 1, 2 HSOG; § 1 NGefAG; § 1 PolGNW; § 1 POG RP; § 1 SPolG; § 3 HbgSOG; § 1 PolG Bbg; § 163 LVwG SH; § 1 SächsPolG; § 1 AOSOG Bln; § 7 SOG M-V.

113. Vgl. zur subsidiären Zuständigkeit der Polizeibehörden *Gusy*, Polizeirecht, Rn. 128ff.; *Lisken* in: Lisken/Denninger, Polizeirecht, S. 104.

dere Ordnungsbehörden, denen bestimmte Aufgaben der Gefahrenabwehr zugewiesen sind. Auch deren Kompetenzen zur Vornahme freiheitsentziehender Maßnahmen sollen im folgenden dargestellt werden.

Neben diesen Landeszuständigkeiten gibt es einige spezielle Bereiche der Gefahrenabwehr, die das Grundgesetz der Zuständigkeit des Bundes und damit der Zuständigkeit von Bundesbehörden zuweist.[114] Bundesbehörden in diesem Sinne sind beispielsweise die Bundesfinanzbehörden, Zollgrenzdienst und Zollfahndungsdienst, die Schifffahrtspolizei und der Bundesgrenzschutz. Der Bundesgrenzschutz ist für die Sicherung der Staatsgrenzen, § 2 BGSG, sowie für die Gefahrenabwehr im Bereich der Bahnanlagen, § 3 BGSG, die Luftsicherheit, § 4 BGSG, den Schutz von Bundesorganen, § 5 BGSG, und die Unterstützung anderer Bundesbehörden zuständig. Zur Erfüllung dieser Aufgaben ist der Bundesgrenzschutz durch das BGSG in Einzelfällen auch zur Vornahme freiheitsentziehender Maßnahmen ermächtigt. Die Kompetenzen, die dem Bundesgrenzschutz bezüglich freiheitsentziehender Maßnahmen zustehen, wie beispielsweise die Kompetenz zur Ingewahrsamnahme gemäß § 39 BGSG, ähneln in ihren Voraussetzungen und Anforderungen sehr stark den Kompetenzen der Landespolizeibehörden. Die Ermächtigungsgrundlagen für freiheitsentziehende Maßnahmen des Bundesgrenzschutzes werden daher im Folgenden jeweils im Zusammenhang mit der jeweiligen landesrechtlichen Kompetenz erwähnt.

B. Schutzgut „öffentliche Sicherheit und Ordnung"

Die Aufgabe der Polizei ist die Abwehr von Gefahren für die öffentliche Sicherheit oder für die öffentliche Ordnung. Den Begriffen „öffentliche Sicherheit und Ordnung" kommt daher eine besondere Bedeutung zu. Der Begriff der öffentlichen Sicherheit ist sehr weit gefasst und nur in den Landesgesetzen Bremens und Sachsen-Anhalts legaldefiniert. Nach diesen gesetzlichen Definitionen bedeutet der Begriff der öffentlichen Sicherheit

> „die Unverletzlichkeit der Rechtsordnung, der subjektiven Rechte und Rechtsgüter des einzelnen sowie der Einrichtungen und Veranstaltungen des Staates oder sonstiger Träger der Hoheitsgewalt."[115]

Dieser Legaldefinition entspricht die Auslegung des Begriffs der öffentlichen Sicherheit durch Rechtsprechung und Literatur.[116] Ein Element der öffentlichen Sicherheit ist danach die Unversehrtheit der Rechtsordnung. Ein drohender Verstoß gegen Normen des öffentlichen Rechts (einschließlich des Strafrechts) bedeutet daher stets eine Gefahr für die öffentliche Sicherheit. Grundsätzlich gilt dies auch für die Verletzung zivilrechtlicher Normen. Zu beachten ist dabei jedoch, dass die Polizei zum Schutz privater Rechte nur zuständig ist, wenn gerichtlicher Schutz nicht rechtzeitig zu errei-

---

114. Dazu *Gusy*, Polizeirecht, Rn. 35; *Hilse* in: Lisken/Denninger, Polizeirecht, S. 43.
115. § 2 Nr. 2 BremPolG; § 3 Nr. 1 SOG LSA.
116. BVerfGE 69, 315 (352); SächsVerfGH 25.03.1996, SächsVBl. 1996, 160 (169); *Denninger* in: Lisken/Denninger, Polizeirecht, S. 205; *Drews/Wacke/Vogel/Martens*, Gefahrenabwehr, S. 232; *Götz*, Polizeirecht, Rn. 89; *Gusy*, Polizeirecht, Rn. 81ff.

chen ist bzw. ohne polizeiliches Eingreifen die Abwehr der Gefahr vereitelt oder wesentlich erschwert würde.[117] Vom Begriff der öffentlichen Sicherheit umfasst ist darüber hinaus der Bestand und die Funktionsfähigkeit des Staates und seiner Organe.

In den meisten Polizeigesetzen wird der Polizei zudem die Aufgabe übertragen, die öffentliche Ordnung zu schützen.[118] Der Begriff der öffentlichen Ordnung, der nicht gesetzlich definiert ist, beinhaltet nach allgemeiner Auffassung die Summe der ungeschriebenen Normen, deren Befolgung als unentbehrliche Voraussetzung eines geordneten menschlichen Zusammenlebens angesehen wird.[119] Das polizeiliche Schutzgut der öffentlichen Ordnung ist in der deutschen Polizeirechtswissenschaft sehr umstritten. Kritisiert wird vor allem, dass der Begriff der öffentlichen Ordnung, der auf die vagen und sich wandelnden Vorstellungen der Gesellschaft rekuriert, zu unbestimmt und daher verfassungswidrig sei.[120] Der Begriff der öffentlichen Ordnung wurde jedoch in jahrzehntelanger Entwicklung durch Rechtsprechung und Lehre nach Inhalt Zweck und Ausmaß hinreichend präzisiert und damit in seiner Bedeutung geklärt.[121] Daher wird das Schutzgut der öffentlichen Ordnung von der Rechtsprechung und großen Teilen der Literatur als mittlerweile hinreichend bestimmt angesehen.[122]

Aufgrund der verfassungsrechtlichen Bedenken und der mit der wachsenden Normierung des gesellschaftlichen Lebens verbundenen sinkenden Bedeutung des Schutzguts der öffentlichen Ordnung verzichten heute viele Landesgefahrenabwehrgesetze auf den Begriff der öffentlichen Ordnung.[123] Insbesondere die polizeirechtlichen Gesetze, die im Sinne von Art. 104 Abs. 1 GG zu freiheitsentziehenden Maßnahmen ermächtigen, müssen aufgrund der Schwere des Eingriffs besonderen Bestimmtheitsanforderungen genügen[124] und verzichten daher zumeist auf das Tatbestandsmerkmal der öffentlichen Ordnung.[125] Unabhängig von der Frage, ob die öf-

117. Zur Subsidiarität der polizeilichen Zuständigkeit *Denninger* in: Lisken/Denninger, Polizeirecht, S. 205; *Gusy*, Polizeirecht, Rn. 94f.

118. Nicht in Bremen, Saarland, Nordrhein-Westfalen, Schleswig-Holstein und Niedersachsen.

119. So BVerfGE 69, 315 (352); PrOVGE 91, 139 (140) auch die Legaldefinition in § 3 Nr. 2 SOG LSA; verschiedene Beispiele bei *Drews/Wacke/Vogel/Martens*, Gefahrenabwehr, S. 248ff.

120. Zu den verfassungsrechtlichen Bedenken vgl. *Gusy*, Polizeirecht, Rn. 101, zur Bestimmtheit auch *Stoermer*, Gewahrsam, S. 70.

121. BVerfGE 54, 143 (144)

122. BVerfGE 14, 245 (253); 54, 141 (144); OVGE 11, 292 (294); *Drews/Wacke/Vogel/Martens*, Gefahrenabwehrrecht, S. 37 und S. 247; *Klein*, DVBl. 1971, 233 (239); *Martens*, DÖV 1982, 89 (91).

123. So § 1 Abs. 1 BremPolG; § 2 Nr. 1a NdsGefAG; § 1 Abs. 1 PolG NW; § 8 Abs. 1 SPolG; § 162 LVwG SH, dazu *Götz*, Polizeirecht, Rn. 127.

124. *Gusy* in: v. Mangoldt/Klein, GG, Art. 104 Rn. 26; *Stoermer*, Gewahrsam, S. 70.

125. Eine Ausnahme stellt lediglich die Regelung des Unterbindungsgewahrsams in Baden-Württemberg dar, die zu einer Ingewahrsamnahme zur Verhinderung einer Störung der öffentlichen Ordnung ermächtigt (§ 28 Abs. 1 Nr. 1 PolG BW). Auf diese Regelung wird gesondert eingegangen vgl. unten Kapitel 4 Abschnitt 2 Seite 217.

fentliche Ordnung als polizeiliches Schutzgut hinreichend bestimmt ist, ist jedoch festzustellen, dass schon aufgrund des Verhältnismäßigkeitsgrundsatzes ein Verstoß allein gegen öffentliche Ordnung keine Ingewahrsamnahme nach sich ziehen darf.[126]

C. *Vorbehalt des Gesetzes*

Da die Maßnahmen der Polizei oft — und im Falle der Freiheitsentziehung immer — Eingriffe in Grundrechte der Bürger darstellen, müssen sie nach dem im Grundgesetz verankerten Grundsatz vom Vorbehalt des Gesetzes auf einer gesetzlichen Eingriffsermächtigung beruhen.[127] Dieser Anforderung ist nicht bereits dadurch Genüge getan, dass das Gesetz der Polizei- oder Ordnungsbehörde eine bestimmte Aufgabe zuweist. Eine freiheitsentziehende Maßnahme muss nicht nur im Rahmen der Aufgabenwahrnehmung der Polizei, sondern zudem auf der Grundlage eines Gesetzes erfolgen, das die Polizei ausdrücklich dazu ermächtigt, bestimmten Personen in bestimmten Situationen und unter bestimmten Voraussetzungen die Freiheit zu entziehen.

Für Eingriffe in die körperliche Bewegungsfreiheit gilt darüberhinaus der Parlamentsvorbehalt des Art. 104 Abs. 1 GG. Danach kann die Freiheit der Person nur auf Grund eines förmlichen Gesetzes beschränkt werden. Art. 104 Abs. 1 GG stellt klar, dass für die Regelung der Voraussetzungen für Eingriffe in das Recht auf Freiheit immer ein Parlamentsgesetz erforderlich ist.[128] Anders als bei einer Einschränkung des Rechts auf Freiheit in Art. 5 EMRK genügen als Ermächtigungsgrundlage weder Gewohnheitsrecht, noch Verordnungen, Satzungen, Richterrecht, Verwaltungsanweisungen, noch die analoge Anwendung von Gesetzen den Erfordernissen des Gesetzes-

126. OVG Berlin 11.11.1970 DVBl. 1971, 279 (281); *Drews/Wacke/Vogel/Martens*, Gefahrenabwehrrecht, S. 198; *Mußmann*, Polizeirecht, Rn. 205; Rachor in: Lisken/Denninger, Polizeirecht, S. 449; *Stoermer*, Gewahrsam, S. 70; *Würtenberger/Heckmann/Riggert*, Polizeirecht, Rn. 236 Fn. 139.

127. Nach dem Vorbehalt des Gesetzes darf die Verwaltung nicht ohne gesetzliche Grundlage tätig werden. Dieser Grundsatz ergibt sich aus dem in Art. 20 Abs. 3 GG verankerten Rechtsstaatsprinzip, wonach alle wesentlichen Regelungen — zu denen unbestritten Eingriffe in Grundrechte gehören — vom Gesetzgeber selbst getroffen werden müssen. Zum Gesetzesvorbehalt vgl. *Schulze-Fielitz* in: Dreier, GG, Art. 20 Rn. 95.

128. Erforderlich ist ein Gesetz, das von den für die Gesetzgebung zuständigen Stellen in dem für die Gesetzgebung zuständigen Verfahren beschlossen wurde. Nach der heutigen Verfassungsordnung sind dies nur Rechtsnormen, die vom Bundestag oder von den Landtagen beschlossen wurden; *Dürig* in Maunz/Dürig, GG-Kommentar, Art. 104 Rn. 13; *Gusy* in: v. Mangoldt/Klein, GG, Art. 104 Rn. 24; vgl. oben Kapitel 2 Abschnitt 2 Seite 95.

vorbehalts des Grundgesetzes.[129] Der sich aus dem Grundgesetz ergebende Gesetzesvorbehalt für Eingriffe in das Recht auf Freiheit geht insoweit über die Anforderungen der EMRK hinaus.

Die gesetzlichen Ermächtigungen zum Freiheitsentzug finden sich im Verwaltungsrecht vor allem in den Polizeigesetzen, aber auch in bestimmten Sondergesetzen der Bundesländer sowie in einigen Bundesgesetzen. Diese Ermächtigungsgrundlagen, ihre Vereinbarkeit mit der Verfassung sowie ihre Anwendung durch die entsprechenden Behörden gilt es im Folgenden darzustellen.

D. Voraussetzungen polizeilichen Gewahrsams

1. Ermächtigungsgrundlagen

Alle Polizeigesetze der deutschen Bundesländer ermächtigen die Polizei, Personen unter bestimmten Umständen in Gewahrsam zu nehmen.[130] Für den Bundesgrenzschutz ergibt sich diese Ermächtigung aus § 39 BGSG. Gewahrsam im Sinne dieser Gesetze ist ein „hoheitliches Rechtsverhältnis, kraft dessen einer Person die Freiheit in der Weise entzogen wird, dass sie von der Polizei in einer dem polizeilichen Zweck entsprechenden Weise verwahrt und daran gehindert wird, sich fortzubegeben".[131] In polizeilichen Gewahrsam genommen wird eine Person in der Regel, indem sie in einem Haftraum eingesperrt wird. Aber auch das Einsperren in einem Polizeifahrzeug kann polizeilichen Gewahrsam begründen.[132] Es handelt sich beim polizeilichen Gewahrsam somit um den allseitigen Ausschluss der Bewegungsfreiheit in einem eng umgrenzten Raum und folglich um eine Freiheitsentziehung im Sinne des Art. 5 EMRK. Als allseitige Beschränkung der körperlichen Bewegungsfreiheit stellt der polizeiliche Gewahrsam einen Freiheitsentziehung im Sinne des Art. 104 GG dar.[133]

---

129. BVerfGE 29, 183 (195f.): „Aus der Verschärfung des schon in Art. 2 Abs. 2 GG enthaltenen Gesetzesvorbehalts durch Art. 104 Abs. 1 GG, der noch unterstützt wird durch die formalen Garantien in Art. 104 Abs. 2 GG, ist zu entnehmen, dass es dem Grundgesetz im Bereich der Freiheitsentziehung auf eine besonders rechtsstaatliche förmliche Regelung ankommt. Der Gesetzgeber soll gezwungen werden, Freiheitsentziehungen in berechenbarer, messbarer und kontrollierbarer Weise zu regeln. Gewohnheitsrecht und die analoge Heranziehung von Normen genügen daher nicht den Erfordernissen des Art. 104 GG."

130. § 28 PolG BW; Art. 17 ff. BayPAG; §§ 30 ff. ASOG Bln; §§ 17 ff. BbgPolG; §§ 15 ff. BremPolG; §§ 13 ff. HbgSOG; §§ 32 ff. HSOG; §§ 55 ff. SOG M-V; §§ 18 ff. NGefAG; §§ 35 ff. PolG NW; §§ 14 ff. POG R-P; §§ 13 ff. SPolG; §§ 22 SächsPolG; §§ 38 ff. SOG LSA; §§ 19 ff. ThürPAG.

131. So OVG Münster 07.06.1978 NJW 1980, 138(139); VG Bremen 10.02.1986 NVwZ 1986, 862; *Rachor* in: Lisken/Denninger, Polizeirecht, S. 445; *Rommelfanger/Rimmele*, Polizeigesetz, § 22 Rn. 3; *Ule/Rasch*, Polizei- und Ordnungsrecht, S. 125.

132. Dabei muss es sich jedoch nicht um einen speziellen Gewahrsamsraum handeln. Auch das Einschließen in einem Krankenhauszimmer oder einem Polizeifahrzeug bzw. die Einkesselung kann eine Ingewahrsamnahme darstellen, so *Niethammer*, BayVBl. 1989, 449, (454); *Rachor* in: Lisken/Denninger, Polizeirecht, S. 445

133. Zum Begriff der Freiheitsentziehung vgl. *Gusy*, Polizeirecht, Rn. 246.

Obwohl sich die einzelnen Bundesländer bei dem Erlass ihrer Polizeigesetze am Musterentwurf eines Polizeigesetzes orientiert haben, sind die Gewahrsamsvorschriften in einzelnen Bundesländern unterschiedlich ausgestaltet. Baden-Württemberg und Sachsen regeln den polizeilichen Gewahrsam in einer Norm.[134] Alle anderen Polizeigesetze enthalten dagegen die Regelungen der Voraussetzungen für die Ingewahrsamnahme, das Erfordernis richterlicher Entscheidung und die Unterbringung der betroffenen Personen in verschiedenen Normen. Auch inhaltlich gibt es in einigen Bundesländern geringfügige Abweichungen.[135] Die Voraussetzungen, unter denen eine Ingewahrsamnahme durchgeführt werden kann, und die einzuhaltenden Verfahrensvorschriften sind dennoch in allen Bundesländern sehr ähnlich geregelt.

Neben der Ingewahrsamnahme ermächtigen die Landespolizeigesetze und das BGSG zu weiteren freiheitsentziehenden Maßnahmen, wie das Festhalten zum Zweck der Identitätsfeststellung und die zwangweise Vorführung. Zwar handelt es sich bei diesen Maßnahmen nicht um polizeiliche Ingewahrsamnahmen im engen Sinne, sie sind jedoch mit der Ingewahrsamnahme insofern vergleichbar, als die betroffenen Personen dazu gezwungen werden, sich im „Gewahrsam" der Polizei aufzuhalten. Aus diesem Grund gelten für das Festhalten zum Zweck der Identitätsfeststellung und die zwangsweise Vorführung die gleichen allgemeinen Verfahrensregeln und Garantien.

2. Richterliche Entscheidung

Als Freiheitsentziehung im Sinne des Art. 104 GG darf die polizeiliche Ingewahrsamnahme grundsätzlich nur aufgrund richterlicher Anordnung erfolgen. Beruht die Ingewahrsamnahme nicht auf richterlicher Anordnung, so ist die richterliche Entscheidung unverzüglich nachzuholen. Das Erfordernis einer richterlichen Entscheidung gilt für alle Formen der Freiheitsentziehung und daher außer für die Ingewahrsamnahme auch für Sonderfälle des Gewahrsams, wie das Festhalten zum Zweck der Feststellung der Identität oder die zwangsweise Vorführung. Die Landesgesetze und das BGSG regeln aus diesem Grund das Erfordernis einer richterlichen Entscheidung meist für alle im Polizeigesetz vorgesehenen freiheitsentziehenden Maßnahmen in einer Norm.

Wird einer Person die Freiheit entzogen, hat die Polizei unverzüglich eine richterliche Entscheidung herbeizuführen.[136] Dieses Erfordernis ergibt sich in den Fällen, in denen es nicht einfachgesetzlich geregelt ist, unmittelbar aus Art. 104 Abs. 2 S. 1 GG.[137] Die Polizeigesetze gehen mit dieser Regelung von dem Fall aus, dass einer Person zunächst ohne gerichtliche Anordnung die Freiheit entzogen wird und die rich-

134. So § 28 PolG BW und dementsprechend § 22 SächsPolG.
135. Diese werden im Folgenden gesondert dargestellt.
136. § 28 Abs. 3 S. 2 PolG BW; Art. 18 Abs. 1 S. 1 BayBPAG; § 31 Abs. 1 S. 1 ASOG Bln; § 18 Abs. 1 S. 1 BbgPolG; § 16 Abs. 1 BremPolG; § 13a Abs. 1 S. 1 HmbSOG; § 33 Abs. 1 S. 1 HSOG; § 19 Abs- 1 S. 1 NdsGefAG; § 36 Abs. 1 S. 1 PolG NW; § 15 Abs. 1 S. 1 POG RP; § 14 Abs. 1 S. 1 SpolG; § 22 Abs. 7 S. 1 SächsPolG; § 38 Abs. 1 SOG LSA; § 20 Abs. 1 S. 1 ThürPAG.
137. Dazu *Rachor* in: Lisken/Denninger, Polizeirecht, S. 459.

terliche Entscheidung sodann nachgeholt wird. Dies sollte gemäß Art. 104 Abs. 2 GG eigentlich die Ausnahme darstellen. Das Vorgehen des jeweiligen Gesetzgebers erklärt sich jedoch dadurch, dass für ein Eingreifen der Polizei bereits eine Gefahr für bestimmte Rechtsgüter vorliegen muss, d.h. eine richterliche Entscheidung in der Regel nicht mehr rechtzeitig eingeholt werden kann. Ist die Einholung der Entscheidung im Einzelfall hingegen möglich, so muss dies gemäß Art. 104 Abs. 1 S. 1 GG auch erfolgen.[138]

Der Herbeiführung auch einer nachträglichen richterlichen Entscheidung bedarf es nach den meisten Landesgesetzen und auch nach dem BGSG hingegen nicht, wenn anzunehmen ist, dass die Entscheidung des Richters erst nach Wegfall des Grundes der polizeilichen Maßnahme ergehen würde.[139]Aufgrund dieser Vorschriften ist ein Zeitvergleich zwischen der voraussichtlichen Dauer des Gewahrsams einerseits und dem voraussichtlichen Zeitpunkt der richterlichen Entscheidung andererseits vorzunehmen. Ergibt der Zeitvergleich, dass die Entlassung der betroffenen Person weniger Zeit in Anspruch nehmen wird als die Einholung der richterlichen Entscheidung, so kann die Person auch ohne Einholung der Entscheidung entlassen werden, um die Freiheitsentziehung nicht unnötig zu verlängern.[140] Dies ergibt sich schon aus der Überlegung, dass die richterliche Entscheidung dem Rechtsschutz des Betroffenen dienen soll und daher umgekehrt nicht dazu führen darf, die Rechtstellung des Betroffenen dadurch zu verschlechtern, dass sich seine Freilassung verzögert.[141] Würde ein Festhalten zur Feststellung der Identität einer Person beispielsweise 3-4 Stunden dauern, die richterliche Entscheidung aber aufgrund der Zeit für die Vorbereitung der Entscheidungsunterlagen und der Fahrtdauer etc. voraussichtlich erst nach 6 Stunden vorliegen, so ist die betroffene Person nach dem Wegfall des Zwecks des Gewahrsams zu entlassen, ohne dass der Richter angerufen werden müsste.[142] Die fehlende Möglichkeit, einen Richter zu erreichen, kann angesichts der verfassungsrechtlichen Verpflichtung des Staates, der Bedeutung des Richtervorbehalts durch geeignete organisatorische Maßnahmen Rechnung zu tragen, hingegen nicht ohne Weiteres als unvermeidbares Hindernis für die unverzügliche Nachholung der richterlichen Entscheidung gelten.[143]

---

138. BVerfG 15.03.2002 2 BvR/00.
139. Art. 18 Abs. 1 S. 2 BayPAG; § 31 Abs. 1 S. 2 ASOG Bln; § 18 Abs. 1 S. 2 BbgPolG; § 33 Abs. 1 S. 2 HSOG; § 29 Abs. 4 S. 2 SOG M-V für die Identitätsfeststellung, §§ 56 Abs. 2 iVm 29 Abs. 4 S. 2 SOG M-V für den Gewahrsam und §§ 51 Abs. 4 iVm 29 Abs. 4 S. 2 SOG M-V für die Vorführung; § 16 Abs. 2 BremPolG; § 13a Abs. 1 S. 2 HbgSOG für den Gewahrsam; § 33 Abs. 1 S. 2 HSOG; § 19 Abs. 1 S. 2 NGefAG; § 36 Abs. 1 S. 2 PolG NW; § 15 Abs. 1 S. 2 POG R-P; § 14 Abs. 1 S. 2 SpolG; § 22 Abs. 7 S. 2 SächsPolG; § 38 Ab. 1 S. 2 SOG LSA; § 181 Abs. 4 S. 2 LVwG S-H für die Identitätsfestellung, und § 204 Abs. 6 iVm 181Abs. 4 S. 2 LVwG S-H für den Gewahrsam; § 20 Abs. 1 S. 2 ThürPAG; § 40 Abs. 1BGSG.
140. BVerwGE 45, 51 (63f.); *Habermehl*, Polizei- und Ordnungsrecht, S 237.
141. *Gusy*, Polizeirecht, Rn. 249.
142. BVerfG 15.03.2002 2 BvR/00; *Ule/Rasch*, Polizei- und Ordnungsrecht, S. 130.

Für das gerichtliche Verfahren, auf das später noch im einzelnen einzugehen ist, enthalten die Landespolizeigesetze und das BGSG keine detaillierten Regelungen und verweisen statt dessen auf das Gesetz über das gerichtliche Verfahren bei Freiheitsentziehungen (FreihEntzG).[144]

3. Behandlung der betroffenen Personen

Der in Gewahrsam genommenen Person stehen bestimmte Rechte zu. Es ist ihr zunächst unverzüglich der Grund für die Ingewahrsamnahme bekannt zu geben.[145] Damit entsprechen die Landesgesetze der sich aus Art. 5 Abs. 2 EMRK ergebenden Informationspflicht, wonach jede festgenommenen Person unverzüglich in einer ihr verständlichen Sprache über die Gründe der Inhaftierung zu informieren ist.[146] Darüberhinaus bestimmen die entsprechenden Polizeigesetze in Übereinstimmung mit Art. 104 Abs. 4 GG, dass der festgehaltenen Person Gelegenheit zur Benachrichtigung eines Angehörigen oder einer anderen Vertrauensperson zu geben ist.[147]

Unterzubringen sind die in Gewahrsam genommenen Personen nach Geschlechtern getrennt und getrennt von Straftätern und Untersuchungsgefangenen.[148] Den in Gewahrsam genommenen Personen dürfen schließlich nach den entsprechenden Gesetzen keine weiteren Beschränkungen auferlegt werden, als der Zweck der Freiheitsentziehung und die Ordnung im Gewahrsam erforderlich machen.[149]

---

143. BVerfGE 103, 142 (151 ff., 156); Für den Fall der Freilassung vor oder ohne richterliche Entscheidung regeln einige Landesgesetze ausdrücklich den Rechtsschutz der Betroffenen nach der Freilassung: Ist die Freiheitsentziehung vor Erlass einer richterlichen Entscheidung beendet, kann die festgehaltene Person innerhalb eines Monats nach Beendigung der Freiheitsentziehung die Feststellung beantragen, dass die Freiheitsentziehung rechtswidrig gewesen ist, wenn hierfür ein berechtigtes Interesse besteht, so Art 18 Abs. 2 BayPAG; § 31 Abs. 2 ASOG Bln; § 19 Abs. 2 NGefAG.

144. Vgl. dazu unten Kapitel 10 Seite 408ff.

145. § 28 Abs. 2 PolG BW; Art. 19 Abs. 1 BayPAG; § 32 Abs. 1ASOG Bln; § 19 Abs. 1 BbgPolG; § 15 Abs. 4 S. 1 BremPolG; § 13b Abs. 3 HbgSOG; § 34 Abs. 3 HSOG; § 56 Abs. 3 SOG MV; § 20 Abs. 4 NGefAG; § 37 Abs. 3 PolG NW; § 16 Abs. 3 POG RP; § 15 Abs. 3 SPolG; § 22 Abs. 6 SächsPolG; § 39 Abs. 3 SOG LSA; § 205 Abs. 3 LVwG SH; § 21 Abs. 3 ThürPAG; § 41 Abs. 3 BGSG.

146. Art. 5 Abs. 2 EMRK: „Everyone who is arrested shall be informed promptly, in a language which he understands, of the reasons for his arrest and of any charge against him."

147. § 1 Abs. 2 DVO PolG BW; Art. 19 Abs. 2 BayPAG; § 32 Abs. 2 ASOG Bln; § 19 Abs. 2 BbgPolG; § 17 Abs. 2 BremPolG; § 13b Abs. 2 HbgSOG; § 34 Abs. 2 HSOG; § 56 Abs. 2 SOG MV; § 20 Abs. 2 NGefAG; § 37 Abs. 2 PolG NW; § 16 Abs. 2 POG RP; § 15 Abs. 2 SPolG; § 22 Abs. 5 SächsPolG; § 39 Abs. 2 SOG LSA; § 21 Abs. 2 ThürPAG; § 41 Abs. 2 BGSG.

148. § 1 Abs. 1 DVO PolG BW; Art. 19 Abs. 3 BayPAG; § 32 Abs. 2 ASOG Bln; § 19 Abs. 3 BbgPolG; § 17 BremPolG; § 13b HbgSOG; § 34 Abs. 1 HSOG; § 56 SOG MV; § 20 NGefAG; § 37 Abs. 1 PolG NW; § 16 Abs. 1 POG RP; § 15 Abs. 1 SPolG; § 22 Abs. 4 SächsPolG; § 39 Abs. 1 SOG LSA; § 205 Abs. 1 LVwG SH; § 21 Abs. 1 ThürPAG; § 41 Abs. 1 BGSG

4. Dauer

Entsprechend den Anforderungen des aus dem Grundgesetz hergeleiteten Verhältnismäßigkeitsgrundsatzes sehen alle Landesgesetze und das BGSG vor, dass die festgehaltene Person aus dem Gewahrsam zu entlassen ist, sobald der Grund für die Ingewahrsamnahme weggefallen oder der Zweck der Maßnahme erreicht ist.[150] Ein weiterer Grund für eine sofortige Entlassung der festgehaltenen Person ist das Erreichen des Endes des auf die Ingewahrsamnahme folgenden Tages, wenn bis dahin keine richterliche Entscheidung über die Zulässigkeit der Haft getroffen wurde.[151] Diese Regelung der Landesgesetze entspricht Art. 104 Abs. 2 S. 3 GG, wonach die Polizei aus eigener Machtvollkommenheit niemanden länger als bis zum Ende des auf die Ergreifung folgenden Tages festhalten darf. Dies betrifft nicht nur die Vollzugspolizei, sondern alle Organe der Exekutive.[152] Ohne richterliche Mitwirkung ist daher keine staatliche Freiheitsentziehung länger als bis zum Ende des auf die Freiheitsentziehung folgenden Tages zulässig. Wenn innerhalb dieser Zeit die Haft durch den Richter für unzulässig erklärt wurde, ist die betroffene Person selbstverständlich ebenfalls unverzüglich freizulassen.

Neben einer Pflicht zur Freilassung nach Zweckerreichung sehen einige Landesgesetze Höchstfristen für Freiheitsentziehungen nach dem Polizeirecht vor. So darf beispielsweise eine Freiheitsentziehung zum Zwecke der Feststellung der Identität in der Regel die Dauer von 12 Stunden nicht überschreiten.[153] Für die polizeiliche Ingewahrsamnahme gelten dagegen andere Fristen. So darf einigen Bundesländern auch der Richter die Ingewahrsamnahme allein auf der Grundlage des Polizeigesetzes nicht länger als bis zum Ende des Tages nach dem Ergreifen einer Person anordnen.[154] In

149. § 1 Abs. 3 DVO PolG BW; Art. 19 Abs. 3 S. 2 BayPAG; § 32 Abs. 3 ASOG Bln; § 9 Abs. 2 BbgPolG; § 15 Abs. 4 S. 2 BremPolG; § 13b Abs. 3 S. 2 HbgSOG; § 34 Abs. 3 HSOG; § 56 Abs. 4 SOG MV; § 20 Abs. 4 S. 3 NGefAG; § 37 Abs. 3 S. 3 PolG NW; § 16 Abs. 3 S. 3 POG RP; § 15 Abs. 3 S. 3 SPolG; § 22 Abs. 4 S. 1 SächsPolG; § 39 Abs. 3 S. 3 SOG LSA; § 205 Abs. 4 LVwG SH; § 21 Abs. 3 S. 2 ThürPAG; § 41 Abs. 3 S. 3 BGSG.

150. § 28 Abs. 3 S. 1PolG BW; Art. 20 Abs. 1 BayPAG; § 33 Abs. 1 Nr. 1 ASOG Bln; § 20 Abs. 1 Nr. 1 BbgPolG; § 18 Abs. 1 Nr. 1 BremPolG; § 13c Abs. 1 Nr. 1 HbgSOG; § 35 Abs. 1 Nr. 1 HSOG; § 55 Abs. 5 S. 1 SOG MV (für den Gewahrsam) § 29 Abs. 3 S. 4 SOG MV (für die Identitätsfeststellung); § 51 Abs. 3 S. 1 SOG MV (für die Vorführung); § 21 Nr. 1 NGefAG; § 38 Abs. 1 Nr. 1 PolG NW; § 17 Nr. 1 POG RP; § 16 Abs. 1 Nr. 1 SPolG; § 22 Abs. 7 S. 5 SächsPolG; § 40 Abs. 1 Nr. 1 SOG LSA; § 204 Abs. 5 S. 1 LVwG SH; § 22 Nr. 1 ThürPAG; § 42 Abs. 1 Nr. 1 BGSG.

151. So auch § 28 Abs. 3 S. 2 PolG BW; Art. 20 Nr. 3 BayPAG; § 33 Abs. 1 Nr. 3 ASOG Bln; § 20 Abs. 1 Nr. 3 BbgPolG; § 18 Abs. 1 BremPolG; § 13c Abs. 1 Nr. 3 HbgSOG; § 56 Abs. 5 Nr. 2 SOG MV (für den Gewahrsam); § 29 Abs. 3 S. 5 SOG MV (für die Identitätsfeststellung); § 51 Abs. 3 S. 2 SOG MV (für die Vorführung); § 21 Nr. 3 NGefAG; § 38 Abs. 1 Nr. 3 PolG NW; § 17 Nr. 3 POG RP; § 16 Abs. 1 S. 3 SPolG; § 22 Abs. 7 S. 4 SächsPolG; § 40 Abs. 1 Nr. 3 SOG LSA; § 204 Abs. 5 S. 2 LVwG SH; § 2 Nr. 3 ThürPAG; § 42 Abs. 1 Nr. 3 BGSG; in Hessen genügt es — bedenklicherweise — wenn die betroffene Person bis zum Ende des auf die Ingewahrsamnahme folgenden Tages dem Richter vorgeführt wurde, § 35 Abs. 1 Nr. 2 HSOG.

152. Vgl. dazu *Gusy* in: v. Mangoldt/Klein, GG, Art. 104 Rn. 55.

153. § 13c Abs. 1 Nr. 3 HbgSOG; § 38 Abs. 1 Nr. 3 PolG NW; § 40 Abs. 1 S. 2 SOG LSA.

Hessen ist die Dauer des polizeilichen Gewahrsams auf 2 Tage beschränkt, es sei denn der Gewahrsam dient der Verhinderung einer Straftat oder Ordnungswidrigkeit.[155] In Brandenburg und Niedersachsen ist eine Ingewahrsamnahme für maximal 4 Tage zulässig.[156]

Umstritten ist die Verfassungsmäßigkeit der Höchstfristen für den Polizeigewahrsam in Bayern, Baden-Württemberg, Sachsen und Sachsen-Anhalt. Die durch den Richter angeordnete Freiheitsentziehung kann nach den Polizeigesetzen dieser Bundesländer bis zu zwei Wochen andauern.[157] Diese Frist wird deshalb als zu lang erachtet, weil sie zur Abwehr von Gefahren für die polizeilichen Rechtsgüter nicht erforderlich sei.[158] Aus diesem Grund wurde die sächsische Regelung durch den Sächsischen Verfassungsgerichtshof für mit dem Grundgesetz unvereinbar erklärt.[159] Zwar könne ein polizeilicher Gewahrsam von 14 Tagen im Einzelfall zur Abwehr einer Gefahr durchaus geeignet und erforderlich sein, dies gelte jedoch nicht für alle Gewahrsamstatbestände. Während abstrakt durchaus Fälle denkbar seien, in denen ein Gewahrsam von 14 Tagen zur Verhinderung von Störungen gegen die öffentliche Sicherheit verhältnismäßig sein könne, sei ein derart langer Gewahrsam in keinem denkbaren Fall zum Schutz einer Person, zur Identitätsfeststellung oder zur Durchsetzung eines Platzverweises verhältnismäßig. Eine undifferenzierte Bestimmung der Höchstfrist von 14 Tagen für alle Gewahrsamstatbestände sei daher verfassungswidrig.[160] Dem Urteil des Sächsischen Verfassungsgerichts folgend hat der Landesgesetzgeber Sachsens daraufhin die Geltung der Höchstfrist von 14 Tagen auf die Fälle des Gewahrsams zur Verhinderung einer Störung der öffentlichen Sicherheit beschränkt.[161] Für alle anderen Gewahrsamstatbestände gilt dagegen eine neue Höchstfrist von 3 Ta-

154. § 33 Abs. 1 Nr. 3 ASOG Bln; § 13 c Abs. 1 Nr. 3 HSOG; § 38 Abs. 1 Nr. 3 PolG NW; § 17 Nr. 3 POG RP; § 16 Abs. 1 Nr. 3 SPOlG.

155. § 35 Abs. 1 Nr. 4 HSOG.

156. § 20 Abs. 1 Nr. 4 BbgPolG; § 21 S. 2 NGefAG.

157. § 28 Abs. 3 S. 4 PolG BW; Art. 20 Nr. 3 BayPAG; § 22 Abs. 7 S. 3 SächsPolG; § 40 Abs. 1 S. 2 SOG LSA.

158. *Gusy*, Polizeirecht, Rn. 245; *Lisken*, ZRP 1996, 332 (333); *Rachor* in: Lisken/Denninger, Polizeirecht, S. 468f; eine neue Studie belegt, dass auch in der Praxis eine Gewahrsamsdauer von mehr als 12 Stunden nur in Ausnahmefällen für erforderlich gehalten wird, vgl. *Hartlaub*, Freiheitsentziehungen, S. 74.

159. SächsVerfGH 14.09.1996 DVBl. 1423ff.

160. SächsVerfGH 14.09.1996 DVBl. 1423 (1425f.); anders zur bayerischen Regelung der Höchstfrist von 14 Tagen der Bayerische Verfassungsgerichtshof, der die Einschätzung des Gesetzgebers, dass in allen Fällen des Gewahrsams unter Umständen eine Freiheitsentziehung von 14 Tagen Dauer erforderlich sein kann, für nicht eindeutig widerlegbar hielt, BayVerfGH 02.08.1990 NVwZ 1991, 664 (670); zum Urteil des BayVerfGH *Blankenagel*, DÖV 1989, 689ff. und *Jahn*, DVBl. 1989, 1038ff.

161. Geändert durch das Zweite Gesetz zur Änderung des Polizeigesetzes vom 21. Juni 1999 (SächsGVBl. S. 330).

gen.[162] Ob die freiheitsentziehenden Maßnahmen der Polizei verhältnismäßig, mit der Verfassung vereinbar und folglich *„lawful"* im Sinne des Art. 5 EMRK sind, ist jedoch in jedem Einzelfall zu entscheiden.[163]

II. Freiheitsentziehende Maßnahmen

A. Festhalten zur Identitätsfeststellung

Die Landespolizeigesetze und das BGSG sehen verschiedene Gründe vor, aus denen eine Ingewahrsamnahme oder ein Festhalten einer Person zulässig ist.[164] Einer der Zwecke, zu dem ein Festhalten bzw. eine Ingewahrsamnahme einer Person erfolgen darf, ist die Feststellung der Identität einer Person.

1. Voraussetzungen der Identitätsfeststellung

Es kann aus verschiedenen Gründen notwendig sein, die Identität einer Person festzustellen. Neben Gründen der Strafverfolgung kann diese Maßnahme auch erforderlich sein, um die Identität von Personen festzustellen, von denen eine Gefahr ausgeht oder weil dies zum Schutz privater Rechte erforderlich ist.[165] Die Voraussetzungen, unter denen die Identität einer Person kontrolliert werden kann, sind in den Landespolizeigesetzen und dem BGSG geregelt. Nach diesen Gesetzen kann die Identität einer Person zur Abwehr einer Gefahr kontrolliert werden.[166] Einige Bundesländer bestimmen ausdrücklich, dass es sich um eine konkrete Gefahr für die öffentliche Sicherheit und Ordnung handeln muss.[167] Andere Bundesländer erwähnen nur den Zweck der Abwehr einer Gefahr und verweisen damit auf das jeweilige polizeiliche Schutzgut der öffentlichen Sicherheit — sowie in einigen Bundesländern die öffentliche Ordnung — für das eine konkrete Gefahr bestehen muss.[168] Voraussetzung für die Kontrolle der Identität einer Person ist stets das Vorliegen einer konkreten Gefahr[169] für die polizeilichen Rechtsgüter der öffentliche Sicherheit und Ordnung.[170]

---

162. § 22 Abs. 7 S. 3 SächsPolG.
163. Vgl. zur Verhältnismäßigkeit des Identitätsgewahrsams unten Kapitel 3 Abschnitt 2 Seite 150.
164. Die Begriffe „Festhalten" oder „Gewahrsam" werden als Synonyme für Freiheitsentziehungen verwendet und unterscheiden sich nur darin, dass der polizeiliche Gewahrsam in der Regel keiner anderen Maßnahme funktionell untergeordnet ist, so *Rachor* in: Lisken/Denninger, Polizeirecht, S. 446.
165. *Wolf/Stephan*, Polizeigesetz, § 26 Rn. 1.
166. § 26 Abs. 1 Nr. 1 PolG BW; Art. 13 Abs. 1 Nr. 1 BayPAG; § 21 Abs. 1 ASOGBln; § 12 Abs. 1 Nr. 1 BbgPolG; § 11 Abs. 1 Nr. 1 BremPolG; § 12 Abs. 2 HbgSOG; § 18 Abs. 1 HSOG; § 29 Abs. 1 SOG M-V; § 13 Abs. 1 Nr. 1 NGefAG; § 10 Abs. 1 POG R-P; § 9 Abs. 1 Nr. 1 SPolG; § 19 Abs. 1 SächsPolG; § 181 Abs. 1 LVwG SH „eine im einzelnen Fall bestehende Gefahr"; § 12 Abs. 1 Nr. 1 PolG NW; § 20 Abs. 1 SOG LSA; § 14 Abs. 1 Nr. 1 ThürPAG; § 23 Abs. 1 Nr. 1 BGSG.
167. § 26 Abs. 1 Nr. 1 PolG BW; § 29 Abs. 1 SOG M-V; § 19 Abs. 1 SächsPolG.

Neben der Abwehr einer Gefahr für die öffentliche Sicherheit und Ordnung sehen die Landesgesetze weitere Umstände vor, unter denen eine Kontrolle der Identität von Personen zulässig ist. Unabhängig vom Bestehen einer konkreten Gefahr ist eine Identitätskontrolle danach zulässig, wenn sich die betroffene Person an einem der im Gesetz genannten Orte aufhält. Zum einen sind dies Orte, *von denen* eine besondere Gefahr ausgeht, zum anderen Orte, *für die* eine besondere Gefährdung besteht. So ist in allen Bundesländern eine Identitätskontrolle zulässig, wenn die betroffene Person sich an einem Ort aufhält, an dem bestimmte unerwünschte Handlungen stattfinden, wie insbesondere die Vorbereitung oder Ausübung von Straftaten, Prostitution oder der Aufenthalt von Personen ohne Aufenthaltserlaubnis.[171] Außerdem kann die Identität einer Person kontrolliert werden, wenn sie sich in einer Verkehrs- oder einer Versorgungsanlage oder -einrichtung, einem öffentlichen Verkehrsmittel, einem Amtsgebäude oder einem anderen besonders gefährdeten Ort aufhält.[172] Eine Identitätskontrolle ist an diesen besonders gefährdeten Orten allerdings nur dann zulässig, wenn Tatsachen die Annahme rechtfertigen, dass in oder an den betreffenden Objekten Straftaten begangen werden sollen, durch die die Objekte selbst oder Personen, die sich in oder an diesen Objekten aufhalten, gefährdet werden.

Die meisten Landesgesetze ermächtigen darüber hinaus dazu, unter bestimmten Umständen Kontrollstellen einzurichten, an denen die Identität jeder passierenden Person überprüft werden kann.[173] Zur Kontrolle des Grenzverkehrs und zur Verhütung von unerlaubtem Überschreiten der Bundesgrenze — in erster Linie Aufgabe des Bun-

168. Art. 13 Abs. 1 Nr. 1 BayPAG; § 21 Abs. 1 ASOGBln; § 12 Abs. 1 Nr. 1 BbgPolG; § 11 Abs. 1 Nr. 1 BremPolG; § 12 Abs. 2 HbgSOG; § 18 Abs. 1 HSOG; § 13 Abs. 1 Nr. 1 NGefAG; § 10 Abs. 1 POG R-P; § 9 Abs. 1 Nr. 1 SPolG; § 181 Abs. 1 LVwG SH „eine im einzelnen Fall bevorstehende Gefahr"; § 12 Abs. 1 Nr. 1 PolG NW; § 20 Abs. 1 SOG LSA; § 14 Abs. 1 Nr. 1 ThürPAG; § 23 Abs. 1 Nr. 1 BGSG.

169. So auch *Habermehl*, Polizei- und Ordnungsrecht, S. 221.

170. Zum Gefahrenbegriff vgl. *Gusy*, Polizeirecht, Rn. 103ff.

171. § 26 Abs. 1 Nr. 2 PolG BW; Art. 13 Abs. 1 Nr. 2 BayPAG; § 21 Abs. 2 Nr. 1 ASOGBln; § 12 Abs. 1 Nr. 2 BbgPolG; § 11 Abs. 1 Nr. 2 BremPolG; § 18 Abs. 2 Nr. 1 HSOG; § 29 Abs. 1 Nr. 1 SOG M-V; § 11 Abs. 1 Nr. 2 BremPolG (ohne Hinweis auf Prostitution und Aufenthalt von Personen ohne Aufenthaltserlaubnis); § 13 Abs. 1 Nr. 2 NGefAG; § 10 Abs. 1 S. 2 Nr. 1 POG R-P; § 9 Abs. 1 Nr. 2 SPolG (ohne Hinweis auf Prostitution und Aufenthalt von Personen ohne Aufenthaltserlaubnis); § 19 Abs. 1 Nr. 2 SächsPolG; § 12 Abs. 1 Nr. 2 PolG NW (ohne Hinweis auf Prostitution); § 20 Abs. 2 Nr. 2 SOG LSA (ohne Hinweis auf Prostitution und Aufenthalt von Personen ohne Aufenthaltserlaubnis); § 181 Abs. 1 Nr. 1 LVwG SH; § 14 Abs. 1 Nr. 2 ThürPAG; § 23 Abs. 2 BGSG.

172. § 26 Abs. 1 Nr. 3 PolG BW; Art. 13 Abs. 1 Nr. 3 BayPAG; § 21 Abs. 2 Nr. 3 ASOGBln; § 12 Abs. 1 Nr. 3 BbgPolG; § 18 Abs. 2 Nr. 3 HSOG; § 29 Abs. 1 Nr. 2 SOG M-V; § 13 Abs. 1 Nr. 3 NGefAG; § 12 Abs. 1 Nr. 3 PolG NW; § 10 Abs. 1 S. 2 Nr. 2 POG R-P; § 9 Abs. 1 Nr. 3 SPolG; § 19 Abs. 1 Nr. 3 SächsPolG; § 20 Abs. 2 Nr. 3 SOG LSA; § 181 Abs. 1 Nr. 2 und 3 LVwG SH; § 14 Abs. 1 Nr. 3 ThürPAG; § 23 Abs. 1 Nr. 4 BGSG, wonach auch weitere Anlagen erfasst sind.

173. § 26 Abs. 1 Nr. 4 PolG BW; Art. 13 Abs. 1 Nr. 4 BayPAG; § 21 Abs. 2 Nr. 4 ASOGBln; § 12 Abs. 1 Nr. 4 BbgPolG; § 11 Abs. 1 Nr. 3 BremPolG; § 18 Abs. 2 Nr. 5 HSOG; § 29 Abs. 1 Nr. 4 SOG M-V; § 13 Abs. 1 Nr. 4 NGefAG;§ 12 Abs. 1 Nr. 4 PolG NW; § 10 Abs. 1 S. 2 Nr. 3 POG R-P; § 19 Abs. 1 Nr. 4 SächsPolG; § 20 Abs. 2 Nr. 5 SOG LSA; § 181 Abs. 1 Nr. 4 LVwG SH; § 14 Abs. 1Nr. 4 ThürPAG.

desgrenzschutzes — sind Identitätskontrollen auch im Grenzgebiet[174] oder im Umfeld von öffentlichen Einrichtungen des internationalen Verkehrs[175] zulässig. Schließlich wird die Polizei in den entsprechenden Gesetzen ermächtigt, die Identität einer Person festzustellen, wenn dies zum Schutz privater Rechte erforderlich ist. Dies ist in einigen Bundesländern ausdrücklich geregelt[176] und ergibt sich für die anderen Bundesländer daraus, dass eine Identitätskontrolle zur Abwehr einer Gefahr für die öffentliche Sicherheit zulässig ist, zu der zumindest grundsätzlich auch die privaten Rechte gehören.[177]

2. Voraussetzungen des Festhaltens

Zur Durchführung der Identitätskontrolle kann die Polizei nach den Landespolizeigesetzen die erforderlichen Maßnahmen treffen. Dies sind insbesondere das Anhalten und Befragen der betroffenen Person, die dazu aufgefordert werden kann, Ausweispapiere auszuhändigen. Das Anhalten einer Person besteht in der Anordnung, stehen zu bleiben, um sich befragen zu lassen.[178] Durch die Identitätskontrolle allein wird die Person nicht am Verlassen eines Ortes gehindert. Die Identitätskontrolle stellt daher für sich genommen keine Freiheitsentziehung im Sinne des Art. 5 ERMK oder auch im Sinne des Art. 104 GG dar.

Kann durch das Anhalten und Befragen der Person oder durch die Befragung Dritter bzw. durch eine Gegenüberstellung oder andere taugliche Mittel die Identität einer Person jedoch nicht oder nur unter erheblichen Schwierigkeiten festgestellt werden, so ist die Polizei nach den Landesgesetzen und dem BGSG dazu ermächtigt, die betroffene Person festzuhalten oder sie mit „auf die Wache" zu nehmen.[179] Diese Maßnahmen können erforderlich werden, wenn der Betroffene keine Angaben über seine Identität macht, seine Angaben nicht glaubwürdig sind oder Zweifel an der Echtheit der vorgelegten Ausweispapiere bestehen.[180]

174. In der Regel können im Grenzbereich bis zu einer Tiefe von 30 km Kontrollen stattfinden: Art. 13 Abs. 1 Nr. 5 BayPAG; § 12 Abs. 1 Nr. 5 BbgPolG; § 29 Abs. 1 Nr. 5 SOG M-V; § 19 Abs. 1 Nr. 5 SächsPolG (für die tschechische und polnische Grenze); § 23 Abs. 1 Nr. 3 BGSG.

175. § 26 Abs. 1 Nr. 6 PolG BW; Art. 13 Abs. 1 Nr. 5 BayPAG; § 12 Abs. 1 Nr. 5 und 6 BbgPolG; § 18 Abs. 2 Nr. 6 HSOG; § 29 Abs. 1 Nr. 5 SOG M-V (wonach Identitätskontrollen auch im Küstenmeer zulässig sind); § 14 Abs. 1 Nr. 5 ThürPAG.

176. Art. 13 Abs. 1 Nr. 6 BayPAG; § 21 Abs. 2 Nr. 2 ASOGBln; § 12 Abs. 1 Nr. 7 BbgPolG; § 18 Abs. 1 HSOG; § 20 Abs. 1 SOG LSA; § 14 Abs. 1 Nr. 6 ThürPAG; § 23 Abs. 1 Nr. 5 BGSG.

177. *Rachor* in: Lisken/Denninger, Polizeirecht, S. 398; zum Schutzgut der öffentlichen Sicherheit vgl. *Gusy*, Polizeirecht, Rn. 92ff.

178. *Habermehl*, Polizei- und Ordnungsrecht, S. 223.

179. § 26 Abs. 2 S. 3 PolG BW; Art. 13 Abs. 2 S. 3 BayPAG; § 21 Abs. 3 S. 2 ASOGBln (Festhalten und zur Dienststelle bringen); § 12 Abs. 2 S. 3 BbgPolG; §§ 11 Abs. Nr. 5 (Festhalten) und 8 (zur Dienststelle bringen) iVm § 11Abs. 3 BremPolG; § 12 Abs. 2 HbgSOG; § 18 Abs. 4 HSOG (Festhalten, Durchsuchen und zur Dienststelle bringen); § 29 Abs. 3 S. 1 SOG M-V; § 13 Abs. 2 S. 2 NGefAG; § 12 Abs. 2 S. 3 PolG NW; § 10 Abs. 2 S. 3 POG R-P; § 9 Abs. 2 Nr. 4 SPOLG (Festhalten) Nr. 6 (zur Dienststelle bringen); § 19 Abs. 2 S. 3 SächsPolG; § 181 Abs. 3 LVwG SH; § 20 Abs. 4 SOG LSA; § 14 Abs. 2 S. 3 ThürPAG; § 23 Abs. 3 S. 4 BGSG.

Die Polizeibehörden dürfen die betroffene Person nur zum Zwecke der Feststellung der Identität festhalten. Aus diesem Grund ist die Person unmittelbar nach Erreichen dieses Zwecks auf freien Fuß zu setzen. Die zulässige Höchstdauer des Festhaltens zur Feststellung der Identität einer Person beträgt nach den Landesgesetzen in der Regel 12 Stunden.[181] Darüber hinaus ermächtigen die Polizeigesetze Baden-Württembergs und Sachsens zur Ingewahrsamnahme von Personen zum Zwecke der Feststellung der Identität.[182] Ein Festhalten zum Zweck der Feststellung der Identität wird in diesen beiden Bundesländern als kurzfristige Maßnahme angesehen und ist nur für ein bis zwei Stunden zulässig.[183] Überschreitet die Maßnahme diese Dauer, so wird aus dem Festhalten zum Zweck der Identitätsfeststellung ein Identitätsfeststellungsgewahrsam. Die Ingewahrsamnahme zur Identitätsfeststellung kann nach gerichtlicher Anordnung bis zu drei Tage[184] — in Baden-Württemberg sogar bis zu zwei Wochen[185] — andauern, solange ihr Zweck nicht erreicht wird. Eine derart lange Dauer der Ingewahrsamnahme wird jedoch zum Zwecke der Identitätsfeststellung in keinem Einzelfall verhältnismäßig sein.

3. Vereinbarkeit mit Art. 5 EMRK

Ein Festhalten zum Zweck der Identitätsfeststellung dauert im Vergleich zum bloßen Anhalten einer Person typischerweise erheblich länger und ist in der Regel für die Betroffenen mit einer Beschränkung der Bewegungsfreiheit nach allen Richtungen hin verbunden. Es handelt sich beim Festhalten zur Feststellung der Identität folglich um eine Freiheitsentziehung im Sinne des Art. 5 EMRK und im Sinne des Art. 104 GG.[186] Ob das in den Polizeigesetzen der deutschen Bundesländer und dem BGSG geregelte Festhalten zum Zwecke der Identitätsfeststellung mit dem Schutz des Rechts auf Freiheit in Art. 5 EMRK vereinbar ist, hängt zum einen davon ab, ob die Maßnahme von einem der Haftgründe des Art. 5 Abs. 1 EMRK umfasst wird, und zum anderen davon, ob die Maßnahme *„lawful"*, d.h. mit dem nationalen Recht vereinbar ist.

---

180. BVerfG 27.01.1992 NVwZ 1992, 767 (768); *Drews/Wacke/Vogel/Martens*, Gefahrenabwehrrecht, S. 187;*Ule/Rasch*, Polizei- und Ordnungsrecht, S. 106f; Da für die Identitätsfeststellung aber nur die Angaben über eine Person erforderlich sind, die es ermöglichen, sie von anderen Personen zu unterscheiden und Verwechslungen auszuschließen, kann eine Person nicht allein deshalb festgehalten werden, weil Zweifel an den Angaben über den Beruf oder Familienstand bestehen, BayOblG 25.03.1964 MDR 1964, 617; *Rachor* in: Lisken/Denninger, Polizeirecht, S. 397.

181. § 33 Abs. 2 ASOG Bln; § 18Abs. 2 BremPolG; § 20 Abs. 2 BbgPolG; § 13 c Abs. 2 HbgSOG; § 35 Abs. 2 HSOG; § 16 Abs. 2 SPolG; § 38 Abs. 2 PolG NW; § 40 Abs. 2 SOG LSA; § 42 Abs. 2 BGSG.

182. § 28 Abs. 1 Nr. 3 PolG BW; § 22 Abs. 1 Nr. 3 SächsPolG.

183. *Stoermer*, Gewahrsam, S. 148.

184. § 22 Abs. 7 S. 3 SächsPolG.

185. § 28 Abs. 3 PolG BW.

186. *Drews/Wacke/Vogel/Martens*, Gefahrenabwehrrecht, S. 187; *Gusy*, Polizeirecht, Rn. 205, *Riegel*, Personenkontrolle, S. 40.

Das Festhalten durch die Landespolizeibehörden oder den Bundesgrenzschutz soll dazu dienen, die Identität einer Person festzustellen. Wenn die betroffenen Personen eine gesetzliche Pflicht träfe, ihre Identität zu offenbaren, so würde das Festhalten der Personen damit der Durchsetzung dieser Pflicht dienen und damit gemäß Art. 5 Abs. 1 lit. b 2. Alt EMRK gerechtfertigt sein: Das deutsche Personalausweisgesetz vor, dass Deutsche, die das 16. Lebensjahr vollendet haben und der Meldepflicht unterliegen, verpflichtet sind, einen Personalausweis zu besitzen und ihn auf Verlangen einer zur Prüfung der Personalien ermächtigten Behörde vorzulegen.[187] Dieser Pflicht kann auch durch Vorlage eines Passes genüge getan werden. Ein Verstoß gegen diese Pflicht wird als Ordnungswidrigkeit geahndet.[188] Für Ausländer ergibt sich die Pflicht, bei der Einreise und der Ausreise einen gültigen Pass oder Passersatz mitzuführen, sich damit über ihre Person auszuweisen und sich der polizeilichen Kontrolle des grenzüberschreitenden Verkehrs zu unterziehen aus § 4 AuslG.

Eine Pflicht, sich unter bestimmten Umständen auf Verlangen der zuständigen Behörde auszuweisen bzw. glaubwürdige Angaben über die eigene Identität zu machen, ergibt sich zudem direkt aus den Landespolizeigesetzen, die zur Durchführung der Identitätskontrolle ermächtigen. Mit dieser Ermächtigung der Behörde korrespondiert eine Pflicht des Einzelnen, Angaben zur eigenen Identität zu machen, wenn die Pflicht durch die Behörden eingefordert wird.[189] Die Pflicht, sich auszuweisen oder Angaben über die Identität zu machen, ist auch eine konkrete und spezielle Pflicht im Sinne des Art. 5 Abs. 1 lit. b 2. Alt. EMRK. Der Betroffene weiß stets, was er zu ihrer Erfüllung zu tun hat: Er hat Auskunft über die eigene Identität zu geben. Dass bei Nichtbefolgung dieser Pflicht, d.h. im Falle der Weigerung, die Gefahr besteht, zum Zwecke der Identitätsfeststellung festgehalten und eventuell mit zur Wache genommen zu werden, ist dem jeweiligen Landespolizeigesetz und dem BGSG ebenfalls zu entnehmen.

Zudem sind — wie bereits gezeigt — die Voraussetzungen, unter denen eine Identitätskontrolle durchgeführt werden darf, in den einzelnen Landesgesetzen detailliert geregelt, so dass auch aus dem Gesetz hervorgeht, wann dieser Pflicht nachzukommen ist. Problematisch erscheint unter diesem Gesichtspunkt lediglich die Ermächtigung zur verdachtsunabhängigen Kontrolle der Personen, die sich weniger als 30 km von der Grenze entfernt aufhalten.[190] Damit werden die Gebiete ganzer Städte erfasst, in denen eine sogenannte anlassunabhängige Personenkontrolle erfolgen darf. Eine Person, die sich in diesem Gebiet aufhält, muss ständig damit rechnen, sich aus-

187. § 1 Abs. 1PAuswG; allerdings begründet diese Norm keine Pflicht zum ständigen Bei-sich-Führen des Personalausweises.

188. § 5 PAuswG; eine weitere Ausweispflicht begründet § 1 des Paßgesetzes, wonach Deutsche, die über eine Auslandsgrenze aus dem Geltungsbereich des Grundgesetzes ausreisen oder in ihn einreisen, grundsätzlich verpflichtet sind, einen Pass mitzuführen und auf Verlangen vorzulegen. Von dieser Pflicht gibt es allerdings mittlerweile eine ganze Reihe von Ausnahmen.

189. So auch: *Rachor* in: Lisken/Denninger, Polizeirecht, S. 395.

190. Vgl. Art. 13 Abs. 1 Nr. 5 BayPAG; § 12 Abs. 1 Nr. 5 BbgPolG; § 29 Abs. 1 Nr. 5 SOG M-V; § 19 Abs. 1 Nr. 5 SächsPolG (für die tschechische und polnische Grenze); § 23 Abs. 1 Nr. 3 BGSG.

weisen zu müssen. Da dieses Gebiet jedoch durch die Landesgesetze genau abgegrenzt ist, ist dem durch die Rechtsprechung von EKMR und EGMR entwickelten Bestimmtheitserfordernis wohl genüge getan.

Nach dem der EMRK zugrunde liegende Verhältnismäßigkeitgrundsatz muss die betroffene Person regelmäßig Gelegenheit haben, der ihr auferlegten Pflicht freiwillig nachzukommen, bevor zur Zwangsmaßnahme der Freiheitsentziehung gegriffen werden darf. Für die Freiheitsentziehungen zur Durchsetzung der Pflicht, die eigene Identität zu offenbaren, bedeutet dies, dass die betroffene Person erst nach ihrer Identität und entsprechenden Papieren zu befragen ist. Diesem Erfordernis wird in den deutschen Normen dadurch Rechnung getragen, dass ein Festhalten zum Zwecke der Identitätskontrolle nur dann zulässig ist, wenn sich die Identität mit anderen Mitteln nicht oder nur unter erheblichen Schwierigkeiten feststellen lässt. Zu den anderen Mitteln gehört insbesondere das mildere Mittel des Anhaltens und Befragens der Person, die damit zunächst Gelegenheit hat, ihrer Pflicht freiwillig nachzukommen.[191]

Schließlich erscheint problematisch, dass das Festhalten einer Person zum Zwecke der Identitätsfeststellung erfolgen darf, die ihrerseits — zumindest in einigen Bundesländern — schon dann zulässig ist, wenn allein die „öffentliche Ordnung" gefährdet wird. Wie bereits dargestellt, bestehen Bedenken hinsichtlich der Bestimmtheit dieses Rechtsbegriffs. Andererseits ist der Begriff der öffentlichen Ordnung durch die Rechtsprechung im Laufe der letzten Jahrzehnte konkretisiert worden. Den Anforderungen, die der EGMR an die Bestimmtheit eines Gesetzes im Sinne des Art. 5 Abs. 1 EMRK stellt,[192] wird damit sicher genüge getan. Die praktische Bedeutung dieser Frage ist jedoch nicht als besonders hoch einzuschätzen, da ein Festhalten allein wegen einer Störung der öffentlichen Ordnung nicht verhältnismäßig sein dürfte.[193]

Das Festhalten einer Person zum Zwecke der Identitätsfeststellung im Sinne des deutschen Polizeirechts ist — solange die Maßnahme auch im Einzelfall rechtmäßig ist — damit eine Maßnahme zur Durchsetzung einer gesetzlichen Verpflichtung im Sinne des Art. 5 Abs. 1 lit. b 2. Alt. EMRK. Als hinreichend spezielle Pflicht im Sinne des Art. 5 Abs. 1 lit. b 2. Alt EMRK ist die Pflicht, im Rahmen von Identitätskontrollen Auskunft zu geben bzw. Ausweispapiere vorzuzeigen, auch in der Rechtsprechung der Konventionsorgane anerkannt.[194]

---

191. § 26 Abs. 2 PolG BW; Art. 13 Abs. 2 BayPAG; § 21 Abs. 3 ASOGBln; § 12 Abs. 2 BbgPolG; §§ 11 Abs. 2 Nr. 5 § 11Abs. 3 BremPolG; § 12 Abs. 2 HbgSOG; § 18 Abs. 4 HSOG; § 29 Abs. 3 S. 1 SOG M-V; § 13 Abs. 2 S. 2 NGefAG; § 12 Abs. 2 S. 3 PolG NW; § 10 Abs. 2 POG R-P; § 9 Abs. 2 SPOLG; § 19 Abs. 2 S. 3 SächsPolG; § 181 Abs. 3 LVwG SH; § 20 Abs. 4 SOG LSA; § 14 Abs. 2 ThürPAG; § 23 Abs. 3 BGSG.

192. Vgl. dazu oben Kapitel 3 Abschnitt 1 Seite 128.

193. Vgl. dazu oben Kapitel 3 Abschnitt 2 Seite 140 .

194. EKMR 13.05.1987 B/France, DR 52, 111 (118); EKMR 09.09.1992 Reyntjens/Belgium, DR 73, 136 (143).

B. Gewahrsam zur Durchsetzung eines Platzverweises

Eine weitere Form der Freiheitsentziehung durch die Polizei stellt die Ingewahrsamnahme von Personen zur Durchsetzung eines Platzverweises dar. Die Landesgesetze und das BGSG ermächtigen die entsprechenden Behörden dazu, eine Person in Gewahrsam zu nehmen, wenn ihr gegenüber ein Platzverweis ergangen ist, der sie nicht aus freien Stücken nachkommt.

1. Voraussetzungen des Platzverweises

Die Gesetze der meisten Bundesländer enthalten eine ausdrückliche Ermächtigung zum Erlass eines Platzverweises. Danach kann eine Polizei zur Abwehr einer Gefahr eine Person vorübergehend von einem Ort verweisen oder ihr das Betreten eines Orts verbieten.[195] Platzverweise werden zum Beispiel dann ausgesprochen, wenn Straßen oder Häuser wegen Bombendrohungen oder Eisenbahngleise von Demonstranten geräumt werden müssen. Auch bei der Auflösung von Versammlungen spielt die Maßnahme des Platzverweises eine wichtige Rolle. Unabhängig vom Vorliegen einer konkreten Gefahr, kann ein Platzverweis auch gegenüber Personen ausgesprochen werden, die den Einsatz von Feuerwehr oder von Rettungsdiensten behindern.[196]

Einige Landesgesetze sehen darüber hinaus die Möglichkeit vor, eine Person zur Durchsetzung eines Aufenthaltsverbots in Gewahrsam zu nehmen.[197] Nach diesen Landesgesetzen ist die Polizei dazu ermächtigt, einer Person das Betreten eines bestimmten örtlichen Bereichs und den Aufenthalt innerhalb dieses Bereichs zu verbieten, wenn Tatsachen die Annahme rechtfertigen, dass diese Person dort eine Straftat begehen wird. Das Aufenthaltsverbot im Sinne dieser Vorschriften muss räumlich und zeitlich auf den erforderlichen Umfang beschränkt sein und darf nicht den Zugang zur Wohnung der betroffenen Person umfassen. Zur Durchsetzung des Aufenthaltsverbots ermächtigen die entsprechenden Landespolizeigesetze die Polizei dazu, eine Person in Gewahrsam zu nehmen, wenn dies zur Durchsetzung des Aufenthaltsverbots unerlässlich ist.[198]

Nordrhein-Westfalen und Bremen schließlich ermächtigen darüber hinaus zur Ingewahrsamnahme einer Person, im Zusammenhang mit einer Wohnungsverweisung.[199] Zum Schutz von Personen vor häuslicher Gewalt können nach diesen Lan-

---

195. Art. 16 BayPAG; § 29 ASOG Bln; § 16 BbgPolG; § 14 BremPolG; § 12 a HbgSOG; § 31 HSOG; § 52 SOG MV; § 17 NGefAG; § 34 PolG NW; § 13 POG RP; § 12 SPolG; § 21 SächsPolG; § 36 SOG LSA; § 201 LVwG SH; § 18 ThürPAG; § 38 BGSG.

196. Art. 16 BayPAG; § 29 Abs. 1 ASOG Bln; § 16 Abs. 1 BbgPolG; § 14 BremPolG; § 31 HSOG; § 52 SOG MV; § 17 Abs. 1 NGefAG; § 34 PolG NW; § 13 POG RP; § 12 SPolG; § 21 Abs. 1 SächsPolG; § 36 Abs. 1 SOG LSA; § 18 ThürPAG.

197. Spezielle Rechtsgrundlagen für Aufenthaltsverbote haben bislang die Länder Berlin (§ 29 Abs. 2 ASOGBln), Niedersachsen (§ 17 Abs. 2 NGefAG), Sachsen-Anhalt (§ 36 Abs. 2 SOG LSA) und Sachsen (§ 21 Abs. 2 SächsPolG) geschaffen.

198. Zum Aufenthaltsverbot vgl. *Rachor*, Lisken/Denninger, Polizeirecht, S. 459.

desgesetzen Personen, von denen einen gegenwärtige Gefahr für Leib, Leben oder Freiheit einer anderen Person aus einer Wohnung, in der die gefährdete Person wohnt, verwiesen werden.[200] Die betroffene Person hat die Wohnung zu verlassen und darf in die Wohnung auch nicht zurückkehren. Wohnungsverweisung und Rückkehrverbot sollen in der Regel für zehn Tage angeordnet werden.[201] Wenn es aufgrund des Verhaltens der betroffenen Person unerlässlich ist, so kann die Polizei die betroffene Person zur Durchsetzung der Wohnungsverweisung oder des Rückkehrverbots in Gewahrsam nehmen.[202]

2. Voraussetzungen der Ingewahrsamnahme

Der Platzverweis und die Wohnungsverweisung beschränken die körperliche Bewegungsfreiheit der betroffenen Person nur im Hinblick auf einen einzelnen Ort, der nicht betreten werden darf bzw. verlassen werden soll. Der Platzverweis stellt insofern selbst keine freiheitsentziehende Maßnahme im Sinne des Art. 5 EMRK oder Art. 104 GG dar. Auch durch das Aufenthaltsverbot wird die Bewegungsfreiheit der betroffenen Person nicht in alle Richtungen hin aufgehoben. Je nach der Größe des Gebiets, für das das Aufenthaltsverbot gilt, kann die Maßnahme daher zwar in das Recht auf Freizügigkeit eingreifen,[203] eine Freiheitsentziehung stellt das Aufenthaltsverbot selbst jedoch nicht dar. Wird der Aufforderung zum Verlassen eines Orts, eines Bereichs oder einer Wohnung, nicht Folge geleistet, oder versucht die betroffene Person entgegen einem Verbot zurückzukehren, so kommt die Anwendung verschiedener Zwangsmittel zur Durchsetzung der Pflicht in Betracht. Ein zulässiges Zwangsmittel ist die Anwendung des unmittelbaren Zwangs im Rahmen der Verwaltungsvollstreckung. Dabei wird eine Person unter Anwendung physischer Kraft von dem Ort entfernt, an dem sie sich nach dem Platzverweis nicht aufhalten darf. Der unmittelbare Zwang besteht häufig darin, dass die Betroffenen weggetragen oder weggeschoben werden. Durch diese Maßnahme kann die Bewegungsfreiheit einer Person eingeschränkt werden. In dem Fall des Wegtragens handelt es sich sogar — solange die Umklammerung des Polizeibeamten andauert — um eine allseitige Aufhebung der körperlichen Bewegungsfreiheit. Jedoch ist diese typischerweise von kurzer Dauer. Wenn die Maßnahme also tatsächlich nur solange andauert, bis die Person entfernt ist, ist die physische Einwirkung von so kurzer Dauer, dass sie keine Freiheitsentziehung im Sinne des Art. 5 EMRK und auch nicht im Sinne des Art. 104 GG darstellt.

Als weiteres Zwangsmittel zur Durchsetzung des Platzverweises bzw. des Aufenthaltverbots oder der Wohnungsverweisung sehen die Landespolizeigesetze und das BGSG die Ingewahrsamnahme der betroffenen Person vor.[204] Diese Maßnahme wird

---

199. § 35 Abs. 1 Nr. 4 PolG NW; § 15 Abs. 1 Nr. 4 BremPolG.
200. § 24a Abs. 1PolG NW; § 14a Abs. 1 BremPolG, zur bremischen Regelung der Wohnungsverweisung vgl. *Göddeke*, NVwZ 2002, 181 (183).
201. Zur Wohnungsverweisung vgl. *Ruder*, VBlBW 2002, 11ff.
202. § 35 Abs. 1 Nr. 4 PolG NW; § 15 Abs. 1 Nr. 4 BremPolG.
203. Vgl. dazu auch *Hetzer*, JR 2000, 1ff.

deshalb für erforderlich gehalten, weil sie gegenüber der Anwendung des unmittelbaren Zwangs den Vorteil habe, dass sie länger andauern könne und damit auch die Rückkehr der betroffenen Personen an den Platz, dessen sie verwiesen wurde, verhindert werden könne.[205] Der Gewahrsam kann jedoch als eingriffintensivstes Mittel schon aufgrund des Verhältnismäßigkeitsprinzips nur das letzte Mittel zur Durchsetzung sein, wenn sich der Betroffene tatsächlich nach seiner zwangsweisen Entfernung von einem Ort wieder an diesen zurückbegibt.[206] Darüberhinaus darf auch die Rückkehr des Betroffenen nicht durch mildere Mittel verhindert werden können, was regelmäßig bei eng umgrenzten Orten, jedoch der Fall sein dürfte.[207]

3. Vereinbarkeit mit Art. 5 EMRK

Anders als die Anwendung unmittelbaren Zwangs durch Wegtragen oder Abführen von Personen stellt die polizeiliche Ingewahrsamnahme — auch wenn sie zur Durchsetzung eines Platzverweises eines Aufenthaltsverbots oder einer Wohnungsverweisung erfolgt — eine Freiheitsentziehung im Sinne des Art. 5 EMRK und im Sinne des Art. 104 GG dar. Die Freiheitsentziehung zur Durchsetzung dieser behördlichen Anordnungen kann nur gemäß Art. 5 Abs. 1 lit. b 2. Alt. EMRK gerechtfertigt sein.[208] Die durchzusetzende Pflicht besteht in diesem Fall darin, einen Ort zu verlassen bzw. nicht mehr zu betreten. Diese Pflicht ist auch eine konkrete Pflicht im Sinne des Art. 5 Abs. 1 lit. b 2. Alt. EMRK, bei der jeder weiß, was in ihrer Erfüllung zu tun oder zu unterlassen ist.[209] Die Pflicht, einen Ort zu verlassen, ergibt sich jedoch nicht direkt aus dem Gesetz, sondern bedarf der Konkretisierung durch die Verwaltung. Grundsätzlich steht die Konkretisierung einer gesetzlichen Verpflichtung durch einen Akt der Behörde der Rechtfertigung einer Freiheitsentziehung zu ihrer Durchsetzung nicht entgegen. Voraussetzung ist dabei jedoch, dass sich die Pflicht und ihre Voraussetzungen bereits hinreichend konkret aus dem Gesetz selbst ergeben.[210]

Aus der gesetzlichen Ermächtigung zum Erlass eines Platzverweises, einer Wohnungsverweisung oder eines Aufenthaltsverbots ergibt sich die konkrete Verpflichtung, den angegebenen Ort oder Bereich auf Aufforderung durch die zuständige Behörde

---

204. Art. 17 Abs. 1 Nr. 3 BayPAG; § 30 Abs. 1 Nr. 3 ASOG Bln; § 17 Abs. 1 Nr. 3 BbgPolG; § 15 Abs. 1 Nr. 3 BremPolG; § 13 Abs. 1 Nr. 3 HbgSOG; § 32 Abs. 1 Nr. 3 HSOG; § 55 Abs. 1 Nr. 4 SOG MV; § 18 Abs. 1 Nr. 3 NGefAG; § 35 Abs. 1 Nr. 3 PolG NW; § 14 Abs. 1 Nr. 3 POG RP; § 22 Abs. 1 Nr. 4 SächsPolG; § 37 Abs. 1 Nr. 3 SOG LSA; § 204 Abs. 1 Nr. 4 LVwG SH; § 19 Abs. 1 Nr. 3 ThürPAG; § 38 Abs. 1 Nr. 2 BGSG.

205. So z.B. BayVerfGH v. 2.8.1990 NVwZ 1991, 664 (668).

206. *Gusy*, Polizeirecht, Rn. 244.

207. *Rachor* in: Lisken/Denninger, Polizeirecht, S. 458.

208. Die Ingewahrsamnahme zur Durchsetzung eines Platzverweises, einer Wohnungsverweisung oder eines Aufenthaltsverbot dienen nicht zur Verhinderung einer konkreten und unmittelbar bevorstehenden Straftat im Sinne des Art. 5 Abs. 1 lit. c 2. Alt. EMRK vgl. dazu unten Kapitel 4 Abschnitt 1 Seite 207.

209. SächsVerfGH v. 14. 5. 1996, DVBl. 1996, 1423, 1425; *Stoermer*, Gewahrsam, S. 162;

210. Vgl. dazu oben Kapitel 3 Abschnitt 1 Seite 131.

hin zu verlassen oder nicht zu betreten. Problematisch könnte bei der Anordnung eines Platzverweises jedoch sein, dass die Voraussetzungen, unter denen der Bürger nach der gesetzlichen Ermächtigung mit dem Erlass eines Platzverweises rechnen muss, generalklauselartig formuliert sind. Die Verwaltung kann der Platzverweis und damit die Verpflichtung immer dann aussprechen, wenn eine „Gefahr" besteht. Aufgrund dieser generalklauselartigen Formulierung der Ermächtigungsgrundlage wird der polizeiliche Gewahrsam zur Durchsetzung eines Platzverweises teilweise für mit Art. 5 EMRK unvereinbar gehalten. Art. 5 Abs. 1 lit. b 2. Alt EMRK dürfe nicht als unqualifizierter Gesetzesvorbehalt angesehen werden und die Tatbestandsvoraussetzungen für einen Platzverweis seien zu unbestimmt, um eine konkrete gesetzliche Verpflichtung im Sinne des Art. 5 Abs. 1 lit. b 2. Alt. EMRK darzustellen.[211]

Ob sich die Voraussetzungen, unter denen die Verwaltung einen Platzverweis anordnen kann, hinreichend genau aus dem Gesetz ergeben, hängt somit davon ab, wie konkret der Begriff der „Gefahr" der jeweiligen Ermächtigungsgrundlagen ist. Wie bereits dargestellt, liegt eine Gefahr im Sinne der zu einer freiheitsentziehenden Maßnahme berechtigenden Polizeigesetze vor, wenn ein Schaden für die öffentliche Sicherheit droht.[212] Die öffentliche Sicherheit ist gefährdet, wenn die Verletzung subjektiver Rechte, des geschriebenen Rechts oder der Einrichtungen und Veranstaltungen des Staates droht. [213] Der Begriff der öffentlichen Sicherheit ist damit durch die Rechtsprechung hinreichend bestimmt worden.[214] Gleiches gilt für den Begriff der Gefahr selbst. Eine Gefahr ins diesem Sinne setzt voraus, dass, eine erkennbare, objektiv nicht entfernte Möglichkeit des Schadenseintritts besteht.[215] Die Voraussetzungen, unter denen die Polizei einen Platzverweis aussprechen darf, sind somit vom Gesetz in hinreichend konkreter und vorhersehbarer Weise vorgegeben, so dass die Gefahr willkürlichen Verwaltungshandelns nicht besteht. Die Pflicht, unter bestimmten Umständen einen Platz zu verlassen, ist damit eine durch das Gesetz vorgeschriebene Verpflichtung im Sinne des Art. 5 Abs. 1 lit. b 2. Alt. EMRK, zu deren Erzwingung damit auch eine Freiheitsentziehung zulässig ist.[216]

C. Verbringungsgewahrsam

Eine besondere — und auch besonders umstrittene — polizeiliche Maßnahme stellt der sogenannte Verbringungsgewahrsam dar.

---

211. *Waechter*, NdsVbl. 1996, 197 (203), der davon ausgeht, dass die Ingewahrsamnahme zur Durchsetzung des Platzverweises lediglich ein Vollstreckungsmittel sei und daher — nach seiner Auslegung des Art. 5 EMRK — nicht in den Anwendungsbereich des Art. 5 EMRK falle.
212. Vgl. dazu oben Kapitel 3 Abschnitt 2 Seite 139.
213. Vgl. dazu oben Kapitel 3 Abschnitt 2 Seite 138.
214. Vgl. zum Begriff der öffentlichen Sicherheit *Gusy*, Polizeirecht, Rn. 82.
215. *Tegtmeyer*, Polizeigesetz, § 8 Rn. 8.
216. So auch SächsVerfGH 14.05.1996, DVBl. 1996, 1423, 1425.

1. Voraussetzungen des Verbringungsgewahrsams

Beim Verbringungsgewahrsam wird eine Person, die an einem bestimmten Ort unerwünscht ist, dort aufgegriffen und mit einem Polizeifahrzeug an einen anderen Ort gebracht, an dem sie nicht stören und von dem aus sie nicht schnell an den Ausgangsort zurückkehren kann.[217] Oft betrifft diese Maßnahme Demonstranten, Drogenabhängige oder Obdachlose, die an die Stadtgrenze gebracht werden.[218] Die Betroffenen werden zum Zweck der Verbringung in der Regel in einem Polizeifahrzeug festgehalten. Während der Fahrzeit ist die Bewegungsfreiheit der Betroffenen auf einen engen Raum begrenzt.[219] Am Zielort werden die Betroffenen ausgesetzt. Ihre Bewegungsfreiheit unterliegt dann keiner Beschränkung mehr. Ob der Verbringungsgewahrsam vom EGMR als Freiheitsentziehung im Sinne des Art. 5 EMRK bewertet werden würde, hängt in erster Linie davon ab, wie lange die Betroffenen sich in der Polizeieskorte oder dem Polizeifahrzeug aufhalten müssen. Diesbezüglich besteht jedoch keine einheitliche Praxis. So kann eine Verbringung an den 11 km entfernten Stadtrand eine Dauer von wenigen Minuten erfordern,[220] allein die Fahrt kann aber auch durchaus 20-60 Minuten dauern.[221] Die Maßnahme der Verbringung selbst kann also — anders als das Aussetzen der betroffenen Personen — durchaus eine nach den Maßstäben des Art. 5 EMRK zu beurteilende Freiheitsentziehung darstellen. Für diese Einschätzung spricht auch, dass es sich bei der Maßnahme sogar nach der Auffassung der Verwaltung selbst um eine Ingewahrsamnahme handelt.[222]

2. Vereinbarkeit mit Art. 5 EMRK

Der Verbringungsgewahrsam könnte insbesondere deshalb nicht mit Art. 5 EMRK vereinbar sein, weil die Freiheitsentziehung nicht mit nationalem Recht vereinbar und daher nicht *„lawful"* im Sinne des Art. 5 Abs. 1 EMRK ist. Ob die Landespolizeigesetze die Polizei zu diesem Vorgehen ermächtigen, ist umstritten. Von einigen Autoren wird der Verbringungsgewahrsam als Maßnahme des unmittelbaren Zwangs zur Durchsetzung eines Platzverweises durch Entfernung des Störers vom Ort der Störung qualifiziert. Diese Maßnahme sei als im Vergleich zu einer Ingewahrsamnahme milderes Mittel anzusehen und daher gerechtfertigt.[223] Diese Auffassung vertreten auch Teile der Rechtsprechung.[224]

---

217. *Greiner*, Polizei, 1979, 92 (93); *Stoermer*, Gewahrsam, S. 122.
218. *Gusy*, Polizeirecht, Rn. 244 weitere Beispiele bei *Stoermer*, Gewahrsam, S. 122ff.; *Wolf/Stephan*, Polizeigesetz, § 28 Rn. 6f.
219. *Kappeler*, DöV 200, 227 (230).
220. So im Fall OVG Bremen 21.10.1986 StV 1987, 115.
221. LG Hamburg 14.06.1996 NVwZ-RR 1997, 537; LG Mainz 17.12.1982 MDR 1983, 1044.
222. Antwort des Innenministeriums von Baden-Württemberg auf eine kleine Anfrage, LT-Drucks. 7/4199.
223. *Wolf/Stephan*, Polizeigesetz, § 28 Rn. 6f.
224. OVG Bremen 21.10.1986 StV 1987, 115 (116).

Der überwiegende Teil der Literatur hält den Verbringungsgewahrsam richtigerweise für generell unzulässig, da er auf keiner Ermächtigungsgrundlage beruhe.[225] Auch von Teilen der Rechtsprechung wird die Praxis des polizeilichen Verbringungsgewahrsams für rechtswidrig gehalten.[226] Der Verbringungsgewahrsam stelle keine Durchsetzung eines Platzverweises dar, da diese nur dazu verpflichte, einen bestimmten Ort zu verlassen, nicht aber, sich an einen bestimmten anderen Ort zu begeben. Der Platzverweis rechtfertige damit allein die vorübergehende Entfernung von dem Ort, nicht aber den Abtransport und die Aussetzung.[227] Auch sei der Verbringungsgewahrsam nicht durch die Ermächtigung zur Ingewahrsamnahme von Personen erfasst, da der Gewahrsam grundsätzlich in einer Gewahrsamseinrichtung und nicht durch das Aussetzen am Stadtrand erfolgen müsse. Die Regelungen über den Gewahrsam kämen schon deswegen nicht in Betracht, weil der Staat die Betroffenen gerade nicht in Gewahrsam nimmt. Zudem begründe der Gewahrsam staatliche Obhutpflichten zugunsten des Betroffenen. Diese könne die Polizei aber gegenüber ausgesetzten Personen nicht ausüben.[228]

Als von keiner Ermächtigungsgrundlage umfasst wird jedoch in erster Linie das Aussetzen an einem entlegenen Ort betrachtet. Allein der zwangsweise Aufenthalt der betroffenen Personen in dem Fahrzeug stellt — anders als das Aussetzen — eine polizeiliche Ingewahrsamnahme dar, da auch das Einsperren einer Person in einem Polizeifahrzeug polizeilichen Gewahrsam begründen kann.[229] Auch kann die Polizei während der Fahrt ihre Obhutspflichten erfüllen. Trotzdem ist auch die Ingewahrsamnahme der betroffenen Personen nicht mit nationalem Recht vereinbar, da eine Ingewahrsamnahme immer das Vorliegen einer Gefahr voraussetzt. Allein die Anwesenheit Drogenabhängiger oder Nichtsesshafter stellt keine Gefahr in diesem Sinne dar. Auch zur Durchsetzung eines Platzverweises kann eine Ingewahrsamnahme nur erfolgen, wenn der Platzverweis rechtmäßig ist. Dies ist sie aber nur dann, wenn durch den Platzverweis eine konkrete Gefahr für die öffentliche Sicherheit abgewehrt wird. Die Anwesenheit der unerwünschten Personen stellt aber in der Regel auch keine konkrete Gefahr für die öffentliche Sicherheit dar, die einen Platzverweis rechtfertigen könnte. In den Fällen, in denen von den betroffenen Personen eine Gefahr für die öffentliche Sicherheit ausgeht, muss eine Ingewahrsamnahme als grundrechtsintensivster Eingriff verhältnismäßig sein, was bei einer Gefährdung der öffentlichen Sicherheit durch Blockieren des Gehwegs in der Regel nicht der Fall sein dürfte.[230]

---

225. *Baldarelli*, Die Polizei 1988, 61 (67f.); *Gusy*, Polizeirecht, Rn. 244; *Hans*, Jura 1985, 431 (436); *Kappeler*, DöV 200, 227 (230); *Leggereit*, NVwZ 1999, 263 (263f); *Maaß*, NVwZ 1985, 151 (156f.); a.A. *Niethammer*, BayVbl. 1989, 449 (454).
226. LG Hamburg 14.6.1996 NVwZ-RR 1996, 537 (539); VG Bremen 10.02.1986 NVwZ 1986, 862ff.; LG Mainz 17.12.1982 MDR 1983, 1044.
227. *Hans*, Jura 1985, 431 (436).
228. *Baldarelli*, Die Polizei 1988, 61 (67f.); *Gusy*, Polizeirecht, Rn. 244; *Leggereit*, NVwZ 1999, 263 (263f); *Maaß*, NVwZ 1985, 151 (156f.).
229. *Rachor* in: Lisken/Denninger, Polizeirecht, S. 445.
230. A.A. *Greiner*, Die Polizei, 1979 S. 92 (93).

Nur in den Fällen, in denen ein nationales Gesetz zu einer Freiheitsentziehung ermächtigt, kann das Festhalten einer Person mit Art. 5 EMRK vereinbar sein. Der Transport von Personen, deren Ingewahrsamnahme nicht von einer gesetzlichen Ermächtigung umfasst wird, verstößt aber gegen den Gesetzesvorbehalt des nationalen Rechts und stellt — sofern im Einzelfall eine Freiheitsentziehung erfolgt — einen Verstoß gegen Art. 5 EMRK dar.

D. Gewahrsam zum Schutz privater Rechte

Auch zum Schutz privater Rechte kann eine Person in polizeilichen Gewahrsam genommen werden. Einige Bundesländer ermächtigen die Polizeibehörden dazu, eine Person in Gewahrsam zu nehmen, wenn eine Festnahme nach § 229 BGB und § 230 Abs. 3 BGB zulässig ist.[231] Bei diesen Vorschriften handelt es sich um die Regelung der zivilrechtlichen Selbsthilfe. Danach kann ein Verpflichteter, der der Flucht verdächtig ist, unter bestimmten Umständen festgenommen werden.[232] Dieses Recht steht jedermann zu, wenn obrigkeitliche Hilfe nicht rechtzeitig zu erlangen ist oder die Gefahr besteht, dass ohne sofortiges Eingreifen die Verwirklichung des Anspruchs vereitelt oder wesentlich erschwert wird, § 229 BGB. Die Obrigkeit, deren Hilfe der Einzelne danach grundsätzlich abzuwarten hat, ist in der Regel neben den Zivilgerichten, die einen Arrest oder eine einstweilige Verfügung anordnen können, auch die Polizei.

Private Rechte in diesem Sinne können sowohl gesetzliche als auch vertragliche Rechte des Einzelnen sein. Die Festnahme oder Inhaftierung einer Person zur Durchsetzung privater Rechte ist — auch wenn es sich um vertragliche Ansprüche handelt — grundsätzlich gemäß Art. 5 EMRK ausgeschlossen. Wie bereits gezeigt, ergibt sich die Pflicht zur Erfüllung vertraglicher Verpflichtungen in der Regel aus dem Gesetz, so dass auch Maßnahmen, die der Durchsetzung privater Rechte dienen, gemäß Art. 5 Abs. 1 lit. b 2. Alt. EMRK zulässig sein können. Die Ingewahrsamnahme durch die Polizei erfolgt dann zur Durchsetzung dieser Rechte, ohne dass der Maßnahme Sanktionscharakter zukäme. Die Ingewahrsamnahme dient in erster Linie dazu, eine Person daran zu hindern, sich ihren Verpflichtungen zu entziehen, wozu die Festnahme und die Vorführung vor den Richter geeignet ist. Die polizeiliche Ingewahrsamnahme ist damit nach Art. 5 EMRK zulässig.

231. § 30 Abs. 1 Nr. 4 ASOG Bln; § 17 Abs. 1 Nr. 4 BbgPolG; § 15Abs. 1 S. 2 BremPolG; § 13 Abs. 1 Nr. 4 HbgSOG; § 32 Abs. 1 Nr. 4 HSOG; § 55 Abs. 1 Nr. 3 SOG MV; § 35 Abs. 1 Nr. 4 PolG NW; § 204 Abs. 1 Nr. 3 LVwG SH.

232. § 229 BGB: „Wer zum Zwecke der Selbsthilfe eine Sache wegnimmt, zerstört oder beschädigt oder wer zum Zwecke der Selbsthilfe einen Verpflichteten, welcher der Flucht verdächtig ist, festnimmt oder den Widerstand des Verpflichteten gegen eine Handlung, die dieser zu dulden verpflichtet ist, beseitigt, handelt nicht widerrechtlich, wenn obrigkeitliche Hilfe nicht rechtzeitig zu erlangen ist und ohne sofortiges Eingreifen die Gefahr besteht, dass die Verwirklichung des Anspruchs vereitelt oder wesentlich erschwert werde."
§ 230 Abs. 3 BGB: „Im Falle der Festnahme des Verpflichteten ist, sofern er nicht wieder in Freiheit gesetzt wird, der persönliche Sicherheitsarrest bei dem Amtsgerichte zu beantragen, in dessen Bezirke die Festnahme erfolgt ist; der Verpflichtete ist unverzüglich dem Gerichte vorzuführen."

Auch Art. 1 des 4. Zusatzprotokolls zur EMRK, das von der Bundesrepublik ratifiziert wurde,[233] verbietet freiheitsentziehende Maßnahmen zur Erzwingung der Erfüllung vertraglicher Pflichten nicht unter allen Umständen. Gemäß Art. 1 4. ZP darf niemandem die Freiheit allein deshalb entzogen werden, weil er nicht in der Lage ist, eine vertragliche Verpflichtung zu erfüllen. Die polizeiliche Ingewahrsamnahme zur Sicherung privater Rechte setzt jedoch über das Bestehen einer Verpflichtung hinaus voraus, dass die betroffene Person der Flucht verdächtig ist. Eine Festnahme oder Haft, die dazu dient, eine Person daran zu hindern, sich ihrer vertraglichen Verpflichtung durch Flucht zu entziehen, sollte durch Art. 1 4. ZP jedoch gerade nicht ausgeschlossen werden.[234] Die Festnahmebefugnis zur Sicherung privater Rechte, wie sie in den deutschen Landespolizeigesetzen in Verbindung mit §§ 229 f. BGB ausgestaltet ist, verstößt damit weder gegen Art. 5 EMRK noch gegen Art. 1 des 4. Zusatzprotokolls.

E. Ersatzzwangshaft

Auch im Rahmen der Vollstreckung von Verwaltungsakten sehen die Landesverwaltungsvollstreckungsgesetze und das Verwaltungsvollstreckungsgesetz des Bundes freiheitsentziehende Maßnahmen vor: die sogenannte Ersatzzwangshaft.

1. Voraussetzungen der Ersatzzwangshaft

Im Rahmen der Vollstreckung von Verwaltungsakten, die auf ein Handeln, Dulden oder Unterlassen gerichtet sind, kann die Behörde neben der Ersatzvornahme oder der Anwendung unmittelbaren Zwangs ein Zwangsgeld androhen, wenn die geforderte Handlung nicht durch eine andere Person vorgenommen werden kann. Als letztes und eingriffsintensivstes Mittel zur Durchsetzung der auferlegten Pflicht kann die Verwaltung die Anordnung der Ersatzzwangshaft bei Gericht beantragen.[235] Voraussetzung für die Anordnung der Ersatzzwangshaft durch das zuständige Verwaltungsgericht ist, dass das Zwangsgeld uneinbringlich ist. Die betroffene Person darf also über kein pfändbares Vermögen verfügen, so dass ein Einziehungsversuch fehlgeschlagen ist, oder wegen offensichtlicher Zahlungsunfähigkeit des Schuldners unterlassen werden musste.[236] Die Anordnung der Ersatzzwangshaft erfolgt in diesen Fäl-

233. Gesetz vom 9. Mai 1968 zu dem Protokoll Nr. 4 vom 16. September 1963 zur Konvention zum Schutze der Menschenrechte und Grundfreiheiten, durch das gewisse Rechte und Freiheiten gewährleistet werden, die nicht bereits in der Konvention oder im ersten Zusatzprotokoll enthalten sind (BGBl. II 1968, 422).

234. Explantory reports on the Second to fifth protocols to the European Convention for the Protection of Human Rights and fundamental Freedoms, doc. H (71) 11 p. 28; vgl. dazu oben Kapitel 3 Abschnitt 1 Seite 127.

235. Das Gericht hat daher vor der Anordnung der Ersatzzwangshaft zu prüfen, ob ein anderes Zwangsmittel erfolgversprechend ist, BVerwGE 4, 196, (198); *Grabitz* in: HStR Bd. IV § 130 Rn. 37; *Sadler*, VwVG, § 16 Rn. 4.

236. *Engelhardt/App*, VwVG, § 16 Rn. 3; *Rachor* in: Lisken/Denninger, Polizeirecht, S. 538.

len nach Anhörung des Pflichtigen durch Beschluss des Verwaltungsgerichts.[237] Die Ersatzzwangshaft — die für mindestens einen Tag und höchstens zwei Wochen angeordnet werden darf[238] — ist als Mittel sowohl der Verwaltungs(vollstreckungs)behörden im ordnungsrechtlichen Sinn als auch der Polizei vorgesehen, wobei sich entsprechende Regelungen meist sowohl im jeweiligen Polizeigesetz als auch im Landesverwaltungsvollstreckungsgesetz finden. Zusätzlich zur Ersatzzwangshaft, die die Uneinbringlichkeit des Zwangsgeldes voraussetzt, gibt es im Saarland und in Hamburg die sogenannte Erzwingungshaft, die auf Antrag der Behörde verhängt werden kann, wenn eines des anderen Zwangsmittel scheiterte.[239]

Der Betroffene ist in jedem Fall aus der Haft zu entlassen, wenn er die ihn treffende Pflicht erfüllt oder das Zwangsgeld bezahlt. In diesem Fall ist der Zweck der Maßnahme erreicht.[240]

2. Vereinbarkeit mit Art. 5 EMRK

Die Ersatzzwangshaft stellt als allseitige Beschränkung der körperlichen Bewegungsfreiheit für einen längeren Zeitraum eine Freiheitsentziehung im Sinne des Art. 5 EMRK dar. Zwar wird die Ersatzzwangshaft im Einklang mit Art. 104 Abs. 2 S. 1 GG durch den Richter angeordnet. Dennoch handelt es sich nicht um Haft nach einer Verurteilung durch ein zuständiges Gericht im Sinne des Art. 5 Abs. 1 lit. a EMRK, die eine „Verurteilung" im Sinne des Art. 5 Abs. 1 lit. a EMRK die Erfüllung eines Straf-

237. § 24 LVwVG BW und § 24 LVwVG BW iVm § 49 Abs. 1 PolG BW; Art. 57 Abs. 1 BayPAG und § 33 VwZVG Bayern; § 5 Abs. 2 S. 1 BlnVwVfG iVm § 16 VwVG-Bund; § 57 BbgPolG und § 21 VwVG Bbg; § 20 BremVwVG; § 24 HbgVwVG; § 51 HSOG; § 91 SOG M-V; §§ 70 Abs. 1 Nds VwVG iVm § 68 Abs. 1 NGefAG; § 61 VwVG NW und § 54 PolG NW; § 54 POG RP und § 67 LVwVG RP; §§ 13 iVm § 28 SVwVG (wobei es hier Erzwingungshaft heißt, die geringfügig andere Voraussetzungen hat und bis zu sechs Wochen andauern kann) und § 48 SPolG; § 23 SächsVwVG; § 57 SOG LSA; § 49 Thür VwZVG und § 55 ThürPAG; § 16 VwVG.

238. § 24 Abs. 2 LVwVG BW und § 24 LVwVG BW iVm § 49 PolG BW; Art. 57 Abs. 1 S. 2 BayPAG und § 33 Abs. 2 VwZVG-Bayern; § 5 Abs. 2 S. 1BlnVwVfG iVm § 16 Abs. 2 VwVG-Bund; § 57 Abs. 1 S. 2 BbgPolG und § 21 VwVG Bbg; § 51 Abs. 1 S. 2 HSOG; § 91 Abs. 1 S. 2 SOG MV; § 70 Abs. 1 NdsVwVG iVm § 68 Abs. 1 S. 2 NGefAG; § 61 Abs. 1 S. 2 VwVG NW und § 54 Abs. 1 S. 2 PolG NW; § 54 Abs. 1 S. 2 POG RP und § 67 LVwVG RP; § 48 Abs. 1 S. 2 SPolG; § 23Abs. 2 SächsVwVG; § 49 Abs. 2 ThürVwZVG und § 55 Abs. 1 S. 2 ThürPAG; § 16 Abs. 2 VwVG; in Sachsen-Anhalt ist die Haft für bis zu sechs Monate zulässig, § 57 Abs. 1 S. 2 SOG LSA.

239. §§ 28 SVwVG; § 14d HbgVwVG, § 15 Abs. 2 S. 1 HbgVwVG und § 24 f. HbgVwVG.

240. *Sadler*, VwVG, § 16 Rn. 14.

oder disziplinarrechtlichen Tatbestands und die Feststellung von Schuld voraussetzt.[241] Zumal die Ersatzzwangshaft gerade keine Sanktion für strafbewährtes Verhalten, sondern ein Zwangsmittel zur Durchsetzung einer Verpflichtung ist.

Als Zwangsmittel zur Durchsetzung einer Verpflichtung kann die Ersatzzwangshaft gemäß Art. 5 Abs. 1 lit. b 2. Alt. EMRK mit der Konvention vereinbar sein. Zwar dient die Haft nicht der Durchsetzung der Zahlung des Zwangsgeldes, was wegen der Zahlungsunfähigkeit wohl auch ungeeignet und unverhältnismäßig wäre, die Haft tritt jedoch an die Stelle des Zwangsmittels Zwangsgeld, wenn dies uneinbringlich ist. Die Ersatzzwangshaft soll damit der Durchsetzung des zugrundeliegenden Verwaltungsakts dienen.[242]

Grundsätzlich kann eine Freiheitsentziehung zur Durchsetzung eines Verwaltungsakts gemäß Art. 5 Abs. 1 lit. b 2. Alt. EMRK gerechtfertigt sein, wenn durch den Verwaltungsakt eine bereits aus dem Gesetz selbst sich ergebende Verpflichtung konkretisiert wird.[243] Die Ersatzzwangshaft dient als letztes Mittel zur Durchsetzung von Pflichten, die dem Einzelnen durch einen auf ein Handeln, Dulden oder Unterlassen gerichteten Verwaltungsakt auferlegt sind. Diese Verwaltungsakte müssen, um ihrerseits rechtmäßig zu sein, auf einer gesetzlichen Ermächtigungsgrundlage basieren. Da die Pflicht, Anordnungen der Verwaltung Folge zu leisten, selbst nicht hinreichend konkret ist, muss sich aus der jeweiligen Ermächtigungsgrundlage für den Erlass des Verwaltungsakts eine hinreichend konkrete Pflicht des Bürgers ergeben.[244] Ergibt sich aus dem Gesetz selbst — unter Umständen unter Heranziehung der Rechtsprechung — eine hinreichend bestimmte und konkrete Pflicht, so ist die Ersatzzwangshaft als letztes Mittel zur Durchsetzung dieser Pflicht mit Art. 5 EMRK vereinbar. Da die Haft gemäß Art. 5 Abs. 1 lit. b 2. Alt. EMRK jedoch nur zur Durchsetzung der durch das Gesetz vorgeschriebenen Verpflichtung zulässig ist, sind die Betroffenen aus der Haft zu entlassen, sobald sie ihrer Verpflichtung nachkommen oder ein weniger einschneidendes Zwangsmittel Erfolg verspricht.

---

241. St. Rspr. EGMR 06.11.1980 Guzzardi/Italy, Series A 39 para. 100; EGMR 08.06.1976 Engel/Netherlands, Series A 22, para. 59; EGMR 28.05.1985, Series A 93 para. 68; EGMR 24.06.1982 Van Droogenbroeck/Belgium, Series A 50 para. 35; *Cliquennois*, CEDH, Art. 5 p. 40; *Cohen-Jonathan*, Convention, p. 315; *Pettiti*, Convention, Art. 5 Rn. 192; *Peukert* in: Frowein/Peukert, EMRK-Kommentar, Art. 5 Rn. 49; *Villiger*, Handbuch, Rn. 330; a.A. *Hodler*, Menschenrechtskonvention, S. 87.
242. *Göbel*, Verwaltungsrundschau 1993, 425 (426).
243. Vgl. dazu oben Kapitel 3 Abschnitt 2 Seite 131.
244. Vgl. dazu oben Kapitel 3 Abschnitt 1 Seite 122.

F. Vorführung

Schließlich kommt als freiheitsentziehende Maßnahme, die der Erzwingung der Erfüllung einer gesetzlichen Pflicht dient, auch die zwangsweise Vorführung einer Person durch die Polizei in Betracht. Eine zwangsweise Vorführung dient der Durchsetzung einer Vorladung und damit der Pflicht, zu einer bestimmten Zeit an einem bestimmten Ort zu erscheinen.[245]

1. Voraussetzungen der Vorladung

Die Polizeigesetze der Bundesländer und das BGSG lassen eine Vorladung in zwei Fällen zu. Zum einen kann die Polizei eine Person vorladen, wenn Tatsachen die Annahme rechtfertigen, dass die vorzuladende Person sachdienliche Angaben machen kann, die zur Erfüllung einer polizeilichen Aufgabe erforderlich sind.[246] Zum anderen können die Polizeibehörden eine Person zur Durchführung erkennungsdienstlicher Maßnahmen vorladen.[247] Eine Vorladung zum Zweck der allgemeinen Ausforschung einer Person ist ausnahmslos unstatthaft.[248] Auch ist die Vorladung nicht zulässig, wenn die Angaben der Aufklärung einer Straftat oder Ordnungswidrigkeit dienen sollen.[249] Die Vorladung selbst stellt als reine Pflicht zum Erscheinen an einem bestimmten Ort keine Freiheitsentziehung im Sinne des Art. 5 EMRK oder des Art. 104 GG dar.[250]

---

245. *Gusy*, Polizeirecht, Rn. 196.
246. § 27 Abs. 1 Nr. 1 PolG BW; Art. 15 Abs. 1 Nr. 1 BayPAG; § 20 Abs. 1 Nr. 1 ASOG Bln; § 15 Abs. 1 Nr. 1 BbgPolG; § 12 Abs. 1 Nr. 1 BremPolG; § 11 Abs. 1 HbgSOG; § 30 Abs. 1 S. 1 HSOG; § 50 Abs. 1 Nr. 1 SOG MV; § 16 Abs. 1 1. Alt. NGefAG; § 10 Abs. 1 Nr. 1 PolG NW; § 12 Abs. 1 Nr. 1 POG RP; § 11 Abs. 2 Nr. 1 SPolG (nur wenn die Angaben des Betroffenen zur Abwehr einer Gefahr erforderlich sind); § 18 Abs. 2 Nr. 1 SächsPolG; § 35 Abs. 1 S. 1 SOG LSA; § 199 Abs. 1 Nr. 1 LVwG SH; § 17 Abs. 1 Nr. 1 ThürPAG; § 25 Abs. 1 Nr. 1 BGSG.
247. § 27 Abs. 1 Nr. 2 PolG BW; Art. 15 Abs. 1 NR. 2 BayPAG; § 20 Abs. 1 Nr. 2 ASOG Bln; § 15 Abs. 1 Nr. 2 BbgPolG; § 12 Abs. 1 Nr. 2 BremPolG; § 30 Abs. 1 S. 2 HSOG; § 50 Abs. 1 Nr. 2 SOG MV; § 16 Abs. 1 2. Alt. NGefAG; § 10 Abs. 1 Nr. 2 PolG NW; § 12 Abs. 1 Nr. 2 POG RP; § 11 Abs. 2 Nr. 2 SPolG; § 18 Abs. 2 Nr. 2 SächsPolG; § 35 Abs. 1 S. 2 SOG LSA; § 199 Abs. 1 Nr. 2 LVwG SH; § 17 Abs. 1 Nr. 2 ThürPAG; § 25 Abs. 1 Nr. 2 BGSG.
248. *Drews/Wacke/Vogel/Martens*, Gefahrenabwehrrecht, S. 191
249. Nach der Strafprozessordnung ist niemand zur Aussage und zum Erscheinen vor der Polizei verpflichtet. §§ 133 ff., § 161a Abs. 1 S. 1 und § 163a Abs. 3 S. 1 StPO enthalten insoweit eine abschließende Regelung. Dasselbe gilt wegen der Generalverweisung des § 46 OWiG auch für Ordnungswidrigkeiten.
250. Vgl. dazu oben Kapitel 2 Abschnitt 1 Seite 70 und Kapitel 2 Abschnitt 2 Seite 96; zur Vorladung auch OVG Münster 16.11.1981 NVwZ 1982, 447 (448); so auch *Wolf/Stephan*, Polizeigesetz, § 27 Rn. 1.

2. Voraussetzung der Vorführung

Das Recht, Beschuldigte, Zeugen oder Sachverständige vorzuladen, kommt der Polizei auch im Rahmen strafprozessualer Ermittlungshandlungen zu. Anders als im Bereich der Gefahrenabwehr besteht jedoch in diesen Fällen keine Befugnis, diese Vorladung zwangsweise durchzusetzen.[251] Leistet hingegen eine aus Gründen der Gefahrenabwehr zur Vornahme erkennungsdienstlicher Maßnahmen vorgeladene Person der Aufforderung zum Erscheinen nicht Folge, kann die Vorladung zwangsweise durchgesetzt und die betroffene Person zwangsweise vorgeführt werden.[252] Voraussetzung für die zwangsweise Vorführung ist grundsätzlich, dass die Vorführung zur Abwehr von Gefahren für bedeutende Rechtsgüter erforderlich ist, oder dass sie der Durchführung erkennungsdienstlicher Maßnahmen dient.[253] In den meisten Bundesländern ist eine Vorführung nur zulässig, wenn diese zur Abwehr einer Gefahr für Leib, Leben oder Freiheit einer Person erforderlich ist.

Ob es sich bei der Vorführung um eine Freiheitsbeschränkung oder eine Freiheitsentziehung im Sinne des Art. 104 GG handelt, ist in der Literatur nicht abschließend geklärt. Einige Autoren qualifizieren die Maßnahme wegen ihrer kurzen Dauer als bloße Freiheitsbeschränkung.[254] Andere Autoren stellen fest, dass die Vorführung anderen Zwecken als nur der Freiheitsentziehung diene, und aus diesem Grund keine Freiheitsbeschränkung sei.[255] Eine zwangsweise Vorführung einer Person, die einer Vorladung nicht Folge geleistet hat, erfolgt in der Regel durch eine Polizeieskorte. Die Person wird — mit oder ohne Benutzung von Handschellen oder Fußfesseln — zur Polizeiwache gebracht und dort solange festgehalten, wie es der Zweck der Vorladung erfordert. Während dieser Zeit ist die Bewegungsfreiheit der betroffenen Person nach allen Seiten hin aufgehoben. Dennoch wird auch von einigen Gerichten die Vorführung als Freiheitsbeschränkung gewertet, die nicht den Anforderungen des Art. 104 Abs. 2-4 GG genügen müsse.[256]

251. Die Befugnis der Polizei, Beschuldigte, Zeugen und Sachverständige im strafprozessualen Ermittlungsverfahren vorzuladen, ist in der StPO nicht ausdrücklich geregelt, ergibt sich jedoch aus dem Recht der Polizei, diese Personen zu vernehmen (§ 163 StPO).

252. § 27 Abs. 3 PolG BW; Art. 15 Abs. 3 BayPAG; § 20 Abs. 3 ASOG Bln; § 15 Abs. 3 BbgPolG; § 30 Abs. 3 HSOG; § 50 Abs. 3 SOG MV; § 16 Abs. 3 NGefAG; § 10 Abs. 3 PolG NW; § 12 Abs. 3 Nr. 1 POG RP; § 11 Abs. 4 SPolG; § 18 Abs. 5 SächsPolG; § 35 Abs. 3 SOG LSA; § 199 Abs. 3 LVwG SH; § 17 Abs. 3 ThürPAG; § 25 Abs. 3 BGSG.

253. Anders dagegen in Bremen: Dort darf die Polizei die Vorladung nicht mit Zwangsmitteln durchsetzen, es sei denn, dass der Betroffene zum Zwecke der Identitätsfeststellung gemäß § 11 Abs. 2 Nr. 8 BremPolG zur Dienststelle gebracht werden darf oder das dies zur Durchführung erkennungsdienstlicher Maßnahmen erforderlich ist.

254. *Koschwitz*, Freiheitsentziehung, S. 189ff.

255. *Rachor* in: Lisken/Denninger, Polizeirecht, S. 431.

256. BayObIG 20.07.1983, DVBl. 1983, 1069; zur Vorführung nach dem GeschlKrG BGHZ 82, 261 (265); a.A. OVG Weimar 11.05.1999 DÖV 1999, 879; zur Vorführung gemäß § 70 Abs. 4 AuslG BayObIG 11.04.2001 BayObIGZ 2001, 93.

Die Landespolizeigesetze und das BGSG bezeichen die zwangsweise Vorführung hingegen teilweise ausdrücklich als Freiheitsentziehung und setzen für diese Maßnahme die Garantien des Art. 104 Abs. 2-4 GG einfachgesetzlich um. Danach gilt auch für die zwangsweise Vorführung, dass sie grundsätzlich einer richterlichen Anordnung bedarf, es sei denn, es liegt Gefahr im Verzug vor. Hat die Polizei bei Gefahr im Verzug gehandelt, so ist unverzüglich eine richterliche Entscheidung über die Zulässigkeit der Haft einzuholen, es sei denn, die Herbeiführung der richterlichen Entscheidung würde voraussichtlich länger dauern als zur Durchführung der Maßnahme notwendig wäre.[257] Diese Unterwerfung unter die Verfahrenserfordernisse aus Art. 104 Abs. 2-4 GG lässt darauf schließen, dass der Gesetzgeber die zwangsweise Vorführung durch die Polizei als Freiheitsentziehung im Sinne des Art. 104 GG angesehen hat. In jedem Fall ist aber durch die genannten Verfahrensregeln der Landespolizeigesetze und des BGSG den verfassungsrechtlichen Anforderungen an eine Freiheitsentziehung genüge getan, so dass die Rechtmäßigkeit der Vorführung nach nationalem Recht in jedem Fall gegeben ist.

3. Vereinbarkeit mit Art. 5 EMRK

Die zwangsweise Vorführung stellt eine Freiheitsentziehung im Sinne des Art. 5 EMRK dar. Die Maßnahme dauert typischerweise einige Stunden und fällt damit in den Anwendungsbereich des Art. 5 EMRK. Wie bereits dargestellt, dient die zwangsweise Vorführung der Durchsetzung der Vorladung und damit der Pflicht, an einem bestimmten Ort zu erscheinen. Wie bei der Pflicht, Auskunft über die eigene Identität zu geben oder einen Ort nach einem Platzverweis zu verlassen, handelt es sich bei dieser Pflicht um eine gesetzliche Pflicht, die durch die Verwaltung konkretisiert und aktualisiert wird. Die Vorführung dient der Durchsetzung dieser gesetzlichen Pflicht, so dass es sich bei dieser Maßnahme um ein reines Zwangsmittel ohne Sanktionscharakter handelt, das gemäß Art. 5 Abs. 1 lit. b 2. Alt. EMRK zulässig ist.[258]

Auch sehen die zur zwangsweisen Vorführung ermächtigenden Landesgesetze vor, dass der betroffenen Person in jedem Fall zunächst die Gelegenheit zu geben ist, der Pflicht freiwillig nachzukommen.[259] Bei Einhaltung dieser Vorgaben ist eine Vorführung damit auch verhältnismäßig.

---

257. Meist geschieht dies im Wege der Verweisung auf die Verfahrensregelungen des polizeilichen Gewahrsams: Art. 18 Abs. 1 S. 1 BayPAG; § 31 Abs. 1 S. 1 ASOG Bln; § 15 Abs. 3 S. 2 BbgPolG; § 16 Abs. 1 BremPolG; § 30 Abs. 4 HSOG; § 51 Abs. 4 SOG MV; § 19 Abs. 1 S. 1 NGefAG; § 10 Abs. 3 S. 2 PolG NW; § 15 Abs. 1 S. 1 POG RP; § 35 Abs. 4 SOG LSA; § 20 Abs. 1 S. 1 ThürPAG; § 40 BGSG.

258. *Kopetzki*, EuGRZ 1983, 173 (177).

259. § 27 Abs. 3 PolG BW; Art. 15 Abs. 3 BayPAG; § 20 Abs. 3 ASOG Bln; § 15 Abs. 3 BbgPolG; § 30 Abs. 3 HSOG; § 50 Abs. 3 SOG MV; § 16 Abs. 3 NGefAG; § 10 Abs. 3 PolG NW; § 12 Abs. 3 Nr. 1 POG RP; § 11 Abs. 4 SPolG; § 18 Abs. 5 SächsPolG; § 35 Abs. 3 SOG LSA; § 199 Abs. 3 LVwG SH; § 17 Abs. 3 ThürPAG; § 25 Abs. 3 BGSG.

Abschnitt 3: Frankreich

I. Das französische Gefahrenabwehrrecht

Das französische Gefahrenabwehrrecht zeichnet sich in erster Linie dadurch aus, dass es bislang keine zusammenfassende Kodifizierung erfahren hat. So gibt es in Frankreich nicht das Gefahrenabwehrrecht im Singular.[260] Statt dessen regeln viele verschiedene Gesetzestexte die Aufgaben und Kompetenzen der zuständigen Behörden bei der Wahrnehmung der Aufgabe der Gefahrenabwehr.

A. Organisation der Polizei

Nach französischem Recht ist — wie in Deutschland — für die Abwehr konkreter Gefahren in erster Linie die Polizei zuständig. Die polizeilichen Aufgaben werden in Frankreich von verschiedenen Polizeiorganisationen wahrgenommen. Die klassische Vollzugspolizeibehörde ist auf kommunaler Ebene der Bürgermeister *(police municipale)*, dem kraft seines Amtes die Aufgabe zukommt, die öffentliche Sicherheit aufrecht zu erhalten.[261] Bei dieser Aufgabe handelt es sich jedoch nicht um eine kommunale Selbstverwaltungsangelegenheit, sondern um eine Aufgabe zur Erfüllung nach Weisung. Der Bürgermeister und die *police municipale* unterstehen dem Vertreter des Staates auf Departementsebene, dem Präfekten, und sind ihm gegenüber weisungsabhängig.[262]

1930 wurde die *Police Nationale* gegründet, die dem Innenminister untersteht und in Städten mit mehr als 10.000 Einwohnern die öffentliche Sicherheit und Ordnung aufrecht erhält. Zudem dürfen Städte mit über 10.000 Einwohnern eine Stadtpolizei *(police urbaine)* unterhalten. In Städten und Gemeinden mit weniger als 10.000 Einwohnern ist die *Gendarmerie Nationale*, die dem Verteidigungsministerium untersteht, für die Aufrechterhaltung der öffentlichen Sicherheit und Ordnung zuständig.

Auch in Frankreich kommt der Polizei sowohl die Aufgabe der Abwehr von Gefahren als auch die Aufgabe der Verfolgung von Straftaten zu. Traditionell werden daher die *police judiciaire*, die für den Aufgabenbereich der Strafverfolgung zuständig ist und die *police administrative*, die im Bereich der Gefahrenabwehr tätig ist, unterschieden.[263] Dabei sind die handelnden Personen und Organe der *police judiciaire* und der *police administrative* oft personenidentisch.[264]

---

260. *Camarz*, Police, p. 11.
261. Article L2211-1 CGCT: „Le maire concourt par son pouvoir de police à l'exercice des missions de sécurité publique."
262. Art. L. 2211-1CGCT: „Le maire est chargé, sous le contrôle administratif du réprésentant de l'État dans le département, de la police municipale, de la police rurale et de l'éxécution des actes de l'État qui y sont relatifs."; *Moreau*, CGCT, p. 121.
263. *Marillia*, Pouvoirs, p. 187; *Rougevin-Baville/Denoix de Saint Marc/Labetoulle*, Droit Administratif, p. 290; *de Wolf*, Arrestation, p. 15.

B. Grundsätze des Gefahrenabwehrrechts

Die *police administrative* hat in Frankreich die allgemeine Aufgabe, die öffentlichen Ordnung (*ordre public*) zu schützen.[265] So überträgt Art. L. 2211-1 CGCT dem Bürgermeister die Verantwortung für die *police municipale* und damit gemäß Art. 2211-2 CGCT die Aufgabe der Aufrechterhaltung der Ordnung *(d'assurer le bon ordre)*, der Sicherheit *(la sûreté)* und der öffentlichen Gesundheit *(la salubrité publique)*.[266] Der *police nationale* wird gemäß Art. 4 der *loi d'orientation et de programmation relative à la sécurité* ebenfalls die Aufgabe zugewiesen, für die Aufrechterhaltung des *ordre public* zu sorgen. Schließlich hat auch die *Gendarmerie nationale* gemäß Art. 1 des *décret du 20 mai 1903* die öffentliche Sicherheit zu schützen und die Ordnung zu gewährleisten.

Zur Wahrnehmung dieser Aufgabe bedürfen die Polizeibehörden gesetzlicher Ermächtigungsgrundlagen. Anders als im deutschen Polizeirecht genügt dazu grundsätzlich bereits die gesetzliche Zuweisung einer Aufgabe oder eines Aufgabenbereichs.[267] Dies gilt jedoch nicht für Akte der Vollzugspolizei, soweit diese die verfassungsrechtlich garantierten Freiheitsrechte der Bürger tangieren.[268] Für Eingriffe in die durch die Verfassung garantierten Freiheitsrechte *(libertés publiques)*, deren Ausgestaltung gemäß Art. 34 Abs. 2 der Verfassung von 1958 dem Gesetzgeber vorbehalten ist, ist auch in Frankreich eine spezielle gesetzliche Ermächtigung erforderlich.[269] Derartige Ermächtigungsgrundlagen finden sich als spezielle Eingriffsbefugnisse in verschiedenen Gesetzen, an die die Verwaltung in formeller und materieller Hinsicht gebunden ist.

Über die Vorgaben der Ermächtigungsgrundlage hinaus ist die Verwaltung insbesondere durch die Freiheitsrechte der Bürger *(libertés publiques)*, den Gleichheitssatz *(principe de l'égalité)* und das Verhältnismäßigkeitsprinzip *(principe de proportionnalité)* gebunden. Nicht nur der Gesetzgeber ist daher gehalten, die in der Verfassung garantierten Freiheitsrechte der Bürger zu gewährleisten. Auch die Verwaltung und

---

264. *Lombard*, Droit Administratif, p. 187; Neben der Unterscheidung zwischen police administrative und police judiciaire wird im französischen Recht die police générale von den polices spéciales unterschieden. Die police générale hat allgemein die Aufgabe der Aufrechterhaltung der öffentlichen Ordnung. Die polices spéciales haben spezielle Kompetenzen. Sie sind entweder nur für eine bestimmte Bevölkerungsgruppe zuständig, wie die police des étrangers, oder für bestimmte Aktivitäten, wie die police des taxis, die police de la chasse etc.

265. *Wittzack*, Vollzugspolizeien, S. 163.

266. Diese Aufgabenbeschreibung wird durch eine Reihe von nicht abschließend aufgezählten Beispielen ergänzt. Insbesondere hat die Polizei danach die Aufgabe den Verkehr zu regeln und für einen guten Zustand der Straßen zu sorgen, gegen Tumulte und störenden Lärm vorzugehen, Verschmutzungen öffentlicher Räume zu verhindern und zu beseitigen, provisorische Maßnahmen gegenüber Personen zu ergreifen, die an einer psychischen Störung leiden, Gefahren abzuwehren, die von gefährlichen Tieren ausgehen etc.

267. *Schmitz*, Rechtsstaat, S. 190ff.

268. Dazu *Wittzack*, Vollzugspolizeien, S. 189.

269. *Decocq/Montreuil/Buisson*, Police, Rn. 576.

insbesondere die Polizei haben bei der Anwendung der Gesetze diese *libertés publiques* zu beachten.[270] Die Verpflichtung der Verwaltung zu verhältnismäßigem Handeln ergibt sich aus dem Grundsatz, dass die Freiheit die Regel und die Beschränkung der Freiheit die Ausnahme ist. Eine Maßnahme der Verwaltung ist daher nur dann rechtmäßig, wenn sie erforderlich *(principe de nécessité)* und angemessen *(approprié)* ist.[271] Dazu muss die Maßnahme das mildeste aller geeigneten Mittel darstellen und der konkreten Bedrohung angemessen sein.[272] Die französische Prüfung der Verhältnismäßigkeit beinhaltet also ganz ähnliche Elemente wie sie in der deutschen Rechtsdogmatik des Verhältnismäßigkeitsgrundsatzes entwickelt wurden.

Das französische Gefahrenabwehrrecht zeichnet sich im übrigen insbesondere dadurch aus, dass es — anders als nach deutschen Recht — eigentlich keine hoheitlichen Eingriffe in Rechte der Bürger geben soll, bevor nicht ein strafbares Verhalten oder zumindest der Verdacht einer Straftat besteht.[273] Es besteht allgemeiner Konsens darüber, dass die französische Rechtsordnung sich grundsätzlich für das System der Strafverfolgung (*régime répressif*) entschieden hat, das beinhalte, staatlichen Zwang grundsätzlich erst dann anzuwenden, wenn eine Straftat oder Ordnungswidrigkeit bereits begangen wurde.[274] Präventivpolizeiliche Eingriffsbefugnisse stellen in dieser Systematik einen Fremdkörper dar und werden folglich nur ausnahmsweise zugelassen.[275] Dieses System wird in Frankreich als das grundrechtsschonendste angesehen. Als problematisch erweist sich die Entscheidung für das *régime répressif* jedoch dann, wenn ein Verhalten, das eine konkrete Gefährdung der öffentlichen Ordnung darstellt, nicht strafbewährt ist.[276] In Ermangelung einer Ermächtigungsgrundlage besteht daher in einigen Fällen das Bedürfnis, aus Gründen der Praktikabilität in Einzelfällen Eingriffe zuzulassen, die einer gesetzlichen Grundlage entbehren.[277]

Die ablehnende Haltung gegenüber präventiv-polizeilichen Freiheitsentziehungen beruht in erster Linie auf den Erfahrungen Frankreichs mit präventiven Freiheitsentziehungen. Insbesondere das *internement administratif* und die *assignation à résidence*, die die willkürliche Inhaftierung missliebiger Personen während des Vichy-Systems und der Algerienkrise ermöglichte,[278] haben dazu geführt, dass präventive Freiheitsentziehungen in Frankreich einhellig verurteilt werden.[279] Diese Grundhaltung kommt auch in der Aufhebung des Art. 30 CPP durch Gesetz vom 4. Januar 1993[280] zum

---

270. Conseil d'État 19.05.1933 (Arrêt Benjamin), Rec. CE. 1933, 541.
271. Conseil d'État 19.05.1933 (Arrêt Benjamin), Rec. CE. 1933, 541.
272. *Chapus*, Droit Administratif, Rn. 933.
273. Vgl. *Decocq/Montreuil/Buisson*, Police Rn. 412 und 415; *Robert/Duffar*, Droits de l'homme, p. 115; *Wittzack*, Vollzugspolizeien S. 193f.
274. *Lebreton*, Libertés, p. 132.
275. Vgl. *Decocq/Montreuil/Buisson*, Police, Rn. 412 und 415; *Lebreton*, Libertés, p. 174; *Robert/Duffar*, Droits de l'homme, p. 115; *Wittzack*, Vollzugspolizeien, S. 193f.
276. *Lebreton*, Libertés, p. 173.
277. So z.B die Entscheidungen zur Zulässigkeit von präventiven Identitätskontrollen vor ihrer gesetzlichen Normierung, vgl. unten Kapitel 3 Abschnitt 3 Seite 172.
278. Vgl. dazu oben Kapitel 2 Abschnitt 3 Seite 103.
279. *Wittzack*, Vollzugspolizeien, S. 259f.

Ausdruck. Durch Art. 30 CPP waren dem Präfekten als Teil der Verwaltung dieselben Kompetenzen wie dem Untersuchungsrichter (*magistrat instructeur*) übertragen worden. Der Präfekt war damit auch zur Vornahme von Verhaftungen ermächtigt. Die letzten Fälle, in denen der Präfekt von dieser Ermächtigung Gebrauch gemacht hatte, datieren von 1968. Zwar waren die Kompetenzen des Präfekten auf dem Gebiet der *police judiciaire* seit 1957 beschränkt, da sie nur Verbrechen und Delikte gegen die Sicherheit des Staates betrafen und auch dann nur im Eilfall gegeben waren,[281] dennoch wurde diese Kompetenz als systemfremd angesehen.[282] Durch ihre ersatzlose Streichung sollte die letzte Vermischung zwischen der *police judiciaire* und *police administrative* beseitigt werden.

Unter Verweis auf das *régime répressif* des französischen Rechts wird in den einschlägigen französischen Lehrbüchern darauf hingewiesen, dass die Eingriffsermächtigungen im Bereich der Gefahrenabwehr „logischerweise" „ausgesprochen geringen Umfangs" seien.[283] Dies gelte auch und in besonderem Maße für freiheitsentziehende Maßnahmen. Als Freiheitsentziehung zum Zweck der Gefahrenabwehr und damit als Ausnahme vom Grundsatzes des *régime repressif* werden in der Literatur lediglich die Unterbringung psychisch Kranker, die Haft im Ausweisungsverfahren und von einigen Autoren auch die *contrôles d'identité* angesehen.

C. Verfassunsgrechtliche Vorgaben für Freiheitsentziehungen

Aus der französischen Verfassung von 1958 ergeben sich Vorgaben für Freiheitsentziehungen, die auch freiheitsentziehenden polizeilichen Maßnahmen stets zu beachten sind.

1. Kontrolle durch die Organe der ordentlichen Gerichtsbarkeit

Art. 66 der französischen Verfassung von 1958 schützt das Recht des Einzelnen, nicht willkürlich seiner Freiheit beraubt zu werden. Über die Einhaltung dieser verfassungsrechtlichen Vorgabe sollen gemäß Art. 66 der Verfassung von 1958 die Behörden der ordentlichen Gerichtsbarkeit (*autorité judiciaire)* im Rahmen der geltenden Gesetze wachen:

> „L'autorité judiciaire, gardienne de la liberté individuelle, assure le respect de ce principe dans les conditions prévues par la loi."

Ein Gesetz, das zum Entzug der Freiheit ermächtigt, muss folglich die Kontrolle der Freiheitsentziehung durch die *autorité judiciaire* vorsehen.[284] Zwar könne der Gesetzgeber, so der Conseil Constitutionnel, auch die Verwaltung *(autorité administ-*

280. Loi n° 93-2 du 04.01.1993 portant réforme de la procédure pénale J.O. du 05.01.1993,p. 215.
281. Vgl. zu dieser Kompetenz: *Rivero*, Libertés, Vol. II, p. 30f.
282. Rapport de M. Pezet au nom de la commission des lois A.N. doc n° 2932, 1992.
283. *Cliquennois*, CEDH, p. 53; *Decocq/Montreuil/Buisson*, Police, Rn. 412.
284. Conseil Constitutionnel n° 92-307 du 25.02.1992, J.O. du 12.03.1992, p. 3003.

rative) — beispielsweise in Form der *police administrative* — dazu ermächtigen, unter bestimmten Umständen jemandem die Freiheit zu entziehen, er müsse jedoch stets sicherstellen, dass innerhalb angemessener Frist die *autorité judiciaire* am Verfahren beteiligt wird. Dies gelte umso mehr in den Fällen, in denen eine durch die Verwaltung angeordnete Freiheitsentziehung verlängert werden soll.[285] Eine Bestimmung, nach der eine Abschiebungshaft durch die Verwaltung angeordnet und für längere Zeit aufrecht erhalten werden konnte, ohne dass die *autorité judiciaire* zu beteiligen war, wurde vom Conseil Constitutionnel daher als verfassungswidrig beurteilt.[286]

Da zur *autorité judiciaire* im Sinne des Art. 66 der Verfassung von 1958 neben den Richtern *(magistrats de siège)* auch die Staatsanwälte *(magistrats du parquet)* gehören, kann grundsätzlich auch die Staatsanwaltschaft mit der Kontrolle der durch die Verwaltung angeordneten Haft betraut werden.[287] So sehen einige Gesetze vor, dass Betroffene sich zunächst an den Staatsanwalt wenden können, dass der Staatsanwalt von Amts wegen zu informieren ist oder zumindest bestimmte Kontrollrechte hat.[288] Über einen Zeitraum von 48 Stunden hinaus kann eine Haft jedoch nur durch einen Richter verlängert werden.[289] Zuständig für diese Kontrolle sind ausschließlich die ordentlichen Gerichte, da nur diese und nicht etwa die Verwaltungsgerichte zur *autorité judiciaire* gehören.[290]

2. Verhältnismäßigkeit

Weitere Vorgaben für freiheitsentziehende Maßnahmen der Gefahrenabwehr ergeben sich aus dem Prinzip der Verhältnismäßigkeit. Das verfassungsrechtlich verankerte Prinzip der Verhältnismäßigkeit gebietet insoweit, dass eine Freiheitsentziehung nicht länger andauern darf, als zum Erreichen des polizeilichen Zwecks erforderlich ist. Aus diesem Grund wird eine Freiheitsentziehung im Rahmen der Unterbringung psychisch Kranker in der Regel länger andauern dürfen als eine Freiheitsentziehung zum Zweck der Identitätsfeststellung. In jedem Fall ist jedoch zu gewährleisten, dass

285. Conseil Constitutionnel n° 79-109 du 09.01.1980 AJDA 1980, 356.
286. Conseil Constitutionnel n° 79-109 du 09.01.1980 AJDA 1980, 356.
287. Conseil Constitutionnel n° 93-326 DC du 11.08.1993 J.O. du 11.08.1993, p. 11599: „Considérant que l'autorité judiciaire qui, en vertu de l'article 66 de la Constitution, assure le respect de la liberté individuelle, comprend à la fois les magistrats du siège et ceux du parquet; que si l'intervention d'un magistrat du siège peut être requise pour certaines prolongations de la garde à vue, l'intervention du procureur de la République dans les conditions prévues par la loi déférée ne méconnaît pas les exigences de l'article 66 de la Constitution."
288. Article 78-3 Code de procédure pénale, wonach der Staatsanwalt für die Kontrolle der 'verification d'identité zuständig ist; Art. 35 bis de l'ordonnance 1945, wonach der Staatsanwalt über eine Verlängerung der Abschiebehaft sofort zu informieren ist und jederzeit das Recht hat, die Haftbedingungen zu kontrollieren; Article L3211-6 CSP, wonach es auch Aufgabe des Staatsanwalts ist, die Unterbringung psychisch Kranker zu überwachen.
289. Conseil Constitutionnel n° 81-127 du 19 et 20.01.1981, J.O. du 22.01.1981, p. 308.
290. Vgl. dazu unten Kapitel 10 Abschnitt 3 Seite 448ff.

die betroffene Person aus dem Gewahrsam entlassen wird, sobald der Grund für die Freiheitsentziehung entfällt.[291] Auch diese Vorgabe hat der Gesetzgeber zum Schutz des Rechts auf Freiheit beim Erlass jedes Gesetzes zu beachten, das zum Entzug der Freiheit ermächtigt.

II. Freiheitsentziehende Maßnahmen

Trotz der Entscheidung für das *régime repressif*, das grundsätzlich Eingriffe in die Rechte der Bürger erst im Zusammenhang mit der Strafverfolgung zulässt, finden sich auch im französischen Recht Ermächtigungen der Verwaltung zu freiheitsentziehenden Maßnahmen im Rahmen der Gefahrenabwehr.

A. Das Festhalten zum Zweck der Identitätsfeststellung

Eine in der französischen Rechtsprechung und Lehre besonders umstrittene Maßnahme stellte lange Zeit die polizeiliche Identitätskontrolle *(contrôle d'identité)* dar. Das französische Recht unterscheidet die *contôle d'identité*, und die *vérification d'identité*. Während die *contrôle d'identité* nur den Vorgang der Prüfung der Identität einer Person bezeichnet, umfasst der Prozess der *vérification d'identité* die Maßnahmen, die zur Durchführung der Kontrolle dienen. Dazu gehört vor allem das Festhalten *(rétention)* von Personen zum Zweck der Identitätsfeststellung.[292] Insbesondere durch die mit der *vérification d'identité* verbundenen Maßnahmen kann in die körperliche Bewegungsfreiheit eingegriffen werden,[293] die in Frankreich als *sûreté (la liberté de ne pas être arbitrairement détenu ou arrêté)* geschützt ist.[294]

1. Contrôle d'identité

Die heutige Ausgestaltung der polizeilichen Befugnisse zur Identitätskontrolle ist das Ergebnis einer politisch stets umstrittenen gesetzlichen Entwicklung. Traditionell wurde die Identitätskontrolle in Frankreich eher als Mittel der Strafverfolgung angesehen.[295] Die Identitätskontrolle zum Zweck der Verhinderung von Straftaten bzw. Störungen der öffentlichen Ordnung spielte daher eine untergeordnete Rolle. Obwohl es für diese Identitätskontrollen bis 1981 keine gesetzliche Ermächtigungsgrundlage gab, wur-

---

291. Vgl. Art. 78-3 al. 3 CPP: „La personne qui fait l'objet d'une vérification ne peut être retenue que pendant le temps strictement exigé par l'établissement de son identité." und Art. L3212-8 CSP: „Sans préjudice des dispositions mentionnées à l'article L. 3212-7, il est mis fin à la mesure d'hospitalisation prise en application de l'article L. 3212-1 ou de l'article L. 3212-3 dès qu'un psychiatre de l'établissement certifie que les conditions de l'hospitalisation sur demande d'un tiers ne sont plus réunies".
292. *Robert*, Libertés, p. 285; *Wachsmann*, AJDA 1993, 815 (817).
293. Conseil Constitutionnel n° 80-127 du 19.1.1981, J.O. 22.1.1981, p. 308.
294. *Morange*, ADJA 1981, 285 (287).
295. *Colliard*, Libertés, p. 246.

den sie dennoch zumindest nach der Rechtsprechung des Kassationsgerichtshofs *(Cour de Cassation)* als zulässig angesehen, wenn die besonderen Umstände des Einzelfalls eine derartige Identitätskontrolle erforderlich machten.[296] Allerdings war die Verwaltung nach dieser Rechtsprechung nicht befugt, im Rahmen der *vérification d'identité* eine Person festzuhalten, die weder eine Straftat begangen hatte noch einer solchen verdächtig war.[297]

Durch das Gesetz vom 2. Februar 1981[298] wurde eine Identitätskontrolle zum Zweck der Gefahrenabwehr erstmalig gesetzlich normiert. Mit dem Loi Sécurité et Liberté 1981 eröffnete der Gesetzgeber der Polizei einen größeren Handlungsspielraum. Er ermächtigte die *police judiciaire,* nicht nur im Rahmen der Strafverfolgung, sondern auch zur Verhinderung eines Angriffs auf die öffentliche Ordnung, eine Person, die sich nicht vor Ort ausweisen kann oder will, zum Zweck der Identifizierung mit auf die Polizeiwache zu nehmen. Diese sogenannte *rétention* wurde zur Verhinderung willkürlicher Freiheitsentziehungen mit verschiedenen gesetzlichen Garantien versehen, wie beispielsweise einer zeitlichen Beschränkung auf maximal 6 Stunden.[299] Mit der Zuweisung der Aufgabe präventiver Identitätsfeststellung an die *police judiciaire* brach der französische Gesetzgeber mit dem Grundsatz, dass die Aufgabe der Wahrung der öffentlichen Ordnung der *police administrative* zusteht. Durch eine Änderung des Loi Sécurité et Liberté 1981 wurde 1983 die zulässige Höchstdauer des Festhaltens einer Person zum Zweck der Identitätsfeststellung von 6 auf 4 Stunden gesenkt. Zugleich konnte danach eine *contrôle d'identité* nicht mehr schon dann vorgenommen werden, wenn die öffentliche Ordnung gefährdet war, sondern nur in den Fällen, in denen die Sicherheit einer Person oder von Sachen gegenwärtig gefährdet war. Außerdem sollten Identitätskontrollen an den Orten zulässig sein, an denen eine Gefahr für die Sicherheit von Personen oder Gütern besteht.[300] Die Ermächtigung zur Durchführung auch präventiver Identitätskontrollen wurde im Rahmen dieser Gesetzesänderung in die Strafprozessordnung übernommen. Durch diese Neuregelung sollte die Ermächtigung zur Vornahme von Identitätskontrollen beschränkt und sichergestellt werden, dass Personenkontrollen nicht im Vorfeld politischer oder anderer Versammlungen ohne konkrete Gefährdung vorgenommen werden.[301] Aufgrund der weitgefassten und unbestimmten Rechtsbegriffe und Formulierungen des Gesetzes von 1983 ergaben sich jedoch bei dessen praktischer Anwendung erhebliche Auslegungsschwierigkeiten.[302]

296. Cour de Cassation du 05.01.1973 (Friedel) AJDA 1973, 600 (601).
297. Cour de Cassation du 05.01.1973 (Friedel) AJDA 1973, 600 (601).
298. Loi n° 81-82 renforcant la sécurité et protégeant la liberté des personnes du 02.02.1981 J.O. du 03.02.1981, p. 415.
299. Limouzy, Rapport fait au nom de la commission des lois constitutionnelles, Ass. Nat. Documents 1993, n° 259, p. 7.
300. Loi n° 83-466 du 10.06.1983 portant abrogation ou révision de certaines dispositions de la loi n° 81-82 du 2.2.1981 et complétant certaines dispositions du code pénal et du code de procédure pénale, J.O. du 11.06.1983, p. 1755.
301. Limouzy, Rapport fait au nom de la commission des lois constitutionnelles, Ass. Nat. Documents 1993, n° 259, p. 8.

Mit einer Reform der Regelung kehrte der Gesetzgeber 1986 wieder zur Formulierung des Gesetzes Sécurité et Liberté von 1981 zurück,[303] wonach eine Identitätskontrolle zur Verhinderung eines Verstoßes gegen die öffentliche Ordnung, insbesondere die Sicherheit von Personen und Gütern betreffend, durchgeführt werden kann.[304] Dieses Gesetz wurde entgegen seinem weitgefassten Wortlaut von der Cour de Cassation in ständiger Rechtsprechung einschränkend dahingehend ausgelegt, dass präventive Identitätskontrollen nur bei einer unmittelbar durch das Verhalten der Betroffenen verursachten Gefährdung der öffentlichen Ordnung zulässig waren. Verhaltensunabhängige Kontrolle wurden von der Cour de Cassation als unzulässig angesehen.[305]

Um diese als unpraktikabel empfundene einschränkende Auslegung der Rechtslage durch die Rechtsprechung zu überwinden, erging 1993 schließlich die auch heute noch geltende gesetzliche Regelung der Identitätskontrolle und des Festhaltens zum Zweck der Identitätsfeststellung.[306] Das Gesetz von 1993 bestimmt, dass jede Person „zu jeder Zeit und unabhängig von ihrem Verhalten" kontrolliert werden kann, um eine Gefahr für die öffentliche Ordnung und insbesondere die Sicherheit von Personen und Sachen zu verhindern.[307] Mit Blick auf die Verpflichtungen aus dem „Schengener-Übereinkommen"[308] wurde die Polizei zudem zum Ausgleich der verringerten Grenzkontrollen ermächtigt, innerhalb einer Zone von 40 km von der französischen Staatsgrenze in Häfen, Flughäfen, Bahnhöfen und Straßen des internationalen Transitverkehrs Identitätskontrollen vorzunehmen, um die Einhaltung gesetzlicher Bestimmungen zu überprüfen. Dieses Gesetz erfuhr jedoch noch vor seiner Verkündung insoweit eine Änderung, als der Conseil Constitutionnel das Gesetz nur unter Vorgabe

302. Dazu *Favoreu*, RFD Const. 1993, 835 (838); *Picard*, RFDA 1994, 958 (965); so entschied die Cour de Cassation zB, dass die Gänge der Metro in Paris kein Ort seien, an dem Gefahren für die Sicherheit von Personen oder Sachen bestehen (Arrêté du 04.10.1984 (Kandé) Rec. D. J. 1985, 54).

303. Durch Loi n° 86-1004 du 03.09.1986 relative aux contrôles et vérifications d'identité, J.O. du 04.09.1986, p. 10714, dazu décision du Conseil Constitutionnel n° 86-211 du 26.08.1986, J.O. 27.08.1986, p. 10493.

304. Limouzy, Rapport fait au nom de la commission des lois constitutionnelles, Ass. Nat. Documents 1993, n° 259, p. 11.

305. Cour des Cassation du 10.11.1992 (Bassilika), Rec. D. J. 1993, 36; vgl. dazu *Mayer*, Rec. D. J. 1993, 36.

306. Limouzy, Rapport fait au nom de la commission des lois constitutionnelles, Ass. Nat. Documents 1993, n° 259, p. 13; *Wachsmann*, ADJA 1993, 815 (817).

307. Loi n° 93-323 du 05.08.1993, J.O. du 07.08.1993, p. 11193: „L'identité de toute personne quelque soit son comportement, peut également être contrôlée, selon les modalités prévues au premier alinéa, pour prévenir une atteinte à l'ordre public, notamment à la sécurité des personnes et des biens."

308. Übereinkommen über den schrittweisen Abbau der Kontrollen an den gemeinsamen Grenzen (Schengener-Übereinkommen) vom 14. Juni 1985 und Übereinkommen zur Durchführung des Übereinkommens von Schengen zwischen den Regierungen der Staaten der Benelux-Wirtschaftsunion, der Bundesrepublik Deutschland und der Französischen Republik (Schengener-Durchführungsübereinkommen) vom 19. Juni 1990 (BGBl. 1993 II, 1013).

einer verbindlichen, verfassungskonformen Auslegung *(reserve d'interpretation)*[309] für mit der Verfassung vereinbar erklärte.[310] Eine völlig verhaltensunabhängige Kontrolle der Bürger sei nicht mit den Freiheitsrechten der Verfassung vereinbar. Ein auf dieser Ermächtigung beruhendes Festhalten einer Person verstoße gegen Art. 66 der Verfassung. Die zuständigen Stellen seien daher entgegen der weiten Formulierung des Gesetzes „zu jeder Zeit und unabhängig von ihrem Verhalten" gehalten, Kontrollen nur bei Vorliegen einer konkreten Gefahr für die öffentliche Ordnung durchzuführen.[311] Die vom Gesetzgeber vorgesehene Kontrollzone von 40 km durch den Conseil Constitutionnel auf 20 km beschränkt.[312] Eine Identitätskontrolle ist damit nach geltendem Recht außer zum Zweck der Strafverfolgung nur zulässig, um eine durch das Verhalten der betroffenen Person verursachte Gefährdung der öffentlichen Ordnung, insbesondere der Sicherheit von Personen und Sachen zu verhindern. Zudem ist auch ohne eine solche Gefährdung die Kontrolle der Identität von Personen zulässig, die sich innerhalb des Grenzbereichs von 20 km befinden.[313]

Besonders problematisch gestaltete sich lange Zeit die Kontrolle von Ausländern. Genau wie französische Staatsangehörige, die sich auf dem Gebiet eines Staates aufhalten, kann auch die Identität eines Ausländers kontrolliert werden. Dabei gilt es jedoch diskriminierende und systematische Kontrollen von Ausländern zu verhindern.[314] Nach geltendem Recht gilt für die Kontrolle von Ausländern nun folgende Regelung: Stellt sich im Rahmen einer Identitätskontrolle heraus, dass die kontrollierte Person nicht die französische Staatsangehörigkeit besitzt, ist die Polizei gemäß Art. 78-2 CPP berechtigt, sich dessen Aufenthaltsberechtigungspapiere zeigen zu lassen,[315] da für Ausländer die Pflicht besteht, jederzeit — auch außerhalb der Identitätskontrollen — ihren Aufenthaltstitel vorweisen zu können. Diese Ermächtigung, die durch das Gesetz vom 24. August 1993[316] eingeführt wurde, wurde vom Conseil Constitutionnel ebenfalls nur mit einer verbindlichen einschränkenden Konkretisierung *(reserve d'interprétation)* gebilligt.[317] Danach gilt, dass die Kontrolle der Aufent-

---

309. Bei der Erklärung einer 'reserve d'interprétation' handelt es sich um eine Technik, mit der der Conseil Constitutionnel ein ihm vorgelegtes Gesetz nicht wegen Unvereinbarkeit mit der Verfassung gemäß Art. 6 der Verfassung zurückweist, sondern es verbindlich verfassungskonform auslegt, vgl. dazu *Favoreu*, Décisions, p. 448.

310. Conseil Constitutionnel n° 93-323 du 05.08.1993, J.O. du 07.08.1993 p. 11193.

311. Mit dieser 'reserve d'interprétation' versucht der Conseil Constitutionnel zu verhindern, dass die Verwaltung die Identitätskontrolle systematisch als Mittel zur Überprüfung missliebiger Personen nutzt.

312. Auch nach dieser Beschränkung sind von dieser Regelung unter anderem die Stadtgebiete von Strasbourg, Nizza, Lille und Roubaix betroffen, vgl. *Favoreu*, RFDC 1993, p. 840.

313. Art. 78-2 CPP.

314. *Decocq/Montreuil/Buisson*, Police, Rn. 1126; *Picard*, RFDA 1994, 959 (974).

315. Eingeführt durch Loi n° 86-1004 du 03.09.1986 relative aux contrôles et vérifications d'identité, J.O. du 04.09.1986,p. 10714.

316. Loi n° 93-1027 du 24.08.1993 Art. 5, J.O. du 29.08.1993, p. 2196.

haltspapiere eines Ausländers nur bei Vorliegen objektiver Hinweise auf die Eigenschaft als Ausländer und ohne Diskriminierung irgend einer Art durchgeführt werden dürfen.

2. Vérification d'identité

Im Rahmen einer rechtmäßigen Identitätskontrolle kann der zuständige Polizeibeamte (*officier de police judiciaire*) zur Feststellung der Identität ein Festhalten einer Person anordnen, Art. 78-3 CPP. Da eine allgemeine Personalausweispflicht nicht besteht, sind alle geeigneten Mittel zulässig, um die Identität nachzuweisen. Weigert sich eine Person oder ist sie nicht in der Lage, ihre Identität nachzuweisen, so ist die Polizei berechtigt, die Person am Ort der Kontrolle selbst festzuhalten und weitere Nachforschungen anzustellen bzw. die betroffene Person zu einer Polizeidienststelle zu verbringen, um dort Maßnahmen zur Ermittlung ihrer Identität zu ergreifen. Die betroffene Person hat das Recht, einen Anwalt zu verständigen.[318] Das Festhalten zum Zweck der Identitätsfeststellung darf nur so lange andauern, wie es für die Identifikation der Person unbedingt notwendig ist. Auf keinen Fall dürfen die Betroffenen länger als vier Stunden festgehalten werden. Danach ist die betroffene Person freizulassen.[319] Diese Freiheitsentziehung wird in Abgrenzung zu einer sich gegebenenfalls anschließenden *garde à vue* als Zurückhalten (*rétention*) bezeichnet. Trotz der vergleichsweisen kurzen Dauer der Maßnahme betonte der Conseil Constitutionnel jedoch, dass aufgrund des mit der *rétention* verbundenen Eingriffs in Art. 66 der Verfassung von 1958 die *vérification d'identité* dem Schutz der *autorité judiciaire* unterworfen werden müsse.[320] Die bestehenden Regelungen, die die *police judiciaire* zum Festhalten der Betroffenen ermächtigen und sie in erster Linie dem Schutz des Staatsanwalts unterstellen,[321] hielt der Conseil Constitutionnel für ausreichend.[322]

---

317. Conseil Constitutionnel n° 93-325 du 13.08.1993, J.O. du 18.08.1993, p. 11722; damit wird vom Conseil Constitutionnel die ständige Rechtsprechung der Cour de Cassation in das Gesetz übernommen, derzufolge eine Kontrolle von Ausländern nicht allein aufgrund ihres äußeren Erscheinungsbildes, sondern nur bei Vorliegen objektiver Hinweise auf die Eigenschaft als Ausländer erfolgen darf. Diese Hinweise sind beispielsweise das Abonnement einer fremdsprachigen Zeitung, das Fahren eines nicht in Frankreich zugelassenen Fahrzeugs oder das Spielen typischer Folkloremusik. Allein das Sprechen einer Fremdsprache in Bahnhofsnähe hatte die Cour de Cassation nicht als objektives Indiz anerkannt. Vgl. dazu: Cour de Cassation du 25.04.1985 (Bogdan et Vuckovic), Rec. Dalloz Jur. 1985, 329; Cour de Cassation du 10.03.1992 Bull. Crim. n° 370, 1024, dazu *Moragne*, RDA 1986, 444 (445).

318. Art. 78-3 al. 1 CPP.

319. Art. 78-3 al. 3 CPP. Andernfalls macht sich der verantwortliche Polizeibeamte wegen Freiheitsentziehung im Amt strafbar, Art. 432-4 CP.

320. Conseil Constitutionnel n° 86-211 du 26.08.1986, J.O. du 27.08.1986, p. 10438.

321. Dazu *Robert*, Libertés, p. 290.

322. Zum Rechtsschutz vgl. unten Kapitel 10 Abschnitt 3 Seite 447.

3. Vereinbarkeit mit Art. 5 EMRK

Das Festhalten einer Person vor Ort oder auf der Polizeidienststelle für bis zu vier Stunden zum Zweck der Identitätsfeststellung wird vom französischen Recht nicht als *arrestation* oder *détention,* sondern als *rétention* qualifiziert. Dennoch gehen die französische Literatur[323] und der Conseil Constitutionnel[324] davon aus, dass es sich auch nach französischem Recht um eine Freiheitsentziehung und damit um einen Eingriff sowohl in die Freizügigkeit *(liberté d'aller et de venir)*, als auch in das Recht, nicht willkürlich verhaftet oder inhaftiert zu werden *(sûrté)*, nach Art. 66 der Verfassung von 1958 handelt.

Auch nach dem Maßstab der EMRK handelt es sich bei dem Festhalten durch die Polizei — und dem damit verbundenen allseitigen Ausschluss der körperlichen Bewegungsfreiheit — um eine Freiheitsentziehung im Sinne des Art. 5 Abs. 1 EMRK. Insoweit, als die freiheitsentziehende Maßnahme der Verhinderung einer Störung oder der Abwehr einer Gefahr für die öffentliche Ordnung *(ordre public)*, insbesondere für die Sicherheit von Personen oder Sachen dient, kann diese Freiheitsentziehung nur gemäß Art. 5 Abs. 1 lit. b 2. Alt. EMRK gerechtfertigt sein. Das französische Recht ermächtigt die Polizei nur unter der Voraussetzung zum Festhalten einer Person, dass diese sich weigert oder nicht in der Lage ist, ihre Identität nachzuweisen. Die Freiheitsentziehung dient damit der Durchsetzung der Pflicht, sich auszuweisen. Die Pflicht zum Nachweis der Identität ergibt sich aus der gesetzlichen Verpflichtung jeder Person, die sich auf dem Staatsgebiet Frankreichs befindet, sich unter den gesetzlich normierten Voraussetzungen auf Aufforderung durch die Polizei einer Identitätskontrolle zu unterwerfen.[325] Damit ergibt sich die konkrete Handlungspflicht — Nachweis über die eigene Identität zu erbringen — aus dem Gesetz selbst.[326]

Problematisch erscheint hingegen, dass das Gesetz die Voraussetzungen für die Zulässigkeit einer Identitätskontrolle sehr weit fasst. So lässt der Wortlaut des Gesetzes scheinbar eine verhaltensunabhängige Kontrolle zu. Aufgrund der verbindlichen Auslegung der Bestimmung durch den Conseil Constitutionnel besteht jedoch Klarheit darüber, dass systematische und diskriminierende Kontrollen nicht stattfinden dürfen. Vielmehr muss auch nach der Rechtsprechung der Cour de Cassation eine durch das Verhalten der betroffenen Person verursachte konkrete Gefahr für die öffentliche Ordnung bestehen.[327] Der Begriff der öffentlichen Ordnung *(ordre public)* wird für den

323. *Decocq/Montreuil/Buisson*, Police, Rn. 1158; *Morange*, ADJA 1981, 285 (287); *Wachsmann*, Libertés Publiques, p. 349.

324. Conseil Constitutionnel n° 93-323 du 05.08.1993, J.O. du 07.08.1993 p. 11193, der die Maßnahmen an Art. 66 der Verfassung überprüft.

325. Art. 78-1 CPP: „Toute personne se trouvant sur le territoire national doit accepter de se prêter à un contrôle d'identité effectué dans les conditions et par les autorités de police visées aux articles suivants."

326. *Decocq/Montreuil/Buisson*, Police, Rn. 1066.

327. Cour de Cassation du 10.11.1992 (Procureur général de Paris c/ Bassilika) Rec. Dalloz Jur. 1993, p. 36

Anwendungsbereich von Identitätskontrollen dadurch eingegrenzt, dass gemäß Art. 78-2 CPP eine Gefahr für die öffentliche Ordnung insbesondere in der Gefährdung der Sicherheit von Personen oder Sachen zu sehen ist. Zwar ist diese Aufzählung der Schutzgüter nicht abschließend, sie lässt jedoch erkennen, dass nur derartig schwere Gefährdungen eine Identitätskontrolle verhältnismäßig erscheinen lassen.

Die Freiheitsentziehung durch Festhalten zum Zwecke der Identitätsfeststellung gemäß Art. 78-3 CPP stellt daher eine Freiheitsentziehung zur Erzwingung einer durch Gesetz auferlegten Verpflichtung im Sinne des Art. 5 Abs. 1 lit. b 2. Alt. EMRK dar und ist damit zulässig.

B. Platzverweis

Eine allgemeine Befugnis der Verwaltung, Platzverweise auszusprechen, ist in der französischen Rechtsordnung nicht ausdrücklich normiert. Die Ermächtigung der Polizei, Personen eines Platzes zu verweisen, wird statt dessen aus der Aufgabe der Polizei, die Beachtung der Gesetze zu überwachen, hergeleitet.[328] Platzverweise können danach ausgesprochen werden, wenn und soweit gesetzliche Aufenthaltsverbote bestehen. Auch im Fall aufgelöster oder verbotener Versammlungen oder Ansammlungen (*attroupements*)[329] können Platzverweise ausgesprochen werden.[330] Allein die Auflösung einer Versammlung oder die Aufforderung, eine Platz zu verlassen, stellt jedoch noch keine Freiheitsentziehung im Sinne des Art. 66 der Verfassung von 1958 oder im Sinne des Art. 5 Abs. 1 EMRK dar.

Die Durchsetzung eines Platzverweises wie auch anderer Verwaltungsentscheidungen erfolgt in Frankreich mit dem Zwangsmittel der *exécution d'office*, auch *exécution forcée* genannt. Bei der *exécution d'office* handelt es sich um ein ursprünglich vom Tribunal des Conflits entwickeltes Instrument der Verwaltung zur Vollstreckung von Verwaltungsakten.[331] Die *exécution* einer Norm ist ihre Realisierung, das heißt ihre Durchsetzung bzw. Erzwingung und keine Sanktion ihrer Nichtbefolgung.[332] Als Ausnahme von dem im französischen Recht vorherrschenden Grundsatz, dass die Verwaltung zur Durchsetzung ihrer Akte in Anerkennung des Prinzips der Gewaltenteilung den Richter anzurufen hat, lässt das französische Recht die *exécution d'office* nur unter

328. Vgl. dazu *Wittzack*, Vollzugspolizeien, S. 258.
329. Aufgelöst werden können 'attroupements', die keine politischen Versammlungen oder Demonstrationen darstellen, wenn sie auf öffentlichen Straßen oder Plätzen stattfinden und wenn die Gefahr besteht, dass die öffentliche Ordnung gefährdet werden könnte: Article 431-3 CP: „Constitue un attroupement tout rassemblement de personnes sur la voie publique ou dans un lieu public susceptible de troubler l'ordre public. Un attroupement peut être dissipé par la force publique après deux sommations de se disperser demeurées sans effet, adressées par le préfet, le sous-préfet, le maire ou l'un de ses adjoints, tout officier de police judiciaire responsable de la sécurité publique, ou tout autre officier de police judiciaire, porteurs des insignes de leur fonction."
330. Zur Auflösung von Versammlungen vgl. *Decocq/Montrueil/Buisson*, Police, p. 488ff.
331. Tribunal des Conflits du 02.12.1902 (Sté immobilière de Saint Just), GAJA n°11 12. éd, p. 63.
332. *Dupuis/Guédon/Chrétien*, Droit administratif, p. 448.

engen Voraussetzungen zu.[333] Zulässig ist die *exécution d'office* nur, wenn ein Gesetz die Verwaltung ausdrücklich zur zwangsweisen Durchsetzung eines Verwaltungsakts ermächtigt,[334] wenn ein Fall der besonderen Eilbedürftigkeit vorliegt oder wenn zur Durchsetzung des Verwaltungsakts mangels Strafbewährung der Nichtbefolgung des Verwaltungsakts der Weg zum Strafgericht nicht offen steht.[335] Auch zur Erzwingung gesetzlicher Pflichten vertraut die französische Rechtsordnung somit eher auf die Wirkung der Strafbewährung des Nichtbefolgens von Anordnungen durch die Verwaltung.[336] Voraussetzung für die zwangsweise Durchsetzung ist dabei — bis auf Fälle besonderer Dringlichkeit —, dass der Betroffene der Pflicht nicht freiwillig nachkommt, und stets, dass das von der Verwaltung gewählte Mittel verhältnismäßig ist.[337]

Mit Hilfe der *exécution d'office* kann die Verwaltung einen Verwaltungsakt zwangsweise durchsetzen. Bei vertretbaren Handlungen nimmt die Verwaltung im Rahmen der *exécution d'office* die dem Betroffenen obliegende Pflicht anstelle des Betroffenen und auf seine Kosten vor. Dieses Vorgehen entspricht der Ersatzvornahme des deutschen Rechts. Bei unvertretbaren Handlungen kann die Verwaltung im Rahmen der *exécution d'office* bzw. *-forcée* körperliche Gewalt anwenden, um den Betroffenen zur Befolgung der ihn treffenden Pflicht zu veranlassen.[338] Dieses Zwangsmittel entspricht der Anwendung des unmittelbaren Zwangs im deutschen Verwaltungsvollstreckungsrecht. Wie beim unmittelbaren Zwang des deutschen Rechts ist aber auch die Maßnahme, zu der die Verwaltung im Rahmen der *exécution d'office* beispielsweise bei der Auflösung einer Menschenansammlungermächtigt ist,[339] nur von kurzer Dauer. Die *exécution d'office* kann daher zulässigerweise in einem Wegtragen der Betroffenen,[340] nicht aber in einer Freiheitsentziehung im Sinne des Art. 66 der Verfassung oder des Art. 5 EMRK bestehen.[341] Auch im Rahmen der strafverfolgenden Tätigkeit der Polizei kann eine Freiheitsentziehung zur Durchsetzung eines Platzverweises nicht vorgenommen werden. Zwar stellt das Nichtbefolgen jeglicher verwaltungspolizeilicher Anordnung genereller oder individueller Art gemäß Art. R 610-5 CP eine verfolgbare Übertretung *(contravention)* dar, diese kann jedoch nur mit einer Geldbuße

333. *Dupuis/Guédon/Chrétien*, Droit administratif, p. 454.
334. Beispiele: Art. 431-3 du CP sur les attroupements; Art. L. 3 ou L. 25 du Code de la Route sur le contrôle et mise en fourrière de la voiture.
335. *Dupuis/Guédon/Chrétien*, Droit administratif, p. 454; *Lombard*, Droit administratif, p. 136; *Rivero/Waline*, Droit administratif, p. 109.
336. *Rivero/Waline*, Droit administratif, p. 108.
337. Conseil Constitutionnel n° 79-109 du 09.01.1980 AJDA 1980, 356; *David-Pecheul*, RFDA 1998, 362 (377); *Decocq/Montreuil/Buisson*, Police, Rn. 1061.
338. *Rivero/Waline*, Droit administratif, p. 108.
339. Vgl. Art. 431-3 CP.
340. *Decocq/Montreuil/Buisson*, Police, Rn. 977.
341. Vgl. dazu oben Kapitel 2 Abschnitt 1 Seite 74.

geahndet werden.[342] Zur Durchsetzung eines Platzverweises ist nach französischem Recht folglich eine Freiheitsentziehung im Sinne des Art. 5 Abs. 1 EMRK nicht vorgesehen.

Abschnitt 4: Vereinigtes Königreich

I. Gefahrenabwehrrecht im Vereinigten Königreich

A. Organisation der Polizei

Der Begriff der Polizei bezeichnet im Vereinigten Königreich keine einheitliche Organisation, da die Polizei des Vereinigten Königreichs nicht unter der direkten Kontrolle der Zentralregierung steht,[343] sondern dezentral in sogenannten *local police forces* organisiert ist. Diese Polizeien des Vereinigten Königreichs sind im wesentlichen von der Zentralregierung weisungsunabhängig.[344] Traditionell bildet jede Grafschaft und jeder der Großstadtbezirke einen Polizeibezirk, in dem jeweils eine eigene Polizei eingerichtet ist, wobei einige dieser Polizeien sich mittelerweile zusammengeschlossen haben.[345] Auf diese Weise bestehen heute allein in England und Wales 43 sogenannte *police forces.*[346] Die dezentrale Organisation der Polizei, die bereits seit einiger Zeit in Frage gestellt wird,[347] wurde mittlerweile — zum Beispiel durch die Stärkung der Position des *Home Secretary*[348] — stark relativiert. Dennoch blieb es bis heute grundsätzlich bei der Aufrechterhaltung der lokalen Polizeien.[349] Nach der Zuordnung der Polizeien zu bestimmten Gebieten unterscheidet man die *metropolitan police force* (für den Großraum London), die *City of London police* und die *non-metropolitan police forces.*[350] Neben diesen *local police forces* existieren im Vereinigten Königreich eine Reihe von Spezialpolizeien wie die Hafenpolizei, die Flughafenpolizei, die Polizei für den Güter- und Personenverkehr, eine zentrale Drogenbekämpfungeseinheit *(Central Drugs Intelligence Unit)* etc.[351]

342. Art. R610-5 CP: „La violation des interdictions ou le manquement aux obligations édictées par les décrets et arrêtés de police sont punis de l'amende prévue pour les contraventions de la 1re classe.".
343. Wobei die Regierung insofern einen Einfluss auf die Polizeien hat, als ihr neben einigen Regelungsbefugnissen auch die Kontrolle der Finanzierung der Polizeien zusteht. Dadurch ist gesichert, dass z.B. die Uniformen und das Dienstrecht für die einzelnen Polizeibeamten gleich sind. Direkte Anweisungen kann die Zentralregierung den 'local police forces' jedoch nicht erteilen.
344. *Wade*, Administrative Law, p. 149f.
345. Zu den einzelnen Polizeibezirken vgl. *Heckenberger*, Vollzugspolizei, S. 26.
346. *Wade*, Administrative Law, p. 149.
347. Vgl. Bericht der Royal Commission, Cmnd 1728, 1962 ch. 5.
348. Durch den Police and Magistrates' Courts Act 1994.
349. *Bradley/Ewing*, Constitutional Law, p. 526.
350. Police Act 1996 Sched. 1.
351. *Heckenberger*, Vollzugspolizei, S. 33.

Während die Aufgaben der Polizeiverwaltung im Rahmen der *police forces* der *police authority* zukommt, tritt die Vollzugspolizei dem Bürger durch ihre *constables* gegenüber.[352] Der *constable* ist der klassische englische Polizeibeamte. Dem Amt des *constables* kommt im Polizeirecht des Vereinigten Königreichs von jeher eine besondere Bedeutung zu.[353] Ein *constable* übt seine Befugnisse nicht aufgrund der Zugehörigkeit zu einer Polizeibehörde aus sondern Kraft des ihm übertragenen Amtes.[354] Dem *constable* selbst werden durch die Übertragung des Amtes bestimmte Aufgaben zugewiesen, bei deren Erfüllung er relativ unabhängig und für seine Handlungen selbst verantwortlich ist.[355]

Trotz dieser weitgehenden Unabhängigkeit bei der Ausübung seines Amtes ist der *constable* in die hierarchische Struktur einer *local police force* eingebunden. So untersteht nach dem Police Act 1996 jede *police force* einem *Chief constable*.[356] Für die *Metropolitan Police* übt der Innenminister *(Home Secretary)*, dessen Ministerium die Polizeien zugeordnet sind, diese Funktion aus. Zudem kann er organisatorische, dienstrechtliche und disziplinarische Vorschriften für alle Polizeien erlassen.[357] Der *Home Secretary* ist jedoch nicht berechtigt, den einzelnen Polizeien oder *constables* Weisungen zu erteilen, die ihre Aufgabenwahrnehmung betreffen.[358]

B. Grundlagen des Gefahrenabwehrrechts

Aufgrund der kontinuierlichen Entwicklung auf der Grundlage von Gewohnheitsrecht und Richterrecht basiert das Recht des Vereinigten Königreichs auch heute noch neben dem kodifizierten Recht vor allem auf dem sogenannten Richterrecht (*case law*). Allerdings nimmt auch im Vereinigten Königreich die Bedeutung der Parlamentsgesetze immer mehr zu. Dies gilt in besonderem Maße für das Gebiet des Polizeirechts. Zwar gibt es — wie in Frankreich — keine zusammenfassende Kodifikation des Polizeirechts. In den letzten Jahrzehnten wurden jedoch die meisten der polizeilichen Befugnisse gesetzlich normiert. Einen großen Beitrag zu dieser Kodifikation leistete der Erlass des Police and Criminal Evidence Act 1984 (PACE 1984).[359] Der PACE 1984 enthält eine relativ umfangreiche Regelung polizeilicher Befugnisse, die jedoch in erster Linie der Strafverfolgung dienen.[360] Daneben enthält dieser Act zusammen mit den zu ihm erlassenen *Codes of Practice* allgemeine Regelungen für polizeiliches Vorgehen, wie beispielsweise bezüglich der Behandlung inhaftierter Personen und der

352. Die 'police authority' ist für die Finanzierung der Polizei und deren Personalstruktur zuständig.
353. Vgl. dazu Halsbury's Law of England, Vol. 36 (1), para. 201.
354. *Heckenberger*, Vollzugspolizei, S. 36f.
355. Halsbury's Law of England, Vol. 36 (1), para. 204.
356. *Bradley/Ewing*, Constitutional Law, p. 528.
357. Zu den Aufgaben des Home Secretary vgl. *Wade*, Administrative Law, p. 152ff.
358. *Heckenberger*, Vollzugspolizeien, S. 46f.
359. *Leigh*, Police Powers, p. 41.
360. Ausführlich zum PACE 1984 vgl. *Zander*, Police and Criminal Evidence Act.

Durchführung von Durchsuchungen. Mit dem Erlass des PACE 1984 und der damit verbundenen einheitlichen Regelung dieser polizeilichen Maßnahmen sollte der Mißbrauch polizeilicher Befugnisse beendet werden.[361]

1. Gesetzesvorbehalt

Auch im Recht des Vereinigten Königreichs gilt für Eingriffsmaßnahmen in die Rechte des Bürgers ein Gesetzesvorbehalt. Die Verwaltung bedarf danach für Eingriffe in die Rechte der Bürger einer Befugnisnorm im weiteren Sinne, die sich sowohl aus Parlamentsgesetzen, als auch aus den im Rahmen von Gerichtsentscheidungen herausgebildeten Rechtsgrundsätzen ergeben können. Das Recht des Vereinigten Königreich unterscheidet — anders als das deutsche Recht — auch nicht zwischen Aufgaben- und Befugnisnormen, so dass grundsätzlich bereits die Zuweisung einer Aufgabe als Eingriffsbefugnis genügt.

2. Polizeiliche Aufgaben

Das Recht von Enland und Wales kennt keine positiv-gesetzliche Definition oder Umschreibung des Aufgabenbereichs der Polizei.[362] Einigkeit herrscht dennoch darüber, dass die Hauptaufgabe der Polizei die Aufrechterhaltung des öffentlichen Friedens *(Queen's Peace)*, die Verhinderung von Straftaten und deren Verfolgung sowie der Schutz von Leben und Eigentum ist.[363] Auch im Police (Scotland) Act 1956 werden diese Aufgaben als Pflichten der *constables* genannt.[364] Damit kommen auch der Polizei des Vereinigten Königreichs sowohl Aufgaben der Gefahrenabwehr, als auch Aufgaben der Strafverfolgung zu.[365] Die im deutschen Polizeirecht bedeutsame Unterscheidung zwischen präventiven und repressiven Befugnissen der Polizei spielt jedoch im Recht des Vereinigten Königreichs keine Rolle. Das englische Polizeirecht nimmt diesbezüglich weder eine entsprechende gesetzessystematische noch eine dogmatische Differenzierung vor.[366] Statt dessen stellt es vornehmlich auf die Zweckbestimmung einer Befugnisnorm ab. Da einzelne Befugnisnormen sowohl präventive als auch repressive Zweckbestimmungen haben können und in der Regel auch haben, ist es nur schwer möglich, die Befugnisnormen des Rechts des Vereinigten Königreichs eindeutig den Aufgaben der Gefahrenabwehr oder der Strafverfolgung zu-

361. Report of the Royal Commission on Criminal Procedure 1981 (Cmnd 8092) para 3.75 f.; *Leigh*, Police Powers, p. 37.
362. Rice v. Connolly [1966] 2 QB 414 (419).
363. Haynes v. Harwood [1935] 1 KB, 146 „The primary duty of the police is the prevention of crimes and the arrest of criminals and there is a general duty to intervene to protect life and property" (Maugham LJ at p. 161); Rice v. Connolly [1966] 2 QB 414 „It's part of the obligations of a police constable to take all steps which appear to him necessary for keeping the peace, for preventing crime and for protecting property from criminal injury."(Lord Parker at p. 419).
364. Police (Scotland) Act 1956, sec. 4.
365. *English/Card*, Police Law, p. 604; *Lidstone*, CrimLR [1975], 617.
366. *Heckenberger*, Vollzugspolizei, S. 65.

zuordnen.[367] So stellen die nach deutschem Rechtsverständnis dem Bereich der Gefahrenabwehr zuzurechnenden Ermächtigungen zu Maßnahmen, die der Wahrung der öffentlichen Ordnung dienen, im Vereinigten Königreich häufig Maßnahmen der Strafverfolgung dar. Der Grund dafür ist vor allem, dass das Recht des Vereinigten Königreichs — in erster Linie durch den Public Order Act 1986 — die Mehrzahl der Angriffe auf die öffentliche Ordnung als Straftatbestände normiert.[368] Die Ermächtigung zur vorläufigen Festnahme bei einer Störung des öffentlichen Friedens ist die einzige Festnahmebefugnis des Rechts des Vereinigten Königreichs, die ausschließlich präventiven Zwecken dient.[369]

3. Voraussetzungen polizeilichen Gewahrsams

a) Arrest and detention

Vor der Vornahme eines *arrests* sind die Befugnisse der Polizei sehr beschränkt. So darf eine Person beispielsweise nicht ohne *arrest* festgehalten werden, um durch Befragung oder Durchsuchung festzustellen, ob die Voraussetzungen für einen *arrest* gegeben sind.[370] Auch dem Anhalten und Befragen einer Person muss daher grundsätzlich ein *arrest* vorausgegangen sein. Die meisten der Ermächtigungen zu freiheitsentziehenden Maßnahmen setzen daher voraus, dass zuvor eine Festnahme *(arrest)* stattgefunden hat.[371] Der Begriff des *arrest* ist gesetzlich nicht definiert.[372] Daher ist weiterhin die aus dem Common Law stammende Definition maßgeblich, wonach eine vorläufige Festnahme den Beginn einer Inhaftierung darstellt und dann vorliegt, wenn einer Person ausdrücklich durch unmissverständliches Verhalten erklärt worden ist, dass ihr Recht auf freie Fortbewegung eingeschränkt ist und sie sich ab jetzt nicht mehr beliebig entfernen darf. Handelt die betroffene Person dieser Verpflichtung zuwider, wird sie durch den Einsatz pysischer Gewalt festgehalten.[373]

> „Arrest consists in the seizure or touching of a person's body with a view to his restraint; words may however amount to an arrest if, in the circumstances of the case, they are calculated to bring and do bring to a person's notice that he is under compulsion and that he thereafter submits to the compulsion."[374]

---

367. *Heckenberger*, Vollzugspolizei, S. 73.
368. Strafbar sind nach dem Public Order Act 1986 beispielsweise: violent disorder, riot, affray, fear or provocation of violence (threatenting), harassment, alarm or distress.
369. *Thornton*, Public Order, p. 75.
370. Rice v. Connolly [1966] 2 QB 414 (419): „It is a basic concept of a citizen's right that, unless properly arrested, he cannot be compelled to accompany a police officer or answer any questions put to him by the police officer in the absence of statutory authority"; Kenlin v. Gardner [1967] 2 QB 510; R v. Lemsatef [1977] 2 AllER 835.
371. *Bradley/Ewing*, Constitutional Law, p. 537; allgemein zum arrest vgl. *Feldman*, Civil Liberties, p. 207ff.
372. *De Smith/Brazier*, Constitutional Law, p. 430: „Unfortunately few branches of English law are more obscure or complex than that relating to the powers of arrest."
373. Alderson v. Booth [1969] 2 QB 216; *English/Card*, Police Law, p. 54; *Hill/Fletcher-Rogers*, Police Powers, p. 31.

Eine Freiheitsentziehung muss damit besonderen Anforderungen genügen, um als *arrest* qualifiziert werden zu können, wohingegen jede Freiheitsentziehung eine Haft *(detention)* darstellt.[375] Abzugrenzen ist die Festnahme auch von dem zu einem bestimmten Zweck erfolgenden kurzfristigen An- bzw. Festhalten einer Person, wozu beispielsweise der PACE 1984 im Fall der Vornahme von Durchsuchungen ermächtigt, Sec. 1 ff. PACE 1984.

Die meisten Ermächtigungen zur Vornahme eines *arrests* setzen voraus, dass bereits eine Straftat begangen wurde und dass ein Haftbefehl *(warrant)* vorliegt *(arrest with warrant)*. Ermächtigungen des Richters am Schiedsgericht (*magistrate)* zum Erlass eines solchen Haftbefehls sind sowohl im PACE 1984 als auch in verschiedenen anderen Gesetzen enthalten.[376] Eine der wichtigsten dieser Gesetze ist der Magistrate's Courts Act 1980. Voraussetzung für den Erlass eines Haftbefehls ist jedoch stets, dass die betroffene Person einer Straftat verdächtig ist. Ein *arrest with warrant* spielt daher nur im Bereich der Strafverfolgung eine Rolle. Es gibt aber auch Fälle, in denen nicht erst der Erlass eines Haftbefehls abgewartet werden muss. Ein *arrest without warrant* ist etwa zulässig, wenn eine Person bei der Begehung einer besonders schweren Straftat angetroffen wird, oder verdächtig ist, eine solche begehen zu wollen.[377] Die Rechtslage bezüglich der Festnahmebefugnisse ohne Haftbefehl (*arrest without warrant*) war lange Zeit sehr undurchsichtig und bestand aus einer Mischung von Vorschriften der *statutes* und des Common Law. Die Ermächtigungen durch *statute law* wurden erst 1984 durch den PACE weitestgehend einheitlich kodifiziert. Neben diesem Act blieben aber noch einige andere Ermächtigungsgrundlagen für einen *arrest without warrant* in Kraft, die nach 1984 durch einige weitere Befugnisnormen ergänzt wurden. Aus dem Common Law ergibt sich nunmehr nur noch die Befugnis zur vorläufigen Festnahme bei einer Störung des königlichen Friedens *(breach of the peace)*.[378]

b) Allgemeine Verfahrensregeln

Durch den PACE 1984 wurden das Verfahren und die Rechte der Betroffenen bei einer Freiheitsentziehung durch die Polizei erstmals einheitlich kodifiziert. Neben den Sec. 28 ff. PACE 1984 enthält auch einer der zum PACE 1984 erlassenen *Codes of Practice*[379] (Code C[380]) diesbezüglich diverse Vorschriften. Nach diesen Bestimmungen ist eine Person nach ihrer Verhaftung unverzüglich zu einer Polizeiwache zu bringen, Sec. 30 PACE 1984. Bei dieser Polizeiwache muss es sich grundsätzlich um eine besonders dafür bestimmte Polizeiwache *(designated police station)* handeln. Die *designated police stations* zeichnen sich dadurch aus, dass sie eigens für die Unterbrin-

374. The Royal Commission on Criminal Procedure: The investigation and prosecution of criminal offences in England and Wales: the law 1981, p. 19 (Cmnd 8092-1).
375. *Feldmann*, Civil Liberties, p. 169.
376. Zum Magistrates Court vgl. *Ward,* Legal System, p. 182f.
377. Sec. 24-26 PACE 1984; vgl. dazu unten Kapitel 4 Abschnitt 4 Seite 233.
378. Vgl. dazu unten Kapitel 3 Abschnitt 4 Seite 185.

gung von in Gewahrsam genommenen Personen eingerichtet sind, Sec. 35 PACE 1984. Die betroffene Person muss neben der Tatsache, dass sie verhaftet ist, auch über den Grund der Ingewahrsamnahme und ihre Rechte informiert werden.[381] Während die Person festgehalten wird, hat sie das Recht, Angehörige zu informieren und einen Anwalt einzuschalten, Code C para. 3.1. Auch über diese Rechte ist eine Person direkt bei der Ankunft in der *police station* zu informieren, Code C para. 3.1.

Die in Gewahrsam genommenen Personen sollen, soweit möglich, einzeln untergebracht werden. Die Räumlichkeiten, in denen die Unterbringung erfolgt *(cell)*, müssen entsprechend geheizt und belüftet sein und die Betroffenen sollen keiner zusätzlichen Beschränkung unterworfen werden.[382] Auch für die notwendigen hygienischen Einrichtungen sowie die Einrichtung der Räumlichkeiten trifft der Code C entsprechende Regelungen.[383] Schließlich ist gemäß Code C para. 9.2 die ärztliche Betreuung der Betroffenen sicherzustellen. Sogenannte *review officer* überwachen in regelmäßigen Abständen die Rechtmäßigkeit der Haft.[384] Die erste Überprüfung soll innerhalb der ersten sechs Stunden erfolgen, die zweite spätestens neun Stunden nach der Ingewahrsamnahme. Danach soll mindestens alle neun Stunden eine Überprüfung stattfinden.[385] Die Person ist aus dem Gewahrsam zu entlassen, sobald der Grund für die Ingewahrsamnahme entfallen ist, Sec. 30 (7), Sec. 34 (1) PACE 1984 und Code C para 1.1.

Ihrem Wortlaut nach regeln die Vorschriften des PACE 1984 nur die Haft *(„police detention")* nach einer Festnahme im Sinne des Gesetzes oder in dem Fall, dass sich eine Person freiwillig in polizeilichen Gewahrsam begibt, ss. 35 und 118 (2) PACE 1984. Jedoch wird der Anwendungsbereich des PACE 1984 durch das Home Office Circular on PACE insoweit erweitert, als danach die Bestimmungen des PACE 1984, die die Haft von Personen betreffen, auf jede Form des polizeilichen Gewahrsams und auf die Abschiebehaft anwendbar sind, para. 33. Auch die Bestimmungen des ent-

379. Nach deutschem Rechtsverständnis sind die Codes of Practice ihrer Rechtsnatur nach zwischen einer Rechtsverordnung und einer internen Verwaltungsanweisung einzuordnen. Die in ihnen garantierten Rechte sind vom Einzelnen zwar nicht als subjektive Rechte durchsetzbar, auch haben die Normen keine strafrechtliche Relevanz. Verstöße gegen die Regelungen können jedoch disziplinarrechtliche Konsequenzen nach sich ziehen, Sec. 67 PACE 1984; zur Bedeutung der Codes of Practice vgl. auch *Carroll*, Constitutional Law, p. 327; *Pollard*, Administrative Law, p. 767 ff.

380. Code of Practice for Detention, Treatment and questioning of Persons by Police Officers (Code C).

381. Die entsprechende Belehrungsformel im Falle der Festnahme wegen des Verdachts einer Straftat lautet: „You do not have to say anything. But it may harm your defence if you do not mention when questioned something which you later rely on in court. Anything you do say may be given in evidence".

382. Code C para. 8.1. ff.

383. Code C para. 8.

384. In den Fällen in denen keine Anklage erhoben wurde oder noch keine Anklage erhoben wurde, muss dieser officer den Rang eines Inspektors haben und darf nicht an der Ingewahrsamnahme beteiligt gewesen sein.

385. Sec. 40 PACE 198.4; dazu *Leigh*, Police Powers, p. 108.

sprechenden Code of Practice sind gemäß Code C para 1.10 und 1.11. auf alle Gewahrsamsformen anwendbar, unabhängig davon, ob sie im Rahmen der Strafverfolgung erfolgen oder nicht.[386]

II. Freiheitsentziehende Maßnahmen

A. Breach of the peace

Eine Besonderheit des Gefahrenabwehrrechts des Vereinigten Königreichs stellt die Befugnis der Polizei und der Bürger dar, einer Person die Freiheit zu entziehen, wenn diese einen sogenannten Verstoß gegen den königlichen Frieden *(breach of the peace)* begeht oder wahrscheinlich begehen wird. Das Konzept des *breach of the peace* ist eine traditionsreiche Rechtsfigur des Common Law, deren Ursprünge sich bis in das zehnte Jahrhundert zurückverfolgen lassen.[387]

1. Voraussetzungen des breach of the peace

Die Aufrechterhaltung des königlichen Friedens — *„the Queen's peace"*— gehört zu den Hauptaufgaben der Polizei des Vereinigten Königreichs.[388] Der Begriff des königlichen Friedens umschreibt die Aufrechterhaltung der öffentlichen Sicherheit und der öffentlichen Ordnung *(good order)*, die es den Untertanen ihrer Majestät erlauben soll, ihr Leben ohne Beeinträchtigung durch andere Bürger zu leben.[389] Eine gesetzliche Definition des königlichen Friedens oder der Voraussetzungen eines Verstoßes gegen diesen existiert nicht. Einschlägig ist daher insoweit das Common Law. Gemäß der von den Gerichten im Laufe der Zeit entwickelten Grundsätze liegt ein Verstoß gegen den königlichen Frieden *(breach of the peace)* vor, wenn:

> „[...] harm is actually done or is likely to be done to a person or in his presence to his property or a person is in fear of being so harmed through an assault, an affray, a riot, unlawful assembly or other disturbance."[390]

Ein *breach of the peace* liegt damit vor, wenn

- eine Person oder ihr Eigentum gegenwärtig geschädigt wird,
- wenn eine Schädigung der Person oder ihres Eigentums wahrscheinlich bevorsteht,
- oder wenn die Person den Eintritt eines Schadens für diese Rechtsgüter durch eine Schlägerei, einen Aufruhr oder eine andere Störung der öffentlichen Ordnung fürchtet.[391]

---

386. Vgl. dazu *Zander*, PACE, p. 83.
387. Law Commision Report n°222, 1994 para. 2.1. und 4.15; *Marston/Ward*, Constitutional Law, p. 475.f.
388. Halsbury's Law of England, 4th ed. London, Vol. 36(1), para. 524.
389. *English/Card*, Police Law, p. 604.
390. So Lord Justice Watkins in R v. Howell [1982] 1 QB 416 (427).
391. Zu den einzelnen Merkmalen vgl. *Williams*, [1954] CrimLR 578.

Voraussetzung eines *breach of the peace* ist stets die Anwendung oder Androhung von Gewalt bzw. ein Verhalten, das den Einsatz von Gewalt zumindest hervorrufen kann.[392] Dabei ist es unerheblich, ob sich der *breach of the peace* in einem öffentlichen oder privaten Raum oder Platz abspielt.[393] Auch muss das Verhalten selbst nicht zwingend rechtswidrig sein. Es genügt vielmehr, dass das Verhalten zumindest geeignet ist, eine Reaktion zu provozieren, die wiederum zu einem entsprechenden Schaden führen kann.[394]

Trotz der gerichtlichen Umschreibung der Voraussetzungen eines *breach of the peace* kann jedoch im Einzelfall unklar sein, wann ein solcher vorliegt.[395] Problematisch sind dabei in erster Linie die Fälle, in denen eine Störung der öffentlichen Ordnung bzw. eine Gefährdung der genannten Rechtsgüter noch bevorsteht und die Fälle, in denen das Verhalten des Betroffenen lediglich dazu geeignet ist, andere zu provozieren. Zudem lässt die Definition offen, ob die Störung des königlichen Friedens vorsätzlich erfolgen muss oder nicht.[396] Auch das Tatbestandsmerkmal der „anderen Störung der öffentlichen Ordnung" *(disturbance)* wird im Einzelfall von den Gerichten unterschiedlich weit ausgelegt.[397]

So wurde das Vorliegen eines *breach of the peace* in einem Fall angenommen, in dem der Betroffene auf einem Marktplatz eine Muscheltrompete blies und trotz des Verbotes durch die Polizei, die aufgrund von Beschwerden von Anwohnern und Passanten einschritt, nicht damit aufhörte. Er wurde wegen Verstoßes gegen den königlichen Frieden festgenommen.[398] Im Fall *Nicol* wurden Personen verhaftet, weil sie bei einem Angelwettbewerb, an dem 40 Angler teilnahmen, aus Protest gegen die Sportart Stöcke und Zweige ins Wasser warfen, um die Angler am Fischen zu hindern. Obwohl sie weder Gewalt anwendeten noch mit einer Gewaltanwendung drohten, wurden sie wegen eines Verstoßes gegen den königlichen Frieden verhaftet, da ihr Verhalten geeignet war, eine Konfrontation zu verursachen.[399] Auch das gegen die Ver-

392. So Justice Collins in Percy v. Director of Public Prosecutions [1995] 1 WLR 1382 (1392).
393. McConnell v. Chief Constable of the Greater Manchester Police [1990] 1 All ER 423 (429) „At Common law a breach of the peace can occur on private premises even if the only persons likely to be affected by the breach of the peace are inside the premises and no member of the public outside the premises is involved"; R v. Cief constable of Devon and Cornwall, ex parte Central Electricity generating Board [1992] QB 458 (477f); *Hill/Fletscher-Rogers*, Police Powers, p. 32.
394. Percy v. Director of Public Prosecutions [1995] 1 WLR 1382 (1392); Nicol and Selvanayagam v. Director of Public Prosecutions [1996] JPR 155 (163). Die Rechtsprechung im Fall R. v. Chief Constable of Devon and Cornwall, ex parte Central Electricity Generating Board [1982] Queen's Bench Reports 458 (472), derzufolge bereits das Abhalten einer Person von ihrer Arbeit einen 'breach of the peace' darstellt, auch ohne dass Gewalt ausgeübt, angedroht oder provoziert wird, setzte sich dagegen nicht durch. Ihr wurde schon im Urteil Percy v. Director of Public Prosecutions [1995] 1 WLR 1382 nicht gefolgt.
395. *Williams*, CrimLR [1954] 578.
396. Law Commission Report, n° 222, 1994, para. 4.16.
397. *Heckenberger*, Vollzugspolizei, S. 76.
398. R v. Crown Copurt of inner London, ex parte Benjamin (1987) 85 CrimAppR 267.
399. Es handelte sich um ein „conduct whereby a breach of the peace was likely to be occasioned".

haftung angerufene Gericht befand, dass das Verhalten der Betroffenen einen *breach of the peace* darstelle, da es mit einiger Wahrscheinlichkeit die Angler zur Anwendung von Gewalt provozieren konnte.[400]

Auch das Verhalten des Beschwerdeführers im Fall *Davies* stellte nach Ansicht des Gerichts einen *breach of the peace* dar. Dem langjährigen Mitglied der South Wales Miner's Federation, Davies, wurde durch die Polizei untersagt, während eines Streiks an den Kundgebungen teilzunehmen. Davies, der dieser polizeilichen Anordnung zuwider handelte, wurde wegen eines *breach of the peace* festgenommen.[401] In anderen Fällen wurde die Zuwiderhandlung gegen ein polizeilich verhängtes Aufenthaltsverbot als *breach of the peace* angesehen, wenn der Aufenthalt der betroffenen Person andere zu Gewalt provozieren konnte oder von den Personen die Gefahr der Gewaltanwendung ausging.[402] Selbst das mehrfache unbefugte aber friedliche Eindringen einer Demonstrantin in eine Militärkaserne wurde als *breach of the peace* angesehen, obwohl sich die Demonstrantin in jedem Fall ohne Gegenwehr abführen ließ.[403]

In den Fällen, in denen ein *breach of the peace* allein aufgrund der Provokation zur Gewaltanwendung angenommen wird, bereitet zudem die Frage nach dem „Störer" den Gerichten teilweise Probleme. So hatte ein Gericht den Fall zu beurteilen, in dem ein Gerichtsvollzieher das Geschäft eines Schuldners betreten hatte, um dort zu vollstrecken. Der Schuldner und Inhaber des Geschäfts warf ihn aus demselben hinaus und drohte ihm mit der Anwendung körperlicher Gewalt. Sowohl der Schuldner als auch der Gerichtsvollzieher riefen daraufhin die Polizei, die angesichts der erhitzten Gemüter eine Störung des königlichen Friedens befürchtete und den Gerichtsvollzieher anwies, das Geschäft zu verlassen. Als der Gerichtsvollzieher sich weigerte zu gehen, wurde er verhaftet und mit Handschellen abgeführt. Das Gericht stellte fest, dass tatsächlich ein *breach of the peace* gedroht hatte. Die Entscheidung, den Gerichtsvollzieher festzunehmen, sei jedoch falsch gewesen, da die erste Provokation vom Schuldner ausgegangen sei.[404] Auch in einem Fall, in dem in der Öffentlichkeit betende Menschen durch ihr Verhalten Passanten zu gewalttätigem Verhalten provozierten, war umstritten, ob die Passanten oder die Betenden verhaftet werden durften. Während in erster Instanz entschieden wurde, dass die Passanten zu verhaften gewesen wären, entschied die zweite Instanz, dass der *breach of the peace* durch die betenden Personen begangen worden sei und demzufolge diese zu verhaften gewesen wären.[405]

---

400. Nicol and Sevanayagam v. Director of Public Prosecutions (1996) 160 JPR, 155.
401. Davies v. Griffith [1937] 2 All ER 671 (672).
402. So wurde im Fall Mc Connell v. Chief Constable of the Greater Manchester Police [1990] 1 All ER 423 (429) ein Kunde eines Teppichgeschäfts verwiesen und bei seiner Rückkehr festgenommen und im Fall R v. Podger [1979] CrimLR 524 beging der geschiedene Ehemann, dem im Rahmen eines Familienkrachs ein Hausverbot erteilt worden war, durch seine Rückkehr einen 'breach of the peace'.
403. Percy v. Director of Public Prosecutions [1995] 1 WLR 1382.
404. Bibby v. Chief Constable of Essex [2000] JCL 482.

2. Eingriffsbefugnisse bei einem breach of the peace

Zur Verhinderung eines *breach of the peace* kann die Polizei alle erforderlichen Maßnahmen ergreifen. Voraussetzung hierfür ist, dass die Gefahr einer Störung des öffentlichen Friedens in einem nahen zeitlichen und räumlichen Zusammenhang bevorsteht und die Störung von einer Person durch Gewaltanwendung verursacht wird.[406] Zur Verhinderung von Störungen des königlichen Friedens stehen der Polizei im Vereinigten Königreich verschiedene Befugnisse zur Verfügung, die ihrer Intention nach allein dem präventiven Tätigkeitsbereich zuzuordnen sind und den Eintritt eines (weiteren) Schadens verhindern sollen.[407]
Zur Verhinderung einer unmittelbar bevorstehenden Störung des königlichen Friedens kann die Polizei beispielsweise Platzverweise aussprechen, wovon insbesondere im Zusammenhang mit der Auflösung von Versammlungen Gebrauch gemacht wird.[408] Wird der entsprechenden Anordnung eines *constable* zuwidergehandelt, so wird damit zugleich das Delikt der Behinderung eines Polizeibeamten bei der Amtsausübung *(obstructing a police officer in the execution of his duty)* verwirklicht, das gemäß Sec. 51 Police Act 1964 unter Strafe gestellt ist.[409]

Eine andere — und zugleich die wichtigste — Maßnahme, zu der ein bevorstehender *breach of the peace* die Polizei berechtigt, ist ein *arrest without warrant.* Die Person, von der eine Störung des königlichen Friedens ausgeht, sei es durch ihre eigene oder eine provozierte Gewalttätigkeit, kann festgenommen und mit zu einer Polizeiwache genommen werden.[410] Auch ermächtigt das Common Law dazu, eine Person zur Abwehr oder Verhinderung einer Störung des königlichen Friedens längerfristig festzuhalten, wenn dies im Einzelfall erforderlich und verhältnismäßig ist, etwa, damit sich die Betroffenen beruhigen können und von ihrem Vorhaben ablassen.[411] Sobald die Gefahr eines *breach of the peace* nicht mehr besteht, sind die betroffenen Personen unverzüglich freizulassen oder einem *magistrate* zuzuführen.[412]

---

405. Redmond-Bate v. DPP [2000] JCL 272.
406. *Heckenberger*, Vollzugspolizei, S. 77.
407. Bei einer bereits beendeten Störung sind diese Befugnisse daher nicht mehr einschlägig, R v. Howell [1982] Q.B. 416 (426).
408. Duncan v. Jones [1936] 1 KB 218; Moss and others v. McLachlan [1985] IRLR 77; vgl. auch *De Smith/Brazier*, Constitutional Law, p. 484; *Thornton*, Public Order, p. 74.
409. Dazu *Shorts/Than*, Civil Liberties, p. 25ff.; vgl. dazu unten Kapitel 3 Abschnitt 4 Seite 198.
410. Zu dieser Befugnis vgl. *Williams*, [1954] CrimLR 578 (583ff.).
411. R v. Podger, [1979] CrimLR 524 (525).
412. R v. Podger, [1979] CrimLR 524 (525) „It is clear that where a breach of the peace has occured but is over and there is no ground for believing, that it will be renewed, there is no power of arrest.".

Die Befugnis, eine Person wegen *breach of the peace* festzunehmen, richtet sich nicht nur an Polizeibeamte, sondern auch an Privatpersonen. Dies ergibt sich aus dem traditionellen Grundgedanken des englischen Polizeirechts, wonach grundsätzlich jeder Bürger für die Aufrechterhaltung des öffentlichen Friedens verantwortlich ist:[413]

„(...) every citizen in whose presence a breach of the peace is being or reasonably appears to be about to be committed, has the right to take reasonable steps to make the person who is breaking or threatening to break the peace refrain from doing so; and those reasonable steps in appropriate cases will include detaining him against his will. At common law this is not only the right of every citizen, it is also his duty, although, except in the cases of a citizen who is a constable, it is a duty of imperfect obligation" (Lord Diplock). [414]

Diese Befugnis besteht auch nach der Kodifizierung der meisten Festnahmebefugnisse im PACE 1984 als Befugnis des Common Law weiter. [415] Der Bürger, der eine andere Person wegen eines *breach of the peace* verhaftet, muss diese jedoch schnellstmöglich einem Friedensrichter oder einem Polizeibeamten zuführen.[416]

3. Vereinbarkeit mit Art. 5 EMRK

Das Vorliegen eines *breach of the peace* berechtigt nach der Rechtsordnung des Vereinigten Königreichs zu Freiheitsentziehungen im Sinne des Art. 5 Abs. 1 EMRK, die auch — insbesondere im Zusammenhang mit dem Verfahren der Verwarnung mit Strafvorbehalt (*binding over*)[417]— typischerweise von längerer Dauer ist. Diese Freiheitsentziehung müsste daher einem der in Art. 5 Abs. 1 S. 2 EMRK genannten zulässigen Haftgründe entsprechen. In Betracht kommt insoweit lediglich der Haftgrund der Durchsetzung einer durch Gesetz auferlegten Verpflichtung gemäß Art. 5 Abs. 1 lit. b 2. Alt. EMRK oder die Haft zur Verhinderung einer Straftat gemäß Art. 5 Abs. 1 lit. c 2. Alt. EMRK. In beiden Fällen muss die Freiheitsentziehung jedoch „*lawful*" sein und auf einem Gesetz beruhen, das hinreichend bestimmt ist, so dass der Bürger die Folgen seines Verhaltens vorhersehen kann.[418] Darüber hinaus muss im Rahmen des Art. 5 Abs. 1 lit. b 2. Alt. EMRK die gesetzliche Verpflichtung, zu deren Durchsetzung

---

413. Zu den Risiken des Bürgers, bei einer rechtswidrigen Freiheitsentziehung vgl. *De Smith/Brazier*, Constitutional Law, p. 432.

414. Albert v. Lavin [1982] A.C. 546 (565).

415. Sie ist durch die Regelung der Sec. 25(6) PACE 1984 von der grundsätzlichen Aufhebung aller bisher bestehenden Festnahmebefugnisse ausgenommen; vgl. auch *Thornton*, Public Order, p. 73.

416. John Lewis & Co. Ltd. v. Tims [1952] A.C. 676 (691) „Those who arrest must be persuaded of the guilt of the accused, they cannot bolter up their assurance or strength of the case by seeking further evidence and detaining the man arrested meanwhile or taking him to some spot where they can or may find further evidence. The accused person has to be brought before a Justice of the Peace whithin a reasonable time, it being always remembered, that this time should be as short as is reasonable practicable" (Lord Porter); und Dallison v. Caffery [1965] 1 Q.B. 348; 366f) „The private person must, as soon as he reasonably can, hand the man over to a constable or take him to the police station or take him before a magistrate" (Lord Denning M.R.).

417. Vgl. dazu unten Kapitel 3 Abschnitt 4 Seite 193.

418. Vgl. dazu oben Kapitel 2 Abschnitt 1 Seite 82.

eine Freiheitsentziehung zulässig ist, selbst hinreichend konkret sein. Der Haftgrund des Art. 5 Abs. 1 lit. c 2. Alt. EMRK setzt in Verbindung mit Art. 7 Abs. 1 EMRK voraus, dass die Straftat, zu deren Verhinderung eine Freiheitsentziehung zulässig ist, ihrerseits hinreichend bestimmt ist.[419] Gerade die Bestimmtheit der Gründe und der Voraussetzungen für eine Freiheitsentziehung ist jedoch im Fall des *breach of the peace* problematisch.

Der EGMR hatte im Fall *Steel* die Gelegenheit, sich zur Vereinbarkeit einer Festnahme wegen des Verstoßes gegen den königlichen Frieden zu äußern und ging in diesem Zusammenhang auf die Bestimmtheit der Ermächtigung des *breach of the peace* ein.[420] Nach Auffassung des EGMR haben die Gerichte des Vereinigten Königreichs in den vergangenen zwei Jahrzehnten die Voraussetzungen eines *breach of the peace* hinreichend konkretisiert. Die im Fall *R v. Howell*[421] gegebene Definition des *breach of the peace* sei hinreichend präzise, so dass die Bürger in der Lage seien, ihr Verhalten danach auszurichten. Damit genüge die Befugnis zur Festnahme bei *breach of the peace* den Anforderungen der Konvention an die Bestimmtheit eines zu Freiheitsentziehungen ermächtigenden Gesetzes.[422]

Auch wenn der EGMR bereits in verschiedenen anderen Urteilen festgestellt hat, dass die Anforderungen, die die Konvention an die Bestimmtheit eines Gesetzes stellt, nicht besonders hoch sind,[423] stellt die Rechtsprechung im Fall *Steel* wohl eine noch weitergehende Aufweichung dieser rechtsstaatlichen Forderung dar. Wenn die Bestimmtheit einer Ermächtigung zu freiheitsentziehenden Maßnahmen voraussetzt, dass für den Einzelnen zumindest mit der Hilfe rechtlichen Rates erkennbar sein soll, unter welchen Umständen ihm die Freiheit entzogen werden kann, so muss die Figur des *breach of the peace* wohl — in Anbetracht der oben dargestellten Rechtsprechung — als zu unbestimmt bezeichnet werden. Das Common Law ermächtigt die Polizei und die Bürger zu Freiheitsentziehungen, wenn ein Verstoß gegen den königlichen Frieden droht. Ein *breach of the peace* liegt nach der Definition im Fall *R v. Howell* immer schon dann vor, wenn eine Person unter Anwendung von Gewalt oder unter Androhung von Gewalt den königlichen Frieden stört oder zu stören droht oder andere zur Anwendung oder Androhung von Gewalt provozieren könnte oder aber, wenn eine Person die Anwendung von Gewalt gegen sich oder ihr Eigentum fürchtet.[424] Neben der umstrittenen Frage, welche Rolle das Element der Gewalt bei einem *breach of the peace* spielt,[425] ist insbesondere in den Fällen der Provokation unklar, welche Personen überhaupt festgenommen werden dürfen. Auch die Rechtsprechung

---

419. Vgl. zum Bestimmtheitserfordernis für Strafgesetze oben Kapitel 3 Abschnitt 1 Seite 129.
420. EGMR 23.09.1998, Steel and others/United Kingdom, Reports 1998-VII, para. 52 ff.
421. R v. Howell [1982] 1 QB 416 (427).
422. EGMR 23.09.1998, Steel and others/United Kingdom, Reports 1998-VII, para. 55.
423. Vgl. dazu oben Kapitel 2 Abschnitt 1 Seite 82.
424. Vgl. dazu oben Kapitel 3 Abschnitt 4 Seite 185.
425. Keine Rolle spielt die Gewalt im Fall R. v. Chief Constable of Devon and Cornwall, ex parte Central Electricity Generating Board [1982] Queen's Bench Reports 458 (472) und in DPP v. Orum [1989] 1 WLR 88 (94).

ist in diesem Punkt unklar.[426] Uneinigkeit besteht in der Rechtsprechung weiter darüber, ob die Annahme, ein *breach of the peace* stehe unmittelbar bevor, nur getroffen werden kann, wenn der beurteilende Polizist am Ort der Handlung anwesend ist.[427] Während im Fall *R v. Howell*[428] und *Albert v. Lavin*[429] davon ausgegangen wurde, dass bei einer Verhaftung wegen *breach of the peace* die körperliche Anwesenheit des *constable* am Ort des bevorstehenden Verstoßes gegen den königlichen Frieden erforderlich ist, wurde im Urteil *Moss v. McLachlan*[430] auch eine Festnahme zur Verhinderung eines *breach of the peace* für zulässig erachtet, dessen Eintritt in einer anderen Stadt befürchtet wurde. Aufgrund dieser unklaren Rechtslage kann der Bürger gerade nicht die Konsequenzen seines Verhaltens vorhersehen.

Für eine Rechtfertigung der Festnahmen gemäß Art. 5 Abs. 1 lit. b 2. Alt. EMRK müsste sich dem Konzept des *breach of the peace* zudem eine spezifische und hinreichend konkrete Verpflichtung entnehmen lassen, zu deren Durchsetzung eine Freiheitsentziehung zulässig wäre. Seit dem Urteil im Fall *Lawless*[431] fordert der EGMR in ständiger Rechtsprechung, dass die gesetzliche Pflicht im Sinne des Art. 5 Abs. 1 lit. b 2. Alt. EMRK eine hinreichend konkrete Pflicht sein muss, um der Gefahr willkürlichen Freiheitsentzugs zu begegnen. Eine allgemeine Verpflichtung zu polizeigemäßem Verhalten oder zur Befolgung von Anordnungen der Polizei genügt nach der Rechtsprechung des EGMR den Anforderungen an die Bestimmtheit der Pflicht im Sinne des Art. 5 Abs. 1 lit. b 2. Alt. EMRK ausdrücklich nicht.[432]

Auch und gerade der Fall *Steel* zeigt, wie wenig konkret die Pflichten sind, deren Nichtbefolgung eine Freiheitsentziehung wegen *breach of the peace* rechtfertigen können. Mrs. Steel hatte als Tierschützerin an einer Demonstration gegen eine Moorhuhnjagd teilgenommen. Sie wurde wegen eines *breach of the peace* festgenommen, als sie sich vor den Lauf eines Gewehrs stellte und wurde daraufhin zunächst für die Dauer der Jagd in einem Polizeiauto festgehalten. Eine zweite Demonstrantin wurde festgenommen, weil sie nicht von einem Baum herabstieg, der zum Bau einer Autobahn gefällt werden sollte. Die anderen Antragsteller im Fall *Steel* schließlich demonstrierten während einer internationalen Konferenz gegen einen geplanten Handel mit Kampfhubschraubern. Sie entrollten Transparente und verteilten Flugblätter und wurden allein deshalb wegen eines *breach of the peace* festgenommen. Die Pflicht, zu deren Durchsetzung die Festnahme erfolgte, war damit die sehr allgemeine Pflicht zur Wahrung des königlichen Friedens und/oder zur Befolgung polizeilicher Anordnungen und damit gerade keine hinreichend konkrete Pflicht im Sinne des Art. 5 Abs. 1 lit. b 2. Alt. EMRK.

---

426. Dazu *Kerrigan*, [1999] JCL, 246 (248).
427. Dazu *Nicolson/Reid*, [1996] CrimLR, 764 (767).
428. R. v. Howell [1982] 1 QB 416 (427).
429. Albert v. Lavin [1982] AC 546 (565).
430. Moss v. McLachlan [1985] IRLR 76 (78).
431. EGMR 01.07.1961 Lawless/Ireland, Series A 3.
432. EGMR 01.07.1961 Lawless/Ireland, Series A 3 para. 12; EGMR 08.06.1976 Engel/Netherlands, Series A 22 para. 69; EKMR 04.03.1978 Eggs/Switzerland, DR 15, 35 (46).

Zu diesem Ergebnis kam auch die Law Commission, die sich vier Jahre vor dem Urteil des EGMR im Fall Steel mit der Vereinbarkeit des Instituts des *breach of the peace* mit der EMRK auseinandersetzte:[433] Zwar habe die Leitentscheidung in *R v. Howell* viel dazu beigetragen, die Voraussetzungen eines *breach of the peace* zu konkretisieren, dennoch könne angesichts der sich widersprechenden Urteile nationaler Gerichte nicht sicher davon ausgegangen werden, dass die Ermächtigung zur Festnahme bei einem *breach of the peace* hinreichend bestimmt im Sinne des Art. 5 Abs. 1 EMRK sei. Zumindest aber sei die Pflicht zur Wahrung des königlichen Friedens, die dem Konzept des *breach of the peace* zu entnehmen sei, keine hinreichend konkrete Verpflichtung im Sinne des Art. 5 Abs. 1 lit. b 2. Alt. EMRK.[434]

Der EGMR subsumiert in seinem Urteil im Fall *Steel* die Freiheitsentziehung wegen *breach of the peace* nicht unter den Haftgrund der Durchsetzung einer gesetzlichen Verpflichtung gemäß Art. 5 Abs. 1 lit. b 2. Alt. EMRK. Er hält die Freiheitsentziehung wegen Verstoßes gegen den königlichen Frieden vielmehr als zur Verhinderung einer Straftat im Sinne des Art. 5 Abs. 1 lit. c 2. Alt. EMRK für gerechtfertigt.[435] Zwar stelle der Verstoß gegen den königlichen Frieden nach nationalem Recht — mit Ausnahme von Schottland — keine Straftat dar, auf die Qualifikation nach nationalem Recht komme es aber auch nicht an. Die Mitgliedstaaten sollten nicht durch die nationale Qualifikation einer Maßnahme selbst über die Anwendbarkeit der Konvention entscheiden können. Für die Qualifikation als Straftat im Sinne des Art. 5 Abs. 1 lit. c EMRK komme es allein auf die „Natur" der Verpflichtung und die durch das nationale Recht für die Nichtbefolgung vorgesehenen Sanktionen an.[436] Vom Begriff der Straftat umfasst sind damit alle im nationalen Recht mit Strafe bedrohten Handlungen, wobei als Strafe unabhängig von der jeweils nationalen Bezeichnung und Einordnung nicht nur echte Kriminalstrafen, sondern auch andere Sanktionen mit Strafcharakter verstanden werden.[437] Bezüglich des *breach of the peace* stellt der Gerichtshof fest, dass es sich um eine allgemeine öffentliche Pflicht handele, den königlichen Frieden zu wahren und dass die Polizei nach dem Recht des Vereinigten Königreichs berechtigt sei, jede Person zu verhaften, die der Pflicht zur Einhaltung des königlichen Friedens nicht nachkommt oder gegen sie zu verstoßen droht. Zudem sehe das Recht des Vereinigten Königreichs vor, dass die betroffenen Personen bei einem *breach of the peace* vor ein Gericht (*magistrates' court*) geführt werden und sogar in Haft genommen werden können, wenn sie dessen Anordnungen nicht befolgen.[438]

Es erscheint jedoch zweifelhaft, ob diese Beurteilung des sich an die Festnahme wegen *breach of the peace* anschließenden Verfahrens als Sanktion dem tatsächlichen Sinn des Verfahrens gerecht wird. Der Gerichtshof spricht mit dem Verfahren vor

433. Law Commission Report, n° 222, 1994, para. 5.14.
434. Law Commission Report n° 222, 1994, para. 5.11.
435. EGMR 23.09.1998, Steel and others/United Kingdom, Reports 1998-VII, para. 50.
436. EGMR 10.06.1996, Benham v. The United Kingdom, Reports 1996-III, para. 56.
437. Vgl. zum Begriff der Straftat im Sinne des Art. 5 Abs. 1 lit. c EMRK unten Kapitel 4 Abschnitt 1 Seite 213.
438. EGMR 23.09.1998, Steel and others/United Kingdom, Reports 1998-VII, para. 48.

dem *magistrates' court* das Verfahren der Verwarnung mit Strafvorbehalt (*binding over*) an. Bei diesem Verfahren wird eine Person, die wegen *breach of the peace* festgenomen wurde, dem Gericht vorgeführt, das die Person für die Zukunft dazu verpflichtet, während einer bestimmten Zeit nicht mehr den königlichen Frieden zu stören (*to keep the peace and/or be of good behaviour*).[439] Diese Verpflichtung durch das Gericht beinhaltet aber gerade keine Sanktion für ein vergangenes Verhalten.[440] Erst wenn sich die betroffene Person weigert, die Verpflichtung zu künftigem Wohlverhalten anzuerkennen oder der Verpflichtung nicht nachkommt, kann sie inhaftiert werden.[441] Damit sieht das nationale Recht des Vereinigten Königreichs keine Sanktion für einen *breach of the peace* vor, die mit einer strafrechtlichen Sanktion vergleichbar wäre, so dass *breach of the peace* auch keine Straftat im Sinne des Art. 5 Abs. 1 lit. c EMRK darstellt.

Die Festnahme wegen Verstoßes gegen den königlichen Frieden oder zur Verhinderung eines solchen Verstoßes verstößt folglich gegen Art. 5 Abs. 1 EMRK.

B. *Binding over*

In engem Zusammenhang mit dem *breach of the peace* steht die gerichtliche Verpflichtung einer Person, während einer bestimmten Zeit nicht den königlichen Frieden zu stören (*binding over to keep the peace or to be of good behaviour*). Die Entstehung dieses ebenfalls durch Richterrecht entwickelten Verfahrens wird auf das zehnte Jahrhundert datiert.[442] Neben dem Common Law ergibt sich die Befugnis der Schiedsgerichte (*magistrates' courts*) zur Durchführung dieses Verfahrens mittlerweile auch aus Parlamentsgesetzen. Erstmals kodifiziert wurde das Verfahren des *binding over* in Sec. 25 des Summary Jurisdiction Act 1879 und später in Sec. 91 des Magistrates' Courts Act 1952 im wesentlichen übernommen. Heute finden sich die Regelungen der Verwarnung mit Strafvorbehalt (*binding over*) in Sec. 115 (1) des Magistrates' Courts Act 1980. Die Regelung dieses Acts beziehen sich jedoch ausschließlich auf Fälle, in denen eine Person vor Gericht angeklagt wird. Für alle anderen Verfahren des *binding over* sind nach wie vor die Regelungen des Common Law einschlägig.[443]

1. Voraussetzungen des binding over

Eine besondere Bedeutung kommt dem Verfahren des *binding over* in den Fällen zu, in denen eine Person durch ihr Verhalten den königlichen Frieden im Sinne des *breach of the peace* stört oder eine solche Störung bevorsteht und sie aus diesem Grund festgenommen wird. Sie kann daraufhin entweder direkt freigelassen werden, oder

439. Vgl. dazu im einzelnen unten Kapitel 3 Abschnitt 4 Seite 193.
440. Halsbury's Law of England Vol. 29 para. 403; *Nicolson/Reid*, [1996] CrimLR, 764 (771).
441. Law Commission Report, n° 222, 1994, para. 2.13.
442. Zur Entstehungsgeschichte vgl. Law Commission working paper n° 103, para. 2.1 und Law Commission Report n° 222, 1994 para. 2.1.
443. Law Commission Report n° 222, 1994 para. 2.11.

aber, insbesondere wenn von der Person weitere Störungen auszugehen drohen, vor ein Schiedsgericht *(magistrates' court)* gebracht werden. Das Gericht kann daraufhin eine *binding over order* erlassen, wenn davon auszugehen ist, dass die Gefahr eines künftigen *breach of the peace* oder einer Wiederholung des *breach of the peace* bevorsteht. Der Sinn des Verfahren des *binding over* besteht darin, Personen, von denen ein künftiges Fehlverhalten erwartet wird, dazu anzuhalten, sich so zu verhalten, dass von ihnen keine Gefahr ausgeht.[444] Dies geschieht dadurch, dass das Gericht die betroffene Person dazu auffordert, sich mit oder ohne Hinterlegung einer Sicherheit zu verpflichten, während einer bestimmten Zeit den königlichen Frieden nicht zu stören und sich „gut zu benehmen" *(to enter into recognisance to keep the peace and to be of good behaviour)*.[445] Die betroffene Person erkennt mit der *binding over order* ihre Verpflichtung zur künftigen Bewahrung des königlichen Friedens an und stimmt zu, bei einem erneuten Verstoß gegen den Frieden eine festgesetzte Geldsumme zu bezahlen. Die Geldsumme, deren Höhe ebenfalls in der *binding over order* festgelegt ist, wird fällig, wenn die Person trotz dieser Selbstverpflichtung den königlichen Frieden stört.[446]

Zwar kann das Gericht die betroffene Person nicht ohne ihr Einverständnis zu einem entsprechenden Verhalten verpflichten. Weigert sich die Person jedoch, die Verpflichtung anzuerkennen, so kann sie für einen Zeitraum von bis zu sechs Monaten inhaftiert werden. Die betroffene Person ist aus der Haft zu entlassen, sobald sie ihre Verpflichtung zu künftigem Wohlverhalten anerkennt.[447] Eine Person kann auch dann inhaftiert werden, wenn sie sich nach einem Verstoß gegen die Verpflichtung weigert, die fällige Geldsumme zu zahlen.[448]

Mit dem Verfahren des *binding over* soll folglich künftiges Fehlverhalten durch die Androhung einer Sanktion verhindert werden. Die *binding over order*, die nur erlassen werden kann, soweit eine Gefahr künftigen Fehlverhaltens besteht, stellt somit keine Sanktion für vergangenes Verhalten dar.[449]

2. Vereinbarkeit mit Art. 5 EMRK

Die auf die Weigerung, sich einer Selbstverpflichtung zu unterwerfen, oder auf die Nichteinhaltung der Pflicht folgende Inhaftierung einer Person im Rahmen des *binding* over Verfahrens erfolgt durch das Einsperren der betroffenen Person in einem Haftraum und stellt eine Freiheitsentziehung im Sinne des Art. 5 Abs. 1 EMRK dar. Diese Freiheitsentziehung ist nur gerechtfertigt, wenn sie einem der in Art. 5 Abs. 1 S. 2 EMRK genannten Haftgründe entspricht. Da das Verfahren des *binding over* ge-

---

444. Halsbury's Law of England, Vol 29, para. 403.
445. *Thornton*, Public Order, p. 76.
446. *Englisch/Card*, Police Law, p. 605.
447. Sec. 115(3) Magistrates' Courts Act 1980; *Englisch/Card*, Police Law, p. 605; Halsbury's Law of England Vol. 29, para. 40.
448. Veater v. G [1981] 1 WLR 567.
449. *Thornton*, Public Order, p. 76.

rade keine Sanktion für ein Fehlverhalten darstellt, kommt eine Rechtfertigung aus Gründen der Strafverfolgung gemäß Art. 5 Abs. 1 lit. c Alt. 1. und 3. Alt. EMRK nicht in Betracht. Auch stellt die Weigerung sich einem *binding over* zu unterwerfen selbst keine Straftat dar. Die Haft dient damit auch nicht der Verhinderung einer Straftat im Sinne des Art. 5 Abs. 1 lit. c 2. Alt. dar.

In Betracht kommt daher nur eine Rechtfertigung der auf die Weigerung oder das Fehlverhalten folgende Freiheitsentziehung gemäß Art. 5 Abs. 1 lit. b EMRK. Die Freiheitsentziehung im Fall des *binding over* könnte insoweit der Durchsetzung einer gesetzlichen Verpflichtung dienen, als sie die betroffenen Personen dazu anhalten soll, künftig keinen Verstoß gegen den königlichen Frieden zu begehen bzw. sich gut zu verhalten. Dass die Pflicht zur Wahrung des königlichen Friedens aufgrund ihrer Unbestimmtheit keine Pflicht im Sinne des Art. 5 Abs. 1 lit. b 2. Alt. EMRK ist, zu deren Durchsetzung eine Freiheitsentziehung gerechtfertigt wäre, wurde bereits festgestellt. Dies gilt umso mehr für die Verpflichtung, sich gut zu verhalten *(to be of good behaviour)*. Selbst die Law Commission, die sich mit der Frage auseinanderzusetzen hatte, konnte nicht feststellen, welches Verhalten mit diesem Ausdruck gemeint ist.

Der EGMR stellte im Urteil *Steel* fest, dass es sich bei der Haft im Rahmen eines *binding over* Verfahrens — anders als bei der Festnahme wegen eines *breach of the peace* — um eine Freiheitsentziehung wegen der Nichtbefolgung eines Gerichtsbeschlusses im Sinne des Art. 5 Abs. 1 lit. b 1. Alt. EMRK handele.[450] Ob die Aufforderung des *magistrates' court*, eine Selbstverpflichtung im Sinne des *binding over* zu akzeptieren, einen Gerichtsbeschluss im Sinne dieses Haftgrundes darstelle, ist indes fraglich. Fest steht zwar, dass es sich bei der Selbstverpflichtung um einen grundsätzlich freiwilligen Akt und nicht um eine gerichtliche Anordnung handelt.[451] Andereseits kann das Gericht im Fall des *binding over* von der betroffenen Person die Anerkennung der Selbstverpflichtung verlangen, und die Weigerung, diesem gerichtlichen Verlangen nachzukommen, ist durch das Zwangsmittel der Freiheitsentziehung sanktioniert. Aus diesem Grund ist wohl davon auszugehen, dass es sich bei dieser Form der Haft um eine Freiheitsentziehung wegen Nichtbefolgung eines Gerichtsbeschlusses handelt.[452] Eine Freiheitsentziehung kann im Rahmen eines *binding over* Verfahrens aber auch dann erfolgen, wenn die betroffene Person sich nach einem Verstoß gegen die *binding over order* des Gerichts weigert, die darin genannte Geldbuße zu zahlen. Die Verpflichtung zur Zahlung der Geldbuße ergibt sich ebenfalls aus einem Gerichtsbeschluss: der *binding over order*. Wird der betroffenen Person bei der Weigerung zur Zahlung der Geldbuße die Freiheit entzogen, so erfolgt dies aufgrund der Nichtbefolgung eines Gerichtsbeschlusses im Sinne des Art. 5 Abs. 1 lit. b 1. Alt. EMRK.

---

450. EGMR 23.09.1998, Steel and others/United Kingdom, Reports 1998-VII, para. 70.
451. Law Commission Report n° 222, 1994, para. 5.15.
452. EGMR 23.09.1998, Steel and others/United Kingdom, Reports 1998-VII, para. 70.

Die nach dem Recht des Vereinigten Königreichs im Rahmen des *binding over* Verfahrens zulässigen Freiheitsentziehungen sind jedoch nur dann gemäß Art. 5 Abs. 1 lit. b 1. Alt. EMRK gerechtfertigt, wenn zum einen die Haft und zum anderen der Gerichtsbeschluss, wegen dessen Nichtbefolgung die Haft erfolgt, „rechtmäßig" im Sinne des Art. 5 Abs. 1 EMRK und damit hinreichend bestimmt sind. Der EGMR stellte diesbezüglich lediglich fest, dass die englische Rechtsprechung in den letzten Jahren hinreichend klar definiert habe, wann eine Gefahr für den königlichen Frieden vorliegt, aufgrund derer eine *binding over order* erlassen werden kann. Wie bereits festgestellt, entspricht diese Feststellung bei genauerer Analyse der Rechtsprechung der nationalen Gerichte aber wohl nicht der Wirklichkeit. Darüber hinaus enthält der Gerichtsbeschluss des *magistrates' court* im Fall des *binding over* eine sehr vage Verpflichtung. Die betroffene Person wird in diesem Beschluss dazu verpflichtet, den königlichen Frieden zu wahren und bzw. oder sich gut zu verhalten *(to keep the peace and/ or to be of good behaviour)*. Die Verpflichtung, sich gut zu verhalten, beinhaltet nicht nur die Pflicht, keinen Verstoß gegen den königlichen Frieden im Sinne eines *breach of the peace* zu begehen, sondern sich darüber hinaus rechtmäßig zu verhalten, niemanden zu stören, zu beunruhigen oder zu ärgern und nicht gegen die guten Sitten zu verstoßen. Diese weite Umschreibung des unerwünschten Verhaltens wird in der Rechtsprechung der nationalen Gerichte nicht weiter konkretisiert, so dass die Law Commission zu dem Ergebnis kam, dass ein Gerichtsbeschluss, der zu gutem Benehmen verpflichtet, zu unbestimmt sei, um den Anforderungen des Art. 5 Abs. 1 lit. b 1. Alt. EMRK zu genügen.[453] Weder die Voraussetzungen, unter denen das Gericht den Beschluss erlassen kann, noch der Inhalt des Beschlusses selbst sind damit hinreichend bestimmt im Sinne des Art. 5 Abs. 1 lit. b 1. Alt. EMRK. Die nach dem Recht des Vereinigten Königreichs im Rahmen des *binding over* zulässigen freiheitsentziehenden Maßnahmen verstoßen somit gegen das Recht auf Freiheit aus Art. 5 EMRK. Aus diesem Grund hat die Law Commission bereits im Jahre 1994 die ersatzlose Streichung dieses — auch ihrer Meinung nach konventionswidrigen — Rechtsinstituts vorgeschlagen.[454]

C. Police Powers of short arrest

Auch im Recht des Vereinigten Königreichs ist die Polizei dazu ermächtigt, Personen anzuhalten, sie zu befragen und gegebenenfalls zu durchsuchen. Allerdings muss der Befragung oder Durchsuchung —anders als in Deutschland und Frankreich — stets ein *arrest* vorausgehen.[455] Voraussetzung für einen *arrest* ist widerum — mit Ausnahme des *breach of the peace* —, dass bereits der Verdacht einer Straftat besteht. So ist es nach Common Law nicht zulässig, eine Person anzuhalten und sie daraufhin zu durchsuchen, ob sie Gegenstände bei sich trägt, die einen *arrest* rechtfertigen wür-

453. Law Commission, Working Paper n° 103, para. 3.2.
454. Law Commission report n° 222 1994, para. 7.1.
455. Weight v. Long [1986] CrimLR 746; vgl. auch *Lidstone* [1975] CrimLR 617 (623f.).

den.[456] Auch die Befragung einer Person ist nicht zulässig, wenn nicht zuvor eine rechtmäßige Festnahme erfolgte.[457] Ohne eine vorausgegangene Festnahme können daher Personen nicht nach ihren Namen und Adressen befragt werden.[458] Auch die Mitnahme oder das Festhalten von Personen zum Zweck der Identitätsfeststellung kann nicht ohne eine vorherige Festnahme erfolgen.[459] Für den Bereich der Strafverfolgung läßt Sec. 25 PACE die Festnahme einer Person zu, wenn der Verdacht besteht, dass sie eine Straftat begangen oder versucht hat und der Polizei der Name dieser Person nicht bekannt ist.[460] Diese Befugnis besteht im Vorfeld strafbaren Handelns nicht.[461] Identitätskontrollen und Durchsuchungen, können damit nicht erfolgen, wenn nicht zuvor ein Grund für eine Festnahme wie im Falle des Verdachts einer Straftat oder auch im Fall eines *breach of the peace* vorliegt.[462] Freiheitsentziehungen zum Zweck der Identitätskontrolle allein aus Gründen der Gefahrenabwehr sind daher im Vereinigten Königreich nicht zulässig.

Zudem würden Identitätskontrollen im Vereinigten Königreich dadurch erschwert, dass es keine offiziellen Identitätspapiere *(identity cards)* gibt und dementsprechend auch keine gesetzliche Pflicht besteht, solche Papiere mit sich zu führen.[463]

D. Erzwingungshaft

Das Vereinigte Königreich kennt keine allgemeine Ermächtigung dazu, einer Person zur Erzwingung der Befolgung von Anweisungen der Verwaltung und der Polizei die Freiheit zu entziehen.

---

456. Kenlin v. Gardner [1967] 2 QB 510; Ludlow v. Burgess [1971] CrimLR 238; *Bradley/Ewing*, Constitutional Law, p. 537.
457. R v. Lemsatef [1977] 1 WLR 812; R v. Houghton and Franciosy (1978) CrimAppR 197.
458. Rice v. Connolly [1966] 2 QB 414 (419); Donnelly v. Jackman [1970] 1 All ER 987; *De Smith/Brazier*, Constitutional Law, p. 430.
459. Rice v. Connolly [1966] 2 QB 414 (419).
460. Dazu Report of the Royal Commission on Criminal Procedure 1981, Cmnd. 8092, para. 3.86; *Leigh*, Police Powers, p. 83; *Pollard*, Administrative Law, p. 776.
461. *Leigh*, Police Powers, p. 83.
462. Vgl. zur Ermächtigung zur Festnahme oben Kapitel 3 Abschnitt 4 Seite 183.
463. Vgl. zur Skepsis der Briten gegenüber Identitätskontrollen *Clutterbuck*, Public Safety, p. 133: „The French have for many years empowered their police to demand proof of identity of citizens and foreigners near the scene of crime and their voluntary ID cards provide a useful way of doing that. In Britain 75 per cent of the public favour the issue of ID cards, according to a public opinion poll published by the Daily Telegraph in 1995, but there remains some anxiety about their possible abuse, not only by police harrassing minority groups by persistantly demanding proof of identity, but also by commercial organizations, particularly if they were able to get their hands on confidential data.".

1. Durchsetzung polizeilicher Anordnungen

Um polizeiliche Anordnungen durchsetzen zu können, stellt das Recht des Vereinigten Königreichs die Nichtbefolgung rechtmäßiger Polizeianweisungen unter Strafe. Das Delikt der „Störung eines Polizeibeamten bei der Ausführung seines Dienstes" *(obstructing a police officer in the execution of his duty)*, das auch im Common Law existiert,[464] wird durch Sec. 89(2) des Police Act 1996 unter Strafe gestellt.[465] Eine Person, die den Anweisungen eines Polizisten nicht Folge leistet oder ihn auf andere Weise vorsätzlich bei der Ausübung seines Dienstes behindert oder ihn angreift, macht sich strafbar und kann festgenommen werden.[466] Das Delikt des *obstructing a police officer in the execution of his duty* stellt damit ein zentrales Element zur Aufrechterhaltung des öffentlichen Friedens dar und steht mit den im Common Law begründeten präventiven Befugnissen in engem Zusammenhang. In der Praxis kann nämlich einer polizeilichen Anordnung erst über diesen Umweg die notwendige Durchsetzungsfähigkeit verliehen werden.[467] Für die Nichtbefolgung anderer Verwaltungsentscheidungen und -anordnungen besteht eine derartige Sanktion jedoch nicht.

2. Community Charge

Eine Besonderheit gilt für die Eintreibung von kommunalen Kopfsteuern *(community charge)*. Die *community charge* wurde im Vereinigten Königreich (mit Ausnahme von Nordirland) durch den Local Government Finance Act 1988 eingeführt, der die Steuerpflicht regelt.[468] Sec. 8 Schedule 4 des Local Government Finance Act 1988 ermächtigt das zuständige Ministerium zum Erlass einer Verordnung *(regulation)*, in der Näheres zur Eintreibung dieser Steuer bestimmt werden kann.

Die Steuer wird zunächst von der Steuerverwaltung *(bill authority)* mittels eines Steuerbescheids beim Steuerpflichtigen eingefordert. Kommt dieser seiner Zahlungsverpflichtung auch nach erneuter Aufforderung durch die Behörde nicht nach, kann die Behörde beim *magistrates' court* den Erlass einer gerichtlichen Zahlungsaufforderung *(liability order)* beantragen.[469] Zahlt die betroffene Person *(deptor)* auch nach der gerichtlichen Zahlungsaufforderung nicht, so kann die Behörde beim Schuldner

464. Dazu *Hill/Fletcher-Rogers*, Police Powers, p. 22.
465. Sec. 89(2) Police Act 1996: „Any person who resists or wilfully obstructs a constable in the execution of his duty, or a person assisting a constable in the execution of his duty, shall be guilty of an offence and liable on summary conviction to imprisonment for a term not exceeding one month or to a fine not exceeding level 3 on the standard scale, or to both."
466. Rice v. Connolly [1966] 2 QB 414 (419); Green v. Moore *[1983] 1 All ER 663* (Polizist verrät Kneipeninhaber eine geplante Kontrolle der Sperrstunde); Lewis v. Cox [1985] QB 509 (Behindern des Abfahrens eines Polizeiwagens); Smith v. Reynolds and others [1986] CrimLR 559 (Nichtbefolgen der Anweisungen eines 'constable' im Straßenverkehr); Lunt v. DDP [1993] CrimLR 534 (zur 'obstruction by ommission'); *Fenwick*, Civil Liberties, p. 419f; *Gibbons*, [1983] CrimLR 21.
467. *Heckenberger*, Vollzugspolizei, S. 78.
468. Sec. 2, 3, 5 Local Government Finance Act 1988 enthalten die Steuerpflicht für die einzelnen Steuertatbestände.

vollstrecken. Wenn der Versuch der Zwangsvollstreckung mangels entsprechendem Vermögens des Schuldners fehlschlägt, kann die Behörde einen Haftbefehl *(warrant)* gegen den Schuldner beantragen. Kommt das Gericht bei der Überprüfung des behördlichen Antrags zu der Überzeugung, dass der Schuldner vorsätzlich oder aus schuldhafter Nachlässigkeit seiner Zahlungsverpflichtung nicht nachkommt, so kann das Gericht den Haftbefehl erlassen, aufgrund dessen der Schuldner bis zu drei Monate lang inhaftiert werden kann.[470] Der Schuldner ist jedoch sofort aus der Haft zu entlassen, wenn er seine Steuerschuld begleicht.[471]

Mit der Inhaftierung der zahlungsunwilligen Steuerpflichtigen soll erreicht werden, dass diese ihrer gesetzlich statuierten und durch den Steuerbescheid auch in seiner Höhe konkretisierten Steuerpflicht nachkommen.[472] Die Pflicht zur Zahlung der Steuern wird zudem durch gerichtlichen Beschluss festgestellt. Eine Inhaftierung des säumigen Steuerschuldners erfolgt damit zum einen zur Durchsetzung einer durch Gesetz auferlegten Pflicht und zum anderen wegen der Nichtbefolgung eines Gerichtsbeschlusses. Die Maßnahme unterfällt damit beiden Haftgründen des Art. 5 Abs. 1 lit. b EMRK. Zu diesem Ergebnis kam auch der EGMR, der bereits mehrfach die Vereinbarkeit dieser freiheitsentziehenden Maßnahme zu prüfen hatte.[473]

3. Durchsetzung von Gerichtsbeschlüssen

Auch die Befolgung gerichtlicher Urteile, Beschlüsse, Anordnungen oder sonstiger gerichtlicher Entscheidungen, lässt sich im Recht des Vereinigten Königreichs mit dem Mittel der Freiheitsentziehung erzwingen. Die Mißachtung des Gerichts und seiner Beschlüsse stellt eine Straftat dar, den sogenannten *contempt of court*. Der Straftatbestand des *civil* oder *criminal contempt* ergab sich lage Zeit ausschließlich aus dem Common Law. Die Voraussetzungen wurden erst auf Grund der durch den EGMR im Fall *Sunday Times v. United Kingdom* [474] geäußerten Bedenken hinsichtlich der Bestimmtheit des Delikts im Contempt of Court Act 1981 kodifiziert.[475] Danach macht sich derjenige strafbar, der das Gericht behindert, das Gericht bzw. seine Beschlüsse mißachtet oder die Justiz mißbraucht. Auch die Durchsetzung gerichtlicher Beschlüsse erfolgt somit im Wege des Strafrechts und des Strafprozessrechts. Die bis zu zwei Jah-

469. Sec. 3 Schedule 4 Local Government Finance Act 1988 iVm Sec. 34 Council Tax Regulations 1992.
470. Sec. 8 Schedule 4 Local Government Finance Act 1988 iVm Sec. 47 Council Tax Regulations 1992.
471. Sec. 47(7) Council Tax Regulations 1992.
472. Kritisch dazu *Murdie* [1992] Solicitors Journal 830; zur Konkretisierung gesetzlicher Pflichten durch die Exekutive vgl. oben Kapitel 3 Abschnitt 1 Seite 128.
473. EGMR 10.06.1996 Benham and others/United Kingdom, Reports 1996-III; EGMR 12.10.1999 Perks and others/United Kingdom, Appl. No. 25277/94 ; 25279/94 ; 25280/94, para. 70, wobei es jedoch jeweils schwerpunktmäßig um die richtige Anwendung des nationalen Rechts durch die 'magistrates' courts' ging.
474. EGMR 26.04.1979 Sunday Times/United Kingdom, Series A 30, para. 52.
475. *Philips/Jackson*, Constitutional Law, p. 398.

re dauernde Haft, zu der die betroffene Person vom jeweiligen Gericht verurteilt werden kann, ist eine Haft nach Verurteilung durch das zuständige Gericht im Sinne des Art. 5 Abs. 1 lit. a EMRK.

4. Vorladung

Eine Vorladung von Zeugen durch die Polizei kennt das Recht des Vereinigten Königreichs nicht. Zeugen können nur durch ein Gericht vorgeladen werden. Wenn sie dem in der gerichtlichen Vorladung genannten Termin ohne vernünftige Entschuldigung fernbleiben, können sie zwangsweise vorgeführt werden, Criminal Procedure (attendance of Witnesses) Act 1965 S. 3 (1).[476] Die zwangsweise Vorführung vor Gericht, die aufgrund der mit ihr verbundenen völligen Aufhebung der Bewegungsfreiheit eine Freiheitsentziehung im Sinne des Art. 5 EMRK darstellt, erfolgt wegen der Nichtbefolgung des Gerichtsbeschlusses der Vorladung im Sinne des Art. 5 Abs. 1 lit. b 1. Alt. EMRK.

476. Halsbury's Law of England. Vol 11 (2), para. 1168.

Kapitel 4: Freiheitsentziehung zur Verhinderung einer Straftat

Abschnitt 1: Freiheitsentziehung nach Art. 5 Abs. 1 lit. c EMRK

Im Zusammenhang mit der Verfolgung und Verhinderung von Straftaten sieht Art. 5 Abs. 1 EMRK weitere Ausnahmen vom Verbot staatlicher Freiheitsentziehungen vor. Gemäß Art. 5 Abs. 1 lit. c EMRK können Personen festgenommen oder in Haft gehalten werden, sofern hinreichender Verdacht dafür besteht, dass sie eine strafbare Handlung begangen haben, oder begründeter Anlass zu der Annahme besteht, dass es notwendig ist, die Betreffenden an der Begehung einer strafbaren Handlung oder an der Flucht nach einer solchen zu hindern:

> „[...] the lawful arrest or detention of a person effected for the purpose of bringing him before the competent legal authority on reasonable suspicion of having committed an offence or when it is reasonably considered necessary to prevent his committing an offence or fleeing after having done so;"[1]

Dem Wortlaut nach beinhaltet Art. 5 Abs. 1 lit. c EMRK damit eigentlich drei sprachlich gleichgeordnete Alternativen: Tatverdacht, Prävention und Fluchtgefahr.[2] Die Auslegung der drei Haftgründe des Art. 5 Abs. 1 lit. c EMRK bereitet indes größere Schwierigkeiten. So stellt sich für diese Arbeit vor allem die Frage, ob einer der Haftgründe des Art. 5 Abs. 1 lit. c EMRK auch Freiheitsentziehungen zum Zwecke der Gefahrenabwehr zulässt.

Unumstritten ist hinsichtlich der Auslegung des Art. 5 Abs. 1 lit. c EMRK lediglich, dass Art. 5 Abs. 1 lit. c 1. Alt. EMRK mit dem Haftgrund des Tatverdachts Maßnahmen im Rahmen der Strafverfolgung und damit die Fälle der Untersuchungshaft im weiteren Sinne umfasst. Die Festnahme oder Inhaftierung ist nach diesem Haftgrund zulässig, wenn die den Verfolgungsbehörden bekannten Tatsachen und Umstände vernünftigerweise und für einen objektiven Beobachter nachvollziehbar den Verdacht rechtfertigen, dass die betroffene Person eine Straftat begangen hat.[3]

Umstritten ist hingegen die Auslegung der beiden anderen Haftgründe des Art. 5 Abs. 1 lit. c EMRK. Die Auslegung des Haftgrundes der Fluchtgefahr bereitet insofern Schwierigkeiten, als ihr neben der ersten Alternative, dem Tatverdacht, keine eigenständige Bedeutung zuzukommen scheint. Die Annahme von Fluchtgefahr wegen der Begehung einer Straftat setzt zwingend voraus, dass zumindest der hinreichende Verdacht besteht, dass die betroffene Person bereits eine Straftat begangen hat. Der Haftgrund der Fluchtgefahr wäre damit neben der ersten Alternative, dem Tatverdacht, völlig bedeutungslos.[4]

---

1. Art. 5 Abs. 1 lit. c EMRK.
2. *Trechsel*, Menschenrechtskonvention, S. 222.
3. EGMR 30.08.1990, Fox, Campbell and Hartly/United Kingdom, Series A 182 para. 32; *Buergenthal* in: Droits de l' homme, p. 263 (272); *Peukert* in: Frowein/Peukert, EMRK-Kommentar, Art. 5 Rn. 57; *Murdoch*, ICLQ, Vol. 42 (1993), 494 (503); *Velu/Ergec*, Convention, p. 267.
4. *Harris/O'Boyle/Warbrick*, Convention, p. 118; *Trechsel*, Menschenrechtskonvention, S. 222.

Denkbar wäre eine Auslegung, derzufolge der Tatverdacht nur die Festnahme einer Person rechtfertigt, ein längerfristiges Festhalten der betroffenen Person aber nur bei Flucht- bzw. Wiederholungsgefahr zu rechtfertigen ist.[5] Diese Auslegung ist jedoch mit dem Wortlaut des Art. 5 Abs. 1 lit. c EMRK nicht zu vereinbaren, der in allen drei Fällen sowohl eine Festnahme, als auch eine Inhaftierung einer Person zulässt. Zwar wird der Haftgrund der Fluchtgefahr gesondert genannt, jedoch genügt nach dem Wortlaut des Art. 5 Abs. 1 lit. c 1. Alt. EMRK bereits der Tatverdacht, um eine Person in Untersuchungshaft zu halten. Weitere Voraussetzungen neben dem Tatverdacht und der Vorführungsabsicht stellt Art. 5 Abs. 1 lit. c 1. Alt. EMRK nicht auf.[6] Der Grund für die besondere Erwähnung des Haftgrundes der Fluchtgefahr in Art. 5 Abs. 1 lit. c 3. Alt. EMRK kann zum einen die besondere Bedeutung sein, die dem Haftgrund der Fluchtgefahr in den nationalen Strafprozessordnungen zukommt.[7] Dass der Haftgrund der Fluchtgefahr als einziger in Art. 5 Abs. 1 lit. c EMRK ausdrücklich genannt ist, liegt neben seiner besonderen praktischen Bedeutung zum anderen aber auch daran, dass vor allem beim Vorliegen einer Fluchtgefahr eine Haftentlassung gegen Kaution im Sinne des Art. 5 Abs. 3 S. 3 EMRK in Betracht kommt.[8] Eine eigenständige Bedeutung als Haftgrund kommt der Fluchtgefahr indes nicht zu.

I. Verhinderung einer Straftat

Noch problematischer als die Interpretation des Haftgrundes der Fluchtgefahr in Art. 5 Abs. 1 lit. c 3. Alt. EMRK ist die Reichweite und die Bedeutung des Haftgrundes der Verhinderung einer Straftat des Art. 5 Abs. 1 lit. c 2. Alt. EMRK. Danach kann eine Person festgenommen und in Haft gehalten werden, wenn dies notwendig ist, um sie an der Begehung einer strafbaren Tat zu hindern. Ob dieser Haftgrund ausschließlich strafprozessuale Maßnahmen erfasst oder aber eine Freiheitsentziehung bereits zur Verhinderung der Erstbegehung einer Straftat zulässt, ist umstritten.

A. Systematik des Art. 5 Abs. 1 lit. c EMRK

Seinem Wortlaut nach lässt der Haftgrund des Art. 5 Abs. 1 lit. c 2. Alt. EMRK Freiheitsentziehungen zur Verhütung von Straftaten zu:

> „[...] wenn Anlaß zu der Annahme besteht, dass es notwendig ist, den Betreffenden an der Begehung einer strafbaren Handlung [...] zu verhindern."

Dennoch wird in der Literatur vertreten, es müsse sich — entgegen dem Wortlaut des Haftgrundes — auch bei der Haft zur Verhinderung einer Straftat im Sinne des Art. 5 Abs. 1 lit. c 2. Alt. EMRK stets um eine Maßnahme der Strafverfolgung handeln.[9]

5. So *van Dijk/van Hoof*, Convention, p. 261.
6. Vgl. dazu auch *Herzog*, AöR 86 (1961), 194 (221); *Trechsel*, EuGRZ 1980, 514 (524).
7. *Velu/Ergec*, Convention, p. 271.
8. *Gollwitzer* in: Löwe-Rosenstein, StPO-Kommentar, Art. 5 EMRK Rn. 68.
9. *Van Dijk/ Van Hoof*, Convention, p. 261; *Harris/O'Boyle/Warbrick*, p. 115; *Koschwitz*, Freiheitsentziehung, S. 190; *Pettiti*, Convention, p. 193.

Eine Freiheitsentziehung im Vorfeld strafbaren Verhaltens sei von diesem Haftgrund nicht umfasst. Diese Einschränkung des Anwendungsbereichs des Art. 5 Abs. 1 lit. c 2. Alt. EMRK ergebe sich schon aus der Systematik der litera c, da nach allgemeiner Ansicht sowohl der erste als auch der dritte Haftgrund — Tatverdacht und Fluchtgefahr — den Bereich der Strafverfolgung beträfen. Die Einbettung des Haftgrundes der Verhinderung einer mit Strafe bedrohten Handlung zwischen die beiden anderen Haftgründe deute darauf hin, dass auch mit dem zweiten Haftgrund nur die Ermächtigung zu strafprozessualen Festnahmen gewollt sei.[10] Diese systematische Auslegung des Art. 5 Abs. 1 lit. c EMRK erscheint jedoch insofern wenig überzeugend, als schon die Auslegung des dritten Haftgrundes, der Fluchtgefahr, ergibt, dass diesem keinerlei eigenständige Bedeutung zukommt.[11] Systematisch ist die Formulierung der Haftgründe in Art. 5 Abs. 1 lit. c EMRK daher derart missglückt, dass sich aus dem vermeintlichen Zusammenhang der Haftgründe zueinander wohl keine zwingenden Schlüsse ziehen lassen.[12] Auch der Annahme, die Verfasser der EMRK hätten an dieser Stelle allein strafprozessuale Maßnahmen regeln wollen,[13] ist bei näherer Betrachtung zu widersprechen. So heißt es in der Erläuterung des Rechts auf Freiheit in dem Bericht der Konferenz der Hohen Regierungsbeamten an den Ministerrat ausdrücklich, dass es unter gewissen Umständen notwendig sein könne, eine Person zu verhaften, um sie an der Begehung einer Straftat zu hindern, auch wenn sie aufgrund der Fakten, die auf die künftige Begehung der Straftat hindeuten, selbst nicht strafbar sei.[14] Weder aus der Systematik des Art. 5 Abs. 1 lit. c EMRK, noch aus seiner Entstehungsgeschichte lässt sich also eine Auslegung herleiten, derzufolge eine Freiheitsentziehung zur Verhinderung einer Straftat nur dann zulässig ist, wenn bereits ein strafbares Verhalten vorliegt.

B. Vorführung und das Recht auf Vorführung

Vor allem aus dem systematischen Zusammenhang des Haftgrundes mit den Rechten der betroffenen Personen aus Art. 5 Abs. 3 EMRK wird in der Literatur hergeleitet, dass der Haftgrund des Art. 5 Abs. 1 lit. c 2. Alt. EMRK nur die Fälle erfasse, in denen es bereits zu einem strafbaren Verhalten gekommen sei: Die Freiheitsentziehung zur Verhinderung einer Straftat dürfe schließlich gemäß Art. 5 Abs. 1 lit. c EMRK nur mit dem Ziel erfolgen, die betroffene Person vor einen Richter zu führen. Wenn die Person gemäß Art. 5 Abs. 3 S. 1 EMRK vor den Richter geführt werden müsse, so ergebe dies jedoch nur dann einen Sinn, wenn der angerufene Richter auch über ein strafbares

10. *Koschwitz*, Freiheitsentziehung, S. 190.
11. Vgl. dazu oben Kapitel 4 Abschnitt 1 Seite 201.
12. *Trechsel*, Menschenrechtskonvention, S. 222 und 226.
13. *Koschwitz*, Freiheitsentziehung, S. 190.
14. Rapport de la Conférence des Hauts Fonctionnaires TP IV, Ch. XV, p. 261.

Verhalten urteilen könne.[15] Eine bereits begangene strafbare Tat wäre demzufolge Voraussetzung für eine Freiheitsentziehung im Sinne des Art. 5 Abs. 1 lit. c 2. Alt. EMRK.

1. Anwendbarkeit des Art. 5 Abs. 3 EMRK

Dass die Rechte des Art. 5 Abs. 3 EMRK und damit das Recht auf Vorführung vor einen Richter oder eine andere zuständige Behörde für alle Haftgründe des Art. 5 Abs. 1 lit. c EMRK und damit auch für Art. 5 Abs. 1 lit. c 2. Alt. EMRK gelten, haben EKMR und EGMR bereits im Fall *Lawless* festgestellt.[16] Die irische Regierung berief sich in diesem Fall vor der EKMR und dem EGMR darauf, dass sich sowohl die Vorführungsabsicht des Art. 5 Abs. 1 lit. c EMRK, als auch die Rechte aus Art. 5 Abs. 3 EMRK ausschließlich auf die Fälle bezögen, in denen der Verdacht einer Straftat bestehe. Die irische Regierung, die sich vor dem Gerichtshof für die Inhaftierung einer für „gefährlich" gehaltenen Person zu verantworten hatte,[17] begründete dies damit, dass die durch den Wortlaut des Art. 5 Abs. 3 EMRK vorgegebene Erstreckung der Rechte des Art. 5 Abs. 3 EMRK auf alle Haftgründe des Art. 5 Abs. 1 lit. c EMRK sich erst aufgrund eines redaktionellen Versehens in der Endfassung der Konvention eingeschlichen habe.[18] In der englischen Fassung des Entwurfs des Ministerrates[19] und des Menschenrechtsausschusses[20] Art. 5 Abs. 1 lit. c EMRK hieß es zunächst tatsächlich:

> „[...]; the lawful arrest or detention of a person effected for the purpose of bringing him before the competent legal authority on reasonable suspicion of having committed an offence *or which is* reasonably considered to be necessary to prevent his committing an offence or fleeing after having done so;"

In der Endfassung sind die Worte „*or which is*" durch „*or when it is*" ersetzt worden.[21] Daraus schloss die irische Regierung im Fall *Lawless*, dass eine Haft zur Verhinderung einer Straftat auch dann zulässig sei, wenn sie nicht mit dem Ziel durchgeführt werde, die betroffene Person vor das zuständige Gericht zu führen. Damit sei folglich auch das Recht auf Vorführung vor den Richter des Art. 5 Abs. 3 EMRK nicht auf diesen Haftgrund anwendbar. Dass der Wortlaut nachträglich geändert wurde, beruhte nach Auffassung der irischen Regierung auf einer irrtümlichen Angleichung des englischen Wortlauts an die falsche Übersetzung ins Französische. Es müsse daher bei der Auslegung der ursprüngliche Wortlaut des Art. 5 Abs. 1 lit. c EMRK zugrunde gelegt werden. Zudem sei das Recht auf Vorführung vor den Richter gemäß Art. 5 Abs. 3 EMRK aufgrund eines Antrags des Vereinigten Königreichs in

15. *Van Dijk/ Van Hoof*, Convention, p. 261.
16. EGMR 01.06.1961 Lawless/Ireland, Series A 3.
17. Zum Sachverhalt des Falls Lawless vgl. oben Kapitel 3 Abschnitt 1 Seite 122.
18. Irische Regierung in EGMR 01.06.1961 Lawless/Ireland, Series A 3 para. 10; so auch *Weil*, Convention, p. 48.
19. Doc. A 1937 vom 07.08.1950 TP V Ch. XIX p. 121 (123).
20. Doc. CM (50) 52 vom 07.08.1950; A 1884; TP V Ch. XIX, p. 77 (79).
21. Texte définitif de la convention signée à Rome le 4.11.1950 ; TP VII, Ch. XXIII p. 49 (51f).

die EMRK aufgenommen worden. Nach dem Recht des Vereinigten Königreichs könne eine Person jedoch in keinem Fall vor den Richter gebracht werden, um die Begehung einer Straftat zu verhindern. Dass durch diesen Antrag die Vorführung zur Voraussetzung von präventiven Freiheitsentziehungen gemacht werden sollte, sei daher nicht anzunehmen.[22]

Die Kommission folgte der Argumentation der Regierung jedoch zu Recht nicht. Bei der Auslegung internationaler Verträge, deren Wortlaut eindeutig sei, verbiete es eine allgemeine Regel des Völkerrechts, auf die vorbereitenden Arbeiten dieser Verträge zurückzugreifen.[23] Auch könne die ursprüngliche englische Textversion nicht als die entscheidende angesehen werden, da die Vorarbeiten zur EMRK im Rahmen der Vereinten Nationen von vielen Staaten geleistet worden sei. Selbst der britische Antrag im Expertenausschuss wurde zugleich in englischer und in französischer Sprache eingebracht. Dass später der englische an den französischen Text angeglichen worden sei, spreche ebenfalls dafür, dass nicht allein die englische Fassung als verbindlich angesehen worden sei. Es bestehe damit kein Zweifel an der Absicht der Autoren der EMRK, den Schutz des Art. 5 Abs. 3 EMRK auf alle in Art. 5 Abs. 1 lit. c EMRK genannten Haftgründe zu erstrecken.[24] Diesem Ergebnis schloss sich der EGMR an. Art. 5 Abs. 1 lit. c EMRK lasse eine Festnahme oder Haft nur zum Zweck der Vorführung vor den Richter oder die zuständige Behörde zu.[25] Schon der Wortlaut des Art. 5 Abs. 1 lit. c EMRK stelle klar, dass in jedem der drei Fälle die betroffene Person vor den Richter oder die zuständige Behörde zu bringen sei. Auch der Wortlaut des Art. 5 Abs. 3 EMRK beziehe sich unzweifelhaft auf alle Fälle des Freiheitsentzugs nach Art. 5 Abs. 1 lit. c EMRK.[26]

Diese Auslegung des Art. 5 EMRK durch die Konventionsorgane stimmt auch mit dem Zweck des Art. 5 EMRK überein, der darin besteht, die Freiheit des Einzelnen vor willkürlicher Festnahme oder Haft zu schützen. Jede Person, der im Sinne des Art. 5 Abs. 1 lit. c EMRK die Freiheit entzogen wird, darf letztlich nur zum Zweck der Vorführung festgehalten werden und hat das Recht, unverzüglich einem Richter oder einem anderen gesetzlich ermächtigten Beamten vorgeführt zu werden.

2. Zuständige staatliche Instanz

Von einigen Autoren wird vertreten, dass eine Haft im Sinne des Art. 5 Abs. 1 lit. c 2. Alt. EMRK nur dann dazu dienen könne, die betroffene Person den zuständigen Gerichtsbehörden zuzuführen, wenn zum Zeitpunkt der Festnahme eine solche Vorführung zulässig wäre.[27] Dies sei jedoch bei der Festnahme zur Verhinderung einer

22. Irische Regierung in EGMR 01.06.1961 Lawless/Ireland, Series A 3 para. 10.
23. Die Kommission spielt an dieser Stelle wohl auf die Art. 31 f. des Wiener Übereinkommens über das Recht der Verträge vom 23.05.1969 an (BGBl. 1985 II S. 927).
24. Zitiert in EGMR 01.06.1961 Lawless/Ireland, Series A 3 para. 11.
25. EGMR 01.06.1961 Lawless/Ireland, Series A 3.
26. EGMR 01.06.1961 Lawless/Ireland, Series A 3 para. 14.
27. *Harris/O'Boyle/Warbrick*, Convention, p. 118.

Straftat nur der Fall, wenn bereits der Versuch der Begehung der strafbaren Tat strafbar sei, oder wenn es sich um die Verhinderung der Wiederholung einer Straftat handele.[28] Vorausgesetzt wird bei dieser Auslegung des Haftgrundes offensichtlich, dass es sich bei der Behörde im Sinne des Art. 5 Abs. 1 lit. c und Art. 5 Abs. 3 S. 1 EMRK um einen Strafrichter handelt, dessen Aufgabe es ist, das strafbare Verhalten der vorgeführten Person zu beurteilen. Die Notwendigkeit zu dieser einschränkenden Auslegung des Art. 5 Abs. 1 lit. c 2. Alt. EMRK stellt sich hingegen dann nicht, wenn es sich bei den in Art. 5 Abs. 1 lit. c EMRK und Art. 5 Abs. 3 EMRK genannten Behörden nicht um Strafgerichte handelt, und wenn die Vorführung vor den Richter auch einem anderen Zweck als der strafrechtlichen Aburteilung der inhaftierten Person dienen kann.

Allein die Anwendbarkeit der Rechte des Art. 5 Abs. 3 EMRK auf den Haftgrund des Art. 5 Abs. 1 lit. c 2. Alt. EMRK führt somit nicht zwingend zu der Annahme, dass von diesem Haftgrund nur bereits strafbares Verhalten erfasst wird. Entscheidend ist vielmehr, welche staatlichen Stellen vom Begriff der *competent legal authority/autorité judiciaire compétente* bzw. der *judge or other officer/juge ou autre magistrat* erfasst sind, und welche Aufgabe diesen Stellen im Sinne des Art. 5 EMRK zukommt. Nur dann, wenn allein der Strafrichter zuständige Instanz im Sinne des Art. 5 Abs. 3 EMRK ist und dieser auch über die Strafbarkeit eines Verhalten zu urteilen hat, liegt der Schluss nahe, es müsse zum Zeitpunkt der Freiheitsentziehung bereits ein strafbares Verhalten vorliegen.

Zunächst fällt auf, dass die Verfasser der EMRK in Art. 5 Abs. 1 lit. c EMRK eine andere Formulierung wählten als in Art. 5 Abs. 3 EMRK, obwohl beide Formulierungen gleichzeitig Eingang in den Text des Art. 5 EMRK fanden.[29] Der EGMR geht dennoch davon aus, dass es sich in Art. 5 Abs. 1 lit. c EMRK und in Art. 5 Abs. 3 EMRK um die gleiche staatliche Instanz handelt.[30] Die Formulierung *„competent legal authority"* sei lediglich eine Abkürzung für den *„judge or other officer authorised by law to exercise judicial power"*.[31]

Weder die Begriffe *legal authority/autorité judiciaire*, noch die Termini *judge or other officer/juge ou autre magistrat* müssen bei näherer Betrachtung als Gericht im engen Sinne verstanden werden, deren Aufgabe es wäre, über die Straftat der vorgeführten Person zu entscheiden. Wie bereits dargestellt, umfasst insbesondere der französische Begriff der *„autorité judiciaire"* nicht nur den Richter der ordentlichen Ge-

---

28. *Harris/O'Boyle/Warbrick*, Convention, p. 115; *Koschwitz*, Freiheitsentziehung, S. 190; *Van Dijk/ Van Hoof*, Convention, p. 261.

29. Die Abs. 2-3 wurden erst auf Antrag des Vereinigten Königreichs vom 06.03.1950 eingeführt: Sitzung des Expertenkomitees am 06.03.1950, Doc. CM/WP1 (50) 2; A 915; TP III Ch. XI p. 282.

30. EGMR 01.06.1961 Lawless/Ireland, Series A 3 para. 14; EGMR 18.01.1978 Ireland/United Kingdom, Series A 25 para. 199.

31. EGMR 04.12.1979 Series A 34 para. 29: „·Since paragraph 1 (c) forms a whole with paragraph 3 (art. 5-1-c, art. 5-3), „competent legal authority" is a synonym, of abbreviated form, for „judge or other officer authorised by law to exercise judicial power[...]", dazu *Eissen*, Article 5, p. 14.

richtsbarkeit, sondern unter anderem auch die Staatsanwaltschaft.[32] Nach französischem Sprachgebrauch stellt somit auch der Staatsanwalt einen *„autre magistrat"* dar. Die englische Fassung lässt neben dem Richter ebenfalls ausdrücklich auch andere durch Gesetz zur Ausübung richterlicher Befugnisse ermächtigte Beamte als Vorführungsinstanz zu.[33] Die in Art. 5 Abs. 3 EMRK vorgesehene Vorführung ist damit nicht ausschließlich auf ein gerichtliches Verfahren im engeren Sinne zugeschnitten.

Für diese Auslegung spricht darüber hinaus, dass die Verfasser des Art. 5 EMRK weder in Art. 5 Abs. 1 lit. c EMRK noch in Art. 5 Abs. 3 EMRK den Begriff *court* bzw. *tribunal* verwendeten. Gemäß Art. 6 Abs. 1 EMRK hat jedoch jedermann ein Recht darauf, dass ein *court* bzw. *tribunal* über eine gegen ihn erhobene Anklage entscheidet:

> „In the determination of his civil rights and obligations or of any criminal charge against him, everyone is entitled to a fair and public hearing within a reasonable time by an *independent and impartial tribunal* established by law."

Die zur Sachentscheidung in Strafsachen berufenen Gerichte in diesem Sinne sind die ordentlichen Gerichte der Mitgliedstaaten, sowie alle anderen justizförmigen unabhängigen und unparteiischen Spruchkörper, die aufgrund eines geregelten und mit entsprechenden Garantien ausgestatteten Verfahrens nach Recht und Gerechtigkeit über zivilrechtliche Ansprüche oder strafrechtliche Anklagen entscheiden.[34] Diese Gerichte zeichnen sich materiell durch ihre Rechtsprechungsfunktion aus.[35] Den Anforderungen an ein Strafgericht im Sinne des Art. 6 Abs. 1 EMRK genügen damit weder eine *„competent legal authority"* noch der *„judge or other officer authorised by law to exercise judicial power"*. Über die Strafbarkeit einer begangenen oder bevorstehenden Handlung dürften diese staatlichen Stellen damit gar nicht entscheiden. Aufgabe der staatlichen Stellen, vor die die Vorführung der inhaftierten Personen zu erfolgen hat, muss damit nicht zwingend die Beurteilung strafbaren Verhaltens sein. Die Vorführung der gemäß Art. 5 Abs. 1 lit. c EMRK inhaftierten Personen vor diese Instanzen kann vielmehr auch dazu dienen, die Rechtmäßigkeit der Haft zu kontrollieren.[36]

Der EGMR, der grundsätzlich ebenfalls die Vorführung zum Zweck der Rechtmäßigkeitskontrolle der Haft als Vorführung im Sinne des Art. 5 Abs. 3 EMRK anerkennt, wonach eine Freiheitsentziehung zur Verhinderung der Erstbegehung einer Straftat nicht ausgeschlossen ist, wählt in einigen Urteilen missverständliche Formulierungen.

---

32. Vgl. oben Kapitel 3 Abschnitt 3 Seite 170.
33. *Funk/Gimpel-Hinteregger*, EuGRZ 1985, 1 (8); a.A. *Trechsel*, Menschenrechtskonvention, S. 253.
34. EGMR 16.07.1971 Ringeisen/Austria, Series A 13 para. 95; EGMR 23.06.1981 Le Compte and others/Belgium, Series A 43, para. 55; EGMR 29.04.1988 Belilos/Switzerland, Series A 132, para. 64.
35. EGMR 29.04.1988 Belilos/Switzerland, Series A 132, para. 64: „a 'tribunal' is characterised in the substantive sense of the term by its judicial function, that is to say determining matters within its competence on the basis of rules of law and after proceedings conducted in a prescribed manner.".
36. *Schubarth*, ZSR 94 (1975), 465 (481).

So legt der EGMR in seiner Rechtsprechung besonderen Wert auf die Feststellung, dass die Straftat, zu deren Verhinderung eine Freiheitsentziehung im Sinne des Art. 5 Abs. 1 lit. c 2. Alt. EMRK zulässig ist, stets eine konkrete Straftat sein müsse, deren Begehung unmittelbar bevorsteht.[37] Auf keinen Fall rechtfertige dieser Haftgrund eine Politik der Generalprävention, derzufolge Individuen aufgrund ihres „Hangs zur Begehung von Straftaten" inhaftiert werden könnten.[38] Dies ergebe sich sowohl aus dem Wortlaut des Art. 5 Abs. 1 lit. c EMRK, in dem von einer Straftat im Singular *(an offence/une infraction)* die Rede ist, als auch aus dem Zweck des Art. 5 EMRK, willkürliche Freiheitsentziehungen zu verbieten.[39]

Von Teilen der Literatur wird diese Rechtsprechung des EGMR fälschlicherweise dahingehend gedeutet, dass der EGMR Freiheitsentziehungen im Sinne des Art. 5 Abs. 1 lit. c 2. Alt. EMRK ausschließlich im Rahmen der Strafverfolgung als gerechtfertigt ansehe.[40] Von den Vertretern dieser Auffassung wird angeführt, dass der EGMR im Fall *Irland gegen das Vereinigte Königreich* und im Fall *Guzzardi* festgestellt habe, dass bei einer Freiheitsentziehung im Vorfeld einer Straftat keine Vorführungsabsicht vorliegen könne und diese folglich nicht gemäß Art. 5 Abs. 1 lit. c EMRK gerechtfertigt werden könne.[41] Bei näherer Betrachtung der Urteile stellt sich jedoch heraus, dass der EGMR die Inhaftierung der betroffenen Personen deshalb nicht als gerechtfertigt ansah, weil sie nicht zur Verhinderung einer konkreten Straftat, sondern zur „Aufrechterhaltung des Friedens und der öffentlichen Ordnung"[42] bzw. zur „Wahrung der Sicherheit und der öffentlichen Moral"[43] und zum Zweck der Befragung bezüglich anderer Personen erfolgte.

Im Fall *Ciulla* stellte der EGMR tatsächlich ausdrücklich fest, dass Art. 5 Abs. 1 lit. c EMRK nur zu Freiheitsentziehungen im Zusammenhang mit der Strafverfolgung ermächtige. Auch diese Aussage der EGMR ist jedoch ebenfalls in ihrem Zusammenhang zu betrachten. Im Fall *Ciulla* ging es wiederum um eine Regelung, die eine sogenannte Haft zur Verhinderung möglicher späterer Straftaten zuließ. Freiheitsentzie-

---

37. EGMR 06.11.1980 Guzzardi/Italy, Series A 39 para. 102.
38. EGMR 06.11.1980 Guzzardi/Italy, Series A 39 para. 102; ·EGMR 31.07.2000 Jecius/Lithuania Appl. No. 34578/97 para. 51.
39. EGMR 06.11.1980 Guzzardi/Italy, Series A 39 para. 102: „In any event, the phrase under examination is not adapted to a policy of general prevention directed against an individual or a category of individuals who, like mafiosi, present a danger on account of their continuing propensity to crime; it does no more than afford the Contracting States a means of preventing a concrete and specific offence." In diesem Fall ging es um die Beurteilung eines italienischen Gesetzes (law no. 1423 of 27 December 1956) das unter anderem dazu ermächtigte, Personen die Freiheit zu entziehen, die eine Gefahr für die Sicherheit und die öffentliche Moral darstellen; so auch schon die Dissenting Opinion von Judge G. Balladore Palleri, in EGMR 10.11.1969, Matznetter/Austria, Series A 10 p. 43.
40. *Van Dijk/Van Hoof*, Convention, p. 261; *Harris/O'Boyle/Warbrick*, Convention, p. 117.
41. *Van Dijk/Van Hoof*, Convention, p. 261.
42. EGMR 18.01.1978 Ireland/United Kingdom, Series A 25 para. 196.
43. EGMR 06.11.1980 Guzzardi/Italy, Series A 39 para. 102.

hungen konnten danach gegenüber Personen angeordnet werden, die nach Ansicht staatlicher Stellen eine Gefahr für die Sicherheit und die öffentliche Moral darstellten. In der weiteren Argumentation des Gerichthofs im Fall *Ciulla* heißt es:

„The arrest of the applicant on 8 May 1984 was designed to obviate the risk that he might 'evade any preventive measure that might be taken'; [...] Either the prosecution nor the president mentioned any concrete and specific offences - the only ones which are relevant in regard to Article 5 para. 1 (c) (art. 5-1-c) (see the Guzzardi judgment previously cited, Series A no. 39, pp. 38-39, para. 102) - which Mr Ciulla had to be prevented from committing; they relied on the past „serious offences" which had led to the „heavy sentence" passed on him by the Milan District Court (see paragraph 12 above) and on „circumstances" which indicated that he was a „danger to society"."[44]

Der EGMR geht also auch in diesem Urteil davon aus, dass eine Freiheitsentziehung zur Verhinderung einer konkreten Straftat im Sinne des Art. 5 Abs. 1 lit. c EMRK zulässig ist. Er stellt auch im Fall *Ciulla* in erster Linie darauf ab, dass die Inhaftierung nicht der Verhinderung einer solchen Straftat, sondern der Unterbindung des allgemeinen Risikos diente, das Ciulla nach Auffassung der Staatsanwaltschaft darstellte. Dem EGMR geht es damit in seiner Rechtsprechung nicht darum, Freiheitsentziehungen zur Verhinderung von Straftaten generell aus dem Anwendungsbereich des Art. 5 Abs. 1 lit. c 2. Alt. EMRK herauszunehmen, wenn diese im nationalen Recht nicht dem Strafprozessrecht zugeordnet sind.[45] Für nicht mit Art. 5 Abs. 1 lit. c 2. Alt. EMRK vereinbar hält der EGMR hingegen die Inhaftierung von Personen, wenn diese allein aufgrund der Tatsache erfolgt, dass die betroffenen Personen für kriminell oder gefährlich gehalten werden.

Auch der EGMR lässt die Vorführung vor eine über die Rechtmäßigkeit und Fortdauer der Haft entscheidende Instanz ausreichen.[46] Die staatliche Stelle im Sinne des Art. 5 Abs. 1 lit. c EMRK und Art. 5 Abs. 3 S. 1 EMRK müsse, so der EGMR, nicht den Anforderungen genügen, die an das für Haftprüfung gemäß Art. 5 Abs. 4 EMRK zuständige Gericht *(court/tribunal)* zu stellen seien.[47] Diese Instanz müsse gemäß Art. 5

44. EGMR 22.02.1989 Ciulla/Italy, Series A 148 para. 40.

45. Die gegenteilige Auslegung der Rechtsprechung des EGMR kann auch auf einem Mißverständnis beruhen. Da im Vereinigten Königreich die Strafbarkeit bereits in einem sehr frühen Stadium der Vorbereitung einer Straftat ansetzt und damit schon das Ansetzen zu einer Straftat strafbar ist, bleibt in diesen Rechtsordnungen für den Begriff einer Haft zur Verhinderung einer Straftat eigentlich nur die Haft aus generalpräventiven Gründen übrig. Diese Form der Haft im Vorfeld der Strafbarkeit ist jedoch auch nach dem hier vertretenen Verständnis des Art. 5 Abs. 1 lit. c EMRK nicht zulässig. Besonders deutlich wird dieses Mißverständnis anhand der Auslegung von Art. 5 Abs. 1 lit. c EMRK durch *Harris/O'Boyle/Warbrick*, Convention, p. 117: „The Court's judgment, which is in accordance with the rule of law and European Standards concerning preventive detention, makes it difficult to give any meaning to the second 'preventive' limb of Article 5 I c. Conduct that amounts in municipal law to the offence of attempting to commit an offence is itself an offence, so that the first limb of Art. 5 I c applies."

46. EGMR 01.06.1961 Lawless/Ireland, Series A 3 para. 14; EGMR 04.12.1979 Schiesser/Switzerland, Series A 34 para. 30f.; EGMR 29.04.1999 Aquilina/Malta Reports 1999-III, para. 47: „This provision enjoins the judicial officer before whom the arrested person appears to review the circumstances militating for or against detention, to decide by reference to legal criteria whether there are reasons to justify detention, and to order release if there are no such reasons".

Abs. 3 EMRK schnell und in einem Verfahren, das sich an den Prinzipien eines richterlichen Verfahrens orientiere, über die Rechtmäßigkeit der Haft entscheiden. Die Entscheidung über Rechtmäßigkeit und Fortdauer der Haft könne auch von Beamten getroffen werden, denen richterliche Funktionen für diese Aufgabe kraft Gesetz übertragen seien. Die Beamten müssen dazu jedoch über ein gewisses Maß an Unabhängigkeit gegenüber der Exekutive und den Parteien verfügen.[48] Die Weisungsabhängigkeit von einer höheren Stelle — so der EGMR — sei indes nicht schädlich, solange die weisungsbefugte Stelle ihrerseits von der Exekutive und den Parteien hinreichend unabhängig sei.[49] Ausdrücklich erkennt der EGMR auch der Staatsanwaltschaft die Qualität der *competent legal authority* zu.[50] Es sei jedoch darauf zu achten, dass die mit der Haftprüfung betrauten Beamten im Laufe des Verfahrens nicht selbst in eine Parteirolle — in diesem Fall die des Anklägers — einrücken.[51] Dieses Problem stellt sich jedoch nicht, wenn die Freiheitsentziehung nicht aufgrund einer strafbaren Handlung erfolgt, sondern um eine strafbare Handlung zu verhindern. Im Vorfeld strafbarer Handlungen kann es nicht zu einer Anklage kommen, so dass auch der Staatsanwalt zwar als Ermittler, nicht aber als Ankläger tätig werden kann.

Die staatliche Instanz im Sinne des Art. 5 Abs. 1 lit. c EMRK und Art. 5 Abs. 1 S. 1 EMRK, der die betroffenen Personen vorzuführen ist, muss somit auch nach der Rechtsprechung des EGMR nicht für die Entscheidung über die Strafbarkeit der betroffenen Person zuständig sein. Ihr kann auch die Aufgabe zukommen, über die Rechtmäßigkeit und Fortdauer der Freiheitsentziehung zu entscheiden. Die richterliche Entscheidung über die Rechtmäßigkeit einer Freiheitsentziehung ist in den Fällen, in denen einer Person die Freiheit entzogen wird, um sie daran zu hindern, eine strafbare Handlung zu begehen, auch besonders sinnvoll.

Gerade bei Freiheitsentziehungen im Vorfeld strafbaren Verhaltens kommt der richterlichen Kontrolle der Rechtmäßigkeit der Haft eine besondere Bedeutung zu.[52] Diese sogenannte „Präventivhaft" in die Hände des Richters zu legen, war auch die erklärte Absicht der Verfasser der Konvention, die dadurch Mißbrauch und Willkür verhindern wollten.[53] So heißt es in dem Bericht der Konferenz der Hohen Regierungsbeamten an den Ministerrat, dass die zur Verhinderung einer Straftat gemäß Art. 5 Abs. 1 lit. c EMRK zugelassene Freiheitsentziehung nicht der Einführung eines Polizeistaates die „Türe öffnen" solle. Zwar könne es unter gewissen Umständen notwendig sein, eine Person zu verhaften, um sie an der Begehung einer Straftat zu hindern, auch wenn die Fakten, die auf die künftige Begehung der Straftat hindeuten, selbst nicht strafbar seien. Es sei jedoch besonderes Augenmerk darauf zu legen, möglichem Missbrauch dieses Haftgrundes vorzubeugen. Unter anderem sei daher die Schran-

47. EGMR 04.12.1979 Schiesser/Switzerland, Series A 34 para. 29.
48. Vgl. Nogueras, Detenido, p. 49f.
49. EGMR 04.12.1979 Schiesser/Switzerland, Series A 34 para. 30f.
50. EGMR 04.12.1979 Schiesser/Switzerland, Series A 34 para. 29, 34.
51. EGMR 22.05.1984 De Jong and others/Netherlands, Series A 77, para. 49.
52. *Haller, W.*, Polizeigesetzgebung, S. 570.
53. Rapport de la Conférence des Hauts Fonctionnaires; TP IV, Ch. XV, p. 261.

kenbegrenzung des Art. 18 EMKR,[54] wonach die nach der Konvention gestatteten Einschränkungen der Rechte und Freiheiten nur für die vorgesehenen Zwecke verwendet werden dürfen,[55] besonders zu beachten.[56]

Die in Art. 5 Abs. 1 lit. c EMRK geforderte Vorführungsabsicht und das Recht auf Vorführung gemäß Art. 5 Abs. 3 EMRK schließen somit nicht aus, dass eine Freiheitsentziehung zum Zweck der Verhinderung der Erstbegehung einer Straftat gemäß Art. 5 Abs. 1 lit. c 2. Alt. EMRK zulässig ist.

C. Ergebnis

Aus der Rechtsprechung des EGMR lässt sich somit ebenfalls kein Argument für eine Beschränkung des Haftgrundes des Art. 5 Abs. 1 lit. c 2. Alt. EMRK herleiten. Eine Freiheitsentziehung im Sinne des Art. 5 Abs. 1 lit. c 2. Alt. EMRK ist folglich entsprechend dem Wortlaut des Art. 5 Abs. 1 lit. c 2. Alt. EMRK auch in den Fällen zulässig, in denen eine konkrete strafbare Handlung bevorsteht, das Stadium der Strafbarkeit jedoch noch nicht erreicht ist.

II. Voraussetzungen der Freiheitsentziehung

A. Vorführungsabsicht

Art. 5 Abs. 1 lit. c EMRK bestimmt, dass eine Freiheitsentziehung aus den in litera c genannten Gründen nur zum Zwecke der Vorführung vor die zuständige Gerichtsbehörde erfolgen darf. Dies gilt gemäß Art. 5 Abs. 3 EMRK für alle Haftgründe des Art. 5 Abs. 1 lit. c EMRK.[57] An die Vorführungsabsicht stellt der EGMR jedoch keine besonders hohen Anforderungen. So müsse es nicht in jedem Fall tatsächlich zu einer Vorführung der Person kommen.[58] Es genüge vielmehr, wenn zum Zeitpunkt der Festnahme einer Person die Absicht der Vorführung zumindest potentiell bestehe.[59]

Dass gemäß Art. 5 Abs. 1 lit. c EMRK für eine Freiheitsentziehung Vorführungsabsicht erforderlich ist, wirft die Frage auf, ob eine Freiheitsentziehung auch nach erfolgter Vorführung noch von Art. 5 Abs. 1 lit. c EMRK gedeckt ist. In dem Moment, in dem die betroffene Person dem Richter oder einem anderen Beamten vorgeführt wird,

---

54. Damals noch Art. 13 Abs. 2 des Konventionsentwurfs.
55. Art. 18 EMRK „The restrictions permitted under this Convention to the said rights and freedoms shall not be applied for any purpose other than those for which they have been prescribed."
56. Rapport de la Conférence des Hauts Fonctionnaires; TP IV, Ch. XV, p. 261.
57. EGMR 01.06.1961 Lawless/Ireland, Series A 3 para. 14.
58. EGMR 29.11.1988 Brogan and others/United Kingdom, Series A 145-B para. 53. Danach genügt es bereits, wenn die Polizei ursprünglich die Absicht hatte, die Person wegen einer Straftat vor Gericht zu bringen, obwohl sie davon Abstand nahm, weil sie auch nach der Festnahme und Befragung der Person keine ausreichenden Beweise für eine Straftat finden konnte.
59. EGMR 29.11.1988 Brogan and others/United Kingdom, Series A 145-B para. 53; EGMR 28.10.1994 Murray/United Kingdom, Series A 300-A para. 67.

entfällt die Vorführungsabsicht der festnehmenden Behörde. Wäre eine Freiheitsentziehung nach Art. 5 Abs. 1 lit. c EMRK nur bis zur Vorführung der betroffenen Person gerechtfertigt, so müsste jede weitere Verlängerung der Freiheitsentziehung durch einen anderen Haftgrund gerechtfertigt sein. Andernfalls wäre die betroffene Person nach ihrer Vorführung unverzüglich aus der Haft zu entlassen.

In der rechtswissenschaftlichen Literatur ist in diesem Zusammenhang die Auffassung vertreten worden, die Haft zur Verhinderung einer Straftat sei überhaupt nur bis zum Zeitpunkt der Vorführung vor den Richter durch Art. 5 Abs. 1 lit. c EMRK gedeckt. Es fehle in Art. 5 Abs. 1 EMRK an einem Eingriffsvorbehalt, der die Haft zur Verhinderung von Straftaten aufgrund endgültigen Entscheids eines Richters zuließe.[60] Dieser Auffassung lässt sich jedoch entgegen halten, dass Art. 5 Abs. 1 lit. c EMRK die einzigen Haftgründe enthält, die eine Untersuchungshaft rechtfertigen können. Eine Untersuchungshaft wäre nicht gemäß Art. 5 Abs. 1 lit. a EMRK gerechtfertigt, da in diesem Verfahrensstadium gerade noch kein Schuldspruch durch das zuständige Gericht erfolgt ist. Auch dient die Untersuchungshaft allein der Strafverfolgung und damit gerade nicht der Erzwingung der Erfüllung einer gesetzlichen Pflicht im Sinne des Art. 5 Abs. 1 lit. b 2. Alt. EMRK. Nicht nur die Haft zur Verhinderung einer Straftat wäre daher nur bis zur Vorführung vor den Richter zulässig, auch die Untersuchungshaft eines Tatverdächtigen nach der Vorführung vor den Richter — fester Bestandteil der Rechtsordnungen der Mitgliedstaaten des Europarats — ließe sich keinem anderen der Haftgründe des Art. 5 Abs. 1 S. 2 EMRK zuordnen und wäre daher konventionswidrig.

Der EGMR vertritt daher ebenfalls die Auffassung, dass eine Freiheitsentziehung bei Vorliegen eines der Haftgründe des Art. 5 Abs. 1 lit. c EMRK nach der Vorführung der betroffenen Person zulässig ist.[61] Mit dem Recht auf Vorführung vor einen Richter oder eine andere zur Prüfung der Haft ermächtigte Behörde sollte die für zulässig erachtete Untersuchungshaft und die Haft zur Verhinderung einer Straftat nicht unterbunden, sondern lediglich einer unabhängigen Kontrolle unterworfen werden.[62]

Eine andere Auslegung der Vorführungsabsicht im Sinne des Art. 5 Abs. 1 lit. c EMRK würde zudem dem Schutzzweck des Art. 5 EMRK widersprechen. Ginge man davon aus, dass die Freiheitsentziehung nur bis zur Vorführung gemäß Art. 5 Abs. 1 lit. c EMRK zu rechtfertigen wäre, so hätte dies zur Folge, dass die Vorführung vor den Richter so lange als möglich hinausgezögert werden müsste, weil der Richter eine Untersuchungshaft nicht anordnen dürfte. Eine solche Auslegung widerspricht dem Schutzinteresse des Art. 5 Abs. 1 lit. c EMRK, der eine möglichst rasche Kontrolle durch ein justizförmiges Organ herbeiführen will.[63] Die erfolgte Vorführung vor den Richter schließt damit die Vereinbarkeit der Freiheitsentziehung mit Art. 5 Abs. 1 lit. c EMRK nicht aus.

---

60. *Trechsel*, Menschenrechtskonvention, S. 228.
61. EGMR 06.11.1980 Guzzardi/Italy, Series A 39 para. 102.
62. Rapport de la Conférence des Hauts Fonctionnaires; TP IV, Ch. XV, p. 261.
63. *Gollwitzer* in: Löwe-Rosenstein, StPO-Kommentar, Art. 5 EMRK Rn. 61.

B. Die Straftat

Die Festnahme oder Inhaftierung einer Person ist gemäß Art. 5 Abs. 1 lit. c EMRK gerechtfertigt, wenn der Verdacht besteht, dass sie eine strafbare Handlung begangen hat oder wenn die Person unmittelbar vor der Begehung einer konkreten Straftat steht. Eine Straftat im Sinne des Art. 5 Abs. 1 lit. c EMRK ist nach der Rechtsprechung des EGMR jede im nationalen Recht mit Strafe bedrohte Handlung, wobei als Strafe in diesem Sinne nicht nur echte Kriminalstrafen, sondern auch andere Sanktionen mit Strafcharakter verstanden werden.[64] Für diese weite Auslegung des Begriffs der Straftat spricht, dass die authentischen Fassungen den Begriff *offence* bzw. *infraction* und nicht die Begriffe *crime* bzw. *délit* verwenden. Gerade der französische Begriff der *infraction* wird nicht selten als Oberbegriff für sämtliche Handlungen verwendet, die mit einer über den bloßen Schadensersatz hinausgehenden staatlichen Sanktion bedroht werden, ohne dass es auf die Qualifikation als Straftat oder Ordnungswidrigkeit ankommt.[65]

Auf die Qualifikation einer Handlung nach nationalem Recht kann es bei der Beurteilung der Tat nicht ankommen. Anderenfalls könnten die Mitgliedstaaten durch eine nationale Qualifikation einer Tat als Straftat selbst über die Anwendbarkeit des Haftgrundes entscheiden.[66] Für die Qualifikation als Straftat im Sinne des Art. 5 Abs. 1 lit. c EMRK kommt es daher allein auf die Natur der Verpflichtung und die durch das nationale Recht für die Nichtbefolgung vorgesehenen Sanktionen an.[67] Auch Taten, die nach nationalem Recht unterhalb der Schwelle der Strafbarkeit angesiedelt sind, wie eine Übertretung nach schweizerischem Recht,[68] eine Gefährdung der öffentlichen Ordnung nach dem Recht des Vereinigten Königreichs[69] oder Ordnungswidrigkeiten nach deutschem Recht[70] können demzufolge als Straftat im Sinne der Konvention angesehen werden.

C. Notwendigkeit der Freiheitsentziehung

Eine Festnahme oder Haft, die der Verhinderung strafbaren Verhaltens dienen soll, birgt insofern in besonderem Maße die Gefahr willkürlichen Freiheitsentzugs, als der Nachweis über die Absicht einer Person, eine Straftat begehen zu wollen, schwer zu erbringen ist. Zudem besteht die Gefahr, dass Personen aufgrund allgemein formulierter Unterlassungspflichten oder allein aufgrund ihrer vermeintlichen kriminellen Neigung die Freiheit entzogen wird.[71] Die Freiheitsentziehung muss jedoch, um mit

64. EGMR 23.09.1998, Steel and others/United Kingdom, Reports 1998-VII, para. 50; *Gollwitzer* in: Löwe-Rosenstein, StPO-Kommentar, Art. 5 EMRK Rn. 64.
65. *Haller, W.*, Polizeigesetzgebung, S. 570.
66. *Herzog*, AöR 86 (1961), 194 (225); *Kerrigan*, [1999] JCL, 246 (248).
67. EGMR 10.06.1996, Benham v. The United Kingdom, Reports 1996-III, para. 56.
68. *Haller, W.*, Polizeigesetzgebung, S. 570.
69. EGMR 23.09.1998, Steel and others/United Kingdom, Reports 1998-VII, para. 50.
70. *Herzog*, AöR 86, 194, 22; vgl. dazu die Fälle vor dem EGMR Seite 207 .

Art. 5 EMRK vereinbar zu sein, gemäß Art. 5 Abs. 1 lit. c 2. Alt. EMRK „notwendig" sein, um die betroffene Person an der Begehung einer Straftat zu hindern. Mit dieser Formulierung verweist Art. 5 Abs. 1 lit. c EMRK auf den auch im Rahmen der EMRK gültigen Grundsatz der Verhältnismäßigkeit. Eine Freiheitsentziehung ist als besonders eingriffsintensive Maßnahme nur dann zur Verhinderung einer Straftat erforderlich, wenn die Begehung der Straftat nicht auf andere, weniger eingriffsintensive Weise verhindert werden kann. Zur Verhinderung willkürlichen Freiheitsentzugs und bei einer dem Schutzzweck des Art. 5 EMRK entsprechenden engen Auslegung des Haftgrundes des Art. 5 Abs. 1 lit. c EMRK ist davon auszugehen, dass eine Freiheitsentziehung nur dann „notwendig" im Sinne des Art. 5 Abs. 1 lit. c 2. Alt. EMRK ist, wenn die Begehung einer bestimmten Straftat *unmittelbar* bevorsteht.[72] Einer Person kann folglich nicht allein deshalb die Freiheit entzogen werden, weil davon ausgegangen wird, dass sie irgendwann im Verlauf ihres Lebens eine Straftat begehen wird.[73]

D. Rechtmäßigkeit der Freiheitsentziehung

Schließlich muss die Festnahme oder Haft im Sinne des Art. 5 Abs. 1 lit. c EMRK rechtmäßig *(lawful)* sein.[74] Sie muss dazu auf einer hinreichend bestimmten gesetzlichen Grundlage beruhen.[75] Eine nationale Regelung, derzufolge Personen inhaftiert werden können, weil sie nach Ansicht der Behörden eine besonders starke kriminelle Neigung haben, ist daher unter Umständen auch aufgrund der Unbestimmtheit der Regelung nicht mit Art. 5 Abs. 1 EMRK vereinbar, sofern der Einzelne nicht sicher voraussehen kann, wann eine staatliche Stelle ihn für kriminell hält.

Abschnitt 2: Deutschland

Freiheitsentziehende Maßnahmen zum Zweck der Verhinderung von Straftaten im Sinne des Art. 5 Abs. 1 lit. c 2. Alt. EMRK spielen besonders in der Rechtsordnung der Bundesrepublik Deutschland eine wichtige Rolle.

---

71. *Clements*, Human Rights, p. 129.
72. EGMR 06.11.1980 Guzzardi/Italy, Series A 39 para. 102.
73. So auch EGMR 06.11.1980 Guzzardi/Italy, Series A 39 para. 102; EGMR 31.07.2000 Jecius/Lithuania Appl. No. 34578/97 para. 51.
74. Obwohl nur die englische, nicht aber die französische Fassung des Art. 5 Abs. 1 lit. c EMRK dieses Erfordernis ausdrücklich nennt, ist aufgrund des Zusammenhangs mit den anderen Haftgründen davon auszugehen, dass auch nach der französischen Fassung die Haft mit nationalem Recht übereinstimmen muss; vgl. dazu *Velu/Ergec*, Convention, p. 268.
75. Vgl. dazu oben Kapitel 2 Abschnitt 1 Seite 81.

I. Unterbindungsgewahrsam

A. Voraussetzungen der Freiheitsentziehung

1. Die Tat

Die Polizeigesetze der Bundesländer und das BGSG[76] ermächtigen die Polizei, Personen in polizeilichen Gewahrsam zu nehmen, um eine unmittelbar bevorstehende Tat zu verhindern. Dabei handelt es sich um den sogenannten Unterbindungsgewahrsam.[77]

a) Verhinderung von Straftaten und Ordnungswidrigkeiten

Die Polizeigesetze der Bundesländer lassen den Unterbindungsgewahrsam zur Verhinderung einer unmittelbar bevorstehenden Begehung oder Fortsetzung einer Straftat oder einer Ordnungswidrigkeit von erheblicher Bedeutung für die Allgemeinheit zu.[78]

Eine Straftat im Sinne dieser Vorschriften ist jedes strafbare Verhalten, das den Tatbestand eines Strafgesetzes verwirklicht.[79] Vom Begriff der Straftat umfasst sind damit nicht nur Verbrechen, die gemäß § 12 StGB mit einer Mindeststrafe von einem Jahr Freiheitsstrafe oder mehr bedroht sind, sondern auch Vergehen, die sich durch eine niedrigere Strafandrohung auszeichnen. Es gibt daher auch Straftaten, bei denen es auf den ersten Blick bedenklich erscheint, dass zu ihrer Verhinderung eine Freiheitsentziehung zulässig ist. Bei näherer Betrachtung erweisen sich jedoch auch Delikte wie die Entziehung elektrischer Energie, die Erschleichung von Leistungen oder der Missbrauch von Titeln als gar nicht so harmlos, weil auch durch diese große Schäden verursacht werden können.[80] Straftaten sind im Grundsatz daher stets von solchem Gewicht, dass sie ein polizeiliches Eingreifen rechtfertigen können.

Im Unterschied zur Straftat ist eine Ordnungswidrigkeit eine Handlung, die zwar nicht strafwürdig ist, jedoch den Tatbestand eines Gesetzes verwirklicht, das die Ahndung des Verstoßes mit einer Geldbuße zulässt.[81] Die Verhinderung von Ordnungswidrigkeiten mit dem Mittel des Polizeigewahrsams ist aus Gründen der Verhältnismä-

76. § 39 Abs. 1Nr. 3 BGSG.
77. Diese Gewahrsamsform wird auch als Beseitigungs-, Sicherheits-, Vorbeuge-, Präventiv- oder Sicherungsgewahrsam bezeichnet.
78. Art. 17 Abs. 1 Nr. 2 BayPAG; § 30 Abs. 1 Nr. 2 ASOG Bln; § 17Abs. 1 Nr. 2 BbgPolG; § 15 Abs. 1 Nr. 2 BremPolG; § 13 Abs. 1 Nr. 2 HbgSOG; § 32 Abs. 1 Nr. 2 HSOG; § 55 Abs. 1 Nr. 2 SOG MV; § 18 Abs. 1 Nr. 2 NGefAG; § 35 Abs. 1 Nr. 2 PolG NW; § 14 Abs. 1 Nr. 2 POG RP; § 13 Abs. 1 Nr. 2 SPolG; § 38 Abs. 1 Nr. 2 SOG LSA; § 19 Abs. 1 Nr. 2 ThürPAG.
79. Unter den Begriffen „Straftat" bzw. „Ordnungswidrigkeit" im Sinne der Polizeigesetze werden tatbestandsmäßige rechtswidrige Handlungen verstanden. Auf ein Verschulden kommt es nicht an, vgl. dazu *Ule/Rasch*, Allgemeines Polizei- und Ordnungsrecht, § 13 Rn. 5
80. OLG Hamburg 21.05.1997, DÖV 1998, 39 (41); *Stoermer*, Gewahrsam, S. 73.
81. § 1 Abs. 1 OWiG.

ßigkeit im deutschen Recht nur zulässig, wenn diese von „erheblicher Bedeutung für die Allgemeinheit" sind. Ob eine Ordnungswidrigkeit diese Voraussetzung erfüllt, wird nicht abstrakt, sondern nur nach den Umständen des Einzelfalls beurteilt.[82] Denn „für die Allgemeinheit von Bedeutung" ist im allgemeinen nicht, gegen welche Einzelnorm verstoßen wurde, sondern wie schwerwiegend die Auswirkungen auf schützenswerte Rechtsgüter wie Leben, Gesundheit, Freiheit, Ehre, Eigentum und Vermögen sind.[83] Die Anordnung von Gewahrsam zur Verhinderung von Ordnungswidrigkeiten setzt daher eine besonders sorgfältige Abwägung der Gefahren für die Allgemeinheit mit dem Grundrecht der Freiheit der Person voraus.

b) Gefahrenabwehr

Die Polizeigesetze Baden-Württembergs und Sachsens lassen, anders als die Polizeigesetze der anderen Bundesländer, den Unterbindungsgewahrsam nicht nur zur Verhinderung einer Straftat oder Ordnungswidrigkeit, sondern generalklauselartig zum Zweck der Gefahrenabwehr zu.[84] Voraussetzung für eine Ingewahrsamnahme ist nach den Vorschriften Baden-Württembergs und Sachsens eine „unmittelbar bevorstehende Störung der öffentlichen Sicherheit". Das Schutzgut der „öffentlichen Sicherheit" umfasst den Bestand des Staates, die Funktionsfähigkeit staatlicher Einrichtungen, die Unverletzlichkeit subjektiver Rechte und Rechtsgüter Einzelner sowie die Unversehrtheit der Rechtsordnung insgesamt.[85] Auch Straftaten und Ordnungswidrigkeiten stellen eine Verletzung der Rechtsordnung in diesem Sinne dar, weshalb nach der Regelung der Polizeigesetze Baden-Württembergs und Sachsens eine Person auch zur Verhinderung von Straftaten und Ordnungswidrigkeiten in Gewahrsam genommen werden kann. Die Ingewahrsamnahme zum Schutz der öffentlichen Sicherheit geht jedoch weit über die Verhinderung von Straftaten und Ordnungswidrigkeiten hinaus. Theoretisch kann danach jede Rechtsverletzung zu einer Ingewahrsamnahme ermächtigen.[86]

Die bevorstehende Störung der öffentlichen Sicherheit muss nach den Polizeigesetzen Baden-Württembergs und Sachsens jedoch „erheblich" sein, um eine Ingewahrsamnahme rechtfertigen zu können.[87] Die bevorstehende Störung muss daher eine gewisse Intensität und eine gewisse polizeiliche Bedeutung erlangen.[88] Das ist in der Regel dann der Fall, wenn — wie bei der bevorstehenden Begehung von Straftaten — besonders bedeutsame Rechtsgüter bedroht sind. Zu bejahen ist eine Störung

82. BayObLG 28.05.1998 NVwZ 1999, 106.
83. *Habermehl*, Polizei- und Ordnungsrecht, S. 236; *Stoermer*, Gewahrsam, S. 79.
84. § 28 Abs. 1 Nr. 1 PolG BW; § 22 Abs. 1 Nr. 1 SächsPolG.
85. BVerfGE 69, 315 (352); SächsVerfGH 25. 3. 1996, SächsVBl. 1996, 160 (169); *Denninger* in: Lisken/Denninger, Polizeirecht, S. 205; *Drews/Wacke/Vogel/Martens*, Gefahrenabwehr, S. 232; *Götz*, Polizeirecht, Rn. 89; *Gusy*, Polizeirecht, Rn. 81ff.
86. *Stoermer*, Gewahrsam, S. 68.
87. § 28 Abs. 1 Nr. 1 PolG BW; § 22 Abs. 1 Nr. 1 SächsPolG.
88. VG Freiburg 05.02.1985 VBlBW 1986, 229.

der öffentlichen Sicherheit regelmäßig auch, wenn mit der Begehung von Ordnungswidrigkeiten mit erheblicher Bedeutung für die Allgemeinheit zu rechnen ist.[89] Der Hauptanwendungsbereich des baden-württembergischen und sächsischen Unterbindungsgewahrsams liegt somit ebenfalls in der Verhinderung von Straftaten und Ordnungswidrigkeiten mit erheblicher Bedeutung.

Über die Regelung in § 22 Abs. 1 Nr. 1 SächsPolG hinaus sieht § 28 Abs. 1 Nr. 1 PolG BW die öffentliche Ordnung als mittels Freiheitsentziehung zu schützendes Rechtsgut an. Eine Ingewahrsamnahme kann in Baden-Württemberg eigentlich auch dann erfolgen, wenn lediglich eine Störung der öffentlichen Ordnung unmittelbar bevorsteht. Eine Störung der öffentlichen Ordnung ist jeder Verstoß gegen eine ungeschriebenen Normen, deren Befolgung als unentbehrliche Voraussetzung eines geordneten menschlichen Zusammenlebens angesehen wird.[90] Eine Ingewahrsamnahme wegen einer Störung der öffentlichen Ordnung würde damit zur Verhinderung eines Verstoßes gegen ungeschriebenes Recht erfolgen. Die Vorschrift des § 28 Abs. 1 Nr. 1 PolG BW ist insofern verfassungsrechtlich bedenklich, als es wegen des hohen Ranges des grundrechtlichen Freiheitsschutzes ausgeschlossen erscheint, eine Person allein wegen einer erheblichen Störung der öffentlichen Ordnung in Gewahrsam zu nehmen.[91] Im Einzelfall kann es daher bei verfassungskonformer Auslegung des § 28 Abs. 1 Nr. 1 PolG BW schon aufgrund des Grundsatzes der Verhältnismäßigkeit auch in Baden-Württemberg nicht allein wegen eines Verstoßes gegen die öffentliche Ordnung zu einer Ingewahrsamnahme kommen.[92]

2. Die Gefahr

Eine Person kann nach den Polizeigesetzen der Länder und nach dem BGSG nur dann in Gewahrsam genommen werden, wenn die Begehung oder die Fortsetzung der Straftat oder Ordnungswidrigkeit unmittelbar bevorsteht. Unmittelbar bevor steht eine Tat, wenn ohne den Gewahrsam eine fortdauernde Beeinträchtigung des Rechtsguts polizeilich nicht verhindert werden kann.[93] Es muss eine Sachlage vorliegen, bei der die Einwirkung des schädigenden Ereignisses bereits begonnen hat oder bei der diese Einwirkung unmittelbar oder in allernächster Zeit mit einer an Sicherheit grenzender Wahrscheinlichkeit bevorsteht.[94]

---

89. *Rommelfanger/Rimmele*, Polizeigesetz, § 22 Rn. 6.

90. So BVerfGE 69, 315 (352); PrOVGE 91, 139 (140) auch die Legaldefinition in § 3 Nr. 2 SOG LSA; verschiedene Beispiele bei *Drews/Wacke/Vogel/Martens*, Gefahrenabwehrrecht, S. 248ff.

91. *Drews/Wacke/Vogel/Martens*, Gefahrenabwehrrecht, S. 198, *Rachor* in: Lisken/Denninger, Polizeirecht, S. 449; *Stoermer*, Gewahrsam, S. 70; *Würtenberger/Heckmann/Riggert*, Polizeirecht, Rn. 236 Fn. 139

92. *Drews/Wacke/Vogel/Martens*, Gefahrenabwehrrecht, S. 198; *Mußmann*, Polizeirecht, Rn. 205.

93. BVerwG 26.02.1974 BVerwGE 45, 51 (61); *Gusy*, Polizeirecht, Rn. 244.

94. BVerwG 26.02.1974 BVerwGE 45, 51 (61); OVG Bremen 06.07.1999, NVwZ 2001 (221); *Rietdorf/Heise/Böckenförde/Strehlau*, Handbuch § 35 PolG Rn. 25.11.

Zur Erleichterung der Gefahrenprognose wird in einigen Landespolizeigesetzen näher spezifiziert, wann von einer solchen drohenden Begehung oder Fortsetzung einer Straftat oder Ordnungswidrigkeit in der Regel auszugehen ist. Danach kann sich die Annahme, dass eine Person eine Tat begehen wird, insbesondere darauf stützen, dass:

- die Person die Begehung der Tat angekündigt oder dazu aufgefordert hat oder entsprechende Transparente oder sonstige Gegenstände mit sich führt;
- bei ihr Waffen, Werkzeuge oder sonstige Gegenstände aufgefunden werden, die ersichtlich zur Tatbegehung bestimmt sind oder erfahrungsgemäß bei derartigen Taten verwendet werden;
- ihre Begleitperson solche Gegenstände mit sich führt und sie den Umständen nach hiervon Kenntnis haben mußte;
- oder sie bereits in der Vergangenheit aus vergleichbarem Anlaß bei der Begehung bestimmter Straftaten oder Ordnungswidrigkeiten als Störer betroffen worden sind und nach den Umständen eine Wiederholung dieser Verhaltensweise zu erwarten ist.[95]

Durch diese Aufzählung wird jedoch keine abschließende Regelung getroffen. Auch aufgrund anderer Indizien kann die Polizei daher annehmen, dass eine Straftat oder Ordnungswidrigkeit unmittelbar bevorsteht. Zu beachten ist aber, dass das Unmittelbarkeitserfordernis ein Mehr gegenüber dem bloßen Vorliegen einer Gefahr ist. Das Festhalten einer Menschenmenge, von der allgemein Krawalle erwartet werden — wie beispielsweise von einem Fanblock nach einer Sportveranstaltung — genügt diesem Erfordernis wohl nicht.[96]

B. Vereinbarkeit mit Art. 5 EMRK

Der Unterbindungsgewahrsam kann nur mit Art. 5 Abs. 1 lit. c 2. Alt. EMRK vereinbar sein, wenn er der Verhinderung einer konkreten und unmittelbar bevorstehenden Straftat dienen.

1. Straftat

Eine Straftat im Sinne des Art. 5 Abs. 1 lit. c EMRK ist — unabhängig von der nationalen Qualifikation der Tat — jede im nationalen Recht mit Strafe bedrohte Handlung.[97] Im Sinne des deutschen Polizeirechts ist eine Straftat jedes Verhalten, das den Strafbestand eines Strafgesetzes verwirklicht und daher mit Strafe bedroht ist. Straftaten in diesem Sinne sind unzweifelhaft vom Begriff der Straftat im Sinne des Art. 5 Abs. 1 lit. c EMRK umfasst. Problematischer ist die Qualifikation der Ordnungswidrigkeit, die nach deutschem Recht gerade keine Straftat darstellt. Auch die Ordnungs-

95. Art. 17 Abs. 1 Nr. 2 BayPAG; § 17 Abs. 1 Nr. 2 a-c BbgPolG; § 38 Abs. 1 Nr. 2 a-c SOG LSA; § 19 Abs. 1 Nr. 2 a-c ThürPAG.
96. Dazu *Geißler/Haase/Subatzus*, NVwZ 1998, 711 (712).
97. Vgl. dazu oben Kapitel 4 Abschnitt 1 Seite 213.

widrigkeit ist jedoch gemäß § 1 Abs. 1 OWiG mit der Sanktion der Geldbuße bedroht. Strafe im Sinne des Art. 5 Abs. 1 EMRK sind nicht nur echte Kriminalstrafen, sondern auch andere Sanktionen mit Strafcharakter.[98] Da es zudem auf die nationale Qualifikation eines Verhaltens nicht ankommt, stellt auch die deutsche Ordnungswidrigkeit eine Straftat im Sinne des Art. 5 Abs. 1 lit. c EMRK dar. Die polizeiliche Ingewahrsamnahme ist zur Verhinderung einer Straftat oder Ordnungswidrigkeit nach deutschem Polizeirecht auch nur dann zulässig, wenn es sich um eine unmittelbar bevorstehende konkrete Straftat oder Ordnungswidrigkeit handelt. Die Maßnahme des Unterbindungsgewahrsams des deutschen Polizeirechts dient damit der Verhinderung einer Straftat im Sinne des Art. 5 Abs. 1 lit. c 2. Alt. EMRK.[99]

Eine Störung der öffentlichen Sicherheit, zu deren Verhinderung in Baden-Württemberg und Sachsen eine Freiheitsentziehung in Form des Unterbindungsgewahrsams zulässig ist, muss hingegen nicht in einer unmittelbar bevorstehenden Straftat in diesem Sinne bestehen. Neben den Handlungen, die den Bestand des Staates, die Funktionsfähigkeit staatlicher Einrichtungen und die Unverletzlichkeit subjektiver Rechte und Rechtsgüter Einzelner beeinträchtigen, stellt auch jeder Verstoß gegen die Rechtsordnung eine Störung der öffentlichen Sicherheit dar. Damit werden auch Handlungen erfasst, die weder eine Straftat darstellen, noch sonst sanktioniert sind. Die Störung der öffentlichen Sicherheit selbst berechtigt zwar zu Grundrechtseingriffen im Rahmen der Gefahrenabwehr, sie ist aber im deutschen Recht nicht strafbewährt oder anderweitig sanktioniert. Soweit die Landesgesetze Sachsens und Baden-Württembergs zur Ingewahrsamnahme zum Zweck der Verhinderung einer Störung der öffentlichen Sicherheit ermächtigen, die nicht in der Begehung einer Straftat oder Ordnungswidrigkeit besteht, sind diese Gesetze damit nicht mit Art. 5 Abs. 1 lit. c 2. Alt. EMRK vereinbar. Ebensowenig kann ein Gewahrsam zur Verhinderung einer Störung der öffentlichen Sicherheit und Ordnung auf Art. 5 Abs. 1 lit. b 2. Alt. EMRK gestützt werden. Zwar dient der Gewahrsam im weitesten Sinne zur Erzwingung einer gesetzlichen Pflicht. Die Pflicht, Störungen der öffentlichen Sicherheit und Ordnung zu unterlassen, bzw. sich polizeigemäß zu verhalten, ist jedoch keine hinreichend konkrete Pflicht im Sinne des Art. 5 Abs. 1 lit. b 2. Alt. EMRK.[100]

---

98. EGMR 23.09.1998, Steel and others/United Kingdom, Reports 1998-VII, para. 50; *Gollwitzer* in: Löwe-Rosenstein, StPO-Kommentar, Art. 5 EMRK Rn. 64; a.A. *Drews/Wacke/Vogel/Martens* Gefahrenabwehrrecht, S. 198.

99. SächsVerfGH 14.05.1996 DVBl. 1996, 1423 (1424f.); BayVerfGH 02.08.1990 NVwZ 1991, 664 (667); VG Schleswig 15.06.1999 NJW 2000, 970f.; a.A. *Blankenagel*, DÖV 1989, 689 (692); *Jahn*, DVBl. 1989, 1038 (1043).

100. Vgl. dazu oben Kapitel 3 Abschnitt 1 Seite 122; *Jahn*, DVBl. 1989, 1038 (1043); *Schorn*, EMRK, S. 152; a.A. BayVerfGH 02.08.1990 NVwZ 1991, 664 (665) und VG Schleswig 15.06.1999 NJW 2000, 970f.

2. Vorführungsabsicht

Die Rechtmäßigkeit einer Freiheitsentziehung im Sinne des Art. 5 Abs. 1 lit. c 2. Alt. EMRK setzt weiter voraus, dass sie zu dem Zweck geschieht, die betroffene Person der zuständigen Gerichtsbehörde vorzuführen. Wie bereits gezeigt, muss sich die Absicht der Behörde nicht darauf erstrecken, eine Verurteilung der betroffenen Person herbeizuführen. Es genügt vielmehr, wenn eine Kontrolle der Rechtmäßigkeit der Haft und eine Entscheidung über deren Fortsetzung durch eine entsprechende staatliche Instanz angestrebt wird.[101] Die Landespolizeigesetze und das BGSG tun dieser Anforderung dadurch genüge, dass sie entsprechend Art. 104 Abs. 2 S. 2 GG anordnen, dass die Polizei nach einer Ingewahrsamnahme unverzüglich eine richterliche Entscheidung über Zulässigkeit und Fortdauer der Freiheitsentziehung herbeizuführen hat.[102] Eine polizeiliche Ingewahrsamnahme kann daher nach deutschem Recht stets nur mit der Absicht erfolgen, die Person dem zuständigen Richter vorzuführen. Der Richter im Sinne des Art. 104 Abs. 2 S. 1 GG ist gemäß Art. 97 Abs. 1 GG ein unabhängiges und unparteiisches Organ und genügt damit auch den Anforderungen an die zuständige Gerichtsbehörde *(legal authority/autorité judiciaire)*.[103]

3. Verhältnismäßigkeit

Um mit Art. 5 Abs. 1 EMRK vereinbar zu sein, müssen die landesgesetzlichen Ermächtigungen zur Vornahme des Unterbindungsgewahrsams und die entsprechende Norm des BGSG schließlich verhältnismäßig und mit nationalem Recht vereinbar sein.

Sowohl gegen den Grundsatz der Verhältnismäßigkeit der EMRK als auch gegen den im Grundgesetz verankerten Verhältnismäßigkeitsgrundsatz könnte verstoßen, dass eine Person auch zur Verhinderung einer Ordnungswidrigkeit in Gewahrsam genommen werden kann. So wird von der Literatur teilweise angenommen, dass man sich nur schwerlich Verwaltungsunrecht vorstellen könne, das von entsprechender Bedeutung für die Allgemeinheit sei, um einen derart schwerwiegenden Eingriff rechtfertigen zu können.[104] Die Ingewahrsamnahme einer Person kann jedoch auch zur Verhinderung einer Ordnungswidrigkeit verhältnismäßig sein, da auch Ordnungswidrigkeiten wie beispielsweise im Bereich des Umwelt-, Wasser- und Abfallrechts große Schäden verursachen können.[105] Soweit Ordnungswidrigkeiten durch Polizeigewahrsam verhindert werden sollen, ist das Gebot der Verhältnismäßigkeit gesetzlich durch

---

101. Vgl. dazu oben Kapitel 4 Abschnitt 1 Seite 205ff.
102. § 28 Abs. 3 S. 3 PolG BW; Art. 18 Abs. 1 S. 1 BayPAG; § 31 Abs. 1 S. 1 ASOG Bln; § 18 Abs 1 S. 1 BbgPolG; § 16 Abs. 1 BremPolG; § 13a Abs. 1 S. 1 HHSOG; § 33 Abs. 1 S. 1 HSOG; § 56 Abs. 2 iVm § 29 Abs. 4 S. 1 SOG MV; § 19 Abs. 1 S. 1 NGefAG; § 36 Abs. 1 PolG NW; § 15 Abs. 1 POG RP; § 14 Abs. 1 S. 1 SPolG; § 22 Abs. 7 S. 1 SächsPolG; § 38 Abs. 1 S. 1 SOG LSA; § 204 Abs. 4 iVm § 181 Abs. 4 S. 1 LVwG SchH; § 20 Abs. 1 S. 1 ThürPAG; § 40 Abs. 1 BGSG.
103. Vgl. dazu oben Kapitel 4 Abschnitt 1 Seite 205.
104. *Berner/Köhler*, Polizeiaufgabengesetz, Art. 17 Rn. 11; *Stoermer*, Gewahrsam, S. 75.
105. *Habermehl*, Polizei- und Ordnungsrecht, S. 236; *Stoermer*, Gewahrsam, S. 75 mit Beispielen.

die Einschränkung „erhebliche Bedeutung für die Allgemeinheit" konkretisiert. Ob eine Ordnungswidrigkeit diese Voraussetzung erfüllt, kann nicht abstrakt, sondern nur nach den Umständen des Einzelfalls beurteilt werden. Die Anordnung von Gewahrsam wegen Ordnungswidrigkeiten setzt damit zwar eine besonders sorgfältige Abwägung der Gefahren für die Allgemeinheit mit dem Grundrecht der Freiheit der Person voraus,[106] verstößt jedoch an sich nicht gegen den Grundsatz der Verhältnismäßigkeit.[107]

4. Ergebnis

Der Unterbindungsgewahrsam des deutschen Polizeirechts — mit Ausnahme der Ingewahrsamnahme zur Verhinderung einer Störung der öffentlichen Sicherheit und Ordnung — ist mit Art. 5 Abs. 1 EMRK vereinbar.

II. Polizeikessel

Eine in der jüngsten Vergangenheit häufiger aufgetretene Form des Polizeihandelns ist der sogenannte Polizeikessel. Bei dieser Maßnahme wird eine Gruppe von Personen von der Polizei umstellt und den umstellten Personen das Verlassen dieses Bereichs unmöglich gemacht.[108] Es handelt sich um eine Aufhebung der körperlichen Bewegungsfreiheit der Betroffenen in alle Richtungen und daher um eine Freiheitsentziehung im Sinne des Art. 104 GG und des Art. 5 Abs. 1 EMRK. Diese Maßnahme wird in der Regel im Zusammenhang mit der Auflösung von Versammlungen eingesetzt, ist jedoch im Versammlungsgesetz nicht vorgesehen.[109] Auch jenseits des Versammlungsrechts besteht keine gesetzliche Ermächtigung für dieses polizeiliche Vorgehen.[110] Eine Ingewahrsamnahme zur Verhinderung von Straftaten im Sinne des Unterbindungsgewahrsams setzt voraus, dass die Begehung einer konkreten Straftat bevorsteht. Insoweit, als von der Maßnahme auch Personen betroffen sind, die nicht kurz vor der Begehung einer Straftat stehen, darf ein Unterbindungsgewahrsam daher nicht erfolgen.[111] Da die Maßnahme des Polizeikessels damit regelmäßig keine gesetzliche Ermächtigungsgrundlage hat, verstößt sie gegen das nationale Recht.

---

106. BayObLG 28.05.1998 NVwZ 1999, 106.
107. Bei der Auslegung und Anwendung der Normen durch die Gerichte können sich jedoch im Einzelfall Probleme ergeben. So beispielsweise, wenn laute Musik und Schläge gegen die Wand der Nachbarn als von erheblicher Bedeutung für die Allgemeinheit eingeschätzt wird, weil die Musik im Flur zu hören war und mehrere Nachbarn belästigte (VG Schleswig 15.06.1999 NJW 2000, 970 (971)).
108. *Stoermer*, Gewahrsam, S. 116f.
109. LG Hamburg 30.10.1986, NVwZ 1987 829 (832): „Teilnehmer einer weder verbotenen noch aufgelösten Versammlung können nicht nach dem Polizeigesetz in Gewahrsam genommen werden, weil insofern das Versammlungsrecht als Spezialgesetz Vorrang hat"; VG Mainz 25.09.1990 NVwZ-RR 1991, 242 (243); *Gusy*, JA 1993, 321 (323).
110. *Hofmann*, NVwZ 1987, 769 (770).

Auch begründet eine polizeiliche Ingewahrsamnahme bestimmte Obhutspflichten der Polizei[112] sowie Verfahrensrechte der Betroffenen, wie beispielsweise die Kontaktaufnahme zu Angehörigen und die richterliche Entscheidung über die Rechtmäßigkeit der Haft,[113] denen die Polizei bei der Maßnahme des Polizeikessels nicht nachkommt. Die polizeiliche Praxis des Einkesselns ist damit schon nach deutschem Recht nicht zulässig und verstößt als nicht „rechtmäßige" Freiheitsentziehung gegen Art. 5 Abs. 1 EMRK.

III. Straftäter-Unterbringung

Eine Neuheit des deutschen Gefahrenabwehrrechts stellen das Straftäter-Unterbringungsgesetz Baden-Württembergs (StrUBG-BW), das Bayerische Gesetz zur Unterbringung besonders rückfallgefährdeter, hochgefährlicher Straftäter (BayStrUBG) und das Gesetz über die Unterbringung besonders rückfallgefährdeter Personen zur Abwehr erheblicher Gefahren für die öffentliche Sicherheit und Ordnung Sachsen-Anhalts (UBG LSA) dar.[114] Als erste Bundesländer haben Baden-Württemberg, Bayern und Sachsen-Anhalt jeweils ein Gesetz eingeführt, das auf polizeirechtlicher Grundlage eine Unterbringung von Strafgefangenen über das Ende ihrer Freiheitsstrafe hinaus ermöglichen soll, wenn von den Strafgefangenen eine erhebliche gegenwärtige Gefahr für bestimmte höchstpersönliche Rechtsgüter ausgeht.[115] Die Einführung einer Ermächtigung zur Verwahrung von Straftätern, die ihre Freiheitsstrafe bereits verbüßt haben, wird zur Zeit jedoch auch von anderen Ländern erwogen.[116]

111. Die pauschale Ingewahrsamnahme aller innerhalb eines bestimmten räumlichen Bereichs befindlicher Personen kommt daher nur ausnahmsweise in Betracht, wenn bereits aufgrund des engen räumlichen Zusammenhangs der betroffenen Personen mit gewaltbereiten Personen auf deren Unterstützung geschlossen werden kann. In diesem Fall ist Personen die Gelegenheit zu geben, diesen Raum zu verlassen, OVG Bremen 06.07.1999 NVwZ 2001, 221 (222).

112. *Gusy*, Polizeirecht, Rn. 244.

113. Vgl. dazu oben Kapitel 3 Abschnitt 2 Seite 142ff.

114. Straftäter-Unterbringungsgesetz 20.02.2001 BaWüGBl 2001, S. 188; Bayerische Gesetz zur Unterbringung besonders rückfallgefährdeter hochgefährlicher Straftäter (BayStrUBG) vom 24.12.2001; Gesetz über die Unterbringung besonders rückfallgefährdeter Personen zur Abwehr erheblicher Gefahren für die öffentliche Sicherheit und Ordnung Sachsen-Anhalts (UBG LSA) vom 06.03.2002, dieses Gesetz ist befristet und tritt am 09.03.2004 außer Kraft.

115. Zum Stand der Gesetzgebung vgl. *Kinzig*, StV 2002, 500 (501); *Pieroth*, JZ 2002, 922 (922); *Ullenbruch*, NStZ 2002, 466.

116. Entsprechende Gesetzentwürfe auf Landesebene wurden auch in Hessen (Drs. 15/2487); Niedersachsen (Drs. 14/2655); Rheinland-Pfalz (Drs. 14/260) und Sachsen (Drs. 3/5343) im jeweiligen Landtag eingebracht.

A. Voraussetzungen der Unterbringung

Das StrUBG BW, das BayStrUGB und das UBG LSA ermächtigen ein Gericht[117] aufgrund schriftlichen Antrags einer Justizvollzugsanstalt gegen einen Strafgefangenen, der in einer Justizvollzugsanstalt des Landes eine zeitliche Freiheitsstrafe verbüßt, auch nach dem Ende der Freiheitsstrafe die weitere Unterbringung in einer Justizvollzugsanstalt anzuordnen. Voraussetzung für diese Unterbringung ist, dass auf Grund von Tatsachen, die nach der Verurteilung eingetreten sind, davon auszugehen ist, dass von dem Betroffenen eine erhebliche gegenwärtige Gefahr für das Leben, die körperliche Unversehrtheit, die persönlich Freiheit oder die sexuelle Selbstbestimmung anderer ausgeht.[118] Ein Indiz für diese Gefährlichkeit ist gemäß § 1 StrUBG BW, § 1 UBG LSA bzw. Art. 1 BayStrUBG insbesondere darin zu sehen, dass die betroffene Person während des Vollzugs der Freiheitsstrafe beharrlich die Mitwirkung an der Erreichung des Vollzugsziels (§ 2 StVollzG) verweigert. Dazu gehört insbesondere das Ablehnen oder Abbrechen einer rückfallvermeidende Psycho- oder Sozialtherapie.

Das Gericht hat vor der Anordnung der Unterbringung einer Person von zwei Sachverständigengutachten über die Gefährlichkeit des Betroffenen einzuholen.[119] Während des gerichtlichen Verfahrens hat die betroffene Person einige Verfahrensrechte, wie beispielsweise das Recht auf einen Anwalt und das Recht auf Gehör. Die Unterbringung kann durch das Gericht unbefristet angeordnet werden und ist nur dann zu befristen, wenn davon auszugehen ist, dass die von der betroffenen Person ausgehende Gefahr nach Ablauf dieser Frist nicht mehr besteht.[120] Spätestens im Abstand von 2 Jahren überprüft das Gericht, ob die Vollziehung der Unterbringung weiter erforderlich ist.[121] Einem Antrag auf frühere Haftprüfung durch die betroffene Person darf dann nicht entsprochen werden, wenn das Gericht bei der Unterbringungsentscheidung eine Frist von maximal einem Jahr angeordnet hat, vor deren Ablauf ein Antrag des Betroffenen auf Prüfung der Haft unzulässig ist. Stellt sich bei der gerichtlichen Überprüfung der Unterbringung heraus, dass diese nicht weiter erforderlich ist, so wird die Unterbringung zunächst ausgesetzt. Die Aussetzung kann dann durch das Gericht widerrufen werden, wenn der Betroffene gegen ihm erteilte Weisungen verstößt und/oder deutlich wird, dass von ihm weiterhin Gefahren ausgehen. Andernfalls erklärt das Gericht die Unterbringung nach Ablauf der Aussetzungszeit für erledigt.

---

117. Zuständig ist gemäß § 3 Abs. 1 StrUBG BW iVm § 462a Abs. 1 StPO die Strafvollstreckungskammer in deren Bezirk die Strafanstalt liegt, in die der Verurteilte zum Zeitpunkt in dem das Gericht mit der Sache befasst wird, aufgenommen ist. Die Kammer ist gemäß § 78 b Abs. 1 GVG mit drei Richtern besetzt.

118. § 1 StrUBG BW; Art. 1 BayStrUBG.

119. § 4 Abs. 2 StrUBG BW und Art. Art. 4 Abs. 2 BayStrUBG.

120. In Sachsen Anhalt dagegen, darf die Unterbringung zunächst nur befristet (für maximal sechs Monate) angeordnet werden, § 9 UBG LSA.

121. § 5 Abs. 1 S. 2 UBG BW; Art. 5 Abs. 1 S. 2 BayStrUBG.

B. Vereinbarkeit mit Art. 5 EMRK

Zweifelhaft ist bereits die Vereinbarkeit des Straftäter-Unterbringungsgesetz mit nationalem Recht, die ihrerseits Voraussetzung für die Vereinbarkeit einer freiheitsentziehenden Maßnahme mit Art. 5 Abs.1 EMRK ist.

1. Vereinbarkeit mit nationalem Recht

Umstritten ist, ob die Landesgesetzgeber überhaupt die Kompetenz zum Erlass dieses Gesetzes hatten. Geht man davon aus, dass es sich bei der Unterbringung nach den landesrechtlichen Straftäterunterbringungsgesetzen um eine Ergänzung der Sicherungsverwahrung im Sinne des § 66 StGB[122] und damit um eine strafrechtliche Regelung handelt, so unterfällt die Regelung dem Gebiet der konkurrierenden Gesetzgebung gemäß Art. 74 Abs. 1 Nr. 1 iVm. Art. 72 Abs. 2 GG. Dafür, auch die nachträglicher Straftäterunterbringung dem Rechtsinstitut der Sicherungsverwahrung zuzuordnen, die nach allgemeiner Meinung der Bundeskompetenz zur Regelung des Strafrechts unterfällt, spricht, dass das Rechtsinstitut der Sicherungsverwahrung bei seiner Einführung ursprünglich die Möglichkeit seiner nachträglichen Anordnung enthielt. Diese Möglichkeit wurde zwar im Folgenden abgeschafft, dennoch gehörte damit auch die Berücksichtung des verhaltens von Straftätern zwischen dem Strafurteil und ihrer Entlassung grundsätzlich zur Sicherungsverwahrung, die heute durch §§ 66f. StGB abschließend geregelt ist.[123]

Andererseits knüpft die Unterbringung nach Straftäterunterbringungsgesetzen nicht direkt an die begangene Straftat an. Voraussetzung für die Anordnung der Unterbringung sind vielmehr *ausschließlich* Tatsachen, die nach der Verurteilung eingetreten sind und auf eine besondere Gefährlichkeit der betroffenen Person schließen lassen.[124] Dennoch wird die Unterbringung nicht völlig ohne jeden Bezug zu einer Straftat angeordnet. § 1 StrUBG BW, § 1 UBG LSA und Art. 1 BayStrUBG knüpfen die Möglichkeit, eine nachträgliche Sicherungsverwahrung auszusprechen, an die Voraussetzung, dass die betroffene Person bereits als Strafgefangene in einer Justiz-

---

122. Nach § 66 StGB kann ein Gericht bei der Verurteilung neben der Strafe die Sicherungsverwahrung einer Person anordnen, wenn diese wegen einer vorsätzlichen Straftat zu zeitiger Freiheitsstrafe von mindestens zwei Jahren verurteilt wird und der Täter bereits mehrfach wegen dieser Straftat verurteilt wurde oder wenn die Gesamtwürdigung des Täters und seiner Taten ergibt, dass er infolge eines Hanges zu erheblichen Straftaten, namentlich zu solchen, durch welche die Opfer seelisch oder körperlich schwer geschädigt werden oder schwerer wirtschaftlicher Schaden angerichtet wird, für die Allgemeinheit gefährlich ist.

123. Vgl. dazu *Pieroth*, JZ 922 (923); zur abschließenden bundesgesetzlichen Regelung vgl. Stellungnahme des Strafrechtsausschusses des Deutschen Anwaltsvereins vom März 2001 Nr. 10/2001; *Kinzig*, NJW 2001, 1455.

124. Nach der Konzeption der nachträglichen Unterbringung kommt der Anlasstat nur limitierende Funktion zu. Dass überhaupt eine vorherige Straftat Voraussetzung für die Anordnung der Unterbringung ist, hat die Funktion, den Kreis der möglicherweise von dieser Maßregeln Betroffenen zu begrenzen, vgl. *Würtenberger/Sydow*, NVwZ 1201 (1203).

vollzugsanstalt eine zeitige Freiheitsstrafe verbüßt. Damit spielt die Begehung einer Straftat für die Unterbringung zumindest insofern eine Rolle, als der Kreis der betroffenen Personen damit auf die Personen beschränkt wird, die bereits in der Vergangenheit straffällig geworden sind. Bei der Unterbringung nach dem StrUBG BW, dem UBG LSA und dem BayStrUBG handelt es sich damit — zumindest kompetenzrechtlich — um eine die Sicherungsverwahrung im Sinne des § 66 StGB ergänzende Regelung, für die das Land keine Gesetzgebungskompetenz besitzt.[125]

Darüber hinaus ist auch die Verhältnismäßigkeit der Regelung zu bezweifeln. Bei der Beurteilung der Angemessenheit einer Unterbringung von Straftätern nach Verbüßen der Freiheitsstrafe ist zwischen den potentiell gefährdeten Rechtsgütern der Bevölkerung und dem Rechtsgut der körperlichen Bewegungsfreiheit des betroffenen Häftlings abzuwägen. Dabei ist zu beachten, dass die der gerichtlichen Entscheidung zugrunde liegende Gefahrenprognose sehr unsicher ist.[126] Die Anwendung des baden-württembergischen StrUBG, des UBG LSA und des bayerischen StrUBG kann dazu führen, dass einer erheblichen Anzahl von Personen die Freiheit entzogen wird, die für die Gesellschaft nicht gefährlich geworden wären.[127]

2. Verhinderung einer Straftat

Schließlich kann keiner der Haftgründe des Art. 5 Abs. 1 EMRK die im StrUBG BW, im BayStrUBG und im UBG LSA vorgesehene Freiheitsentziehung rechtfertigen. Die Freiheitsstrafe, die die betroffene Person vor der Verhängung der Unterbringungsanordnung verbüßt hat, stellt eine Freiheitsentziehung nach der Verurteilung durch ein zuständiges Gericht dar, die gemäß Art. 5 Abs. 1 lit. a EMRK gerechtfertigt ist. Dies trifft jedoch nicht auf die Unterbringungsentscheidung zu, die zwar durch ein Gericht angeordnet wird, jedoch nicht auf der Verwirklichung eines straf- oder disziplinarrechtlichen Tatbestands und der Feststellung von erneuter Schuld beruht.[128] Die Straftäter-Unterbringung soll gerade nicht Folge der begangenen Tat sein, sondern an das Verhalten der betroffenen Person im Strafvollzug anknüpfen. Allein die isolierte Betrachtung von Tatsachen, die nach der Verurteilung eingetreten sind, muss nach StrUBG BW, UBG LSA und dem BayStrUBG auf eine besondere Gefährlichkeit der betroffenen Person schließen lassen. Die Unterbringung einer Person aufgrund Fehlverhaltens im Strafvollzug ist nicht Folge der ursprünglichen Verurteilung durch das Strafgericht und stellt somit keine Freiheitsentziehung im Sinne des Art. 5 Abs. 1 lit. a EMRK dar. Die Tatsachen, die gemäß § 1 StrUBG BW, § 1 UBG LSA bzw. Art. 1 BayStrUBG die Anordnung einer Unterbringung nach sich ziehen können, stellen ihrerseits auch keine Verwirklichung eines straf- oder disziplinarrechtlichen Tatbestandes dar.

125. Stellungnahme des Strafrechtsausschusses des Deutschen Anwaltsvereins vom März 2001 Nr. 10/2001; *Kinzig*, NJW 2001, 1455 (1456); a.A. *Goll/Wulf*, ZRP 2001, 284 (284); *Peglau*, NJW 2001 2436 (2438).
126. Vgl. dazu *Kinzig* NJW 2001, 145 (1457) mwN.
127. *Kinzig*, NJW 2001, 1455 (1457f.); *Peglau*, NJW 2001, 2436 (2438).
128. *Peglau*, NJW 2001, 2436 (2438); vgl. dazu auch oben Kapitel 3 Abschnitt 1 Seite 118.

Aus diesem Grund kann die Anordnung der Unterbringung durch das zuständige Gericht auch nicht als erneute Verurteilung der betroffenen Person im Sinne des Art. 5 Abs. 1 lit. a EMRK angesehen werden.[129]

Eine Rechtfertigung der Straftäterunterbringung nach Art. 5 Abs. 1 lit. b EMRK kommt ebenfalls nicht in Betracht. Die weitere Unterbringung der Straftäter knüpft zwar an die Verweigerung der Mitwirkung am Erreichen des Vollzugsziels — und damit zumindest mittelbar an die Befolgung von Gerichtsbeschlüssen — an, diese Anknüpfung soll jedoch lediglich der Prognose über die Gefährlichkeit der betroffenen Person dienen.

Die Straftäterunterbringung kann auch nicht als Freiheitsentziehung zur Durchsetzung einer gesetzlichen Pflicht gemäß Art. 5 Abs. 1 lit. b 2. Alt. EMRK gerechtfertigt werden, da dieser Haftgrund gerade nicht Freiheitsentziehungen zur Erzwingung von allgemein rechtmäßigem Verhalten umfasst. Die Straftäter werden jedoch zu dem Zweck festgehalten, weitere Straftaten oder Angriffe auf das Leben, die körperliche Unversehrtheit, die persönliche Freiheit oder die sexuelle Selbstbestimmung anderer zu verhindern. Es soll damit gegenüber den Straftätern die Pflicht durchgesetzt werden, keine „Gefahr" in diesem Sinne darzustellen. Diese Pflicht ist aber keine hinreichend konkrete Pflicht im Sinne des Art. 5 Abs. 1 lit. b 2. Alt. EMRK.[130] Eine Person darf danach nicht allein deshalb in Haft gehalten werden, weil sie dort am ehesten straffrei bleibt. Auch der Haftgrund des Art. 5 Abs. 1 lit. e EMRK ist insoweit nicht einschlägig, als es sich bei den Untergebrachten nicht um psychisch kranke Personen handelt.[131] Deren Unterbringung ist aber nicht in den Landesgesetzen zur Unterbringung rückfallgefährdeter Straftäter, sondern in den Landesgesetzen zur Unterbringung psychisch Kranker geregelt.

In Betracht kommt daher lediglich eine Rechtfertigung der Unterbringung von Straftätern gemäß Art. 5 Abs. 1 lit. c EMRK. Dieser Haftgrund lässt freiheitsentziehende Maßnahmen zu, wenn sie der Verhinderung unmittelbar bevorstehender konkreter Straftaten dienen.[132] Dieser Haftgrund rechtfertigt hingegen nicht die Freiheitsentziehung von Personen allein aufgrund ihres (vermuteten) Hangs zur Begehung von Straftaten oder ihrer vermeintlichen Gefährlichkeit.[133] Die Inhaftierung von Personen allein aufgrund der Prognose, dass „von ihnen künftig kein Leben ohne Straftaten zu erwarten sein wird"[134] bzw. der Entscheidung, dass aufgrund ihres bisherigen Verhaltens von ihnen eine Gefahr für andere ausgeht, § 2 StrUBG BW, ist damit gerade

129. Vgl. dazu oben Kapitel 3 Abschnitt 1 Seite 117.
130. Vgl. dazu Kapitel 3 Abschnitt 1 Seite 122.
131. Vgl. zur Unterbringung psychisch Kranker Kapitel 5 Abschnitt 1 Seite 243; Peglau nimmt darüber hinaus an, dass gemäß Art. 5 Abs. 1 lit. e EMRK auch Aids-Kranke festgehalten werden können, die ungeschützten Kontakte mit anderen Personen ankündigen, *Peglau*, NJW 2001, 2436 (2438).
132. Vgl. dazu oben Kapitel 4 Abschnitt 1 Seite 202ff.
133. St. Rspr. des EGMR seit EGMR 06.11.1980 Guzzardi/Italy, Series A 39 para. 102; vgl. dazu oben Kapitel 4 Abschnitt 1 Seite 207 und Seite 213.
134. So der Justizminister Baden-Württembergs Goll in *Goll/Wulf*, ZRP 2001, 284.

nicht vom Haftgrund des Art. 5 Abs. 1 lit. c 2. Alt. EMRK umfasst.[135] Sowohl das StrUBG BW als auch das BayStrUBG und das UBG LSA verstoßen damit gegen Art. 5 Abs. 1 EMRK.

IV. Sicherungsverwahrung

Um den Gefahren, die aus der Haft entlassene rückfallgefährdeten Straftäter für die Allgemeinheit darstellen können, zu begegnen, hat nun auch der Bundesgesetzgeber eine neue Form der Sicherungsverwahrung eingeführt. Anders als die Landesgesetze zur Straftäterunterbringung knüpft die im Bundesrecht vorgesehene, nachträglich angeordnete Sicherungsverwahrung in erster Linie an die bereits begangene Straftat an.

Die Vorschriften des StGB über die Sicherungsverwahrung ließen bislang die Anordnung der Sicherungsverwahrung einer straffällig gewordenen Person nur dann zu, wenn bei ihrer Verurteilung eine Gesamtwürdigung der Person und ihrer Taten ergab, dass sie infolge eines „Hanges zu erheblichen Straftaten" für die Allgemeinheit gefährlich ist, § 66 StGB. Die Anordnung der Sicherungsverwahrung gemäß § 66 StGB hat zur Folge, dass die betroffene Person auch nach dem Verbüßen der angeordneten Freiheitsstrafe für unbestimmte Zeit in der Haft verbleibt. Nach zehn Jahren der Unterbringung in der Sicherungsverwahrung erklärt das Gericht die Maßregel für erledigt, wenn nicht weiterhin die Gefahr besteht, dass die untergebrachte Person infolge ihres Hanges zur Kriminalität weitere Straftaten begehen wird, § 67d Abs. 3 StGB.

Durch Gesetz vom 07. Juni 2002 erweiterte der Bundesgesetzgeber diese Regelung um die Möglichkeit der nachträglichen Anordnung der Sicherungsverwahrung.[136] Gemäß dem neu eingeführten § 66a StGB kann nun die Sicherungsverwahrung einer Person auch während des Vollzugs der durch das erkennende Gericht bereits verhängten Freiheitsstrafe angeordnet werden. Bei der nachträglichen Anordnung der Sicherungsverwahrung hendalt es sich um ein zweistufiges Verfahren: In der ersten Stufe, der Aburteilung der Straftat, befasst sich das erkennende Gericht mit der Frage, ob die formellen Voraussetzungen für die Anordnung einer Sicherungsverwahrung, eine entsprechende Straftat und eine Vorverurteilung im Sinne des § 66 StGB, vorliegen. Wenn diese Voraussetzungen gegeben sind, ein „Hang" der zu verurteilenden Person zu erheblichen Straftaten und die darauf beruhende Gefährlichkeit für die Allgemeinheit aber nicht mit der erforderlichen Sicherheit feststellbar sind, kann das Gericht die spätere Anordnung der Sicherungsverwahrung vorbehalten. In der zweiten Stufe des Verfahrens prüft das Gericht spätestens sechs Monate vor dem Zeitpunkt, ab dem eine Aussetzung der Vollstreckung des Strafrestes zur Bewährung nach § 57 StGB, § 57a StGB möglich ist, ob eine Gesamtwürdigung der verurteilten Per-

135. A.A. *Würtenberger/Sydow*, NVwZ 2001, 1201 (1204).

136. Gesetz zur Einführung der vorbehaltenen Sicherungsverwahrung vom 07.06.2002 Bundesrechtliche Vorhaben ähnlichen Inhalts sind zuvor lange Zeit erfolglos geblieben, vgl. Bundesratsbeschlüse 06.11.1998, BR-Drs. 854/98 (Beschluss zum Gesetzesantrag des Freistaates Bayern) und 07.04 2000 BR-Drs. 144/00 (Beschluss zum Gesetzesantrag des Landes Baden-Württemberg), vgl. auch *Kinzig*, NJW 2001, 1455 (1455); *ders.* NJW 2002, 3204.

son, ihrer Taten und ihres Verhaltens während des Strafvollzugs ergibt, dass von ihr weiterhin erhebliche Straftaten zu erwarten sind. Wenn dies der Fall ist, darf das Gericht die Sicherungsverwahrung anordnen.

Verfassungsrechtliche Bedenken gegen diese Form der Sicherungsverwahrung bestehen nicht. Für die Regelung auch der vorbehaltenen Sicherungsverwahrung hat der Bund, wie gezeigt, die Gesetzgebungskompetenz. Auch genügt die gesetzliche Regelung sowohl dem Grundsatz des Rückwirkungsverbots aus Art. 103 Abs. 2 GG, da sie eine nachträgliche Anordnung der Unterbringung an einen Vorbehalt im Strafurteil koppelt, als auch dem verfassungsrechtlichen Verbot der Doppelbestrafung (ne bis in idem) des Art. 103 Abs. 3 GG, da die Anordnung der Sicherungsverwahrung bereits in der strafgerichtlichen Verurteilung vorbehalten ist und somit keine „zweite" Strafe darstellt.[137]

Im Hinblick auf das Freiheitsrecht der EMRK stellt sich die Frage, ob diese „rechtmäßige" Freiheitsentziehung von einem der Haftgründe des Art. 5 EMRK umfasst wird. Da durch die Sicherungsverwahrung keine konkrete und unmittelbar bevorstehende Straftat verhindert werden soll, sondern lediglich potentiell gefährliche Personen weiter inhaftiert bleiben sollen, ist die Sicherungsverwahrung nicht gemäß Art. 5 Abs. 1 lit. c EMRK gerechtfertigt. Es könnte sich bei der nachträglich angeordneten Sicherungsverwahrung daher nur um eine „Haft nach Verurteilung durch ein zuständiges Gericht " im Sinne des Art. 5 Abs. 1 lit. a EMRK handeln.

Eine bei der Verurteilung angeordnete Sicherungsverwahrung kann nach der Rechtsprechung des EGMR grundsätzlich auch dann eine „Haft nach Verurteilung durch das zuständige Gericht" darstellen, wenn die Dauer der Freiheitsentziehung im Urteil nicht näher bestimmt, sondern von der Neigung der betroffenen Person zur Kriminalität abhängig gemacht wird.[138] Problematisch erscheint jedoch, dass die Sicherungsverwahrung im Sinne des neuen § 66a StGB nicht bereits mit der Verurteilung der betroffenen Person, sondern erst nachträglich angeordnet wird. Eine Freiheitsentziehung ist nach der Rechtsprechung der Konventionsorgane aber nur dann als Haft im Sinne des Art. 5 Abs. 1 lit. a EMRK gerechtfertigt, wenn zwischen der Verurteilung durch das Gericht und der Freiheitsentziehung ein Kausalitätsverhältnis besteht. Die Haft muss nach dieser Rechtsprechung stets Folge der Verurteilung sein.[139] Ob dies auch bei einer nachträglichen Anordnung einer Maßregel der Fall ist, erscheint fraglich. Zwar wird im Fall der nachträglichen Anordnung der Sicherungsverwahrung schon durch das erkennende Gericht die Möglichkeit einer späteren Anordnung der

137. *Pieroth*, JZ 922 (926); a.A. *Kinzig*, NJW 2002, 3204 (3206).

138. EGMR 26.06.1982 Van Droogenbroek/Belgium, Series A 50, para. 35; EKMR 09.12.1988 Koendjbiharie/Netherlands, Series A-185-B (Annex); *Gollwitzer* in: Löwe-Rosenstein, StPO-Kommentar, Art. 5 EMRK Rn. 42; *Peukert* in Frowein/Peukert, EMRK-Kommentar, Art. 5 Rn. 57.

139. EGMR 05.11.1981 X/United Kingdom, Series A 46, para. 39; EGMR 26.06.1982 Van Droogenbroek/Belgium, Series A 50, para. 35: „The word 'after' does not simply mean that the 'detention' must follow the 'conviction' in point of time: in addition, the 'detention' must result from, 'follow and depend upon' or occur 'by virtue of' the „conviction".

Sicherungsverwahrung vorbehalten. Die Entscheidung über die Sicherungsverwahrung trifft das Gericht aber letztlich unter Berücksichtigung der Entwicklung des Täters oder der Täterin während des Vollzugs.

Eine ähnliche Regelung des belgischen Rechts hat der EGMR im Fall *Van Droogenbroek* für mit Art. 5 Abs. 1 EMRK vereinbar erklärt. In diesem Fall hatte der EGMR eine nach belgischen Recht vorgesehene Sicherungsmaßnahme in Form einer Zusatzstrafe zu beurteilen, durch die ein Verurteilter nach Verbüßung der Hauptstrafe „der Regierung zur Verfügung gestellt" wird *(placed at the government's disposal)*. Mit der Anordnung dieser Sicherungsmaßnahme stellte das erkennende belgische Gericht die Entscheidung über eine Freilassung der betroffenen Person in das Ermessen des Justizministers. Der Justizminister konnte zudem während der Dauer der Sicherheitsmaßnahme jederzeit erneut eine Haft anordnen, wenn er dies für erforderlich hielt. Der Entscheidung des Ministers über eine erneute Freiheitsentziehung lag nicht die begangene Straftat zugrunde, derentwegen die betroffene Person verurteilt worden war. Der Minister entschied vielmehr allein aufgrund ihres Verhaltens in Freiheit. Dennoch bejahte der EGMR ein hinreichend enges Kausalverhältnis zwischen der behördlichen Vollstreckungsmaßnahme und der früheren gerichtlichen Entscheidung. Der EGMR begründete diese Entscheidung vor allem damit, dass der Justizminister nur im Rahmen der gesetzlichen Regelung und nur aufgrund der vom Gericht ausgesprochenen Verurteilung handele.

Im Fall der nachträglich angeordneten Sicherungsverwahrung des deutschen Rechts wird die Anordnung der Maßnahme ebenfalls bereits im Urteil des erkennenden Gerichts vorbehalten. Nur aufgrund dieses Vorbehalts und im Rahmen der gesetzlichen Regelung kann das Gericht daraufhin später die Sicherungsverwahrung anordnen. Da die Regelung der nachträglichen Sicherungsverwahrung insofern mit der des belgischen Rechts vergleichbar ist, ist davon auszugehen, dass der EGMR auch die neue deutsche Maßregel für mit Art. 5 Abs. 1 EMRK vereinbar erklären würde.

Abschnitt 3: Frankreich

Gesetzliche Ermächtigungen zur freiheitsentziehenden Maßnahmen im Vorfeld strafbaren Verhaltens spielen im französischen Recht keine bedeutende Rolle. Wie bereits oben dargestellt, geht die französische Rechtsordnung vom Grundsatz des *régime répressif* aus, wonach Freiheitsentziehungen im Vorfeld strafbaren Verhaltens grundsätzlich nicht erfolgen dürfen.[140] Aus diesem Grund sind Eingriffsbefugnisse vor der Begehung einer Straftat im weitesten Sinne seltener als beispielsweise im deutschen Recht. Andererseits sind in Frankreich viele Tatbestände, die in Deutschland ein Vorgehen der Verwaltung zum Schutz der öffentlichen Sicherheit ermöglichen würden, strafbewehrt. Ein Beispiel ist der Art. R 610-5 CP, der die Nichtbefolgung jeglicher verwaltungspolizeilicher Anordnung genereller oder individueller Art als verfolgbare Übertretung *(contravention)* qualifiziert, die mit einer Geldbuße geahndet werden

140. Vgl. dazu oben Kapitel 3 Abschnitt 3 Seite 168.

kann.[141] Die meisten französischen Gesetze, die zu freiheitsentziehenden Maßnahmen zur Verhinderung von Straftaten oder Ordnungswidrigkeiten ermächtigen, setzen eine bereits begangene Straftat voraus. So ist die Untersuchungshaft (*détention provisoire*) zwar neben Gründen der Beweissicherung und der Fluchtgefahr auch zulässig, um eine Wiederholung der Straftat zu verhindern oder um den *ordre public* vor nachhaltigen durch die Straftat verursachten Beeinträchtigungen zu schützen, Art. 144 CPP.[142] Die *détention provisoire* setzt jedoch stets voraus, dass zumindest der Verdacht besteht, dass die betroffene Person bereits eine Straftat begangen hat, derentwegen sie verurteilt werden kann.[143]

Daneben kommt im französischen Recht auch eine Freiheitsentziehung in Form des Polizeigewahrsams (*garde à vue*) in Betracht, sobald Verdachtsmomente für eine bereits begangene Straftat sprechen.[144] Bei der *garde à vue* handelt es sich um eine polizeiliche Ingewahrsamnahme im Rahmen der Strafverfolgung.[145] Die polizeiliche Praxis der *garde à vue* war zunächst weder gesetzlich geregelt noch zeitlich begrenzt. Sie wurde erst 1957 kodifiziert, zeitlich befristet und mit Verfahrensrechten versehen, als man erkannte, dass die *garde à vue* als eine unbefristete Freiheitsentziehung im Rahmen der Strafverfolgung ohne Intervention eines Richters oder Staatsanwalts gegen Art. 5 EMRK verstieß.[146] Das französische Recht unterscheidet zwischen zwei Formen der *garde à vue*. Zum einen ist eine *garde à vue* gemäß Art. 63 CPP zulässig, wenn eine Person auf frischer Tat betroffen wird.[147] Zum Zweck der Untersuchung des Vorgangs können tatverdächtige Personen, die bei der Begehung oder kurz nach der Begehung einer Straftat angetroffen werden, für bis zu 48 Stunden in Gewahrsam gehalten werden. Zum anderen können Personen, die aus anderen Gründen verdächtig sind, eine Straftat begangen oder versucht zu haben, im Rahmen des polizeilichen Ermittlungsverfahrens in polizeilichen Gewahrsam (*garde à vue*) genommen werden,

---

141. Art. R610-5 CP: „La violation des interdictions ou le manquement aux obligations édictées par les décrets et arrêtés de police sont punis de l'amende prévue pour les contraventions de la 1re classe."

142. Art. 144 CPP: „La détention provisoire ne peut être ordonnée ou prolongée que si elle constitue l'unique moyen: 1° De conserver les preuves ou les indices matériels ou d'empêcher soit une pression sur les témoins ou les victimes, soit une concertation frauduleuse entre personnes mises en examen et complices ; 2° De protéger la personne mise en examen, de garantir son maintien à la disposition de la justice, de mettre fin à l'infraction ou de prévenir son renouvellement ; 3° De mettre fin à un trouble exceptionnel et persistant à l'ordre public provoqué par la gravité de l'infraction, les circonstances de sa commission ou l'importance du préjudice qu'elle a causé. Toutefois, ce motif ne peut justifier la prolongation de la détention provisoire, sauf en matière criminelle ou lorsque la peine correctionnelle encourue est supérieure ou égale à dix ans d'emprisonnement."

143. Art. 143-1 CPP.

144. *Lebreton*, Libertés, p. 353; *Rivero*, Libertés, Vol. 2, p. 56.

145. *Luchaire/Conac*, Constitution, p. 1169.

146. Dazu *Kündig-Schaad*, Verhältnis, S. 123ff.; *Luchaire/Conac*, Constitution, p. 1168; *Pellet*, RDP, 1974, Vol. I, 1319 (1375).

147. Art. 63 CPP: „ L'officier de police judiciaire peut, pour les nécessités de l'enquête, placer en garde à vue toute personne à l'encontre de laquelle il existe une ou plusieurs raisons plausibles de soupçonner qu'elle a commis ou tenté de commettre une infraction."

Art. 77 CPP.[148] Das Festhalten der betroffenen Personen dient jedoch in jedem Fall der *garde à vue* der Aufklärung und nicht der Verhinderung eines strafbaren Verhaltens.[149] In vielen Fällen, in denen in Deutschland Maßnahmen der Gefahrenabwehr greifen, sind in Frankreich dagegen aufgrund des *régime répressif* strafprozessuale Ermittlungsbefugnisse einschlägig.

I. Voraussetzungen der Freiheitsentziehung

Eine Grundlage für polizeiliches Einschreiten im Stadium vor der Begehung einer Straftat kann lediglich in Art. 78-2 al. 1 CPP, der zum Festhalten von Personen anlässlich einer Identitätskontrolle ermächtigt, gesehen werden. Danach ist die *police judiciaire* nicht nur ermächtigt, die Identität einer Person zu kontrollieren, nachdem diese bereits eine Straftat begangen hat, sondern auch, wenn Indizien vermuten lassen, dass sie sich auf die Begehung einer Straftat vorbereitet.[150] Diese Möglichkeit polizeilichen Einschreitens wurde vom Gesetzgeber geschaffen, damit die Polizei im Fall der Begehung bzw. Vorbereitung von Vergehen oder Verbrechen ein Einschreiten möglich ist.[151] Nur, wenn sich die angehaltene Person nicht ausweisen kann oder will, kann sie zum Zweck der Feststellung ihrer Identität festgehalten werden, Art. 78-3 CPP. Die betroffenen Personen können gemäß Art. 78-3 CPP auch nur solange festgehalten werden, wie es zur Feststellung ihrer Identität erforderlich ist. Beim Festhalten einer Person im Sinne des Art. 78-3 CPP handelt es sich um das einzige Mittel polizeilichen Einschreitens zur Verhinderung einer Straftat.[152] Es besteht daher die Gefahr, dass in der Praxis ein Festhalten „zum Zweck der Identitätskontrolle" auch mit dem Ziel erfolgt, eine Straftat zu verhindern, wenn eine Identitätskontrolle nicht erfolgt oder nicht erforderlich ist.[153] Deutlich wird das praktische Interesse an der Ausweitung der Ermächtigung zum Festhalten von Personen in der Rechtsprechung der Cour de Cassation. Danach ist eine Identitätskontrolle entgegen dem Wortlaut des Art. 78-3 CPP auch in Fällen zulässig, in denen die Identität der betroffenen Person der Polizei be-

---

148. Art. 77 CPP: „L'officier de police judiciaire peut, pour les nécessités de l'enquête, garder à sa disposition toute personne à l'encontre de laquelle il existe une ou plusieurs raisons plausibles de soupçonner qu'elle a commis ou tenté de commettre une infraction."; im Rahmen der polizeilichen Untersuchung können auch potentielle Zeugen vorgeladen und befragt werden.
149. *Cliquenois*, CEDH, Art. 5 p. 46; *Wachsmann*, Libertés, p. 351.
150. Art. 78-2 CPP: „Les officiers de police judiciaire [...] peuvent inviter à justifier, par tout moyen, de son identité toute personne à l'égard de laquelle existe un indice faisant présumer qu'elle a commis ou tenté de commettre une infraction ou qu'elle se prépare à commettre un crime ou un délit [...]."
vgl. zum Festhalten zum Zweck der Identitätsfeststellung oben Kapitel 3 Abschnitt 3 Seite 171.
151. Limouzy, Rapport fait au nom de la commission des lois constitutionnelles, Ass. Nat. Documents 1993, n° 259, p. 79; *Decocq/Montreuil/Buisson*, Police, Rn. 1088.
152. *Wittzack*, Vollzugspolizeien, S. 259.
153. *Wittzack*, Vollzugspolizeien, S. 259.

reits bekannt ist.[154] Dass die Identitätsüberprüfung tatsächlich häufig als Vorwand dienen muss, um Personen an der Begehung von Straftaten zu hindern, ist in der französischen Lehre bekannt.[155]

II. Vereinbarkeit mit Art. 5 EMRK

Auch wenn ein Festhalten zur Kontrolle der Identität einer Person in erster Linie dem Zweck dient, die Erfüllung einer gesetzlichen Verpflichtung zu erzwingen,[156] muss das Festhalten, das zugleich auch der Verhinderung einer Straftat im Sinne des Art. 5 Abs. 1 lit. c 2. Alt. EMRK dient, den entsprechenden Verfahrensrechten genügen. Anderenfalls könnten die in Art. 5 Abs. 3 EMRK genannten Rechte der betroffenen Personen allein dadurch umgangen werden, dass die Freiheitsentziehung auch einem anderen Haftgrund unterfällt.

Gemäß Art. 5 Abs. 3 EMRK muss die nach Art. 5 Abs. 1 lit. c EMRK festgehaltene Person unverzüglich einem Richter oder einem anderen „gesetzlich zur Ausübung richterlicher Befugnisse ermächtigten Beamten" vorgeführt werden. Die Vorführung erübrigt sich nach der Rechtsprechung der Konventionsorgane jedoch, wenn die betroffene Person nach wenigen Stunden aus dem Polizeigewahrsam entlassen wird.[157] Die Person, die zum Zweck der Identitätsfeststellung festgehalten wird, darf nach französischem Recht nur solange festgehalten werden, wie es zur Erfüllung dieses Zwecks unbedingt notwendig ist, längstens jedoch vier Stunden lang.[158] Aufgrund dieser sehr kurzen Dauer der Freiheitsentziehung entfällt die Notwendigkeit der Vorführung gemäß Art. 5 Abs. 3 EMRK, wenn die Person nicht anschließend in Polizeigewahrsam *(garde à vue)* genommen wird. Dennoch unterstellt Art. 78-3 CPP auch das Festhalten einer Person zum Zweck der Identitätsfeststellung der Kontrolle des Staatsanwalts, der über die Maßnahme informiert wird und zu jedem Zeitpunkt die Beendigung der Maßnahme, d.h. die Freilassung der betroffenen Person, anordnen kann. Das Festhalten zum Zweck der Identitätsfeststellung *(rétention)* erfolgt damit stets im Hinblick auf diese Kontrolle durch die *autorité judiciaire* und damit mit der entsprechenden Vorführungsabsicht im Sinne des Art. 5 Abs. 1 lit. c EMRK.

Wird die Person im Anschluss an die Identitätskontrolle in polizeilichen Gewahrsam *(garde à vue)* genommen, etwa weil bei der Identitätsfeststellung der Verdacht einer Straftat entsteht, so ist unverzüglich der Staatsanwalt einzuschalten, Art. 77 CPP. Es findet auf diese Weise eine sofortige Kontrolle durch den gesetzlich zur Ausübung richterlicher Befugnisse ermächtigten Beamten im Sinne des Art. 5 Abs. 3 EMRK

154. Cour de Cassation 17.05.1995 (Fouzani) Bull. Crim. 1995(1) p. 492 (n°177).
155. *Rivero*, Libertés, Vol. 2, p. 55f.
156. So die Kommission im Fall EKMR 18.03.1981 McVeigh, O'Neill, Evans/United Kingdom, DR 25, 15 (44).
157. *Peukert* in: Frowein/Peukert, EMRK-Kommentar, Art. 5 Rn. 115 mwN.
158. Art. 78-3 al. 3 CPP.

statt.[159] Soweit die Identitätskontrolle und die *rétention* nach nationalem Recht zulässig ist, um die Begehung einer Straftat zu verhindern, verstößt die freiheitsentziehende Maßnahme der *rétention* somit nicht gegen Art. 5 Abs. 1 EMRK.

Abschnitt 4: Vereinigtes Königreich

Freiheitsentziehungen zur Verhinderung von Straftaten spielen im Vereinigten Königreich im Vergleich zur deutschen Rechtsordnung eine geringere Rolle. Ein Grund dafür ist, dass nach dem Recht des Vereinigten Königreichs viele Verhaltensweisen, die in Deutschland dem Gebiet der Gefahrenabwehr zuzuordnen sind, Straftaten darstellen und als solche verfolgt werden können. Insbesondere durch den Public Order Act 1986 wurden einige Handlungen zu Straftaten *(offences)* erklärt, die ihrerseits eine weitere Straftat erwarten lassen. Unter dem Eindruck der Ausschreitungen von Southall 1979[160] wurden durch den Public Order Act 1986 mehrere Straftatbestände zum Schutz der öffentlichen Ordnung normiert.[161] Ein *offence* stellen nach dem Public Order Act 1986 beispielsweise ein Aufruhr *(riot)* und gewalttätige Unruhen *(violent disorder)* dar. Aber auch schon der Gebrauch beleidigender und drohender Worte, die eine andere Person provozieren oder eine Gewaltanwendung fürchten lassen *(fear or provocation of violence)* sowie ein Verhalten, das dazu geeignet ist, bei einer anderen Person Beunruhigung, Sorge oder eine Belästigung hervorzurufen *(harassment, alarm or distress)*, sind nach dem Public Order Act 1986 strafbar.[162] Personen, die diese Delikte begehen, können von der Polizei im Rahmen strafprozessualen Eingreifens ohne Haftbefehl festgenommen werden *(arrest without warrant)*.[163]

Trotz des auf diese Weise eingeschränkten praktischen Anwendungsbereichs freiheitsentziehender Maßnahmen im Vorfeld strafbaren Verhaltens hat die Polizei des Vereinigten Königreichs neben der Verfolgung von Straftaten die Aufgabe, Straftaten zu verhindern.[164] Auch zu diesem Zweck können Personen unter bestimmten Umständen ohne Haftbefehl inhaftiert werden *(arrest without warrant)*.

---

159. Vgl. zur Anerkennung des Staatsanwalts als „gesetzlich zur Ausübung richterlicher Befugnisse ermächtigte Beamte" im Sinne des Art. 5 Abs. 1 lit. c und Art. 5 Abs. 3 EMRK oben, Kapitel 4 Abschnitt 1 Seite 207.

160. Im April 1979 kam es in Southall im Westen Londons zu Auseinandersetzungen zwischen der National Front und der dortigen asiatische Bevölkerung sowie deren Unterstützern, die gegen ein Treffen der National Front demonstrierten. Als die Polizei eingriff, eskalierte die Situation. Mehr als 350 Personen wurden im Verlauf dieser Auseinandersetzungen verhaftet. Ein Mitglied der 'Special Patrol Group' (SPG) wurde getötet. In St. Pauls in Bristol formierten sich daraufhin Jugendliche gegen die Polizei und sperrten über Stunden den gesamten Bezirk, bis die Polizei aus umliegenden Revieren Verstärkung erhielt. Polizeifahrzeuge wurden mit Brandsätzen angegriffen und umgestürzt.

161. Vgl. *Pollard*, Administrative Law, p. 710; *Smith*, [1987] CrimLR 156 (158ff.); *Thornton*, Public Order, p. 6ff.

162. Sec. 1-4 Public Order Act 1986.

163. Für einige Straftaten, die 'arrestable offences' darstellen, ergibt sich dies aus Sec. 24 PACE 1984, für andere direkt aus dem Public Order Act 1986.

164. Report of the Royal Commission on Criminal Law 1981 Cmnd. 8092, para. 3.75.

I. Voraussetzungen der Festnahme

A. *PACE 1984*

Die Befugnisse zum *arrest without warrant* waren bis 1984 sowohl im Common Law als auch in verschiedenen *parliamentary acts* verstreut geregelt, was zur Folge hatte, dass die Rechtslage weder für die Bürger noch für die einzelnen *constables* durchschaubar war.[165] Der Police and Criminal Evidence Act 1984 (PACE 1984) regelt nun allgemein, wann die Polizei — und in der Regel auch der einzelne Bürger — eine Person ohne Haftbefehl festnehmen darf.

Die Befugnis zur vorläufigen Festnahme ist im PACE 1984 im Zusammenhang mit der Begehung besonders schwerer Straftaten *(arrestable offences)* normiert.[166] *Arrestable offences* sind: Straftaten, für die eine absolute gesetzliche Strafandrohung besteht, die in Sec. 24 (2) PACE 1984 aufgezählten schwere Straftaten sowie andere Straftaten mit einer Mindeststrafandrohung von fünf Jahren. Wird eine Person bei der Begehung eines *arrestable offence* auf frischer Tat betroffen, so kann sie von jedermann ohne Haftbefehl festgenommen werden. Voraussetzung dafür ist jedoch, dass der begründete Verdacht besteht, dass die betroffene Person die Straftat begangen hat oder gegenwärtig begeht.[167] Darüber hinaus hat die Polizei im Vorfeld eines *arrestable offence* die Befugnis, Personen vorläufig festzunehmen, wenn nur der begründete Verdacht besteht, dass überhaupt ein *arrestable offence* begangen wurde.[168] Dies ist bereits dann der Fall, wenn das Stadium des Versuchs *(attempt)* einer Straftat erreicht wurde, der seinerseits eine Straftat darstellt.[169]

Schließlich hat jeder *constable* das Recht, eine Person festzunehmen, die im Begriff ist, eine entsprechende Straftat zu begehen *(a person who is about to commit an arrestable offence)*. Die Straftat selbst muss noch nicht begangen worden sein. Auch muss noch nicht das Stadium des strafbaren Versuchs, das auch im Vereinigten Königreich mit dem unmittelbaren Ansetzen zur Tat beginnt,[170] erreicht sein.[171]

165. Report of the Royal Commission on Criminal Law 1981 Cmnd. 8092, para. 3.68ff.; *Hill/Fletcher-Rogers*, Police Powers, p. 34; *Leigh*, Police Powers, p. 35: „ neither the constable nor the citizen could hope to know what his rights were outside fairly obvious cases."; *Zander*, PACE, p. 65; vgl. zur Rechtslage vor 1984 *Williams*, [1958] CrimLR 73ff und 154 ff.

166. Sec. 24 PACE 1984; dazu *Feldman*, Civil Liberties, p. 186; *Zander*, PACE, p. 66ff.

167. Zum begründeten Verdacht vgl. *Fenwick*, Civil Liberties, p. 409; *Hill*, Police Powers, p. 32; *Zander*, PACE, p. 68.

168. Sec. 24 (6) PACE 1984; zwar ist dem Bürger zuzutrauen, angesichts einer auf frischen Tat betroffenen Person eine Festnahme vorzunehmen. Solange jedoch keine sichere Kenntniss darüber besteht, dass tatsächlich eine entsprechende Straftat begangen wurde, sollte das Recht zur Festnahme einer Person Polizeibeamten vorbehalten beleiben, vgl. *English/Card*, Police Law, p. 47.

169. Sec. 1 (1) Criminal Attempts Act 1981; zur Strafbarkeit des Versuchs vgl. *Smith/Hogan*, Criminal Law, p. 313 ff.

170. *Smith/Hogan*, Criminal Law, p. 318.

171. Die Befugnis zur Festnahme im Fall des strafbaren Versuchs wird vielmehr von Sec. 24 (4) und (6) PACE 1984 erfasst, Current law statutes annotated, 1984 vol. 2 PACE 1984 Sec. 24 (7).

Sec. 24 (7) PACE 1984 erweitert damit die Festnahmebefugnisse der Polizei auf das Stadium reiner Vorbereitungshandlungen.[172] Die Straftat muss jedoch bereits unmittelbar bevorstehen.[173] Weil eine strafbare Handlung noch nicht begangen wurde, kann die auf diese Weise festgenommene Person nicht zum Zweck der Anklage festgehalten werden.[174] Nach erfolgter vorläufiger Festnahme ist die Person daher unverzüglich zu entlassen, sobald der Zweck der Festnahme entfallen ist, Sec. 30 (7) PACE 1984.[175] Da im Regelfall nicht davon auszugehen ist, dass eine Person, die bei der Vorbereitung einer Straftat festgenommen wurde, nach ihrer Freilassung unmittelbar die Begehung der Straftat fortsetzt, wird die betroffene Person in der Regel direkt freigelassen werden.[176] Falls jedoch davon auszugehen ist, dass die betroffene Person weitere Straftaten oder Verstöße gegen den königlichen Frieden begehen wird, kann sie einem *magistrates' court* vorgeführt werden, mit dem Ziel, dem Betroffenen für die Zukunft durch ein *binding-over* Verfahren eine gute Führung zur Auflage zu machen. Die Festnahmebefugnis der Sec. 24 (7) PACE 1984 ist daher mit der Festnahme zur Verhinderung oder Unterbindung eines Verstoßes gegen den königlichen Frieden *(breach of the peace)* vergleichbar.[177]

B. Terrorism Act 2000

Eine weitere Befugnis zur Festnahme einer Person, die im Begriff ist, eine Straftat zu begehen, ergibt sich aus dem Terrorism Act 2000, durch den das britische Recht zur Bekämpfung des Terrorismus neu gefasst wurde.

1. Verhinderung einer Straftat

Im Terrorism Act 2000 werden die sich bislang aus dem Prevention of Terrorism (Temporary Provisions) Act 1989 und dem Northern Ireland (Emergency Provisions) Act 1996 sowie dem Criminal Justice (Terrorism and Conspiracy) Act 1998 und dem Criminal Justice Public Order Act 1994 ergebenden Strafvorschriften übernommen und zusammengefasst. Danach ist die Mitgliedschaft in einer verbotenen Organisation und jede Art ihrer Unterstützung strafbar.[178] Auch eine Person, die über Informationen im Zusammenhang mit terroristischen Organisationen oder der Begehung terroristi-

172. *Heckenberger*, Vollzugspolizei, S. 159.
173. *Coppel*, HRA, p. 216; die Festnahme einer Person, die im Begriff ist, eine Straftat zu begehen, jedoch noch nichts zu ihrer Realisierung getan hat, dient primär der Verhinderung einer Straftat, .*Feldman*, Civil Liberties, p. 191.
174. *Heckenberger*, Vollzugspolizei, S. 159 Fn. 433.
175. Current law statutes annotated, 1984 vol. 2 PACE 1984 Sec. 24 (7).
176. Current law statutes annotated, 1984 vol. 2 PACE 1984 Sec. 24 (7).
177. Vgl. dazu oben Kapitel 3 Abschnitt 4 Seite 185; zumal in den Fällen, in denen die Begehung eines 'arrestable offence' unmittelbar bevorsteht zugleich auch ein 'breach of the peace' vorliegt, Current law statutes annotated, 1984 vol. 2 PACE 1984 Sec. 24 (7).
178. Sec. 11, 12, 15-18, 54, 56-63 Terrorism Act 2000.

scher Straftaten verfügt und diese der Polizei vorenthält, macht sich strafbar.[179] Zudem regelt der Terrorism Act 2000 Befugnisse der Polizei zur Verfolgung und Verhinderung dieser Straftaten und listet eine Reihe von Straftaten auf, die anlässlich eines terroristischen Akts typischerweise verübt werden und die nach dem Terrorism Act 2000 zu besonderen Eingriffen durch die Polizei ermächtigen, Schedule 9.

Eine Person, die verdächtig ist, entweder eine in Schedule 9 genannte Straftat oder eine andere Straftat begangen zu haben oder zu begehen, kann in Nordirland durch die Polizei gemäß Sec. 82 (1) Terrorism Act 2000 ohne Haftbefehl festgenommen werden.[180] Das gleiche gilt, wenn die Polizei den begründeten Verdacht hat, dass eine Person im Begriff ist, eine solche Straftat zu verüben. Durch diese Regelung wird die Befugnis zur Festnahme zur Verhinderung einer Straftat des PACE 1984 zumindest für Nordirland auf die im Terrorism Act 2000 genannten Straftaten ausgedehnt, die keine *arrestable offences* im Sinne der Sec. 24 PACE 1984 darstellen.[181] Auch für diese gilt, dass die Person, die noch keine strafbare Handlung begangen hat, entweder freizulassen oder aber einem *binding-over* Verfahren zuzuführen ist.[182]

2. Festnahme von Terroristen

Neben der Befugnis zum Festhalten von Personen zur Verhinderung bestimmter Straftaten enthält der Terrorism Act 2000 enthält in Sec. 41 eine weitergehende Befugnis zur Festnahme von Personen im Vorfeld strafbaren Verhaltens. Danach kann eine Person ohne Haftbefehl festgenommen werden, wenn der Verdacht besteht, dass sie ein Terrorist ist.[183] Terrorist in diesem Sinne ist jede Person, die eine Straftat im Sinne der Sec. 11, 12, 15-18, 54 und 56-63 des Terrorism Act 2000 begangen hat, oder die in die Begehung oder Anstiftung zu terroristischen Handlungen verwickelt war oder ist. Darüber hinaus stellt auch schon die Verwicklung in Vorbereitungshandlungen einen hinreichenden Grund für eine Festnahme dar.[184] Aufgrund dieser Befugnisnorm können Personen daher nicht nur im Zusammenhang mit der Begehung von Straftaten, sondern bereits aufgrund ihrer Eigenschaft als Terrorist — die selbst keine Straftat darstellt — verhaftet und bis zu 48 Stunden inhaftiert werden.

---

179. Sec. 19 Terrorism Act 2000.

180. Sec.82(1) „A constable may arrest without warrant any person if he reasonably suspects that the person is committing, has committed or is about to commit- (a) a scheduled offence, or (b) a non-scheduled offence under this Act.".

181. So beispielsweise das Tragen der Uniform einer verbotenen Organisation (Sec. 13) oder das Verschweigen von Informationen (Sec. 19).

182. Current Law Statutes annotated 2000, vol. 1, Terrorism Act 2000 Sec. 82 (1).

183. Sec. 41 (1) Terrorism Act 2000: „A constable may arrest without a warrant a person whom he reasonably suspects to be a terrorist."

184. Sec. 40 (1) Terrorism Act 2000: „In this Part „terrorist" means a person who (a) has committed an offence under any of sections 11, 12, 15 to 18, 54 and 56 to 63, or (b) is or has been concerned in the commission, preparation or instigation of acts of terrorism."

II. Vereinbarkeit mit Art. 5 EMRK

A. Festnahme zur Verhinderung von Straftaten

Sec. 24 (7) PACE 1984 und Sec. 82 (1) Terrorim Act 2000 ermächtigen die Polizei, freiheitsentziehende Maßnahmen gegen eine Person zu ergreifen. Durch das mit dem *arrest* verbundene Festhalten der Person — bzw. die mit dem *arrest* einhergehende unmittelbar drohende Anwendung physischer Gewalt für den Fall einer Zuwiderhandlung — wird der betroffenen Person die körperliche Bewegungsfreiheit entzogen.[185] Wird eine Person im Sinne der Sec. 24 (7) PACE 1984 oder Sec. 82 (1) Terrorim Act 2000 festgenommen, so ist sie entweder direkt zu entlassen oder aber, wenn von der Person weitere Störungen auszugehen drohen, vor ein Schiedsgericht *(magistrates' court)* zu bringen.[186] Die Freiheitsentziehung ist daher zumindest in den Fällen typischerweise von längerer Dauer, in denen die festgenommene Person dem *magistrates' court* zum Zweck eines *binding-over* Verfahrens zugeführt werden soll.

Die Polizei wird durch Sec. 24 (7) PACE 1984 und Sec. 82 (1) Terrorim Act 2000 ermächtigt, Personen festzunehmen, bei denen der begründete Verdacht besteht, dass sie im Begriff sind, eine strafbare Handlung zu begehen. Die Handlungen, die auf diese Weise unterbunden werden können, sind im Recht des Vereinigten Königreichs strafbewehrt. Die Freiheitsentziehung dient damit der Verhinderung einer konkreten und unmittelbar bevorstehenden Straftat im Sinne des Art. 5 Abs. 1 lit. c 2. Alt. EMRK. Soweit die potentiellen Straftäter in der Absicht festgehalten werden, sie von der Begehung der Straftat abzuhalten und sie darüber hinaus einem *binding over* Verfahren zuzuführen, erfolgt die Festnahme durch die Polizei auch im Hinblick auf die Vorführung vor einen Richter im Sinne des Art. 5 Abs. 1 lit. c EMRK. Anderenfalls ist die betroffene Person spätestens 48 Stunden nach ihrer Ingewahrsamnahme zu entlassen, wenn nicht ein *magistrate* eine Verlängerung der Ingewahrsamnahme angeordnet hat. Auch in diesem Fall erfolgt die Freiheitsentziehung somit im Hinblick auf eine Vorführung vor einen Richter.[187]

Die Festnahme einer Person gemäß Sec. 24 (7) PACE 1984 und Sec. 82 (1) Terrorim Act 2000 ist damit mit Art. 5 Abs. 1 EMRK vereinbar.

B. Festnahme von Terroristen

Die Ermächtigung zur Festnahme von Personen, die unter dem Verdacht stehen, Terroristen zu sein, setzt nicht zwingend die unmittelbar bevorstehende Begehung einer Straftat voraus. Insoweit entspricht die Befugnis der Sec. 41 Terrorism Act 2000 der Ermächtigung zur Festnahme von vermeindlichen Terroristen im Prevention of Terro-

---

185. Alderson v. Booth [1969] 2 QB 216; *English/Card*, Police Law, p. 54; *Hill/Fletcher-Rogers*, Police Powers, p. 31.

186. Current law statutes annotated, 1984 vol. 2 PACE 1984 Sec. 24 (7).

187. Sec. 29 schedule 8 Terrorism Act 2000.

rism (Temporary Provisions) Act 1984. Über die Konventionsmäßigkeit einer Freiheitsentziehung aufgrund der Ermächtigung des Prevention of Terrorism (Temporary Provisions) Act 1984 hatte die EKMR im Fall *Brogan v. United Kingdom*[188] zu entscheiden.[189] Im Fall *Brogan* waren die Antragsteller auf der Grundlage der Sec. 12 des Prevention of Terrorism (Temporary Provisions) Act 1984 inhaftiert worden. Danach war die Festnahme einer Person ohne Haftbefehl zulässig, wenn ein *constable* den begründeten Verdacht hatte, dass es sich um eine Person handelt, die:

> „[...] is or has been concerned in the commission, preparation or instigation of acts of terrorism to which this Part of this Act applies; [...]"

Wie auch nach der Regelung der Sec. 41 Terrorism Act 2000 konnte die betroffene Person aufgrund dieses Verdachts für bis zu 48 Stunden festgehalten werden.[190] Obwohl die Regierung des Vereinigten Königreichs im Fall *Brogan* zugestand, dass die Festnahme nach geltendem Recht nicht zwingend einen Zusammenhang mit einer konkreten Straftat voraussetzte, sah die EKMR die Festnahmen im Einzelfall als mit der Konvention vereinbar an.[191] Die Kommission begründete ihre Entscheidung damit, dass für die Inhaftierung der Antragsteller in jedem der drei Fälle auch der Verdacht der Mitgliedschaft in einer terroristischen Organisation oder der Begehung einer anderen Straftat bestand. Es habe damit im Einzelfall ein hinreichender Verdacht bestanden, dass die betroffenen Personen eine strafbare Handlung begangen hätten.[192] Auf die Ermächtigung, Personen auch ohne Zusammenhang mit einer

188. EKMR 29.11.1988 Brogan/United Kingdom, Series A 145-B.

189. Die Regierung des Vereinigten Königreichs hatte eine Ausserkraftsetzung des Rechts aus Art. 5 EMRK im Sinne des Art. 15 EMRK zuvor zurückgenommen (notice to the Secretary General of the Council of Europe 22.08.1984 Yearbook of the Convention 1985 vol. 21, p. 2), so dass die Prüfung auch im Hinblick auf das Recht auf Freiheit des Art. 5 EMRK erfolgen konnte.

190. Sec. 12 (4) Prevention of Terrorism (Temporary Provisions) Act 1984. Anders als die entsprechende Ermächtigung im Prevention of Terrorism Act 1984 sieht der Terrorism Act 2000 nicht die Möglichkeit vor, die Haftdauer durch Anordnung des Staatsanwalts auf bis zu 5 Tage zu verlängern. Diese Regelung wurde von der Kommission im Fall Brogan für mit Art. 5 Abs. 3 EMRK unvereinbar erklärt. Daraufhin erklärte das Vereinigte Königreich die Derogation des Art. 5 (Communication contained in a letter from the Permanent Representative of the United Kingdom, 23.12.1988, registered at the Secretary General on 23.12.1988). Diese Derogation im Sinne des Art. 15 EMRK wurde vom Vereinigten Königreich erst 2001 wieder zurückgenommen (Notification from the Permament Representative of the United Kingdom 19.02.2001, depostited with the Secretary General on 19.02.2001). Eine Verlängerung der Haft kann nach dem Terrorism Act 2000 nur durch den Richter erfolgen, Sec. 29 schedule 8 Terrorism Act 2000.

191. EKMR 29.11.1988 Brogan/United Kingdom, Series A 145-B, para. 50.

192. EKMR 29.11.1988 Brogan/United Kingdom, Series A 145-B, para. 50.

strafbaren Tat festzuhalten, ging die Kommission nicht ein.[193] Auf die Fälle, in denen kein Verdacht einer konkreten Straftat vorliegt, lässt sich diese Rechtsprechung der Kommission damit nicht übertragen.[194]

Eine Freiheitsentziehung wie die polizeiliche Ingewahrsamnahme, zu der Sec. 41 Terrorism Act 2000 ermächtigt, muss, um gemäß Art. 5 Abs. 1 lit. c 2. Alt. EMRK gerechtfertigt zu sein, zur Verfolgung oder der Verhinderung einer konkreten Straftat notwendig sein. Sec. 41(1) Terrorism Act 2000 ermächtigt die Polizei zur Festnahme von Personen, die verdächtigt werden, Terroristen zu sein. In Verbindung mit der Legaldefinition des Terroristen in Sec. 40 Terrorism Act 2000 ist die Polizei damit zum einen berechtigt, Personen festzunehmen, die verdächtig sind, eine im Terrorism Act 2000 unter Strafe gestellte Tat begangen zu haben.[195] Die Verhaftung erfolgt damit aufgrund eines hinreichenden Verdachts, dass die betroffene Person eine strafbare Handlung begangen hat. Zum anderen ist eine Person auch dann als Terrorist im Sinne der Sec. 41 (1) Terrorism Act 2000 anzusehen, wenn sie in die Begehung von oder Anstiftung zu terroristischem Handeln oder dessen Vorbereitung involviert ist oder war *(a person who is or has been involved in the commission, preparation or instigation of acts of terrorism)*. Obwohl eine Reihe typischer Vorbereitungshandlungen terroristischer Akte strafbar sind, stellt die Verwicklung in terroristische Handlungen selbst nicht zwingend eine Straftat dar. Mit der Inhaftierung soll daher nicht eine Strafverfolgung bezweckt, sondern letztlich die Begehung von Straftaten durch die betroffen Person verhindert werden. Die Freiheitsentziehung ist jedoch nicht nur zur Verhinderung einer unmittelbar bevorstehenden Tat, sondern bereits aufgrund der vermeindlichen Gefährlichkeit der betroffenen Personen zulässig. Art. 5 Abs. 1 lit. c 2. Alt. EMRK lässt jedoch gerade keine Freiheitsentziehungen allein aufgrund der vermeindlichen Gefährlichkeit einer Person zu.[196] Auch die frühere oder aktuelle Verwicklung in zudem nicht einmal strafbares Verhalten kann eine Freiheitsentziehung im Sinne dieses Haftgrundes daher nicht rechtfertigen.[197] Damit verstößt die Ermächtigung, Personen auf-

193. Vgl. auch EGMR 26.05.1993 Brannigan and McBride/United Kingdom, Series a 258-B, para. 48.

194. So auch Lord Lloyd, Hansard, H.L., Vol. 613, col. 677: „[...] therefore, if the Government still rely on Brogan v. United Kingdom in support of that defence of clause 40 as it is currently stands I suggest they are on very weak ground."; a.A. Lord Bassam: „In Brogan v. United Kingdom the Government argued successfully, that it was not necessary to have arrested someone under the Prevention of Terrorism Act arrest power in connection with a specific offence in order to be compliant with Art. 5 Abs. 1 lit. c of the convention." (Hansard, H.L. Vol. 631, col. 682).

195. Sec. 41(1) iVm Sec. 40 (1)(a) Terrorism Act 2000.

196. EGMR 06.11.1980 Guzzardi/Italy, Series A 39 para. 102; EGMR 31.07.2000 Jecius/Lithuania Appl. No. 34578/97 para. 51, vgl. dazu oben Kapitel 4 Abschnitt 1 Seite 207.

197. So auch Lord Lloyd, Hansard, H.L., Vol. 613, col. 676; a.A. die Regierung des Vereinigten Königreichs in: EKMR 29.11.1988 Brogan/United Kingdom, Series A 145-B para. 50: „[...] the definition of terrorism in the Act was compatible with the concept of an offence and satisfied the requirements of paragraph 1 (c) (art. 5-1-c) in this respect, as the Court's case-law confirmed."

grund ihrer Qualifikation als Terroristen festzunehmen, insoweit gegen Art. 5 Abs. 1 EMRK, als sie keinen Zusammenhang mit einer bereits begangenen Straftat oder einer unmittelbar bevorstehenden, konkreten Straftat voraussetzt.[198]

198. Zwar wurde in der Zeit vom 23.12.1988 bis 19.02.2001 die Bestimmung des Art. 5 Abs. 3 EMRK durch eine Erklärung des öffentlichen Notstands im Sinne des Art. 15 EMRK außer Kraft gesetzt, die Erklärung betraf jedoch nicht das Recht aus Art. 5 Abs. 1 EMRK; vgl. EGMR 26.05.1993 Brannigan and McBride/United Kingdom, Series a 258-B, para. 51.

Kapitel 5: Freiheitsentziehung bei psychisch Kranken

Von rein materiellen Kriterien macht Art. 5 Abs. 1 lit. e EMRK die Zulässigkeit freiheitsentziehender Maßnahmen abhängig.[1] Danach kann einer Person die Freiheit entzogen werden, wenn sie eine Gefahrenquelle für die Ausbreitung ansteckender Krankheiten bildet, geisteskrank, alkohol- bzw. drogensüchtig oder Landstreicher ist:

> „The lawful detention of persons for the prevention of the spreading of infectious diseases, of persons of unsound mind, alcoholics or drug addicts or vagrants;"
>
> „La détention régulière d'une personne susceptible de propager une maladie contagieuse, d'un aliené, d'un alcoolique, d'un toxicomane ou d'un vagabond;"

Art. 5 Abs. 1 lit. e EMRK enthält damit insgesamt fünf verschiedene Haftgründe, deren Gemeinsamkeiten nur schwer zu erkennen sind. Die Literatur sieht die Übereinstimmung der Haftgründe der litera e teilweise darin, dass in allen Fällen eine Krankheit Voraussetzung für eine Freiheitsentziehung sei,[2] was jedoch zumindest die Aufnahme des Haftgrundes der Landstreicherei in die Aufzählung nicht zu erklären vermag. Andere sehen in litera e die Ermächtigung zur Freiheitsentziehung bestimmter asozialer Elemente, die im Gegensatz zu anderen Haftgründen weit auszulegen sei und alle asozialen Elemente der Gesellschaft erfassen solle.[3] Dem ist jedoch entgegen zu halten, dass eine solche Auslegung mit dem Zweck des Art. 5 EMRK — dem Schutz vor willkürlichem Freiheitsentzug — nicht vereinbar wäre. Die Möglichkeit, alle von der Gesellschaft als unerwünscht empfundenen Menschen zu inhaftieren, sollte den Staaten durch Art. 5 EMRK gerade genommen werden.

Der EGMR sieht die Gemeinsamkeit der Haftgründe in litera e darin nicht nur in der möglichen Gefährdung anderer, sondern auch in der Wahrung des eigenen Interesses der genannten Personen. Es genüge jedoch, wenn das eine oder das andere Schutzinteresse vorliege.[4] Die Feststellung, dass die Freiheitsentziehung in den Haftgründen des Art. 5 Abs. 1 lit. e EMRK auch dem Interesse der Betroffenen dienen kann, gilt jedoch nicht für die Inhaftierung zur Verhinderung der Ausbreitung ansteckender Krankheiten, da diese allein im Interesse der Gesellschaft liegt.

Die Schwierigkeit, eine Gemeinsamkeit aller Haftgründe in Art. 5 Abs. 1 lit. e EMRK zu finden, ist wohl in der Entstehung dieses Freiheitsrechts begründet. Die heutige Fassung des Art. 5 Abs. 1 lit. e EMRK ist nicht das Ergebnis einer durchdachten und ausgeklügelten systematischen Zuordnung der Haftgründe, sondern vielmehr Auffangtatbestand für die Haftgründe, deren Zuordnung zum Ende der Beratungen des Art. 5 EMRK noch ungeklärt war.[5]

---

1. *Peukert* in: Frowein/Peukert, EMRK-Kommentar, Art. 5 Rn. 87.
2. *Villiger*, Handbuch, Rn. 336.
3. *Herzog*, AöR 86 (1961), 194 (230).
4. EGMR 06.11.1980 Guzzardi/Italy, Series A 39, para. 98; so auch *Peukert* in: Frowein/Peukert, EMRK-Kommentar, Art. 5 Rn. 90; *Harris/O'Boyle/Warbrick*, Convention, p. 122.
5. Vgl. dazu oben Kapitel 2 Abschnitt 1 Seite 47ff.

Eine Fassung der Haftgründe der späteren litera e enthielt bereits die erste vom Vereinigten Königreich vorgeschlagene detaillierte Fassung des Rechts auf Freiheit.[6] In der litera d dieser Fassung war der Haftgrund der psychischen Krankheit und die Ermächtigung zur Freiheitsentziehung Minderjähriger zum Zweck der überwachten Erziehung enthalten. Die Alkohol- und Drogensucht sowie die Landstreicherei wurden erst vom Redaktionsausschuss als Haftgrund aufgenommen.[7] Damit kam der Redaktionsausschuss einem Antrag der Vertreter Schwedens nach, die gefordert hatten klarzustellen, dass die Garantie des Rechts auf Freiheit die Mitgliedstaaten nicht daran hindere, Maßnahmen gegen Landstreicher, Alkohol- und Drogensüchtige zu ergreifen.[8] Es ist aufgrund dieser Entstehungsgeschichte nicht verwunderlich, dass sich keine Gemeinsamkeiten aller in Art. 5 Abs. 1 lit. e EMRK genannten Haftgründe erkennen lassen.

Abschnitt 1: Freiheitsentziehung gemäß Art. 5 Abs. 1 lit. e 2. Alt. EMRK

In der Rechtsprechung der Konventionsorgane hat in der Vergangenheit der Haftgrund der „Geisteskrankheit" die bedeutendste Rolle gespielt. Nicht zuletzt, weil die Unterbringung psychisch Kranker durch die Verwaltung in besonderem Maße die Gefahr in sich birgt, dass Andersdenkenden und unerwünschten Personen unter dem Vorwand psychischer Erkrankung die Freiheit entzogen wird.[9]

I. Voraussetzung der Freiheitsentziehung

Eine Person kann gemäß Art. 5 Abs. 1 lit. e 2. Alt. EMRK nur dann in Haft gehalten werden, wenn diese Maßnahme mit nationalem Recht vereinbar *(lawful)* ist und die Person „geisteskrank" *(of unsound mind/aliené)* ist. Zwar ist es gemäß Art. 5 Abs. 1 lit. e 2. Alt. EMRK nicht erforderlich, dass die betroffene Person eine Straftat begangen hat.[10] Von Art. 5 Abs. 1 lit. e 2. Alt. EMRK umfasst sind aber auch die psychisch kranken Personen, die eine strafbare Handlung begangen haben,[11] sofern sie aufgrund ihrer psychischen Störung und einer damit verbundenen Unzurechnungsfähigkeit bei der Urteilsfindung für nicht schuldfähig erklärt werden.[12] In diesem Fall wird

6. Doc. A 782, TP Vol. III Ch. XI, p. 189.
7. Doc. CM/WPI (50); A 919, TP Vol. III Ch. XI, p. 289.
8. Doc. A 777, TP Vol. III Ch. XI, p. 185, der Antrag Schwedens zielte darauf, die traditionelle Praxis der Staaten, Zugehörigen zu gesellschaftlichen Randgruppen die Freiheit zu entziehen, auch im Rahmen der EMRK zu ermöglichen, dazu *Douraki*, Malades et Mariginaux, p. 14 und *Larkin*, Internment of Aliens, p. 200 ff. mit weiteren Nachweisen zur Geschichte der Internierung gesellschaftlicher Randgruppen.
9. Dazu *Stöcker*, EuGRZ 1978, 402 mwN.
10. *Douraki*, Malades et Malades, p. 18.
11. *Fawcett*, Convention, p. 83; *Schubarth*, ZSR 94 (1975), 465 (473); *Trechsel*, HRLJ 1 (1980), 88 (112).

die betroffene Person vom zuständigen Gericht nicht im Sinne des Art. 5 Abs. 1 lit. a EMRK verurteilt.[13] Eine Unterbringung dieser psychisch kranken Personen kann damit nur gemäß Art. 5 Abs. 1 lit. e 2. Alt. EMRK gerechtfertigt sein.[14]

A. Psychische Krankheit

Von entscheidender Bedeutung für die Konventionsmäßigkeit einer Unterbringung gemäß Art. 5 Abs. 1 lit. e 2. Alt. EMRK ist damit die Frage, ob die betroffene Person „geisteskrank"[15] im Sinne dieses Haftgrundes ist. Die EMRK selbst enthält keine Definition der psychischen Krankheit und die verwendeten Begriffe *„unsound mind"* bzw. *„aliené"* sind mehrdeutig und lassen keine Aussage darüber zu, was genau unter der die Unterbringung rechtfertigenden Krankheit zu verstehen ist.[16]

Auch durch die Rechtsprechung der Konventionsorgane wurde der Begriff der Geisteskrankheit im Sinne des Art. 5 Abs. 1 lit. e 2. Alt. EMRK bislang nicht positiv definiert. Grund dafür ist, dass der Begriff der psychischen Krankheit in ständiger Entwicklung begriffen ist. Was als psychische Krankheit angesehen wird, hängt immer auch mit dem Fortschritt der Psychologie und Psychiatrie zusammen. Auch die Haltung, die die Gesellschaft gegenüber psychischen Erkrankungen einnimmt, spielt bei der Qualifikation des Verhaltens einer Person eine wichtige Rolle.[17] Aus diesen Gründen — so der EGMR und die Kommission — sei eine abschließende, allgemeingültige und insbesondere eine juristische Definition der psychischen Krankheit vergeblich und vermessen.[18] EKMR und EGMR überlassen insoweit die Definition der psychischen Erkrankung dem Recht der Vertragsstaaten und vor allem den entsprechenden Ärzten, die die psychische Krankheit im Einzelfall festzustellen haben.[19] Auch das Ministerkomitee des Europarats, der Empfehlungen zum besseren Schutz psychisch kranker Personen abgegeben hat, verweist für die Feststellung einer psychischen Krankheit, die die Unterbringung einer Person rechtfertigt, auf die Erkenntnisse der Medizin und die Beurteilung durch Ärzte.[20]

---

12. *Muchlinsky*, HRR, 5 (1980), 90 (92); *Peukert* in: Frowein/Peukert, EMRK-Kommentar, Art. 5 Rn. 91.
13. Vgl. dazu oben Kapitel 3 Abschnitt 1 Seite 118.
14. Vgl. auch EGMR 23.02.1984 Luberti/Italy, Series A 75; EGMR 24.09.1992 Herczegfalvy/Austria, Series A 244, para. 62.
15. Da es sich bei dem Begriff der Geisteskranken um einen mittlerweile veralteten und nach aktuellem Sprachverständnis diskriminierenden Ausdruck handelt, soll im Folgenden — soweit es nicht um die Auslegung des Wortlauts geht — der Begriff der psychisch Kranken benutzt werden. Zur Entwicklung des Sprachgebrauchs vgl. *Douraki*, Malades et Mariginaux, p. 50ff.
16. Zum englischen Begriff *Wachenfeld*, Nordic Journal of International Law 1991, 115 (137) und zum französischen Begriff vgl. *Stöcker*, EuGRZ 1978, 398.
17. EGMR 24.10.1979 Winterwerp/Netherlands, Series A 33 para. 37; zur Entwicklung der gesellschaftlichen Haltung gegenüber psychisch Kranken vgl. *Douraki*, Malades et Mariginaux, p. 14 ff.
18. EGMR 24.10.1979 Winterwerp/Netherlands, Series A 33 para. 37; so auch *Kopetzki*, Unterbringungsrecht, Band 1, S. 476f.

Sowohl der EGMR als auch die Kommission grenzen den Anwendungsbereich des Art. 5 Abs. 1 lit. e 2. Alt. EMRK jedoch ein: Art. 5 Abs. 1 lit. e EMRK erlaube jedenfalls keine Unterbringung von Personen, allein weil deren Ansichten oder Benehmen von den in einer Gesellschaftsgruppe vorwiegend akzeptierten Normen abweichen.[21] Dies ergebe sich aus dem Zusammenhang der Bestimmungen der litera e und dem Erfordernis, die in den litera a bis e genannten Haftgründe als Ausnahmen vom Verbot staatlicher Freiheitsentziehungen eng auszulegen.[22] Vor allem aber würde es dem Zweck des Art. 5 EMRK — dem Schutz vor willkürlichen Freiheitsentziehungen — widersprechen, eine zwangsweise Unterbringung von sozial oder politisch unerwünschten Personen als „Geisteskranke" für gerechtfertigt anzusehen.[23] Der EGMR betont daher in ständiger Rechtsprechung, dass die Störung, derentwegen einer Person die Freiheit entzogen werden kann, eine wirkliche Geistesstörung *(true mental disorder)* sein müsse.[24] Auch das Ministerkomitee hat in einer Empfehlung und jüngst in einem Weißbuch bekräftigt, dass eine Unterbringung auf keinen Fall zu politischen Zwecken genutzt werden dürfe. Die zwangsweise Unterbringung einer Person müsse aufgrund einer besonders schweren psychischen Erkrankung und nicht aufgrund der gesellschaftlichen Unangepasstheit einer Person erfolgen.[25] Als psychische Krankheit haben die Konventionsorgane bisher psychiotische Zustände,[26] intellektuelle Entwicklungsrückstände,[27] abnorme Persönlichkeitszüge[28] und organische Störungen nach Hirnverletzungen[29] anerkannt.

19. EGMR 24.10.1979 Winterwerp/Netherlands, Series A 33 para. 40; EGMR 05.11.1981 X/United Kingdom, Series A 46, para. 43; EGMR 23.02.1984 Luberti/Italy, Series A 75, para. 27; EGMR 24.09.1992 Herczegfalvy/Austria, Series A 244, para. 63; zum Ermessensspielraum der Vertragsstaaten vgl. *Harris/O'Boyle/Warbrick*, Convention, p. 123; *Kopetzki*, Unterbringungsrecht Bd. 1, S. 286; *Velu/Ergec*, Convention, p. 278; auch in den nationalen Rechtsordnungen findet sich nur selten eine juristische Definition der psychischen Krankheit, vgl. *Douraki*, Malades et Mariginaux, p. 53 ff. mwN.

20. Art. 2 de la Recommandation du comité des Ministres du 22.02.1983, Rec. N° R (83) 2.

21. EGMR 24.10.1979 Winterwerp/Netherlands, Series A 33 para. 37: „The Convention does not state what is to be understood by the words 'persons of unsound mind'. This term is not one that can be given a definitive interpretation: as was pointed out by the Commission, the Government and the applicant, it is a term whose meaning is continually evolving as research in psychiatry progresses, an increasing flexibility in treatment is developing and society's attitude to mental illness changes, in particular so that a greater understanding of the problems of mental patients is becoming more widespread."

22. Zur Notwendigkeit einer engen Auslegung der Einschränkbarkeit der Rechte der EMRK EGMR 08.06.1976 Engel/Netherlands, Series A 22, para. 57; EGMR 06.09.1978 Klass/FRG, Series A 28, para. 42.

23. EGMR 24.10.1979 Winterwerp/Netherlands, Series A 33, para. 39; a.A. *Herzog*, AöR 86 (1961), 194 (230); *Trechsel*, Menschenrechtskonvention, S. 211.

24. EGMR 24.10.1979 Winterwerp/Netherlands, Series A 33, para. 39; wenngleich auch nicht eine bestimmte Erkrankung (mental illness) vorliegen müsse vgl. EKMR 12.07.1976 X/Federal Republic of Germany, DR 6, 182.

25. Art. 2 der Empfehlung des Ministerkomitees vom 22.02.1983, Rec. N° R (83) 2; Weißbuch über den Schutz der Menschenrechte und der Würde psychisch Kranker, Doc. CM (2000) 23 10.02.2000.

Nicht jede psychische Erkrankung vermag jedoch eine zwangsweise Unterbringung der betroffenen Person oder eine andere Form der Freiheitsentziehung zu rechtfertigen. Das Gebot der Verhältnismäßigkeit, das auch für die Freiheitsentziehung psychisch Kranker gilt, erfordert, dass die Freiheitsentziehung auch erforderlich ist und in angemessenem Verhältnis zur Bedrohung anderer Interessen steht.[30] Die psychische Krankheit muss daher derart schwerwiegend sein, dass sie eine Unterbringung verhältnismäßig erscheinen lässt.[31] In der Regel muss aus diesem Grund zu der psychischen Erkrankung hinzutreten, dass die betroffene Person für sich selbst und/oder für Dritte eine Gefahr darstellt, die die Unterbringung im Hinblick auf die Schutzbedürftigkeit der gefährdeten Personen erfordert.[32]

B. Verfahren

Aus der rein materiellen Voraussetzung für die Rechtmäßigkeit der Unterbringung psychisch Kranker — dem Vorliegen einer psychischen Krankheit — ergeben sich aber auch formelle Anforderungen an das Verfahren der Unterbringung. Das Verfahren der Unterbringung muss die Gewähr dafür bieten, dass die Freiheit nur bei Erfüllung der materiellen Haftvoraussetzungen entzogen wird. Diese Verfahrenserfordernisse, die der Aufklärung des entscheidungserheblichen Sachverhalts dienen, ergeben sich auch daraus, dass eine Freiheitsentziehung im Sinne des Art. 5 Abs. 1 EMRK stets rechtmäßig *(lawful)* sein muss.[33] Grundvoraussetzung für die Rechtmäßigkeit einer freiheitsentziehenden Maßnahme im Sinne des Art. 5 Abs. 1 EMRK ist, dass die Maßnahme nicht willkürlich erfolgt. Diese Gefahr der Willkür läßt sich jedoch nur dadurch bannen, dass das nationale Verfahren die objektive und unabhängige Feststellung der materiellen Haftvoraussetzungen garantiert.

---

26. EGMR 24.10.1979 Winterwerp/Netherlands, Series A 33 „schizophrenic and paranoiac reactions"; EGMR 28.05.1985 Ashingdane/United Kingdom, Series A 93 „paranoid schizophrenia".
27. EKMR 12.07.1976 Appl. No. 7493/76.
28. EGMR 24.09.1992 Herczegfalvy/Austria, Series A 244, para. 13 „paranoia querulans"; EKMR 12.07.1976 X/Federal Republic of Germany DR 6, 182 „abnormal personality".
29. EGMR 29.08.1990 E/Norvege „[...] 'underdeveloped or permanenty impaired mental capacity' after serious brain damage."
30. EGMR 04.04.2000 Witold Litwa/Poland, Appl. No. 26629/95 para. 78; EGMR 05.10.2000 Varbanov/Poland Appl. No. 31365/96, para. 46: „The Court further reiterates that a necessary element of the 'lawfulness' of the detention within the meaning of Article 5 § 1 (e) is the absence of arbitrariness. The detention of an individual is such a serious measure that it is only justified where other, less severe measures, have been considered and found to be insufficient to safeguard the individual or public interest which might require that the person concerned be detained. The deprivation of liberty must be shown to have been necessary in the circumstances".
31. *Trechsel*, EuGRZ 1980, 514 (527).
32. EKMR 12.07.1976 X/Federal Republic of Germany, DR 6, 182; vgl. dazu *Wachenfeld*, Nordic Journal of International Law 1991, 115 (144).
33. EGMR 24.10.1979 Winterwerp/Netherlands, Series A 33, para. 39.

1. Ärztliches Gutachten

Da materielle Haftvoraussetzung im Sinne des Art. 5 Abs. 1 lit. e 2. Alt. EMRK das Vorliegen einer psychischen Erkrankung ist und eine solche nicht durch die Verwaltung, sondern nur durch einen Arzt festgestellt werden kann, muss das nationale Unterbringungsverfahren die Einholung eines ärztlichen Gutachtens vorsehen.[34] Das ärztliche Gutachten muss zudem bestimmten Erfordernissen genügen, um objektiv den Nachweis über den Gesundheitszustand der betroffenen Personen erbringen zu können.

Zum einen muss der Arzt hinreichend von staatlichen Instanzen unabhängig sein, um staatliche Einflussnahme auf das Gutachten auszuschließen. Weisungsabhängigkeit oder sonstiges Eingebundensein in die Organisation der Anstalt, in der die Unterbringung erfolgen soll, sowie eine persönliche Beziehung zu der betroffenen Person, schließen eine objektive Sachverhaltsanalyse aus.[35]

Auch muss der Arzt aufgrund seiner Ausbildung oder seines Wissensstandes in der Lage sein, eine psychische Erkrankung festzustellen. Aus diesem Grund ist zu fordern, dass der begutachtende Arzt über eine psychiatrische Qualifikation verfügt. Zudem muss die ärztliche Begutachtung geeignet sein, bestmöglich Auskunft über den Gesundheitszustand der betroffenen Person zu geben. Ein allein nach Aktenlage gefertigtes Gutachten genügt dieser Anforderung nicht.[36]

Da die Freiheitsentziehung gemäß Art. 5 Abs. 1 lit. e 2. Alt. EMRK nur zulässig ist, wenn eine psychische Erkrankung vorliegt, muss schließlich gewährleistet sein, dass die betroffene Person auch zum Zeitpunkt der Unterbringung (noch) psychisch krank ist. Das ärztliche Gutachten, das die Grundlage einer Freiheitsentziehung darstellt, muss daher den aktuellen psychischen Gesundheitszustand betreffen und darf nicht nur vergangenes Verhalten analysieren.[37] Auch darf das Gutachten zum Zeitpunkt der Freiheitsentziehung nicht zu alt sein, da sich sonst die Entscheidung über die Unterbringung nicht auf den aktuellen Gesundheitszustand der betroffenen Person stützt.[38]

---

34. St. Rspr.: EGMR 24.10.1979 Winterwerp/Netherlands, Series A 33, para. 39; EGMR 24.09.1992 Herczegfalvy/Austria, Series A 244, para. 63; EGMR 05.10.2000 Varbanov/Poland Appl. no. 31365/96, para. 46; EKMR 18.07.1986 Roux/United Kingdom, DR 48, 263 (267); *Kopetzki*, Unterbringungsrecht Bd. 1, S. 306.

35. *Kopetzki*, Unterbringungsrecht, Bd. 1, S. 307.

36. *Peukert* in: Frowein/Peukert, EMRK-Kommentar, Art. 5 Rn. 39.

37. EGMR 05.10.2000 Varbanov/Bulgaria, Appl. no. 31365/96, para. 47.

38. EGMR 25.03.1999 Murials/Poland, Rec. 1999-II, para. 50, in diesem Fall wurde ein 9 Monate altes Gutachten als zu alt angesehen.

2. Eilfälle

Grundsätzlich muss das ärztliche Gutachten zum Zeitpunkt der Unterbringung bereits vorliegen, da es die Grundlage für die Entscheidung über die Unterbringung bildet und erst den Nachweis darüber erbringt, dass die betroffene Person tatsächlich psychisch krank ist und dass damit die Voraussetzungen für eine rechtmäßige Freiheitsentziehung vorliegen.[39] Das gilt umso mehr, als eine nachträgliche ärztliche Analyse aufgrund der veränderten Umstände das Ergebnis beeinflusst. Eine zuverlässige Aussage darüber, ob die Person zum Zeitpunkt der Freiheitsentziehung tatsächlich so schwer psychisch krank war, dass eine Unterbringung gerechtfertigt war, lässt sich dann nicht mehr treffen.[40] Nur in Ausnahmefällen, wenn die sofortige Unterbringung einer Person dringend erforderlich ist und zuvor kein ärztliches Gutachten eingeholt werden kann, lassen EGMR und EKMR eine nachträgliche ärztliche Begutachtung der betroffenen Person zu. In diesen besonderen Eilfällen *(emergency cases)* kann eine Unterbringung ohne vorheriges ärztliches Gutachten erfolgen.[41] Voraussetzung für die Rechtmäßigkeit einer solchen Freiheitsentziehung ist jedoch, dass die unterzubringende Person eine Gefahr für andere darstellt,[42] und dass das ärztliche Gutachten innerhalb kurzer Frist nachgeholt wird.[43]

C. Vollzug der Unterbringung

Nicht nur die Einweisung einer Person — und damit der Beginn der Freiheitsentziehung — sondern auch der Vollzug der Unterbringung muss gemäß Art. 5 Abs. 1 lit. e EMRK rechtmäßig *(lawful)* erfolgen. Dazu müssen die Fortdauer der Haft und die Art der Unterbringung mit nationalem Recht übereinstimmen.

Gewisse Anforderungen an die Unterbringung psychisch Kranker lassen sich des weiteren Art. 18 iVm. Art. 5 Abs. 1 lit. e 2. Alt. EMRK entnehmen. Gemäß Art. 18 EMRK dürfen die in der Konvention gestatteten Einschränkungen der Konventionsrechte und Freiheiten nur für die vorgesehenen Zwecke angewandt werden. Diese Einschränkung entspricht auch dem von Art. 5 EMRK bezweckten Schutz vor willkürlichem Freiheitsentzug. Zur Verhinderung staatlicher Willkür sind freiheitsentziehende Maßnahmen, die in Wirklichkeit nicht den Zwecken des jeweiligen Haftgrundes dienen, unzulässig.[44] Ein Indiz für eine zweckfremde Freiheitsentziehung können Art und

39. *Kopetzki*, Unterbringungsrecht, Bd. 1, S. 307.
40. *Bergener*, Unterbringung, S. 11ff.
41. EGMR 05.11.1981 X/United Kingdom, Series A 46, para. 45; dazu auch *Douraki*, Malades et Mariginaux, p. 225 ff.; *Velu/Ergec*, Convention, p. 278.
42. EGMR 05.11.1981 X/United Kingdom, Series A 46, para. 41.
43. EGMR 24.10.1979 Winterwerp/Netherlands, Series A 33, para. 39; EGMR 05.11.1981 X/United Kingdom, Series A 46, para. 41; EGMR 05.10.2000 Varbanov/Bulgaria, Appl. no. 31365/96, para. 47: „It may be acceptable, in urgent cases or where a person is arrested because of his violent behaviour, that such an opinion be obtained immediately after the arrest. In all other cases a prior consultation should be necessary."; *Harris/O'Boyle/Warbrick*, Convention, p. 124.

Ort der Unterbringung darstellen. So kann die Unterbringung einer vorgeblich psychisch kranken Person in einer einfachen Haftanstalt ohne entsprechende ärztliche Betreuung beispielsweise darauf hindeuten, dass die betroffene Person in Wirklichkeit nicht für psychisch krank gehalten wird. Auch der Schutz des Einzelnen vor Willkür gebietet es somit, Freiheitsentziehungen an einem dem Zweck der Haft entsprechenden Ort zu vollziehen.[45]

Zwar dient die Unterbringung psychisch kranker Personen auch der Abwehr von Gefahren für Dritte, sie erfolgt jedoch primär aufgrund der psychischen Erkrankung der Person. Da der Grund für die Freiheitsentziehung eine Krankheit ist, muss — so der EGMR — eine Freiheitsentziehung im Sinne des Art. 5 Abs. 1 lit. e EMRK in einem Krankenhaus, einer Klinik oder einer anderen für die Unterbringung psychisch Kranker geeigneten Institution erfolgen.[46]

Darüber hinaus enthält Art. 5 Abs. 1 lit. e 2. Alt. EMRK indes keine Vorgaben für den Vollzug der Freiheitsentziehung psychisch Kranker. Insbesondere lässt sich aus Art. 5 Abs. 1 lit. e 2. Alt. EMRK kein Anspruch der betroffenen Personen auf eine bestimmte Behandlung der psychischen Erkrankung entnehmen.[47] Ein Anspruch auf ärztliche Behandlung kann sich in einzelnen Fällen aber aus Art. 3 EMRK ergeben. Danach darf niemand der Folter oder unmenschlicher oder erniedrigender Strafe oder Behandlung unterworfen werden, so dass im Einzelfall bestimmte Haftbedingungen unzulässig sein können.[48] Sofern das Unterlassen einer Behandlung eine unmenschliche Behandlung in diesem Sinne darstellt kann auch eine bestimmte medizinische Behandlung der untergebrachten Personen gemäß Art. 3 EMRK erforderlich sein.[49]

---

44. EGMR 24.10.1979 Winterwerp/Netherlands, Series A 33, para. 33; EGMR 18.12.1986 Bozano/France, Series A 111, para. 54; EGMR 02.03.1987 Weeks/United Kingdom, Series A 114, para. 42; dazu auch *Muchlinsky*, Human Rights Review, 5 (1980), 90 (97).

45. EGMR 29.02.1988 Buamar/Belgium, Series A 129, para. 47, in diesem Fall rügte der Gerichtshof die Unterbringung eines Jugendlichen, die dessen überwachter Erziehung im Sinne des Art. 5 Abs. 1 lit. d EMRK dienen sollte. Der Betroffene war mehrfach ohne Betreuung in einem einfachen Gefängnis untergebracht worden, was nach Ansicht des EGMR nicht seiner Erziehung dienen konnte.

46. EGMR 28.05.1985 Ashingdane/United Kingdom, Series A 93 para. 44: „[...] there must be some relationship between the ground of permitted deprivation of liberty relied on and the place and conditions of detention. In principle, the 'detention' of a person as a mental health patient will only be 'lawful' for the purposes of sub-paragraph (e) of paragraph 1 (art. 5-1-e) if effected in a hospital, clinic or other appropriate institution authorised for that purposes"; vgl. dazu *Cohen-Jonathan*, Convention, p. 324f; Die Unterbringung in einem Krankenhaus ist jedoch dann nicht erforderlich, wenn die Heilung der psychischen Erkrankung ausgeschlossen ist, vgl. EGMR 15.11.2001 Hutchison Reid/United Kingdom Appl. no. 50272/99.

47. EGMR 24.10.1979 Winterwerp/Netherlands, Series A 33, para. 51; EGMR 28.05.1985 Ashingdane/United Kingdom, Series A 93 para. 44.

48. Dazu *Frowein* in: Frowein/Peukert, EMRK-Kommentar, Art. 3 Rn. 10; *Harris/O'Boyle/Warbrick*, Convention, p. 71; *Velu/Ergec*, Convention, p. 212.

D. Dauer der Unterbringung

Die zwangsweise Unterbringung einer Person sowie jede andere Freiheitsentziehung im Sinne des Art. 5 Abs. 1 lit. e 2. Alt. EMRK ist nur zulässig, wenn die betroffene Person psychisch krank ist. Da sich der psychische Gesundheitszustand einer Person ändern kann, psychische Krankheiten geheilt werden können oder der Gesundheitszustand zumindest gebessert werden kann, ist die Freiheitsentziehung gemäß Art. 5 Abs. 1 lit. e 2. Alt. EMRK auch nur solange gerechtfertigt, bis die betroffene Person genesen bzw. die psychische Erkrankung nicht mehr derart schwerwiegend ist, dass eine Unterbringung gerechtfertigt wäre.[50] EGMR und EKMR fordern daher in ständiger Rechtsprechung, dass die ärztlich festgestellte hinreichend schwerwiegende psychische Erkrankung während der Haft fortbestehen muss.[51] Daraus ergeben sich verfahrensrechtliche Garantien für die betroffenen Personen. Es muss gewährleistet werden, dass die betroffene Person bei Wegfall des Haftgrundes entlassen wird. Diese Gewährleistung kann nur durch eine regelmäßige Kontrolle des Gesundheitszustands der betroffenen Person erfolgen.[52] Die Kontrolle der Rechtmäßigkeit der Haft, wie sie auch in Art. 5 Abs. 4 EMRK vorgesehen ist, muss daher in regelmäßigen Abständen wiederholt werden,[53] wobei die Häufigkeit der Prüfung von Art und Prognose der Krankheit und von den Möglichkeiten einer therapeutischen Beeinflussung der vom Patienten ausgehenden Gefahren abhängt.[54]

Der EGMR gesteht der betroffenen Person allerdings keinen Anspruch auf sofortige Entlassung zu, sobald ein ärztliches Gutachten nachweist, dass die psychische Erkrankung geheilt ist.[55] Ein Anspruch auf sofortige Entlassung hätte zur Folge, dass auf die verantwortliche Behörde unangemessener Druck und Zwang ausgeübt würde. Die Behörde habe aber die Aufgabe, im Einzelfall unter der Berücksichtigung aller rele-

---

49. EKMR 05.12.1979 Bonnechaux/Switzerland, DR 18, 100 (124): „A long period of detention on remand imposed upon an elderly accused person in ill-health could, in certain circumstances, fall under Articel 3"; EKMR 08.12.1982 Chartier/Italy DR 33, 41 (47).

50. *Peukert* in: Frowein/Peukert, EMRK-Kommentar, Art. 5 Rn. 96 und 136.

51. St. Rspr.: EGMR 24.10.1979 Winterwerp/Netherlands, Series A 33, para. 39: „ [...] the validity of continued confinement depends upon the persistence of such a disorder"; EGMR 05.11.1981 X/United Kingdom, Series A 46, para. 40.

52. EGMR 05.11.1981 X/United Kingdom, Series A 46, para. 52; EGMR 23.02.1984 Luberti/Italy, Series A 75, para. 31; EGMR 12.05.1992 Megyeri/Germany, Series A 237, para. 22; EGMR 25.03.1999 Musial/Poland, Rep. 1999-II, para. 43: „According to the principles which emerge from the Court's case-law, a person of unsound mind who is compulsorily confined in a psychiatric institution for an indefinite or lengthy period is entitled under Article 5 § 4 of the Convention to take proceedings at reasonable intervals before a court to put in issue the 'lawfulness' – within the meaning of the Convention – of his or her detention, inasmuch as the reasons initially warranting confinement may cease to exist."

53. Vgl. zu den Anforderungen an das Recht auf Haftprüfung im Sinne des Art. 5 Abs. 4 EMRK unten Kapitel 10 Abschnitt 1 Seite 395.

54. *Kopetzki*, Unterbringungsrecht, Bd. 1, S. 359.

55. EGMR 24.10.1997, Johnson/United Kingdom, Rep. 1997-VII, para. 61.

vanten Umstände die Entlassung der betroffenen Person im Interesse des Patienten und der Gesellschaft zu veranlassen. Zudem müsse berücksichtigt werden, dass sich eine eindeutige Aussage über den Gesundheitszustand der betroffenen Person allein aufgrund des Verschwindens der Symptome nicht treffen lasse.[56] Mit dieser Äußerung kommt der EGMR zwar den Interessen der Vertragsstaaten entgegen, denen er damit einen gewissen zeitlichen Spielraum zubilligt, um nach einem ärztlichen Gutachten über ein weiteres Vorgehen zu entscheiden. Die Rechtsprechung des EGMR entspricht aber insoweit weder dem Grundsatz *„in dubio pro libertate"*, noch Art. 5 Abs. 1 lit. e 2. Alt. EMRK, der — wie auch der EGMR wiederholt feststellte — eine Freiheitsentziehung nur rechtfertigt, wenn und solange eine psychische Erkrankung besteht.[57] Wenn die Feststellung einer schwerwiegenden psychischen Krankheit durch einen Arzt eine Freiheitsentziehung rechtfertigen kann, muss die gegenteilige Feststellung auch dazu führen, dass eine Person nicht zwangweise untergebracht bzw. entlassen wird. Dem EGMR ist insoweit daher nicht zu folgen.

II. Freiheitsentziehung zur Untersuchung

Der Entzug der Freiheit im Sinne des Art. 5 Abs. 1 lit. e 2. Alt. EMRK setzt grundsätzlich voraus, dass die betroffene Person psychisch krank ist. Die psychische Erkrankung lässt sich jedoch, nur durch ein ärztliches Gutachten nachweisen. Es stellt sich daher die Frage, ob auch das Festhalten einer Person zur Anfertigung des ärztlichen Gutachtens von Art. 5 Abs. 1 lit. e 2. Alt. EMRK umfasst ist.

Nach dem Wortlaut des Art. 5 Abs. 1 lit. e 2. Alt. EMRK kann die psychische Erkrankung einer Person nur die Haft *(detention)* und nicht — wie die Haftgründe der Litera a-c und f — auch die Festnahme *(arrest)* rechtfertigen. Daraus wird vereinzelt abgeleitet, dass nur die längerfristige Unterbringung, nicht aber das Festhalten zu Untersuchungszwecken gemäß Art. 5 Abs. 1 lit. e EMRK zulässig sei.[58] Allein die fehlende Ermächtigung zum Anhalten einer Person lässt jedoch nicht den Schluss zu, sie sei, anders als die langfristige Freiheitsentziehung, nicht vom Haftgrund des Art. 5 Abs. 1 lit. e EMRK umfasst. Schon der Grundsatz der Verhältnismäßigkeit gebietet es, möglichst schonend in das Recht auf Freiheit einzugreifen. Wenn also eine langfristige Unterbringung gemäß Art. 5 Abs. 1 lit. e EMRK gerechtfertigt ist, so gilt dies erst recht für das mildere Mittel der kurzfristigen Freiheitsentziehung zu Untersuchungszwecken. Zudem bezeichnen die Begriffe *„detention"* bzw. *„détention"* unabhängig von ihrer

---

56. EGMR 24.10.1997, Johnson/United Kingdom, Rep. 1997-VII, para. 61: „Such a rigid approach to the interpretation of that condition would place an unacceptable degree of constraint on the responsible authority's exercise of judgment to determine in particular cases and on the basis of all the relevant circumstances whether the interests of the patient and the community into which he is to be released would in fact be best served by this course of action. It must also be observed that in the field of mental illness the assessment as to whether the disappearance of the symptoms of the illness is confirmation of complete recovery is not an exact science."

57. EGMR 24.10.1979 Winterwerp/Netherlands, Series A 33, para. 39.

58. *Koschwitz*, Freiheitsentziehung, S. 211.

Dauer jede Form staatlicher Freiheitsentziehung.[59] Allein aufgrund der Formulierung des Haftgrundes des Art. 5 Abs. 1 lit. e EMRK ist eine Freiheitsentziehung zum Zweck der ärztlichen Untersuchung daher nicht ausgeschlossen.

Problematisch erscheint jedoch, dass bei einer Freiheitsentziehung zum Zweck der ärztlichen Untersuchung noch nicht feststeht, ob die betroffene Person tatsächlich psychisch krank ist. Aus diesem Grund wird in der Literatur vereinzelt vertreten, Art. 5 Abs. 1 lit. e 2. Alt. EMRK lasse eine Freiheitsentziehung zu Untersuchungszwecken nicht zu.[60] Der EGMR hingegen geht davon aus, dass die Konvention auch eine vorläufige Freiheitsentziehung rechtfertige, wenn diese dazu diene, ein ärztliches Gutachten über den psychischen Gesundheitszustand einer Person anzufertigen.[61] Ein solcher Gefahrerforschungseingriff darf jedoch nach der Rechtsprechung des EGMR aus Gründen der Verhältnismäßigkeit nicht unbegrenzt lange andauern.[62] Eine 20-tägige Unterbringung zu Untersuchungszwecken wurde vom EGMR als zu lang bewertet.[63] Dass der EGMR die vorläufige Freiheitsentziehung zu Untersuchungszwecken für von Art. 5 Abs. 1 lit. e 2. Alt. EMRK umfasst hält, ist insoweit nur konsequent, als die vorläufige Unterbringung einer Person in besonders dringenden Fällen allgemein als zulässig angesehen wird.[64] Auch in diesen Fällen kann eine vermeintlich psychisch kranke Person, von der besondere Gefahren ausgehen, ohne vorheriges ärztliches Gutachten festgehalten werden. Die Untersuchung findet damit in diesen Fällen ebenfalls erst nach der Freiheitsentziehung statt, so dass zum Zeitpunkt der Freiheitsentziehung noch nicht feststeht, ob die betroffene Person tatsächlich psychisch krank ist.[65]

Der Grundsatz der Verhältnismäßigkeit lässt es zudem geboten erscheinen, der betroffenen Person zunächst Gelegenheit zu geben, der Verpflichtung zur Untersuchung freiwillig nachzukommen. Die nationalen Rechtsordnungen sehen diese Möglichkeit der freiwilligen Untersuchung als milderes Mittel in der Regel auch vor. So geht der zwangsweisen Vorführung einer Person zur Untersuchung entweder eine gesetzliche, in der Regel aber eine gerichtliche Verpflichtung zur Untersuchung voraus. Erst die Nichtbefolgung der gerichtlichen Untersuchungsanordnung, bzw. das Nichtbefolgen einer gesetzlichen Untersuchungspflicht kann eine zwangsweise Vorführung zur ärztlichen Untersuchung gemäß Art. 5 Abs. 1 lit. b EMRK rechtfertigen.[66]

---

59. *Koschwitz*, Freiheitsentziehung, S. 188.
60. *Bischofberger*, Verfahrensgarantien, S. 196; *Van Dijk/Van Hoof*, Convention, p. 268.
61. EGMR 05.10.2000 Varbanov/Poland Appl. no. 31365/96, para. 48.
62. Dennoch handelt es sich auch bei einer vorübergehenden Unterbringung in einem Krankenhaus zum Zweck der Untersuchung um eine Freiheitsentziehung im Sinne des Art. 5 EMRK, a.A. *Thorold*, EHRR 1996, 619 (621f.) für eine Unterbringung von 72 Stunden.
63. EGMR 05.10.2000 Varbanov/Poland Appl. no. 31365/96, para. 48.
64. *Gollwitzer* in: Löwe-Rosenstein, StPO-Kommentar, Art. 5 EMRK Rn. 79.
65. Trechsel betont darüber hinaus, dass es nicht Sinn der Konvention sein könne, die Signatarstaaten zu verpflichten abzuwarten, bis sich Geisteskranke freiwillig untersuchen lassen, um dann freiwillig eine Anstalt aufzusuchen, aus der sie dann nicht mehr aus freiem Willen herauskommen, *Trechsel*, Menschenrechtskonvention, S. 212.

Abschnitt 2: Deutschland

I. Unterbringung psychisch Kranker

Wie in anderen Vertragsstaaten der EMRK hat sich auch in Deutschland die Einstellung der Gesellschaft und dementsprechend auch die Einstellung der Rechtsordnung gegenüber psychisch Kranken im Laufe der letzten Jahrzehnte geändert. Anfangs wurde mit den Regelungen im Preußischen Allgemeinen Landrecht von 1794 und im Preußischen Verwaltungsrecht von 1931 die Unterbringung psychisch Kranker (damals: Geisteskranke, Irre oder Schwachsinnige) als Teil des Polizeirechts geregelt, das ausschließlich der Herstellung der öffentlichen Sicherheit und Ordnung diente. Auch die nach 1949 erlassenen Unterbringungsgesetze der Bundesländer fassten die psychisch Kranken in erster Linie als Störer auf. Erst mit der sogenannten „zweiten Generation" von Landesrechten, beginnend mit dem nordrhein-westfälischen Gesetz über Hilfen und Schutzmaßnahmen bei psychischen Krankheiten vom 2. Dezember 1969,[67] wurde der psychisch Kranke auch als Kranker aufgefasst und es wurden neben der Unterbringung auch Hilfen und Schutzmaßnahmen geregelt.[68]

Die aktuellen Regelungen über die Freiheitsentziehung bei psychisch Kranken finden sich in den entsprechenden Landesunterbringungsgesetzen. Für die gerichtliche Anordnung des Freiheitsentzugs und das gerichtliche Verfahren — das Unterbringungsverfahren und den Rechtsschutz — gilt hingegen mit dem Gesetz über die Angelegenheiten der freiwilligen Gerichtsbarkeit (FGG) Bundesrecht.[69]

A. Voraussetzungen der Unterbringung

Die deutsche Rechtsordnung verwendet für die Freiheitsentziehung bei einer psychisch kranken Person, die in einem Krankenhaus oder einer anderen geeigneten Einrichtung vollzogen wird, den Begriff der Unterbringung. Eine Unterbringung im Sinne der entsprechenden Landesgesetze ist die Einweisung einer (psychisch kranken) Person gegen ihren Willen oder im Zustand der Willenlosigkeit in eine Einrichtung.[70] Eine Unterbringung liegt auch dann vor, wenn einer Person untersagt wird, eine nicht abgeschlossene Einrichtung zu verlassen oder wenn sie am Verlassen einer solchen Einrichtung gehindert wird.[71] Da sich die Landesgesetze für psychisch Kranke teilweise

66. *Bischofberger*, Verfahrensgarantien, S. 196; *Fawcett*, Convention, p. 83; *Van Dijk/Van Hoof*, Convention, p. 268.
67. GV NWS. 872/SGV NW 2128.
68. Zur Entwicklung vgl. *Marschner* in: Marschner/Volckart, Freiheitsentziehung, S. 4f.
69. Die Kompetenz des Bundes zur Regelung des Verfahrens bei Freiheitsentziehungen ergibt sich aus Art. 104 Abs. 2 Satz 4 GG und die zur Regelung des gerichtlichen Verfahrens als konkurrierende Kompetenz gemäß Art. 74 Abs. 1 Nr. 1 GG. Diese bundesrechtlichen Vorgaben haben die Länder zu beachten.
70. Legaldefiniert in: § 8 Abs. 1 BbgPsychKG; §§ 8 Abs. 1 PsychKG Bremen; § 8 Abs. 1 HmbPsychKG; § 10 Abs. 1 PsychKG M-V; § 14 NPsychKG; § 10 Abs. 1 SächsPsychKG; § 11 PsychKG LSA.

nicht nur in der Wortwahl und den Begrifflichkeiten, sondern auch inhaltlich sehr voneinander unterscheiden, soll im Folgenden unter Einbeziehung von Abweichungen in einzelnen Ländern eine gemeinsame Linie dieser Gesetze erarbeitet und dargestellt werden.

1. Psychische Krankheit

In allen Bundesländern ist zwingende Voraussetzung für eine Unterbringung, dass die betroffene Person psychisch krank ist oder an einer in den Auswirkungen der psychischen Krankheit vergleichbaren psychischen Störung oder Suchtkrankheit leidet.[72] Überwiegend fallen auch Personen mit einer geistigen Behinderung in den Anwendungsbereich der Unterbringungsregelungen.[73] Trotz unterschiedlichen Sprachgebrauchs ist jedoch in allen Landesgesetzen ein im wesentlichen identisches Spektrum von Krankheiten umfasst.[74]

Die Begrifflichkeiten der Unterbringungs- und Psychisch-Kranken-Gesetze — im Folgenden: Unterbringungsgesetze — haben sich im Laufe der Zeit immer mehr der medizinischen Terminologie angenähert.[75] Dennoch handelt es sich bei den Gesetzesbegriffen um juristische Begriffe, für die medizinische Krankheitsbegriffe nur Ausgangspunkte darstellen.[76] Die juristischen Begriffe der psychischen Krankheit, der psychischen Störung oder der Psychose etc. klammern leichtere Formen geistiger oder seelischer Störungen aus.[77] Umfasst werden hingegen alle Arten geistiger Abnormität, alle psychischen Abweichungen von der Norm, gleichgültig, welche Ursache sie haben oder wie sie zustande gekommen sind. Es muss nicht eine Geisteskrankheit oder echte Psychose im medizinischen Sinn vorliegen. Auch die sogenannten Psychopathien, d.h. Störungen des Willens, Gefühls und Trieblebens, welche die

71. So ausdrücklich § 8 Abs. 1 S. 2 HmbPsychKG.
72. § 1 Abs. 2 UbG BW; Art. 1 Abs. 1UnterbrG Bayern; § 1 Abs. 2 PsychKG Bln; § 1 Abs. 2 BbgPsychKG; § 1 Abs. 2 PsychKG Bremen; § 1 Abs. 2 HmbPsychKG; § 1 Abs. 1 HPsychKG; § 1 Abs. 2 PsychKG M-V; § 1 Nr. 1 NPsychKG; § 1 Abs. 2 PsychKG NW; § 1 Abs. 2 PsychKG R-P; § 1 SUBG; § 1 Abs. 1 SächsPsychKG; § 1 Abs. 2 PsychKG S-H; § 1 Nr. 1 PsychKG LSA; § 1 Abs. 2 ThürPsychKG; zu den Suchtkrankheiten vgl. unten Kapitel 6 Abschnitt 2 Seite 291.
73. § 1 Abs. 2 UbG BW; § 1 Abs. 2 PsychKG Bremen (seelische Beghinderung); § 1 Abs. 2 HmbPsychKG (sofern wegen psychischer Auswirkungen Behandlungsbedürftigkeit besteht); § 1 Nr. 1 NPsychKG (infolge psychischer Störung krank oder behindert); § 1 Abs. 2 PsychKG S-H; § 1 Nr. 1 PsychKG LSA; § 1 Abs. 2 ThürPsychKG.
74. *Marschner* in: Marschner/Volckart, Freiheitsentziehung, S. 111.
75. Überwiegend erfolgt die Orientierung beim Sprachgebrauch an den von der Weltgesundheitsorganisation herausgegebenen ICD-10 (International Classification of Diseases) und des DSM III R der American Psychatric Association, das auch in Deutschland verwendet wird, abgedruckt bei Peters, Wörterbuch der Psychiatrie.
76. BVerfGE 58, 208 (227); BayObLG 28.07.1999 NJW 2000, 881 (882): „Die Zuordnung eines psychiatrischen Befundes zu einem medizinischen Krankheitsbericht hat zwar für die Annahme einer Krankheit im juristsischen Sinn keine Verbindlichkeit, stellt aber einen wesentlichen Anhaltspunkt dar".
77. BVerfGE 58, 208 (227).

bei einem normalen und geistig reifen Menschen vorhandenen, zur Willensbildung befähigenden Vorstellungen und Gefühle beeinträchtigen, sind vom Begriff der psychischen Krankheit umfasst. In Anbetracht des hohen Ranges der Freiheit der Person erfordert der juristische Begriff der psychischen Krankheit als Voraussetzung für eine zwangsweise Unterbringung jedoch stets einen die Freiheitsentziehung rechtfertigenden Schweregrad der Persönlichkeitsstörung.[78] Insbesondere bei psychischen Störungen, deren Grenzen zum Krankhaften fließend und die medizinisch lediglich als Abweichungen von einem angenommenen Durchschnittsverhalten zu beschreiben sind, ist besonders sorgfältig zu prüfen, ob der festgestellten Störung Krankheitswert im Sinne des Gesetzes zukommt.[79]

2. Gefahr

Eine Unterbringung psychisch Kranker ist nach deutschem Recht nur dann zulässig, wenn und solange von deren krankheitsbedingtem Verhalten eine Gefahr ausgeht.[80] Allein der Umstand, dass die betroffene Person aufgrund ihrer psychischen Krankheit aus medizinischen Gründen möglichst bald einer länger andauernden ärztlichen Behandlung zugeführt werden sollte, kann eine Freiheitsentziehung in Form der Unterbringung somit nicht rechtfertigen.[81] Die meisten Landesgesetze stellen daher ausdrücklich fest, dass allein die fehlende Bereitschaft, sich behandeln zu lassen, keine Unterbringung rechtfertigt.[82]

Die von der betroffenen Person ausgehende Gefahr muss gegenwärtig und erheblich sein,[83] wobei das Vorliegen einer psychischen Krankheit allein die Gefährlichkeit nicht begründen kann. Ob von einer psychisch kranken Person eine Gefahr ausgeht,

78. BGHZ 53, 388 (391f); BayObLG 28.07.1999 NJW 2000, 881 (882) in diesem Fall stellte das OLG bei der betroffenen Person eine Persönlichkeitsstörung vom dissozialen Typus fest, die mit einem Mangel an Emphatie und Einfühlungsvermögen, sowie einer andauernden Verantwortungslosigkeit und Missachtung sozialer Normen einherging. Die Frustrationstoleranz des Betroffenen und die Schwelle für aggressives und gewalttätiges Verhalten sei sei sehr gering. Das Erleben von Schuldbewusstsein sei erheblich gestört. Diese Persönlichkeitsstörung, so das OLG stelle jedoch keine psychische Krankheit dar, sondern sei als persönlichkeitsimmanente Charakterstruktur zu betrachten.

79. BVerfGE 58, 208 (227).

80. BVerfGE 58, 208 (224ff.); 63, 340 (342); 66, 191 (195).

81. Auch eine Unterbringung allein zur „Besserung" der betroffenen Person ist nach der Rechtsprechung des BVerfG nicht verfassungsgemäß, vgl. BVerfGE 22, 180 (219): „Der Staat hat nicht die Aufgabe seine Bürger zu „bessern" und deshalb auch nicht das Recht, ihnen die Freiheit zu entziehen, nur um sie zu bessern".

82. § 8 Abs. 1 S. 2 PsychKG Bln; § 8 Abs. 4 BbgPsychKG; § 9 Abs. 4 PsychKG Bremen; § 9 Abs. 1 S. 2 HmbPsychKG; § 11 Abs. 1 S. 2 PsychKG M-V; § 11 Abs. 1 S. 2 PsychKG NW; § 11 Abs. 1 S. 3 PsychKG R-P; § 6 Abs. 2 S. 2 ThürPsychKG; für die anderen Bundesländer gilt dieser Grundsatz ebenso vgl. BVerfG NJW 1998, 1774 (1775): „Eine Person, die zwar an einer paranoiden Psychose mit Wahngedanken (man habe ihm Wanzen in die Ohren implantiert) leidet und behandelt werden müsste, dies verweigert, jedoch keine Gefahr darstellt, kann nicht gegen ihren Willen untergebracht werden; so auch BayObLG v. 30.05.2000 FamRZ 2000, S. 1537.

muss vielmehr im Einzelfall anhand zusätzlicher Umstände aus der Vorgeschichte, aus der aktuellen Befindlichkeit sowie der sozialen Situation festgestellt werden. Eine gegenwärtige Gefahr besteht nach den Landesunterbringungsgesetzen dann, wenn ein schadenstiftendes Ereignis unmittelbar bevorsteht oder sein Eintritt zwar unvorhersehbar, wegen besonderer Umstände jedoch jederzeit zu erwarten ist.[84] Die deutsche Rechtsprechung verlangt insoweit, dass die Gefahr in allernächster Zeit mit an Sicherheit grenzender Wahrscheinlichkeit zu erwarten ist.[85]

Nach allen Landesunterbringungsgesetzen kann unter anderem eine Selbstgefährdung die Unterbringung rechtfertigen.[86] Nach einigen Landesgesetzen muss die Selbstgefährdung dazu jedoch einen gewissen Schweregrad erreichen. Es muss durch die psychische Krankheit eine Gefahr für das eigene Leben oder eine erhebliche Gesundheitsgefährdung verursacht werden.[87] Im Saarland genügt dagegen bereits die Gefährdung bedeutender eigener Rechtsgüter.[88] Trotz der unterschiedlichen Formulierung des geschützten Rechtsguts gilt für alle Landesgesetze, dass eine Unterbringung nur dann verhältnismäßig und damit nur dann zulässig ist, wenn eine erhebliche

83. § 1 Abs. 4 UBG BW; Art. 1 Abs. 1 UnterbrG Bayern; § 8 Abs. 1 PsychKG Bln; § 8 Abs. 2 BbgPsychKG; § 9 Abs. 2 PsychKG Bremen; § 9 Abs. 1 HmbPsychKG; § 1 Abs. 1 HPsychKG; § 11 Abs. 1 PsychKG M-V; § 16 NPsychKG; § 11 Abs. 1 PsychKG NW; § 11 Abs. 1 PsychKG R-P; § 4 Abs. 1 SUBG; § 10 Abs. 2 SächsPsychKG; § 13 Abs. 1 PsychKG LSA; § 7 Abs. 1 PsychKG S-H; § 6 Abs. 1 ThürPsychKG.

84. Legaldefiniert in: § 8 Abs. 3 BbgPsychKG; § 11 Abs. 2 PsychKG Bremen; § 9 Abs. 2 HmbPsychKG; § 11 PsychKG NW; § 11 Abs. 2 PsychKG M-V; § 11 Abs. 1 S. 2 PsychKG R-P.

85. OLG Hamm 26.01.1959 NJW 1959, 822 „[...] in allernächster Zeit mit an Sicherheit grenzender Wahrscheinlichkeit [...]"; OLG Celle 12.08.1963 NJW 1963, 2377 (2378): „[...] Wahrscheinlichkeit, dass innerhalb kürzester Frist [...]"; OLG Celle 24.02.1984 R&P 1984, 101 (102): „[...] hinreichende Anhaltspunkte [...]"; BayObLG 02.02.1989 BayObLGZ (39) 1989, 17 (20): „[...] eine erhebliche Wahrscheinlichkeit [...]".

86. § 1 Abs. 4 UBG BW; Art. 1 Abs. 1 S. 2 UnterbrG Bayern; § 8 Abs. 1 PsychKG Bln; § 8 Abs. 2 Nr. 1 BbgPsychKG; § 9 Abs. 2 Nr. 1 PsychKG Bremen; § 9 Abs. 1 HmbPsychKG; § 1 Abs. 2 HPsychKG; § 11 Abs. 1 PsychKG M-V; § 16 NPsychKG; § 11 Abs. 1 S. 1 PsychKG NW; § 11 Abs. 1 PsychKG R-P; § 4 Abs. 1 SUBG; § 10 Abs. 2 SächsPsychKG; § 13 Abs. 1 Nr. 1 PsychKG LSA; § 7 Abs. 1 PsychKG S-H; § 6 Abs. 1 ThürPsychKG.

87. § 1 Abs. 4 UBG BW; § 8 Abs. 1 PsychKG Bln; § 8 Abs. 2 Nr. 1 BbgPsychKG; § 11 Abs. 1 PsychKG R-P; § 4 Abs. 2 SächsPsychKG; § 6 Abs. 1 ThürPsychKG.

88. § 4 Abs. 1 SUBG.

Gefährdung des Lebens[89] oder der Gesundheit der betroffenen Person vorliegt.[90] Weder eine Verwahrlosung[91] noch eine Gefährdung des eigenen Vermögens[92] können eine Unterbringung rechtfertigen.[93]

Bezüglich der Drittgefährdung stellen die meisten Landesgesetze auf eine erhebliche gegenwärtige Gefahr für Rechtsgüter anderer ab.[94] In Hessen und in Niedersachsen ist eine Unterbringung zulässig, wenn eine „erhebliche Gefahr für Mitmenschen" vorliegt.[95] Da die Unterbringung der betroffenen Person im Einzelfall den Anforderungen des Verhältnismäßigkeitsgrundsatzes zu genügen hat, muss es sich jedoch auch in Hessen und Niedersachsen stets um besonders bedeutende Rechtsgüter anderer handeln, die aufgrund des krankheitsbedingten Verhaltens gefährdet sind.[96] Leib oder Leben anderer Personen oder die öffentliche Sicherheit müssen in Brandenburg gefährdet sein, wobei andere Rechtsgüter als von der Rechtsordnung normiert wohl unter den Begriff der öffentlichen Sicherheit zu fassen sind.[97] Allein auf die Gefährdung der öffentlichen Sicherheit stellt das Unterbringungsrecht Mecklenburg-Vorpommerns ab, wobei vom Schutzgut der öffentlichen Sicherheit die Gefährdung Rechtsgüter Dritter umfasst wird.[98] In Bayern und Sachsen-Anhalt genügt für eine Unterbringung eine Gefährdung der öffentlichen Sicherheit oder Ordnung.[99] Aufgrund der gebotenen verfassungskonformen Auslegung der Unterbringungsvoraussetzungen dieser Landesgesetze gilt jedoch auch in Bayern und Sachsen-Anhalt, dass eine Gefährdung der öffentlichen Ordnung allein keine Unterbringung zu rechtfertigen vermag.[100] Eine Unterbringung kann somit auch in Bayern und Sachsen-Anhalt nur

89. Zum Verhältnis von Suizid und Selbstbestimmung vgl. unten Kapitel 5 Abschnitt 2 Seite 267.
90. Zur Problematik des Selbstbestimmungsrechts bei der Gesundheitsgefährdung vgl. BVerfG 23.03.1998 NJW 1998, 1774 (1775): „Bei psychischer Erkrankung wird die Fähigkeit zur Selbstbestimmung häufig erheblich beeinträchtigt sein. In solchen Fällen ist dem Staat fürsorgerisches Eingreifen erlaubt. Er darf solche Personen bei einer drohenden erheblichen Gesundheitsschädigung auch vor sich selbst in Schutz nehmen, weil deren Handlungen sich nicht als frei verantwortliche Ausübung von Grundrechten darstellen"; so auch BayVerfGH 07.10.1992 NJW 1993, 1520 (1521) und BayVfGH 16.12.1988 NJW 1989, 1790 (1791).
91. OLG Celle 24.02.1984 R&P 1984, 101 (102).
92. Es sei denn, die Vermögensgefährdung lässt sich durch eine Vormundschaft nicht abwenden und hat eine Gefährdung der Gesundheit der betroffenen Person zur Folge.
93. Zumal in diesen Fällen das mildere Mittel der Vormundschaftsbestellung geeignet erscheint, *Dodegge*, FamRZ 2000, 527 (529).
94. § 1 Abs. 4 UBG BW; § 8 Abs. 1 PsychKG Bln; § 9 Abs. 2 Nr. 2 PsychKG Bremen; § 9 Abs. 1 HmbPsychKG; § 11 Abs. 1 PsychKG NW; § 11 Abs. 1 PsychKG R-P; § 4 Abs. 1 SUBG; § 10 Abs. 2 SächsPsychKG; § 7 Abs. 1 PsychKG S-H; § 6 Abs. 1 ThürPsychKG.
95. § 1 Abs. 1 HPsychKG; § 16 NPsychKG.
96. § 8 Abs. 1 PsychKG Bln: „besonders bedeutende Rechtsgüter"; § 11Abs. 1 S. 1 PsychKG NW: „bedeutende Rechtsgüter"; § 11 Abs. 1 PsychKG R-P: „besonders bedeutende Rechtsgüter"; § 4 Abs. 1 SUBG: „bedeutende Rechtsgüter"; § 10 Abs. 2 SächsPsychKG: „bedeutende Rechtsgüter".
97. § 8 Abs. 2 Nr. 2 BbgPsychKG.
98. § 11 Abs. 1 PsychKG M-V; dazu *Marschner* in: Marschner/Volckart, Freiheitsentziehung, S. 123.
99. Art. 1 Abs. 1 UnterbrG Bayern; § 13 Abs. 1 Nr. 2 PsychKG LSA.
100. Vgl. dazu oben Kapitel 3 Abschnitt 2 Seite 140.

erfolgen, wenn Rechtsgüter von erheblichem Gewicht gefährdet sind.[101] Weder Belästigungen oder Beschimpfungen noch leichte körperliche Beeinträchtigungen rechtfertigen es, dem Kranken die Freiheit zu entziehen. Auch querulatorische Verhaltensweisen der betroffenen Person allein können keine Unterbringung rechtfertigen.[102]

3. Verfahren

Regelungen des Verfahrens der Unterbringung finden sich sowohl im Bundesrecht als auch in den Landesunterbringungsgesetzen. Auf Bundesebene regelt das Gesetz über die Angelegenheiten der freiwilligen Gerichtsbarkeit (FGG) die Zuständigkeiten und Verfahrensrechte im gerichtlichen Unterbringungsverfahren. Nachdem das gerichtliche Verfahren durch das FGG insoweit vereinheitlicht wurde, regeln die Landesgesetze neben den materiellen Unterbringungsvoraussetzungen im wesentlichen nur noch die Einleitung des Unterbringungsverfahrens durch die Verwaltung.[103]

a) Einleitungsverfahren

Aufgrund des Richtervorbehalts des Art. 104 Abs. 2 S. 1 GG muss die Unterbringung einer Person als Freiheitsentziehung durch einen Richter angeordnet werden. Das Gericht wird jedoch nur auf Antrag der nach Landesrecht zuständigen Behörde tätig. Zuständig ist regelmäßig die Ordnungsbehörde des Kreises oder der kreisfreien Stadt, in dem das Bedürfnis für die Unterbringung hervortritt oder wo der Kranke seinen gewöhnlichen Aufenthalt hat oder zuletzt hatte.[104] Die Behörde stellt bei gegebenem Anlass von sich aus Ermittlungen darüber an, ob die Voraussetzungen für eine zwangsweise Unterbringung gegeben sind.[105] Ergeben sich bei diesen Ermittlungen gewichtige Anhaltspunkte für das Vorliegen der Unterbringungsvoraussetzungen, so hat die Behörde ein ärztliches Gutachten einzuholen, das dem Antrag auf Unterbringung beizufügen ist.[106]

---

101. St. Rspr. BayObLG 05.05.1998 NJW 1999, 1789 (1790) mwN; BayOblG 28.07.1999 NWJ 2000, 881 (882):

102. BayObLG 02.02.1989 BayObLGZ 1989, 17 (20): „Bloße Belästigungen durch kranke Menschen muss die Gesellschaft ertragen. Aber auch leichtere Beschimpfungen unter Umständen auch leichte körperliche Beeinträchtigungen reichen nicht."; so auch *Marschner* in Marschner/Volckart, Freiheitsentziehung, S. 124.

103. *Bumiller/Winkler*, FGG, § 70 Anm. 1; *Kayser* in: Keidel/Kuntze/Winkler, FGG, § 70 Rn. 5.

104. § 3 Abs. 1 UBG BW: die untere Verwaltungsbehörde oder das Krankenhaus; Art. 5 UnterbrG Bayern: Kreisverwaltungsbehörde; § 11 PsychKG Bln: Bezirksamt; §§ 6 Abs. 1 , 11 Abs. 1 BbgPsychKG; § 14 Abs. 1 PsychKG Bremen: Ortspolizeibehörde; § 10 Abschnitt 1 DurchführungsAO 19.03.1997 (HmbGVBl. II S. 633): Bezirksamt; § 14 PsychKG M-V: Landrat bzw. Oberbürgermeister; §§ 3, 17 NPsychKG: Landkreis bzw. kreisfreie Stadt; § 12 PsychKG NW; §§ 13, 14 PsychKG R-P: Landkreis bzw. kreisfreie Stadt; §§ 5, 8 Abs. 1 SUBG Landrat bzw. Oberbürgermeister; §§ 12, 13 Abs. 6 SächsPsychKG: Landratsamt bzw. kreisfreie Stadt; §§ 7 Abs. 1, 14 Abs. 1 PsychKG LSA: Landkreis bzw. kreisfreie Stadt; § 8 PsychKG S-H: Kreis oder kreisfreie Stadt; § 7 ThürPsychKG sozialpsychiatrischer Dienst in den Gesundheitsämtern.

105. Art. 7 Abs. 1 UnterbrG Bayern; § 13 Abs. 1 S. 1 SächsPsychKG

Einige Landesgesetze stellen besondere Anforderungen an das ärztliche Zeugnis. So muss dieses Gutachten auf einer persönlichen Untersuchung der betroffenen Person beruhen und darf nicht älter als drei, sieben oder vierzehn Tage sein.[107] Das ärztliche Zeugnis muss sich immer auf den aktuellen Gesundheitszustand der betroffenen Person beziehen[108] und muss sowohl Auskunft über den Gesundheitszustand als auch über die Erforderlichkeit einer Unterbringung geben.[109]

Die Anforderungen, denen der Arzt nach Landesrecht genügen muss, sind im einzelnen sehr unterschiedlich. In einigen Bundesländern muss es sich um einen Arzt des Gesundheitsamtes oder einer anerkannten Einrichtung handeln.[110] In einigen Ländern kann oder muss dabei ein Arzt für Psychiatrie zugezogen werden.[111] In anderen Bundesländern kann nur ein Facharzt für Psychiatrie[112] oder zumindest ein Arzt mit einer Weiterbildung und Erfahrungen auf dem Gebiet der Psychiatrie[113] die vorbereitenden Gutachten erstellen. In Hessen dagegen muss der Arzt lediglich approbiert sein.[114]

b) Gerichtliches Verfahren

Über die von der Behörde beantragte Unterbringung einscheidet — entsprechend dem Richtervorbehalt des Art. 104 Abs. 2 S. 1 GG — ein Gericht. Das gerichtliche Verfahren ist einheitlich durch die § 70 FGG - § 70n FGG geregelt. Danach ist das Vormundschaftsgericht und damit das Amtsgericht zuständig, in dessen Bezirk das Bedürfnis für die Unterbringung hervortritt.[115]

Das Gericht hat von Amts wegen seine Beweisaufnahme auf alle Tatsachen zu erstrecken, die für die Entscheidung darüber, ob die Voraussetzungen für eine Unterbringung vorliegen, von Bedeutung sind.[116] Es hat insbesondere gemäß § 70c FGG

106. § 3 Abs. 2 UBG BW; Art. 7 Abs. 3 UnterbrG Bayern; § 14 Abs. 2 PsychKG Bremen; § 10 Abs. 2 HmbPsychKG; § 5 Abs. 2 HPsychKG; § 14 S. 2 PsychKG M-V; § 17 Abs. 1 NPsychKG; § 12 S. 2 PsychKG NW; § 14 Abs. 2 PsychKG R-P; § 5 Abs. 3 SUBG; § 13 Abs. 6 SächsPsychKG; § 14 Abs. 2 PsychKG LSA iVm. § 70e FGG; § 8 S. 2 PsychKG S-H; § 7 Abs. 2 ThürPsychKG; nur Berlin und Brandenburg sehen dies für den Unterbringunantrag nicht vor.

107. Art. 7 Abs. 1 S. 2 UnterbrG Bayern: 14 Tage; § 5 Abs. 2 HPsychKG: 14 Tage; § 14 S. 3 PsychKG M-V: zwei Wochen ; § 14 Abs. 2 S. 2 PsychKG R-P: eine Woche; § 5 Abs. 3 S. 3 SUBG: nur drei Tage; § 13 Abs. 1 S. 5 SächsPsychKG: nur drei Tage.

108. § 3 Abs. 2 UBG BW; Art. 7 Abs. 1 S. 2 UnterbrG Bayern.

109. § 3 Abs. 2 UBG BW; Art. 7 Abs. 1 S. 1 UnterbrG Bayern; § 14 Abs. 2 S. 3 PsychKG R-P; § 5 Abs. 3 S. 1 SUBG; § 13 Abs. 1 S. 2 SächsPsychKG.

110. § 3 Abs. 2 S. 2 UBG BW; Art. 7 Abs. 1 S. 2 UnterbrG Bayern.

111. § 3 Abs. 2 S. 2 UBG BW; Art. 7 Abs. 1 S. 2 UnterbrG Bayern; § 13 Abs. 1 S. 1 SächsPsychKG.

112. § 14 Abs. 2 PsychKG Bremen; § 14 Abs. 2 PsychKG R-P; § 5 Abs. 3 S. 2 SUBG; § 7 Abs. 3 PsychKG LSA; § 7 Abs. 2 ThürPsychKG.

113. § 7 Abs. 1 S. 2 HmbPsychKG; § 14 S. 2 PsychKG M-V.

114. § 5 Abs. 2 HPsychKG.

115. §§ 70 iVm 35 FGG.

116. OLG Celle 24.02.1984 R&P 1984, 101 (102).

den Betroffenen vor einer Unterbringungsmaßnahme persönlich anzuhören und sich persönlich einen unmittelbaren Eindruck von ihm zu verschaffen. Soweit erforderlich, verschafft sich das Gericht diesen Eindruck in der üblichen Umgebung des Betroffenen. Im Gegensatz zu anderen persönlichen Anhörungen, die durchaus auch schriftlich erfolgen können, hat die Anhörung im Sinne des § 70c FGG mündlich zu erfolgen.[117]

Vor der Unterbringungsmaßnahme hat das Gericht seinerseits zudem das Gutachten eines weiteren Sachverständigen einzuholen, der den Betroffenen persönlich zu untersuchen oder zu befragen hat, § 70e FGG. Dadurch soll sichergestellt werden, dass das Gutachten aufgrund eigener Erkenntnisse des Sachverständigen zeitnah erstellt wird und nicht nur auf dem Inhalt der Akten beruht.[118] Der Arzt sollte in der Regel Arzt für Psychiatrie sein; in jedem Fall muss er Arzt mit Erfahrungen auf dem Gebiet der Psychiatrie sein. Um dem Richter die Subsumtion unter den rechtlichen Begriff der psychischen Krankheit zu ermöglichen, müssen aus dem Gutachten die Tatsachen hervorgehen, die der Sachverständige der Begutachtung zugrunde legt, sowie die Methoden, mit denen er diese Tatsachen ermittelt hat und die allgemeinen wissenschaftlichen Erfahrungssätze, mit denen er gearbeitet hat.

Wenn dringende Gründe für die Annahme bestehen, dass die Voraussetzungen für eine Unterbringung vorliegen, und darüber hinaus die Unterbringung besonders dringlich erscheint, weil für den Betroffenen selbst oder für Dritte eine Gefahr besteht, deren Abwendung keinen Aufschub duldet, kann das Gericht durch eine einstweilige Anordnung eine vorläufige Unterbringungsmaßnahme treffen. Die einstweilige Anordnung der vorläufigen Unterbringung unterliegt aufgrund ihrer Dringlichkeit weniger strengen Verfahrensvorschriften, entbindet aber das Gericht nicht von einer zureichenden Sachaufklärung.[119] Auch auf die Beteiligung des Arztes kann nicht völlig verzichtet werden. Es genügt jedoch ein ärztliches Zeugnis, das sich vom ärztlichen Gutachten dadurch unterscheidet, dass es lediglich das Ergebnis der Diagnose beinhaltet. Die auch im Verfahren der einstweiligen Anordnung grundsätzlich erforderliche persönliche Anhörung der betroffenen Person muss hingegen nicht vor der Freiheitsentziehung erfolgen, sondern kann auch noch nach der Anordnung der Freiheitsentziehung nachgeholt werden, sofern „Gefahr im Verzug" vorliegt, § 70h Abs. 1 S. 2 iVm. § 69f Abs. 1 FGG.

Die vorläufige Unterbringung kann gemäß § 70h Abs. 2 S. 1 FGG bis zu sechs Wochen dauern. Dieser Zeitraum wird in der Regel ausreichen, um über die endgültige Unterbringungsmaßnahme zu entscheiden.[120] Gemäß § 70h Abs. 2 S. 2 FGG

117. *Kayser* in: Keidel/Kuntze/Winkler, FGG, § 70c Rn. 3 ff.
118. *Kayser* in: Keidel/Kuntze/Winkler, FGG, § 70e Rn. 3 ff.
119. BVerfG 23.03.1998 NJW 1998, 1774 (1775), das BVerfG stellt die Verfassungswidrigkeit der Entscheidungen des AG und des LG fest, die ohne Begründung trotz der im ärztlichen Gutachten geäußerten Zweifel, und obwohl der Beschwerdeführer nach eigener Darstellung bereits länger unter seinen Wahnvorstellungen litt, davon ausgegangen sind, dass mit dem Aufschub der Unterbringung eine Gefahr verbunden wäre.
120. *Kayser* in: Keidel/Kuntze/Winkler, FGG, § 70h Rn. 12.

kann sie, wenn der Zeitraum nicht ausreicht, durch gerichtliche Anordnung auf drei Monate verlängert werden. Als konkrete Höchstdauer ist vom Gericht jedoch immer die Zeit einzusetzen, in der der Abschluss des Verfahrens in der Hauptsache oder ein erfolgreicher Abschluss der Kriseninterventíon und die Entlassung möglich erscheint, wenn diese Zeit die kürzere ist.[121]

c) Besonderheiten der sofortigen Unterbringung

In den Fällen, in denen dringende Gründe für die Annahme bestehen, dass die Voraussetzungen einer Unterbringung vorliegen, eine gerichtliche Entscheidung jedoch nicht mehr rechtzeitig herbeigeführt werden kann, um den drohenden Schaden zu verhindern, sehen die Landesunterbringungsgesetze die Möglichkeit der vorläufigen *Unterbringung durch die Behörde* vor. Dabei handelt es sich um ein (Eil-) Verfahren, das sich dadurch auszeichnet, dass das Gericht erst nach der Unterbringung angerufen wird. Das ärztliche Gutachten ist hingegen nach allen Landesunterbringungsgesetzen bereits vor der behördlichen Entscheidung über die Unterbringung,[122] spätestens aber bei der Aufnahme in die Einrichtung einzuholen.[123] Das Verfahren der sofortigen Unterbringung ist deshalb von besonderer Bedeutung, weil in der Praxis der größte Teil der Unterbringungen auf diese Weise erfolgt.[124] Bezüglich dieses Eilverfahrens ist die Terminologie der Landesgesetze sehr unterschiedlich.[125] Im Folgenden soll das Verfahren als sofortige Unterbringung bezeichnet werden.

Schon aufgrund des Richtervorbehalts in Art. 104 Abs. 2 GG kann eine Freiheitsentziehung durch die Behörde nur vorläufigen Charakter haben. Ohne richterliche Entscheidung darf niemand länger als bis zum Ende des auf die Ergreifung — oder Unterbringung — folgenden Tages festgehalten werden, Art. 104 Abs. 2 S. 3 GG. Dies gilt nicht nur für die Polizei im engeren Sinne, sondern als Ausnahme vom Grundsatz des Richtervorbehalts für alle Exekutivorgane und damit auch für die für die Einweisung zuständigen Kreisämter oder kreisfreien Städte. Die Landesunterbrin-

121. LG Berlin 28.04.1992 FamRZ 1992, 1330 (1333).

122. § 4 Abs. 2 UBG BW; § 16 Abs. 1 Nr. 3 PsychKG Bremen; § 12 Abs. 1 HmbPsychKG; § 15 Abs. 1 PsychKG M-V; § 18 Abs. 1 NPsychKG; § 14 Abs. 1 PsychKG NW; § 15 Abs. 2 PsychKG R-P; § 6 Abs. 4 SUBG; § 15 PsychKG LSA; § 11 Abs. 1 iVm § 8 S 2 PsychKG S-H; § 8 Abs. 1 iVm § 7 Abs. 2 ThürPsychKG.

123. Art. 10 Abs. 5 UnterbrG Bayern; § 26 Abs. 3 PsychKG Bln; § 13 Abs. 2 BbgPsychKG; § 18 Abs. 2 SächsPsychKG.

124. *Marschner* in: Marschner/Volckart, Freiheitsentziehung, S. 30 mwN.

125. § 4 UBG BW „Fürsorgliche Aufnahme und Zurückhaltung"; Art. 10 UnterbrG Bayern „sofortige vorläufige Unterbringung"; § 26 PsychKG Bln „vorläufige behördliche Unterbringung"; § 12 BbgPsychKG „sofortiger Gewahrsam"; § 16 PsychKG Bremen „sofortige Unterbringung"; § 12 HmbPsychKG „sofortige Unterbringung"; § 10 HPsychKG „sofortige Ingewahrsamnahme"; § 15 PsychKG M-V „sofortige Unterbringung"; § 18 NPsychKG „vorläufige Einweisung"; § 14 PsychKG NW „sofortige Unterbringung"; § 15 PsychKG R-P „sofortige Unterbringung"; § 6 SUBG „einstweilige Unterbringung in Eilfällen"; § 18 SächsPsychKG „sofortige vorläufige Unterbringung und fürsorgliche Aufnahme oder Zurückhaltung"; § 15 PsychKG LSA „vorläufige Einweisung"; § 11 PsychKG S-H „vorläufige Unterbringung"; § 8 ThürPsychKG „vorläufige Unterbringung".

gungsgesetze setzen diese verfassungsrechtlichen Vorgaben unterschiedlich um. Überwiegend stellen die Landesgesetze ausdrücklich fest, dass die behördliche Unterbringung längstens bis zum Ablauf des folgenden Tages dauern darf.[126] Für Hamburg und Hessen, deren Unterbringungsgesetze lediglich regeln, dass die richterliche Entscheidung unverzüglich nach der Unterbringung zu erfolgen hat, ergibt sich die Höchstdauer der sofortigen Unterbringung direkt aus der Verfassung.[127]

In diesem Zusammenhang stellt die Regelung in Baden-Württemberg eine Besonderheit dar, nach der die Einrichtung jemanden zwangsweise aufnehmen oder zwangsweise zurückhalten kann und dann unverzüglich, spätestens aber bis zum Ablauf des dritten Tages nach der Aufnahme einen Antrag an das Gericht absenden muss.[128] Die Absendung des Antrags auf richterliche Entscheidung am dritten Tag ist jedoch in keinem Fall unverzüglich im Sinne des Art. 104 Abs. 2 S. 2 GG. Die Baden-Württembergische Regelung der sofortigen Unterbringung ist, sofern sie nicht verfassungskonform ausgelegt wird, daher nicht mit der Verfassung vereinbar.[129]

4. Vollzug der Unterbringung

Die Unterbringung psychisch Kranker erfolgt nach deutschem Recht stets in einem Krankenhaus. Dabei kann es sich um eine besondere Abteilung eines Allgemeinkrankenhauses oder ein spezielles anderes Krankenhaus handeln. Die Einrichtung muss aber immer eine Behandlungsmöglichkeit gewähren.

5. Dauer der Unterbringung

Das Gericht darf die Unterbringung einer Person nicht unbefristet anordnen. Die Anordnung der Unterbringung darf für maximal ein Jahr, bei offensichtlich langer Unterbringungsbedürftigkeit für höchstens zwei Jahre angeordnet werden. Die Ausnutzung der genannten Höchstfristen soll jedoch die Ausnahme darstellen. In der Regel hat das Gericht die Frist auf Grund einer Prüfung im Einzelfall danach zu bestimmen, wie lange die Voraussetzungen der Unterbringung voraussichtlich vorliegen werden. Stellt sich nach Ablauf der durch das Gericht bestimmten Frist heraus, dass die Voraussetzungen für die Unterbringung weiter vorliegen, so kann die Unterbringung verlängert werden. Andernfalls endet mit dem Ablauf der Frist die Unterbringungsmaßnahme, ohne dass es einer Aufhebung der Entscheidung bedarf.

---

126. Art. 10 Abs. 6 UnterbrG Bayern; § 26 Abs. 1 PsychKG Bln; § 13 Abs. 3 BbgPsychKG; § 16 Abs. 3 PsychKG Bremen; § 15 Abs. 1 PsychKG M-V; § 18 Abs. 1 NPsychKG; § 14 Abs. 2 PsychKG NW; § 15 Abs. 1 PsychKG R-P; § 6 Abs. 1 SUBG; § 18 Abs. 7 SächsPsychKG; § 15 Abs. 1 PsychKG LSA; § 11 Abs. 1 PsychKG S-H; § 8 Abs. 1 ThürPsychKG.
127. § 12 Abs. 3 HmbPsychKG; § 10 S. 2 HPsychKG.
128. § 4 Abs. 4 UBG BW.
129. Vgl. dazu *Volckart* in: Marschner/Volckart, Freiheitsentziehung, S. 106.

Die Unterbringung ist des weiteren gemäß § 70i FGG aufzuheben, sobald ihre Voraussetzungen weggefallen sind. Die Freilassung aufgrund Wegfalls der Unterbringungsvoraussetzungen kann der Betroffene jederzeit beantragen. Bei eindeutiger Sachlage ist das Gericht verpflichtet, die Unterbringung sofort aufzuheben, ohne ein Gutachten einzuholen oder andere Verfahrenshandlungen, die zu einer Verzögerung führen können, vornehmen zu müssen.[130] Durch diese beiden Instrumente soll eine regelmäßige Kontrolle der Rechtmäßigkeit einer weiteren Unterbringung gewährleistet werden.[131]

6. Freiheitsentziehung zur Untersuchung

Vor der sicheren Erkenntnis über das Vorliegen der Unterbringungsvoraussetzungen muss eine ärztliche Untersuchung des Betroffenen stattfinden. Da das ärztliche Gutachten sowohl Bestandteil des behördlichen Unterbringungsantrags als auch Grundlage der gerichtlichen Entscheidung ist, sehen sowohl die Landesunterbringungsgesetze als auch das FGG die Möglichkeit vor, die betroffene Person auch gegen ihren Willen untersuchen zu lassen.

Nach den Landesunterbringungsgesetzen kann eine Person zunächst zu einer ärztlichen Untersuchung vorgeladen bzw. ihre ärztliche Untersuchung angeordnet werden. Leistet die betroffene Person dieser Vorladung bzw. Aufforderung zu freiwilliger Untersuchung nicht Folge, kann in einigen Bundesländern die betroffene Person zu Hause aufgesucht und in anderen Bundesländern vorgeführt werden. Die zwangsweise Vorführung ist in der Regel nur dann zulässig, wenn das mildere Mittel des Hausbesuchs nicht durchführbar ist. Eine besondere Regelung trifft das Niedersächsische Gesetz über Hilfen und Schutzmaßnahmen für psychisch Kranke. Danach kann eine Person nach richterlicher Anordnung zur Vorbereitung eines ärztlichen Gutachtens über ihren Gesundheitszustand untergebracht werden. Diese sogenannte *Beobachtungsunterbringung* dient wie die zwangsweise Vorführung dazu, das Vorliegen der Unterbringungsvoraussetzungen gutachtlich klären zu können.[132]

Bundesgesetzlich sieht das FGG vor, dass das Gericht die Untersuchung der Betroffenen anordnen darf. Weigert sich die betroffene Person, sich freiwillig untersuchen zu lassen, so kann sie zu diesem Zweck durch die zuständige Behörde vorgeführt werden.[133] Darüber hinaus sieht das FGG eine Unterbringung zur Beobachtung vor. Gemäß § 70e Abs. 2 iVm. § 68b Abs. 4 FGG kann das Gericht anordnen, dass der Betroffene auf eine bestimmte Dauer untergebracht und beobachtet wird, soweit dies zur Vorbereitung des Gutachtens erforderlich ist. Zur Frage der Erforderlichkeit und Dauer der Untersuchung ist zuvor ein Sachverständiger anzuhören. Die Unterbringung darf dann bis zu sechs Wochen andauern. Reicht dieser Zeitraum nicht aus, um

130. *Bumiller/Winkler*, FGG, § 70i Rn. 1ff.
131. Zu den Anforderungen des Art. 5 Abs. 4 EMRK an die regelmäßige Überprüfung der Unterbringung vgl. unten Kapitel 10 Abschnitt 2 Seite 395.
132. § 17 Abs. 1 S. 2 NPsychKG.
133. § 70e Abs. 2 iVm. § 68b Abs. 3 und Abs. 4 FGG.

die erforderlichen Erkenntnisse für das Gutachten zu erlangen, kann die Unterbringung bis zu einer Gesamtdauer von drei Monaten verlängert werden, § 68b Abs. 4 FGG.

B. Vereinbarkeit mit Art. 5 EMRK

Die Unterbringung setzt nach Landesrecht das Bestehen einer psychischen Krankheit oder Störung zwingend voraus. Nur, wenn eine *true mental disorder* im Sinne des Art. 5 Abs. 1 lit. e 2. Alt. EMRK vorliegt, darf daher nach deutschem Recht eine Person gegen ihren Willen untergebracht werden. Die deutschen Landesgesetze sind insoweit mit Art. 5 Abs. 1 EMRK vereinbar. Schwieriger zu beurteilen ist indes, ob auch das deutsche Unterbringungsverfahren und die Unterbringung zur Beobachtung den Anforderungen des Art. 5 Abs. 1 lit. e 2. Alt. EMRK genügen.

1. Unterbringungsverfahren

Die Unterbringung einer psychisch kranken Person kann nach deutschem Recht durch drei verschiedene Verfahren bewirkt werden. Im Regelfall wird das Gericht aufgrund eines mit einem ärztlichen Gutachten versehenen Antrags der Behörde tätig. Das Gericht ordnet die Unterbringung nur an, wenn ein Sachverständiger die Unterbringungsvoraussetzungen — die psychische Erkrankung von hinreichender Schwere und dadurch verursachte Gefährdung — festgestellt hat. Der Sachverständige muss zumindest Arzt mit Erfahrungen auf dem Gebiet der Psychiatrie sein und verfügt damit über die entsprechende Qualifikation zur Beurteilung des psychischen Gesundheitszustandes. Der Sachverständige hat die betroffene Person persönlich zu untersuchen und das Gutachten über die Unterbringungsvoraussetzungen zeitnah zu erstellen.[134] Damit genügt das ärztliche Gutachten den in der Rechtsprechung des EGMR entwickelten Anforderungen an die Feststellung einer psychischen Krankheit.[135]

Die Unterbringung wird durch das Gericht für einen beschränkten Zeitraum angeordnet und muss danach verlängert werden. Auch wenn die betroffene Person keinen Gebrauch von ihrem Antragsrecht macht, kommt es auf diese Weise zu einer regelmäßigen Prüfung, ob die Voraussetzungen für die Unterbringung weiter vorliegen. Dadurch wird im Sinne des Urteils *Winterwerp* gewährleistet, dass die Unterbringung nur solange andauert, wie die Schwere der psychischen Krankheit dies erforderlich macht.

Neben diesem „regulären" Unterbringungsverfahren gibt es im deutschen Recht besondere Eilverfahren. Die vorläufige Unterbringung im Wege der einstweiligen Anordnung durch das Gericht gemäß Art. 70h FGG ist eines dieser Verfahren. Voraus-

---

134. *Kayser* in: Keidel/Kuntze/Winkler, FGG, § 70e Rn. 3; vgl. BT-Drcks. 11/4528 S. 174 zu § 68b FGG.

135. Vgl. EGMR 25.03.1999 Musials/Poland, Rec. 1999-II, para. 50; EGMR 05.10.2000 Varbanov/Bulgaria, Appl. no. 31365/96, para. 47.

setzung für die Unterbringung durch eine solche einstweilige Anordnung ist ebenfalls, dass eine psychische Krankheit vorliegt und diese durch einen Arzt diagnostiziert wurde.[136]

Die sofortige Unterbringung durch die Behörde ist als zweites Eilverfahren nur in noch dringenderen Fällen zulässig und setzt ebenfalls ein ärztliches Gutachten voraus. Auch die Eilverfahren der einstweiligen Anordnung und der sofortigen Unterbringung gewährleisten somit, dass eine hinreichend schwere psychische Erkrankung durch einen entsprechenden Arzt festgestellt wurde. Das deutsche Recht geht insoweit über die Anforderungen der EMRK hinaus, die in Eilfällen ein nachträgliches Einholen der ärztlichen Meinung zulässt.[137]

2. Freiheitsentziehung zur Untersuchung

Das deutsche Recht sieht zwei verschiedene Verfahren der Freiheitsentziehung zu Untersuchungszwecken vor.

a) Vorführung zur Untersuchung

Eine Person, bei der der Verdacht besteht, dass sie unter einer psychischen Krankheit leidet, kann dazu aufgefordert werden, sich untersuchen zu lassen. Kommt die betroffene Person dieser Aufforderung nicht nach, so kann sie unter bestimmten Umständen zwangsweise vorgeführt und untersucht werden. Ihr wird damit die Freiheit im Sinne des Art. 5 Abs. 1 EMRK entzogen. Wurde die Pflicht zur Untersuchung durch ein Gericht angeordnet, wie es § 70e Abs. 2 iVm. § 68b Abs. 3 FGG vorsehen, so erfolgt die Vorführung und damit die Freiheitsentziehung wegen der Nichtbefolgung eines Gerichtsbeschlusses. Die Vorführung ist daher gemäß Art. 5 Abs. 1 lit. b 1. Alt. EMRK gerechtfertigt.

Ordnet hingegen die Behörde die Untersuchung an, so kommt eine Rechtfertigung der Freiheitsentziehung gemäß Art. 5 Abs. 1 lit. b 1. Alt. EMRK nicht in Betracht. Auch bewirkt die nachträgliche Anrufung des Richters nicht, dass die Freiheitsentziehung wegen der Nichtbefolgung eines Gerichtsbeschlusses gerechtfertigt ist. In Betracht kommt lediglich eine Freiheitsentziehung zur Erzwingung der Erfüllung einer gesetzlichen Pflicht im Sinne des Art. 5 Abs. 1 lit. b 2. Alt EMRK. Die Pflicht, sich untersuchen zu lassen, ergibt sich nicht unmittelbar aus dem Gesetz, sondern vielmehr aus der Aufforderung durch die Behörde. Dieser Aufforderung liegt jedoch eine gesetzliche Ermächtigungsgrundlage zugrunde, wonach die Behörde eine Person dazu auffordern darf, sich untersuchen zu lassen, wenn sich aufgrund ihrer Ermittlungen ge-

136. Zwar muss nur ein ärztliches Zeugnis und kein Gutachten eingeholt werden, dennoch gibt auch dieses Auskunft über das Vorliegen der Unterbringungsvoraussetzungen, *Kayser* in: Keidel/Kuntze/Winkler, FGG, § 70e Rn. 7.

137. EGMR 24.10.1979 Winterwerp/Netherlands, Series A 33, para. 39; EGMR 05.11.1981 X/United Kingdom, Series A 46, para. 41.

wichtige Anhaltspunkte dafür ergeben, dass die Voraussetzungen für eine Unterbringung vorliegen. Die Vorführung kann damit gemäß Art. 5 Abs. 1 lit. b 2. Alt. EMRK gerechtfertigt sein.

Freiheitsentziehungen zum Zweck der Untersuchung sind jedoch grundsätzlich auch von Art. 5 Abs. 1 lit. e 2. Alt. EMRK umfasst. Auch der EGMR geht davon aus, dass die Konvention eine vorläufige Freiheitsentziehung rechtfertigt, wenn diese dazu dient, ein ärztliches Gutachten über den psychischen Gesundheitszustand einer Person anzufertigen.[138] Ein solcher Gefahrerforschungseingriff darf aber nicht unbegrenzt lange andauern.[139] Solange die betroffene Person bei begründetem Anlass zum Zwecke ihrer Untersuchung nicht unverhältnismäßig lang festgehalten wird, ist die Vorführung zu Untersuchungszwecken damit gemäß Art. 5 Abs. 1 lit. e 2. Alt. EMRK zulässig.

b) Beobachtungsunterbringung

Das niedersächsische Landesrecht und das FGG lassen eine Unterbringung einer Person zudem zu ihrer ärztlichen Beobachtung zu. Die Vorschriften beruhen auf der Erwägung, dass die notwendigen ärztlichen Untersuchungen nicht immer ambulant möglich sind. Im Hinblick auf das Recht auf Freiheit aus Art. 5 EMRK erscheint jedoch die im FGG vorgesehene Höchstfrist problematisch. Zwar darf die Unterbringung im Einzelfall nur solange andauern, wie es für die Erstellung des Gutachtens notwendig ist. Die Unterbringung darf jedoch für bis zu sechs Wochen, in Ausnahmefällen sogar für bis zu drei Monate angeordnet werden, soweit dies zur Vorbereitung des Gutachtens notwendig ist. Auch wenn der Anordnung der Beobachtungsunterbringung im FGG dadurch Grenzen gesetzt sind, dass sie nur zulässig ist, wenn alle anderen ärztlichen Maßnahmen, insbesondere die Vorführung zur Untersuchung, keinen Erfolg brachten, ist an der Verhältnismäßigkeit einer bis zu drei Monate dauernden Unterbringung zu zweifeln. Um das Vorliegen der Unterbringungsvoraussetzungen feststellen zu können genügt — so Fachleute — eine wesentlich kürzere Beobachtungszeit.[140] Ein Ausschöpfen der Höchstfrist von drei Monaten wäre daher stets unverhältnismäßig. Die Regelung des FGG ist folglich mit dem Gebot der Verhältnismäßigkeit und daher auch mit dem Freiheitsrecht des Art. 2 Abs. 2 S. 2 GG nicht vereinbar.

Neben der Unvereinbarkeit der Freiheitsentziehung mit nationalem Recht, die zugleich einen Verstoß gegen die Konvention impliziert, verstößt die Unterbringungsbeobachtung aber auch aus anderen Gründen gegen Art. 5 Abs. 1 EMRK. Zwar kann gemäß Art. 5 Abs. 1 lit. e 2. Alt. EMRK eine Freiheitsentziehung auch zur Anfertigung

138. EGMR 05.10.2000 Varbanov/Poland Appl. No. 31365/96, para. 48;
139. EGMR 05.10.2000 Varbanov/Poland Appl. No. 31365/96, para. 48.
140. *Baer*, Psychiatrie, S. 168; *Volckart* in: Marschner/Volckart, Freiheitsentziehung, S. 300 mwN., Volckart äußert den Verdacht, dass die langen Unterbringungszeiten in Wirklichkeit nicht der notwendigen gründlichen Untersuchung geschuldet sind. Die langen Beobachtungszeiten dienen nach seiner Auffassung vielmehr dazu, dem Sachverständigen genügend Zeit zu geben, um sich vor der Begutachtung der betroffenen Person mit vermeintlich dringenderen Angelegenheiten zu befassen.

eines ärztlichen Gutachtens gerechtfertigt sein. Dies setzt jedoch voraus, dass die Freiheitsentziehung nicht länger als notwendig andauert. Der EGMR hat bereits einen Zeitraum von zwanzig Tagen als zu lang bewertet. In dem vom EGMR zu beurteilenden Fall wurde jedoch innerhalb dieses Zeitraums gar kein Arzt herangezogen. Der Fall wäre möglicherweise anders entschieden worden, wenn von Anfang an ein Arzt die betroffene Person untersucht hätte. Aber auch in diesen Fällen darf eine Beobachtung nicht unbegrenzt andauern.

Bei der Frage, wie lange eine Unterbringung zur Untersuchung einer Person zulässig ist, ist zu berücksichtigen, dass für eine zuverlässige ärztliche Diagnose unter Umständen mehrere Interviews erforderlich sind.[141] Andererseits handelt es sich bei der Unterbringung um eine Freiheitsentziehung und damit um einen sehr schwerwiegenden Eingriff in die Rechte der betroffenen Person. Eine Unterbringung zu Untersuchungszwecken ist daher nur dann verhältnismäßig, wenn bereits ein entsprechend gefestigter Verdacht einer psychischen Störung und einer damit verbundenen Gefahr besteht. Eine ärztliche Untersuchung, die mehrere Monate dauert, dürfte den für die in diesen Fällen erfolgende Untersuchung erforderlichen Zeitrahmen wohl erheblich sprengen.[142] In anderen Vertragsstaaten der EMRK wird den zuständigen Behörden und Ärzten ein wesentlich kürzerer Zeitraum für die Begutachtung einer zu Untersuchungszwecken untergebrachten Person zugestanden. So hat die ärztliche Diagnose beispielsweise im Vereinigten Königreich spätestens innerhalb von 28 Tagen vorzuliegen.[143] Die Beobachtungsunterbringung für bis zu drei Monaten ist daher nicht zur Untersuchung notwendig und folglich nicht mit Art. 5 Abs. 1 EMRK vereinbar.

II. Schutzgewahrsam

Das Gefahrenabwehrrecht aller Bundesländer sowie das BGSG ermächtigen die Polizei bzw. den Bundesgrenzschutz dazu, eine Person gegen oder ohne ihren Willen zu ihrem Schutz in Gewahrsam zu nehmen.[144] In Abgrenzung zur „Schutzhaft" des Dritten Reiches wird diese Form des polizeilichen Gewahrsams Schutzgewahrsam genannt.[145] Von dieser Form des sogenannten „echten" Schutzgewahrsams unterscheidet man den „unechten Schutzgewahrsam", der sich dadurch auszeichnet, dass die Ingewahrsamnahme auf das ausdrückliche Verlangen der betroffenen Person hin erfolgt.[146] Begibt sich die betroffene Person jedoch aus freiem Entschluss in den poli-

---

141. *Rasch*, Forensische Psychiatrie, S. 313ff.

142. Vgl. dazu *Baer*, Psychiatrie, S. 168, der in der Regel zwei Stunden für ausreichend ansieht.

143. Vgl. dazu unten Kapitel 5 Abschnitt 4 Seite 282.

144. § 28 Abs. 1 Nr. 2 a PolG BW; Art. 17 Abs. 1 Nr. 1 Bay PAG; § 30 Abs. 1 Nr. 1 ASOG Bln; § 17 Abs. 1 Nr. 1 BbgPolG; § 15 Abs. 1 Nr. 1 BremPolG; § 13 Abs. 1 Nr. 1 HbgSOG; § 32 Abs. 1 Nr. 1 HSOG; § 55 Abs. 1 Nr. 1 SOG M-V; § 18 Abs. 1 Nr. 1 NGefAG; § 35 Abs. 1 Nr. 1 PolG NW; § 14 Abs. 1 Nr. 1 POG R-P; § 13 Abs. 1 Nr. 1 SPolG; § 22 Abs. 1 Nr. 2 SächsPolG; § 38 Abs. 1 Nr. 1 SOG LSA; § 19 Abs. 1 Nr. 1 ThürPAG; § 39 Abs. 1 Nr. 1 BGSG.

145. Diese Sonderform des Schutzgewahrsams ist explizit nur in Baden-Württemberg geregelt; zur Schutzhaft vgl. Kapitel 2 Abschnitt 2 Seite 92.

zeilichen Gewahrsam, so kann sie den Gewahrsam auch jederzeit wieder verlassen. Eine Freiheitsentziehung liegt damit im Fall des „unechten" Schutzgewahrsams nicht vor.[147] Wird eine Person, die ursprünglich freiwillig um polizeilichen Gewahrsam nachgesucht hat, gegen ihren Willen weiter festgehalten, so liegt eine Form des „echten Gewahrsams" und damit eine Freiheitsentziehung vor.

A. Voraussetzungen

a) Gefahr für Leib oder Leben

Eine Person kann nach dem Polizeirecht der Länder und dem BGSG in „echten" Schutzgewahrsam genommen werden, wenn eine Gefahr für Leib oder Leben der betroffenen Person besteht, insbesondere weil sie sich erkennbar in einem die freie Willensbestimmung ausschließenden Zustand oder in sonst hilfloser Lage befindet.[148] Eine Gefahr für Leib oder Leben setzt eine bevorstehende Verletzung der körperlichen Unversehrtheit oder Todesgefahr voraus.[149] Allerdings kann nicht jede Verletzung der körperlichen Unversehrtheit eine Ingewahrsamnahme rechtfertigen. Vielmehr lassen nur drohende schwere Verletzungen einen Eingriff auch verhältnismäßig erscheinen. Die Gefährdung des Lebens einer Person als höchstes Schutzgut rechtfertigt eine Ingewahrsamnahme zur Abwehr der Gefahr nach deutschem Recht dagegen immer schon dann, wenn der Eingriff geeignet ist, die Gefahr zu beheben.[150]

Als Sonderfall des Schutzgewahrsams nennen die Polizeigesetze in Baden-Württemberg, Bremen, Sachsen und im Saarland die Selbstmordgefahr.[151] Eine Person kann in diesen Bundesländern in Gewahrsam genommen werden, wenn die Gefahr besteht, dass sie Selbstmord begehen wird. In den anderen Bundesländern ergibt sich die Ermächtigung zu dieser Freiheitsentziehung aus den genannten Normen des Schutzgewahrsams, da bei Selbstmordgefahr immer eine Gefahr für das Leben der betroffenen Person besteht.[152]

146. § 28 Abs. 1 Nr. 2a PolG BW.
147. Vgl. dazu oben Kapitel 2 Abschnitt 1 Seite 70.
148. § 28 Abs. 1 Nr. 2 a PolG BW; Art. 17 Abs. 1 Nr.1 Bay PAG; § 30 Abs. 1 Nr. 1 ASOG Bln; § 17 Abs. 1 Nr. 1 BbgPolG; § 15 Abs. 1 Nr. 1 BremPolG; § 13 Abs. 1 Nr. 1 HbgSOG; § 32 Abs. 1 Nr. 1 HSOG; § 55 Abs. 1 Nr. 1 SOG M-V; § 18 Abs. 1 Nr. 1 NGefAG; § 35 Abs. 1 Nr. 1 PolG NW; § 14 Abs. 1 Nr. 1 POG R-P; § 13 Abs. 1 Nr. 1 SPolG; § 22 Abs. 1 Nr. 2 SächsPolG; § 38 Abs. 1 Nr. 1 SOG LSA; § 19 Abs. 1 Nr. 1 ThürPAG; § 39 Abs. 1BGSG.
149. *Stoermer*, Gewahrsam, S. 53.
150. *Drews/Wacke/Vogel/Martens*, Gefahrenabwehrrecht, S. 197.
151. § 28 Abs. 1 Nr. 2 lit. c PolG BW; § 15 Abs. 1 Nr. 1 BremPolG; § 13 Abs. 1 Nr. 1 SPolG; § 22 Abs. 1 Nr. 2 lit. b SächsPolG.
152. *Drews/Wacke/Vogel/Martens*, Gefahrenabwehrrecht, S. 197.

b) Die freie Willensbildung ausschließender Zustand

Die Gefahr für Leib oder Leben einer Person kann verschiedene Ursachen haben. Als mögliche Ursache nennt die Mehrheit der Landespolizeigesetze einen die freie Willensbestimmung ausschließenden Zustand oder eine sonst hilflose Lage, in der sich die betroffene Person befindet. Die hilflose Lage oder der die freie Willensbestimmung ausschließende Zustand sind in den meisten Landesgesetzen nur als Regelbeispiele angeführt und stellen damit nur zwei der möglichen Ursachen für die Gefahr für Leib oder Leben der betroffenen Person dar.[153] In Baden-Württemberg und Bremen ist dagegen der die freie Willensbestimmung ausschließende Zustand oder die hilflose Lage zwingende Voraussetzung für die Ingewahrsamnahme einer Person.[154]

In einem die freie Willensbildung ausschließenden Zustand befindet sich einer Person, wenn sie nicht in der Lage ist, einen eigenen Willensentschluss zu fassen oder danach zu handeln.[155] Für den Außenstehenden, namentlich den Polizeibeamten, ist es jedoch meist schwierig festzustellen, ob ein Zustand erreicht ist, in dem keine eigenständige Willensbetätigung mehr möglich ist. Der die freie Willensbildung ausschließende Zustand bzw. die hilflose Lage muss daher, um eine Ingewahrsamnahme rechtfertigen zu können, „erkennbar" sein und setzt damit eine gewisse Auffälligkeit voraus.[156] Die erforderliche Erkennbarkeit liegt dann vor, wenn die betroffene Person nicht in der Lage zu sein scheint, überhaupt einen eigenen Willen zu fassen und danach zu handeln.[157] Dieser Zustand kann zum Beispiel durch eine Krankheit wie hohes Fieber, epileptische Anfälle oder Bewusstlosigkeit verursacht werden. Aber auch ab einem gewissen Grad der Trunkenheit kann von einem solchen Zustand ausgegangen werden.[158] Auch die sogenannte „Ausnüchterungshaft" findet daher ihre Ermächtigung in den Gewahrsamsvorschriften der Bundesländer.[159]

In sonst hilfloser Lage befindet sich eine Person immer dann, wenn sie eine für ihren Leib oder ihr Leben bestehende Gefahr nicht aus eigener Kraft, aus eigenen Mitteln oder aus eigenem Entschluss abwehren kann. Unerheblich ist dabei, ob sie diese Situation verschuldet hat oder nicht.[160]

---

153. *Stoermer*, Gewahrsam S. 51.
154. § 28 Abs. 1 Nr. 2 PolG BW; § 15 Abs. 1 Nr. 1 BremPolG.
155. *Rachor* in: Lisken/Denninger, Polizeirecht, S. 455.
156. *Stoermer*, Gewahrsam, S. 55.
157. *Wolf/Stephan*, Polizeigesetz, § 28 Rn. 21.
158. *Habermehl*, Polizei- und Ordnungsrecht, S. 236; *Rachor* in: Lisken/Denninger, Polizeirecht, S. 455; *Stoermer*, Gewahrsam, S. 54.
159. Zur Vereinbarkeit der „Ausnüchterungshaft" mit Art. 5 Abs. 1 EMRK vgl. unten Kapitel 7 Abschnitt 2 Seite 304.
160. *Rommelfanger/Rimmele*, Polizeigesetz, § 22 Rn. 134; *Wolf/Stephan*, Polizeigesetz, § 28 Rn. 21.

B. Vereinbarkeit mit Art. 5 EMRK

Der Schutzgewahrsam wird von der überwiegenden Mehrheit der Stimmen in der Literatur für mit der EMRK vereinbar erklärt. Teilweise wird dies damit begründet, dass die Ingewahrsamnahme zum Schutz einer Person von Art. 5 EMRK gar nicht erfasst werde, da sie im Interesse der betroffenen Person erfolge.[161] Allein die Motivation einer staatlichen Maßnahme vermag jedoch einem allseitigen Ausschluss der Bewegungsfreiheit nicht den Charakter der Freiheitsentziehung zu nehmen. Dass die Freiheitsentziehung zum Schutz der betroffenen Person erfolgt, ist für die Anwendbarkeit des Art. 5 Abs. 1 EMRK nur dann von Bedeutung, wenn die betroffene Person diesen Schutz auch will. Eine Freiheitsentziehung im Sinne des Art. 5 Abs. 1 EMRK liegt daher dann nicht vor, wenn sie — wie beim „unechten" Schutzgewahrsam — während ihrer gesamten Dauer vom Willen der betroffenen Person getragen ist. In den Fällen des „echten" Schutzgewahrsams, in denen die betroffene Person nicht ausdrücklich um die Ingewahrsamnahme nachsucht, ist zu differenzieren: Zum einen sind Fälle denkbar, in denen sich die Person in einem hilflosen oder die freie Willensbildung ausschließenden Zustand befindet, der ihr zugleich die natürliche Fortbewegung unmöglich macht. So kann eine Person während der Bewusstlosigkeit oder während eines epileptischen Anfalls nicht den natürlichen Willen der körperlichen Fortbewegung bilden und sich nicht tatsächlich fortbewegen. Wird in einem solchen Fall die Person solange in Gewahrsam gehalten, bis sie den natürlichen Fortbewegungswillen bilden bzw. sich tatsächlich fortbewegen kann, wird sie nicht gegen ihren Willen an der körperlichen Fortbewegung gehindert. Eine Freiheitsentziehung, die das Vorhandensein eines natürlichen Fortbewegungswillens im Zeitpunkt der Einschränkungshandlung oder während ihrer Dauer voraussetzt,[162] liegt damit nicht vor.

Anders sind hingegen die Fälle zu beurteilen, in denen die betroffene Person zu ihrem Schutz, aber entgegen ihrem natürlichen Fortbewegungswillen festgehalten wird. Darunter fällt auch das Festhalten einer stark alkoholisierten, aber bewegungsfähigen oder einer psychisch kranken Person.[163] Die Vereinbarkeit dieses Schutzgewahrsams mit der EMRK wird von der deutschen Literatur vor allem damit begründet, dass die Rechtsgüter „Leib" und „Leben", zu deren Schutz die Ingewahrsamnahme erfolgt, höherwertig und damit auch höherrangig seien als der Schutz der Freiheit.[164] Zudem bestehe eine Pflicht des Staates zum Schutz des Rechtsgut „Leben" aus Art. 2 Abs. 1 EMRK, wonach die Vertragsstaaten der EMRK gerade zum Entzug der Freiheit zum Schutz des Lebens verpflichtet seien.[165] Das gelte sowohl für Gefahren, die von

161. *Drews/Wacke/Vogel/Martens*, Gefahrenabwehrrecht, S. 197; *Stoermer*, Gewahrsam, S. 156.
162. *Gusy* in: v. Mangoldt/Klein, GG, Art. 104 Rn. 18.
163. Auch der Wille des gesetzlichen Vertreters einer zur körperlichen Fortbewegung und zur Willensbildung unfähigen Person kann hier eine Rolle spielen.
164. *Echterhölter*, JZ 1956, 142 (144f.); *Hoffmann*, DVBl. 1970, 474 (477); *Schorn*, EMRK, S. 138; *Trechsel*, Menschenrechtskonvention, S. 205 Fn. 738.
165. *Drews/Wacke/Vogel/Martens*, Gefahrenabwehrrecht, S. 197; *Hoffmann*, DVBl. 1970, 474 (477f.)

Dritten ausgehen als auch für die Selbstgefährdung.[166] Diese Argumentation hält jedoch einer dogmatischen Prüfung nicht stand. Wie bereits dargelegt, enthält Art. 5 Abs. 1 EMRK eine Aufzählung von Gründen und Anlässen, bei denen freiheitsentziehende Maßnahmen entgegen dem allgemeinen Verbot in Art. 5 Abs. 1 EMRK zulässig sind. Dieser Katalog der Haftgründe ist abschließend.[167] Durch die Aufzählung der einzelnen Haftgründe sollte endgültig klargestellt werden, welche Pflichten die Staaten mit der Ratifikation der Konvention eingehen. Ein Eingriff in das Recht auf Freiheit sollte gerade nicht durch eine allgemeine Güterabwägung gerechtfertigt werden können. Andernfalls würde der Schutz des Einzelnen vor willkürlichem Freiheitsentzug durch Art. 5 EMRK untergraben. Ein auf abstrakte, ethische oder moralische Bewertungen gestützter Eingriff kann nur schwerlich den Ausschluss von Willkürmaßnahmen garantieren. Auch die Berufung auf Schutzpflichten der Staaten kann freiheitsentziehende Maßnahmen nicht gegen den Willen des zu Schützenden begründen.[168] Die Freiheitsentziehung zum Schutz von Leib oder Leben kann folglich nur dann mit Art. 5 EMRK vereinbar sein, wenn sie einem der Haftgründe in Art. 5 Abs. 1 S. 2 EMRK zuzuordnen ist. Bezüglich der landesrechtlichen Regelung des Schutzgewahrsams äußerten daher die Vertreter einiger Bundesländer schon bei der Beratung des Zustimmungsgesetzes zur Konvention im Bundesrat Bedenken. Die Landesvertreter hielten § 15 PVG für mit der EMRK unvereinbar, da diese Norm allgemein zur Ingewahrsamnahme zum Schutz der betroffenen Person ermächtigte.[169] Dieser Schutzgewahrsam sei gemäß Art. 5 Abs. 1 EMRK konventionswidrig, da keiner der Haftgründe der Litera a-f des Art. 5 Abs. 1 EMRK eine solche Verhaftung vorsehe.[170]

Für die Ingewahrsamnahme, die den die freie Willensbildung ausschließenden Zustand voraussetzt, kommt eine Rechtfertigung gemäß Art. 5 Abs. 1 lit. e 2. Alt. EMRK in Betracht. In diesem Zustand ist die betroffene Person nicht in der Lage, überhaupt einen Willen zu fassen. Zwar ist die Ursache für diesen Zustand nicht zwingend eine psychische Erkrankung im medizinischen Sinne, es handelt sich jedoch zumindest um eine psychische Störung. Dass diese unter Umständen nur von kurzer Dauer ist, schließt die Annahme einer *„true mental disorder"* im Sinne des Art. 5 Abs. 1 lit. e 2. Alt. EMRK nicht aus. Die Ingewahrsamnahme darf in diesen Fällen nur solange andauern, wie der die freie Willensbildung ausschließende Zustand besteht. Anders ist indes die Ingewahrsamnahme einer Person zu beurteilen, die sich in hilfloser Lage befindet. Diese Person kann sich zwar selbst nicht helfen, dies beruht jedoch gerade nicht auf einer psychischen Störung, sondern in der Regel auf physischer Schwäche.

---

166. *Echterhölter*, JZ 1956, 142 (144f.).
167. Vgl. oben Kapitel 2 Abschnitt 1 Seite 79.
168. So auch *Schubarth*, ZSR 1975, 465 (475).
169. § 15 PVG: „(1) Personen in polizeiliche Verwahrung zu nehmen, sind die Polizeibehörden nur dann befugt, wenn diese Maßnahme erforderlich ist: a) zum eigenen Schutze dieser Personen [...]."
170. *Hodler*, NJW 1953, 531 (532); Diese auch im Rechtsausschuss diskutierte Frage (1. Wahlperiode 23. Ausschuss sten. Protokoll 146. Sitzung 16. 1. 1952) wurde schließlich mit der Begründung offen gelassen, dass sich eine Unvereinbarkeit der Schutzhaft mit der EMRK erst im Streitverfahren vor dem Gerichtshof herausstellen solle (BT-Drs. 3338 S. 4).

Die Ingewahrsamnahme dieser Menschen gegen ihren Willen ist daher nicht vom Haftgrund des Art. 5 Abs. 1 lit. e 2. Alt. EMRK umfasst.[171] Die polizeirechtlichen Regelungen der Landesgesetze verstoßen insoweit gegen Art. 5 Abs. 1 EMRK.

Besonders umstritten ist die Rechtmäßigkeit einer Ingewahrsamnahme zur Verhinderung eines Selbstmords. Nach den landesgesetzlichen Regelungen kann auch die Gefährdung des eigenen Lebens einen Schutzgewahrsam rechtfertigen. Ausdrücklich wird die Selbstmordabsicht in den Polizeigesetzen Baden-Württembergs, Bremens, des Saarlands und Sachsens als hinreichende Tatbestandsvoraussetzung für die Ingewahrsamnahme genannt.[172] In Sachsen ist der Gewahrsam zur Verhinderung eines Selbstmordes sogar dann zulässig, wenn sich die betroffene Person nicht in einem die freie Willensbildung ausschließenden Zustand oder hilfloser Lage befindet.[173] Auch die Freiheitsentziehung zur Verhinderung eines Suizids ist aber unabhängig von ethischen und moralischen Erwägungen nur dann mit Art. 5 EMRK vereinbar, wenn einer der Haftgründe diese Maßnahme umfasst. In Betracht kommt wiederum eine Freiheitsentziehung im Sinne des Art. 5 Abs. 1 lit. e 2. Alt. EMRK. Nach den Ergebnissen empirischer Selbstmordforschung befinden sich Personen bei einem Selbstmordversuch in der Regel in einem psychischen Ausnahmezustand.[174] Allerdings bedeutet dies noch nicht, dass sie an einer psychischen Störung leiden.[175] Zudem gibt es auch Fälle, in denen der Selbsttötung ein wohlüberlegter Entschluss zur Beendigung des eigenen Lebens zugrunde liegt. Problematisch ist, dass die Polizei im Zeitpunkt möglicherweise notwendiger Rettungshandlungen nicht wissen kann, ob die Person in freier Betätigung ihres Willens handelt oder psychisch gestört im Sinne des Art. 5 Abs. 1 lit. e 2. Alt. EMRK ist. Im Hinblick darauf muss es der Polizei daher als eine Art Gefahrerforschungseingriff gestattet sein, festzustellen, ob die betroffene Person geistesgestört im Sinne der Konvention ist.[176] Ist dies nicht der Fall, so kann eine Ingewahrsamnahme der betroffenen Person nicht gemäß Art. 5 Abs. 1 lit. e 2. Alt. EMRK gerechtfertigt werden.

---

171. Erst recht gilt dies für die Ingewahrsamnahme von Menschen, die im Vollbesitz ihrer geistigen und körperlichen Kräfte sind. Auch die Ingewahrsamnahme dieser Personen wird jedoch nach deutschem Recht teilweise für zulässig gehalten, da der die freie Willensbildung ausschließende Zustand und die hilflose Lage die Fälle zulässigen Schutzgewahrsams nicht abschließend erfassen, vgl. zum Schutzgewahrsam ganzer Fanblöcke nach einem Fußballspiel *Geißler/Haase/Subatzus*, NVwZ 1998, 711 (712).

172. § 28 Abs. 1 Nr. 2c PolG BW; § 15 Abs. 1 Nr. 1 BremPolG; § 13 Abs. 1 Nr. 1 SpolG; § 22 Abs. 1 Nr. 2b SächsPolG.

173. § 22 Abs. 1 Nr. 2b SächsPolG; dazu *Rommelfanger/Rimmele*, Polizeigesetz, § 22 Rn. 15.

174. *Dölling*, NJW 1986, 1011 (1014f.); *Geilen*, JZ 1974, 145 (152f); *Haller, R.*, Gutachten, S. 172.

175. Allerdings wird davon ausgegangen, dass 50% der suizidgefährdeten Personen an einer Psychose leiden. Auch ist jede Form der Depression mit einem erhöhten Selbstmordrisiko verbunden, *Haller, R.*, Gutachten, S. 172.

176. BayVfGH v. 16.12.1988 NJW 1989, 1790 (1791); *Partsch*, Menschenrechte, S. 129.

Die Freiheitsentziehung zur Verhinderung eines Suizids wird teilweise auch deshalb für zulässig gehalten, weil die Selbsttötung gegen das Sittengesetz verstoße.[177] Auch diese Begründung vermag jedoch eine Freiheitsentziehung im Sinne des Art. 5 Abs. 1 EMRK nicht zu rechtfertigen. Im deutschen Recht ist die Selbsttötung nicht strafbar. Eine Freiheitsentziehung zur Verhinderung einer Straftat im Sinne des Art. 5 Abs. 1 lit. c 2. Alt. EMRK kommt daher nicht in Betracht. Auch besteht keine gesetzliche Pflicht zum Leben, die gemäß Art. 5 Abs. 1 lit. b 2. Alt. EMRK durchgesetzt werden könnte. Die Pflicht ergibt sich anders als bei der Pflicht zum Verlassen eines Platzes oder zur Angabe der eigenen Identät auch nicht aus einer Ermächtigungsgrundlage, derzufolge die Polizei eine Person zum Leben auffordern und diese Pflicht dann zwangsweise durchsetzen könnte.

Die zwangsweise Verwahrung eines Selbstmordwilligen ist nach der Konvention daher nur dann zulässig, wenn die betroffene Person psychisch krank ist oder eine Untersuchung des Geisteszustands des Lebensmüden erforderlich erscheint.[178] Eine Regelung, die wie die sächsische die Ingewahrsamnahme zur Verhinderung eines Selbstmordes auch dann zulässt, wenn die betroffene Person nicht psychisch krank ist, ist daher mit Art. 5 Abs. 1 EMRK nicht vereinbar.

Abschnitt 3: Frankreich

Die Unterbringung psychisch Kranker ist heute im Code de la Santé Publique geregelt. Obwohl es bereits im Ancien Régime Freiheitsentziehungen psychisch Kranker gab,[179] wurden diese erstmals durch Gesetz von 1838 *(loi Esquirol)* kodifiziert, das in Frankreich über 150 Jahre lang galt.[180] Durch das *Loi Esquirol* wurden auch die sogenannten *établissements publics* in den einzelnen Departements geschaffen, in denen psychisch Kranke untergebracht wurden.

Erst 1990 wurde dieses Gesetz durch eine Neuregelung ersetzt, da man die Rechte der psychisch Kranken durch die alte Regelung als nicht hinreichend geschützt ansah. An der bestehenden Regelung wurde vor allem kritisiert, dass die Unterbringung einer Person aufgrund des Zusammenwirkens von Angehörigen und Anstaltsärzten erfolgen konnte, die in bestimmten Fällen jeweils ein eigenes Interesse an der Unterbringung hätten.[181] Kritisiert wurde auch, dass das Gesetz von 1838 keine Höchstdauer für Un-

---

177. BGHSt 6, 147 (153); *Wolf/Stephan*, Polizeigesetz, § 28 Rn. 22.
178. *Hoffmann*, DVBl. 1970, 474 (478); *Partsch*, Menschenrechte, S. 129; *Schubarth*, ZSR 1975, 465, 475.
179. Im Ancien Régime war die Unterbringung psychisch Kranker gesetzlich nicht vorgesehen. Sie wurde entweder von einem Gericht oder von der Verwaltung durch 'lettre de cachet' angeordnet. Teilweise ersuchten Familien die Verwaltung um solche Einweisungsbefehle, damit sie sich von einem ihrer Mitglieder befreien konnten. Die 'lettres de cachet' wurden mit der Revolution durch décret du 16.3.1790 abgeschafft, die willkürlich Inhaftierten freigelassen und die illegalen Gefängnisse geschlossen. Die internierten Personen wurden medizinisch untersucht und entweder entlassen oder einer entsprechenden Betreuung zugeführt. (vgl. dazu *Colliard*, Libertés, p. 289f.).
180. Zum Loi Esquirol vgl. *Debène*, AJDA 1990, p. 871.

terbringungen, sondern nur regelmäßige Kontrollen der Unterbringung vorsah.[182] Aber auch, dass die im Gesetz vorgesehenen Vorkehrungen zum Schutz vor willkürlichem Freiheitsentzug in der Praxis nicht eingehalten wurden,[183] führte schließlich dazu, dass das Recht der psychisch Kranken zunächst durch das Gesetz *Sécurité et Liberté* vom 2. Februar 1981 ergänzt und dann durch das Gesetz 90-527 von 1990[184] neugefasst wurde. Ziel der Neuregelung war vor allem ein besserer Schutz der persönlichen Freiheit der betroffenen Personen.[185] Aus diesem Grund stellte das Gesetz ausdrücklich klar, dass außer in den in diesem Gesetz bestimmten Fällen niemand ohne seine Einwilligung bzw. im Falle der Einwilligungsunfähigkeit nicht ohne die Einwilligung seines gesetzlichen Vertreters in einer Anstalt für psychisch Kranke untergebracht oder dort festgehalten werden kann, Art. L3211-1 CSP.[186] Das Gesetz sieht daher konsequenterweise die freiwillige Unterbringung (*hospitalisation libre*) als Regelfall an, während die zwangsweise Unterbringung (*hospitalisation forcée*) die Ausnahme darstellen soll.[187]

I. Voraussetzungen der Unterbringung

Als *hospitalisation forcée* wird die Einweisung oder das Festhalten einer psychisch gestörten Person gegen ihren Willen zum Zweck der Behandlung in einem Krankenhaus oder einer anderen geeigneten Anstalt bezeichnet. Grundvoraussetzung einer Unterbringung ist daher auch im französischen Recht notwendigerweise eine psychische Erkrankung.

A. Psychische Krankheit

Der Begriff der psychischen Krankheit wird im französischen Recht nicht definiert. Bis zur Neuregelung des Rechts der psychisch Kranken 1990 setzte eine Unterbringung voraus, dass es sich bei der betroffenen Person um einen *„aliéné"* handelte. Dieser Begriff stammt vom Lateinischen *„alienus"* ab und bedeutet, dass die Person fremd, bzw. der Gesellschaft nicht zugehörig ist. Allgemein verstand man darunter Personen, die nicht über die intellektuellen Fähigkeiten eines gesunden Menschen verfügten. Im Gesetzgebungsverfahren wurden verschiedene Definitionen dieses Begriffs vorgeschlagen,[188] die jedoch alle keine eindeutigen Abgrenzungen ermöglichten, da sich das „Anormale" nur graduell vom „Normalen" unterscheidet.[189] Der Begriff des *„ali-*

181. *Colliard*, Libertés, p. 292f.
182. *Douraki*, Malades et marginaux, p. 146.
183. Dazu *Prévault*, Internement, p. 90 und 130.
184. Loi n° 90-527 du 27.6.1990, J.O. 30.6.1990, p. 7664.
185. *Loiseau*, Hospitalisation, p. 62.
186. Durch Ordonnance n° 2000-548 vom 15.06.2000 (J.O. N° 143 22.06.2000 p. 9340) wurde die Nummerierung der Artikel geändert.
187. *Loiseau*, Hospitalisation, p. 23.
188. Le Larousse von 1928 nannte es „dérangement des facultés intellectuelles".

éné" wurde mit dem Gesetz von 1990 durch den Begriff der *„troubles mentaux"* (psychische Störung) ersetzt. Auch das Gesetz von 1990 enthält jedoch keine Definition dieses Zustands. Der Grund dafür ist, dass der Begriff einer ständigen Entwicklung unterworfen ist und von der Entwicklung medizinischer Erkenntnisse abhängt.[190] Das französische Recht überlässt es damit dem Mediziner, festzustellen, ob eine psychische Krankheit vorliegt und ob diese hinreichend schwerwiegend ist. Keine psychische Störung im Sinne des Unterbringungsrechts stellt jedoch allein die soziale Unangepasstheit einer Person dar. Allein das Abweichen von sozialen Vorstellungen kann damit auch in Frankreich nicht zu einer zwangsweisen Unterbringung führen.[191]

B. Verfahren

Das französische Recht unterscheidet zwei Verfahren der Unterbringung: die Unterbringung von Amts wegen *(hospitalisation d'office)* und die Unterbringung auf Antrag Dritter *(hospitalisation sur demande d'un tiers)*. Während die Unterbringung auf Antrag eines Dritten der zivilrechtlichen Unterbringung des Betreuten durch den Betreuer im Sinne des § 1906 BGB des deutschen Rechts entspricht,[192] handelt es sich bei der *hospitalisation d'office* um eine Maßnahme der Verwaltung auf dem Gebiet der Gefahrenabwehr.[193]

1. Unterbringung

Die zwangsweise Unterbringung durch die Verwaltung ist in den Art. L3213-1 CSP geregelt.[194] Danach ist der Präfekt die für die Unterbringung zuständige Behörde. Er spricht auf der Grundlage eines medizinischen Gutachtens die zwangsweise Unterbringung einer Person in einer Anstalt aus. Das ärztliche Gutachten, auf dem die Ent-

189. *Bersier*, Internement, p. 86.
190. So wird auch in der recommandation 818 (1977) festgestellt, dass eine Definition schwierig ist, da sich die Kriterien dafür von einer Epoche zur nächsten und von einem Ort zum anderen unterscheiden und da der Arbeitsrhythmus, der Stress und die gesellschaftlichen Strukturen des modernen Lebens ständig neue Arten psychischer Störungen hervorbringen. Aus diesem Grund erscheine es sinnvoll, allein dem Mediziner die Entscheidung zu überlassen, ob eine psychische Krankheit vorliegt, oder nicht. (Vgl. dazu *Loiseau*, Hospitalisation, p. 26).
191. Die Aufnahme einer Bestimmung, die dies ausdrücklich feststellt, wurde bei den Vorarbeiten zum loi n° 90-527 im Senat vorgeschlagen, dann aber als überflüssig abgelehnt. Bereits die allgemeinen Erklärung der Menschenrechte von 1789 und die Allgemeine Erklärung der Menschenrechte der Vereinten Nationen würden die Unterbringung einer Person allein aufgrund des Abweichens von sozialen Normen verbieten (vgl. Déb. Parl. Sénat, 18.04.1990, p. 276 und Déb. Parl. Sénat du 11.06.1990 p. 1473).
192. Es gibt allerdings gravierende Unterschiede zwischen dem deutschen und dem französischen Verfahren der zivilrechtlichen Unterbringung. So kann in Frankreich der Antrag auf Unterbringung nicht nur von einem Betreuer, sondern von jeder Person gestellt werden, die im Interesse des Betroffenen handelt. Die Unterbringung erfolgt dann nach ärztlicher Begutachtung durch den Anstaltsleiter. Einer richterliche Anordnung der Unterbringung bedarf es nicht.
193. Nur letztere soll daher im Rahmen dieser Arbeit näher beleuchtet werden.

scheidung des Präfekts beruht, darf nicht älter als 15 Tage sein und muss von einem Psychiater stammen, der nicht in der Anstalt beschäftigt ist. Das Erfordernis eines ärztlichen Gutachtens im Verfahren der *hospitalisation d'office* wurde erst durch das Gesetz von 1990 eingeführt. Damit wurde ein offensichtlicher Verstoß des französischen Unterbringungsrechts gegen Art. 5 Abs. 1 EMRK beendet.[195] Neben der psychischen Erkrankung, die durch das Gutachten des Psychiaters festgestellt wird, muss die betroffene Person aufgrund ihres krankheitsbedingten Verhaltens eine Gefahr für die öffentliche Ordnung oder die Sicherheit von Personen darstellen, Art. L3213-1 CSP.[196] Davon umfasst ist nach der Rechtsprechung des Conseil d'Etat auch die Selbstgefährdung.[197] Die Anordnung der Unterbringung durch den Präfekten ist zu begründen und muss die Tatsachen darlegen, die nach Auffassung des Präfekten die Unterbringung erforderlich machen.[198] Nach der Einweisung hat ein Arzt der Anstalt innerhalb von 24 Stunden ein weiteres medizinisches Gutachten anzufertigen. Weitere psychiatrische Gutachten sind 15 Tage nach der Einweisung und dann monatlich anzufertigen. Die Psychiater haben dabei in jedem Fall über die Notwendigkeit der weiteren Unterbringung zu entscheiden und über die Entwicklung des Krankheitsbildes Auskunft zu geben.

Nach Ablauf des ersten Monats der Unterbringung kann der Präfekt eine weitere Unterbringung von bis zu drei Monaten Dauer anordnen. Danach kann der Präfekt die Unterbringung um jeweils bis zu sechs Monaten verlängern. Von der Verlängerung der Unterbringung hat der Präfekt den Bürgermeister und den Oberstaatsanwalt zu verständigen. Ordnet der Präfekt nicht innerhalb der vorgesehenen Frist die Verlängerung der Unterbringungsmaßnahme an, ist der Betroffene nach Ablauf der Unterbringungszeit sofort zu entlassen.

2. Vorläufige Unterbringung

Für den Fall einer unmittelbar bevorstehenden Gefahr *(danger imminent)* für die Sicherheit von Personen sieht das französische Recht das Verfahren der vorläufigen Unterbringung durch die Bürgermeister vor.[199] Voraussetzung für dieses Eilverfahren ist,

---

194. Dies entspricht Art. L342 der alten Fassung des Code de la Santé Publique. Durch ordonnance n° 2000-548 vom 15.06.2000 (J.O. N° 143 22.06.2000 p. 9340) wurde die Nummerierung der Artikel geändert.

195. *Loiseau*, Hospitalisation, p. 52f.

196. Seit dem Gesetz vom 04.03.2002, n° 2002-303, J.O. 05.03.2002, p. 4118, lautet die Formulierung: „ [...] personnes qui nécessitent des soins et compromettent la sûreté des personnes ou portent atteinte, de façon grave, à l'ordre public".

197. Conseil d'Etat 17.11.1997, Rec. Dalloz Inf. 1997, p. 9; dies ergibt sich zum einen aus der Formulierung „sécurité des personnes", die an Stelle der sonst üblichen Formulierung „danger pour autrui" gewählt wurde. Zudem ist die Selbstgefährdung ein Entlassungshindernis.

198. Eine Begründung, die sich darauf beschränkt, das Vorliegen einer psychischen Erkrankung und einer Gefahr zu behaupten, und damit nur die Tatbestandsvoraussetzungen für die Unterbringung wiederholt, genügt den gesetzlichen Anforderungen nicht, vgl. TGI Bar-Le-Duc 21.06.1982 Rec. Dalloz jur. 1983, p. 94.

dass entweder ein Arzt bestätigt, dass aufgrund der psychischen Krankheit der betroffenen Person eine gegenwärtige Gefahr für die Sicherheit von Personen besteht oder dass dies allgemein bekannt *(de notorité publique)* ist. Ein ärztliches Gutachten ist somit nicht in jedem Fall vor der Unterbringung einzuholen.[200] Im Fall der vorläufigen Unterbingung ist innerhalb von 24 Stunden der Präfekt zu benachrichtigen, der dann die erforderlichen Maßnahmen trifft und gegebenenfalls die Einweisung gemäß Art. L3212-1 CSP anordnet. Andernfalls ist die vorläufige Unterbringung spätestens nach Ablauf von 48 Stunden zu beenden und die betroffene Person freizulassen.

Neben dem Code de la Santé Publique enthält auch Art. 2212-2 CGCT die Ermächtigung des Bürgermeisters zu vorläufigen Maßnahmen gegenüber Personen mit psychischen Störungen.[201] Danach kommt der *police municipale* — und damit dem Bürgermeister — die Aufgabe zu, die notwendigen vorläufigen Maßnahmen gegen psychisch gestörte Personen zu ergreifen, wenn deren Zustand schädlich für die *morale publique* ist oder die Sicherheit von Personen oder Eigentum gefährdet. Die *police municipale* kann die betroffene Person danach auch in Gewahrsam nehmen und sie gegebenenfalls dem Unterbringungsverfahren zuführen.

C. Vollzug

Die Unterbringung psychisch Kranker erfolgt in Frankreich in sogenannten *établissements de santé,* die auf Departementsebene eingerichtet werden, Art. L3222-1 CSP. Die zwangsweise Unterbringung erfolgt zudem stets mit dem Ziel der Behandlung der betroffenen Person. Psychisch Kranke, die gegen ihren Willen in eine solche Anstalt eingewiesen werden, dürfen nur den Beschränkungen ihrer individuellen Freiheit unterworfen werden, die aufgrund ihrer psychischen Erkrankung und zum Zweck der Behandlung erforderlich sind. Die Bedingungen der Unterbringung und die ärztliche Betreuung in diesen Anstalten werden regelmäßig durch die Verwaltung kontrolliert.

D. Dauer

Die betroffene Person ist zu entlassen, wenn ihre psychische Krankheit eine Unterbringung nicht mehr erforderlich macht. Dies soll im französischen Recht dadurch gewährleistet werden, dass die Unterbringung zunächst nur für einen Zeitraum von bis zu maximal sechs Monaten angeordnet werden kann. Stellt sich dann heraus, dass eine Verlängerung der Maßnahme nicht erforderlich ist oder unterbleibt die Verlängerung aus anderen Gründen, so wird die betroffene Person entlassen.[202]

---

199. Zuständig sind in Paris die 'commissaires de police' und sonst die Bürgermeister der Gemeinden, dazu *Guilbert*, Hospitalisation, p. 85.
200. *Loiseau*, Hospitalisation, p. 55.
201. Dazu *Marillia*, Pouvoirs, p. 206; *Vidal*, Police locale, p. 247.
202. Dieser Automatismus der Überprüfung der Unterbringungsvoraussetzungen ist erst durch loi n° 90-527 du 27.6.1990, J.O. 30.6.1990, p. 766 eingeführt worden.

Eine weitere Garantie dafür, dass eine Person bei Wegfall der Unterbringungsvoraussetzungen freigelassen wird, ist die regelmäßige psychiatrische Untersuchung. Kommt der Psychiater bei der Untersuchung der betroffenen Person zu dem Ergebnis, dass ihr Zustand eine Entlassung erlaubt, so hat der Anstaltsdirektor innerhalb von 24 Stunden den Präfekten zu informieren, der dann sofort die Freilassung anzuordnen hat, Art. L3213-5 CSP. Der Präfekt ist darüber hinaus befugt, aufgrund eines psychiatrischen Gutachtens jederzeit von Amts wegen die Entlassung anzuordnen, Art. L3213-4 CSP.

II. Vereinbarkeit mit Art. 5 EMRK

Voraussetzung der Unterbringung ist nach französischem Recht das Vorliegen einer psychischen Krankheit im medizinischen Sinne und damit eine *„true mental disorder"*. Allein die soziale Unangepasstheit kann auch in Frankreich eine Unterbringung nicht rechtfertigen. Zudem ist die Unterbringung als freiheitsentziehende Maßnahme nur dann zulässig, wenn die betroffene Person aufgrund ihrer Erkrankung eine Gefahr darstellt.

Die psychische Krankheit muss im Regelfall durch ärztliches Gutachten bereits vor der Unterbringung erfolgen. Zusätzlich zur besonderen Qualifikation des Arztes betont das französische Recht besonders seine Unabhängigkeit von der Anstalt, in der die betroffene Person untergebracht wird.

In Fällen unmittelbar bevorstehender Gefahr ist hingegen vor der Freiheitsentziehung kein ärztliches Gutachten erforderlich. Für eine Ingewahrsamnahme von Personen genügt in diesen Fällen die allgemeine Bekanntheit der psychischen Erkrankung. Auch Gerüchte können damit die vorläufige Freiheitsentziehung rechtfertigen.[203] Seit der Novellierung des Gesetzes zur Unterbringung psychisch Kranker 1990 kann jedoch ohne ärztliches Gutachten keine längerfristige Unterbringung mehr angeordnet werden. Es handelt sich bei dem Festhalten (vermeintlich) psychisch kranker Personen nach geltendem Recht vielmehr nur um eine vorläufig Freiheitsentziehung, die maximal 48 Stunden dauern darf. Für eine längerfristige Freiheitsentziehung ist innerhalb dieser Frist das reguläre Unterbringungsverfahren einzuleiten und dazu ein psychiatrisches Gutachten einzuholen. Auch wenn es unter rechtsstaatlichen Gesichtspunkten bedenklich erscheint, dass allein aufgrund von Gerüchten kurzfristige Unterbringungen erfolgen können, entspricht das französische Verfahren der einstweilgen Unterbringung damit den Anforderungen der EMRK, die eine vorläufige Unterbringung in Fällen besonderer Dringlichkeit ohne ärztliches Attest zulässt, wenn dieses zeitnah eingeholt wird.[204]

Mit der 1990 eingeführten regelmäßigen, automatischen Kontrolle des Gesundheitszustands in relativ kurzen zeitlichen Abständen und der zwingend erfolgenden Entlassung bei Nichtvorliegen der Unterbringungsvoraussetzungen bietet das franzö-

203. *Loiseau*, Hospitalisation, p. 55.
204. Dazu auch *Pansier/Garay*, Le médecin, p. 92.

sische Unterbringungsrecht darüber hinaus hinreichende Gewähr dafür, dass die betroffene Person entlassen wird, wenn die die Unterbringung rechtfertigende Krankheit nicht mehr vorliegt. Auch damit ist den Anforderungen des Art. 5 Abs. 1 lit. e 2. Alt. EMRK genüge getan.

Abschnitt 4: Vereinigtes Königreich

Das Recht der psychisch Kranken wurde im Vereinigten Königreich erstmals durch den Mental Health Act 1959 und dem Mental Health (Scotland) Act 1960 einheitlich kodifiziert.[205] Der Mental Health Act 1959 und der Mental Health (Scotland) Act 1960 beruhten auf der Erkenntnis, dass es sich auch bei einer psychischen Krankheit um eine Krankheit im medizinischen Sinne handelt. Die psychische Krankheit, aufgrund derer eine Einweisung erfolgen kann, sollte daher nur durch Ärzte und nicht durch Gerichte festgestellt werden können. Durch die Regelungen von 1959 und 1960 wurde daher den Ärzten erstmals eine tragende Rolle im Recht der psychisch Kranken eingeräumt.[206] Der medizinische Fortschritt und der Wandel der gesellschaftlichen Einstellung gegenüber psychisch Kranken, aber auch die mehrfache Verurteilung des Vereinigten Königreichs durch den EGMR,[207] führten vierundzwanzig Jahre später zu einer Neuregelung der Gesetzesmaterie durch den Mental Health Act 1983. In Schottland wurden diese Neuerungen durch den Mental Health (Scotland) Act 1984 übernommen. Soweit die Regelungen des schottischen Gesetzes mit denen des Mental Health Act 1983 übereinstimmen, soll im Folgenden nur auf den Mental Health Act 1983 eingegangen werden.[208]

Ziel der Neuregelung des Rechts der psychisch Kranken zu Beginn der 80er Jahre war es vor allem, die Rechte der Patienten zu stärken.[209] Um sicherzustellen, dass niemand länger als notwendig inhaftiert bleibt und keiner einfach vergessen werden kann,[210] wurde vor allem die Überprüfung der Rechtmäßigkeit einer Unterbringung verbessert.[211]

Nicht zuletzt um eine Vereinbarkeit des Psychisch-Kranken-Rechts mit dem Human Rights Act 1998 herzustellen, haben das Innen- und das Gesundheitsministerium im Dezember 2000 ein White Paper vorgelegt, das eine erneute Reform des Mental Health Act anregt.[212]

---

205. Zur Entwicklung vor 1959 vgl. *Feldman*, Civil Liberties, p. 300; *Hoggett*, Mental Health, p. 1; in Schottland wurde 1960 der Mental (Health) Scotland Act 1960 verabschiedet, der im Wesentlichen die gleichen Regelungen enthielt wie der Mental Health Act 1959.
206. *Bean*, Mental disorder, p. 2.
207. Zu den Urteilen des EGMR zusammenfassend *Thorold*, EHRR 1996, 619.
208. Zu den im wesentlichen identischen Regelungen des Mental Health (Scotland) Act 1984 vgl. *Casey/Craven*, Psychiatry, 462ff.
209. Vgl. dazu *Bean*, Mental disorder, p. 3.
210. Lord Elton in Parliamentary Debates (Lords), Vol. 425 1.12.1981 938, HL.
211. Zur Haftprüfung vgl. unten Kapitel 10 Abschnitt 4 Seite 465.

I. Unterbringung psychisch Kranker

A. Voraussetzung der Unterbringung

Eine zwangsweise Unterbringung setzt nach dem Mental Health Act 1983 stets voraus, dass die betroffene Person im weitesten Sinne an einer psychischen Störung leidet. Welche Art und welcher Grad der psychischen Erkrankung vorliegen muss, hängt von der jeweiligen staatlichen Maßnahme ab.

1. Psychische Krankheit

Nach dem 1983 Act ist zwischen unterschiedlichen Arten und Schweregraden psychischer Störungen zu differenzieren. Zum einen wird der allgemeine Begriff der psychischen Störung *(mental disorder)* von spezifischen Formen der psychischen Störung: Geisteskrankheit *(mental illness)*, schwere geistige Behinderung *(severe mental impairment)*, geistige Behinderung *(mental impairment)* und psychopathische Störung *(psychopathic disorder)* unterschieden. Der Begriff der psychischen Störung *(mental disorder)* wird im 1983 Act definiert als:

> „mental illness, arrested or incomplete development of mind, psychopathic disorder and any other disorder or disability of mind"

Neben den vier speziellen Formen psychischer Störungen fallen danach auch andere Beeinträchtigungen der geistigen und psychischen Leistungsfähigkeit unter diesen Begriff. Für die vorläufige Unterbringung einer Person durch die Polizei oder die Einweisung zur Untersuchung genügt das Vorliegen eines solchen *mental disorder*. Für die Unterbringung zu Behandlungszwecken hingegen muss eine der genannten speziellen Formen psychischer Störung vorliegen.

Zum anderen differenzierte der Gesetzgeber im 1983 Act zwischen schwereren und weniger schweren psychischen Störungen. Zu den schweren psychischen Störungen zählen die schwere geistige Behinderung und die Geisteskrankheit, zu den weniger schweren Störungen die geistige Behinderung und die psychopathische Störung. Diese Unterscheidung ist insofern von Bedeutung, als eine Person bei einer weniger schweren psychischen Erkrankung nur dann zwangsweise untergebracht werden kann, wenn eine Behandlung Heilung oder Linderung erwarten lässt. Bei einer schweren geistigen Behinderung oder einer Geisteskrankheit ist hingegen eine mögliche Besserung des Gesundheitszustandes keine Voraussetzung einer Zwangsunterbringung, Sec. 3 (2) Mental Health Act 1983.

Die Verfasser des Mental Health Act 1983 bemühten sich darum, die Voraussetzungen für staatliche Maßnahmen möglichst präzise zu definieren.[213] Neben der Definition des *mental disorder* finden sich in diesem Act daher auch Definitionen der spe-

---

212. Reforming the Mental Health Act; Part I: the new legal framework presented to Parliament by the Secretary of State for Health and the Home Secretary by Command of Her Majesty - December 2000 Cmnd 5016-I, para. 3.8.
213. *Bean*, Mental disorder, p. 7.

ziellen Formen psychischer Störung. *Severe mental impairment* ist legaldefiniert als Zustand zurückgebliebener geistiger Entwicklung mit einer damit verbundenen schweren Beeinträchtigung der geistigen und sozialen Fähigkeiten und einem unnormalen aggressiven und unverantwortlichen Verhalten.[214] *Mental impairment* setzt ebenfalls ein überdurchschnittlich aggressives und unverantwortliches Handeln aufgrund zurückgebliebener geistiger Entwicklung und eine damit verbundene Beeinträchtigung der Intelligenz voraus, ohne dass aber der Schweregrad eines *severe mental impairments* erreicht wird. *Psychopathic disorder* wird als dauerhafte Störung der Psyche definiert, die ein unnormal aggressives und verantwortungsloses Verhalten der betroffenen Person zur Folge hat.[215] Obwohl der 1983 Act damit einige Definitionen psychischer Störungen enthält, bleibt letztlich unklar, wann genau eine die Unterbringung rechtfertigende psychische Störung vorliegt.[216] Dies liegt vor allem daran, dass der Begriff der Geisteskrankheit, derentwegen die meisten Unterbringung erfolgen, im Gesetz nicht definiert wird. In der Literatur wird für die Auslegung dieses Begriffs eine Umschreibung des Department of Health and Social Services herangezogen, wonach eine Geisteskrankheit sich durch eine nicht nur vorübergehende Beeinträchtigung der geistigen Fähigkeiten oder der Stimmung und/oder eine Beeinträchtigung der Wahrnehmung der eigenen Situation oder der Umwelt auszeichnet.[217] Die Rechtsprechung hingegen verzichtet völlig auf eine medizinische Definition der psychischen Krankheit. So entschied der Court of Appeal, dass es sich bei den im Mental Health Act verwendeten Begriffen nicht um medizinische Fachtermini handele. Die Begriffe seien folglich nach allgemeinem Sprachverständnis auszulegen. Eine Person sei danach dann geisteskrank, wenn ein objektiver Beobachter zu dem Schluss käme, dass die Person offensichtlich geistig gestört sei.[218]

Vom Anwendungsbereich des Mental Health Act 1983 ausdrücklich ausgeschlossen ist hingegen unmoralisches Verhalten, Promiskuität, sexuell abweichendes Verhalten *(sexual deviancy)* und die Alkohol- oder Drogenabhängigkeit, Sec. 1 (3) Mental Health Act 1983.[219] Nicht ausgenommen ist jedoch eine psychische Erkrankung, die ihre Ursache im Missbrauch von Drogen und Alkohol hat.[220]

---

214. Sec. 1 (2) Mental Health Act 1983; Sec. 1(2) Mental Health (Scotland) Act 1984.
215. Sec. 1 (2) Mental Health Act 1983; Sec. 3 Mental Health (Public Safety and Appeals) (Scottland) Act 1999; der Begriff 'psychopathic disorder' wird im nordirischen Psychisch-Kranken-Recht hingegen nicht verwendet (vgl. Nothern Ireland Order SI 1986, n° 595 (NI 4); zur Mehrdeutigkeit des Begriffs 'psychopathic disorder' vgl. auch *Bean*, Mental disorder, p. 11; *Hoggett*, Mental Health, p. 34.
216. Aus diesem Grund und zugunsten einer größeren Flexibilität soll im neuen Mental Health Act auf die Definition der psychischen Störung und vor allem auf die Nennung einzelner psychischer Erkrankungen verzichtet werden, Cmnd 5016-I, para. 3.3.
217. DHSS Consultative Document on the 1959 Act (1976) Appendix II.
218. Sogenannter „man-must-be mad" Test; W.v.L. [1974] Q.B. 711, 719.
219. Zum historischen Kontext dieser Vorschrift vgl. *Bartlett/Sandland*, Mental Health, p. 32.
220. Current Law Statutes Annotated 1983, Mental Health Act 1983, Sec. 1 (3).

2. Verfahren

Die zwangsweise Unterbringung einer psychisch gestörten Person kann auch nach englischem Recht im Wege verschiedener Unterbringungsverfahren erfolgen. Der Mental Health Act 1983 unterscheidet die längerfristige Unterbringung zu Behandlungszwecken *(admission for treatment)*, die Unterbringung zum Zweck der Untersuchung *(admission for assessment)* und die vorläufige Unterbringung einer Person.

a) Admission for Treatment

Voraussetzung für die zwangsweise Unterbringung zu Behandlungszwecken *(admission for treatment)* ist, dass eine der vier speziellen Formen der psychischen Störung — Geisteskrankheit *(mental illness)*, schwere geistige Behinderung *(severe mental impairment)*, geistige Behinderung *(mental impairment)* oder psychopathische Störung *(psychopathic disorder)* — vorliegt. Soll die betroffene Person aufgrund einer psychischen Störung oder einer geistigen Behinderung untergebracht werden, muss zudem eine Behandlung geeignet sein, eine Verbesserung des psychischen Gesundheitszustands hervorzurufen oder zumindest eine Verschlechterung des Zustandes zu verhindern.[221] Voraussetzung für die Unterbringung ist darüber hinaus stets, dass die psychische Krankheit, die psychische Störung oder die geistige Behinderung der betroffenen Person aufgrund ihrer Art oder Schwere eine Unterbringung rechtfertigt und die Behandlung der betroffenen Person für die Sicherheit oder Gesundheit der betroffenen Person selbst oder den Schutz Dritter erforderlich und nicht anders als durch die zwangsweise Unterbringung erreichbar ist.

Die Unterbringung zur Behandlung *(admission for treatment)* erfolgt gemäß Sec. 3 Mental Health Act 1983 auf Antrag des nächsten Verwandten der betroffenen Person[222] oder auf Antrag eines anerkannten Sozialarbeiters *(approved social worker)*. Der nächste Verwandte der betroffenen Person kann selbst einen Antrag auf Unterbringung beim Leiter der entsprechenden Anstalt stellen. Er kann aber auch über die lokalen Sozialbehörden den *approved social worker* einschalten.

Bei den *approved social workers* handelt es sich um bestimmte, von den Kommunalbehörden berufene Sozialarbeiter mit Erfahrungen auf dem Gebiet der Psychiatrie.[223] Im Zusammenwirken mit dem nächsten Verwandten können und müssen sie einen Antrag auf Unterbringung stellen, wenn sie dies für erforderlich halten. Sie sind zudem verpflichtet, von sich aus einen Antrag auf Unterbringung zu stellen, wenn sie die Unterbringung einer Person in einem Krankenhaus für erforderlich halten, Sec. 13 Mental Health Act 1983. Von dem Antrag haben sie den nächsten Verwandten der

---

221. Sec. 3 Mental Health Act 1983 und Sec. 17 Mental Health (Scotland) Act 1984.
222. Verwandte im Sinne dieser Vorschrift sind die Ehegatten und Kinder, die Eltern und Geschwister, die Großeltern und Enkel, sowie Tanten, Onkel, Nichten und Neffen.
223. Zur Zeit genügt ein 12-wöchiges Training auf dem Gebiet der Psychiatrie und regelmäßige Auffrischungskurse, um den Anforderungen an die besondere Qualifikation zu genügen, vgl. *Bartlett/Sandland*, Mental Health, p. 128.

betroffenen Person zu unterrichten. Lehnt der nächste Verwandte eine Unterbringung der betroffenen Person ausdrücklich ab, so muss die Unterbringung unterbleiben. Der *approved social worker* kann jedoch in diesem Fall ein Gericht anrufen. Das zuständige County Court erklärt die Unterbringung entgegen dem Willen des nächsten Verwandten für zulässig, wenn es zu der Überzeugung gelangt, dass der nächste Verwandte die Unterbringung aus unvernünftigen Gründen ablehnt oder nicht im Interesse der betroffenen Person bzw. der Öffentlichkeit handelt, Sec. 29 Mental Health Act 1983. Im Regelfall kann durch dieses Verfahren eine Unterbringung auch gegen den Willen des nächsten Verwandten angeordnet werden.

Dem Antrag auf Unterbringung sind in jedem Fall zwei medizinische Gutachten beizufügen, die übereinstimmend das Vorliegen der Unterbringungsvoraussetzungen feststellen.[224] Die Ärzte müssen daüber hinaus die medizinischen Gründe für diese Feststellung angeben und darlegen, dass die Unterbringung die einzige geeignete Maßnahme darstellt.[225] Zumindest einer der gutachtenden Ärzte muss über Erfahrungen auf dem Gebiet der Psychiatrie verfügen, Sec. 12 (2) Mental Health Act 1983. Um die Unabhängigkeit der Gutachter sicherzustellen, bestimmt der Mental Health Act darüber hinaus, dass keiner der Ärzte in beruflicher oder sonstiger Beziehung zum Antragsteller oder der Anstalt, in der die Unterbringung erfolgen soll, stehen darf. Beide Ärzte müssen die betroffene Person innerhalb von 5 Tagen vor der Antragstellung persönlich untersucht haben. Ein nach Aktenlage gefertigtes Gutachten genügt diesen Anforderungen nicht.

Liegt ein Antrag des nächsten Verwandten oder des *appoved social worker* mit Zustimmung des nächsten Verwandten oder einer diese ersetztenden Gerichtsentscheidung sowie die entsprechenden ärztlichen Gutachten vor, kann die betroffene Person durch die staatlichen Gesundheitsbehörden *(health authorities)* in einem entsprechenden Krankenhaus erfolgen, Sec. 6 und 145 (1) Mental Health Act 1983.[226]

b) Freiheitsentziehung zur Untersuchung

Eine Person kann nach dem Mental Health Act 1983 auf Antrag auch zum Zwecke der Untersuchung ihres psychischen Gesundheitszustands in einem Krankenhaus untergebracht werden *(admission for assessment)*. Voraussetzung dafür ist, dass die betroffene Person an einer psychischen Störung *(mental disorder)* im weiteren Sinne leidet, deren Art oder Schwere eine Unterbringung rechtfertigt. Zudem muss die Unter-

---

224. Gemäß Sec. 3 (3) Mental Health Act 1983 muss der Antrag auf den medizinischen Gutachten basieren (vgl. auch Sec. 18 Mental Health (Scotland) Act 1984). In der Praxis wird es für zulässig gehalten, den Antrag auch schon vorzubereiten, wenn das medizinische Gutachten noch nicht vorliegt. Zwingend vorliegen muss das Gutachten jedoch bei der Antragstellung vgl. Whitbread v Kingston and District NHS Trust (1997) The Times 14. July.

225. Zu den ärztlichen Gutachten vgl. *Bean*, Mental disorder, p. 36ff.

226. In Schottland muss zudem vor einer zwangsweisen Unterbringung einer psychisch kranken Person der Antrag auf Unterbringung von einem Sheriff bestätigt werden, Sec. 21 Mental Health (Scotland) Act 1984.

bringung der betroffenen Person im Hinblick auf den Schutz ihrer eigenen Gesundheit und Sicherheit oder zum Schutz anderer Personen erforderlich sein. Auch im Fall der Unterbringung zur Untersuchung müssen die Unterbringungsvoraussetzungen durch Gutachten zweier Ärzte, von denen mindestens einer ein Psychiater sein muss, festgestellt werden, Sec. 2(3) Mental Health Act 1983.

Liegen diese Voraussetzungen vor, kann der nächste Verwandte der betroffenen Person, ein Vormund oder ein anerkannter Sozialarbeiter einen Unterbringungsantrag stellen. Die betroffene Person kann auf dieser Grundlage bis zu 28 Tage lang zu Untersuchungszwecken in einem Krankenhaus festgehalten werden, Sec. 2(4) Mental Health Act 1983. Nach Ablauf dieser Zeit ist die Person entweder im Rahmen des Verfahrens nach Sec. 3 Mental Health Act in einem Krankenhaus unterzubringen oder — wenn eine solche Unterbringung bis dahin nicht erfolgt ist — zu entlassen.

c) Vorläufige Unterbringung

Auch das Recht des Vereinigten Königreichs sieht, abweichend vom regulären Unterbringungsverfahren, ein Eilverfahren für die Fälle vor, in denen die Unterbringung einer Person besonders dringend erscheint.[227] Die Antragsteller — Sozialarbeiter oder der nächste Verwandte — müssen in diesen Fällen im Antrag auch die besondere Dringlichkeit der Unterbringung darlegen. Der Code of Practice stellt ausdrücklich fest, dass eine Unterbringung nicht allein schon dann als dringlich anzusehen ist, wenn die Untersuchung der betroffenen Person in der Anstalt leichter durchführbar ist.[228] Die Voraussetzungen der Unterbringung müssen in diesem Fall zunächst nur durch ein, statt wie sonst durch zwei ärztliche Gutachten festgestellt werden. Der begutachtende Arzt muss kein Psychiater sein, er sollte jedoch den Patienten bereits kennen. Die Unterbringung im Rahmen dieses Eilverfahrens kann nur für die Dauer von 72 Stunden erfolgen. Liegt innerhalb dieser Zeit nicht das ausstehende zweite ärztliche Gutachten vor, ist die betroffene Person zu entlassen, Sec. 4 Mental Health Act 1983. Die Royal Commission, auf deren Vorschlag hin das Verfahren erstmals im Mental Health Act 1959 eingeführt wurde, wollte dieses Verfahren nur in absoluten

227. Auch in England stellte sich schon unter der Geltung des Mental Health Act 1959 heraus, dass die Einführung einer Notfall-Regelung dazu führte, dass von dieser besonders oft und teilweise missbräuchlich Gebrauch gemacht wurde. Um dies zu ändern, wurden einige Sicherheitsvorkehrungen in dem Mental Health Act 1983 eingeführt. So kann der Antrag nur noch vom nächsten Verwandten und nicht mehr von allen Verwandten und auch nur noch von 'specially trained social workers' gestellt werden. Vgl. dazu Lord Elton in Parliamentary Debates (Lords) Vol. 425 01.12.1981, 937 HL.

228. Code of Practice para 6.2. und 6.4; dazu *Fennell*, MLR 1990, 499ff.

Ausnahmefällen angewendet sehen.[229] Dennoch ist dieses Verfahren faktisch zu der in der Praxis am meisten genutzten Form der zwangsweisen Unterbringung geworden.[230]

Auch die Polizei verfügt in besonderen Eilfällen über die Befugnis zur Freiheitsentziehung *(mentally disordered persons found in public places)*. Wenn ein Polizeibeamter eine Person an einem öffentlichen Ort auffindet, die nach seiner Auffassung an einer psychischen Krankheit zu leiden scheint, kann er sie zu einem sogenannten *place of safety* bringen, Sec. 136 Mental Health Act 1983.[231] Voraussetzung dafür ist jedoch, dass die Person dringend hilfebedürftig ist und die Freiheitsentziehung in ihrem Interesse oder zum Schutz Dritter erforderlich ist. Bei dem *place of safety* kann es sich um eine Anstalt für psychisch Kranke, eine Polizeistation, ein Krankenhaus oder jeden anderen geeigneten Platz handeln, Sec. 135 Mental Health Act 1983. Dort kann die betroffene Person für bis zu 72 Stunden festgehalten werden, um sie durch einen Arzt und einen *approved social worker* untersuchen zu lassen, die gegebenenfalls ein Unterbringungsverfahren in die Wege leiten.

3. Vollzug der Unterbringung

Die Unterbringung psychisch Kranker kann außer zu Untersuchungszwecken nur zum Zweck der Behandlung erfolgen, wobei Behandlung in einem weiten Sinne verstanden wird und auch die Krankenpflege und Rehabilitation unter medizinischer Aufsicht umfasst, Sec. 145. Mental Health Act 1983. Die Unterbringung muss daher stets in „*hospitals*" erfolgen.[232]

4. Dauer der Unterbringung

Die betroffene Person kann im Rahmen der einstweiligen Unterbringung für maximal 72 Stunden und zu Untersuchungszwecken höchstens für 28 Tage festgehalten werden. Die Unterbringung zu Behandlungszwecken kann dagegen für bis zu sechs Monate angeordnet werden. Nach Ablauf dieser Zeit, kann die Unterbringung um weitere sechs Monate und danach jeweils um ein Jahr verlängert werden, wenn die Voraussetzungen für die Unterbringung weiterhin vorliegen. Ob dies der Fall ist, wird innerhalb der zwei Monate vor Ablauf der angeordneten Unterbringungsdauer durch

229. Report of the Royal Commission on the Law relating to mental Illness and mental defiency 1954-1957 Cmnd. 169, para. 409: „It is important that the emergency procedure should not be used except in real emergencies when action to remove the patient must be taken before there is time to obtain the two medical recommendations required under the normal procedure".

230. Current Statutes Annotated Mental Health Act 1983 Sec. 4.

231. Vgl. dazu unten Kapitel 5 Abschnitt 4 Seite 266.

232. Dabei handelt es sich gemäß Sec. 145 Mental Health Act 1983 um: „(a) any health service hospital within the meaning of the National Health Service Act 1977; and (b) any accommodation provided by a local authority and used as a hospital by or on behalf of the Secretary of State under that Act".

einen *medical officer* und die behandelnden Ärzte festgestellt. Wenn der *medical officer* zu dem Ergebnis kommt, dass die Unterbringungsvoraussetzungen nicht mehr vorliegen, ist die betroffene Person zu entlassen, Sec. 20(3) Mental Health Act 1983.

Zudem kann die betroffene Person jederzeit auf Anordnung *(order for discharge)* des *Medical Officer* oder der Anstaltsleitung entlassen werden, wenn die Unterbringungsvoraussetzungen nicht mehr vorliegen, Sec. 23 Mental Health Act 1983. Problematisch erscheint jedoch, dass die Regelungen des Mental Health Act 1983 der Anstaltsleitung scheinbar ein Ermessen hinsichtlich der Entlassung von Personen, die nicht (mehr) an einer psychischen Störung leiden, einräumen. Aus der Systematik und dem Zweck des Mental Health Act 1983, vor allem aber aus dem zum Mental Health Act 1983 erlassenen Code of Practice[233] ergibt sich jedoch, dass die betroffene Person *zwingend* zu entlassen ist, wenn die Voraussetzungen für die Unterbringung nicht (mehr) vorliegen.[234]

B. Vereinbarkeit mit Art. 5 EMRK

Die Unterbringung psychisch Kranker im Vereinigten Königreich war bereits mehrfach Gegenstand der Verhandlungen vor dem EGMR. Auch hat der EGMR in mehreren Urteilen festgestellt, dass das Psychisch-Kranken-Recht des Vereinigten Königreichs gegen Art. 5 EMRK verstößt. Diese Fälle betrafen jedoch größtenteils das Rechtsschutzsytem des Mental Health Act, das nach der Ansicht der Konventionsorgane nicht den Anforderungen des Art. 5 Abs. 4 EMRK entsprach.[235]

Die Regelungen über die Unterbringung psychisch Kranker selbst sind hingegen mit Art. 5 Abs. 1 EMRK vereinbar.[236] So setzt die Unterbringung stets voraus, dass die betroffene Person an einer psychischen Krankheit *(true mental disorder)* leidet. Dies muss sogar im Fall der Unterbringung zur Untersuchung schon vor der Freiheitsentziehung feststehen. Die psychische Störung muss durch zwei Ärzte festgestellt worden sein. Eine Unterbringung ohne vorheriges ärztliches Gutachten durch die Polizei ist nur im Fall besonderer Dringlichkeit zulässig. Die Unterbringung darf in diesem Fall jedoch nur bis zu 72 Stunden aufrecht erhalten werden. Liegt bis dahin kein entsprechendes ärztliches Gutachten vor, ist die Person zu entlassen. Das Recht des Vereinigten Königreichs genügt insoweit den Anforderungen der EMRK, die eine vorläufige Unterbringung in Fällen besonderer Dringlichkeit ohne ärztliches Attest zulässt, wenn dieses zeitnah eingeholt wird.[237]

Nach dem Recht des Vereinigten Königreichs kann zudem nicht jede psychische Krankheit eine zwangsweise Unterbringung rechtfertigen. Voraussetzung für eine Unterbringung ist, dass die Krankheit von ihrer Art oder Schwere eine Unterbringung er-

233. Code of Practice para 1.3.
234. *Hoggett*, Mental Health, p. 167f.
235. Vgl. dazu unten Kapitel 10 Abschnitt 4 Seite 452.
236. Zu den Änderungen des Mental Health Act und Art. 5 EMRK vgl. *Parkin*, MLR 1996, 414 (415f.).
237. Dazu *Thorold*, EHRR 1996, 619 (622).

forderlich macht. Voraussetzung ist weiter, dass aufgrund der psychischen Krankheit eine Gefahr für die betroffene Person selbst oder andere besteht. Regelmäßige automatische Kontrollen, die Beteiligung des nächsten Verwandten am Verfahren und die Kontrolle durch ein unabhängiges Organ, das Mental Health Review Tribunal,[238] gewährleisten, dass eine Person nur solange festgehalten wird, wie die Voraussetzungen für die Unterbringung vorliegen. Auch insoweit genügt das Verfahren der Unterbringung nach dem Mental Health Act 1983 folglich den Anforderungen des Art. 5 Abs. 1 lit. e 2. Alt. EMRK.

II. Schutzgewahrsam

A. Voraussetzung der Ingewahrsamnahme

Die Ermächtigung zur Inhaftierung von Personen zu ihrem eigenen Schutz ergibt sich im Recht des Vereinigten Königreichs ausschließlich aus dem Mental Health Act 1983. Nach dem Mental Health Act 1983 kann eine Person, die an einem öffentlichen Ort aufgefunden wird und an einer psychischen Krankheit zu leiden scheint, vorübergehend in polizeilichen Gewahrsam genommen werden, um sie ärztlicher Behandlung zuzuführen, wenn dies zu ihrem eigenen Schutz erforderlich ist Sec. 136 Mental Health Act 1983.[239] Eine darüberhinausgehende Ermächtigung zur Ingewahrsamnahme einer Person in hilfloser Lage, wie sie das deutsche Polizeirecht kennt, gibt es im Recht des Vereinigten Königreichs hingegen nicht. Auch die präventiven Festnahmebefugnisse im Common Law des Vereinigten Königreichs betreffen nur von Personen verursachte Störungen des öffentlichen Friedens, wozu Eigengefährdungen grundsätzlich nicht zählen.[240] Eine Ermächtigung zur Inhaftierung suizidgefährdeter Personen gibt es im Recht des Vereinigten Königreichs seit 1961 nicht mehr. Vor 1961 stellte Selbstmord und auch der versuchte Selbstmord im Vereinigten Königreich eine Straftat dar, die die Polizei zum Eingreifen ermächtigte. Dies änderte sich erst mit dem Suicide Act von 1961, mit dem die Strafbarkeit des Suizids und des Suizidversuchs aufgehoben wurde.[241] Bei einem Suizidversuch kann die Polizei nach dem Recht des Vereinigten Königreichs daher nur noch dann einschreiten, wenn zugleich die Voraussetzungen für ein Festhalten der Person nach dem Mental Health Act 1983 gegeben sind, oder ein *breach of the peace* vorliegt.[242]

---

238. Vgl. dazu unten Kapitel 10 Abschnitt 4 Seite 465.
239. Zur Qualifikation der Polizeibeamten auf dem Gebiet der Psychiatrie vgl. *Bean*, Mental disorder p. 59; die Regierung schlägt in ihrem White Paper vor, die Polizei zu ermächtigen in Notfällen auch in privaten Räumlichkeiten einzugreifen, Cmnd 5016-I, para. 3.82.
240. *Heckenberger*, Vollzugspolizei, S. 90.
241. Sec. 1 Suicide Act 1961; dazu: *Smith/Hogan*, Criminal Law, p. 391.

B. Vereinbarkeit mit Art. 5 EMRK

Eine schutzbedürftige Person darf nach dem Recht des Vereinigten Königreichs nur erfolgen, wenn die betroffene Person psychisch krank ist, Sec. 136 Mental Health Act 1983. Die betroffene Person darf danach nur kurzfristig festgehalten werden, um sie ärztlicher Begutachtung zuzuführen. Der „Schutzgewahrsam" im Sinne von Sec. 136 Mental Health Act 1983 genügt somit den Anforderungen des Art. 5 Abs. 1 lit. e 2. Alt. EMRK und ist daher mit Art. 5 EMRK vereinbar.

---

242. Halsbury's Law of England 4th ed., Vol 11 (1) para. 442; zu Freiheitsentziehungen zum Schutz der betroffenen Person selbst ermächtigt im Übrigen Sec. 25(3)(d) PACE 1984. Danach kann auch bei minderschweren Straftaten eine Person ohne Haftbefehl festgenommen werden, wenn hinreichende Gründe für die Annahme sprechen, die Person werde sich andernfalls Verletzungen zufügen oder sie werde durch andere Personen verletzt. Diese Ermächtigung zur Inhaftierung einer Person setzt aber stets voraus, dass die betroffene Person bereits eine Straftat begangen hat. Im Vorfeld strafbaren Verhaltens kann die Polizei danach weder bei drohender Selbstgefährdung einschreiten noch besteht eine Ermächtigung, eine anderweitig bedrohte Person gegen ihren Willen zu inhaftieren.

Kapitel 6: Freiheitsentziehung bei ansteckenden Krankheiten

Gemäß Art. 5 Abs. 1 lit. e 1. Alt. EMRK kann einer Person rechtmäßig die Freiheit entzogen werden, wenn sie „eine Gefahrenquelle für die Ausbreitung ansteckender Krankheiten bildet". Obwohl dieser Haftgrund, der nationale Quarantänemaßnahmen erfasst,[1] in der Praxis von großer Bedeutung sein kann, waren die Konventionsorgane bislang noch mit keinem Fall der Freiheitsentziehung zur Verhinderung der Ausbreitung ansteckender Krankheiten befasst.

I. Betroffene Personen

Die Formulierung des Haftgrundes ist weit gefasst. Die französische Fassung lässt eine staatliche Freiheitsentziehung im Sinne des Art. 5 Abs. 1 EMRK bereits dann zu, wenn die betroffene Person imstande ist, eine ansteckende Krankheit zu verbreiten (*une personne susceptible de propager une maladie contagieuse*). Nach der englischen Fassung ist allein der Zweck der Verhinderung der Ausbreitung einer ansteckenden Krankheit — und damit die Intention der freiheitsentziehenden Behörde — maßgebend für die Rechtmäßigkeit einer Freiheitsentziehung *(for the prevention of the spreading of infectious diseases)*.Voraussetzung einer Freiheitsentziehung zur Verhinderung ansteckender Krankheiten ist damit nicht, dass die betroffene Person bereits selbst erkrankt ist.[2] Eine „Gefahrenquelle für die Ausbreitung ansteckender Krankheiten" können auch Kontaktpersonen einer ansteckend erkrankten Person und andere mögliche Überträger einer solchen Krankheit sein.[3] Der persönliche Anwendungsbereich diese Haftgrundes ist damit weiter als der des Art. 5 Abs. 1 lit. e 2. Alt. EMRK, der das Bestehen einer psychischen Krankheit voraussetzt.

Dem Zweck, die Ausbreitung ansteckender Krankheiten zu verhindern, dient auch die Feststellung, ob die Gefahr der Übertragung einer ansteckenden Krankheit überhaupt besteht. Auch die Freiheitsentziehung zur Untersuchung einer Person ist daher bei entsprechendem Anlass gemäß Art. 5 Abs. 1 lit. e 1. Alt. EMRK gerechtfertigt.[4] Dieser Eingriff darf jedoch nur solange andauern, bis die Untersuchung ergeben hat, dass keine Ansteckungsgefahr besteht.

---

1. Unter Quarantäne versteht man die auf die Inkubationszeit einer Erkrankung befristete strenge Isolierung von Personen, Gebieten und Gegenständen zur Vermeidung einer Ausbreitung der Erkrankung.
2. *Peukert* in: Frowein/Peukert, EMRK-Kommentar, Art. 5 Rn. 89; *Velu/Ergec*, Convention, p. 277.
3. Die internationale Hygienerichtline der Weltgesundheitsorganisation bezeichnet als „Verdachtspersonen" Personen, die bereits erkrankt sind und Personen, die dem Risiko einer Infektion ausgesetzt waren: Art. 1 International Health Regulations, UNTS I N° 10921.
4. *Gollwitzer* in: Löwe-Rosenstein, StPO-Kommentar, Art. 5 EMRK Rn. 77.

II. Ansteckende Krankheit

Die EMRK lässt offen, was unter einer ansteckenden Krankheit zu verstehen ist, zu deren Eindämmung einer Person im Sinne des Art. 5 Abs. 1 lit. e 1. Alt. EMRK die Freiheit entzogen werden kann.[5] Die Bestimmung ist daher gemäß Art. 31 des Wiener Übereinkommens über die Auslegung und Anwendung von Verträgen 1969 in Übereinstimmung mit der ihr gewöhnlich und der ihr im Zusammenhang zukommenden Bedeutung und im Lichte ihres Ziels und Zwecks auszulegen. Eine ansteckende Krankheit ist nach der gewöhnlichen Bedeutung des Begriffs jede Krankheit, die von Mensch zu Mensch übertragen werden kann. Nicht jede Krankheit in diesem Sinne macht jedoch eine Freiheitsentziehung in Form beispielsweise einer Quarantänemaßnahme erforderlich. Ein solch schwerwiegender Eingriff ist vielmehr nur dann gerechtfertigt, wenn die Gefahr, die die betroffene Person darstellt, entsprechend hoch zu bewerten ist. Dabei sind sowohl die Art der Übertragung als auch die Folgen einer Erkrankung zu berücksichtigen.

Hinweise auf international für besonders gefährlich gehaltene ansteckende Krankheiten ergeben sich aus den internationalen Hygienerichtlinien der WHO. Die International Sanitary Regulations von 1951, die für alle Vertragsstaaten der Europäischen Menschenrechtskonvention gelten, nennen Cholera, Pest, Pocken, Gelbfieber und Typhus als Quarantäne erfordernde Krankheiten.[6] Auch die 1971 in Kraft getretenen International Health Regulations, durch die die internationalen Bestimmungen zur Verhinderung der internationalen Ausbreitung ansteckender Krankheiten neu gefasst wurden, nennen diese Krankheiten.[7] International anerkannt ist darüber hinaus das hohe Gefährdungspotenzial bestimmter ansteckender Geschlechtskrankheiten.[8] Zumindest zur Verhinderung dieser hochansteckenden Krankheiten, deren Ausbreitung auch international als Gefahr angesehen wird, ist eine Freiheitsentziehung gemäß Art. 5 Abs. 1 lit. e 1. Alt. EMRK gerechtfertigt. Aber auch andere leicht übertragbare und schwere Krankheiten können aus dem Anwendungsbereich des Haftgrundes nicht ausgeschlossen werden. Zu beachten ist bei der Bewertung jedoch stets, dass die Maßnahme der Freiheitsentziehung in angemessenem Verhältnis zu der durch die Krankheitserreger verursachten Bedrohung stehen muss.[9]

---

5. *Douraki*, Malades et Mariginaux, p. 28.
6. International Sanitary Regulations WHO, UNTS I 2303 Art. 30(2)a.
7. International Health Regulations, UNTS I N° 10921, Art. 1.
8. Vgl. Resolution des Ministerkomitees des Europarats 27.02.74 über die Kontrolle sexuell übertragbarer Krankheiten Res. (74) 5.
9. Zudem ist bei der Unterbringung ansteckender Personen darauf zu achten, dass deren Unterbringung die Verbreitung der Krankheit tatsächlich zu hemmen in der Lage ist. Vereinzelt wird beispielsweise vertreten, dass die Inhaftierung HIV-positiver Menschen dazu führen würde, dass das Problem sich in den Untergrund verlagert. Die Inhaftierung HIV-positiver Menschen wird daher als kontraproduktiv beurteilt, *Harris/O'Boyle/Warbrick*, Convention, p. 125.

Die Freiheitsentziehung zur Verhinderung der Ausbreitung ansteckender Krankheiten ist nur solange gerechtfertigt, wie die betroffene Person tatsächlich eine Gefahrenquelle für die Übertragung der Krankheit darstellt. Das jeweilige nationale Recht muss daher gewährleisten, dass die betroffene Person entlassen wird, sobald diese Gefahr nicht mehr besteht. Da die Ansteckungsgefahr ein vorübergehender Zustand ist, dessen Dauer nicht von vornherein mit Sicherheit festzustellen ist, kann die ursprünglich rechtmäßige Haft bei Wegfallen der Ansteckungsgefahr rechtswidrig werden. Aus diesem Grunde muss der Gesundheitszustand der betroffenen Person — wie auch bei der Unterbringung psychisch Kranker — in regelmäßigen Abständen kontrolliert werden.[10] Stellt ein Arzt fest, dass die betroffene Person kein Krankheitsüberträger ist, so ist sie zu entlassen. Kommt der Arzt hingegen zu keiner eindeutigen Diagnose und ist somit der Verdacht einer ansteckenden Krankheit nicht auszuschließen, so lässt der Wortlaut des Art. 5 Abs. 1 lit. e 1. Alt. EMRK ein weiteres Festhalten der betroffenen Person zu.

Abschnitt 1: Deutschland

Staatliche Maßnahmen gegen übertragbare Krankheiten waren in Deutschland bislang in erster Linie im Bundes-Seuchengesetz (BSeuchG)[11] und seinen ergänzenden Verordnungen sowie im Geschlechtskrankheitengesetz (GeschlKrG)[12] und seinen Durchführungsverordnungen geregelt. Diese Regelungen, die aus den 50er bzw. 60er Jahren stammten, wurden jedoch als nicht mehr zeitgemäß angesehen und durch eine Neuregelung ersetzt.[13] Am 1. Januar 2001 trat das vom Bundestag am 12. Mai 2000[14] beschlossene Infektionsschutzgesetz (IfSG) in Kraft.[15] Durch die damit verbundene Aufhebung des BSeuchG und des GeschlKrG wurde auch die bis dahin unterschiedliche Behandlung ansteckender Geschlechtskrankheiten und anderer ansteckender Krankheiten beendet. Das Gesetzesvorhaben — das durch einen Entwurf der Bundesregierung[16] angeregt worden war — hatte zum Ziel, den Schutz der Bevölkerung vor Infektionskrankheiten zu verbessern. Das Gesetz sollte — nach Auffassung der Bundesregierung — der seit den 70er Jahren stattfindenden Entwicklung entgegenwirken, dass Seuchen nicht mehr als Problem unserer Gesellschaft verstanden werden und daher den Instrumenten der Vorbeugung und Gefahrbekämpfung

---

10. Vgl. dazu oben Kapitel 5 Abschnitt 1 Seite 249.
11. Gesetz zur Verhütung und Bekämpfung übertragbarer Krankheiten beim Menschen 18.12.1979 (BGBl. I S. 2262).
12. Gesetz zur Bekämpfung der Geschlechtskrankheiten vom 23.Juli 1953 (BGBl S. 700), zuletzt geändert durch Art. 66 am 2. März 1974 (BGBl S. 469).
13. Dazu auch *Bohnert*, Unterbringungsrecht, S. 214.
14. BT-Drs. 288/00 v. 19.05.2000.
15. Gesetz zur Verhütung und Bekämpfung von Infektionskrankheiten beim Menschen (IfSG) vom 20. Juli 2000 (BGBl I 2000, 1045).
16. Entwurf eines Gesetzes zur Neuordnung seuchenrechtlicher Vorschriften 19.01.2000 BT-Drs. 14/2530.

immer weniger Aufmerksamkeit geschenkt wird.[17] Durch das IfGS, das auch eine Reaktion auf die verstärkte Mobilität und Migration der letzten Jahre darstellt,[18] sollte in erster Linie die Prävention gestärkt und der öffentliche Gesundheitsdienst der aktuellen Situation angepasst werden.[19]

I. Voraussetzungen der Freiheitsentziehung

Dem Zweck des IfSG entsprechend, das dazu dienen soll, übertragbaren Krankheiten beim Menschen vorzubeugen, Infektionen frühzeitig zu erkennen und ihre Weiterverbreitung zu verhindern, § 1 IfSG, enthält das IfSG in erster Linie Regelungen zur Aufklärung der Bevölkerung, zur Früherkennung gesundheitlicher Gefahren für die Bevölkerung, über das Meldewesen und zur Schutzimpfung. Darüber hinaus ermächtigt das IfGS aber auch zu freiheitsentziehenden staatlichen Maßnahmen im Rahmen von Schutz und Beobachtungsmaßnahmen sowie der Quarantäne.

A. Quarantäne

Zur Bekämpfung übertragbarer Krankheiten sieht das IfSG als eingriffsintensivste Maßnahme die Absonderung einer Person in einem abgeschlossenen Krankenhaus oder einem abgeschlossenen Teil eines Krankenhauses — Quarantäne — vor. Die zuständige Behörde hat gemäß § 30 Abs. 1 S. 1 IfSG zwingend die Absonderung einer Person anzuordnen, die an Lungenpest oder an von Mensch zu Mensch übertragbarem hämorrhagischem Fieber erkrankt oder dessen verdächtig ist. Bei der Gefahr der Ausbreitung dieser sogenannten quarantänepflichtigen Krankheiten geht das Gesetz wegen deren Gefährlichkeit davon aus, dass ohne weitere Prüfung als geeignete staatliche Maßnahme nur eine Absonderung in einem geeigneten Krankenhaus oder einer sonst geeigneten Einrichtung in Betracht kommt.[20] Die Pflicht der Behörde zur Absonderung nach Satz 1 wurde im IfSG auf solche Krankheiten beschränkt, die sich bereits im üblichen sozialen Kontakt als eine tödliche Gefahr ausbreiten können. Die „Pocken", für die das BSeuchG noch zwingend eine Quarantäne anordnete, wurden wegen deren Ausrottung gestrichen. Auch an „Cholera" erkrankte Personen mussten nach dem BSeuchG noch zwingend abgesondert werden. Diese Maßnahme steht nun gemäß § 30 Abs. 1 S. 2 IfSG im Ermessen der Behörde. Erweitert wurde der Anwendungsbereich der zwingenden Absonderung durch das IfSG jedoch dadurch, dass wegen der besonderen Gefährlichkeit der quarantänepflichtigen Krankheiten eine Absonderung nun bereits im Fall des Krankheitsverdachts erfolgen muss.

---

17. Fischer (Bundesgesundheitsministerin) Plenarprotokoll-BT 14/103 vom 12.05.2000 S. 9685.
18. Bergmann-Pohl (CDU/CSU) Plenarprotokoll-BT 14/103 vom 12.05.2000 S. 9686: „Epidemologisch gesehen ist Deutschland ein Entwicklungsland".
19. Entwurf eines Gesetzes zur Neuordnung seuchenrechtlicher Vorschriften 19.01.2000 BT-Drs. 14/2530.
20. *Erdle*, Infektionsschutzgesetz, § 30 Anm. 2.

Bezüglich der an einer sonstigen übertragbaren Krankheit erkrankten Menschen, liegt die Entscheidung über die Anordnung der Absonderung im Ermessen der Behörde, § 30 Abs. 1 S. 2 IfSG. Eine Absonderung kann durch die zuständige Gesundheitsbehörde auch gegenüber Krankheitsverdächtigen, Ausscheidern und Ansteckungsverdächtigen angeordnet werden, § 30 Abs. 1 S. 2 IfSG. Krankheitsverdächtige sind Personen, bei denen Symptome bestehen, die das Vorliegen einer bestimmten übertragbaren Krankheit vermuten lassen. Als Ausscheider werden Personen bezeichnet, die Krankheitserreger ausscheiden und dadurch eine Ansteckungsquelle für die Allgemeinheit sein können, ohne selbst krank oder krankheitsverdächtig zu sein. Ansteckungsverdächtig ist eine Person, wenn anzunehmen ist, dass sie Krankheitserreger aufgenommen hat, ohne krank, krankheitsverdächtig oder Ausscheider zu sein.[21] Während kranke und krankheitsverdächtige Personen stets in einem Krankenhaus abgesondert werden müssen, können Ausscheider und Ansteckungsverdächtige auch in einer anderen geeigneten abgeschlossenen Einrichtung abgesondert werden. Dadurch wird berücksichtigt, dass bei Ausscheidern und Ansteckungsverdächtigen in der Regel weniger einschneidende Maßnahmen ausreichen, um der Gefahr einer Weiterverbereitung zu begegnen.[22]

Die in § 30 Abs. 1 IfSG geregelte Absonderung setzt grundsätzlich die Freiwilligkeit der betroffenen Person und damit ihre Einsicht in das Notwendige voraus. Kommt die betroffene Person der Anordnung jedoch nicht nach oder ist nach ihrem bisherigen Verhalten anzunehmen, dass sie solchen Anordnungen nicht ausreichend Folge leisten wird, so ist sie zwangsweise durch Unterbringung in einem abgeschlossenen Krankenhaus oder einem abgeschlossenen Teil eines Krankenhauses abzusondern, § 30 Abs. 2 IfSG. Die Zwangsabsonderung ist die einschneidenste seuchenrechtliche Maßnahme. Bei dieser freiheitsentziehenden Maßnahme sind die durch § 28 Abs. 1 S. 1 IfSG gesetzten Grenzen („soweit und solange es zur Verhinderung der Verbreitung der übertragbaren Krankheit erforderlich ist") und der Grundsatz der Verhältnismäßigkeit zu beachten.[23]

Da durch die zwangsweise Absonderung der betroffenen Person die Freiheit entzogen wird, darf die Maßnahme gemäß Art. 104 Abs. 2 S. 1 GG grundsätzlich nur durch einen Richter angeordnet werden. Gemäß § 30 Abs. 2 IfSG iVm. § 3 FreihEntzG ist zur Anordnung der Freiheitsentziehung ansteckend kranker Personen auf Antrag der Gesundheitsbehörde der Amtsrichter zuständig. In unaufschiebbaren Fällen darf allerdings die zuständige Gesundheitsbehörde eine vorläufige Unterbringung anordnen, wenn eine gerichtliche Entscheidung — auch durch einstweilige Anordnung nach § 11 FreihEntzG — nicht rechtzeitig herbeigeführt werden kann, § 30 Abs. 2 IfSG iVm. § 13 FreihEntzG. In diesem Fall hat die Behörde unverzüglich eine richterliche Entscheidung herbeizuführen; liegt diese bis zum Ablauf des nächsten Tages nicht vor, muss der Betroffene entlassen werden.

21. Legaldefiniert in § 2 IfSG.
22. *Erdle*, Infektionsschutzgesetz, § 30 Anm. 3.
23. *Erdle*, Infektionsschutzgesetz, § 30 Anm. 4.

Die Überprüfung der Rechtmäßigkeit der Absonderung erfolgt in Deutschland gemäß §§ 9 ff. FreihEntzG. Danach darf eine Freiheitsentziehung durch den Richter bis zu einer Höchstdauer von einem Jahr angeordnet werden. Bei der Jahresfrist handelt es sich jedoch um eine Höchstfrist, die in der Regel nicht verhältnismäßig ist und daher im Regelfall nicht ausgeschöpft werden darf.[24] Bei der Unterbringung ansteckend Kranker nach dem Infektionsschutzgesetz ist die Dauer der angeordneten Freiheitsentziehung vielmehr am Wegfall der Ansteckungsgefahr zu orientieren.[25] Erfolgt innerhalb der gerichtlich festgesetzten Frist keine Entscheidung über die Fortdauer der Quarantänemaßnahme, so ist die betroffene Person unverzüglich zu entlassen. Die Quarantäne ist vom zuständigen Gericht zudem bereits vor Ablauf der Frist von Amts wegen aufzuheben, wenn der Grund für die Freiheitsentziehung — die Ansteckungsgefahr — weggefallen ist, da dann der Zweck der Freiheitsentziehung im Sinne des § 10 Abs. 1 FreihEntzG entfallen ist. Auch die zuständige Behörde ist verpflichtet, zur Entlassung der betroffenen Person beizutragen, indem sie die Aufhebung der Absonderung zu beantragen hat, sobald davon ausgegangen werden kann, dass die Ansteckungsgefahr nicht mehr besteht. Auch die anderen Verfahrensbeteiligten, d.h. auch der Betroffene und seine gesetzlichen Vertreter etc. können einen Antrag auf Aufhebung der Absonderung bei Gericht stellen, § 10 Abs. 2 iVm. § 6 Abs. 2 FreihEntzG.

B. Beobachtung

Zur Bekämpfung übertragbarer Krankheiten können Kranke, Krankheitsverdächtige, Ansteckungsverdächtige und Ausscheider auch einer Beobachtung unterworfen werden, § 29 IfSG. Die Beobachtung ist die schwächste der sanitätspolizeilichen Schutzmaßnahmen des Infektionsschutzgesetzes. Sie dient dazu, mögliche Krankheitsüberträger schnell zu erkennen und zu entscheiden, ob weitere Schutzmaßnahmen getroffen werden müssen.[26] Die Anordnung einer Beobachtung hat in erster Linie zur Folge, dass die betroffene Person die erforderlichen Untersuchungen durch die Beauftragten des Gesundheitsamtes zu dulden und den Anordnungen des Gesundheitsamtes Folge zu leisten hat. Das Gesundheitsamt kann die betroffene Person zum Zweck der Untersuchung auch vorladen, § 29 Abs. 2 iVm. § 26 Abs. 2 IfSG.

Die Dauer der Beobachtung, die regelmäßig in täglichen ärztlichen Untersuchungen besteht, richtet sich nach der (längsten) Dauer der Inkubationszeit. Die Beobachtung kann damit Tage (zB. bei Cholera 1-5 Tage) aber auch Monate (zB. bei Hepatitis B 3-5 Monate) andauern.[27]

---

24. *Marschner* in: Marschner/Volckart, Freiheitsentziehung, S. 423.
25. *Marschner* in: Marschner/Volckart, Freiheitsentziehung, S. 423.
26. *Bales/Baumann/Schintzler*, Infektionsschutzgesetz, § 29 Rn. 2.
27. *Schumacher/Meyn*, Bundesseuchengsetz, § 36.

C. Schutzmaßnahmen

Das IfSG ermächtigt neben der Quarantäne und der Beobachtung auch zu anderen staatlichen Schutzmaßnahmen. Stellt die Behörde fest, dass eine Person an einer übertragbaren Krankheit leidet bzw. krankheitsverdächtig, ansteckungsverdächtig oder Ausscheider ist, kann die Behörde unter anderem Personen verpflichten, den Ort, an dem sie sich befinden, nicht zu verlassen, bis die notwendigen Schutzmaßnahmen durchgeführt worden sind, § 28 Abs. 1 IfSG. Auch diese Maßnahme stellt aufgrund des bei einer Zuwiderhandlung zu befürchtenden unmittelbaren Zwangs eine Freiheitsentziehung im Sinne des Art. 5 Abs. 1 EMRK dar. Betroffen sind von dieser Maßnahme im Gegensatz zur Beobachtung oder Quarantäne nicht nur die Personen, von denen (möglicherweise) eine Gefahr ausgeht, sondern auch Personen, die vor der ansteckenden Krankheit geschützt werden sollen.

II. Vereinbarkeit mit Art. 5 EMRK

Eine Freiheitsentziehung durch zwangsweise Absonderung kann nach deutschem Recht nur erfolgen, wenn die betroffene Person an einer übertragbaren Krankheit leidet oder die Krankheit übertragen kann. Die Freiheitsentziehung erfolgt damit stets zum Zweck der Verhinderung ansteckender Krankheiten im Sinne des Art. 5 Abs. 1 lit. e 1. Alt. EMRK. Die Feststellung der Krankheit oder des Krankheitserregers erfolgt gemäß § 24 IfSG durch einen Arzt, der auch im Rahmen der richterlichen Ermittlung gemäß § 12 FGG herangezogen werden muss. Zudem sieht das deutsche Recht mit der Verweisung auf das FreihEntzG eine regelmäßige Kontrolle der Absonderung einer Person vor. Die Quarantäne gemäß § 30 IfSG entspricht damit den Anforderungen des Art. 5 Abs. 1 lit. e 1. Alt. EMRK.

Bei der Anordnung, sich von einem bestimmten Ort nicht zu entfernen im Sinne des § 28 Abs. 1 IfSG, handelt es sich um eine nur vorübergehende und kurzfristige Maßnahme.[28] Die Person kann nur solange an dem Ort, an dem sie sich befindet festgehalten werden, bis entsprechende Schutzvorkehrungen getroffen wurden. Nur wenn sich im Rahmen von Untersuchungen herausstellt, dass die Voraussetzungen einer Absonderung vorliegen, kann eine längerfristige Quarantäne angeordnet werden. Es handelt sich damit also um eine mit der vorläufigen Unterbringung psychisch Kranker in Notfällen *(emergency cases)* vergleichbare Situation. In diesen Fällen der besonderen Dringlichkeit staatlichen Eingreifens, hat der EGMR anerkannt, dass eine Freiheitsentziehung auch dann erfolgen darf, wenn zum Zeitpunkt des Einschreitens noch nicht sicher feststeht, dass die betroffene Person tatsächlich (psychisch) krank ist.[29] Gilt es, der vermeintlich bestehenden Gefahr der Ausbreitung einer ansteckenden Krankheit zu begegnen, besteht ebenfalls die Notwendigkeit sofortigen Einschreitens.

---

28. *Bales/Baumann/Schnitzler*, Infektionsschutzgesetz, § 28 Rn. 1.

Auch aufgrund der dringenden Gefahr der Ausbreitung ansteckender Krankheiten ist eine Freiheitsentziehung ohne entsprechende vorherige ärztliche Diagnose nur für einen kurzen Zeitraum gerechtfertigt. Voraussetzung für die Rechtmäßigkeit einer solchen Freiheitsentziehung ist, dass die unterzubringende Person eine Gefahr für andere darstellt, und dass das ärztliche Gutachten innerhalb kurzer Frist nachgeholt wird.

Abschnitt 2: Frankreich

Die Ermächtigung zu staatlichen Maßnahmen im Zusammenhang mit übertragbaren Krankheiten ist in Frankreich im neuen Code de la Santé Publique geregelt. Zur Bekämpfung ansteckender Krankheiten sieht dieses Gesetz verschiedene Maßnahmen, wie Meldepflichten, Impfung und Desinfektionsmaßnahmen vor. Aber auch freiheitsentziehende Quarantänemaßnahmen werden durch das Gesetz zugelassen.

I. Voraussetzungen der Freiheitsentziehung

Die Absonderung ansteckend Kranker ist im französischen Recht — anders als in Deutschland — als reine Notstandsmaßnahme vorgesehen.[30] Art. L1311-4 CSP sieht vor, dass im Fall einer Epidemie oder einer anderen unmittelbar bevorstehenden Gefahr für die öffentliche Gesundheit — die durch den Bürgermeister oder den Präfekt festgestellt wird — der Präfekt eines Departements die Anwendung sogenannter Hygienevorschriften *(règlement sanitaire)* anordnen kann. Die entsprechenden Hygienevorschriften werden in Form einer Verordnung vom Conseil d'Etat nach Anhörung des *Conseil supérieur d'hygiène publique* erlassen. In diesen Hygienevorschriften werden unter anderem Maßnahmen zur Verhinderung der Ausbreitung ansteckender Krankheiten geregelt, Art. L1311-1 CSP. Maßgeblich ergänzt werden die Vorschriften durch Regelungen auf Departementsebene. Per Erlass des Präfekten erhält jedes Departement seine eigene Ermächtigungsgrundlage für bestimmte Notfallmaßnahmen. Um dennoch auch im Notfall die Einheitlichkeit der Vorschriften zu gewährleisten, richten sich die Hygienevorschriften nach den Vorschlägen eines Runderlasses des Ministeriums für Gesundheit und Familie.[31] Danach kann im Fall einer drohenden Epidemie oder einer anderen unmittelbar bevorstehenden Gefahr für die öffentliche Gesundheit aufgrund ansteckender Krankheiten die Absonderung *(isolement)* von Kranken bzw. ansteckenden Personen *(porteur des germes)* in einem Krankenhaus angeordnet werden. Krankheiten in diesem Sinne sind: Pocken, Cholera und Pest, so-

29. Vgl. zur Freiheitsentziehung bei psychisch Kranken in sogenannten 'emergency cases' EGMR 24.10.1979 Winterwerp/Netherlands, Series A 33, para. 39; EGMR 05.11.1981 X/United Kingdom, Series A 46, para. 41; EGMR 05.10.2000 Varbanov/Bulgaria, Appl. no. 31365/96, para. 47.
30. *Auby*, Santé, p. 230; *Fillastre*, RDSS, 1983, 313; *Forges*, L'hospitalisé, p. 186.
31. Ministre de la Santé et de la Famille, Circulaire du 09.08.1978 relative à la révision du règlement sanitaire départemental type, J.O. 13.09.197, p. 7188.

wie Gelbfieber, Typhus, und hämorrhagisches Fieber. Personen, die an anderen übertragbaren Krankheiten erkrankt sind, können, wenn dies aufgrund Ansteckungsgefahr erforderlich ist, auch an anderen geeigneten Orten, wie zum Beispiel in ihrer Wohnung isoliert werden. Die Absonderung darf in jedem Fall nur solange aufrecht erhalten werden, wie die Ansteckungsgefahr besteht.[32]

II. Vereinbarkeit mit Art. 5 EMRK

Die französische Regelung der Quarantäne gewährleistet, dass nur Personen, die an einer ansteckenden Krankheit im Sinne des Art. 5 Abs. 1 lit. e 1. Alt. EMRK erkrankt sind oder eine ansteckende Krankheit in diesem Sinne übertragen können, die Freiheit entzogen werden kann. Zudem sichern die Hygienevorschriften der Departements, dass die Freiheitsentziehung nur solange andauern kann, wie die Gefahr der Ausbreitung einer ansteckenden Krankheit besteht. Die französischen Quarantänevorschriften sind daher mit Art. 5 Abs. 1 lit. e 1. Alt. EMRK vereinbar.

Abschnitt 3: Vereinigtes Königreich

Staatliche Maßnahmen zur Verhinderung der Ausbreitung ansteckender Krankheiten sind im Vereinigten Königreich im Public Health (Control of Disease) Act 1984 geregelt. Zur Bekämpfung ansteckender Krankheiten sieht dieses Gesetz, wie auch die entsprechenden deutschen und französischen Regelungen, Meldepflichten für bestimmte Krankheiten wie Cholera, Pest und Typhus vor.[33] Auch Impfungen, Berufsverbote und Desinfektionsmaßnahmen sind im Public Health Act 1984 geregelt. Darüber hinaus sieht das Gesetz freiheitsentziehende Maßnahmen zur Verhinderung der Ausbreitung ansteckender Krankheiten vor.[34]

I. Voraussetzungen der Freiheitsentziehung

Sec. 37 des Public Health Act 1984 ermächtigten den Friedensrichter *(justice of the peace)* auf Antrag der Gesundheitsbehörde dazu, eine Person zwangsweise in ein Krankenhaus einzuweisen, wenn diese an einer meldepflichtigen Krankheit leidet. Voraussetzung für die Einweisung ist weiter, dass die Person ein ernsthaftes Risiko für andere darstellt, und dass ein entsprechender Platz im Krankenhaus zur Verfügung steht. Die zwangsweise Einweisung der Person darf als einschneidendste staatliche Maßnahme zudem nur dann angeordnet werden, wenn andere staatliche Maßnahmen nicht dazu geeignet sind, die Ausbreitung der Krankheit zu verhindern. Hält sich die

32. Art. 106 du Circulaire du 09.08.1978 relative à la révision du règlement sanitaire départemental type, J.O. 13.09.197, p. 7213.
33. Zu den einzelnen meldepflichtigen Krankheiten vgl. Public Health (Infectious Diseases) Regulations 1988 (S.I. N° 1546).
34. Dazu *Feldman*, Civil Liberties, p. 299ff.

ansteckende Person — freiwillig oder aufgrund einer Einweisung nach Sec. 37 des Public Health Act 1984 — bereits im Krankenhaus auf, so kann der *justice of the peace* ihren zwangsweisen weiteren Verbleib im Krankenhaus anordnen. Auch diese Anordnung ist jedoch nur zulässig, wenn von der betroffenen Person eine Ansteckungsgefahr ausgeht und dieser nur durch die Absonderung im Krankenhaus wirksam begegnet werden kann, Sec. 38-1 Public Health Act 1984. Die Dauer der Absonderung der Person im Krankenhaus wird durch den die Absonderung anordnenden Richter festgelegt und darf durch diesen nach Ablauf der angeordneten Zeit verlängert werden, wenn die Voraussetzungen für die Absonderung weiter vorliegen.[35]

II. Vereinbarkeit mit Art. 5 EMRK

Auch die Quarantäne nach den Vorschriften des Public Health Act 1984 setzt somit entsprechend Art. 5 Abs. 1 lit. e 1. Alt. EMRK voraus, dass die Person, der die Freiheit entzogen wird, an einer ansteckenden Krankheit leidet und zudem eine Gefahr für deren Ausbreitung darstellt. Da außerdem mit der erforderlichen Verlängerung der Quarantäne durch den Richter gewährleistet wird, dass die betroffene Person nur solange in Quarantäne bleibt, wie die Ansteckungsgefahr besteht, ist auch die Quarantäneregelung des Vereinigten Königreichs mit Art. 5 Abs. 1 lit. e 1. Alt. EMRK vereinbar.

---

35. Dazu Halsbury's Law of England, 4th ed., Vol. 38, para. 450.

Kapitel 7: Freiheitsentziehung bei Alkohol- und Drogenabhängigen

Abschnitt 1: Freiheitsentziehung nach Art. 5 Abs. 1 lit. e 3. Alt. EMRK

Art. 5 Abs. 1 lit. e EMRK lässt als witere Ausnahme vom Verbot staatlicher Freiheitsentziehung die Inhaftierung von Alkoholikern *(alcoholics/alcoolique)* und rauschgiftsüchtigen Personen *(drug addict/toxicomane)* zu.

I. Inhaftierung Alkohol- und Rauschgiftsüchtiger

Art. 5 Abs. 1 lit. e 3. Alt. EMRK nennt die Alkohol- und Rauschgiftabhängigkeit ausdrücklich und ordnet die Suchtabhängigkeit damit nicht dem Begriff der psychischen Krankheit im Sinne des Haftgrundes des Art. 5 Abs. 1 lit. e 2. Alt. EMRK zu. Dem Begriff des Alkoholikers und des Rauschgiftabhängigen im Sinne des Art. 5 Abs. 1 lit. e EMRK kommt damit neben der psychischen Krankheit eine eigenständige Bedeutung zu. Auch diese Begriffe gilt es folglich im Lichte des Zwecks der Vorschrift und entsprechend ihrer im Sprachgebrauch üblichen Bedeutung auszulegen.[1]

A. Rauschgiftsucht

Rauschgift- bzw. drogensüchtig *(toxicomane/drug addict)* ist eine Person nach allgemeinem Sprachgebrauch, wenn aufgrund des Konsums eines Suchtstoffes eine körperliche und/oder psychische Abhängigkeit von einer Substanz mit zentralnervöser Wirkung besteht. [2] Als Droge *(drogue)* gilt jede Substanz, die im lebenden Organismus eine oder mehrere Funktionen zu ändern vermag und vor allem das Nervensystem beeinflussen kann.[3] Zu den Drogen gehören neben den illegalen Drogen daher auch Alkohol und Arzneimittel.[4] Alkoholismus wird aber aufgrund seiner besonderen gesellschaftlichen Bedeutung und der Besonderheiten seines Verlaufs und seiner Auswirkungen in der Regel als eigene Suchtform bezeichnet.[5] Eine Abhängigkeit von Drogen allgemein liegt vor, wenn beim Entzug einer Droge, die über längere Zeit eingenommen wurde, körperliche Beschwerden und seelische Verstimmungen auftreten und diese Erscheinungen bei neuerlicher Zufuhr dieser oder einer anderen Droge wieder abklingen.[6]

---

1. Art. 31 des Wiener Übereinkommens über das Recht der Verträge vom 23.05.1969 (BGBl. 1985 II S. 927).
2. *Gerkens/Hüllinghorst/Wimmer*, Sucht, S. 2.1-5.
3. *Harsch*, Alkoholismus, S. 11; *Singer/Teyssen*, Alkohol, S. 28.
4. *Singer/Teyssen*, Alkohol, S. 28.
5. *Singer/Teyssen*, Alkohol, S. V (Einleitung).

B. Alkoholismus

Magnus Huss prägte 1852 erstmals den Begriff des Alkoholismus und den des Alkoholikers. Nach seiner Auffassung handelte es sich beim Alkoholismus um die Begierde nach häufiger Trunkenheit, die eine durch die chemische Natur der alkoholischen Getränke hervorgerufene Krankheit sei.[7] Seitdem gibt es eine Vielzahl von Definitionen für diesen Begriff, die sich jedoch wesentlich nur durch die divergierende Qualifikation des Alkoholismus als Krankheit und in dessen sozialer Bewertung unterscheiden. Die WHO definierte den Begriff des Alkoholikers 1951 wie folgt:

> „Alkoholiker sind exzessive Trinker, deren Abhängigkeit vom Alkohol einen solchen Grad erreicht hat, dass sie deutliche Störungen oder Konflikte in ihrer körperlichen oder geistigen Gesundheit, ihren menschlichen Beziehungen, ihren sozialen oder wirtschaftlichen Funktionen aufweisen."[8]

Alkoholiker *(alcoholic/alcoolique)* ist damit nach der gewöhnlichen Bedeutung des Begriffs eine Person, die alkoholsüchtig ist, d.h. physisch und psychisch von der Droge Alkohol abhängig ist.[9]

C. Verfahren

Die Inhaftierung Alkohol- und Drogenabhängiger im Sinne des Art. 5 Abs. 1 lit. e 3. Alt. EMRK ist nur dann EMRK-konform, wenn sie mit nationalem Recht und den Zielen des Art. 5 Abs. 1 EMRK übereinstimmt und damit *„lawful"* ist. Zudem muss festgestellt sein, dass eine Person tatsächlich alkohol- oder rauschgiftsüchtig ist und aufgrund dessen eine Gefahr für sich selbst oder die Öffentlichkeit darstellt.[10] Schließlich darf die Inhaftierung nicht willkürlich erfolgen und muss das mildeste Mittel darstellen, um die Gefahr abzuwehren.[11]

---

6. *Harsch*, Alkoholismus, S. 11; International Classification of Diseaes (ICD-10) F10 definiert die Abhängigkeit als Gruppe verhaltens-, kongnitiver und körperlicher Phänomene, die sich nach wiederholtem Substanzgebrauch entwickeln. Typischerweise bestehe ein starker Wunsch, die Substanz einzunehmen, Schwierigkeiten, den Konsum zu kontrollieren und anhaltender Substanzgebrauch trotz schädlicher Folgen, zitiert nach *Kessler/Freyberger*, Internationale Klassifikation, S. 177.
7. *Huss*, Alkoholkrankheit, S. 33ff.
8. Zitiert nach *Uhl/Kopf*, Handbuch Alkohol, S. 50.
9. *Douraki*, Malades et mariginaux, p. 80; *Feuerlein/Küfner/Soyka*, Alkoholismus, S. 7ff.; zur Typeneinteilung von Alkoholikern vgl. *Jellinek*, Alcoholism, p. 36; *Kessel*, Alcoholism, p. 16; *Singer/Teyssen*, Alkohol, S. 28: danach liegt eine psychische Abhängigkeit vor, wenn das unwiderstehliche Verlangen nach weiterer periodischer oder dauernder Einnahme des Mittels, um Lust zu erzeugen oder Unlust zu vermeiden, besteht. Zu den psychischen Entzugserscheinungen gehöhren Unruhezustände, depressive Verstimmungen, Angst und der Drang zum erneuten Drogenkonsum; physische Abhängigkeit ist hingegen durch das Auftreten körperlicher Entzugssymptome gekennzeichnet. Körperliche Entzugserscheinungen bei der Alkoholabhängigkeit sind vegetative Fehlfunktionen, feuchte Hände, Schweißausbrüche, Schlaflosigkeit und Blutdrucksteigerung. In ausgeprägter Form kommt es zu Krampfanfällen, Alkoholhalluzinosen und dem Delirium tremens.
10. EGMR 04.04.2000 Witold Litwa/Poland, Appl. no. 26629/95, para. 76.
11. EGMR 04.04.2000 Witold Litwa/Poland, Appl. no. 26629/95, para. 78.

An das Verfahren der Freiheitsentziehung alkohol- oder rauschgiftsüchtiger Personen stellt die EMRK keine ausdrücklichen Anforderungen. Wie bei der Unterbringung psychisch und ansteckend Kranker gilt jedoch, dass die materiellen Voraussetzungen der Freiheitsentziehung zuverlässig, d.h. durch einen Arzt, festgestellt werden müssen. Zudem ist sicherzustellen, dass die Freiheitsentziehung nur solange andauert, wie die Voraussetzung für die Unterbringung — die Alkohol- oder Rauschgiftsucht — tatsächlich vorliegt.

II. Ausnüchterungshaft

Von der gewöhnlichen Bedeutung des Begriffs des Alkoholikers *(alcoolique/alcoholic)* nicht erfasst sind Personen, die lediglich betrunken sind, ohne dass zugleich eine Suchterkrankung vorliegt.

Der EGMR beschäftigte sich mit dieser Frage im Fall *Witold Litwa*.[12] Der Beschwerdeführer dieses Verfahrens war mittags zur Post gegangen, um den Inhalt seines Postfachs zu leeren. Als er feststellte, dass dieses aufgebrochen und geleert worden war, beschwerte er sich bei den Postbeamten. Diese riefen die Polizei mit der Begründung, dass der Beschwerdeführer betrunken sei und sich ungehörig *(disorderly)* verhalte. Die Polizei nahm den Beschwerdeführer daraufhin mit auf die Wache. Ein Arzt stellte fest, dass äußere Anzeichen wie der Atem des Beschwerdeführers darauf hindeuteten, dass dieser Alkohol getrunken habe. Der Beschwerdeführer wurde daraufhin für 6 Stunden und 30 Minuten in einer Ausnüchterungszelle eingesperrt. Nach Ansicht des EGMR fiel diese Freiheitsentziehung in den Anwendungsbereich des Haftgrundes aus Art. 5 Abs. 1 lit. e 3. Alt. EMRK. Zwar sei eine Freiheitsentziehung im Rahmen dieses Haftgrundes grundsätzlich nur bei Alkoholikern gerechtfertigt und von diesem Begriff in seiner gewöhnlichen Bedeutung werde die Inhaftierung einer nur betrunkenen Person nicht erfasst.[13] Die systematische Stellung dieses Haftgrundes gebiete aber die Einbeziehung einer Haft zu Ausnüchterungszwecken in den Anwendungsbereich des Haftgrundes aus Art. 5 Abs. 1 lit. e 3. Alt. EMRK, auch wenn die Haftgründe des Art. 5 Abs. 1 EMRK grundsätzlich eng auszulegen seien. Die in Art. 5 Abs. 1 lit. e EMRK genannten Haftgründe bezögen sich alle auf Personen, denen zu ihrer medizinischen Behandlung oder aus Gründen der Sozialpolitik die Freiheit entzogen werden dürfe. Der Grund für eine Freiheitsentziehung der in Art. 5 Abs. 1 lit. e EMRK genannten Personen sei daher nicht nur die durch sie hervorgerufene Gefährdung Dritter, sondern auch die Wahrung ihrer eigenen Interessen.[14] Daraus — so der EGMR — ergebe sich zwingend, dass die von Art. 5 Abs. 1 lit. e 3. Alt. EMRK erfasste Personengruppe nicht auf Alkoholiker im engen Sinne beschränkt sei. Auch alkoholisierte Personen, die nicht alkoholsüchtig seien, deren alkoholbedingtes Verhalten jedoch eine Gefahr für die Öffentlichkeit oder sie selbst darstelle, müssten nach dieser ratio

12. EGMR 04.04.2000 Witold Litwa/Poland, Appl. no. 26629/95.
13. EGMR 04.04.2000 Witold Litwa/Poland, Appl. no. 26629/95, para. 60.
14. EGMR 04.04.2000 Witold Litwa/Poland, Appl. no. 26629/95, para. 60.

legis vom Haftgrund des Art. 5 Abs. 1 lit. e 3. Alt. EMRK erfasst sein, da außer Zweifel stehe, dass der Missbrauch von Alkohol eine Gefahr für die Gesellschaft darstelle und dass Betrunkene für sich selbst und andere auch dann eine Gefahr darstellten, wenn sie nicht alkoholsüchtig seien.[15] Dies bedeute aber nicht, so der EGMR, dass Personen allein aufgrund Alkoholgenusses inhaftiert werden können. Aus dem Wortlaut des Art. 5 EMRK ergebe sich jedoch kein Anhaltspunkt dafür, dass den Staaten verboten sei, durch freiheitsentziehende Maßnahmen gegen Personen vorzugehen, die aufgrund Alkoholgenusses eine Gefahr für die Öffentlichkeit oder für sich selbst darstellen.

> „[...] the Court considers that in the text of Article 5 there is nothing to suggest that this provision prevents that measure from being applied by the State to an individual abusing alcohol, in order to limit the harm caused by alcohol to himself and the public, or to prevent dangerous behaviour after drinking."[16]

Die Argumentation des Gerichtshofs überzeugt indes nicht. Art. 5 Abs. 1 S. 2 EMRK enthält, wie auch der EGMR in ständiger Rechtsprechung feststellt, einen abschließenden Katalog von Haftgründen.[17] Diese Haftgründe sind zudem eng auszulegen, was der EGMR ebenfalls in ständiger Rechtsprechung vertritt.[18] Aus der Liste der Haftgründe in Art. 5 Abs. 1 S. 2 EMRK muss sich daher auch nicht ergeben, dass den Staaten eine bestimmte Form der Freiheitsentziehung verboten ist. Das Verbot der Freiheitsentziehung ergibt sich bereits aus Art. 5 Abs. 1 S. 1 EMRK. Eine staatliche Freiheitsentziehung muss vielmehr ausdrücklich durch den Katalog der Haftgründe zugelassen sein. Art. 5 Abs. 1 lit. e 3. Alt. EMRK berechtigt jedoch nur zur Inhaftierung von Alkoholikern.

Zwar ist der Begriff des Alkoholikers *(alcoholic/alcoolique)* im Sinne des Art. 31 der Wiener Vertragsrechtskonvention nicht nur nach seiner gewöhnlichen Bedeutung, sondern auch in der ihm im Zusammenhang zukommenden Bedeutung auszulegen. Doch auch dieses systematische Argument des EGMR trägt die weite Auslegung des Begriffs durch den Gerichtshof nicht. Wie bereits dargestellt, wird bei einem Blick in die Entstehungsgeschichte der litera e schnell deutlich, dass die in Art. 5 Abs. 1 lit. e EMRK genannten Haftgründe nicht das Resultat eines systematischen Konzepts, sondern einer eher zufälligen Anordnung sind.[19] Zwingend lässt sich aus der Systematik der litera e daher keine Erweiterung eines Haftgrundes herleiten. Betrachtet man die Haftgründe dennoch in ihrem Zusammenhang, so lässt sich entgegen dem EGMR argumentieren, dass der Begriff des Alkoholikers neben dem Begriff des Rauschgiftsüch-

15. EGMR 04.04.2000 Witold Litwa/Poland, Appl. no. 26629/95, para. 61.
16. EGMR 04.04.2000 Witold Litwa/Poland, Appl. no. 26629/95, para. 62.
17. EGMR 08.06.1976 Engel/Netherlands, Series A 22 para. 57; EGMR 06.11.1980 Guzzardi/Italy, Series A 39 para. 96; EGMR 21.02.1990 Van der Leer/Netherlands, Series A 170-A, para. 22; EGMR 27.09.1990 Wassink/Netherlands, Series A 185-A para. 24; EGMR 22.03.1995 Quinn/France, Series A 311 para. 42; vgl. dazu oben Kapitel 2 Abschnitt 1 Seite 79.
18. EGMR 24.10.1979 Winterwerp/Netherlands, Series A 33 para. 37; EGMR 06.11.1980 Guzzardi/Italy, Series A 39 para. 98; EGMR 27.09.1997 K.-F./Germany, Reports 1997-VII, para. 70; EGMR 05.05.2002 Conka/Belgium, Appl. No. 51564/99, para. 42.
19. Vgl. oben Kapitel 5 Abschnitt 1 Seite 241.

tigen verwendet wird. „Rauschgiftsucht" setzt jedoch in jedem Fall eine Abhängigkeit von Suchtstoffen voraus. Auch der vermeintliche systematische Zusammenhang mit den anderen in Art. 5 Abs. 1 lit. 2 EMRK genannten Haftgründen spricht folglich eher für eine enge Auslegung des Begriffs „Alkoholiker".

Der EGMR führt für seine Auslegung des Begriffs des Alkoholikers schließlich die Vorarbeiten zur EMRK an. In der englischen Fassung des Kommentars zum Entwurf der EMRK durch den Expertenausschuss findet sich der Hinweis darauf, dass der Haftgrund der *„drunkenness"* auf Antrag Schwedens Eingang in die Konvention gefunden habe.

> „The Swedish representative further requested that it be put on record that the text of Article 6 covered, in particular, the right of signatory States to take the necessary measures for combating vagrancy and drunkenness [l'alcoolisme in the French text] or to ensure respect of obligations to pay alimony costs; [...]"[20]

Der Expertenausschuss habe, so der Bericht, keine Einwände gegen diesen Vorschlag geäußert, da die öffentliche Moral und Ordnung derartige Einschränkungen des Rechts auf Freiheit erfordere. In der französischen Fassung des Kommentars zum Entwurf der EMRK wird jedoch auch an dieser Stelle den Begriff *alcoolique* verwendet. Auch im Antrag Schwedens selbst taucht der Begriff der *„drunkenness"*, der auch Betrunkene erfassen würde, nicht auf. Dort heißt es:

> „This provision should not exclude the right to take necessary measures to fights vagrancy and alcoholism [...]"[21]

Auch dieses Argument des EGMR vermag daher nicht zu überzeugen.

Die weite Auslegung der Haftgründe des Art. 5 Abs. 1 lit. e EMRK durch den Gerichtshof entspricht zudem nicht dem Zweck des Art. 5 EMRK, der den Einzelnen vor willkürlichem Freiheitsentzug schützen soll. Dadurch, dass der EGMR von Art. 5 Abs. 1 lit. e EMRK generell solche Freiheitsentziehungen umfasst sieht, die im Interesse der Öffentlichkeit liegen oder dem Interesse der betroffenen Person dienen, wird der Katalog der Haftgründe des Art. 5 EMRK um ungeschriebene Haftgründe erweitert. Der Richter am EGMR *Baka* warnte daher in seinem Minderheitsvotum:

> „ [...] this novel approach is alarming in so far as once the process of augmenting the list of reasons justifying governments to deprive persons of their freedom has been set in motion, there is no guessing where it will stop. Before, only alcoholics could lawfully be deprived of liberty. Now it is alcoholics and intoxicated persons. Tomorrow?"[22]

20. Vgl. dazu EGMR 04.04.2000 Witold Litwa/Poland, Appl. no. 26629/95, para. 33-39.
21. Vgl. dazu EGMR 04.04.2000 Witold Litwa/Poland, Appl. no. 26629/95, para. 33-39.
22. EGMR 04.04.2000 Witold Litwa/Poland, Appl. no. 26629/95.

Weder aus dem Wortlaut noch der systematische Stellung oder der Entstehungsgeschichte des Haftgrundes des Art. 5 Abs. 1 lit. e 3. Alt. EMRK ergibt sich somit, dass von diesem Haftgrund auch die Inhaftierung Betrunkener erfasst ist. Eine Freiheitsentziehung allein zum Zweck der Ausnüchterung ist damit gemäß Art. 5 Abs. 1 EMRK unzulässig.

Abschnitt 2: Deutschland

I. Voraussetzungen der Freiheitsentziehung

Das deutsche Recht ermächtigt sowohl zum Freiheitsentzug bei Alkohol- und Rauschgiftsüchtigen, als auch — unter bestimmten Umständen — bei stark alkoholisierten Personen. Während sich die Ermächtigung zum Freiheitsentzug in letzterem Fall aus dem allgemeinen Polizeirecht ergibt, ist die Unterbringung alkohol- und drogenabhängiger Personen in den Gesetzen zur Unterbringung psychisch Kranker geregelt.

A. Ausnüchterungshaft

Eine Person kann nach deutschem Recht in polizeilichen Gewahrsam — den sogenannten Schutzgewahrsam — genommen werden, wenn sie sich aufgrund ihres Alkohol- oder Drogenkonsums aktuell in einem die freie Willensbildung ausschließenden Zustand befindet und dadurch Leib oder Leben dieser Person gefährdet ist.[23] In einem die freie Willensbildung ausschließenden Zustand befindet sich eine Person, wenn sie nicht in der Lage ist, einen eigenen Willensentschluss zu fassen oder danach zu handeln.[24] Dieser Zustand kann auch durch den Konsum von Alkohol oder anderen Suchtstoffen hervorgerufen werden.[25] Es muss jedoch durch den Konsum des Alkohols ein Alkoholisierungsgrad erreicht worden sein, der dazu führt, dass die Person nicht mehr in der Lage ist, einen eigenen Willensentschluss zu fassen. Erst ab einem gewissen Grad der Trunkenheit kann von einem solchen Zustand ausgegangen werden.[26] Die betroffene Person kann dann von der Polizei solange in Gewahrsam genommen werden, bis sie sich nicht mehr in diesem Zustand befindet. Die Dauer der Ingewahrsamnahme ist daher abhängig vom Grad der Alkoholisierung und der Geschwindigkeit, mit der die betroffene Person den Blutalkoholgehalt abbaut. Die „Ausnüchterungshaft" dauert in der Regel zwischen einer und sieben Stunden.[27]

23. § 28 Abs. 1 Nr. 2 a PolG BW; Art. 17 Abs. 1 Nr. 1 Bay PAG; § 30 Abs. 1 Nr. 1 ASOG Bln; § 17 Abs. 1 Nr. 1 BbgPolG; § 15 Abs. 1 Nr. 1 BremPolG; § 13 Abs. 1 Nr. 1 HbgSOG; § 32 Abs. 1 Nr. 1 HSOG; § 55 Abs. 1 Nr. 1 SOG M-V; § 18 Abs. 1 Nr. 1 NGefAG; § 35 Abs. 1 Nr. 1 PolG NW; § 14 Abs. 1 Nr. 1 POG R-P; § 13 Abs. 1 Nr. 1 SPolG; § 22 Abs. 1 Nr. 2 SächsPolG; § 38 Abs. 1 Nr. 1 SOG LSA; § 19 Abs. 1 Nr. 1 ThürPAG; § 39 Abs. 1 BGSG; zum Schutzgewahrsam vgl. auch Kapitel 5 Abschnitt 1 Seite 266.
24. *Rachor* in: Lisken/Denninger, Polizeirecht, S. 455.
25. *Rachor* in: Lisken/Denninger, Polizeirecht, S. 455.
26. *Habermehl*, Polizei- und Ordnungsrecht, S. 236; *Stoermer*, Gewahrsam, S. 54.

B. Unterbringung Alkohol- und Drogensüchtiger

Die Unterbringungsgesetze der Bundesländer ermächtigen außer zur Unterbringung psychisch kranker Personen auch zur Unterbringung von Alkohol- und Drogenabhängigen. Als Unterbringungsvoraussetzung nennen die Landesunterbringungsgesetze die physische Abhängigkeit von Rauschmitteln,[28] eine mit Verlust der Selbstkontrolle einhergehende Abhängigkeit von Suchtstoffen,[29] eine behandlungsbedürftige Abhängigkeitserkrankung ,[30] die Rauschgift- oder Alkoholsucht[31] oder allgemein eine Suchtkrankheit.[32] Die Alkohol- oder Drogenabhängigkeit muss — außer nach der Regelung des bayrischen Unterbringungsgesetzs[33] — nicht den Grad einer psychischen Krankheit erreicht haben. Um eine Unterbringung rechtfertigen zu können, muss jedoch durch die Suchterkrankung die Fähigkeit der betroffenen Person zu freier Willensbildung beeinträchtigt sein. Allein ein triebhaftes, anormales Verlangen nach Alkohol genügt dem nicht.[34] Die Unterbringung einer Person, die ihren Willen frei bestimmen und ihre Grundrechte freiverantwortlich ausüben kann, ist daher unzulässig.[35] Trunksucht ist damit für sich allein kein Unterbringungsgrund.[36]Auch durch Alkohol- oder Drogensucht verursachte Krankheitserscheinungen wie halluzinatorischer Zustände sowie beginnende hirnorganischen Schädigungen, können eine Unterbringung gegen den Willen der betroffenen Person nach deutschem Recht daher nur dann rechtfertigen, wenn die Fähigkeit der betroffenen Personen zur freien Willensbildung durch die Störung beeinträchtigt ist.[37] Es bedarf daher im Einzelfall stets einer genauen Prüfung des Schweregrades und der Auswirkungen der Sucht auf das soziale Erleben, da in den meisten Fällen der Alkohol- oder Drogenabhängigkeit die Fähigkeit zur freien Willensbestimmung nicht beeinträchtigt ist.[38]

27. *Berghaus/Horny/Dotzauer*, Archiv für Kriminologie 167 (1981), 1 (5).
28. § 1 Abs. 2 UbG BW; § 1 Abs. 2 PsychKG S-H; § 1 Abs. 2 ThürPsychKG.
29. § 1 SUBG; § 1 Abs. 2 PsychKG Bln; § 1 Abs. 2 BbgPsychKG; § 1 Abs. 2 PsychKG M-V; § 1 Abs. 2 PsychKG NW; § 1 Abs. 2 PsychKG R-P.
30. § 1 Abs. 2 HmbPsychKG.
31. § 1 Abs. 1 HPsychKG.
32. § 1 Abs. 2 PsychKG Bremen; § 1 Nr. 1 PsychKG LSA.
33. Art. 1 Abs. 1 UnterbrG Bayern, danach muss die unterzubringende Person an einer psychischen Störung infolge von Sucht leiden.
34. BayObLG 30.11.1989 NJW 1990, 774 (775).
35. BVerfG 07.10.81 NJW 1982, 691; OLG Frankfurt/Main v. 23.07.1987 NJW 1988, 1527: „Auch Alkoholsüchtige haben grundsätzlich das Recht, allein darüber zu befinden, ob sie geheilt werden wollen. Auch ihnen steht das Grundrecht der persönlichen Freiheit und damit auch das Recht zu, das Leben falsch anzulegen und falsch zu führen."
36. BGHSt 44, 338, 341; BayObLG 01.02.1999 FamRZ 1999, 1306, 1307.
37. OLG Frankfurt/Main 23.07.1987 NJW 1988, 1527.
38. *Marschner* in: Marschner/Volckart, Freiheitsentziehung, S. 112.

Für das Verfahren der Unterbringung der Alkohol- und Drogenabhängigen gilt nach Landesrecht das Verfahren für die Unterbringung psychisch Kranker.[39] Die Alkohol- oder Drogensucht sowie ihre Auswirkungen auf die Fähigkeit zur freien Willensbildung müssen danach von einem Arzt festgestellt werden.[40] Die Unterbringung wird dann gegebenenfalls durch das zuständige Gericht angeordnet. Auch im Fall der Sucht- bzw. Abhängigkeitskrankheit dient die Unterbringung der Krisenintervention und damit beispielsweise der Entgiftung, nicht aber einer Verwahrung, wenn der Betroffene sich zu keiner Therapie bereit erklärt.[41] Die Dauer der Unterbringung ist daher vom Gericht so zu bemessen, dass sie die Dauer des die freie Willensbildung beeinträchtigenden Zustandes der betroffenen Person nicht überschreitet. In Hessen bestimmt das Landesunterbringungsgesetz zudem ausdrücklich, dass die Unterbringung von Rauschgift- und Alkoholsüchtigen nicht länger als zwei Jahre dauern darf.[42] Die Unterbringung ist gemäß § 70i FGG aufzuheben, sobald ihre Voraussetzungen weggefallen sind.[43]

II. Vereinbarkeit mit Art. 5 EMRK

Von dem nach deutschem Recht zulässigen polizeilichen Schutzgewahrsam können auch Personen betroffen sein, die zwar betrunken, nicht aber Alkoholiker im Sinne des Art. 5 Abs. 1 lit. e 3. Alt. EMRK sind. Eine Freiheitsnentziehung betrunkener Personen ist, wie gezeigt, nicht von Art. 5 Abs. 1 lit. e 3. Alt. EMRK umfasst. Da die Gewahrsamsvorschriften der Bundesländer jedoch nur unter der Voraussetzung zu einer Freiheitsentziehung ermächtigen, dass sich die betroffene Person in einem die freie Willensbildung ausschließenden Zustand befindet und somit zumindest vorübergehend psychisch gestört ist, kann die Ingewahrsamnahme einer alkoholisierten Person, wie sie das deutsche Recht vorsieht, gemäß Art. 5 Abs. 1 lit. e 2. Alt. EMRK gerechtfertigt sein.[44]

Die deutschen Landesunterbringungsgesetze ermächtigen zur Unterbringung und damit zur Freiheitsentziehung von Personen, die an einer Alkohol- oder einer Drogensucht im Sinne des Art. 5 Abs. 1 lit. e 3. Alt. EMRK leiden. Verfahrensregelungen gewährleisten, dass von der Unterbringung nur Personen betroffen sind, die tatsächlich an einer Suchterkrankung leiden, und dass diese nach dem Wegfall der Abhängigkeit entlassen werden. Die Unterbringung von Alkoholikern und Drogensüchtigen nach den Landesunterbringungsgesetzen ist daher als staatliche Freiheitsentziehung gemäß Art. 5 Abs. 1 lit. e 3. Alt. EMRK zulässig.

---

39. Vgl. dazu oben Kapitel 5 Abschnitt 2 Seite 257.
40. Dazu näher BayOblG 30.11.1989 NJW 1990, 774 (775).
41. *Marschner* in: Marschner/Volckart, Freiheitsentziehung, S. 112.
42. § 1 Abs. 1 S. 2 HPsychKG.
43. Vgl. Kapitel 5 Abschnitt 2 Seite 261.
44. Vgl. dazu oben Kapitel 5 Abschnitt 2 Seite 270.

Abschnitt 3: Frankreich

I. Voraussetzungen der Freiheitsentziehung

A. Ausnüchterungshaft

Auch in Frankreich spielen Freiheitsentziehungen beim Umgang mit betrunkenen Personen eine Rolle. So war bereits nach dem Code Pénal von 1810 die Störung der öffentlichen Ordnung im Zustand der Trunkenheit ein Delikt. Die Trunkenheit an sich war jedoch nicht strafbar. Dies entsprach der damals herrschenden Ansicht, die bereits von *Montesquieu* vertreten wurde, wonach die Festnahme einer Person allein aufgrund ihres alkoholisierten Zustands einen Verstoß gegen die Freiheitsrechte des Einzelnen darstellte. Eine Freiheitsentziehung konnte nur aufgrund einer Störung der öffentlichen Ordnung gerechtfertigt sein:

> „l'homme ivre qui trouble l'ordre publique dans la cité doit être châtié, parce qu'il trouble l'ordre, non parce qu'il est ivre."[45]

Erst 1873 wurde es für strafbar erklärt, sich im Zustand offensichtlicher Trunkenheit auf öffentlichen Plätzen aufzuhalten.[46]

Von 1959 an regelte dann der Code de débits de boissons neben der Produktion und dem Verkauf alkoholischer Getränke die Ausnüchterungshaft von auf öffentlichen Plätzen angetroffenen betrunkenen Personen. Der Code de débits de boissons wurde durch Ordnonnance vom 15. Juni 2000 aufgehoben, seine Regelungen wurden jedoch inhaltlich in den Code de la Santé übernommen.[47] Gemäß Art. L3341-1 Code de la Santé Publique kann eine Person, die auf der Straße, öffentlichen Plätzen, in Cafés, Nachtlokalen oder anderen der Öffentlichkeit zugänglichen Orten offensichtlich betrunken *(en état d'ivresse manifeste)* angetroffen wird, durch die Polizei auf ihre Kosten mit zur nächsten Polizeiwache genommen werden.[48] Dort kann sie solange festgehalten werden, bis sie „wieder zur Vernunft gekommen" ist *(jusqu'à ce qu'elle ait recouvré la raison)*.[49]

B. Unterbringung Alkoholabhängiger

Die Inhaftierung von Alkoholikern, die keine Straftat begangen haben, wurde in Frankreich durch das Gesetz vom 15. April 1954[50] kodifiziert, dessen Regelungen in den Code de la Santé publique übernommen wurden.[51] Danach konnte ein Alkoho-

45. *Montesquieu*, L'Esprit, Livre XIV, Ch. 10.

46. Loi du 23.01.1873 „[...] quiquonque sera trouvé en état d'ivresse manifeste dans les rues, chemins, places, cafés, cabarets ou autres lieux publics."

47. Art. 4 ordonannce 15.06.2000 N° 2000-548 J.O. 22.06.2000, p. 9337.

48. Zu den Voraussetzungen der Ausnüchterungshaft vgl. *Caballero*, Drogue, p. 246.

49. In den Code de débits de boissons aufgenommen wurde die Regelung durch ordonnance n° 59-107 du 07.01.1954.

50. Loi n° 54-439 du 15.04.1954 sur le traitement des alcooliques dangereux pour autrui.

liker der zuständigen Gesundheitsbehörde gemeldet werden, die daraufhin eine entsprechende Untersuchung durchführte. Kam die Behörde auf der Grundlage eines medizinischen Gutachtens zu dem Ergebnis, dass die betroffene Person alkoholabhängig ist und eine Gefahr für Dritte darstellt,[52] ließ sie die Person durch die Staatsanwaltschaft vor das Tribunal de Grande Instance (TGI) vorladen, das die betroffene Person in ein Entziehungsanstalt (*centre de réeducation*) einweisen konnte, Art. L355-4 CSP a.F.. Diese Unterbringung, die zunächst für sechs Monate angeordnet wurde, sollte dazu dienen, den gefährlichen Alkoholiker keinen Augenblick ohne medizinische Versorgung und Aufsicht zu lassen und ihm den Entzug zu ermöglichen.[53] In der Praxis wurden die vom Gesetz von 1954 vorgesehenen Entziehungsanstalten jedoch nicht eingerichtet. Es blieb bei der Einrichtung einer einzigen Anstalt, dem *Centre Louis Sevestre* in der Nähe von Tours. Die Anwendung des Gesetzes war somit aus praktischen Gründen nur sehr beschränkt.[54] In die Neufassung des Code de la Santé Publique von 2000 wurde die Regelung aus diesem Grund nicht wieder aufgenommen.[55]

Alkoholiker können in Frankreich daher nur dann untergebracht werden, wenn sie eine Straftat begangen haben oder wenn die Alkoholsucht ein Stadium erreicht hat, in dem das Vorliegen einer psychischem Krankheit durch einen Arzt festgestellt werden kann. In diesem Fall erfolgt die Unterbringung gemäß Art. L3213-1 CSP.[56]

C. Unterbringung Drogenabhängiger

Der Kampf gegen die Drogenabhängigkeit mit anderen Mitteln als denen des Strafrechts wurde in Frankreich in dem loi n° 70-1320 vom 31. Dezember 1970 gesetzlich normiert.[57] Bis dahin wurde der Drogenabhängigkeit in Frankreich allein mit strafrechtlichen Sanktionen begegnet.[58] So war die zwangsweise Unterbringung zum Zweck einer Entziehungskur vor 1970 nur möglich, wenn die betroffene drogenabhängige Person wegen Drogenmissbrauchs strafrechtlich verfolgt wurde. Erst durch das Gesetz vom 31. Dezember 1970 wurde ein System eingeführt, das den therapeutischen Maßnahmen Vorrang vor Sanktionen gibt.[59] Die Behandlung Drogensüchtiger wurde durch die Neuregelung folgerichtig auch nicht mehr in den Code Pénal,

51. Zur Behandlung von Alkoholikern vor dieser Kodifikation vgl. *Danjean*, Alcooliques, p. 7.
52. Nicht erfasst waren die Fälle, in denen der Alkoholiker für sich selbst eine Gefahr darstelle. Auch Angriffe auf Eigentum Dritter oder Verstöße gegen die öffentliche Ordnung genügten dem nicht, vgl. *Caballero*, Drogue, p. 265
53. *Pansier*, Le médecin, p. 159.
54. *Caballero*, Drogue, p. 264: „[...] la loi de 1954 n'existe pratiquement plus que sur le papier."
55. Rapport au Président de la République relatif à l'ordonnance n° 2000-548 relative à la partie législative du Code de la santé publique, J.O. 22.06.2000, p. 9337.
56. Vgl. dazu oben Kapitel 5 Abschnitt 3 Seite 272ff.
57. J.O. 03.01.1971, p. 74.
58. *Moreau/Truchert*, Santé publique, p. 167.
59. *Stefani/Levasseur*, Droit pénal, p. 432.

sondern in den Code de la Santé Publique integriert.[60] Nach der Neunummerierung des Code de la Santé Publique findet sich die Regelung der zwangsweisen Behandlung Drogenabhängiger in den Art. L3411 ff. CSP.

Der Code de la Santé Publique unterscheidet drei Gruppen von Drogenabhängigen danach, auf welchem Weg die zuständige Behörde von ihrer Drogenabhängigkeit Kenntnis erlangt. Unterschieden werden: Personen, die sich freiwillig zum Zweck einer Entziehungskur melden (Art. L3414-1 CSP); Personen, von deren Drogenabhängigkeit die zuständige Gesundheitsbehörde durch den Staatsanwalt Kenntnis erhält (Art. L3412-1) und schließlich Drogenabhängige, die der Behörde durch Ärzte oder Sozialarbeiter gemeldet werden (Art. L3412-1 CSP). Nur in den beiden letzten Fällen, also wenn die zuständige Behörde von der Drogenabhängigkeit einer Person durch die Staatsanwaltschaft oder durch Ärzte bzw. Sozialarbeiter Kenntnis erhält, kann eine Entziehungskur zwangsweise angeordnet werden.[61]

Die Betroffenen können der zuständigen Gesundheitsbehörde vom Oberstaatsanwalt angezeigt werden, wenn sie wegen illegalen Drogengebrauchs gemäß Art. L628-1 CSP aufgefallen sind, Art. L3413-1 CSP. Wenn daraufhin eine medizinische Untersuchung ergibt, dass die betroffene Person auch tatsächlich Drogen konsumiert hat, ordnet die Behörde an, dass diese sich in einer geeigneten Anstalt ihrer Wahl oder, falls keine Wahl getroffen wird, in einem zugeteilten *établissement*, einer Entziehungskur zu unterziehen hat, Art. L3413-2 CSP. Die Dauer, Behandlung und Einhaltung der Entziehungskur werden von den Gesundheitsbehörden überwacht, die ihrerseits regelmäßig die Staatsanwaltschaft informieren. Wenn die medizinische Untersuchung hingegen ergibt, dass eine Entziehungskur nicht erforderlich ist, ordnet die Behörde an, dass sich der Betroffene während der erforderlichen Zeit entweder bei einem Arzt seiner Wahl oder in einer geeigneten Anstalt unter medizinische Aufsicht zu begeben hat. Auch die Einhaltung dieser Verpflichtung wird von der Behörde kontrolliert. Ein Abbruch der jeweiligen Behandlung durch die betroffene Person hat die Gesundheitsbehörde dem Staatsanwalt anzuzeigen.

Auch die Betroffenen, die der Behörde nach ärztlichem Gutachten oder durch Bericht eines Sozialarbeiters angezeigt werden, können nach entsprechender ärztlicher Diagnose dazu aufgefordert werden, sich einer Entziehungskur zu unterziehen. Die Gesundheitsbehörde untersucht in diesem Fall zuvor das Familien-, Berufs- und Sozialleben des Betroffenen, Art. L3412-1 CSP. Wenn das ärztliche Gutachten zu dem Ergebnis kommt, dass die betroffene Person Drogen konsumiert hat, ordnet die Behörde an, dass sich die betroffene Person in einer geeigneten Anstalt einer Entziehungskur zu unterziehen hat, Art. L3412-2 CSP. Kommt eine betroffene Person den Anordnungen der Gesundheitsbehörde nicht nach oder bricht sie eine angeordnete Entziehungskur ab, so macht sie sich gemäß Art. L3424-3 CSP strafbar.[62]

---

60. *Douraki*, Malades et mariginaux, p. 200.
61. Zum freiwilligen Entzug vgl. *Caballero*, Drogue, p. 579.
62. Art. L 3424-3 iVm. Art. L3421-1 CSP sehen für diese Straftat eine Freiheitsstrafe von einem Jahr und eine Geldstrafe von 25.000 F vor.

II. Vereinbarkeit mit Art. 5 EMRK

Das Festhalten einer Person gegen ihren Willen zum Zweck der Ausnüchterung stellt eine Freiheitsentziehung im Sinne des Art. 5 Abs. 1 EMRK dar. Voraussetzung für diese Freiheitsentziehung ist nach französischem Recht lediglich, dass die betroffene Person an einem der Öffentlichkeit zugänglichen Ort betrunken aufgefunden wird. Damit sind auch Personen betroffen, die weder Alkoholiker im Sinne des Art. 5 Abs. 1 lit. e 3. Alt. EMRK sind, noch aufgrund des Alkoholkonsums an einer psychischen Störung leiden oder gar im Begriff sind, im Sinne des Art. 5 Abs. 1 lit. c EMRK eine Straftat zu begehen. Die Inhaftierung dieser Personen ist von keinem der Haftgründe des Art. 5 Abs. 1 S. 2 EMRK umfasst und verstößt daher gegen das Recht auf Freiheit des Art. 5 Abs. 1 EMRK.

Drogenabhängige können nach französischem Recht zwar verpflichtet werden, sich einer Entziehungskur zu unterziehen, sie können durch die Verwaltung aber nicht zu diesem Zweck zwangsweise in einer entsprechenden Einrichtung festgehalten werden. Zwar kann die körperliche Bewegungsfreiheit auch durch die Auferlegung von Rechtspflichten zum Verweilen an einem bestimmten Ort beschränkt werden. Dies setzt jedoch voraus, dass die Rechtspflicht für den Fall ihrer Nichtbefolgung unmittelbar durch physischen Zwang durchgesetzt werden kann. Kann die Verpflichtung zum Erscheinen und zum Aufenthalt an einem bestimmten Ort hingegen nicht durch physischen Zwang, sondern durch die Androhung anderer Sanktionen durchgesetzt werden, so hat die betroffene Person die Wahl, ihrer Verpflichtung nachzukommen, oder sich ihr — unter Inkaufnahme anderer Nachteile — zu entziehen. Zwar können die angedrohten Sanktionen ihrerseits einen Freiheitsentzug mit sich bringen, allein die Rechtspflicht, sich an einem Ort aufzuhalten oder dort zu erscheinen, stellt jedoch noch keinen Entzug der Freiheit im Sinne des Art. 5 EMRK dar.[63] Bei der Verpflichtung einer drogenabhängigen Person, sich einer Entziehungskur zu unterziehen, handelt es sich daher nicht um eine Freiheitsentziehung im Sinne des Art. 5 Abs. 1 EMRK. Eine möglicherweise aufgrund der Nichtbefolgung dieser Pflicht durch das zuständige Gericht verhängte Freiheitsstrafe wäre gemäß Art. 5 Abs. 1 lit. a EMRK gerechtfertigt.

Abschnitt 4: Vereinigtes Königreich

Im Recht des Vereinigten Königreichs finden sich die Regelungen zum Umgang mit alkohol- und drogenabhängigen Personen in erster Linie im Bereich des Strafrechts.

---

63. Vgl. dazu oben Kapitel 2 Abschnitt 1 Seite 70.

I. Voraussetzung der Freiheitsentziehung

A. Ausnüchterungshaft

Die Inhaftierung einer Person zum Zweck der Ausnüchterung beruht im Vereinigten Königreich noch auf dem Licensing Act 1872 und dem Licensing Act 1902. Danach ist es strafbar, sich in betrunkenem Zustand auf einer Straße oder an einem öffentlichen Ort aufzuhalten, Sec. 12 Licensing Act 1872.[64] Betrunken im Sinne dieser Vorschrift ist, wer aufgrund Alkoholgenusses die Kontrolle über sein Verhalten verloren hat.[65] Befindet sich die betrunkene Person in hilfloser Lage, kann sie von jedermann festgenommen und dem Richter vorgeführt werden, Sec. 1 Licensing Act 1902.

Eine qualifizierte Straftat liegt vor, wenn sich eine betrunkene Person an öffentliche Plätzen ungebührlich verhält, Sec. 91 (1) Criminal Justice Act 1967. In letzterem Fall hat jedermann das Recht, die betroffene Person ohne Haftbefehl festzunehmen und dem Richter vorzuführen.[66] Die nach diesen Vorschriften festgenommenen Personen können dann gemäß Sec. 34 (1) Criminal Justice Act 1972 in eine staatlich Entziehungsanstalt *(medical treatment center for alcoholics)* gebracht werden.

B. Unterbringung Alkoholabhäniger

Die Unterbringung Alkoholabhängiger in Entziehungsanstalten ist im Vereinigten Königreich ebenfalls im Strafrecht geregelt. Alkoholiker können seit Inkrafttreten des Criminal Justice Act 1972 zudem theoretisch — statt strafrechtlich verfolgt zu werden — wegen öffentlicher Trunkenheit von der Polizei in ein Behandlungs- oder Entziehungszentrum gebracht werden. Da bisher aber erst drei Entziehungseinrichtungen existieren (in Manchester, Leeds und London), sind die Auswirkungen auf das Justizsystem kaum spürbar.[67]

C. Unterbringung Drogenabhängiger

Auch die staatliche Freiheitsentziehung im Zusammenhang mit Drogenkonsum und Drogenabhängigkeit ist im Vereinigten Königreich in erster Linie strafrechtlich geregelt. Die wichtigste Regelung im Zusammenhang mit dem Drogenmissbrauch ist der

64. Vgl. dazu Halsbury's Law of England, 4th ed., Vol. 26, para. 326.
65. Neale v. RMJE (a minor) [1984] CrimLR 485.
66. Criminal Justice Act 1967 Sec. 91 (1) amended by the Criminal Justice Act 1982 Sec. 38, 46) S. 91 Criminal Justice Act 1967.
67. *Huber*, Freiheitsstrafe, S. 37; infolge der erhöhten Geldstrafen, die von den Verurteilten oft nicht gezahlt werden können, gelangen die betroffenen Personen häufig zum Vollzug einer Ersatzfreiheitsstrafe ins Gefängnis, *Huber*, Freiheitsstrafe, S. 37

Misuse of Drugs Act 1971. Danach ist beispielsweise die Herstellung oder die Beteiligung an der Herstellung bestimmter Drogen, der Anbau von Cannabis sowie der Besitz und die Weitergabe von Drogen strafbar.[68]

Außerhalb des Strafrechts kennt das Recht des Vereinigten Königreichs keine zwangsweise Unterbringung von Drogenabhängigen zum Zweck einer Entziehungskur. Die staatlichen *drug treatment clinics*, die überwiegend ambulant behandeln, aber auch stationäre Patienten aufnehmen, folgen dem Grundsatz, dass Drogenabhängige nur auf völlig freiwilliger Basis behandelt werden können. In Heilanstalten werden diese Personen erst eingewiesen, wenn die Voraussetzungen des Mental Health Act 1983 erfüllt sind.[69] Nach dem Mental Health Act 1983 ist eine zwangsweise Unterbringung einer Person jedoch ausdrücklich nicht allein aufgrund einer Alkohol- oder Drogenabhängigkeit zulässig, Sec. 1 (3) Mental Health Act 1983.[70] Erst eine psychische Erkrankung, die ihre Ursache im Missbrauch von Drogen und Alkohol hat, kann eine zwangsweise Unterbringung nach sich ziehen.[71]

II. Vereinbarkeit mit Art. 5 EMRK

Da das Recht des Vereinigten Königreichs Freiheitsentziehungen bei Betrunkenen, Alkoholikern und Drogenabhängigen nur zulässt, wenn durch das Verhalten der betroffenen Personen eine Straftat — und sei es die Straftat der Trunkenheit in der Öffentlichkeit — begangen wurde, kommt als einschlägiger Haftgrund für diese Freiheitsentziehungen ausschließlich Art. 5 Abs. 1 lit. a oder lit. c EMRK in Betracht. Die Unterbringung von Alkoholikern und Drogenabhängigen, die zugleich an einer psychischen Krankheit leiden erfolgt aufgrund des Mental Health Acts 1983. Diese Unterbringung ist, wie bereits gezeigt, gemäß Art. 5 Abs. 1 lit. e 2. Alt. EMRK zulässig.[72]

68. Sec. 3-6 Misuse of Drugs Act 1971; vgl. zu den strafrechtlichen Regelungen *Fortson*, Misuse of drugs, p. 64ff.
69. *Huber*, Freiheitsstrafe, S. 37f.
70. Vgl. dazu oben Kapitel 5 Abschnitt 4 Seite 280.
71. *Porter/Arif/Curran*, Drug- and Alcoholdependent Persons, p. 49f.
72. Vgl. dazu oben Kapitel 5 Abschnitt 4 Seite 285.

Kapitel 8: Freiheitsentziehung bei Landstreichern

Auf die Aufnahme der „Landstreicherei" als Haftgrund in den Art. 5 EMRK legten die Vertreter Schwedens bei der Ausarbeitung der EMRK besonderen Wert. Sie beantragten klarzustellen, dass die Garantie des Rechts auf Freiheit die Mitgliedstaaten nicht darren hindere, Maßnahmen gegen Landstreicher zu ergreifen.[1] Der Haftgrund, der letztlich in Art. 5 Abs. 1 lit. e 5. Alt. EMRK aufgenommen wurde, hat jedoch heute in der Praxis der Vertragsstaaten an Bedeutung verloren.

Abschnitt 1: Freiheitsentziehung nach Art. 5 Abs. 1 lit. e 5. Alt. EMRK

Gemäß Art. 5 Abs. 1 lit. e 5. Alt. EMRK kann einer Person die Freiheit entzogen werden, wenn es sich um einen Landstreicher *(vagrant/vagabond)* handelt. Die EMRK definiert den Begriff des Landstreichers nicht näher, so dass der Begriff in Übereinstimmung mit der ihm gewöhnlich, und der ihm im Zusammenhang zukommenden Bedeutung und im Lichte seines Ziels und Zwecks auszulegen ist.[2] Der EGMR stellte im Urteil *de Wilde* fest, dass die damalige Definition des „Landstreichers" im belgischen Recht mit der gewöhnlichen Bedeutung dieses Begriffs vereinbar sei.[3] Die belgische Definition lautete:

> „Les vagabonds sont ceux qui n'ont ni domicile certain, ni moyens de subsistance, et qui n'exercent habituellement ni métier, ni profession."[4]

Danach ist eine Person als Landstreicher im Sinne des Art. 5 Abs. 1 lit. e EMRK anzusehen, wenn sie weder über einen festen Wohnsitz noch über Mittel zum Bestreiten des Lebensunterhalts oder einen Arbeitsplatz verfügt. Nicht vom Begriff des Landstreichers in seiner gewöhnlichen Bedeutung erfasst und daher nicht von Art. 5 Abs. 1 lit. e EMRK gerechtfertigt ist dagegen die Inhaftierung einer Person, weil sie keiner geregelten Arbeit nachgeht und der Verdacht besteht, dass sie ihren Lebensunterhalt durch kriminelle Handlungen bestreitet.[5]

In einem neueren Fall berief sich die Schweizer Regierung hilfsweise auf den Haftgrund der Landstreicherei.[6] In diesem Fall war eine Frau aufgrund ihrer Verwahrlosung und der Weigerung, das Pflegepersonal in angemessener Weise zu empfangen,

---

1. Doc. A 777, TP Vol. III Ch. XI, p. 185, vgl. dazu oben Kapitel 2 Abschnitt 1 Seite 48.
2. Art. 31 des Wiener Übereinkommens über die Auslegung und Anwendung von Verträgen 1969.
3. EGMR 18.06.1971 de Wilde, Ooms,Versyp/Belgien, Series A 12, para. 68.
4. Art. 347 des Belgischen Strafgesetzbuchs von 1867.
5. EGMR 06.11.1980 Guzzardi/Italy, Series A 39, para. 98.
6. EGMR 26.02.2002 H.M./Switzerland, Appl. no. 39187/98.

in ein Alten- und Pflegeheim gebracht worden. Die Schweiz berief sich darauf, dass die Frau zwar einen festen Wohnsitz und ein geregeltes Einkommen habe, dass ihre Verwahrlosung aber ausreiche, um ihre Eigenschaft als Landstreicherin zu bejahen:

> „The question is not whether the person concerned is of fixed abode, but whether the lodgings prevent caring. Rather, it must be considered that the person concerned can no longer lead a normal life, and the negative consequences which this will have for the person concerned as well as others. Similarily, in addition to the financial means account must be taken of the person's needs to lead a dignified life; the person's integration into a social network; and the state of health."[7]

Da die betroffene Person im Alten- und Pflegeheim nicht festgehalten wurde und sich dort gerne und freiwillig aufhielt, fehlte es nach Auffassung des EGMR bereits an einer Freiheitsentziehung im Sinne des Art. 5 Abs. 1 EMRK.[8] Der Gerichtshof hatte über die von der Schweizer Regierung vorgeschlagene Definition der Landstreicherei daher nicht zu entscheiden. Die Auffassung der Schweizer Regierung, dass eine Person als Landstreicher anzusehen ist, wenn sie in ungesunden und unhygienischen Umständen lebt, entspricht jedoch wohl nicht der Bedeutung dieses Begriffs im gewöhnlichen Sprachgebrauch.[9] Zudem ist die Unterbringung im Fall von Krankheit bereits in Art. 5 Abs. 1 lit. e 1. und 2. Alt. EMRK geregelt. Eine ungesunde Lebensweise bzw. Verwahrlosung wird durch diese Regelungen — soweit nicht auch eine psychische Erkrankung vorliegt — nicht erfasst. Schließlich spricht gegen eine Auslegung der Begriffs der Landstreicherei, wie sie die Schweizer Regierung vorschlägt, auch, dass die staatliche Feststellung, wann eine Person in „unwürdigen" Umständen auf einer subjektiven Wertung beruht und somit die Gefahr willkürlicher Entscheidungen in sich birgt.

Abschnitt 2: Deutschland

In Deutschland hat sich, wie auch in vielen anderen Vertragsstaaten der EMRK, die gesellschaftliche und politische Einstellung zu den sogenannten Landstreichern und damit auch deren rechtliche Behandlung im Laufe der letzten Jahrzehnte verändert. So war das Umherziehen als Landstreicher und unter bestimmten Umständen auch die Obdachlosigkeit noch bis zur Strafrechtsreform von 1974 strafbar.[10] Landstreicher im Sinne des § 361 StGB a.F. war, wer aus einem „eingewurzelten Hang zum Umherziehen" ohne die Absicht redlichen Erwerbs unter ständigem Wechsel des Nachtquartiers von Ort zu Ort umherstreifte und dabei anderen zu Last fiel, indem er seinen Lebensunterhalt durch fremde Mildtätigkeit oder durch sonstige geringfügige Straftaten bestritt.[11] Die Vorschrift wurde zum 1. Januar 1975 aufgehoben.[12]

---

7. EGMR 26.02.2002 H.M./Switzerland, Appl. no. 39187/98, para. 38.
8. EGMR 26.02.2002 H.M./Switzerland, Appl. no. 39187/98, para. 48.
9. A. A. Herzog, AöR 86 (1961), 194 (230), der die Vorschrift weit auslegt und auch die Inhaftierung „Arbeitsunwilliger" und anderer „asozialer Elemente", die zwar einen festen Wohnsitz haben, aber nicht in der Lage sind, den Lebensunterhalt für sich und ihre Angehörigen zu verdienen, als durch Art. 5 Abs. 1 lit. e EMRK gerechtfertigt ansieht.

Von der Landstreicherei unterscheidet das deutsche Recht die Obdachlosigkeit. Obdachloser ist im deutschen Recht jemand, der nicht über eine eigene Wohnung, Unterkunft oder sonstige Unterbringungsmöglichkeit verfügt und sein Leben mehr oder weniger unter freiem Himmel zubringt.[13] Die (unfreiwillige) Obdachlosigkeit ist auch heute noch im Polizei- und Ordnungsrecht von Bedeutung, da sie als Gefahr für die polizeilichen Schutzgüter der öffentlichen Sicherheit und Ordnung angesehen wird.[14] Eine Rolle spielt die Obdachlosigkeit im Polizeirecht vor allem bei der Einweisung der betroffenen Personen in private Wohnungen gegen den Willen ihrer Eigentümer.[15] Die Vermeidung von Obdachlosigkeit ist nach deutschem Recht dennoch vorwiegend eine Aufgabe der zuständigen Sozialhilfeträger.[16] Nur wenn sozialpräventive Maßnahmen die Obdachlosigkeit nicht verhindern können, kommt ein polizei- und ordnungsrechtliches Einschreiten in Frage. Sowohl die Befugnisse der Polizei und der Ordnungsbehörden als auch die des Sozialhilfeträgers sind jedoch allesamt auf die Schaffung einer Unterkunftsmöglichkeit für den Obdachlosen gerichtet, ohne dass der betroffenen Person die Freiheit im Sinne des Art. 5 EMRK oder des Art. 2 Abs. 2 S. 2 GG entzogen wird.

---

10. § 361 StGB lautete: „Mit Haft wird bestraft,:
1. wer, nachdem er unter Polizeiaufsicht gestellt worden ist, den infolge derselben ihm auferlegten Beschränkungen zuwiderhandelt;
2. (gestrichen);
3. wer als Landstreicher umherzieht;
4. wer bettelt oder Kinder zum Betteln anleitet oder ausschickt;
5. wer sich dem Spiel, Trunk oder Müßiggang dergestalt hingibt, dass er in einen Zustand gerät, in welchem zu seinem Unterhalte oder zum Unterhalte derjenigen, zu deren Ernährung er verpflichtet ist, durch Vermittlung der Behörde fremde Hilfe in Anspruch genommen werden muss; [...]
7. wer, wenn er aus öffentlichen Armenmitteln eine Unterstützung empfängt, sich aus Arbeitsscheu weigert, die ihm von der Behörde angewiesene seinen Kräften angemessene Arbeit zu verrichten;
8. wer nach Verlust seines bisherigen Unterkommens binnen der ihm von der zuständigen Behörde bestimmten Frist sich kein anderweitiges Unterkommen verschafft hat und auch nicht nachweisen kann, dass er solches der von ihm angewandten Bemühungen ungeachtet nicht vermocht habe; [...]

11. BGHSt 4, 52; *Lange* in: Kohlrausch-Lange, StGB § 361 Anm. 3.

12. § 361 StGB wurde mit der Aufhebung der Übertretungstatbestände im 29. Abschnitt des StGB a.F. durch Art. 18 Nr. 190 EGStGB BGBl. I 469 und 2879, 2889 zum 01.01.1975 aufgehoben.

13. VGH BW 05.03.1996 DVBl. 1996, 569: Obdachlos ist danach derjenige, der „nicht Tag und Nacht über eine Unterkunft verfügt, die Schutz vor den Unbilden des Wetters bietet, Raum für die notwendigen Lebensbedürfnisse lässt und insgesamt den Anforderungen an eine menschenwürdige Unterkunft entspricht"; vgl. dazu auch *Schloer*, DVBl. 1989, 739.

14. Während die Rechtsprechung teilweise durch die Obdachlosen die öffentliche Ordnung gefährdet sieht (BVerwGE 17, 83 (86)) hält die Mehrheit in der Literatur aufgrund der Gefährdung der Gesundheit der Obdachlosen eine Gefährdung der öffentlichen Sicherheit für gegeben, vgl. *Drews/Wacke/Vogel/Martens*, Gefahrenabwehrrecht, S. 258; *Gusy*, Polizeirecht, Rn. 100; *Schloer*, DVBl. 1989, 739 (743).

15. *Gusy*, Polizeirecht, Rn. 272f.; *Ruder*, Obdachlose, Rn. 164ff.

16. *Ruder*, Obdachlose, Rn. 125ff.

Obdachlose sind aber typischerweise von der umstrittenen Maßnahme des polizeilichen Verbringungsgewahrsams betroffen. Weil ihre Anwesenheit an bestimmten Orten — in der Regel in der Innenstadt — als störend empfunden wird, werden sie in einem Polizeifahrzeug an einen entfernten Ort transportiert, von dem aus sie nicht so schnell zurückkehren können. Diese polizeiliche Praxis ist im deutschen Recht von keiner Ermächtigungsgrundlage gedeckt[17] und schon aus diesem Grund nicht mit Art. 5 Abs. 1 EMRK vereinbar.

Abschnitt 3: Frankreich

Auch in Frankreich hat sich im Laufe der letzten zwanzig Jahre die rechtliche Behandlung von Landstreichern *(vagabonds)* grundlegend verändert. Zuerst verliehen verschiedene Texte des *Premier Empire* der Verwaltung das Recht, Bettler zu verhaften und in Haftanstalten für Bettler *(Dépôts de mendicité)* zu inhaftieren.[18] Bis zur großen Strafrechtsreform 1992 stellte dann die Landstreicherei als Gefährdungstatbestand gemäß Art. 270 CP eine Straftat dar.[19] Landstreicher konnten daher gemäß Art. 106 CIC und Art. 73 CPP verhaftet und dem Richter vorgeführt werden, der eine Haftstrafe aussprechen konnte. Landstreicherei wurde in Frankreich gemäß Art. 270 CP mit drei bis sechs Monaten Freiheitsstrafe bestraft. Seit der Aufhebung dieses Straftatbestandes im Rahmen der großen Strafrechtsreform 1992 ist auch in Frankreich die Festnahme oder Inhaftierung einer Person allein aufgrund ihrer Eigenschaft als Landstreicher oder Bettler nicht mehr zulässig.[20]

Ein auch in der polizeilichen Praxis Frankreichs übliches Vorgehen gegen Landstreicher und Obdachlose stellt ihre Verbringung an entlegene Orte dar. Dieser Verbringung liegt in Frankreich in der Regel ein kommunaler Erlass zugrunde, der den Landstreichern den Aufenthalt an bestimmten Orten verbietet. Wenn die betroffenen Personen gegen dieses — auch im französischen Polizeirecht sehr umstrittene — Auf-

17. Vgl. oben Kapitel 3 Abschnitt 2 Seite 157.

18. Dazu *Gassin*, arrestation in: Encyclopédie Dalloz de droit pénal n° 35 (1967) Rn. 56.

19. Aufgehoben wurde der Straftatbestand der Landstreicherei durch die große Strafrechtsreform von 1992, bei der ein völlig neuer Code Pénal verabschiedet wurde: loi n° 92-683, 92-684, 92-685, 92-686 du 22.07.1992.

20. *Vidal*, Police locale, p. 269; Dies machte auch der Innenminister in seiner Antwort auf eine Anfrage eines Abgeordneten deutlich. Anlass der Anfrage waren Aggressionen durch Bettler, die im Mai 1994 in einem Mord an einem Autofahrer ihren traurigen Höhepunkt erreichten. Die Antwort auf die Frage nach möglichen präventiven Maßnahmen zur Verhinderung solcher Aggressionen macht deutlich, dass dadurch, dass die Landstreicherei seit der Reform des Strafrechts nicht mehr strafbar ist, ein Einschreiten nicht rechtmäßig ist: Solange die betreffenden Personen nicht gegen das Gesetz verstießen könne ihnen nicht verboten werden, sich frei zu bewegen. Häufige Vergehen dieser Personengruppe seien Ruhestörung, Gewalttätigkeit und Verunreinigung öffentlicher Orte, die zum Teil im Strafgesetz (partie règlementaire du Code Pénal) geregelt seien. Gegen deliktisches Verhalten, worunter auch bestimmte Formen der Aggressivität fallen werde man natürlich vorgehen. Auch werden bestimmte Gebiete, in denen sich besonders viele Personen dieser Personengruppe aufhalten, besonders polizeilich überwacht, J.O. Déb. Ass Nat 10.04.1995 Rép. QE n° 19633.

enthaltsverbot verstoßen, so können sie gegebenenfalls im Rahmen der zwangsweisen Vollstreckung des Verbots *(exécution d'office)* entfernt werden.[21] Die mit dem Entfernen im Einzelfall einhergehende Freiheitsentziehung ist gemäß Art. 5 Abs. 1 lit. b 2. Alt. EMRK als Freiheitsentziehung zur Durchsetzung einer gesetzlichen Pflicht gerechtfertigt, sofern und soweit das behördliche Aufenthaltsverbot tatsächlich von einer gesetzlichen Ermächtigungsgrundlage gedeckt ist.

Abschnitt 4: Vereinigtes Königreich

Anders als in Deutschland und Frankreich stellt die Landstreicherei im Vereinigten Königreich auch heute noch eine Straftat dar, derentwegen eine Person durch ein Gericht zu einer Freiheitsstrafe verurteilt werden kann. Bis heute gilt der nur teilweise modifizierte Vagrancy Act 1824.[22] Danach ist strafbar, wer umherzieht oder sich auf einem öffentlichen Platz niederlässt, um zu betteln, sowie sogenannte Arbeitsscheue und Ruhestörer *(idle and disorderly persons)*.[23] Die Straftat des Bettelns kann mit einer Freiheitsstrafe von bis zu einem Monat bestraft werden. Ein höheres Strafmaß sieht der Vagrancy Act 1824 für sogenannte Gauner und Landstreicher *(rogues and vagrants)* vor. Als *rogues and vagrants* bezeichnet das Gesetz „Arbeitsscheue und Ruhestörer", die eine Straftat begehen, einem Polizeibeamten gegenüber Widerstand leisten oder unter Vorgabe falscher Tatsachen um Almosen bitten. Auch eine Person, die sich zu unrechtmäßigen Zwecken[24] in einem Wohnhaus, einem Garten oder einem Hof aufhält, macht sich strafbar.[25] Schließlich stellt auch Obdachlosigkeit nach dem Vagrancy Act 1824 unter bestimmten Umständen eine Straftat dar. Strafbar sind gemäß Sec. 4 Vagrancy Act 1824 Personen, die unter freiem Himmel oder in einem unbewohnten Gebäude, einer Scheune, einem Zelt oder einem Fahrzeug leben, ohne dafür einen guten Grund zu haben. Durch den Vagrancy Act 1935 wurde diese Vorschrift insoweit geändert, als eine Person nunmehr nur dann wegen Obdachlosigkeit verurteilt werden kann, wenn nachgewiesen ist, dass ihr eine Unterkunft zur Verfügung steht.[26] Strafbar ist damit nur noch die „freiwillige" Obdachlosigkeit. Durch diese Ge-

---

21. Vgl. dazu *Decocq*, Police, p. 469ff.; *Dupuis/Guédon/Chrétien*, Droit administratif, p. 448ff.; *Rivero/Waline*, Droit administratif, p. 98ff.

22. Amended by the Criminal Justice Act 1925 Sec. 42, 49 (4) Sched. 3; the vagrancy Act 1935 Sec. 1; the theft Act 1968 Sec. 33 (3), Sch. 3; the Incident Displays (Control) Act 1981 Sec. 5 (2), The Criminal Attempts Act 1981 Sec. 8, 10; The Criminal Justices Act 1982 Sec. 77 Sched. 14 para 1; the Public Order Act 1986 Sec. 40 (3) Sch. 3.

23. Sec. 3 Vagrancy Act 1824.

24. Bei dem unrechtmäßigen Vorhaben muss es sich um eine schwerere Straftat handeln. Ein Verstoß gegen die öffentliche Moral genügt nicht, Smith v. Chief Superintendent (1983) 76 CrimAppR 234.

25. Talbot v. Oxford City Magistrate's Court, [2000] CrimLR 326, in diesem Urteil fand der Vagrancy Act 1824 tatsächlich Anwendung. Es ging um einen Fall, in dem eine Person in einem Büro eines Universitätsgebäudes aufgegriffen und verhaftet wurde. Der District Court hob das Urteil auf, da der Aufenthalt in Universitätsgebäuden nicht vom Tatbestand der Sec. 4 Vagrancy Act 1824 erfasst sei.

setzesänderung hat die Straftat der Obdachlosigkeit in der polizeilichen Praxis an Bedeutung verloren, da in der Regel zu wenig Plätze in Obdachlosenunterkünften zur Verfügung stehen.[27] Dennoch spielt das Delikt der Obdachlosigkeit, das erstmals im 14. Jahrhundert zur Bekämpfung der Pest eingeführt wurde, auch in der heutigen Rechtsprechung noch eine Rolle.[28]

Jedermann, der eine Person bei der Begehung einer der genannten Straftaten antrifft, hat gemäß Sec. 6 des Vagrancy Act 1824 das Recht, die betreffende Person festzunehmen und dem Richter vorzuführen.[29] Diese Festnahmebefugnis, sowie die Möglichkeit der Verurteilung zu Freiheitsstrafen, bestehen im Recht des Vereinigten Königreichs trotz der mittlerweile verstärkten Bemühungen zur Bekämpfung der Obdachlosigkeit im Rahmen der Leistungsverwaltung fort.[30]

Obwohl damit im Vereinigten Königreich anders als in Deutschland oder Frankreich auch heute noch freiheitsentziehende Maßnahmen gegen Landstreicher ergriffen werden können, fallen diese Maßnahmen nicht in den Anwendungsbereich des Art. 5 Abs. 1 lit. e EMRK. Da das Verhalten der betroffenen Personen, das ihre Eigenschaft als Landstreicher begründet, zugleich eine Straftat darstellt, ist die Freiheitsstrafe wegen Landstreicherei nach der Verurteilung durch das zuständige Gericht gemäß Art. 5 Abs. 1 lit. a EMRK gerechtfertigt. Die Festnahme einer Person aufgrund ihres strafbaren Verhaltens fällt in den Anwendungsbereich des Haftgrunds des Art. 5 Abs. 1 lit. c EMRK. Um eine Umgehung der Verfahrensrechte des Art. 5 Abs. 1 lit. c und des Art. 5 Abs. 3 EMRK zu verhindern, kann die Freiheitsentziehung daneben nicht auch gemäß Art. 5 Abs. 1 lit. e EMRK gerechtfertigt werden.

26. Sec. 1 (3) Vagrancy Act 1935.
27. *Englisch/Card*, Police Law p. 559.
28. Vgl. Talbot v. Oxford City Magistrate's Court [2000] CrimLR, 326; Gapper v. Chief Constable [1998] 4 AllER 248.
29. Diese Befugnis wurde, so die Rechtsprechung, auch durch die Neuregelung der Inhaftierungsbefugnisse im Rahmen des PACE 1984 nicht aufgehoben, da diese nur die Befugnisse betreffe, die ausschließlich Polizeibeamte zu Festnahmen ermächtigen, Gapper v. Chief Constable [1998] 4 AllER 248.
30. Eine Maßnahme zur Bekämpfung der Obdachlosigkeit stellt in erster Linie die Schaffung entsprechender Unterkünfte dar, vgl. Housing Act 1996 und Homelessness Act 2002.

Kapitel 9: Freiheitsentziehung im Ausländerrecht

Die Vertragsstaaten der EMRK sichern die in der Konvention niedergelegten Rechte und Freiheiten allen Personen zu, die ihrer Hoheitsgewalt unterstehen, Art. 1 EMRK. Die Gewährleistung der in der Konvention verankerten Rechte ist somit nicht auf die Angehörigen der Vertragsstaaten beschränkt.[1] Mit diesem weit gefassten persönlichen Schutzbereich der Rechte der EMRK entspricht die Konvention den Zielen des Europarats: So bestimmt Art. 3 der Satzung des Europarats, dass alle Mitglieder des Europarats den Grundsatz anerkennen, dass jeder, der ihrer Hoheitsgewalt unterliegt, den Menschenrechten und Grundfreiheiten teilhaftig werden soll.[2] Die Staatsangehörigkeit einer Person sollte daher bei der Gewährung von Rechten im Rahmen der EMRK grundsätzlich keine Rolle spielen.

Dennoch knüpfen verschiedene Regelungen der EMRK und der zu ihr erlassenen Zusatzprotokolle direkt oder indirekt an die Staatsangehörigkeit der betroffenen Personen an. Dies ist in erster Linie der Tatsache geschuldet, dass von bestimmten staatlichen Maßnahmen, wie beispielsweise der Ausweisung oder der Auslieferung, in erster Linie Personen betroffen sind, die nicht die Staatsangehörigkeit des betreffenden Staates besitzen. Nur diesen Personen ist gegen diese Maßnahmen daher durch die Menschenrechte besonderer Schutz zu gewähren.[3] Zwar wird weder durch die EMRK noch durch ihre Zusatzprotokolle Ausländern ein allgemeines Recht auf Aufenthalt oder Asyl in einem Staat gewährt.[4] Aus Art. 3 EMRK und Art. 8 EMRK ergibt sich aber unter bestimmten Umständen die Pflicht eines Staates, einen Ausländer nicht auszuweisen oder ihm den Aufenthalt auf dem Staatsgebiet zu gestatten. So verstößt ein Staat gegen Art. 3 EMRK, wenn er eine Person in einen Staat abschiebt oder an einen Staat ausliefert, in dem der betroffenen Person eine unmenschliche Behandlung droht.[5] Auch können aufenthaltsbeendende staatliche Maßnahmen oder die Verweigerung der Einreise gegen das Recht auf Privat- und Familienleben aus Art. 8 EMRK verstoßen.[6] Darüber hinaus verbietet Art. 4 des 4. Zusatzprotokolls zur EMRK[7] den

---

1. *Zwingenberger*, Europäische Konvention, S. 106.
2. Art. 3 S. 1 der Satzung des Europarats 05.05.1949 (BGBl. 1950 I 263).
3. Zum Schutz der Rechte der Ausländer durch die EMRK vgl. *Labayle*, RFDA 1997, 977 (978ff.).
4. EGMR 30.10.1991 Vilvarajah/United Kingdom, Series A 215, para. 103; EGMR 15.11.1996 Chahal/United Kingdom, Reports 1996-V, para. 73; EKMR 30.06.1950 X/Suede, YB 2 (1958-1959) 354 (372).
5. EGMR 07.07.1989 Soering/United Kingdom, Series A 161, para. 81ff; EGMR 20.03.1991 Cruz Varas/Suede, Series A 201, para. 69; EGMR 30.10.1991 Vilvarajah/United Kingdom, Series A 215, para. 103; EGMR 15.11.1996 Chahal/United Kingdom, Reports 1996-V, para. 74; vgl. zur Bedeutung des Art. 3 EMRK für das Ausländerrecht *Alleweldt*, Schutz, S. 16.
6. EGMR 28.05.1985 Abdulaziz/United Kingdom, Series A 94, para. 60; EGMR 21.06.1988 Berrehab/Netherlands, Series A 138, para. 23; EGMR 20.09.1997 Mehemi/France, Reports 1997-VI, para. 27; EKMR 06.05.1981 X/United Kindom, DR 24, 98 (99); vgl. zum Schutz des Privat- und Familienlebens in ausländerrechtlich relevanten Fragen *Davy*, Integration, S. 52ff.

Vertragsstaaten die kollektive Ausweisung von Ausländern, und Art. 1 des 7. Zusatzprotokolls zur EMRK[8] gewährt Ausländern in bezug auf die Ausweisung besondere Verfahrensrechte.

Daneben knüpft auch Art. 5 Abs. 1 lit. f EMRK indirekt an die Staatsangehörigkeit der betroffenen Personen an und beinhaltet insoweit eine Sonderregelung für Ausländer. Zwar wird diese Personengruppe von Art. 5 Abs. 1 lit. f EMRK nicht ausdrücklich benannt. Von Maßnahmen zur Verhinderung der illegalen Einreise und von Ausweisungs- bzw. Auslieferungsverfahren im Sinne des Art. 5 Abs. 1 lit. f EMRK sind jedoch grundsätzlich nur Ausländer betroffen.[9] Anders als Art. 4, 4. Zusatzprotokoll zur EMRK und Art. 1, 7. Zusatzprotokoll zur EMRK enthält Art. 5 Abs. 1 lit. f EMRK jedoch keine Gewährleistung besonderer Rechte für Ausländer, sondern im Gegenteil eine besondere Eingriffsbefugnis der Vertragsstaaten in die Rechte von Ausländern.[10] Art. 5 Abs. 1 lit. f EMRK ermächtigt die Staaten — als Ausnahme vom grundsätzlichen Verbot staatlicher Freiheitsentziehung —, Personen zur Verhinderung der illegalen Einreise sowie im Rahmen von Ausweisungs- oder Auslieferungsverfahren festzunehmen und zu inhaftieren. Damit lässt Art. 5 Abs. 1 lit. f EMRK Eingriffe in das Recht auf Freiheit zu, die insbesondere Ausländer betreffen. Andererseits beschränkt die Regelung des Art. 5 Abs. 1 lit. f EMRK staatliche Freiheitsentziehungen im Ausländerrecht auf die dort genannten Haftgründe und wirkt damit dem willkürlichem Freiheitsentzug durch die Vertragsstaaten entgegen.[11]

---

7. Protokoll Nr. 4 zur Konvention zum Schutze der Menschenrechte und Grundfreiheiten, durch das gewisse Rechte und Freiheiten gewährleistet werden, die nicht bereits in der Konvention oder im ersten Zusatzprotokoll enthalten sind vom 16.09.1963, in Kraft getreten am 02.05.1968; von Frankreich am 03.05.1974 und von Deutschland am 01.06.1968 ratifiziert; vom Vereinigten Königreich am 06.09.1963 unterzeichnet, jedoch nicht ratifiziert.

8. Protokoll Nr. 7 zur Konvention zum Schutze der Menschenrechte und Grundfreiheiten vom 22.11.1984, in Kraft getreten am 01.11.1988; von Frankreich am 17.02.1986 ratifiziert, von Deutschland am 19.03.1985 unterzeichnet, aber nicht ratifiziert und vom Vereinigten Königreich weder unterzeichnet noch ratifiziert.

9. Wobei die EMRK auch nicht die Ausweisung eigener Staatsangehöriger verbietet, vgl. *Fawcett*, Convention, p. 87; *Gollwitzer* in: Löwe-Rosenstein, StPO-Kommentar, Art. 5 EMRK Rn. 84.

10. *Julien-Laferrière*, L'éloignement, p. 236.

11. *Cohen-Jonathan*, Convention, p. 321.

Abschnitt 1: Freiheitsentziehung nach Art. 5 Abs. 1 lit. f EMRK

Staatliche Freiheitsentziehungen sind gemäß Art. 5 Abs. 1 lit. f EMRK zulässig, um eine Person daran zu hindern, unberechtigt in das Staatsgebiet einzudringen, oder wenn die betroffene Person von einem gegen sie schwebenden Ausweisungs- oder Auslieferungsverfahren betroffen ist.

> „the lawful arrest or detention of a person to prevent his effecting an unauthorised entry into the country or of a person against whom action is being taken with a view to deportation or extradition."
>
> „s'il s'agit de l'arrestation ou de la détention régulière d'une personne pour l'empêcher de pénétrer irrégulièrement dans le territoire, ou contre laquelle une procédure d'expulsion ou d'extradition est en cours."

Art. 5 Abs. 1 lit. f EMRK unterscheidet damit drei Haftgründe: die Freiheitsentziehung zur Verhinderung der Einreise, die Freiheitsentziehung während eines schwebenden Ausweisungsverfahrens und die Freiheitsentziehung während eines schwebenden Auslieferungsverfahrens. Diesen Haftgründen ist gemeinsam, dass die Festnahme oder Haft im Sinne aller drei Haftgründe dazu dient, dem Aufenthalt unerwünschter Personen auf dem Staatsgebiet entgegenzuwirken.

I. Freiheitsentziehung zur Verhinderung der illegalen Einreise

Die Ermächtigung zu staatlichen Freiheitsentziehungen in Art. 5 Abs. 1 lit. f 1. Alt. EMRK soll die Vertragsstaaten in die Lage versetzen, die Einreise bestimmter Personen in das Staatsgebiet zu verhindern. Nach dem völkerrechtlichen Grundsatz der Gebietshoheit haben Staaten grundsätzlich das Recht zu entscheiden, wem sie Zugang zu ihrem Staatsgebiet gewähren wollen.[12] Auch die Vertragsstaaten der EMRK können dahergrundsätzlich selbst bestimmen, wem sie unter welchen Bedingungen die Einreise gewähren und wem sie die Einreise untersagen. Um zu verhindern, dass Personen entgegen den Einreisebestimmungen des Staates und damit unberechtigt in dessen Staatsgebiet eindringen (illegale Einreise), können die Staaten gemäß Art. 5 Abs. 1 lit. f 1. Alt. EMRK Personen festnehmen oder inhaftieren.

Die Auslegung des Wortlauts von Art. 5 Abs. 1 lit. f 1. Alt. EMRK bereitet indes Schwierigkeiten. Dem Wortlaut dieses Haftgrundes nach kann eine Person festgenommen werden, weil sie daran gehindert werden *soll*, unberechtigt in das Staatsgebiet einzudringen. Die Vereinbarkeit der Freiheitsentziehung mit dem Recht auf Freiheit aus Art. 5 Abs. 1 EMRK ist damit in erster Linie von der Absicht der handelnden Behörde abhängig. Die Behörde muss in der Absicht handeln, die betroffene Person daran zu hindern, illegal in das Staatsgebiet einzudringen.[13] Diese Absicht setzt vor-

---

12. EGMR 30.10.1991 Vilvarajah/United Kingdom, Series A 215, para. 103; EGMR 15.11.1996 Chahal/United Kingdom, Reports 1996-V, para. 73; vgl. dazu *Doehring*, Völkerrecht, S. 362; zu den völkerrechtlichen Verpflichtungen der Staaten, bestimmten Personen die Einreise zu gewähren, vgl. *Davy*, Asyl, Bd. 1, S. 93ff.
13. Herzog, AöR 86 (1961), 194 (233).

aus, dass es zum Zeitpunkt staatlichen Einschreitens zumindest (noch) möglich erscheint, die betroffene Person daran zu hindern, in das Staatsgebiet einzudringen. Es stellt sich daher die Frage, ob und unter welchen Umständen eine staatliche Festnahme oder Inhaftierung einer Person denkbar ist, die tatsächlich der Verhinderung des *Eindringens* in das Staatsgebiet dient.

Eine Person ist nach der gewöhnlichen Bedeutung des Begriffs bereits in dem Moment in das Staatsgebiet eines Staates eingedrungen, in dem sie die Staatsgrenze überschreitet und das Staatsgebiet betritt.[14] In diesem Moment befindet sich die Person somit bereits im Staatsgebiet, so dass eine Inhaftierung nicht mehr mit dem Ziel vorgenommen werden kann, sie daran zu hindern, in das Staatsgebiet einzudringen.

In Betracht kommen daher nach dem Wortlaut des Art. 5 Abs. 1 lit. f 1. Alt. EMRK nur staatliche Maßnahmen im Vorfeld des Grenzübertritts einer Person. Bevor die betroffene Person das Gebiet eines Staates betritt, können staatliche Stellen jedoch im Regelfall keine Maßnahmen gegen eine Person ergreifen. Nach dem Grundsatz der Gebietshoheit übt jeder Staat auf seinem Territorium eine von anderen Staaten unabhängige Hoheitsgewalt aus und ist dort ausschließlich zum Erlass von Hoheitsakten befugt.[15] Aus diesem Grundsatz folgt, dass — bis auf einige völkerrechtliche Ausnahmen — ein Staat auf dem Gebiet eines anderen Staates keine Hoheitsgewalt ausüben darf.[16] Auch staatliche Freiheitsentziehungen sind daher auf dem Gebiet eines anderen Staates völkerrechtlich unzulässig. Eine staatliche Behörde kann damit eine Person nicht inhaftieren, bevor sie sich im Hoheitsgebiet des Staates — und damit in der Regel auf dessen Staatsgebiet — befindet. Die Auslegung des Wortlauts des Haftgrundes des Art. 5 Abs. 1 lit. f 1. Alt. EMRK ergibt damit das sinnwidrige Ergebnis, dass die Freiheitsentziehungen, zu denen Art. 5 Abs. 1 lit. f 1. Alt. EMRK die Vertragsstaaten ausdrücklich ermächtigt, den Staaten aus völkerrechtlichen Gründen unmöglich sind.

Zur Vermeidung dieser sinnwidrigen Auslegung der Konvention sind gemäß Art. 32 des Wiener Übereinkommens über das Recht der Verträge ergänzende Auslegungsmittel, wie die vorbereitenden Arbeiten und die Umstände des Vertragsschlusses heranzuziehen. Aus den vorbereitenden Arbeiten lässt sich indes keine ausdrückliche Aussage über die gewollte Bedeutung des Haftgrundes entnehmen: Die Formulierung des Art. 5 Abs. 1 lit. f EMRK geht auf den ersten Vorschlag einer detaillierten Fassung des Rechts auf Freiheit des Vereinigten Königreichs zurück und war damit von Anfang an fester und unumstrittener Bestandteil der Aufzählung zulässiger Haftgründe.[17] Es scheint insoweit Einigkeit und Klarheit über die Bedeutung des Haftgrundes

---

14. *Ruidisch*, Einreise, S. 79; *Schiedermair,* Handbuch, § 1 AuslG 1965 Rn. 6.

15. So auch *Max Huber* in: Award of the tribunal of arbitration 04.04.1928, RIAA II, 831 (838): „The development of the national organisation of States during the last few centuries and, as a corollary, the development of international law, have established this principle of exclusive competence of the State in regard to its own territory in such a way to make it the point of departure in settling most questions that concern international relations."

16. Vgl. *Gloria* in: Ipsen, Völkerrecht, S. 244f; zu den Ausnahmen vgl. *Siegrist,* Hoheitsakte, S. 25ff.

bestanden zu haben. Maßnahmen zur Verhinderung des unbefugten Eindringens in das Staatsgebiet, die die Staaten bei der Ausarbeitung der Konvention vor Augen gehabt haben können, waren staatliche Maßnahmen anlässlich der Kontrolle des Grenzverkehrs durch staatliche Behörden. Staaten haben seit jeher den Grenzverkehr in Form von militärischen, zivilen oder polizeilichen Grenzkontrollen überwacht.[18] Diese Kontrollstellen befanden sich — schon aufgrund des Grundsatzes der Gebietshoheit — stets auf dem Gebiet des entsprechenden Staates. Erst auf nationalem Gebiet konnte ein Staat kontrollieren, ob eine Person die Einreisebedingungen erfüllt oder nicht. Erst dort konnte einer Person daher auch die weitere Einreise verwehrt und sie gegebenenfalls inhaftiert werden.

Gerade im Ausländerrecht des Vereinigten Königreichs, das den Vertretern dieses Staates bei der Formulierung des Haftgrundes vor Augen stand, wird — schon aufgrund der geographischen Lage des Staates — traditionell besonderes Augenmerk auf staatliche Maßnahmen zur Verhinderung der illegalen Einreise gelegt.[19] Zur Verhinderung der illegalen Einreise sieht das Recht des Vereinigten Königreichs bereits seit 1905 eine Kontrolle bei der Einreise vor.[20] Personen, die in das Vereinigte Königreich einreisen wollen, müssen sich einer Einreisekontrolle durch den *immigration officer* unterwerfen. Der *immigration officer* entscheidet dann, ob und unter welchen Bedingungen einer Person die Einreise gestattet wird. Während der Überprüfung der Einreiseberechtigung aber auch im Fall der Verweigerung der Einreiseerlaubnis, kann die betroffene Person nach dem Recht des Vereinigten Königreichs festgehalten werden.[21] Die Entscheidung über die Gewährung der Einreise *(entry)* der Personen, nach deren Ankunft *(arrival)* in einem Flugzeug, findet nach dem Recht des Vereinigten Königreichs noch am Flughafen oder Hafen und damit ebenfalls bereits auf dem Staatsgebiet des Vereinigten Königreichs statt. Insbesondere das Recht des Vereinigten Königreichs, das den Vertretern dieses Staates bei der Formulierung des Haftgrundes vertraut war, unterscheidet somit zwischen der Ankunft in dem Staat und der Einreise.

Gemeint war mit der Formulierung des Haftgrundes des Art. 5 Abs. 1 lit. f 1. Alt. EMRK daher wohl das An- und Festhalten von Personen anlässlich von Grenzkontrollen nach dem Überschreiten der Staatsgrenze. Dem entspricht, dass die jeweiligen nationalen Einreiseregelungen des geltenden Rechts der Vertragsstaaten die Möglichkeit der Verweigerung einer Einreiseerlaubnis bei der Personenkontrolle auf nationalem Gebiet vorsehen und folglich davon ausgehen, dass bis zu dieser Kontrolle noch keine Einreise erfolgt ist.[22] Angesichts der Tatsache, dass der Haftgrund der Verhinderung der illegalen Einreise als Ausnahme vom generellen Verbot staatlicher Freiheitsentziehung gemäß Art. 5 Abs. 1 EMRK möglichst eng auszulegen ist,[23] ist jedoch da-

---

17. Vorschlag des Vereinigten Königreichs am 04.02.1950 im Expertenausschuss Doc. A 782, TP Vol. III Ch. XI, p. 189.
18. Vgl. zur Geschichte der Grenzbewachung, *Martinstetter*, Staatsgrenzen, S. 220ff.
19. Vgl. Sec. 1 Aliens Act 1905; Art. 1 und 3 Aliens Order 1920; Art. 1, 2 und 7 Aliens Order 1953; dazu *Davy*, Asyl, Bd. 2, S. 269; *Macdonald/Blake*, Immigration, para. 1.6.
20. Aliens Act 1905.
21. Vgl. zum geltenden Recht *Supperstone/O'Dempsey*, Immigration, p. 283.

von auszugehen, dass die Einreise spätestens mit dem Passieren der Grenzkontrollen vollendet ist. Nach dem Passieren einer Grenzkontrollstelle ist eine Person damit — unabhängig davon, ob sie tatsächlich kontrolliert wurde — legal oder illegal in das Staatsgebiet eingedrungen. Sie kann dann nicht (mehr) gemäß Art. 5 Abs. 1 lit. f 1. Alt. EMRK festgehalten werden.[24]

Besonderheiten ergeben sich bei der Verhinderung der Einreise von Ausländern auf dem Luftweg oder mit dem Schiff. Reist eine Person auf dem Luftweg oder mit dem Schiff in einen Staat ein, so kann die Einreise durch den betreffenden Staat nicht direkt beim Grenzübertritt kontrolliert und verhindert werden. Die Legalität der Einreise wird daher von den Staaten in diesen Fällen nach der Ankunft der betroffenen Personen auf dem Flughafen oder im Hafen und vor dem Verlassen des sogenannten Transitraums kontrolliert. Personen, denen die weitere Einreise in den betreffenden Staat nicht gewährt werden soll, dürfen die Grenzkontrollen nicht passieren. Die Verhinderung der Einreise an den Grenzkontrollstellen eines Flughafens oder Hafens führt dazu, dass die betroffenen Personen den Flughafen- oder Hafenbereich nur auf dem Luftweg oder mit dem Schiff in Richtung Ausland wieder verlassen können. Wenn eine sofortige Rückreise jedoch — wie im Regelfall — nicht möglich ist, sind die Betroffenen gezwungen, längere Zeit im Transitraum zu verbringen. Da in den meisten Staaten nicht erwünscht ist, dass sich illegal eingereister Ausländer im Transitraum frei bewegen können, werden die Betroffenen regelmäßig in besonderen Unterkünften innerhalb des Transitraums untergebracht und dort festgehalten.[25]

Eine Verhinderung der Einreise im Sinne des Art. 5 Abs. 1 lit. f EMRK kann durch die Staaten bei der Ankunft der Personen in diesen Fällen erst bei der Grenzkontrolle erfolgen. Auch wenn diese Grenzkontrolle bei der Einreise einer Person auf dem Luftweg unter Umständen erst mitten auf dem Staatsgebiet möglich ist, ist die Person erst mit dem Passieren der Grenzkontrolle und nicht schon mit dem „Einflug" in den Luftraum des Staates in diesen „eingedrungen" im Sinne des Art. 5 Abs. 1 lit. f EMRK.

---

22. Art. 5 die Ordonnance n° 45-2658 vom 02.11.1945 relative à l'entrée et au séjour des étrangers en France J.O. du 04.11.1945, p. 7225; Immigration Act 1971 Sched. 2 para. 2 (das Recht des Vereinigten Königreichs unterscheidet zwischen „arrival" und „entry") vgl. unten Kapitel 9 Abschnitt 4 Seite 376; §§ 58 ff. AuslG vgl. unten Kapitel 9 Abschnitt 2 Seite 334; vgl. zu den Einreisebestimmungen anderer Staaten auch *Frowein/Wolf*, Ausländerrecht.

23. St. Rspr. EGMR 24.10.1979 Winterwerp/Netherlands, Series A 33 para. 37; EGMR 06.11.1980 Guzzardi/Italy, Series A 39, para. 98; EGMR 24.09.1992 Kolompar/Belgium, Series A 253-C, para. 39.

24. A. A. Schweizerisches Bundesgericht 13.01.1984 EuGRZ 1984, 295 (296f.), nach der Auffassung des Gerichts kann die Tatbestandsvariante des unberechtigten Eindringens in das Staatsgebiet nach teleologischen Gesichtspunkten nur so verstanden werden, dass auch der bereits illegal ins Land eingedrungene Ausländer erfasst werden können soll, wenn von dessen Gefährlichkeit auszugehen ist und er nicht wieder ins Ausland abgeschoben werden kann: Es gehe darum, solche Ausländer daran zu hindern, sich frei auf dem Staatsgebiet zu bewegen.

25. Vgl. zur Vereinbarkeit dieses Vorgehens mit der EMRK unten Kapitel 9 Abschnitt 2 Seite 338 und Abschnitt 3 Seite 366.

II. Ausweisungs- und Auslieferungshaft

Die gemäß Art. 5 Abs. 1 lit. f 2. und 3. Alt. EMRK zulässigen Freiheitsentziehungen dienen dazu, die Entfernung unerwünschter Personen vom Staatsgebiet zu sichern. Aus dem völkerrechtlichen Grundsatz der Gebietshoheit der Staaten folgt, dass Staaten unerwünschte Personen fremder Staatsangehörigkeit aus ihrem Staatsgebiet entfernen dürfen.[26] Es besteht daher grundsätzlich kein Anspruch auf Aufenthalt in einem Staat, dessen Staatsangehörigkeit man nicht besitzt.[27] Die Beendigung des Aufenthalts eines Ausländers kann durch einen Staat im Wege einer Ausweisung *(deportation/expulsion)* oder einer Auslieferung *(extradition/extradition)* erfolgen. Unter einer Ausweisung versteht man die Untersagung des Aufenthalts im Gebiet eines Staates, die mit einer Ausreisepflicht verbunden ist.[28] Auch durch die Auslieferung wird der Aufenthalt einer Person auf dem Gebiet eines Staates beendet. Die Auslieferung erfolgt jedoch, anders als die Ausweisung, stets auf Ersuchen eines anderen Staates.[29] Bei der Auslieferung handelt es sich in der Regel um eine internationale Kooperation zweier Staaten zum Zweck der Strafverfolgung und -vollstreckung und damit um Maßnahmen der Straf- und Strafprozessrechts.[30]

Während eines Ausweisungs- oder Auslieferungsverfahrens, in dem über das Aufenthaltsrecht bzw. die Ausreisepflicht einer Person entschieden wird, können die Vertragsstaaten der EMRK die von dem Verfahren betroffene Person gemäß Art. 5 Abs. 1 lit. f 2. und 3. Alt EMRK festnehmen und in Haft halten:

> „The lawful arrest or detention of a person [...] against whom action is being taken with view to deportation or extradition/l'arrestation ou la détention régulière d'une personne [...] contre laquelle une procédure d'expulsion ou d'extradition est en cours."

Voraussetzung für eine EMRK-konforme Freiheitsentziehung ist damit nicht, dass bereits eine Entscheidung über die Ausweisung bzw. Auslieferung getroffen wurde. Es genügt vielmehr, dass ein entsprechendes Verfahren „schwebt" *(action is being taken/une procédure est en cours)*. Ob es letztlich zu einer Ausweisung oder Auslieferung kommt, ist für die Frage der Rechtmäßigkeit der Freiheitsentziehung während des Ausweisungs- oder Auslieferungsverfahrens daher nicht von Bedeutung.[31]

Auch sehen Art. 5 Abs. 1 lit. f 2. und 3. Alt. EMRK keine besonderen materiellen Voraussetzungen für die Rechtmäßigkeit staatlicher Freiheitsentziehungen während des Ausweisungs- oder Auslieferungsverfahrens vor. So kommt es beispielsweise nicht

---

26. Vgl. dazu *Fawcett*, Convention, p. 61.
27. Vgl. auch EGMR 30.10.1991 Vilvarajah/United Kingdom, Series A 215, para. 103; EGMR 15.11.1996 Chahal/United Kingdom, Reports 1996-V, para. 73; vgl. dazu *Doehring*, Völkerrecht, S. 362; zu den völkerrechtlichen Pflichten der Staaten, den Aufenthalt bestimmter Personen auf dem Staatsgebiet zu dulden, vgl. *Davy*, Asyl, Bd. 1, S. 210ff.
28. *Hailbronner*, AuslR, Bd. 1, § 45 AuslG Rn. 4.
29. *Lübbe-Wolff* in: Dreier, GG, Art. 16 Rn. 67.
30. *Bonichot*, RIDC 1986, 689 (689); *Davy* in: AK-GG, Art. 16a Rn. 13.
31. EKMR 06.10.1976 Lynas/Switzerland DR 6, 141 (167); *Peukert* in: Frowein/Peukert, EMRK-Kommentar, Art. 5 Rn. 99; *Trechsel*, EUGRZ 1987, 69 (71f); *Velu/Ergec*, Convention, p. 281.

darauf an, dass die Haft einer Person, die von einem Ausweisungsverfahren betroffen ist, als notwendig angesehen wird, z.B. um sie an der Begehung einer strafbaren Handlung oder an der Flucht zu hindern.[32] In dieser Hinsicht sieht Art. 5 Abs. 1 lit. f EMRK nicht dasselbe Schutzniveau vor wie Art. 5 Abs. 1 lit. c EMRK. Zu beachten ist jedoch, dass der Grundsatz der Verhältnismäßigkeit gebietet,[33] dass auch die Freiheitsentziehung, die im Hinblick auf eine Ausweisung oder Auslieferung erfolgt, geeignet und erforderlich und das mildeste Mittel zur Erreichung des gewünschten Zieles sein muss.[34]

A. Zweck der Freiheitsentziehung

Ein Ausweisungs- oder Auslieferungsverfahren „schwebt" im Sinne des Art. 5 Abs. 1 lit. f EMRK, wenn behördliche Schritte in der Absicht unternommen werden, die betroffene Person vom Staatsgebiet zu entfernen *(action [...] with a view to deportation or extradition)*.[35] Die Verfasser des Haftgrundes des Art. 5 Abs. 1 lit. f EMRK wollten gewährleisten, dass Ausländer, die des Landes verwiesen werden sollen, zum Zweck ihrer Außerlandesschaffung in Haft genommen werden können.[36] Sie wählten zu diesem Zweck die Ausdrücke *deportation* und *expulsion*. Bei diesen Ausdrücke handelt es sich um Oberbegriffe, mit denen die im einzelnen durchaus unterschiedlichen ausländerrechtlichen Maßnahmen verschiedener Staaten zusammengefasst werden. Die Begriffe *deportation* und *expulsion* beziehen sich damit auf eine gewisse Bandbreite von Maßnahmen, die auf die Außerlandesschaffung von Ausländern gerichtet sind.[37] Während Maßnahmen zur Verhinderung der Einreise zeitlich vor der Einreise stattfinden, sollen Maßnahmen der *deportation* bzw. *expulsion* die Ausreise der bereits eingereisten Person sicherstellen.[38]

Als materielle Voraussetzung für eine Freiheitsentziehung sieht Art. 5 Abs. 1 lit. f 2. und 3. Alt. EMRK damit nur eine bestimmte Absicht der handelnden Behörde vor: die Absicht, die betroffene Person vom Staatsgebiet zu entfernen. Der Rechtsschutz, den das Recht auf Freiheit des Art. 5 EMRK gegenüber staatlichen Freiheitsentziehungen im Ausländerrecht gewährt, wird in der Literatur aus diesem Grund als besonders schwach kritisiert.[39] Eine staatliche Freiheitsentziehung im Sinne des Art. 5 Abs. 1 lit. f

32. EGMR 05.05.2002 Conka/Belgium, Appl. no. 51564/99, para. 38.
33. Vgl. dazu oben Kapitel 2 Abschnitt 1 Seite 83.
34. EKMR 06.10.1976 Lynas/Switzerland, DR 6, 141 (153); EKMR 17.07.1980 Caprino/United Kingdom, DR 22, 1 (13); *Clements*, Human Rights, p. 132.
35. EGMR 18.12.1986 Bozano/France, Series A 111, para. 54; EGMR 05.05.2002 Conka/Belgium, Appl. No. 51564/99, para. 42; *Peukert* in: Frowein/Peukert, EMRK-Kommentar, Art. 5 Rn. 98.
36. Zur Inhaftierung von Asylbewerbern vgl. *Giakoumopulos*, Detention, p. 167ff.
37. *Davy*, Asyl, Bd. 2, S. 273.
38. *Davy*, Asyl, Bd. 2, S. 273; *Herzog*, AöR 86 (1961), 194 (233).
39. *Trechsel*, HRLJ 1 (1980), 88 (123); ders. Menschenrechtskonvention, S. 212: „Diese Bestimmung ist so weit gefasst, dass sie als Freipass für Grenzschutzorgane und Fremdenpolizei bezeichnet werden kann."

2. und 3. Alt. EMRK darf aber nur dann erfolgen, wenn die Absicht der Behörde, die betroffene Person aus dem Staatsgebiet zu entfernen, tatsächlich besteht. Da der Katalog der Haftgründe in Art. 5 Abs. 1 S. 2 EMRK abschließend ist, ist zu gewährleisten, dass der Haftgrund des schwebenden Ausweisungs- oder Auslieferungsverfahrens nicht vorgeschoben werden kann, um eine Haft aus anderen Gründen zu rechtfertigen. Diese Forderung ergibt sich auch aus Art. 5 EMRK iVm. Art. 18 EMRK, wonach die nach der EMRK gestatteten Einschränkungen der Rechte und Freiheiten nicht für andere Zwecke als die vorgesehenen angewendet werden dürfen.[40] Eine Inhaftierung illegal eingereister Ausländer, die nicht im Hinblick auf deren Ausweisung oder Auslieferung, sondern beispielsweise ausschließlich zum Zwecke der Abschreckung vorgenommen wird, wäre daher unzulässig.[41] Auch wenn sich während des behördlichen Verfahrens herausstellt, dass die Ausweisung oder Auslieferung aus rechtlichen oder tatsächlichen Gründen unmöglich ist, kann eine Freiheitsentziehung nicht mehr in der Absicht erfolgen, die betroffene Person vom Staatsgebiet zu entfernen.[42] Die betroffene Person ist in diesem Fall aus der Haft zu entlassen, sofern ihre Inhaftierung nicht auch auf andere Haftgründe gestützt werden kann. Schließlich kann auch das unnötige Hinauszögern der Abschiebung oder Auslieferung und die damit verbundene Verlängerung der Haft ein Indiz dafür sein, dass es der Behörde nicht in erster Linie um die Entfernung der Person vom Staatsgebiet, sondern vielmehr darum geht, die betroffene Person den staatlichen Behörden zur Verfügung zu halten.[43]

Eine zweckwidrige Inhaftierung stellte der EGMR im Fall *Bozano* fest.[44] Der in Italien in Abwesenheit zu lebenslanger Freiheitsstrafe verurteilte Beschwerdeführer war nach Frankreich geflohen. Dort wurde er anfänglich in Auslieferungshaft genommen. Er wurde jedoch wieder auf freien Fuß gesetzt, nachdem ein französisches Gericht entschieden hatte, dass seine Auslieferung mit französischem Recht nicht vereinbar wäre. Entgegen dieser gerichtlichen Entscheidung ordnete das französische Innenministerium an, dass der Beschwerdeführer in die Schweiz abgeschoben werden sollte, von wo aus eine Auslieferung nach Italien möglich war. Bozano wurde über diese Anordnung in Unkenntnis gelassen, so dass er gegen sie keine Rechtsmittel einlegen konnte. In einer „Nacht- und Nebel-Aktion" wurde der Beschwerdeführer von der Polizei aufgegriffen und zwangsweise in die Schweiz verbracht.[45] Der EGMR stellte fest, dass die Abschiebung, die zumindest während des Transports des Beschwerdeführers eine Freiheitsentziehung im Sinne des Art. 5 Abs. 1 EMRK mit sich brachte,[46] nicht mit Art. 5 Abs. 1 lit. f EMRK vereinbar sei. Es sei der französischen Verwaltung angesichts ihres Vorgehens offenbar nicht um die Entfernung des Beschwerdeführers von franzö-

40. *Trechsel*, HRLJ 1 (1980), 88 (126); *Velu/Ergec*, Convention, p. 280.
41. *Jacobs/White*, ECHR, p. 110.
42. *Buergenthal* in: Les droits de l'homme en droit interne et en droit international, p. 263 (274); *Schubarth*, ZSR 94 (1975), 465 (479); a.A. *Velu/Ergec*, Convention, p. 282.
43. EKMR 08.01.1993 T.Q./France, Appl. no. 18580/91; *Dougin*, Jurisprudence, p. 70.
44. EGMR 18.12.1986 Bozano/France, Series A 111.
45. Umfassend zum Fall Bozano *Sudre*, RGDIP 1987, 533ff.
46. Vgl. dazu unten Kapitel 9 Abschnitt 2 Seite 353.

sischem Territorium, sondern allein darum gegangen, ihn unter Umgehung der der Auslieferung entgegenstehenden gerichtlichen Entscheidung der italienischer Hoheitsgewalt zuzuführen:

> „Depriving Mr. Bozano of his liberty in this way amounted in fact to a disguised form of extradition designed to circumvent the negative ruling of 15 May 1979 by the Indictment Division of the Limoges Court of Appeal, and not to 'detention' necessary in the ordinary course of 'action ... taken with a view to deportation'." [47]

Obwohl die Absicht der Behörde, eine Person auszuweisen oder auszuliefern, in der Regel schwer zu widerlegen ist, kann doch zumindest in besonders offensichtlichen Fällen willkürlicher Freiheitsentziehung festgesetllt werden, dass die staatliche Maßnahme nicht mit Art. 5 Abs. 1 EMRK vereinbar ist.

B. Dauer der Freiheitsentziehung

Die Zweckbindung der Freiheitsentziehung im Sinne des Art. 5 Abs. 1 lit. f 2. und 3. Alt. EMRK kann sich auch auf die zulässige Dauer einer Abschiebungs- oder Auslieferungshaft auswirken. Die Freiheitsentziehung ist gemäß Art. 5 Abs. 1 lit. f EMRK grundsätzlich nur zulässig, solange das Ausweisungs- oder Abschiebungsverfahren „schwebt": vom Moment erster Untersuchungs- und Vorbereitungsmaßnahmen bis zur physischen Entfernung der betroffenen Person vom Staatsgebiet. Wie lange ein Ausweisungs- oder Auslieferungsverfahren und damit die staatliche Freiheitsentziehung im Sinne des Art. 5 Abs. 1 lit. f 2. und 3. Alt. EMRK zulässigerweise dauern darf, regelt die EMRK nicht. Da die Freiheitsentziehung im Sinne des Art. 5 Abs. 1 lit. f 2. und 3. Alt. EMRK jedoch nur zum Zweck der Entfernung einer Person vom Staatsgebiet im Rahmen eines Ausweisungs- oder Auslieferungsverfahrens erfolgen darf, darf sie auch nur solange andauern, wie das behördliche Verfahren tatsächlich in dieser Absicht betrieben wird.

Die Kommission stellte aus diesem Grund bereits in einer ihrer ersten Entscheidungen fest, dass ein Verfahren nur solange im Sinne des Art. 5 Abs. 1 lit. f EMRK „schwebt", solange die zuständige Behörde tatsächlich tätig ist und das Verfahren mit der nötigen Sorgfalt und mit der nötigen Geschwindigkeit betreibt:

> „The wording of both the English and the French texts makes it clear that only the existence of extradition proceedings justifies deprivation of liberty in such a case. It follows that for example if the proceedings are not conducted with the requisite diligence or if the detention results from some misuse of authority it ceases to be justifiable under 5 (1) (f). Within these limits the commission might therefore have cause to consider the length of time spent in detention pending extradition from the point of view of the above provisions."[48]

Auch der EGMR stellt seither in ständiger Rechtsprechung fest, dass eine Freiheitsentziehung im Sinne des Art. 5 Abs. 1 lit. f EMRK nur solange gerechtfertigt ist, wie die staatlichen Stellen das Ausweisung- oder Auslieferungsverfahren tatsächlich betreiben. Willkürliche Verzögerungen des Verfahrens führen danach dazu, dass die Freiheitsentziehung konventionswidrig wird.[49] Da die EMRK keine Höchstfristen für die

47. EGMR 18.12.1986 Bozano/France, Series A 111, para. 54.
48. EKMR 06.10.1976 Lynas/Switzerland, DR 6, 141 (153).

Dauer eines Ausweisungs- oder Auslieferungsverfahrens vorsieht, kommt es aber nicht auf die absolute Dauer des Verfahrens an.[50] Die Rechtfertigung einer Freiheitsentziehung im Sinne des Art. 5 Abs. 1 lit. f 2. und 3. Alt. EMRK entfällt nur dann, wenn die Behörde das Verfahren willkürlich verzögert. Wird das Verfahren dadurch verlängert, dass die Person, deren Ausweisungs- oder Auslieferungsverfahren „schwebt", selbst das Verfahren durch mangelnde Kooperation oder auf andere Weise verzögert, bleibt die Freiheitsentziehung im Sinne des Art. 5 Abs. 1 lit. f EMRK gerechtfertigt.[51]

Eine Freiheitsentziehung während eines „schwebenden" Ausweisungs- oder Auslieferungsverfahrens muss daher folgende vier Voraussetzungen erfüllen:

- Die Freiheitsentziehung muß „lawful" sein, d.h. sie muß mit dem nationalen Recht übereinstimmen. Dabei muss das nationale Recht seinerseits hinreichend bestimmt sein. Die Kommission und der EGMR überprüfen die Einhaltung des Verfahrens im Detail jedoch nur, wenn das Verfahren den Anschein der Willkür erweckt.
- Die Freiheitsentziehung muß immer im Hinblick auf eine bevorstehende Ausweisung oder Auslieferung erfolgen.
- Das Verfahren der Ausweisung muß mit hinreichender Schnelligkeit durchgeführt werden.
- Die Freiheitsentziehung muß verhältnismäßig sein. Es müssen z.B. Gründe vorliegen, warum eine Freilassung auf Kaution nicht ausreicht.

C. Rechtmäßigkeit der Ausweisung oder Auslieferung

Für die Gründe oder das Verfahren einer Ausweisung bzw. Auslieferung lassen sich Art. 5 EMRK keine Vorgaben entnehmen. Es bleibt damit im Rahmen bestimmter völkerrechtlicher Vorgaben grundsätzlich den Staaten überlassen, wann und warum sie ein entsprechendes Ausweisungs- oder Auslieferungsverfahren „schweben" lassen.[52] Es ist somit zwischen der Rechtmäßigkeit der Ausweisung selbst und der Rechtmäßigkeit der Freiheitsentziehung zur Vollstreckung der Ausweisung zu unterscheiden. Voraussetzung für die Zulässigkeit einer Freiheitsentziehung im Sinne des Art. 5 Abs. 1 lit. f EMRK ist ausschließlich, dass die Festnahme oder die Haft selbst „rechtmäßig"

---

49. EGMR 24.09.1992 Kolompar/Belgium, Series A 235-C, para. 36; EGMR 22.03.1995 Quinn/France, Series A 311, para. 48; EGMR 15.11.1996 Chahal/United Kingdom, Reports 1996-V, para. 113:„[...] any deprivation of liberty under Article 5 para. 1 (f) (art. 5-1-f) will be justified only for as long as deportation proceedings are in progress. If such proceedings are not prosecuted with due diligence, the detention will cease to be permissible under Article 5 para. 1(f)."
50. *Harris/O'Boyle/Warbrick*, Convention, p. 128.
51. EGMR 24.09.1992 Kolompar/Belgium, Series A 235-C, para. 42; EGMR 13.07.1996 X/Netherlands YB IX 1966, 286 (304).
52. EKMR 26.02.1997 Ali/Switzerland, InfAuslR 1999, 217.

(lawful/régulière) ist.[53] Auf die Rechtmäßigkeit der Ausweisung kommt es hingegen nach dem Wortlaut des Art. 5 Abs. 1 lit. f EMRK für die Beurteilung der Vereinbarkeit der Abschiebungshaft mit der EMRK nicht an.

Daraus wird in der Literatur teilweise der Schluss gezogen, dass die Rechtmäßigkeit der Ausweisung bzw. der Auslieferung für die Frage der Vereinbarkeit einer staatlichen Freiheitsentziehung im Sinne des Art. 5 Abs. 1 lit. f EMRK ohne Bedeutung sei.[54] Da die Haft gemäß Art. 5 Abs. 1 lit. f EMRK schon dann als gerechtfertigt gelte, wenn gegen die inhaftierte Person ein Ausweisungs- oder Auslieferungsverfahren eingeleitet worden ist, hätten die Konventionsorgane auch nicht die materielle Rechtmäßigkeit der Ausweisung oder Auslieferung zu prüfen. Aufgabe der EKMR und des EGMR sei es lediglich, zu prüfen, ob die Inhaftierung in formeller Hinsicht konventionskonform ist.[55] Auch die Kommission stellte im Fall *Caprino* ausdrücklich fest, dass es für die Frage der Vereinbarkeit einer Freiheitsentziehung im Sinne des Art. 5 Abs. 1 lit. f EMRK nicht darauf ankomme, ob die der Freiheitsentziehung zugrunde liegende Ausweisung selbst rechtmäßig ist.[56] Nur in offensichtlichen Missbrauchsfällen könne die Rechtswidrigkeit des der Haft zugrunde liegenden Verfahrens oder der der Haft zugrunde liegenden behördlichen Entscheidungen dazu führen, dass auch die Freiheitsentziehung selbst als nicht mit der Konvention vereinbar anzusehen sei.[57]
Regelmäßig stellt die Rechtmäßigkeit der Ausweisung oder der Auslieferung nach der Auffassung der EKMR für die Vereinbarkeit der Ausweisungs- oder Auslieferungshaft mit Art. 5 EMRK aber keine notwendige Bedingung dar. Anders als Art. 5 Abs. 1 lit. e EMRK stelle Art. 5 Abs. 1 lit. f EMRK gerade keine materiellen Anforderungen an die Freiheitsentziehung. Es genüge vielmehr — so die Kommission —, wenn das nationale Recht eine rechtliche Grundlage für die freiheitsentziehende Maßnahme vorsehe:

> „While Article 5 (1) (e) requires that the substantive conditions justifying detention are met, Article 5 (1) (f) does not require the Commission to provide its own interpretation on questions of national law concerning the legalitiy of the detention or deportation. The scope of the Commission´s review is limited to examining whether there is a legal basis for the detention and whether the decision of the courts on the question of lawfulness could be described as arbitrary in light of the facts of the case"[58]

---

53. EGMR 15.11.1996 Chahal/United Kingdom, Reports 1996-V, para. 128.
54. *Gollwitzer* in: Löwe-Rosenstein, StPO-Kommentar, Art. 5 EMRK Rn. 88; *Peukert* in: Frowein/Peukert, EMRK-Kommentar, Art. 5 Rn. 99; *Trechsel*, EuGRZ 1987, 69 (71); *Velu/Ergec*, Convention, p. 334; *Villiger*, Handbuch, Rn. 341.
55. *Seidel*, Handbuch, S. 339.
56. EKMR 17.07.1980 Caprino/United Kingdom, DR 22, 5 (12): „[..] the lawfulness of the deportation order is not a prerequisite for the detention to be in conformity with Article 5 (1) (f)."
57. *Murdoch*, Article 5, p. 31; *Trechsel*, HRLJ, 1 (1980), 88 (124); *Velu/Ergec*, Convention, p. 334.
58. EKMR 11.10.1983 Zamir/United Kingdom DR 40, 42 (55).

Der Grund für diese Beschränkung des Prüfungsumfangs ist nicht allein darin zu sehen, dass die Konventionsorgane den nationalen Behörden und Gerichten bei der Auslegung und Anwendung des nationalen Rechts einen Einschätzungs- und Beurteilungsspielraum zugestehen.[59] Die Vereinbarkeit der Ausweisung und der Auslieferung mit nationalem Recht wird vielmehr für gänzlich unbeachtlich gehalten:

> „ [...] all that is required under this provision (art. 5-1-f) is that „action is being taken with a view to deportation". It is therefore immaterial, for the purposes of Article 5 para. 1 (f) (art. 5-1-f), whether the underlying decision to expel can be justified under national or Convention law."[60]

Diese Auffassung verkennt jedoch, dass die Vereinbarkeit der Freiheitsentziehung mit nationalem Recht — die Voraussetzung für ihre Vereinbarkeit mit Art. 5 Abs. 1 EMRK ist — unter bestimmten Umständen die Rechtmäßigkeit der Ausweisung und der Auslieferung voraussetzt. Die Inhaftierung einer Person zum Zweck der Vollstreckung eines bereits erlassenen Ausreisebefehls stellt nach nationalem Recht in der Regel eine auf dem Ausreisebefehl aufbauende Verwaltungsentscheidung dar.[61] Bestimmt das nationale Recht, dass die Inhaftierung einer Person nur dann rechtmäßig ist, wenn der Ausreisebefehl, dessen Vollzug die Inhaftierung dienen soll, seinerseits rechtmäßig ist, so hängt die Vereinbarkeit der Freiheitsentziehung mit Art. 5 EMRK mittelbar von der Rechtmäßigkeit des Ausreisebefehls ab.[62] Eine auf einer rechtswidrigen Ausweisung beruhende Abschiebungshaft ist in dieser Konstellation ihrerseits rechtswidrig und daher nicht mit Art. 5 Abs. 1 EMRK vereinbar.[63] Als Voraussetzung für die Vereinbarkeit einer freiheitsentziehenden Maßnahme mit Art. 5 Abs. 1 EMRK ist die Rechtmäßigkeit der Ausweisung oder Auslieferung in diesen Fällen sowohl von den nationalen Gerichten im Rahmen der Haftprüfung gemäß Art. 5 Abs. 4 EMRK als auch von den Konventionsorganen zu prüfen. Durch diese Überprüfung der Rechtmäßigkeit der Freiheitsentziehung wird auch nicht das vom EGMR stets betonte Recht der Vertragsstaaten untergraben, einen Ausländer aus beliebigen Gründen auszuweisen und vom Staatsgebiet zu entfernen, da den Vertragsstaaten durch diese Auslegung des Art. 5 Abs. 1 lit. f EMRK keine materiellen Vorgaben für die Rechtmä-

59. St. Rspr: EGMR 24.10.1979 Winterwerp/Netherlands, Series A 33 para. 46; EGMR 18.12.1986 Bozano/France, Series A 111 para. 58; EGMR 24.11.1994 Kemmache/France, Series A 296-C para. 42; EGMR 22.03.1995 Quinn/France, Series A 311, para. 48; EGMR 10.06.1996 Benham/United Kingdom, Reports 1996-III para. 41; EGMR 19.10.2000 Wloch/Poland Appl. no. 27785/95 para. 110.

60. EGMR 15.11.1996 Chahal/United Kingdom, Reports 1996-V, para. 112; EKMR 17.07.1980 Caprino/United Kingdom, DR 22, 5 (12): „[..] the lawfulness of the deportation order is not a prerequisite for the detention to be in conformity with Article 5 (1) (f)."

61. Vgl. auch unten Kapitel 9 Abschnitt 2 Seite 353 und Abschnitt 3 Seite 353.

62. So auch Dissenting Opinion von Judge Melchior in EKMR 17.07.1980 Caprino/United Kingdom, DR 22, 5 (14).

63. *Van Dijk/Van Hoof*, Convention, p. 269.

ßigkeit einer Ausweisung oder Auslieferung auferlegt werden. Es wird auf diese Weise ausschließlich überprüft, ob die staatlichen Stellen das nationale Recht eingehalten haben.

Der im nationalen Recht verankerten Abhängigkeit der Rechtmäßigkeit der Freiheitsentziehung von der Rechtmäßigkeit der Ausweisungs- oder Auslieferungsentscheidung sind sich auch die Konventionsorgane bewusst. So stellt die Kommission im Fall *Zamir* fest:

> „The use of the words 'person against whom action is being taken with a view to deportation' in Art. 5 I f indicates that the Commisson should examine whether the person is detained in accordance with national law with the intention of being deported. However a legal situation may occur, where, as in the present case, national law makes the lawfulness of detention dependent on the lawfulness of the deportation."[64]

Wenngleich der Gerichtshof trotz dieser Erkenntnis nicht die Vereinbarkeit der Ausweisung oder Auslieferung mit nationalem Recht prüft, unterzieht er das Verfahren der Ausweisung oder Auslieferung im Fall *Bozano* doch zumindest einer Willkürkontrolle.[65] Bozano war entgegen eines gerichtlichen Auslieferungsverbots von Frankreich in die Schweiz abgeschoben worden, von wo aus seine Auslieferung nach Italien erfolgte. Der EGMR stellte in diesem Zusammenhang fest, dass Art. 5 Abs. 1 EMRK willkürlichen Freiheitsentzug verbiete.[66] Eine überraschende, weil entgegen einer richterlichen Entscheidung erfolgende, Freiheitsentziehung zur Abschiebung einer Person sei aber willkürlich und daher mit Art. 5 Abs. 1 EMRK nicht vereinbar.[67] Zwar stellte der EGMR in seinem Urteil fest, dass „Zweifel" an der Vereinbarkeit der Abschiebung mit nationalem Recht bestünden. Er stützt sein Urteil jedoch in erster Linie auf den Verstoß der Abschiebung gegen das Willkürverbot des Art. 5 Abs. 1 EMRK.

Auch in einem neueren Urteil — dem Fall *Conka*[68] —, prüft der EGMR letztlich nur die Vereinbarkeit des Abschiebungsverfahrens mit dem Willkürverbot des Art. 5 Abs. 1 lit. f EMRK. Bei den Beschwerdeführern in diesem Fall handelte es sich um eine Familie, die der Volksgruppe der Roma zugehörte und slowakischer Staatsangehörigkeit war. Die Familie war nach Belgien geflüchtet und beantragte dort Asyl, da sie in ihrer Heimat mehrmals Aggressionen von Skinheadgruppen ausgesetzt war. Den Beschwerdeführern wurde während des Verfahrens eine Ladung der Polizeibehörde in Gent zugestellt, die damit begründet wurde, dass ihre Anwesenheit für die Beendigung der laufenden Asylverfahren notwendig sei. Bei der Behörde selbst wurden sie jedoch mit einem gegen sie erlassenen Ausweisungsbeschluss und einem zur Sicherung seiner Vollziehung erlassenen Abschiebungshaftbescheid konfrontiert. Zusammen mit anderen Roma-Familien wurden die Beschwerdeführer in das geschlossene Transitzentrum Steenokkerzeel bei Brüssel gebracht und schließlich in ihre Heimat ab-

64. EKMR 11.10.1983 Zamir/United Kingdom DR 40, 42 (55).
65. EGMR 18.12.1986 Bozano/France, Series A 111
66. In diesem Zusammenhang führt der Gerichtshof sogar das Recht auf Sicherheit an, dem er sonst eine eigenständige Bedeutung abspricht, vgl. dazu oben Kapitel 2 Abschnitt 1 Seite 61.
67. EGMR 18.12.1986 Bozano/France, Series A 111 para. 59.
68. EGMR 05.05.2002 Conka/Belgium, Appl. No. 51564/99.

geschoben. Der EGMR äußerte in seinem Urteil zunächst Zweifel an der Vereinbarkeit des Abschiebungsverfahrens mit dem belgischen Recht.[69] Er stellt dann aber primär darauf ab, dass die Inhaftierung von Ausländern stets im Einklang mit dem Zweck von Art. 5 EMRK stehen müsse, nämlich den Einzelnen vor Willkür zu schützen. Dieses Erfordernis müsse auch die Verlässlichkeit der Mitteilungen, wie sie den Beschwerdeführern übermittelt worden waren, berücksichtigen, unabhängig davon, ob die Beschwerdeführer sich legal im Staatsgebiet aufhielten, oder nicht. Daraus schließt der EGMR, dass die bewusste Entscheidung der Behörden, die Effektivität einer geplanten Abschiebungsoperation durch Irreführung der Betroffenen zu verbessern bzw. zu erleichtern, mit Art. 5 Abs. 1 EMRK unvereinbar ist.[70]

Obwohl Kommission und Gerichtshof die mögliche Abhängigkeit der Rechtmäßigkeit einer Ausweisungs- oder Auslieferungshaft von der ihr zugrunde liegenden behördlichen Entscheidung erkannt haben, stützt der Gerichtshof seine Urteile auf das Willkürverbot und das Recht auf Sicherheit des Art. 5 Abs. 1 EMRK. Dieses Vorgehen des EGMR ist nur dadurch zu erklären, dass er den Staaten einen weiteren Spielraum bei der Ausgestaltung der Ausweisungs- oder Auslieferungshaft zugestehen will. Die folgerichtige Umsetzung der Erkenntnis, dass die Rechtmäßigkeit der Freiheitsentziehung unter Umständen von der Rechtmäßigkeit des Ausreisebefehls abhängig ist, würde die Möglichkeiten der Staaten bei der Ausgestaltung des Ausländerrechts jedoch nicht beschränken. Die Staaten wären lediglich dazu gezwungen, das von ihnen erlassene Recht auch einzuhalten. Zugunsten eines besseren Rechtsschutzes muss daher eine volle Überprüfung der Vereinbarkeit der Ausweisungs- oder Auslieferungshaft mit nationalem Recht erfolgen. Folgerichtig muss die Rechtmäßigkeit der Ausweisung oder Auslieferung als Voraussetzung für die Vereinbarkeit einer freiheitsentziehenden Maßnahme auch von den nationalen Gerichten im Rahmen der Haftprüfung gemäß Art. 5 Abs. 4 EMRK geprüft werden. Ob das jeweilige nationale Recht dieser Anforderung genügt, soll im Kapitel 10 näher untersucht werden.[71]

Abschnitt 2: Deutschland

Die Einreise und der Aufenthalt von Ausländern ist in der deutschen Rechtsordnung im Ausländergesetz (AuslG) normiert.

69. EGMR 05.05.2002 Conka/Belgium, Appl. No. 51564/99, para. 41.
70. EGMR 05.05.2002 Conka/Belgium, Appl. No. 51564/99, para. 42.
71. Vgl. dazu unten Kapitel 10 Abschnitt 2 Seite 428.

I. Freiheitsentziehung zur Verhinderung der illegalen Einreise

Das deutsche Ausländerrecht begrenzt und regelt die Einreise von Ausländern in das Bundesgebiet.[72] Eine Einreise ist danach unerlaubt, wenn die einreisende Person eine erforderliche Aufenthaltsgenehmigung nicht besitzt, keinen Pass hat oder bereits ausgewiesen wurde und keine Ausnahmegenehmigung zum Betreten des Staates hat, § 58 Abs. 1 AuslG.

Kontrolliert wird die Rechtmäßigkeit der Einreise an sogenannten „zugelassenen Grenzübergangsstellen". Grundsätzlich ist die Einreise in das Bundesgebiet gemäß § 59 Abs. 1 S. 1 AuslG auch nur an diesen zugelassenen Grenzübergangsstellen und innerhalb festgesetzter Verkehrsstunden zulässig.[73] Reist eine Person an anderer Stelle in das Bundesgebiet ein, so ist die Einreise mit dem Überqueren der Staatsgrenze vollendet. Grenzübertritt und Einreise fallen in diesem Fall zusammen. Bei der Einreise an einer Grenzübergangsstelle gilt ein Ausländer dagegen erst dann als eingereist, wenn er die Grenze überschritten und die Grenzübergangsstelle passiert hat, § 59 Abs. 2 S. 1 AuslG. Aufgrund dieser Regelung gelten Personen, die sich faktisch bereits auf deutschem Staatsgebiet befinden aus ausländerrechtlicher Sicht solange als nicht eingreist, wie sie die Grenzkontrolle noch nicht passiert haben. Mit Hife dieser gesetzlichen Fiktion sollen der deutschen Staatsgewalt einreiseverhindernde Maßnahmen ermöglicht werden.[74] Die Grenzübergangsstelle ist passiert, sobald der Ausländer sie in Richtung Inland verlassen hat. Die Ordnungsmäßigkeit der Einreise, ob also die vorgeschriebene polizeiliche Grenzkontrolle durchgeführt wird oder ob die Grenzübergangsstelle überhaupt besetzt ist, ist für den Begriff der Einreise nicht relevant.[75]

Selbst nach dem Passieren der Grenzübergangsstelle gilt ein Ausländer jedoch dann nicht im Sinne des deutschen Ausländerrechts als eingereist, wenn ihm das Passieren der Grenzübergangsstelle nur zu einem bestimmten vorübergehenden Zweck erlaubt wird und den Grenzbehörden eine Kontrolle des Aufenthalts des Ausländers möglich bleibt, § 59 Abs. 2 S. 2 AuslG. Diese gesetzliche Fiktion der Nicht-Einreise wurde 1997[76] im Hinblick darauf eingeführt, dass in der polizeilichen Praxis oft die Notwendigkeit besteht, Ausländer insbesondere aus dem Transitbereich von Flughäfen vorübergehend bestimmten Stellen im Bundesgebiet zuzuführen.[77] Diese Notwendigkeit bestehe — so die Begründung des Gesetzgebers — insbesondere dann, wenn die betroffenen Personen in ein Krankenhaus oder beispielsweise aufgrund einer Suizidgefährdung in die Psychiatrie eingeliefert werden müssten. Auch die Vorführung bei den zuständigen Botschaften zur Erlangung der für die Rückführung notwendigen

72. Zur Entwicklung des Rechts des Aufenthalts und der Einreise vgl. *Davy/Cinar*, Integration, S. 277ff.

73. Zu den Modifizierungen dieser Regelung durch das Schengener Durchführungsübereinkommen vom 26.03.1995 (BGBl. 1993 II, S. 1010) vgl. *Hailbronner*, AuslR, Bd. 1, § 59 AuslG Rn. 2.

74. BT-Drs. 11/6321 (76f); *Liebetanz* in: GK-AsylVfG, § 18a Rn. 8.

75. *Liebetanz* in: GK-AsylVfG, § 18a Rn. 8.

76. Gesetz zur Änderung des Ausländer- und Asylverfahrensrechts 20.10.1997 (BGBl. I, S. 584).

77. BT-Drs. 13/5986, S. 10.

Papiere könne ein Passieren der Grenzübergangsstelle erforderlich machen.[78] Die Notwendigkeit, Ausländer, denen die Einreise verweigert werden soll, in das Inland zu bringen, könne sich zB. bei einem Schwächeanfall oder einem Suizid-Versuch der betroffenen Person auch beim Versuch der Einreise an den Land- und Seegrenzen ergeben.[79] Schließlich erfolgt der Vollzug einer Zurückweisungshaft in der Regel in Haftanstalten im Bundesgebiet,[80] so dass die Betroffenen auch zu diesem Zweck ins Landesinnere gebracht werden müssten.[81] Weder während der Eskorte noch während des Vollzugs der Zurückweisungshaft gelten die betroffenen Personen als eingereist im Sinne des Ausländerrechts, da das kontrollierte vorübergehende Eindringen in das Staatsgebiet gemäß § 59 Abs. 2 S. 3 AuslG keine Einreise im ausländerrechtlichen Sinn darstellt. Nur wenn sich Ausländer jenseits der Grenzkontrollstellen dem Zugriff der verbringenden Behörde entziehen, gelten sie gemäß § 59 Abs. 2 AuslG als eingereist.[82] Grenzübertritt und Einreise fallen nach deutschem Ausländerrecht daher nur dann zusammen, wenn ein Ausländer an anderer Stelle als an einer zugelassenen Grenzübergangsstelle das Staatsgebiet betritt.

A. Zurückweisung

Zur Verhinderung der unerlaubten Einreise dürfen die mit der polizeilichen Kontrolle des grenzüberschreitenden Verkehrs beauftragten Behörden einen Ausländer, der unerlaubt einreisen will, an der Grenze zurückweisen, § 60 Abs. 1 AuslG. Durch die Zurückweisung wird der betroffenen Person die Einreise in das Bundesgebiet verweigert. Die Zurückweisung ist daher nur vor beendeter Einreise zulässig. An einer im Staatsgebiet gelegenen Grenzübergangsstelle darf die betroffene Person somit nur dann zurückgewiesen werden, wenn sie die Übergangsstelle nicht tatsächlich passiert hat.[83]

1. Voraussetzungen der Freiheitsentziehung

Zur Durchsetzung einer Zurückweisung kann die Grenzbehörde im Rahmen der Verwaltungsvollstreckung unmittelbaren Zwang anwenden.[84] Zur Vorbereitung der Entscheidung über die Zurückweisung und zur Sicherung deren Vollzugs kann ein Ausländer aber auch auf richterliche Anordnung in sog. Zurückweisungshaft genommen werden, § 60 Abs. 5 iVm. § 57 AuslG. Da die Zurückweisung in der Regel unverzüg-

78. *Liebetanz* in: GK-AsylVfG, § 18a Rn. 11.
79. BT-Drs. 13/5986, S. 10.
80. Vgl. Antwort der Bundesregierung auf die Kleine Anfrage der Abgeordneten Ulla Jelpke und der Gruppe der PDS 11.08.1997 BT-Drs. 13/8386, wonach die Zurückweisungshaft unter anderem in der JVA Offenbach, Wiesbaden, Hamburg sowie in den Abschiebungshaftanstalten Neuss und Moers vollzogen wird, die sich unzweifelhaft auf deutschem Staatsgebiet befinden.
81. VG Bremen 02.11.1995, NVwZ-Beilage 3/1996, 23 (24).
82. *Hailbronner*, AuslR, Bd. 1, § 59 AuslG Rn. 17b.
83. *Kanein/Renner*, AuslR, § 60 AuslG Rn. 4.
84. Dazu *Hailbronner*, AuslR, Bd. 1, § 60 AuslG Rn. 6.

lich zu erfolgen hat, wird die Anordnung einer Zurückweisungshaft jedoch nur in Ausnahmefällen erforderlich sein.[85] Gründe für eine Verzögerung bei der Zurückweisung können sich beispielsweise daraus ergeben, dass über die Identität des Ausländers oder die Zulässigkeit der Einreise erst Ermittlungen anzustellen bzw. Verhandlungen mit dem in Betracht kommenden Aufnahmestaat zu führen sind, vorbereitendende Zurückweisungshaft.[86] Aber auch die Organisation des Vollzugs der Rückführung, wie beispielsweise das Beschaffen von Reisepapieren oder Transportmitteln, kann einige Zeit in Anspruch nehmen, Haft zur Sicherung der Zurückweisung.[87] Voraussetzung für die Anordnung der vorbereitenden Zurückweisungshaft ist gemäß § 60 Abs. 5 iVm. § 57 Abs. 1 AuslG, dass über die Zurückweisung nicht sofort entschieden werden kann und die Zurückweisung ohne die Ingewahrsamnahme wesentlich erschwert oder vereitelt würde. Die Anordnung der Haft zur Sicherung der Zurückweisung setzt gemäß § 60 Abs. 5 iVm. § 57 Abs. 2 AuslG das Vorliegen eines Zurückweisungshaftgrundes voraus. Ein Grund für die Zurückweisungshaft liegt vor, wenn die betroffene Person sich der Zurückweisung entzogen hat oder der begründete Verdacht besteht, dass sie sich der Zurückweisung entziehen will.[88] Da es sich sowohl bei der vorbereitenden Zurückweisungshaft als auch bei der Haft zur Sicherung einer Zurückweisung um eine Freiheitsentziehung im Sinne des Art. 104 Abs. 2 GG handelt, hat die Grenzbehörde stets eine richterliche Anordnung der Haft zu erwirken.

2. Vereinbarkeit mit Art. 5 EMRK

Die Zurückweisungshaft des deutschen Rechts ist nur dann mit Art. 5 Abs. 1 EMRK vereinbar, wenn sie einem der in Art. 5 Abs. 1 lit. f EMRK genannten Haftgründe entspricht.

a) Freiheitsentziehung zur Verhinderung der Einreise

Die Zurückweisung an der Grenzübergangsstelle dient dazu, die betroffenen Personen an der Einreise zu hindern. Auch das Festhalten von Personen im Rahmen der Zurückweisungshaft vor dem Passieren der Grenzübergangsstellen soll die betroffenen Personen daran hindern, unerlaubt in das Staatsgebiet einzudringen. Zwar befindet sich die betroffene Person an der Grenzübergangsstelle nach völkerrechtlichem Maßstab bereits auf dem Staatsgebiet, eine Freiheitsentziehung zur Verhinderung der Einreise im Sinne des Art. 5 Abs. 1 lit. f 1. Alt. EMRK ist jedoch nur auf dem Hoheits-

85. *Hailbronner,* AuslR, Bd. 1, § 60 AuslG Rn. 72; *Kloesel/Christ/Häußer,* Ausländerrecht, Band 1, § 60 AuslG Rn. 23.
86. *Kanein/Renner,* AuslR, Bd. 1, § 60 AuslG Rn. 14.
87. *Hailbronner,* AuslR, Bd. 1, § 60 AuslG Rn. 74.
88. *Hailbronner,* AuslR, Bd. 1, § 60 AuslG Rn. 75.

gebiet des Staates und damit auch noch an der Grenzkontrollstelle möglich.[89] Die Zurückweisungshaft des deutschen Rechts ist insoweit mit dem Haftgrund des Art. 5 Abs. 1 lit. f 1. Alt. EMRK vereinbar.

Problematisch erscheint jedoch, dass nach deutschem Ausländerrecht auch Personen in Zurückweisungshaft genommen werden können, die zuvor bereits die Grenzübergangsstelle passiert haben. Nach der gesetzlichen Fiktion des § 59 Abs. 2 AuslG gilt eine Person auch dann noch nicht als eingereist, wenn ihr das Passieren der Grenzübergangsstelle zu einem vorübergehenden Zweck erlaubt wurde und es den Behörden während dieser Zeit möglich ist, den Aufenthalt der betroffenen Person zu kontrollieren. Die betroffene Person kann sich auf diese Weise für einen Zeitraum von mehreren Wochen beispielsweise in Frankfurt aufhalten, ohne dass sie nach deutschem Recht eingereist ist. Auch der Umstand, dass die Zurückweisungshaft oft jenseits der Grenzübergangstellen in Abschiebehaftanstalten oder Justizvollzugsanstalten vollzogen wird, die sich unstreitig auf Staatsgebiet befinden, wirft die Frage auf, ob die Inhaftierung in diesem Fall tatsächlich der Verhinderung des Eindringens in das Staatsgebiet *(entry into the country/pénétrer [...] dans le territoire)* dienen kann.

Nach dem Maßstab des Art. 5 Abs. 1 lit. f 1. Alt. EMRK ist eine Person spätestens mit dem Passieren der Grenzübergangsstelle als staatlicher Grenzkontrollstelle in das Staatsgebiet eingedrungen.[90] Eine Person, die mit der Erlaubnis der staatlichen Behörden die Grenzkontrollstelle passiert hat, ist demzufolge legal in das Staatsgebiet eingereist. Eine Freiheitsentziehung kann ab diesem Moment nicht mehr zu dem Zweck erfolgen, die Person daran zu hindern, unberechtigt in das Staatsgebiet einzudringen. Die Freiheitsentziehung während des Aufenthalts innerhalb des Staatsgebiets, die mit der Eskorte durch den Bundesgrenzschutz (BGS) oder mit der Haft in einer Justizvollzugsanstalt verbunden ist, ist folglich nicht gemäß Art. 5 Abs. 1 lit. f 1. Alt. EMRK gerechtfertigt. Aber auch die Zurückweisungshaft selbst, soweit sie jenseits der Grenzkontrollstellen auf Staatsgebiet vollzogen wird, ist nicht (mehr) vom Haftgrund des Art. 5 Abs. 1 lit. f 1. Alt. EMRK umfasst.[91]

b) Freiheitsentziehung während eines Ausweisungsverfahrens

Die Zurückweisungshaft im Sinne der §§ 60 Abs. 5 iVm. 57 AuslG könnte jedoch als Maßnahme während eines „schwebenden" Ausweisungsverfahrens im Sinne des Art. 5 Abs. 1 lit. f 2. Alt. EMRK gerechtfertigt sein. Zwar ist die Zurückweisungshaft

89. Vgl. dazu oben Kapitel 9 Abschnitt 1 Seite 323.
90. Vgl. oben Kapitel 9 Abschnitt 1 Seite 323.
91. VG Frankfurt 15.04.1996 AuAS 1996, 143 (144). Danach sind die Folgen dieser Ansicht hinnehmbar: Wenn geltend gemacht werde, die Verbringung in ein Krankenhaus zur Behandlung oder zur Untersuchung unter Grenzschutzbewachung dürfe nicht bereits als Einreise gewertet werden, weil der Asylbewerber sonst durch bewusste Selbstverletzung oder Vortäuschung einer Erkrankung seine Einreise erzwingen könne, so handele es sich dabei um ein Problem des Mißbrauchs des Ausländer- und Asylrechts, das sich auch in anderen Bereichen stelle. Im übrigen könne durch medizinische Dienste am Flughafen Abhilfe geschaffen werden.

nach dem nationalen Recht als Maßnahme zur Verhinderung der Einreise konzipiert, der Qualifikation einer Maßnahme nach nationalem Recht kommt für die Beurteilung ihrer Vereinbarkeit mit der EMRK jedoch nur untergeordnete Bedeutung zu.[92] Für die Qualifikation staatlichen Handelns als Maßnahme während eines „schwebenden" Ausweisungsverfahrens ist vielmehr entscheidend, ob es der Behörde um die Entfernung einer Person vom Staatsgebiet geht. Durch die Zurückweisungshaft nach vollendeter Einreise im Sinne von § 60 Abs. 5 iVm. § 57 Abs. 1 AuslG soll die betroffene Person während der behördlichen Entscheidung über ihre Zurückweisung und damit während der Entscheidungüber ihre Pflicht zum Verlassen des Staatsgebiets, den Behörden zur Verfügung gehalten werden. Die betroffene Person ist in diesen Fällen bereits im Sinne der EMRK in das Staatsgebiet „eingedrungen". Durch die Zurückweisung kann daher nicht mehr die Einreise verhindert, sondern nurmehr die Entfernung der betroffenen Person vom Staatsgebiet erreicht werden. Es handelt sich somit in diesem Fall um eine Freiheitsentziehung zum Zweck der Außerlandesschaffung einer Person und damit um eine Freiheitsentziehung während eines „schwebenden" Ausweisungsverfahrens im Sinne des Art. 5 Abs. 1 lit. f 2. Alt. EMRK.

B. Flughafenverfahren

Aus dem Grundrecht auf Asyl, das Art. 16a Abs. 1 GG gewährt, ergeben sich Besonderheiten für die Zurückweisung von Ausländern, die an der Grenze um Asyl nachsuchen. Politisch Verfolgte, die gemäß Art. 16a Abs. 1 GG Asyl genießen, dürfen nicht an der Grenze zurückgewiesen und nicht mittelbar oder unmittelbar in den Verfolgerstaat abgeschoben werden.[93] Personen, die an der Grenze um Asyl nachsuchen, haben danach allein aufgrund des gestellten Antrags zumindest bis zum bestandskräftigen Abschluss des Anerkennungsverfahrens grundsätzlich ein Einreise- und ein vorläufiges Bleiberecht.[94] Dementsprechend trifft das Asylverfahrensgesetz (AsylVfG) Sonderregelungen für die Zurückweisung von Asylbewerbern. Gemäß § 18 AsylVfG ist ein Ausländer, der an der Grenze um Asyl nachsucht, unverzüglich an die entsprechende Aufnahmeeinrichtung zur Meldung weiterzuleiten. Dem Asylsuchenden wird dazu die Einreise gestattet. Die Einreise ist Asylsuchenden nur dann zu verweigern, wenn sie aus einem sicheren Drittstaat im Sinne des § 26a AsylVfG einreisen, § 18 Abs. 2 AsylVfG.[95]

---

92. EGMR 10.06.1996, Benham/United Kingdom, Reports 1996-III, para. 56; EGMR 23.09.1998, Steel and others/United Kingdom, Reports 1998-VII, para. 50.
93. BVerfG 25.08.1992 NVwZ 973 (974) und BVerwGE 49, 202 (205); 65, 244 (247) zur Einreiseerlaubnis; BVerfGE 67, 43 (56), BVerfGE 80, 68 (73) und BVerwGE 49, 202 (205) zum Bleiberecht; vgl. auch *Davy* in: AK-GG, Art. 16a Rn. 13.
94. BVerfGE 67, 43 (56); BVerfGE 78, 7 (18); BVerfGE 80, 68 (73); vgl. dazu auch *Lübbe-Wolff* in: Dreier GG-Kommentar, Art. 16a Rn. 56.
95. Zu den Auswirkungen dieser Regelung auf das Asylrecht vgl. *Davy* in: AK-GG, Art. 16a Rn. 42 ff; *Lübbe-Wolff* in: Dreier, GG-Kommentar, Art. 16a Rn. 66ff.

Zur Verhinderung der Einreise von Asylbewerbern auf dem Luftweg sieht § 18a AsylVfG jedoch ein besonderes Verfahren vor — das sogenannte Flughafenverfahren.[96] Das Verfahren betrifft Ausländer, die aus einem sicheren Herkunftsstaat kommend, auf dem Luftweg einreisen und bei der Grenzbehörde um Asyl nachsuchen. In diesen Fällen ist gemäß § 18a Abs. 1 AsylVfG das Asylverfahren vor der Entscheidung über die Einreise durchzuführen, soweit die Unterbringung auf dem Flughafengelände während des Verfahrens möglich ist. Das gleiche gilt für Ausländer, die auf dem Luftweg aus einem beliebigen Staat einreisen, bei der Grenzbehörde um Asyl nachsuchen und sich dabei nicht mit einem gültigen Pass oder Passersatz ausweisen können, § 18a Abs. 1 S. 1 und 2 AsylVfG. Diese Sonderregelung des Asylverfahrens wurde mit der Reform des AsylVfG 1993 eingeführt.[97] Begründet wurde die Notwendigkeit der Aufnahme dieser Regelung damit, dass es möglich sein müsse, einem Ausländer, der an der Grenze um Asyl nachsucht, die Einreise auch dann zu verweigern, wenn er unter Vortäuschung einer offensichtlich falschen Identität oder Staatsangehörigkeit einzureisen versuche. Außerdem sei es bei Asylbewerbern aus sicheren Herkunftsstaaten notwendig, das Asylverfahren vor der Einreise durchzuführen, da im Falle der Ablehnung des Asylantrags zumindest die Rückführung in den Staat des Abflughafens problemlos gesichert sei.[98] Das Flughafenverfahren soll die sonst oft schwierige Rückführung abgelehnter Asylbewerber erleichtern, da sowohl Rücktransportverpflichtungen der Fluggesellschaften als auch völkerrechtliche Verpflichtungen der Abflug- oder Herkunftsstaaten, die Betroffenen unabhängig von der Existenz gültiger Reisedokumente aufzunehmen, davon abhängen, dass eine Einreise noch nicht erfolgt ist.[99] Obwohl das Flughafenverfahren des § 18a AsylVfG auch heute noch politisch umstritten ist,[100] blieb es bislang in der 1993 eingeführten Fassung bestehen.

---

96. Dazu auch *Marx*, ZAR 1993, 160ff.

97. Gesetz vom 1. Juli 1993 (BGBl.I, S. 1062).

98. Begründung des Gesetzentwurfes zur Änderung asylverfahrens-, ausländer- und staatsangehörigkeitsrechtlicher Vorschriften BT-Drs. 12/4450 S. 15f.

99. BVerfGE 94, 166, 183f; *Lübbe-Wolff*, DVBl. 1996, 833 (836).

100. So stellte die PDS im Bundestag wiederholt Anträge auf Abschaffung des Verfahrens, das die Würde der Betroffenen verletze und keine hinreichenden Rechtsschutzmöglichkeiten biete (BT-Drs. 14/26 Antrag der Abgeordneten Petra Pau, Ulla Jepke; Heidemarie Lüth, Rosel Neuhäuser, Dr. Gregor Gysi und der Fraktion der PDS); auch Bündnis 90/Die Grünen wiesen drauf hin, dass sie das Flughafenverfahren rechtlich für problematisch halten (Beschlussempfehlung und Bericht des Innenausschusses 21.03.2000 BT-Drs. 14/2979, S. 3); überwiegend wird das geltende Flughafenverfahren als tragender Teil des Asylkompromisses von 1993 jedoch nicht in Frage gestellt, (Beschlussempfehlung und Bericht des Innenausschusses 21.03.2000 BT-Drs. 14/2979), zumal das Verfahren auch vom Bundesverfassungsgericht für verfassungskonform erklärt wurde (BVerfGE 94, 166ff.).

1. Voraussetzung der Freiheitsentziehung

Gemäß § 18a Abs. 1 AsylVfG ist das Asylverfahren in den dort genannten Fällen vor der Entscheidung über die Einreise durchzuführen. Die Betroffenen erhalten unverzüglich Gelegenheit, bei der auf dem Flughafen eingerichteten Außenstelle des Bundesamtes für die Anerkennung ausländischer Flüchtlinge einen Asylantrag zu stellen. Bei Asylbewerbern aus einem sicheren Herkunftsstaat und solchen ohne gültigen Paß oder Passersatz wird die Entscheidung über die Einreise damit zunächst zurückgestellt, § 18a Abs. 1 S. 1 und 2 AsylVfG. Dies bedeutet, dass die betroffenen Personen während der Dauer des Asylverfahrens nicht einreisen, d.h. die Grenzkontrollstellen des Flughafens nicht passieren dürfen. Das Asylverfahren wird gemäß § 18a Abs. 1 AsylVfG jedoch nur dann vor der Entscheidung über die Einreise durchgeführt, wenn und soweit die Unterbringung auf dem Flughafengelände möglich ist. Steht eine Unterkunft, die den Anforderungen an eine menschenwürdige Unterbringung entspricht, nicht zur Verfügung oder ist deren Aufnahmekapazität erschöpft, ist dem Asylsuchenden die Einreise zu gestatten.[101]

Teilt das Bundesamt der Grenzbehörde mit, dass es nicht kurzfristig über den Asylantrag entscheiden könne oder hat es über den Asylantrag nicht binnen zwei Tagen nach der Antragstellung entschieden, so darf der Asylsuchende einreisen, § 18a Abs. 6 Nr. 1 und 2 AsylVfG. Das Gleiche gilt, wenn das Bundesamt den Antragsteller als Asylberechtigten anerkennt oder feststellt, dass die betroffene Person als politisch Verfolgte gemäß § 51 Abs. 1 AuslG nicht abgeschoben werden darf. Lehnt das Bundesamt den Asylantrag dagegen als offensichtlich unbegründet ab, wird dem Asylbewerber die Einreise verweigert, § 18a Abs. 3 S. 1 AsylVfG und vorsorglich für den Fall der Einreise die Abschiebung angedroht, § 18a Abs. 2 AsylVfG. Gegen den ablehnenden Asylbescheid haben Asylsuchenden die Möglichkeit, einen Antrag auf vorläufigen Rechtsschutz beim Verwaltungsgericht zu stellen, § 18a Abs. 4 S. 1, Abs. 5 S. 1 AsylVfG. Während der Dauer des gerichtlichen Verfahrens wird den Betroffenen die Einreise nicht gewährt. Entscheidet das Gericht aber nicht binnen 14 Tagen über den Antrag, so ist dem Antragsteller die Einreise zu gestatten, § 18a Abs. 6 Nr. 3 AsylVfG.

Solange Asylsuchenden die Einreise nicht gestattet wird, müssen sie sich in der sogenannten Transitzone auf dem Flughafengelände aufhalten. Die betroffenen Personen werden auf dem Flughafengelände in einem abgeschlossenen Raum oder Gebäude untergebracht, den sie und Dritte nicht frei betreten oder verlassen können.[102] Dabei stehen sie unter ständiger Überwachung durch den BGS. Die Betroffenen dürfen diesen Raum auf dem Gelände des Frankfurter Flughafens unter Bewachung und

101. Zur Zeit wird das Flughafenverfahren auf den Flughäfen Berlin-Schönefeld, Düsseldorf, Frankfurt a.M., Hamburg und München durchgeführt BT-Drs. 14/2898 14.03.2000 Antwort der Bundesregierung auf die kleine Anfrage der Abg. Jelpke, Neuhäuser und der Fraktion der PDS (BT-Drs. 14/2824); vgl. dazu auch *Laier*, Flughafenverfahren, S. 40.

102. BT-Drs. 13/8291 23.07.1997, Kleine Anfrage der Abgeordneten Ulla Jelpke und der Gruppe der PDS; *Göbel-Zimmermann/Masuch*, InfAuslR 1997, 171; *Marx*, AsylVfG-Kommentar, § 18a Rn. 30.

für kurze Zeit verlassen, um sich in einem anderen abgesperrten Bereich — einer umzäunten Rasenfäche, die ehemals zur US-Airbase gehörte — die Füße zu vertreten.[103] Die körperliche Bewegungsfreiheit der Asylsuchenden wird damit während des Flughafenverfahrens auf einen engen Raum beschränkt.

Auf dem Flughafengelände werden neben den Asylbewerbern nicht einreiseberechtigte Ausländer, die sich nicht im Asylverfahren befinden, untergebracht, wenn sie nicht unmittelbar zurückgewiesen werden können. Dadurch, dass ihnen an der Grenzkontrollstelle des Flughafens die Einreise gemäß § 60 Abs. 1 AuslG verwehrt wird, müssen sich auch diese Personen bis zum Vollzug ihrer Zurückweisung in den dafür vorgesehenen Räumlichkeiten aufhalten.[104]

2. Vereinbarkeit mit Art. 5 EMRK

Ob die Unterbringung der Asylbewerber in der Transitzone des Flughafengeländes als Freiheitsentziehung zu qualifizieren ist und ob sie mit Art. 5 Abs. 1 EMRK vereinbar ist, ist in Rechtsprechung und Literatur umstritten.

a) Anwendbarkeit der EMRK

Die Vertragsstaaten der EMRK gewähren die in der Konvention verankerten Rechte und Freiheiten allen Menschen, sofern diese ihrer Hoheitsgewalt unterstehen, Art. 1 EMRK. In der Vergangenheit wurden die Transitzonen vereinzelt als „exterritorialer Raum" bzw. „internationale Zone" angesehen.[105] Der „exterritoriale Raum" war nach dieser Auffassung, die vor allem in Frankreich und den Niederlanden vertreten wurde, nicht Bestandteil des Hoheitsgebiet eines Staates. Maßnahmen innerhalb dieses Gebietes sollten danach nicht in den Anwendungsbereich der EMRK fallen, so dass auch das Recht auf Freiheit im Sinne des Art. 5 EMRK in diesem Raum nicht galt. Diese Auffassung ist inzwischen als überholt anzusehen.[106] Das Territorium eines Staates umfasst nach den Regeln des Völkerrechts zumindest die Landmasse innerhalb der Staatsgrenzen einschließlich des Raumes unter der Erde, die inneren Gewässer, das Küstenmeer sowie den Luftraum über dem Staatsgebiet bis zu der Höhe, wo dieser in den freien Weltraum übergeht.[107] Auch das Flughafengelände, das sich innerhalb der Staatsgrenzen befindet, gehört damit eindeutig zum Hoheitsgebiet eines Staates.[108] Für die Transitzonen der deutschen Flughäfen bringt der deutsche Gesetzgeber unter anderem mit der Einführung des Flughafenverfahrens zudem eindeutig zum

103. OLG Frankfurt 05.11.1996, InfAuslR 1997, 47 (48); zur Unterbringung auf dem Gelände des Flughafen Frankfurt a.M. vgl. auch *Laier*, Flughafenverfahren, S. 110.
104. *Lehngut/Maaßen*, DÖV 1997, 316 (317).
105. Vgl. dazu *Laier*, Flughafenverfahren, S. 64; *Marx*, AsylVfG-Kommentar, § 18a Rn. 11;
106. *Marx*, AsylVfG, § 18a Rn. 11.
107. Statt aller *Ipsen*, Völkerrecht, S. 55f.; *Seidl-Hohenveldern/Stein*, Völkerrecht, S. 214ff mwN.
108. EGMR 25.06.1996 Amuur/France, Reports 1996-III, para. 52; BVerfGE 94, 166 (199); OLG Frankfurt 26.02.1997 InfAuslR 1997, 226 (227).

Ausdruck, dass er die Geltung deutschen Rechts auch in diesem Bereich des deutschen Staatsgebiets anerkannt wissen will.[109] Den Personen, die sich auf dem Flughafengelände befinden, sind daher auch gemäß Art. 1 EMRK die in der EMRK niedergelegten Rechte und Freiheiten zu gewähren.[110]

b) Freiheitsentziehung

Der Aufenthalt von Asylbewerbern in der sogenannten Transitzone wird von der Literatur und auch der Rechtsprechung in der Bundesrepublik Deutschland mehrheitlich nicht als Freiheitsentziehung qualifiziert. Dies wird teilweise damit begründet, dass den Betroffenen zwar die Einreise in das Landesinnere verwehrt sei, es ihnen aber frei stehe, jederzeit den Transitbereich in Richtung Ausland zu verlassen.[111] Es fehle daher gänzlich an der Einschränkung ihrer Bewegungsfreiheit durch den Ankunftsstaat. Die Situation der Asylbewerber entspreche vielmehr ihrer Situation vor dem Aufenthalt im Flugtransit: Sie hätten die Möglichkeit überall hinzugehen, dürften jedoch nicht in das Staatsgebiet der Bundesrepublik einreisen.[112]

Die Beschränkung der Freiheit der Person in der Transitzone — so ein daran anknüpfendes Argument — resultiere allein daraus, dass die Bundesrepublik von ihrem Recht Gebrauch gemacht habe, den freien Zutritt zu ihrem Gebiet zu begrenzen und für Ausländer die Kriterien festzulegen, die zum Zutritt auf das Staatsgebiet berechtigen. Das Recht auf körperliche Bewegungsfreiheit schütze aber nur das Recht des Einzelnen, jeden Ort aufzusuchen und sich dort aufzuhalten, der ihm rechtlich und tatsächlich zugänglich ist. Ausländern stehe der Zugang zum deutschen Staatsgebiet jedoch nur im Rahmen dieser Einreisebestimmungen offen. Asylbewerbern, die die Bundesrepublik Deutschland ohne Reisedokumente oder aus einem sicheren Herkunftsstaat erreichen, sei der Raum der Bundesrepublik Deutschland vor der Feststellung ihrer Asylberechtigung daher rechtlich nicht zugänglich.[113] Aus diesem Grund handele es sich bei dem Aufenthalt in der Transitzone, der seinen Grund allein in der Verweigerung der Einreise habe, nicht um eine Freiheitsentziehung.[114]

Diese Argumentation überzeugt indes nicht. Eine Interpretation, die durch Verweis auf die rechtliche Zugänglichkeit die Ausgestaltung des Rechts auf Freiheit dem einfachen nationalen Recht überlässt, würde dazu führen, dass das Recht auf Freiheit leerliefe.[115] Darüber hinaus werden Asylbewerber durch den Verweis auf eine potentielle Rückreisemöglichkeit vor die Wahl gestellt, sich entweder dem Verfolgungsrisiko

---

109. *Marx*, AsylVfG-Kommentar, § 18a Rn. 11.
110. Vgl. dazu *Laier*, Flughafenverfahren, S. 64.
111. BVerfGE 94, 166 (199); *Kokott*, EuGRZ 1996, 569 (569); *Kugelmann*, ZAR 1994, 158 (162); De Wyl, ZAR 1997, 82 (83).
112. *Lehnguth/Maaßen*, DÖV 1997, 316 (320).
113. *Lehnguth/Maaßen*, DÖV 1997, 316 (320); *De Wyl*, ZAR 1997, 82 (83).
114. BVerfGE 94, 166 (199); *Hailbronner*, AuslR, Bd. 3, § 18a AsylVfG Rn. 22; *Lehnguth/Maaßen*, DÖV 1997, 316 (320); *De Wyl*, ZAR 1997, 82 (83).
115. *Lübbe-Wolff*, DVBl. 1996, 833 (837).

auszusetzen oder auf dem Flughafengelände zu bleiben. Wegen des Rechts politisch Verfolgter auf Asyl Art. 16a Abs. 1 GG darf ein Asylbewerber aber — zumindest bis zur Entscheidung über sein Asylrecht — nicht auf die Rückreisemöglichkeit verwiesen werden.[116] Auch das Völkerrecht kann einer Zurückweisung eines Asylbewerbers in seinen Herkunftsstaat entgegen stehen. Art. 33 der Genfer Flüchtlingskonvention von 1951[117] verbietet es den Staaten, Flüchtlinge in ein Gebiet abzuschieben oder zurückzuschicken, in dem ihr Leben oder ihre Freiheit wegen ihrer Rasse, ihrer Religion, ihrer Nationalität, ihrer Zugehörigkeit zu einer bestimmten sozialen Gruppe oder ihrer politischen Überzeugung bedroht wäre (Refoulement-Verbot). Da grundsätzlich nur der Herkunftsstaat einer Person völkerrechtlich verpflichtet ist, diese aufzunehmen,[118] der betroffenen Person aber gerade in diesem Staat Verfolgung droht, darf sie in der Regel nicht in einen anderen Staat zurückgeschickt werden.[119]

Zudem haben Asylsuchende oft faktisch gar nicht die Möglichkeit zur Rückkehr in das Abflugland, beispielsweise weil sie nicht (mehr) im Besitz gültiger Reispapiere sind oder weil die Rückkehr aus anderen organisatorischen, rechtlichen oder finanziellen Gründen nicht möglich ist.[120] Da den Ausländern darüber hinaus das Verlassen der Transiträume selbst in Richtung Ausland nur dann gestattet wird, wenn die deutschen Behörden entschieden haben, mit welchem Beförderungsmittel und in welchen Staat die Betroffenen die Bundesrepublik verlassen sollen, können die Betroffenen faktisch nicht selbst darüber bestimmen, ob, wohin und zu welcher Zeit sie ausreisen wollen.[121] Der Aufenthalt der Asylbewerber in der Transitzone stellt daher zumindest solange eine Freiheitsentziehung dar, wie die Betroffenen rechtlich oder tatsächlich nicht in der Lage sind, diesen Raum zu verlassen.[122]

Die Annahme, Asylbewerbern werde im Flughafenverfahren nicht die Freiheit entzogen, da sie sich überall hin frei bewegen könnten, berücksichtigt schließlich nicht die Unterbringungspraxis auf den Flughäfen. Von Teilen der Literatur wird bestritten, dass die Bewegungsfreiheit der Asylbewerber innerhalb des Transitbereichs beschränkt ist. Eine Freiheitsentziehung könne aber nur dann vorliegen, wenn die körperliche Bewegungsfreiheit durch staatliche Maßnahmen nach jeder Richtung hin aufgehoben werde.[123] Zwar hielten sich Asylbewerber in aller Regel nicht in den allgemeinen Transiträumen auf, um den internationalen Flugverkehr nicht zu stören, gleichwohl stehe ihnen der Aufenthalt in diesen Räumen frei.[124] Obwohl das Asylverfahrensrecht ein solches Vorgehen zuließe, sieht die praktische Unterbringung der

116. BVerfGE 94, 166 (198f.); *Göbel-Zimmermann*, Asyl, S. 157f.
117. Abkommen über die Rechtsstellung der Flüchtlinge vom 28.07.1951 (UNTS Vol. 189, p. 150).
118. *Hailbronner*, Rückübernahme, S. 6ff.
119. *Davy* in: AK-GG, Art. 16a Rn. 2.
120. OLG Frankfurt 26.02.1997 InfAuslR 1997, 226 (227).
121. *Davy*, Asyl, Bd. 2, S. 230.
122. *Göbel-Zimmermann/Masuch*, InfAuslR 1997, 171 (174); *Gusy* in: v. Mangoldt/Klein Art. 104 Rn. 19; *Laier*, Flughafenverfahren, S. 125.
123. BVerfGE 94, 166 (198f.); *Hailbronner*, AuslR, Bd. 3, § 18a AsylVfG Rn. 22.
124. *Lehngut/Maaßen*, DÖV 1997, 316 (317); *De Wyl*, ZAR 1997, 82 (83).

Asylsuchenden im Transitbereich anders aus. Wie bereits dargestellt, werden die Betroffenen in Räumen festgehalten, die als Hafträume anzusehen sind.[125] In diesen Räumlichkeiten werden diejenigen Flüchtlinge, die unter das Inlandsverfahren im Sinne von § 18 Abs. 1 AsylVfG fallen, bis zu ihrer Weiterleitung am nächsten Tage, und diejenigen, die unter das Flughafenverfahren im Sinne von § 18a AsylVfG fallen, bis zum Abschluss des Verfahrens festgehalten.[126] Der Zugang zu diesen Räumlichkeiten ist nur durch eine Schleuse möglich, die durch den Bundesgrenzschutz bewacht wird, der jeden Zu- und Weggang kontrolliert. Bei Klinikfahrten oder Arztbesuchen werden die Asylsuchenden vom Bundesgrenzschutz eskortiert.[127] Auf dem Flughafen Frankfurt a.M. wurde aus humanitären Gründen auf dem Gebiet der ehemaligen US-Airbase ein umzäuntes Rasengelände geschaffen, zu dem diejenigen, die dies wünschen, unter Bewachung durch den Bundesgrenzschutz zweimal am Tag für jeweils eine Stunde gebracht werden.[128] Während des Aufenthalts in der Transitzone ist die körperliche Bewegungsfreiheit der Asylsuchenden damit zu jeder Zeit räumlich allseitig auf engen Raum begrenzt. Diese staatliche Maßnahme stellt folglich eine Freiheitsentziehung im Sinne des Art. 5 Abs. 1 EMRK dar. Dies gilt umso mehr, als die zwangsweise Unterbringung in den „Transiträumen" meist mehrere Tage lang dauert.[129]

Dem Aufenthalt in der Transitzone wird der Charakter einer Freiheitsentziehung weiter mit dem Argument abgesprochen, dass die Betroffenen sich freiwillig in diese Situation begeben hätten. Zudem erfolge das Flughafenverfahren als Verfahren zur Feststellung der Asylberechtigung im Interesse des Asylbewerbers und nicht gegen seinen Willen. Aus diesem Grund stelle die Unterbringung auf dem Flughafengelände jedenfalls für die Dauer des Verfahrens nach § 18a AsylVfG keine Freiheitsentziehung dar.[130] Zwar setzt eine Freiheitsentziehung voraus, dass die Beschränkung der körperlichen Bewegungsfreiheit gegen den Willen der betroffenen Person erfolgt. Ein Entzug der Freiheit liegt nur dann nicht vor, wenn der Aufenthalt einer Person an einem bestimmten Ort freiwillig geschieht und die Person zu jeder Zeit den Gewahrsam verlassen kann.[131] Das Verlassen des Transitraumes ist den Asylbewerbern jedoch auch dann nicht möglich, wenn sie einen entsprechenden Willen fassen. Zudem ist der Wille der Betroffenen auf die Einreise in das Staatsgebiet und die Anerkennung als Asylberechtigter gerichtet, nicht aber auf die Unterbringung in Hafträumen. Allein der Umstand, dass eine Maßnahme objektiv im Interesse des Betroffenen liegt, etwa weil

---

125. BT-Drs. 13/8386 Antwort der Bundesregierung auf die kleine Anfrage der Abgeordneten Ulla Jelpke und der Gruppe der PDS (BT-Drs. 13/8291); OLG Frankfurt 05.11.1996, InfAuslR 1997, 47 (48).
126. *Marx*, AsylVfG, § 18a Rn. 130.
127. *Ritter*, (Polizeirat im BGS), ZAR 1999, 176 (177f.).
128. *Ritter*, (Polizeirat im BGS), ZAR 1999, 176 (177f.).
129. Vgl. BT-Drs. 13/8291.
130. *Göbel-Zimmermann*, InfAuslR 1997, 171 (173); *Göbel-Zimmermann*, Asyl, S. 158.
131. Vgl. dazu oben Kapitel 2 Abschnitt 1 Seite 70f.

sie seiner Fürsorge, Heilung oder Pflege — oder der Bearbeitung seines Asylantrags — dienen soll, ändert ebenfalls nichts am freiheitsentziehenden Charakter einer Haft.[132]

Um die vermeintliche Freiwilligkeit des Aufenthalts der Asylbewerber in den Transiträumen zu belegen, legt der Bundesgrenzschutz den Betroffenen nahe, sich mit dem weiteren Verbleib im Transitraum bis zu ihrer Rückführung einverstanden zu erklären.[133] Insbesondere Asylbewerber, deren Asylantrag abgelehnt und denen die Einreise untersagt wurde, die jedoch nicht freiwillig zurückkehren oder aufgrund der Umstände in ihren Herkunftsländern nicht zurückgewiesen werden können, werden durch den Bundesgrenzschutz vor die Wahl gestellt: Entweder könnten sie dem Haftrichter vorgeführt werden woraufhin sie — zumindest nach Auskunft des BGS — anschließend in Abschiebehaft kämen, oder sie könnten schriftlich erklären, dass sie freiwillig in den Transiträumen bleiben.[134] Durch dieses Vorgehen des BGS werden die Betroffenen über die tatsächliche Rechtslage getäuscht. Die Abschiebungshaft oder Zurückweisungshaft dürfte in diesem Fall nicht gemäß § 60 Abs. 5 AuslG iVm. § 57 Abs. 1 AuslG zur Vorbereitung erfolgen, da die Ausreisepflicht bereits feststeht. Zur Sicherung der Abschiebung bzw. Zurückweisung kann eine Inhaftierung nur angeordnet werden, wenn sich der Ausländer der Zurückweisung entziehen will. Dafür müssten aber konkrete Anhaltspunkte vorliegen. Allein die Unmöglichkeit der Zurückweisung genügt den Voraussetzungen für die richterliche Anordnung einer Zurückweisungshaft nicht. Insbesondere, wenn ein dauerhaftes Abschiebungshindernis im Sinne des § 53 AuslG der Abschiebung entgegensteht, darf eine Person nicht in entsprechende Haft genommen werden. Wird der Ausländer also vom Bundesgrenzschutz vor die Wahl gestellt, entweder „freiwillig" in den Transiträumen zu bleiben oder in einer Justizvollzugsanstalt untergebracht zu werden, entspricht das nicht der Rechtslage.[135] Die Abgabe der schriftlichen Einverständniserklärung beruht damit auf einer Täuschung. Zudem lässt der psychische Druck, unter dem die Asylbewerber stehen, wenn ihnen von ihren Bewachern ein Formular zur Unterschrift vorgelegt wird, an der Freiwilligkeit der Einwilligung zweifeln. Selbst wenn die Betroffenen frei von Täuschung und aus einem autonomen Entschluss heraus eine Einverständniserklärung abgeben würden, genügte diese einmalige Einwilligung in den Gewahrsam nicht, um eine Beschränkung der Bewegungsfreiheit völlig aus dem Anwendungsbereich des Art. 5 EMRK herausfallen zu lassen. Auch wenn die betroffene Person ursprünglich selbst um Haft nachgesucht hat, später den einmal gewählten Gewahrsam aber nicht mehr frei verlassen kann, liegt eine Freiheitsentziehung vor, die am Maßstab des

---

132. Vgl. dazu oben Kapitel 2 Abschnitt 1 Seite 70; *Dürig* in: Maunz/Dürig, GG-Kommentar, Art. 104 Rn. 6.

133. Kleine Anfrage der Abg. Jelpke, Neuhäuser und der Fraktion der PDS vom 22.02.2000, BT-Drs. 14/2824; *Göbel-Zimmermann*, InfAuslR 1997, 171 (174f.).

134. *Ritter* (Polizeirat im BGS), ZAR 1999, 176 (180).

135. *Marx*, AsylVfG, § 18a Rn. 130.

Art. 5 EMRK zu messen ist.[136] Weder der vermutete Wille des Ausländers noch die schriftliche „Freiwilligkeitserklärung" nehmen der Unterbringung der Asylbewerber in den Transiträumen daher den Charakter einer Freiheitsentziehung.

Auch ist die Freiheitsentziehung den deutschen Behörden und damit dem deutschen Staat zurechenbar. Dies wird von der Literatur und Rechtsprechung teilweise mit dem Argument bestritten, dass die Einschränkung der Bewegungsfreiheit der Asylbewerber im Flughafenverfahren ausschließlich auf dem Verhalten der Ausländer selbst beruhe. Die Einschränkung der Bewegungsfreiheit sei dem Einreisestaat genauso wenig zuzurechnen wie die Tatsache, dass der Asylbewerber wegen der behaupteten politischen Verfolgung vor der Asylentscheidung nicht in den Herkunftsstaat zurückgeschickt werden kann.[137] Dem ist jedoch entgegenzuhalten, dass die faktische Beschränkung der Aufenthaltsmöglichkeit des Asylsuchenden auf den eng umgrenzten Raum der Unterbringungsstätte nicht allein aus den — der deutschen Staatsgewalt nicht zurechenbaren — Rahmenbedingungen, sondern erst aus einer Kombination dieser Bedingungen mit der sehr wohl der deutschen Staatsgewalt zurechenbaren Flughafenregelung folgt.[138] Diese ist es, die den Asylsuchenden vor die Alternative stellt, sich der vorgesehenen Unterbringung zu unterwerfen oder in den Verfolgerstaat zurückzukehren.

Vertreten wird schließlich, es handele sich bei einer Unterbringung von Asylbewerbern in den Transiträumen deshalb nicht um eine Freiheitsentziehung, weil das Verbot, den Transitbereich des Flughafens in das Landesinnere zu verlassen, seiner Natur und Beschaffenheit nach offensichtlich nicht darauf gerichtet sei, die (Bewegungs-)Freiheit der Asylbewerber zu beschränken.[139] Die Maßnahme bezwecke vielmehr ausschließlich die Verhinderung einer Einreise. Wie bereits dargelegt, ist der Zweck einer allseitigen räumlichen Beschränkung der körperlichen Bewegungsfreiheit für deren Qualifikation als Freiheitsentziehung im Sinne des Art. 5 Abs. 1 EMRK jedoch unerheblich.[140]

Weitere Gründe, die der Unterbringung von Asylbewerbern in der Transitzone eines Flughafens den Charakter der Freiheitsentziehung nehmen sollen, hat der EGMR im Fall *Amuur* entwickelt.[141] In diesem Fall hatte der Gerichtshof die Frage zu beurteilen, ob es sich bei der Unterbringung somalischer Asylbewerber in einem Hotel in der „internationalen Zone" des Flughafen Paris-Orly um eine Freiheitsentziehung im

136. Vgl. dazu oben Kapitel 2 Abschnitt 1 Seite 70.
137. BVerfGE 94, 166 (198f.); *Lehnguth/Maaßen*, DÖV 1997, 316 (320).
138. Göbel-Zimmermann, InfAuslR 1997, 171 (173); *Göbel-Zimmermann*, Asyl, S. 157; *Lübbe-Wolff*, DVBl. 1996, 833 (837).
139. VfGH 26.11.1990 VfSlg. 12.532/1990 bestätigt durch VfGH 11.3.1999 VfSlg. 15465/1999.
140. Vgl. dazu oben Kapitel 2 Abschnitt 1 Seite 75f.
141. EGMR 25.06.1996, Amuur/France, Reports 1996-III.

Sinne des Art. 5 Abs. 1 EMRK handelte. Der EGMR stellte zunächst fest, dass allein die Möglichkeit, in einen anderen Staat auszureisen, am freiheitsentziehenden Charakter des Festhaltens von Asylbewerbern in der Transitzone nichts ändere:

> „The mere fact that it is possible for asylum-seekers to leave voluntarily the country where they wish to take refuge cannot exclude a restriction on liberty, the right to leave any country, including one's own, being guaranteed, moreover, by Protocol No. 4 to the Convention (P4). Furthermore, this possibility becomes theoretical if no other country offering protection comparable to the protection they expect to find in the country where they are seeking asylum is inclined or prepared to take them in."[142]

Dennoch kommt der EGMR zu dem Schluss, dass es sich bei der Unterbringung in dem Hotel, während der sich die Betroffenen unter ständiger polizeilicher Aufsicht befanden, nicht zwangsläufig um eine Freiheitsentziehung im Sinne des Art. 5 Abs. 1 EMRK handeln müsse. Eine solche Maßnahme stelle vielmehr im Regelfall eine bloße Freiheitsbeschränkung dar. Zwar bringe das Festhalten von Ausländern in der Transitzone eine Beschränkung ihrer Freiheit mit sich, diese sei jedoch nicht in allen Punkten mit der Freiheitsentziehung in den Abschiebehaftzonen vergleichbar. Zudem sei das Festhalten von Ausländern in Transitzonen schon deshalb erforderlich, um es den Staaten zu ermöglichen, illegale Einwanderung zu bekämpfen.[143] Der EGMR scheint mit dieser Argumentation, den Eingriff in das Recht auf Freiheit mit dessen Rechtfertigung zu verwechseln. Durch Art. 5 Abs. 1 lit. f 1. Alt. EMRK wird den Vertragsstaaten zugestanden, zur Verhinderung der illegalen Einreise Personen festzunehmen und zu inhaftieren. Dass eine staatliche Maßnahme der Verhinderung illegaler Einwanderung dient, schließt deshalb gerade nicht aus, dass es sich um eine Freiheitsentziehung handelt.

Da die Unterscheidung zwischen Freiheitsbeschränkung und Freiheitsentziehung gradueller Natur sei, könne — so der EGMR — die mit der Unterbringung verbundene Freiheitsbeschränkung bei zu langer Dauer in eine Freiheitsentziehung umschlagen. Dies war nach der Auffassung des EGMR bei dem 20-tägigen Aufenthalt des Amuur im Hotel der Fall. Zu berücksichtigen sei zudem, dass die Maßnahme nicht gegenüber einem Straftäter ergehe, sondern gegenüber Personen, die aus Furcht um ihr Leben aus ihrem Heimatland geflohen sind.[144] Zwar ist dem EGMR darin zuzustimmen, dass auch die Dauer einer Freiheitsentziehung für die Anwendbarkeit des Art. 5 EMRK eine Rolle spielt. Eine Freiheitsentziehung im Sinne des Art. 5 EMRK ist jedoch schon bei einer weit kürzeren Dauer als den vom EGMR beurteilten 20 Tagen anzunehmen.[145] Die Frage der zulässigen Dauer einer solchen Maßnahme ist eine Frage der Verhältnismäßigkeit und damit wiederum für die Feststellung eines Eingriffs in das Recht auf Freiheit irrelevant.

---

142. EGMR 25.06.1996, Amuur/France, Reports 1996-III, para. 48.
143. EGMR 25.06.1996, Amuur/France, Reports 1996-III, para. 43.
144. EGMR 25.06.1996, Amuur/France, Reports 1996-III, para. 43.
145. Vgl. dazu oben Kapitel 2 Abschnitt 1 Seite 74.

Schließlich stellt der EGMR darauf ab, dass die Betroffenen während der Dauer ihrer Unterbringung sich selbst überlassen blieben und ihnen zumindest anfangs weder rechtlicher noch sozialer Beistand im Asylverfahren gewährt wurde. Zudem sei ihre Unterbringung während der gesamten Dauer nicht von einem Gericht auf ihre Notwendigkeit und Rechtmäßigkeit hin kontrolliert worden.[146] Selbst wenn den Betroffenen die von Art. 5 Abs. 2 und 4 EMRK genannten Rechte gewährt worden wären, so nähme dies der allseitigen räumlichen Beschränkung der körperlichen Bewegungsfreiheit durch Einsperren in einen Haftraum nicht den Charakter einer Freiheitsentziehung im Sinne des Art. 5 Abs. 1 EMRK. Auch diese Argumentation des EGMR vermag folglich nicht zu überzeugen.

Festzustellen ist damit abschließend, dass die Unterbringung von Asylbewerbern auf den deutschen Flughäfen eine Freiheitsentziehung im Sinne des Art. 5 Abs. 1 EMRK darstellt.

c) Verhinderung der Einreise

Solange die betroffene Person die Grenzübergangstelle nicht passiert hat, dient ihr Festhalten auf dem Flughafengelände der Verhinderung der Einreise im Sinne des Art. 5 Abs. 1 lit. f 1. Alt. EMRK. Anderes gilt, wie bereits gezeigt, nachdem die betroffene Person die Grenzkontrolle einmal passiert hat. Entgegen der Fiktion des deutschen Ausländerrechts ist eine Person auch dann im Sinne des Art. 5 Abs. 1 lit. f 1. Alt. EMRK eingereist, wenn sie im Inland vom Bundesgrenzschutz eskortiert wird, etwa weil ihre Behandlung in einem Krankenhaus notwendig ist.[147] Ist die betroffene Person auf diese Weise einmal eingereist, so kann eine sich anschließende weitere Freiheitsentziehung auf dem Flughafengelände nicht mehr der Verhinderung des „unberechtigten Eindringens" einer Person in das Staatsgebiet dienen. Die Freiheitsentziehung dient in diesem Fall vielmehr der Gewährleistung der Außerlandesschaffung der betroffenen Person und stellt insoweit — entgegen der Bezeichnung der Maßnahme im deutschen Recht — eine Maßnahme während eines „schwebenden" Ausweisungsverfahrens dar.[148]

146. EGMR 25.06.1996, Amuur/France, Reports 1996-III, para. 45.
147. Folgt man der Auslegung des § 18a AsylVfG durch das VG Frankfurt, ist die Durchführung des Flughafenverfahrens im Übrigen auch ausgeschlossen, wenn auf dem Flughafengelände eine medizinische Versorgung nicht gewährleistet werden kann, da diese zur „Unterbringung" im Sinne des § 18a AsylVfG gehöre. In diesem Fall sei den betroffenen Ausländern die Einreise zur Durchführung des Asylverfahrens bereits nach § 18a Abs. 1 AsylVfG zu gestatten (VG Frankfurt 30.08.1995 AuAS 1995, 215 (216)).
148. Vgl. oben Kapitel 9 Abschnitt 2 Seite 337.

d) „Rechtmäßigkeit" der Freiheitsentziehung

Die Freiheitsentziehung auf dem Flughafengelände muss gemäß Art. 5 Abs. 1 lit. f EMRK auch „rechtmäßig" *(lawful)* sein. Die Rechtmäßigkeit der Festnahme oder Haft in diesem Sinne setzt voraus, dass das nationale Recht eine gesetzliche Ermächtigung für die freiheitsentziehende Maßnahme vorsieht und dass die Freiheitsentziehung mit nationalem Recht vereinbar ist.[149]

§ 18a Abs. 1 AsylVfG ermächtigt in bestimmten Fällen zur Durchführung des Asylverfahrens vor der Einreise der Asylbewerber. Aus der Pflicht zur Durchführung des Asylverfahrens vor der Einreise folgt zwingend, dass den Asylbewerbern während dieser Zeit die Einreise in die Bundesrepublik verwehrt bleibt und sie sich damit — solange sie das Flughafengelände nicht in Richtung Ausland verlassen — innerhalb des Transitbereiches aufhalten müssen. § 18a Abs. 1 AsylVfG ermächtigt damit zur *Beschränkung* der Freiheit der betroffenen Asylbewerber. Dass die Betroffenen jedoch unter ständiger Überwachung in sogenannten Transiträumen eingesperrt werden können, ergibt sich aus dem Wortlaut des § 18a Abs. 1 AsylVfG nicht. Auch wenn weder Art. 5 EMRK noch Art. 104 Abs. 1 GG verlangen, dass ein Gesetz die Freiheitsbeschränkung ausdrücklich als solche benennt,[150] muss das Parlamentsgesetz, auf Grund dessen in das Schutzgut Freiheit eingegriffen werden kann, jedoch zumindest selbst bestimmen, dass ein Eingriff in die Freiheit der Person zulässig ist.[151] Zudem muss gewährleistet sein, dass der Einzelne die Folgen seines Handelns vorhersehen kann.[152] Diesen Anforderungen entspricht § 18a AsylVfG nicht. Auch die von § 18a Abs. 1 AsylVfG aufgestellte Voraussetzung, dass die Unterbringung auf dem Flughafengelände möglich sein muss, enthält jedoch keine eindeutige Ermächtigung zur Freiheitsentziehung.[153] Allein der Begriff der Unterbringung sagt über den freiheitsentziehenden Charakter einer Maßnahme nichts aus.[154] Zudem ermächtigt § 18a AsylVfG nicht zur Unterbringung der Asylbewerber, sondern zur Durchführung des Asylverfahrens vor der Einreise, wenn die Möglichkeit der Unterbringung auf dem Flughafengelände besteht. Dem Gesetzgeber ging es mit dieser Formulierung darum, zu gewährleisten, dass die Anforderungen an eine menschenwürdige Behandlung gewahrt bleiben. Zudem sollte auf diese Weise möglichen nachteiligen Auswirkungen der Unterbringungssituation auf das Asylverfahren und sein Ergebnis entgegengewirkt werden.[155] Eine gesetzliche Ermächtigung zur Freiheitsentziehung müsste gemäß

149. Vgl. dazu oben Kapitel 2 Abschnitt 1 Seite 81.
150. *Dürig*, in Maunz/Dürig, GG-Kommentar, Art. 104 Rn. 17.
151. *Gusy* in v. Mangoldt/Klein, GG, Art. 104 Rn. 25.
152. EGMR 28.03.2000 Baranowski/Poland Appl. no. 28358/95 para. 51f.; EGMR 31.07.2000 Jecius/Lithuania Appl. no. 34578/97 para. 56; *Gollwitzer* in: Löwe-Rosenstein, StPO-Kommentar, Art. 5 EMRK Rn. 29; *Peukert* in Frowein/Peukert, EMRK-Kommentar, Art. 5 Rn. 26.
153. So auch *Göbel-Zimmermann* in: Huber, Handbuch, SystDarst IV Rn. 157; a.A. *Laier*, Flughafenverfahren, S. 134.
154. Zur Mehrdeutigkeit des Begriffs der Freiheitsentziehung vgl. *Marschner* in: Marschner/Volckart, Freiheitsentziehung, S. 232.

Art. 104 Abs. 2 S. 1 GG zudem die richterliche Anordnung der Freiheitsentziehung vorsehen.[156] Dass der Gesetzgeber auf eine solche Regelung verzichtet hat, deutet ebenfalls darauf hin, dass mit § 18a AsylVfG die Grenzbehörden nicht zu freiheitsentziehenden Maßnahmen ermächtigt werden sollten.

Selbst wenn man davon ausgeht, dass § 18a AsylVfG mit dem Verweis auf die Unterbringungsmöglichkeit eine hinreichende Ermächtigung für die Inhaftierung der betroffenen Asylbewerber darstellt,[157] umfasst Art. 18a AsylVfG seinem Wortlaut nach nur die „Unterbringung während des Verfahrens". Die Unterbringung dürfte demzufolge nur bis zur verwaltungsgerichtlichen Entscheidung — gemäß § 18a Abs. 6 AsylVfG jedoch längstens für 19 Tage — erfolgen. Der weitere Verbleib der Betroffenen in den Transiträumen nach Abschluss des Asylverfahrens — etwa weil die Zurückweisung nicht vollzogen werden kann — wäre damit nicht mehr von der Ermächtigung des § 18a AsylVfG umfasst.[158] In vielen Fällen sind die Haftzeiten der Betroffenen jedoch wesentlich länger als 19 Tage.[159]

Bei der Inhaftierung von Asylbewerbern auf dem Flughafengelände handelt es sich auch nicht um eine Zurückweisungshaft im Sinne der § 60 Abs. 5 iVm. § 57 Abs. 1 AuslG, die als Vorbereitungshaft zudem nur solange zulässig wäre, bis die endgültige Entscheidung über die Einreiseverweigerung gefallen ist. Nach der Verweigerung der Einreise wäre eine Zurückweisungshaft im Sinne der § 60 Abs. 5 AuslG iVm. § 57 Abs. 2 AuslG nur zulässig, wenn der begründete Verdacht bestünde, dass sich die betroffene Person der Zurückweisung entziehen will. Die Haftgründe für eine Sicherungshaft werden jedoch regelmäßig nicht vorliegen.[160] Vor allem aber setzt die Inhaftierung einer Person zur Vorbereitung oder Sicherung einer Zurückweisung gemäß §§ 60 Abs. 5 iVm. 57 Abs. 1 AuslG eine richterliche Anordnung der Freiheitsentziehung voraus. Diese richterliche Anordnung wird im Flughafenverfahren jedoch weder vor noch nach der Entscheidung über die Einreiseerlaubnis eingeholt.

Für die Inhaftierungspraxis im Rahmen des deutschen Flughafenverfahrens besteht somit keine gesetzliche Grundlage. Zudem verstößt die Inhaftierung von Asylbewerbern auf dem Flughafengelände wegen fehlender richterlicher Anordnung gegen Art. 104 Abs. 2 GG.[161] Die Unterbringung der Asylbewerber in den Transiträumen ist

155. BT-Drs. 13/5986 S. 10; BVerfGE 94, 166 (205); zum Begriff der Unterbringung VG Frankfurt 30.08.1995, AuAS 1995, 215 (216), wonach zur Möglichkeit der Unterbringung im Sinne des § 18a Abs. 1 AsylVfG nicht nur die zur Zurverfügungstellung der elementarsten Leistungen Schlafstätte und Verpflegung, sondern auch die notwendig werdende medizinische Versorgung eines Ausländers in einer Klinik gehört; *Hailbronner*, AuslR, Bd. 3, § 18a AsylVfG Rn. 50.

156. Dazu auch *Marx*, AsylVfG, § 18a Rn. 69.

157. So *Laier*, Flughafenverfahren, S. 134.

158. *Göbel-Zimmermann*, Asyl, S. 160.

159. Allein auf dem Flughafen Frankfurt a.M. hielten sich 1996 225 Personen länger als 19 Tage und 199 Personen länger als 23 Tage in den Transiträumen auf. Die längste Verweildauer betrug 1996 268 Tage; der längste Aufenthalt in der Transitzone überhaupt dauerte 396 Tage (Antwort der Bundesregierung auf die Kleine Anfrage der Abgeordneten Ulla Jelpke und der Gruppe der PDS 11.08.1997 BT-Drs. 13/8386).

160. *Laier*, Flughafenverfahren, S. 138; *Liebetanz* in: GK-AsylVfG, § 18a Rn. 92.

folglich mit nationalem Verfassungsrecht nicht vereinbar und daher auch nicht „rechtmäßig" im Sinne des Art. 5 Abs. 1 EMRK. Der deutsche Gesetzgeber könnte diesen verfassungswidrigen und EMRK-widrigen Zustand dadurch beheben, dass er eine hinreichend bestimmte Ermächtigung für die Inhaftierungspraxis schafft. Zudem müsste sichergestellt werden, dass stets ein Richter über die Haft entscheidet. In der Praxis wird die Notwendigkeit der richterlichen Anordnung der Haft aber vermutlich erhebliche organisatorische Schwierigkeiten verursachen. Diese organisatorischen „Nachteile" sind allerdings in Kauf zu nehmen, will man das Verfahren in seiner gegenwärtigen Ausgestaltung nicht abschaffen. Die Abschaffung des Flughafenverfahrens hätte jedoch lediglich zur Konsequenz, dass auf dem Luftweg einreisende Asylbewerber (2001 waren es 1209 Bewerber) wie die anderen Asylbewerber (2001 waren es 87.078 Bewerber) behandelt würden.[162] Sie dürften gemäß § 18 AsylVfG einreisen und müssten ihren Wohnsitz in einer Aufnahmeeinrichtung nehmen, wo sie der Ausländerbehörde zur Verfügung stünden, § 47 AsylVfG. Angesichts des geringen Anteils an der Gesamtzahl der Asylbewerber, den die auf dem Luftweg einreisenden Asylbewerber ausmachen (= ca. 1,4%), scheint die Abschaffung des Flughafenverfahrens die praktikablere Lösung darzustellen.

II. Freiheitsentziehung bei schwebendem Ausweisungsverfahren

Nachdem ein Ausländer rechtmäßig in das Staatsgebiet der Bundesrepublik eingereist ist, kann sein Aufenthalt bestimmten Beschränkungen unterworfen werden.

Gemäß § 12 AuslG kann eine Aufenthaltsgenehmigung, die grundsätzlich für das gesamte Bundesgebiet erteilt wird, von vornherein oder nachträglich räumlich beschränkt werden. Möglich ist vor allem eine räumliche Beschränkung auf das Gebiet eines Landes oder den Zuständigkeitsbereich einer Ausländerbehörde.[163] Die räumliche Beschränkung des Aufenthaltsrechts im Sinne des § 12 AuslG stellt damit zwar eine Beschränkung der Bewegungsfreiheit, nicht jedoch eine Freiheitsentziehung im Sinne des Art. 5 Abs. 1 EMRK dar.[164]

Auch Asylbewerber, denen die Einreise gewährt wird, sind in ihrer räumlichen Bewegungsfreiheit in der Bundesrepublik zunächst beschränkt.[165] Nach § 47 AsylVfG haben Ausländer, die verpflichtet sind, ihren Asylantrag bei einer Außenstelle des Bundesamtes zu stellen,[166] bis zu sechs Wochen, längstens jedoch bis zu drei Monate,

161. *Melchior*, ZAR 2000, 110 (114).
162. Quelle: Bundesamt für die Anerkennung ausländischer Flüchtlinge.
163. *Hailbronner*, AuslR, Bd. 1, § 12 AuslG, Rn. 5; *Kanein/Renner*, AuslR, § 12 AuslG, Rn. 5.
164. Vgl. oben Kapitel 2 Abschnitt 1 Seite 29ff.
165. Zum Grundrecht auf Bewegungsfreiheit im Asylverfahrensrecht vgl. *Tiemann*, NVwZ 1987, 10 (12ff.).
166. Dies betrifft gemäß § 14 AsylVfG alle Asylbewerber, die keine Aufenthaltsgenehmigung mit einer Dauer von mehr als sechs Monaten haben, die sich in Haft oder sonst in staatlichem Gewahrsam befinden oder unter 16 Jahre alt sind und deren gesetzliche Vertreter nicht verpflichtet sind, in einer Aufnahmeeinrichtung zu wohnen.

in der für ihre Aufnahme zuständigen Aufnahmeeinrichtung zu wohnen. Asylbewerber werden durch diese Regelung lediglich verpflichtet, sich in der Aufnahmeeinrichtung eine Wohnung zu nehmen. Obwohl die Überschrift des § 47 AsylVfG „Aufenthalt in Aufnahmeeinrichtungen" etwas anderes vermuten lässt, geht aus dem Wortlaut der Norm hervor, dass eine permanente Anwesenheit der Asylbewerber in der Aufenthaltseinrichtung nicht erforderlich ist.[167] Es muss vielmehr lediglich die Erreichbarkeit des Asylbewerbers gewährleistet sein.[168] Auch bei der Pflicht zum Aufenthalt in Aufnahmeeinrichtung handelt es sich folglich nicht um eine Freiheitsentziehung im Sinne des Art. 5 Abs. 1 EMRK.

Freiheitsentziehungen im Sinne des Art. 5 Abs. 1 EMRK kennt das deutsche Ausländerrecht aber im Zusammenhang mit der Abschiebung von Ausländern. Zur Vorbereitung einer Ausweisung (Vorbereitungshaft) oder zur Sicherung einer Abschiebung (Sicherungshaft) können Ausländer auf richterliche Anordnung gemäß § 57 AuslG in Haft genommen werden.

A. Ausweisung

Bei der Ausweisung handelt es sich um die Untersagung des Aufenthalts des Ausländers im Geltungsbereich des Ausländergesetzes.[169] Die Ausweisung begründet zum einen die Pflicht zum Verlassen des Bundesgebiets, §§ 44 Abs. 1 Nr. 1 iVm. 42 Abs. 1 AuslG. Zum anderen verbietet sie den Betroffenen für die Dauer der Ausweisung die Wiedereinreise in das Bundesgebiet, § 8 Abs. 2 AuslG. Das Ausländergesetz legt die Ausweisungsgründe abschließend fest. Im einzelnen wird zwischen drei Arten von Ausweisungsgründen unterschieden:

- Die Ausweisung ist *zwingend* zu verfügen, wenn die betroffene Person ihre besondere Gefährlichkeit durch die Begehung der in § 47 AuslG genannten Straftaten unter Beweis gestellt hat.
- Die Ausweisung ist *in der Regel* zu verfügen, wenn die betroffene Person eine Tat im Sinne des § 47 Abs. 2 AuslG begangen hat.
- Der Behörde steht bei der Verfügung der Ausweisung *Ermessen* zu, wenn die besonderen Ausweisungsgründe des § 46 AuslG vorliegen, oder wenn die betroffene Person im Sinne des § 45 AuslG durch ihren Aufenthalt die öffentliche Sicherheit und Ordnung oder sonstige erhebliche Interessen der Bundesrepublik Deutschland beeinträchtigt.

---

167. *Kanein/Renner*, AuslR, § 47 AsylVfG Rn. 2.
168. *Hailbronner*, AuslR, Bd. 3, § 47 AsylVfG Rn. 4; *Marx*, AsylVfG, § 18a Rn. 3.
169. *Hailbronner*, AuslR, Bd. 1, § 45 AuslG Rn. 4.

Nur aus schwerwiegenden Gründen der öffentlichen Sicherheit und Ordnung dürfen Personen ausgewiesen werden, die gemäß § 48 AuslG einen besonderen Ausweisungsschutz genießen.[170]

B. Abschiebung

Die Abschiebung, zu deren Sicherung eine Person gemäß § 57 Abs. 2 AuslG inhaftiert werden kann, ist die zwangsweise Durchsetzung der Ausreisepflicht eines Ausländers.[171]

1. Voraussetzung der Abschiebung

Voraussetzung für die Abschiebung ist, dass eine Ausreisepflicht besteht, die sich sowohl aus einer Ausweisung als auch aus anderen Gründen ergeben kann. Die Ausreisepflicht muss vollziehbar sein. Dies ist dann der Fall, wenn der Ausländer unerlaubt eingereist ist oder sich nach Ablauf der Geltungsdauer seiner Aufenthaltsgenehmigung noch im Bundesgebiet aufhält, § 42 Abs. 2 S. 1 AuslG. Beruht die Ausreisepflicht auf einem Verwaltungsakt, wie im Fall einer Ausweisung, so ist die Ausreisepflicht erst vollziehbar, wenn der sie begründende Verwaltungsakt seinerseits vollziehbar ist, § 42 Abs. 2 S. 2AuslG. Voraussetzung einer Abschiebung ist weiter, dass ausreichende Anhaltspunkte dafür bestehen, dass die betroffene Person der Ausreisepflicht nicht fristgemäß nachkommen wird.

2. Vereinbarkeit mit Art. 5 EMRK

Die Abschiebung selbst kann als Maßnahme der Verwaltungsvollstreckung in Form des unmittelbaren Zwangs den — zumindest vorübergehenden — Entzug der Freiheit einer Person zur Folge haben.[172] So entschied die EKMR im Fall *X und Y gegen Schweden*, dass die Ausreise unter polizeilicher Eskorte eine Freiheitsentziehung im Sinne des Art. 5 Abs. 1 EMRK darstelle.[173] Anders beurteilt das Bundesverwaltungsgericht unter dem Blickwinkel des Art. 104 GG die Maßnahme der Abschiebung. Bei einer Maßnahme des unmittelbaren Zwangs gegen Personen zur Durchsetzung eines

170. Den besonderen Ausweisungsschutz genießt gemäß § 48 AuslG wer: 1. eine Aufenthaltsberechtigung besitzt, 2. eine unbefristete Aufenthaltserlaubnis besitzt und im Bundesgebiet geboren oder als Minderjähriger in das Bundesgebiet eingereist ist, 3. eine unbefristete Aufenthaltserlaubnis besitzt und mit einem der in Nummern 1 und 2 bezeichneten Ausländer in ehelicher oder lebenspartnerschaftlicher Lebensgemeinschaft lebt, 4. mit einem deutschen Familienangehörigen in familiärer Lebensgemeinschaft lebt, 5. als Asylberechtigter anerkannt ist, im Bundesgebiet die Rechtsstellung eines ausländischen Flüchtlings genießt oder einen von einer Behörde der Bundesrepublik Deutschland ausgestellten Reiseausweis nach dem Abkommen über die Rechtsstellung für Flüchtlinge vom 28. Juli 1951 (BGBl. 1953 II S. 559) besitzt oder eine nach § 32a AuslG erteilte Aufenthaltsbefugnis besitzt.

171. *Hailbronner*, AuslR, Bd. 1, § 49 AuslG Rn. 1; *Kanein/Renner*, AuslR, § 49 AuslG Rn. 2.

172. *Welte*, Ausländerrecht, S. 196.

Verhaltens, zu dem der jeweils Betroffene verpflichtet ist, handele es sich allein wegen des mit ihr verbundenen Eingriffs in die körperliche Bewegungsfreiheit nicht notwendig um eine Freiheitsentziehung. Das gelte auch für die Abschiebung, mit der die Pflicht eines Ausländers, den Geltungsbereich des Ausländergesetzes zu verlassen, zwangsweise durchgesetzt wird:

> „[Die Abschiebung] wird nicht dadurch gekennzeichnet, daß der Ausländer ohne oder gegen seinen Willen „an einem eng umgrenzten Raum festgehalten wird". Bei einer wertenden, auf die Intensität des Eingriffs abstellenden Beurteilung steht nicht ein solcher Eingriff in die Bewegungsfreiheit im Vordergrund der Maßnahme. Diese ist nicht auf ein Festhalten des Ausländers gerichtet, sondern darauf, daß er sich zwangsweise außer Landes begibt bzw. außer Landes befördert wird. Ihre Auswirkung auf die Bewegungsfreiheit des Ausländers erscheint lediglich als eine sekundäre, kurzfristige Folge der Erfüllung der Ausreisepflicht."[174]

Anderes gilt nach der Rechtsprechung des Bundesverwaltungsgerichts nur, wenn die betroffene Person während der Abschiebung in einem Haftraum untergebracht werden muss.[175]

Für die Qualifikation einer staatlichen Maßnahme als Freiheitsentziehung im Sinne des Art. 5 Abs. 1 EMRK — und richtigerweise auch im Sinne des Art. 104 Abs. 2 GG[176] — kommt es jedoch nicht auf den mit der Maßnahme verfolgten Zweck, sondern allein auf den Erfolg, die allseitige Aufhebung der körperlichen Bewegungsfreiheit, an.[177] Auch eine Freiheitsentziehung im Sinne des Art. 104 Abs. 2 GG setzt grundsätzlich keine allein auf eine Freiheitsentziehung gerichtete Intention einer Behörde oder das Verbringen einer Person in einen Haftraum voraus.[178] Maßgeblich ist nach der Rechtsprechung des Bundesverfassungsgerichts und auch nach der des Bundesverwaltungsgerichts für eine Freiheitsentziehung im Sinne des Grundgesetzes grundsätzlich allein der „Erfolg einer Maßnahme".[179] Der „Erfolg"2 eines Ausschlusses der Bewegungsfreiheit tritt aber sowohl dann ein, wenn eine Person in einem

---

173. EKMR 07.10.1976 X,Y/Suede, DR 7, 123 (124), in diesem Fall wurde ein Japaner wegen terroristischer Akte aus Schweden ausgewiesen und unter Polizeieskorte in ein Flugzeug gesetzt, dass ihn nach Kopenhagen brachte. Dort wurde er sofort in ein Flugzeug nach Japan verbracht.

174. BVerwGE 62, 325 (327f.), zu einem Fall, in dem ein jordanischer Staatsangehöriger von Polizeibeamten zum Zwecke seiner Abschiebung der Flughafenwache zugeführt wurde. Als er Widerstand leistete, wurde er mit angelegter Knebelkette in ein wartendes Flugzeug verbracht. Die Abschiebung scheiterte schließlich daran, dass der Flugkapitän die Beförderung ablehnte; kritisch zur Entscheidung des BVerwG *Hoffmann*, DVBl. 1970, 473ff.; *Knösel*, Abschiebung, S. 121ff.

175. BVerwGE 62, 325 (328).

176. Vgl. zur Abschiebung als Freiheitsentziehung im Sinne des Art. 104 Abs. 2 GG: OVG Berlin, NJW 1973, 2172 (2173 f); *Hantel*, Freiheitsentziehung, S. 178; *Knösel*, ZAR 1990, 75 (78); *Kunig* in: von Münch/Kunig, GG, Art. 104 Rn. 20.

177. Vgl. oben Kapitel 2 Abschnitt 1 Seite 75.

178. Auch das BVerwG erklärt den Zweck einer Maßnahme als für die Frage, ob eine Verwahrung eine Freiheitsentziehung darstellt unerheblich, BVerwGE 62, 317 (319); *Correll* in: AK-GG, Art. 2 Abs. 2 Rn. 151.

179. BVerfGE 94, 166, 198; BVerwGE 62, 317 (319); *Dürig* in: Maunz/Dürig, GG, Art. 104 Rn. 6; *Gusy* in: v. Mangoldt/Klein, GG, Art. 104 Rn. 21; *Kunig* in: von Münch/Kunig, GG, Art. 104 Rn. 19; *Koschwitz*, Freiheitsentziehung, S. 43f.; *Hantel*, Freiheitsentziehung, S. 176ff.; *Lisken*, ZRP 1980, 145 (146).

Haftraum eingesperrt wird,[180] als auch dann, wenn die Person in einem Transportmittel eingesperrt oder schlicht gefesselt oder festgehalten wird. Bei einer Abschiebung wird die betroffene Person unter Anwendung unmittelbaren Zwangs von ihrem Aufenthaltsort über die Landesgrenze gebracht, so dass eine selbstbestimmte Fortbewegung ausgeschlossen ist. Weigert sich die Person, den Anordnungen der Polizeibeamten Folge zu leisten, wird sie gefesselt und gegen ihren Willen transportiert.[181] In beiden Fällen hat die betroffene Person weder während der polizeilichen Eskorte noch während des Transports in einem Polizeifahrzeug oder einem Flugzeug die Möglichkeit, von ihrer Bewegungsfreiheit Gebrauch zu machen. Ihre körperliche Bewegungsfreiheit ist allseitig aufgehoben. Da auch eine Direktabschiebung in der Regel mehrere Stunden in Anspruch nimmt, scheitert die Qualifikation der Maßnahme als Freiheitsentziehung im Sinne des Art. 5 Abs. 1 EMRK und im Sinne des Art. 104 Abs. 2 GG auch nicht an der kurzen Dauer der Maßnahme.[182]Auch die sogenannte Direktabschiebung stellt somit sowohl im Sinne des Art. 5 Abs. 1 lit. f EMRK als auch — entgegen der Auffassung des Bundesverwaltungsgerichts — im Sinne des Art. 104 Abs. 2 GG eine Freiheitsentziehung dar.

Die Abschiebung besteht in der physischen Entfernung eines Ausländers aus dem Staatsgebiet und ist damit der letzte Akt eines Abschiebungsverfahrens. Die mit einer Abschiebung verbundene Freiheitsentziehung erfolgt somit während eines „schwebenden" Ausweisungsverfahrens im Sinne des Art. 5 Abs. 1 lit. f 2. Alt. EMRK.[183] Die Freiheitsentziehung im Rahmen einer Abschiebung muss darüber hinaus aber auch „rechtmäßig" *(lawful)* sein. Sie darf dazu nicht gegen nationales Recht verstoßen.[184]

Art. 104 Abs. 2 S. 1 GG bestimmt, dass eine Freiheitsentziehung grundsätzlich durch einen Richter angeordnet werden muss.[185] Dies ist bei einer Direktabschiebung regelmäßig nicht der Fall und auch einfachgesetzlich nicht vorgesehen. Nach der Rechtsprechung des Bundesverwaltungsgerichts findet der Richtervorbehalt des Art. 104 Abs. 2 GG jedoch auf die Direktabschiebung keine Anwendung, weil es sich nicht um eine Freiheitsentziehung im Sinne des Art. 104 Abs. 2 GG handele. Geht

---

180. Der Vorschrift des § 2 FreihEntzG kommt insoweit keine maßgebliche Bedeutung zu, als das einfache Gesetz keine verbindliche Auslegung des Art. 104 Abs. 2 GG vorschreiben kann.
181. *Knösel*, ZAR 1990, 75 (78).
182. Vgl. dazu oben Kapitel 2 Abschnitt 2 Seite 74; für das deutsche Recht ergibt sich aus Art. 104 Abs. 2 S. 3 GG nicht, dass das Festhalten einer Person, das nicht länger als bis zum Ende des Tages nach dem Ergreifen dauert, keine Freiheitsentziehung ist (BVerwGE 63, 317 (319). Das BVerwG geht davon aus, dass es grundsätzlich auf die Dauer einer Inhaftierung für deren Qualifikation als Freiheitsentziehung nicht ankomme (BVerwGE 62, 317 (319)) und nimmt eine Freiheitsentziehung auch schon bei einer Dauer von 2 Stunden 19 Minuten an (BVerwGE 45, 51); a. A. *Brunn*, Abschiebungshaft, Rn. 454, der auch bei einem sich über viele Stunden hinstreckenden Abschiebungsvorgang davon ausgeht, dass es sich nicht um eine Freiheitsentziehung handelt; zur Untauglichkeit des Kriteriums der Dauer für die Qualifikation einer Maßnahme als Freiheitsentziehung im Sinne des Art. 104 GG vgl. *Gusy*, NJW 1992, 457 (458f.).
183. Vgl. dazu oben Kapitel 9 Abschnitt 1 Seite 328.
184. Vgl. oben Kapitel 2 Abschnitt 1 Seite 81ff.
185. Vgl. dazu oben Kapitel 2 Abschnitt 2 Seite 97.

man hingegen richtigerweise davon aus, dass es sich bei dem mit der Abschiebung verbundenen allseitigen Ausschluss der körperlichen Bewegungsfreiheit um eine Freiheitsentziehung im Sinne des Art. 104 Abs. 2 GG handelt, so muss die Ausländerbehörde vor einer Abschiebung grundsätzlich eine richterliche Genehmigung einholen.[186] Eine vorläufige Freiheitsentziehung durch die Verwaltung wäre gemäß Art. 104 Abs. 2 S. 2 GG nur dann zulässig, wenn ohne sofortiges Handeln der Exekutive der Zweck der Freiheitsentziehung — die Verbringung der betroffenen Person über die Staatsgrenze — verfehlt würde.[187] Bei der Direktabschiebung kommt eine solche Situation beispielsweise dann in Betracht, wenn eine unerlaubt eingereiste Person von der Polizei aufgegriffen wird und sich dem Zugriff der Behörde zu entziehen versucht. Wird diese Person direkt abgeschoben, kann unter Umständen sogar auf die Einholung einer nachträglichen richterlichen Entscheidung gemäß Art. 104 Abs. 2 S. 2 GG verzichtet werden, da in dem Fall, in dem ein Festhalten bis zur Entscheidung des Richters den Eingriff verlängern würde, die Verpflichtung aus Art. 104 Abs. 2 S. 2 GG entfällt.[188] Von diesem Ausnahmefall abgesehen, ist jedoch bei konsequenter Auslegung des Art. 104 Abs. 2 GG von der zuständigen Behörde vor einer Abschiebung stets eine richterliche Anordnung einzuholen. Die gegenwärtige Praxis verstößt damit in vielen Fällen gegen Art. 104 Abs. 2 GG und ist insoweit mit nationalem Recht nicht vereinbar. Da die mit der Abschiebung verbundene Freiheitsentziehung folglich nicht „rechtmäßig" im Sinne des Art. 5 Abs. 1 lit. f EMRK ist, verstößt die deutsche Abschiebungspraxis auch gegen Art. 5 Abs. 1 EMRK.

C. Abschiebungshaft

Eine der einschneidensten Maßnahmen des deutschen Ausländerrechts stellt die Abschiebungshaft im Sinne des § 57 AuslG dar.[189] Durch die Abschiebungshaft soll der Zugriff des Staates auf Ausländer sichergestellt werden, deren Abschiebung ohne ihre Inhaftierung wesentlich erschwert oder vereitelt würde.[190] Alleiniger Zweck der Abschiebungshaft ist die Durchsetzung einer Ausreisepflicht.[191] Die Abschiebungshaft hat weder Sanktionscharakter noch darf sie zu einer Beugehaft werden, um den Ausländer zur Mitwirkung bei der Beschaffung der erforderlichen Heimreisepapiere zu zwingen.[192] § 57 AuslG unterscheidet zwei Tatbestände, bei deren Vorliegen ein Ausländer in Haft genommen werden kann: die Vorbereitungshaft, § 57 Abs. 1 AuslG, und die Sicherungshaft, § 57 Abs. 2 AuslG.

---

186. *Knösel*, ZAR 1990, 75 (80f.).
187. BVerfGE 22, 311 (317f.); *Dürig* in: Maunz/Dürig, GG, Art. 104 Rn. 34; *Gusy* in: v. Mangoldt/Klein, GG, Art. 104 Rn. 42.
188. Gusy in: v. Mangoldt/Klein, GG, Art. 104 Rn. 55.
189. Zu den Bedingungen und zur Bedeutung der Abschiebungshaft vgl. *Remmel* in: GK-AuslR, § 57 AuslG Rn. 3ff.
190. BGHZ 75, 375 (378); *Remmel* in: GK-AuslR, § 57 AuslG Rn. 18.
191. OLG Hamm 23.01.1995 NVwZ 1995, 826; OLG Frankfurt 04.05.1995, NVwZ Beil. 1/1996, 6; *Remmel* in: GK-AuslR, § 57 AuslG Rn. 47.

1. Voraussetzung der Freiheitsentziehung

a) Vorbereitungshaft

Die Vorbereitungshaft ist zulässig, wenn sich eine Ausweisung, über die nicht sofort entschieden werden kann, in Vorbereitung befindet und die Abschiebung ohne die Inhaftnahme wesentlich erschwert oder vereitelt würde. Über eine Ausweisung kann beispielsweise dann nicht sofort entschieden werden, wenn zwar der begründete Verdacht besteht, dass ein Ausweisungsgrund vorliegt, der Nachweis darüber aber noch erbracht werden muss.[193] Die von der Behörde beabsichtigte Ausweisung muss zum Zeitpunkt der Inhaftierung aber bereits hinreichend sicher sein. Dies ist beispielsweise dann nicht der Fall, wenn die Ausweisung noch vom Ergebnis eines gegen den Betroffenen anhängigen Strafverfahrens abhängt.[194] Weitere Voraussetzung für die Vorbereitungshaft ist, dass die Durchsetzung der Ausreisepflicht mittels Abschiebung ohne die Inhaftnahme besonders stark gefährdet ist,[195] beispielsweise weil die betroffene Person ihrer Ausreiseverpflichtung nicht freiwillig nachkommen oder sich einer Abschiebung entziehen wird.[196] Die Vorbereitungshaft muss schließlich im Hinblick auf den mit ihr verfolgten Zweck verhältnismäßig sein. Steht zum Zeitpunkt der Anordnung der Haft zu vermuten, dass eine Ausweisung in der regelmäßig zu wahrenden Frist von sechs Wochen nicht verfügt und vollzogen wird, ist die Haft in der Regel unverhältnismäßig.[197] Die Vorbereitungshaft *soll* gemäß § 57 Abs. 1 S. 2 AuslG die Dauer von sechs Wochen nicht überschreiten. Der Wortlaut dieser Bestimmung ist insoweit missglückt, als es der ausdrückliche Wille des Gesetzgebers war, die Vorbereitungshaft zwingend auf sechs Wochen zu beschränken.[198] Die Dauer der Haft *darf* daher sechs Wochen nicht überschreiten.

---

192. BayObLG 16.02.1973 BayObLGZ, 73, 49 (53); LG Baden-Baden 10.08.1988 InfAuslR 1988, 288 (289); OLG Jena 11.01.1996 NVwZ-Beil. 1996 Nr. 4, 32; OLG Oldenburg 02.05.1997, OLGZ Oldenburg 1997, 243 „Zwar hat die Ausländerbehörde nach Anordnung der Abschiebungshaft versucht, aufgrund von Ablichtungen des Passes Ersatzpapiere zu beschaffen; dieser Versuch ist aber alsbald gescheitert. Daraufhin durfte sie sich nicht darauf beschränken, einfach abzuwarten. Denn eine Aufrechterhaltung der Haft mit dem Ziel, den Betroffenen zur Vorlage seines Passes zu bewegen, ist unzulässig."; OLG Hamm 19.05.1998 InfAuslR 1998, 351: „[...] je größer die Schwierigkeiten sind, die das Verhalten des abzuschiebenden Ausländers der Behörde bereitet, um so länger muss dieser die angeordnete Abschiebungshaft hinnehmen. Dies gilt nicht, wenn die Bemühungen der Behörde von Anfang an aussichtslos erscheinen; Die Haftanordnung nach § 57 II AuslG hat weder Sanktionscharakter noch darf sie zu einer Beugehaft werden."; *Hailbronner*, AuslR, § 57 AuslG Rn. 5; *Wegner*, ZAR 1996, 77 (78).

193. *Hailbronner*, AuslR, § 57 AuslG Rn. 14; *Kloesel/Christ/Häußer*, Ausländerrecht, Band 1, § 57 Rn. 2-5.

194. BayObLG 16.07.1998, InfAuslR 1999, 82.

195. BayObLG 09.12.1986, BayVbl. 1987, 249 (250): „den einerseits geringeren Voraussetzungen der Haft entspricht es, dass sie andererseits nur angeordnet werden darf, wenn das Gelingen der Abschiebung stärker gefährdet ist, als dies für eine Sicherungshaft erforderlich wäre."

196. *Hailbronner*, AuslR, § 57 AuslG Rn. 14; *Kanein/Renner*, AuslR, § 57 AuslG Rn. 9.

197. BayObLG 25.11.1993, InfAuslR 1994, 144 (145).

Nachdem die Ausweisung durch die Behörde verfügt wurde, entfällt der Haftgrund für die Vorbereitungshaft. Wenn jedoch, wie im Regelfall, die Fortdauer der Haft zur Sicherung der Abschiebung notwendig ist, kann von der Vorbereitungs- auf eine Sicherungshaft übergegangen werden.[199] Die Zeit der Vorbereitungshaft wird dann auf die Sicherungshaft angerechnet.[200]

b) Sicherungshaft

Die Sicherungshaft dient dazu, die Abschiebung eines ausreisepflichtigen Ausländers zu sichern. Ist die Abschiebung der betroffenen Person faktisch oder rechtlich undurchführbar, kann dieser Zweck mit der Sicherungshaft nicht erreicht werden. Der rechtsstaatliche Grundsatz der Verhältnismäßigkeit gebietet es daher, im Falle der Undurchführbarkeit der Abschiebung von der Sicherungshaft abzusehen.[201] Die Sicherungshaft setzt gemäß § 57 Abs. 2 AuslG voraus, dass die betroffene Person im Sinne des § 42 AuslG ausreisepflichtig ist und sich wahrscheinlich ohne die Festnahme der Abschiebung entziehen oder diese behindern wird. 1992 wurde die Vorschrift des § 57 Abs. 1 AuslG 1965 um konkrete Haftgründe erweitert, die die Anordnung von Abschiebungshaft erleichtern sollten.[202] Nach § 57 Abs. 2 AuslG ist ein Ausländer in Abschiebehaft zu nehmen, wenn:

„1. der Ausländer auf Grund einer unerlaubten Einreise vollziehbar ausreisepflichtig ist,
2. die Ausreisefrist abgelaufen ist und der Ausländer seinen Aufenthaltsort gewechselt hat, ohne der Ausländerbehörde eine Anschrift anzugeben, unter der er erreichbar ist,
3. er aus von ihm zu vertretenden Gründen zu einem für die Abschiebung angekündigten Termin nicht an dem von der Ausländerbehörde angegebenen Ort angetroffen wurde,
4. er sich in sonstiger Weise der Abschiebung entzogen hat oder
5. der begründete Verdacht besteht, daß er sich der Abschiebung entziehen will."

Der Haftgrund der Ausreisepflicht wegen unerlaubter Einreise begründet immer einen Grund zur Verhängung der Abschiebungshaft, weil die unerlaubte Einreise als Indiz dafür angesehen wird, dass der Ausländer einer Ausreisepflicht nicht freiwillig nachkommen wird. Der Abschiebungshaftgrund der unerlaubten Einreise ist jedoch nur dann erfüllt, wenn die betroffene Person noch unmittelbar auf Grund der unerlaubten Einreise und damit seit ihrer Einreise ununterbrochen vollziehbar ausreisepflichtig ist.[203] Von § 57 Abs. 2 S. 1 Nr. 2 bis 4 AuslG sind im wesentlichen die Fälle erfasst, in denen ein schuldhaftes und vorwerfbares Verhalten der betroffenen Person darauf hindeutet, dass sie sich der Abschiebung durch Untertauchen entziehen will. Gemäß § 57 Abs. 2 S. 1 Nr. 5 AuslG schließlich kann eine Person jedoch auch

---

198. BT-Drs. 11/6321 zu § 57 Abs. 1: „Absatz 1 übernimmt die derzeit geltende Regelung des § 16 Abs. 1 AuslG. Die Vorbereitungshaft ist allerdings zwingend auf sechs Wochen begrenzt."
199. *Remmel* in: GK-AuslR, § 57 AuslG Rn. 27.
200. *Hailbronner*, AuslR, Bd. 1, § 57 AuslG Rn. 16.
201. BVerfG 2. Senat 2. Kammer 15.12.2000, 2BvR 347/00 - Juris; BVerfG 29.02.2000, InfAuslR 2000, 221 (222).
202. Gesetz zur Neuregelung des Asylverfahrens 26.06.1992 (BGBl. I S. 1126).
203. BT-Drs. 12/2062, S. 45.

dann in Abschiebungshaft genommen werden, wenn allgemein der begründete Verdacht besteht, die betroffene Person wolle sich der Abschiebung entziehen. Die bloße Weigerung, freiwillig auszureisen, reicht dabei zwar für eine Abschiebung, nicht aber für eine Haftanordnung aus.[204] Der begründete Verdacht, dass sich die betroffene Person auch der Abschiebung entziehen will, muss sich auf konkrete Umstände stützen.[205] Liegt einer der Gründe des § 57 Abs. 2 S. 1 AuslG vor, muss eine Sicherungshaft angeordnet werden. Etwas anderes gilt nur dann, wenn die aufgrund der unerlaubten Einreise ausreisepflichtige Person glaubhaft machen kann, dass sie sich der Abschiebung nicht entziehen will, § 57 Abs. 2 S. 3 AuslG, oder wenn ein besonderer Ausnahmegrund vorliegt.[206]

Unabhängig vom Vorliegen eines dieser Gründe kann gemäß § 57 Abs. 2 S. 2 AuslG eine ausreisepflichtige Person auch dann in Sicherungshaft genommen werden, wenn die Ausreisefrist abgelaufen ist und feststeht, dass die Abschiebung durchgeführt werden kann. Mit dieser Vorschrift sollen Sammelabschiebungen ermöglicht werden, wenn diese einen großen organisatorischen Aufwand erfordern oder — beispielsweise im Hinblick auf die Gültigkeitsdauer der Reisedokumente — nur in einem begrenzten Zeitraum durchgeführt werden können.[207]

---

204. Aus der Erforderlichkeit der Abschiebung darf nicht ohne Weiteres auf die Notwendigkeit der Sicherungshaft geschlossen werden, OLG Naumburg, 24.02.2000 10 Wx 4/00; für den begründeten Verdacht, dass sich die betroffene Person der Abschiebung entziehen will, ist maßgebend, dass zur Abschiebung des Betroffenen der einfache Verwaltungszwang voraussichtlich nicht ausreicht. Dieser einfache Zwang genügt, wenn der Betroffene sich zwar ernstlich und aktiv weigert auszureisen, aber für die Vollstreckungsbehörde greifbar ist (LG Berlin 10.03.1999, InfAuslR 1999, 465ff.); die bloße Weigerung, freiwillig auszureisen, oder auch die Ausschöpfung sämtlicher Rechtsmittel reicht für den Nachweis einer Gefährdung der Abschiebung nicht aus (OLG Hamm 13.01.1995, DÖV 1996, 1058; OLG Düsseldorf 20.06.1997, InfAuslR 1997, 407); auch das Fehlen von Papieren, sozialen Bindungen, eines festen Wohnsitzes oder Mittellosigkeit genügen nicht, um konkrete Umstände für den Verdacht, dass sich der Betroffene der Abschiebung entziehen wird, zu begründen (OLG Frankfurt 22.07.1999, 20 W 297/99 - juris); es genügt aber die Feststellung, dass jemand gegen Zahlung eines Geldbetrags über einen Schleuser eingereist ist, keinen festen Wohnsitz und keine sozialen Bindungen hat, sich nicht meldet, keine Papiere hat und fälschlicherweise angibt, der Schleuser habe sie ihm abgenommen (BGH 10.02.2000 NVwZ 2000, 965); *Hailbronner*, AuslR, Bd. 1, § 57 AuslG Rn. 40ff. mwN.

205. OLG Köln 13.01.1995, NVwZ-Beil. 8/1995, 63; OLG Köln 01.09.1997, StV 1997, 652f.

206. BVerfG 13.07.1994, InfAuslR 342 (344): „Die Regelung des § 57 II 1 Nr. 2 AuslG stieße auf verfassungsrechtliche Bedenken, wenn nach ihr die Abschiebungshaft auch dann zwingend angeordnet werden müsste, wenn dies - ausnahmsweise - zur Sicherung der Abschiebung nichts beitragen kann. § 57 II AuslG sieht in allen Alternativen der Nr. 1-5 die Abschiebungshaftanordnung als Mittel zur Sicherung der Abschiebung vor. Will sich ein Ausländer im Einzelfall offensichtlich nicht der Abschiebung entziehen, erscheint die Erfüllung der Tatbestandsmerkmale nach dem Grundsatz der Verhältnismäßigkeit nicht ausreichend, um zwingend die Rechtsfolge der Anordnung der Sicherungshaft auszulösen"; so auch BayObLG 20.04.1998, BayVbl. 1998, 541 (542); *Kloesel/Christ/Häußer*, Ausländerrecht, Bd. 1, § 57 AuslG Rn. 22.

207. Dazu auch *Göbel-Zimmermann*, ZAR 1996, 110 (113); *Remmel* in: GK-AuslR, § 57 AuslG Rn. 267.

Die Sicherungshaft darf nach § 57 Abs. 3AuslG höchstens für die Dauer von sechs Monaten angeordnet werden. Liegen die Voraussetzungen der Sicherungshaft nach Ablauf der Frist noch vor und verhindert der Ausländer seine Abschiebung, darf die Haft über die ersten sechs Monate hinaus um höchstens 12 Monate, also bis auf insgesamt 18 Monate verlängert werden.[208] Diese Fristen sind jedoch nicht als Regeldauer, sondern als absolute Höchstfristen zu verstehen.[209] Eine Haftdauer von sechs Monaten ist daher nicht in jedem Fall zulässig.[210] Steht fest, dass eine Abschiebung innerhalb kürzerer Zeit erfolgen kann, so ist eine für drei Monate angeordnete Abschiebungshaft unverhältnismäßig und daher unzulässig.[211]

c) Beschleunigungsgebot

Für die Beurteilung der Dauer der Auslieferungshaft und ihrer Vollstreckung hat das Bundesverfassungsgericht das Gebot größtmöglicher Verfahrensbeschleunigung postuliert. Ab einer gewissen, für die verfahrensmäßige und technische Abwicklung der notwendigen Entscheidungen unabdingbaren Mindestdauer des Verfahrens müssen besondere, das Auslieferungsverfahren selbst betreffende Gründe vorliegen, um eine Aufrechterhaltung der Haft zu rechtfertigen.[212] Andernfalls kann die Haft unverhältnismäßig werden. Entsprechendes gilt auch für die Abschiebungshaft.[213] Die Behörde muss spätestens, wenn vorhersehbar ist, dass die Abschiebung notwendig ist und zu ihrer Durchsetzung Haft erforderlich sein könnte, „ohne Aufschub und beschleunigt" alle notwendigen Anstrengungen unternehmen, um Passersatzpapiere zu beschaffen, damit die Abschiebungshaft entbehrlich wird oder aber nur kurze Zeit dauert.[214] Eine zögerliche Bearbeitung durch die Behörden kann somit zur Folge haben, dass die Notwendigkeit der Haft nicht mehr Folge eines Fehlverhaltens des Ausländers ist und dass damit die Fortdauer der Abschiebungshaft unzulässig wird.[215] Können keine

---

208. OLG Karlsruhe 05.08.1999, NVwZ-Beil, 1999 Nr. 12, 120 zur Verlängerung der Haft in einem Fall, in dem sich der Betroffene trotz Fesselung bei sechs Versuchen der Abschiebung gewehrt und sich die Fluggesellschaft deshalb geweigert hat, ihn auszufliegen; OLG Frankfurt 27.07.1999 InfAuslR 1999, 465: „der Ausländer verstößt nicht gegen seine Mitwirkungspflichten, wenn er sich weigert zu unterschreiben, dass er bereit ist, freiwillig in sein Heimatland auszureisen. Allein deshalb darf die Haft nicht über sechs Monate hinaus verlängert werden."; *Kloesel/Christ/Häußer*, Ausländerrecht, Bd. 1, § 57 AuslG Rn. 51.

209. Die Höchstfrist darf selbst dann nicht überschritten werden, wenn die betroffene Person innerhalb dieses Zeitraums nicht abgeschoben werden konnte. Auch eine Abschiebungshaft zu einem späteren Zeitpunkt ist dann nicht mehr möglich, *Göbel-Zimmermann*, ZAR 1996, 110 (115).

210. BGH 11.07.1996, NJW 1996, 2796 (2797); OLG Frankfurt 07.05.1998 AuAS 1998, 198 (199); *Hailbronner*, AuslR, Bd. 1, § 57 AuslG Rn. 27.

211. OLG Düsseldorf 14.07.1997, InfAuslR 1997, 408.

212. BVerfGE 61, 28 (34).

213. *Hailbronner*, AuslR, Bd. 1, § 57 AuslG Rn. 23.

214. *Hailbronner*, AuslR, Bd. 1, § 57 AuslG Rn. 23.

215. OLG Düsseldorf 05.05.1995, InfAuslR 1995, 367 (368); OLG Karlsruhe 09.11.1999, InfAuslR 2000, 234 (235).

sinnvollen und konkreten Maßnahmen zur Vorbereitung der Abschiebung mehr getroffen werden, kann die Sicherungshaft ihren Zweck, die Abschiebung zu sichern, nicht mehr erfüllen. Der Ausländer ist aus der Haft zu entlassen.[216]

Die Oberlandesgerichte stellen im allgemeinen hohe Anforderungen an die Einhaltung des Beschleunigungsgebots. Unzulässig ist die Aufrechterhaltung der Haft beispielsweise:

- wenn die Ausländerbehörde erst drei Monate nach der Haftanordnung Passantragsformulare übersendet und die Justizvollzugsanstalt um Amtshilfe bei der Ausfüllung bittet,[217]
- wenn ein inhaftierter Ausländer erstmals nach vier Monaten von einem Mitarbeiter der Ausländerbehörde aufgesucht wird[218] und
- wenn die Behörde die Beschaffung von Ausreisepapieren nicht mit der gebotenen Beschleunigung betreibt.[219]

Kein Verstoß gegen das Beschleunigungsgebot liegt hingegen vor, wenn die Abschiebung eines an sich reisefähigen Ausländers bis zum Ende einer erforderlichen ärztlichen Behandlung zurückgestellt wird.[220]

d) Richterliche Anordnung

Die Abschiebungshaft nach § 57 AuslG stellt eine Freiheitsentziehung im Sinne des Art. 104 Abs. 2 GG dar.[221] Sowohl die Vorbereitungs- als auch die Sicherungshaft sind daher durch einen Richter anzuordnen. Das Verfahren richtet sich gemäß § 103 Abs. 2 AuslG nach dem Gesetz über das gerichtliche Verfahren bei Freiheitsentziehungen (FreihEntzG). Danach ist für die Anordnung der Abschiebungshaft das Amts-

216. BayObLG 04.02.1998, InfAuslR 1998, 352; BayObLG 09.12.1997, InfAuslR 1998, 108, danach ist die Haft unzulässig, wenn die Möglichkeiten zur Identifizierung erschöpft sind und die Ausländerbehörde deshalb keine sinnvollen Maßnahmen zur Abschiebung mehr treffen kann.
217. OLG Frankfurt 05.07.1995, NVwZ-Beilage 1/1996, 8.
218. OLG Frankfurt 14.06.1995-juris: „Von einer Beschleunigung der Abschiebung kann schon keine Rede mehr sein, wenn der in öffentlichem Gewahrsam befindliche, abzuschiebende Ausländer - wie hier - erstmals 4 Monate nach seiner Inhaftierung von einem Mitarbeiter der Ausländerbehörde aufgesucht wird. Dem Betroffenen kann es hier auch nicht angelastet werden, daß sich die Zuständigkeit der Ausländerbehörden nach der Verlegung des Betroffenen in die Justizvollzugsanstalt D. und sodann in die Einrichtung für Abschiebungshaft O. zweimal geändert hat. Der Zuständigkeitswechsel erscheint dem Senat aus abschiebungshaftrechtlicher Sicht dann wenig sachgerecht, wenn die Hafteinrichtungen - wie hier - nur wenige Kilometer voneinander entfernt und für die ursprünglich zuständige Ausländerbehörde leicht erreichbar sind."
219. OLG Karlsruhe 09.11.2000, InfAuslR 2000, 234 (235).
220. BayObIG 02.01.1997, BayVBl 1997, 264: „ Stellt die Ausländerbehörde die Abschiebung des an sich reisefähigen Betroffenen bis zur Beendigung der erforderlichen ärztlichen Behandlung seiner Erkrankung zurück, verstößt sie hierdurch nicht gegen das aus Art. 2 Abs. 2 Satz 2 GG abzuleitende verfassungsrechtliche Beschleunigungsgebot bei Freiheitsentziehungen."
221. BVerwGE 62, 325 (327f.); *Remmel* in: GK-AuslR, § 57 AuslG Rn. 18ff mwN.

gericht zuständig in dessen Bezirk der Ausländer seinen gewöhnlichen Aufenthalt hat, § 4 FreihEntzG. Vor der Entscheidung ist der Ausländer vom Gericht mündlich zu hören, § 5 FreihEntzG.[222]

Wird einem Ausländer die Freiheit kurzfristig durch eine behördliche Maßnahme, die eine Abschiebung sichern soll, ohne richterliche Anordnung entzogen, ist die richterliche Entscheidung unverzüglich nachzuholen, Art. 104 Abs. 2 S. 2 GG, § 13 Abs. 1 FreihEntzG.[223]

2. Vereinbarkeit mit Art. 5 EMRK

Die Abschiebungshaft kann als Haft während eines „schwebenden" Ausweisungsverfahrens gerechtfertigt sein. Die von Abschiebungshaft betroffene Person darf nach deutschem Recht während der Vorbereitung der Ausweisungsentscheidung und damit während eines „schwebenden" Ausweisungsverfahrens in Haft genommen werden. Die Freiheitsentziehung zur Sicherung der Abschiebung ist ebenfalls vom Haftgrund des Art. 5 Abs. 1 lit. f 2. Alt. EMRK umfasst, da das Verfahren einer Ausweisung bis zur tatsächlichen Außerlandesschaffung der betroffenen Person im Sinne des Art. 5 Abs. 1 lit. f 2. Alt. EMRK „schwebt". Die Abschiebungshaft darf zudem nach deutschem Recht zu keinem anderen Zweck als zur Sicherung des Abschiebungsverfahrens und seines Vollzugs erfolgen. Insbesondere ist eine Inhaftierung als Beugemittel oder zur Erleichterung der Arbeit der Behörden unzulässig. Sobald sich im Verfahren herausstellt, dass die Abschiebung aus tatsächlichen oder rechtlichen Gründen nicht erfolgen kann, oder sobald eine Voraussetzung für die Anordnung der Abschiebungshaft entfällt, ist die betroffene Person aus der Abschiebungshaft zu entlassen.

Mit dem von der Rechtsprechung entwickelten Gebot größtmöglicher Verfahrensbeschleunigung wird schließlich gewährleist, dass die Inhaftierung nur solange aufrecht erhalten werden darf, wie das Verfahren der Ausweisung mit der erforderlichen Sorgfalt und Geschwindigkeit betrieben wird, sodass die Abschiebungshaft im Sinne des § 57 AuslG mit Art. 5 Abs. 1 EMRK in Einklang steht.

---

222. Zur Bedeutung der Anhörung vgl. BVerfG 11.03.1996 NVwZ-Beil 1996, 49: „[...] verstößt der Richter gegen das Gebot der vorherigen mündlichen Anhörung, so drückt dieses Unterlassen einer gleichwohl angeordneten Sicherungshaft den Makel einer rechtswidrigen Freiheitsentziehung auf, der durch Nachholung der Maßnahme nachträglich nicht mehr geheilt werden kann."; damit widerspricht das Bundesverfassungsgericht indirekt dem BGH, der die Ansicht vertrat, dass es bei den Haftgründen des § 57 Abs. 1 S. 2 Nr. 2-4 AuslG auf die Anhörung des Betroffenen gerade nicht mehr ankomme, da seinen Absichten angesichts der gesetzlichen Vermutung, keine Bedeutung mehr beizumessen sei (BGH 01.07.1993, NJW 1993, 3069 (3070)); dazu *Zeitler*, NVwZ 1997, 628 (630).

223. Dazu BVerfG 15.03.2002, 2 BvR/00, in diesem Fall wurde der Beschwerdeführer zur Sicherung seiner Abschiebung durch die Polizei am Nachmittag des 20. Januar 1999 in Gewahrsam genommen und am darauffolgenden Tage gegen 7.30 Uhr abgeschoben. Ein Richter war in dieser Zeit im Amtsgericht telefonisch nicht zu erreichen. Das BVerfG entschied, dass es zur Einhaltung des Richtervorbehalts des Art. 104 Abs. 2 GG weiterer Anstrengungen zur Herbeiführung einer richterlichen Entscheidung bedurft hätte.

D. Zurückschiebungshaft

Zu einer Freiheitsentziehung im Sinne des Art. 104 Abs. 2 GG und des Art. 5 Abs. 1 EMRK ermächtigt schließlich auch § 61 Abs. 3 iVm. § 57 AuslG. Danach kann ein Ausländer in Haft genommen werden, wenn dies zur Vorbereitung oder Sicherung einer Zurückschiebung erforderlich ist. Die Zurückschiebung eines Ausländers im Sinne des § 61 AuslG ermöglicht seine zwangsweise Entfernung aus dem Bundesgebiet nach einer illegalen Einreise. Damit ergänzt die Zurückschiebung die Zurückweisung, die nur solange zulässig ist, bis die betroffene Person im Sinne des Ausländerrechts eingereist ist.[224] Die Zurückschiebung ist insoweit mit der Abschiebung vergleichbar, als beide Maßnahmen aufenthaltsbeendend sind. Die Zurückschiebung unterliegt jedoch nicht den Verfahrensregeln der Abschiebung und stellt daher das vergleichsweise einfachere Verfahren dar.[225]

1. Voraussetzung der Freiheitsentziehung

Soll ein Ausländer, der unerlaubt eingereist ist, zurückgeschoben werden, ist über die Zurückschiebung aber noch nicht entschieden, etwa weil noch ein aufnahmebereiter Zielstaat ausfindig gemacht werden muss, darf der Ausländer gemäß § 61 Abs. 3 iVm. § 57 Abs. 1AuslG in Vorbereitungshaft genommen werden, wenn andernfalls die Zurückschiebung erschwert oder vereitelt würde. Ist die Entscheidung über die Zurückweisung gefallen und droht der Ausländer, sich der Zurückschiebung zu entziehen, so kann er gemäß § 61 Abs. 3 iVm. § 57 Abs. 1AuslG in Sicherungshaft genommen werden. Sowohl für die Freiheitsentziehung zur Vorbereitung der Entscheidung über die Zurückschiebung als auch für die Freiheitsentziehung zur Sicherung des Vollzugs der Zurückschiebung gelten aufgrund des Verweises in § 57 AuslG die gleichen Verfahrensregeln, die auch für die Abschiebungshaft gelten.[226] Die Zurückschiebungshaft ist danach nur solange gerechtfertigt, wie das Verfahren mit der erforderlichen Geschwindigkeit betrieben wird. Die Zurückweisungshaft ist stets von einem Richter anzuordnen, der die betroffene Person grundsätzlich vorher anzuhören hat. Schließlich ist die betroffene Person aus der Haft zu entlassen, wenn feststeht, dass eine Zurückschiebung aus faktischen oder rechtlichen Gründen nicht erfolgen kann.

2. Vereinbarkeit mit Art. 5 EMRK

Anders als die Zurückweisungshaft ist die Zurückschiebungshaft auch nach dem Willen des deutschen Gesetzgebers nicht darauf gerichtet, eine Person am unberechtigten Eindringen in das Staatsgebiet der Bundesrepublik Deutschland zu hindern. Die Zurückschiebung setzt vielmehr bereits tatbestandlich eine vollendete Einreise im Sin-

---

224. *Hailbronner*, AuslR, Bd. 1, § 61 AuslG Rn. 2.
225. *Hailbronner*, AuslR, Bd. 1, § 61 AuslG Rn. 3.
226. *Hailbronner*, AuslR, Bd. 1, § 61 AuslG Rn. 22.

ne des Ausländerrechts voraus. Die Zurückschiebungshaft ist damit nicht als Freiheitsentziehung zur Verhinderung der Einreise im Sinne des Art. 5 Abs. 1 lit. f 1. Alt. EMRK gerechtfertigt. Ziel der Zurückschiebungshaft ist es vielmehr, die betroffene Person während der behördlichen Entscheidung über ihre Zurückschiebung den Behörden zur Verfügung zu halten bzw. ihre Außerlandesschaffung im Rahmen des Vollzugs der Zurückschiebung zu sichern. Obwohl der nationale Gesetzgeber begrifflich zwischen der Zurückschiebung und der Abschiebung unterscheidet, stellt die Zurückschiebung somit eine Ausweisung im Sinne des Art. 5 Abs. 1 lit. f 2. Alt. EMRK dar. Da die Zurückschiebungshaft nur während der Entscheidung über die Zurückschiebung und bis zum Vollzug der Maßnahme zulässig ist, handelt es sich bei der Zurückschiebungshaft um eine Freiheitsentziehung während eines „schwebenden" Abschiebungsverfahrens im Sinne des Art. 5 Abs. 1 lit. f 2. Alt. EMRK.

Für die Zurückschiebung als Maßnahme des unmittelbaren Zwangs im Rahmen der Verwaltungsvollstreckung gilt das zur Abschiebung Festgestellte entsprechend. Auch die Zurückschiebung stellt eine Freiheitsentziehung im Sinne des Art. 104 Abs. 2 GG dar, wenn der betroffenen Person durch polizeiliche Eskorte, durch Festhalten oder Fesselung die Möglichkeit zu körperlicher Fortbewegung genommen wird. Auch über die Zurückschiebung, die wie die Abschiebung mehrere Stunden dauern kann, entscheidet entgegen Art. 104 Abs. 2 GG nicht der Richter. Die Zurückschiebung einer Person, bei der dieser — wie im Regelfall üblich — die Freiheit entzogen wird, verstößt unter diesen Umständen gegen nationales Recht und ist nicht „rechtmäßig" im Sinne des Art. 5 Abs. 1 lit. f EMRK. Die Zurückschiebung selbst verstößt damit gegen Art. 5 Abs. 1 EMRK.

Abschnitt 3: Frankreich

Grundlage des in verschiedenen Gesetzen und Ausführungsbestimmungen verstreuten französischen Ausländerrechts ist die Ordonnance 45-2658 vom 2. November 1945, [227] in der die Bedingungen der Einreise und des Aufenthalts von Ausländern in Frankreich normiert wurden. Neben Einreisebestimmungen und verschiedenen Aufenthaltsbestimmungen enthält die Ordonnance 45-2658 die Ermächtigung der Verwaltung, Ausländern unter bestimmten Voraussetzungen die Freiheit zu entzie-

227. Ordonnance n° 45-2658 02.11.1945 relative à l'entrée et au séjour des étrangers en France (J.O. 04.11.1945, p. 7225).

hen.[228] Auch das französische Ausländerrecht unterscheidet dabei zwischen freiheitsentziehenden Maßnahmen zur Verhinderung der illegalen Einreise und Maßnahmen, die der Ausweisung bereits eingereister Ausländer dienen sollen.

I. Freiheitsentziehung zur Verhinderung der illegalen Einreise

A. Refus d'entrée

Ausländer, die die in Art. 5 der Ordonnance 45-2658 sowie die in den entsprechenden Ausführungsbestimmungen geregelten Einreisebedingungen nicht erfüllen, etwa weil sie nicht über die erforderlichen Dokumente oder Visa verfügen, können an der Grenze abgewiesen werden.[229] Auch Ausländer, deren Aufenthalt in Frankreich eine Gefahr für die öffentliche Ordnung darstellen würde, sowie Ausländer denen der Aufenthalt bereits durch eine Ausweisung *(expulsion)* oder ein Aufenthaltsverbot *(interdiction du territoire)* untersagt wurde, kann die Einreise nach Frankreich gemäß Art. 5 al. 2 der Ordonnance 45-2658 verweigert werden *(refus d'entrée)*.[230] Die Entscheidung über das Einreiseverbot muss schriftlich ergehen und bedarf einer auf die Besonderheiten des Einzelfalls abgestellten Begründung. Zudem ist dem von einem *refus d'entrée* betroffenen Ausländer Gelegenheit zu geben, die Person, zu der er reisen wollte, sowie ein Konsulat zu benachrichtigen, Art. 5 al. 3 und 4 Ordonnance 45-2658. Der *refus d'entrée* begründet ein Verbot der Einreise und ist insofern mit der deutschen Zurückweisung vergleichbar. Wie die Zurückweisung stellt auch der *refus d'entrée* selbst noch keine Freiheitsentziehung dar.

Eine Ermächtigung zur Festnahme und Inhaftierung von Personen, gegen die ein *refus d'entrée* ergangen ist, wurde 1989 in Art. 5 der Ordonnance 45-2658 eingeführt.[231] Danach konnte eine Person, der die Einreise verweigert wurde, für die bis zu ihrer Abreise erforderliche Zeit an der Grenze festgehalten werden. Durch das Gesetz

228. In den französischen Lehrbüchern sind die Ausführungen über das Ausländerrecht, insbesondere zu den Regelungen der Einreise und des Aufenthalts von Ausländern, aber auch über die freiheitsentziehenden Maßnahmen dem Recht der 'liberté d´aller et de venir' zugeordnet. Der Grund dafür ist wohl, dass das Ausländerrecht auch die Möglichkeiten der Bewegung von Ausländern im Inland und deren Beschränkungen betreffen. Die freiheitsentziehenden Maßnahmen des Ausländerrechts betreffen jedoch in erster Linie das Recht der „sûreté", vgl. dazu oben Kapitel 2 Abschnitt 3 Seite 104.

229. Zu den Einreise und Aufenthaltsbedingungen vgl. *Julien-Laferrière*, Étrangers, ch. 1ff.

230. Diese Bestimmung wurde im Zuge einer Verschärfung der Einreise- und Aufenthaltsbedingungen 1980 durch das „Loi Bonnet" (Loi n° 80-9, J.O. 11.01.1980, p. 71) in Art. 5 der Ordonnance 45-2658 eingeführt; vgl. dazu *Lebullenger*, Rev. Adm. 1982, 259ff.

231. Loi n° 89-548 du 02.08.1989, art. 18 al. 2 „ Le dernier alinéa de l'article 5 de l'ordonnance n° 45-2658 du 2. novembre 1945 précitée est ainsi rédigé: en aucun cas le refus d'entrée peut donner lieu à une mesure de repatriement contre le gré de l'intéressé avant l'expiration du délai d'un jour franc. L'étranger auquel est opposé un réfus d'entrée peut être maintenu dans des locaux ne relevant pas de l'administration pénitentiare pendant le temps strictement nécessaire à son départ, dans les conditions prévues à l'article 35bis."

vom 6. Juli 1992 wurde diese Ermächtigung in Art. 5 der Ordonnance 45-2658 wieder gestrichen und durch die gesetzliche Regelung des französischen „Flughafenverfahrens" ersetzt.[232]

B. Freiheitsentziehung in Wartezonen

Zur Verhinderung der illegalen Einreise von Ausländern sieht auch das französische Ausländerrecht besondere Maßnahmen für den Fall vor, dass die betroffenen Personen auf dem Luftweg, mit dem Schiff oder der Bahn einreisen. Die Kontrolle der Einreise dieser Personen erfolgt auch in Frankreich an den jeweiligen Grenzkontrollstellen des Flughafens, Hafens oder des internationalen Bahnhofs. Stellt sich bei der Kontrolle heraus, dass die Betroffenen nicht einreiseberechtigt sind, oder stellen sie dort einen Asylantrag, können sie gemäß dem 1992 eingeführten Art. 35 quarter der Ordonnance 45-2658 in einer sogenannten Wartezone *(zone d'attente)* festgehalten werden.

1. Entstehungsgeschichte

Durch die gesetzliche Normierung der Unterbringung von Ausländern in Wartezonen wurde 1992 eine Verwaltungspraxis legalisiert, die sich zuvor auf keine gesetzliche Ermächtigungsgrundlage stützen konnte.[233] Zwar sah Art. 5 der Ordonnance 45-2658 seit 1989 die Ermächtigung der Verwaltung vor, Ausländer, denen die Einreise verweigert wurde, bis zu ihrer möglichen Rückreise festzuhalten. Durch dieses Gesetz wurde die Verwaltung jedoch nur dazu ermächtigt, bestimmte Personen unter den Garantien der Abschiebungshaft zu inhaftieren. Zu einer unbeschränkten Inhaftierung Einreisewilliger in Wartezonen ohne Einhaltung der Verfahrensgarantien, wie sie in den *zones d´attente* praktiziert wurde, ermächtigte Art. 5 der Ordonnance 45-2658 hingegen nicht.[234]

Die Inhaftierung der betroffenen Personen in den Transitzonen stützte sich zum einen auf eine Verordnung des Premierministers vom 27. Mai 1982, die jedoch keine ausdrückliche Ermächtigung zum Festhalten der betroffenen Personen enthielt.[235] Zum anderen hielt sich die französische Verwaltung durch ein unveröffentlichtes Rundschreiben *(circulaire)* des Innenministers vom 26. Juni 1990 zum Festhalten der Betroffenen ermächtigt.[236] Das Rundschreiben bestimmte, dass sich Ausländern, de-

232. Loi n° 92-625 du 06.07.1992 sur la zone d'attente des ports et des aéroports et portant modification de l'ordonnance n° 45-2658 du 2. novembre 1945 relative aux conditions d'entrée et de séjour des étrangers en France, art. 2 al. 1 n° 1.

233. Zur Praxis der Freiheitsentziehungen insbesondere auf französischen Flughäfen vor der gesetzlichen Regelung vgl. *Maillard Desgrées du Loû*, Rec. Dalloz, jur. 1993, 48 (49).

234. TGI Paris 25.03.1992, Rec. Dalloz jur., 1993, 47 (48).

235. Décret n° 82-442 du 27.03.1982 pris pour l'application de l'article 5 de l'ordonnance n° 45-2658 du 2. novembre 1954, modifiée relative aux conditions d'entrée et de séjour an France des étrangers en ce qui concerne l'admission sur le territoire français, J.O. 29.05.1982, p. 1712.

nen die Einreise verweigert wurde und die auf ihre Abreise warten, sich in einer sogenannten internationalen Zone *(zone internationale)* frei bewegen könnten, wenn dort hinreichende Möglichkeiten zu ihrer Überwachung gegeben seien. Es seien jedoch die notwendigen Maßnahmen zu ergreifen, um ein unberechtigtes Eindringen auf französisches Territorium zu verhindern. Bei dem Rundschreiben, das ebenfalls nicht ausdrücklich zur durch die Verwaltung geübten Inhaftierungspraxis ermächtigte, handelte es sich um eine unveröffentlichte Verwaltungsvorschrift. Schon aus diesem Grunde stellte das Rundschreiben des Innenministers weder nach französischem Recht noch im Sinne des Art. 5 Abs. 1 EMRK eine ausreichende Ermächtigungsgrundlage dar. Sowohl nationale Gerichte[237] als auch der EGMR, der sich im Fall *Amuur* mit der Inhaftierungspraxis an französischen Flughäfen auseinanderzusetzen hatte,[238] stellten daher fest, dass sich die Verwaltungspraxis auf keine hinreichende gesetzliche Ermächtigungsgrundlage stützen könne. Daraufhin bemühte sich der französische Gesetzgeber um eine gesetzliche Regelung der Freiheitsentziehung zur Verhinderung der Einreise.[239] 1992 wurde das Festhalten von Personen in den sogenannten Wartezonen schließlich mit dem Gesetz n° 92-625 als Art. 35quarter in die Ordonnance 45-2658 aufgenommen.[240]

2. Voraussetzung der Freiheitsentziehung

Gemäß Art. 35 quarter der Ordonnance 45-2658 können Ausländer, die auf dem Luft- oder Wasserweg bzw. mit der Bahn in Frankreich ankommen und nicht die Erlaubnis zur Einreise erhalten, in einer Wartezone *(zone d'attente)* untergebracht werden, wenn die Einreiseverweigerung nicht sofort vollziehbar ist.[241]Gleiches gilt für Ausländer, die auf dem Luft- oder Seeweg bzw. mit der Bahn in Frankreich ankommen und vor Ort einen Asylantrag stellen. Auch sie können, solange dies zur Bearbeitung ihres Asylantrags erforderlich ist, in der Wartezone untergebracht werden. Der zwangsweise Verbleib in der Wartezone wird schriftlich und begründet durch den

236. Circulaire du 26.06.1990 (unveröffentlicht) zitiert in EGMR 25.06.1996 Amuur/France, Reports 1996-III para. 19: „... L'étranger qui fait l'objet d'un refus d'entrée et qui est en attente de départ a le droit d'être libre dans la zone internationale, lorsqu'elle existe et qu'elle présente des installations convenablement adaptées aux types de surveillance et d'hébergement requis par l'étranger en cause. Il convient alors de pourvoir à son hérbergement et de prendre les mesures nécessaires pour qu'il ne pénètre pas sur le territoire français."

237. TGI Paris 25.03.1992, Rec. Dalloz, jur. 1993, 47 (48); TGI Créteil 30.03.1992 Gaz. Pal. jur. 1992 Vol. 2, 441.

238. EGMR 25.06.1996 Amuur/France, Reports 1996-III para. 53.

239. Zum Gesetzgebungsprozess vgl. Rapport de Michel Pezet au Nom de la Commission des lois constitutionnelles, Ass. Nat. 1991-1992 n° 2811.

240. Loi n° 92-625 du 06.07.1992 sur la zone d'attente des ports et des aéroports et portant modification de l'ordonnance n° 45-2658 du 2. novembre 1945 relative aux conditions d'entrée et de séjour des étrangers en France.

241. Auf Ausländer, die mit der Bahn einreisen, wurde die Bestimmung durch das Gesetz n° 94-1136 du 27.12.1994 portant modification de l'Ordonnance n° 45-2658 du 2. novembre 1945 relative aux conditions d'entrée et de séjour des étrangers en France, erstreckt.

Chef des Grenzkontrollpostens angeordnet. Die Unterbringung erfolgt in besonders eingerichteten Unterkünften innerhalb der Wartezone. Die Wartezonen sollen in unmittelbarer Nähe der Grenzposten liegen und können eine oder mehrere Räumlichkeiten zur Unterbringung der betroffenen Ausländer auf dem Gelände oder in der Nähe des Bahnhofs, Hafens oder Flughafens umfassen, Art. 35 quarter al. 3 der Ordonnance 45-2658.[242] Die Unterbringung der Betroffenen während des Verfahrens erfolgt in Unterkünften, die im wesentlichen eine Versorgung wie in einem Hotel bieten müssen *(„[...] lieux d'hébergement assurant aux étrangers concernés des prestations de type hôtelier.")*.[243] Engegen einer weit verbreiteten Praxis dürfen mit dem Schiff anreisende Ausländer, denen die Einreise verweigert wird, daher nicht auf dem Schiff, mit dem sie angekommen sind, festgehalten werden.[244]

Die Betroffenen werden bei ihrer Ankunft gemäß Art. 35 quarter al. 2 der Ordonnance 45-2658, wenn nötig mit Hilfe eines Dolmetschers, sofort über ihre Rechte informiert: Es steht den Ausländern gemäß Art. 35 quarter der Ordonnance 45-2658 theoretisch frei, jederzeit die Wartezone in jede Richtung, außer nach Frankreich zu verlassen; die Betroffenen können die Beiziehung eines Arztes und eines Dolmetschers verlangen und mit einem Rechtsbeistand oder einer Person ihrer Wahl Kontakt aufnehmen. Minderjährigen Ausländern, die sich ohne gesetzlichen Vertreter in der Wartezone aufhalten, wird ein Betreuer bestellt. Über die Unterbringung in der Wartezone wird Buch geführt und sie wird sofort dem Oberstaatsanwalt *(procureur de la république)* mitgeteilt. Der Oberstaatsanwalt und der Freiheitsrichter *(juge des libertés et de la détention)* haben während der gesamten Dauer der Haft das Recht, sich jederzeit über die Haftbedingungen vor Ort zu informieren, Art. 35 quarter al. 5 der Ordonnance 45-2658.

Die zunächst durch die zuständige Behörde angeordnete Haft, wird auch noch auf anderem Wege durch die *autorité judiciaire* in Gestalt des Freiheitsrichters überwacht. So kann die Haft in der Wartezone zunächst für die Dauer von maximal 48 Stunden von der Verwaltung angeordnet und — sofern die Voraussetzungen der Freiheitsentziehung weiterhin vorliegen — um weitere 48 Stunden verlängert werden. Nach Ablauf von vier Tagen jedoch kann der weitere Aufenthalt der Betroffenen in der Warte-

242. Entsprechende Unterkünfte existieren zur Zeit an den internationalen Flughäfen Paris-Orly, Paris Roissy-Charles-de-Gaulle, den Flughäfen Lyon und Marseille, sowie auf 17 internationalen Bahnhöfen, wie beispielsweise der Pariser Gare du Nord und Gare de l'Est und der Gare de Lyon.

243. Am Flughafen erfolgt die Unterbringung der Ausländer unter ständiger polizeilicher Überwachung und getrennt von den Gästen des Hotels in einer Etage des Hotel Arcade, EGMR 25.06.1996 Amuur/France, Reports 1996-III para. 44f.

244. Das stellte das Tribunal des Conflits letztinstanzlich in einem Fall fest, in dem zwei blinde Passagiere marokkanischer Nationalität an Bord eines Schiffes im Hafen von Honfleur festgehalten worden waren. Der Präfekt vertrat vor dem Gericht die Auffassung, dass die 'zone d'attente' nur eine von mehreren Unterbringungsmöglichkeiten sei. Das Gericht stellte hingegen fest, dass nur durch die Unterbringung in den 'zones d'attente' die Einhaltung der gesetzlichen Verfahrensgarantien gewährleistet werde. Aus diesem Grund habe eine Freiheitsentziehung anlässlich eines 'refus d'entrée' auch in den entsprechenden Örtlichkeiten stattzufinden: Tribunal des Conflits 12.05.1997 Préfet de Police de Paris/Tribunal de Grande Instance de Paris AJDA 1997, 575.

zone gemäß Art. 35 quarter der Ordonnance 45-2658 nur durch den *juge des libertés et de la détention* angeordnet werden.[245] Strebt die zuständige Behörde den Verbleib eines Ausländers in der Wartezone über die Dauer von vier Tagen hinaus an, so hat sie daher den Richter anzurufen und zu begründern, warum innerhalb der Vier-Tagesfrist weder eine Außerlandesschaffung der betroffenen Person noch eine Genehmigung ihrer Einreise möglich war. Der Richter entscheidet nach öffentlicher mündlicher Anhörung des Betroffenen, die auch innerhalb der Wartezone erfolgen kann. Er ordnet dann gegebenenfalls den weiteren Verbleib der betroffenen Personen in der Wartezone für bis zu acht Tage an.[246] Nur in besonderen Ausnahmefällen lässt Art. 35 quarter der Ordonnance 45-2658 zu, dass die Haft in der Wartezone durch den Richter nach Ablauf von zwölf Tagen um weitere acht Tage verlängert wird. Ähnlich dem deutschen Recht kann der Aufenthalt in der Wartezone damit maximal 20 Tage andauern.[247] Wird die Haft nicht verlängert, so wird dem Ausländer erlaubt, mit einem vorläufigen Visum für acht Tage französisches Territorium zu betreten. Hat er nach Ablauf dieser Frist keine Aufenthaltsberechtigung erhalten, so muss er das Land wieder verlassen.

3. Vereinbarkeit mit Art. 5 EMRK

Die Unterbringung ausländischer Personen, denen an den Grenzkontrollstellen von Häfen oder Flughäfen die Einreise verweigert wird, erfolgt unter ständiger Bewachung in besonders eingerichteten Räumen der Wartezone oder eines Hotels, in die die Betroffenen eingesperrt werden. Beim zwangsweisen Aufenthalt von Ausländern in den französischen Wartezonen handelt es sich damit um eine Freiheitsentziehung im Sinne des Art. 5 Abs. 1 EMRK.[248]

Sofern die Freiheitsentziehung erfolgt, bevor die Betroffenen die Grenzkontrollstellen passiert haben, dient die Freiheitsentziehung der Verhinderung der Einreise im Sinne des Art. 5 Abs. 1 lit. f 1. Alt. EMRK. Der Verhinderung der Einreise in diesem

245. Der durch das Gesetz n° 2000-516 du 15.06.2000 (J.O. 16.06.2000, p. 9038) eingeführte 'Juge des libertés et de la détention' übernimmt damit die Aufgabe des Präsidenten des TGI, dem zuvor die Entscheidung über eine Verlängerung des Zwangsaufenthalts in der 'zone d'attente' zustand.

246. Gegen die Entscheidung des Freiheitsrichters kann Berufung beim Präsidenten der Cour d'appel erhoben werden, der innerhalb von 48 Stunden zu entscheiden hat, Art. 35 quarter al. 3 der Ordnonnance 45-2658.

247. Diese Zeitspanne wurde von den Verfassern der Norm für eine vernünftige Frist gehalten. Zum einen werde damit der Rechtsprechung des Conseil Constitutionnel entsprochen, der die Einführung einer Höchstfrist gefordert hatte. Zum anderen wurde die Frist von 20 Tagen als ausreichend angesehen, weil bereits die Hälfte der Ausländer innerhalb von vier Tagen das Land verlasse, ein weiteres Drittel innerhalb von acht Tagen und weitere 10-12% innerhalb der Frist von 20 Tagen, vgl. Rapport de Michel Pezet au Nom de la Commission des lois constitutionnelles, Ass. Nat. 1991-1992 n° 2811, p. 13.

248. Vgl. dazu auch *Bruschi* in: Fulchiron, Étrangers, p. 336; *Kazatchkine*, Rev. trim. dr. h. 1997, 655 (657ff.).

Sinne dient die Haft jedoch dann nicht mehr, wenn sie jenseits der Grenzkontrollen auf französischem Staatsgebiet vollzogen wird. Das Hotel Arcade in Paris befindet sich unzweifelhaft jenseits der Grenze auf französischem Staatsgebiet. Personen, die sich dort aufhalten, sind bereits nach Frankreich eingereist. Auch im Fall der Einreise mit der Bahn, bei der die Betroffenen an der Grenze die Grenzkontrollstellen passieren, kann nicht davon ausgegangen werden, dass die Betroffenen noch nicht in das Staatsgebiet eingedrungen wären. Wenn der Ausländer im Pariser Bahnhof nach einer Zugfahrt durch halb Frankreich als noch nicht eingereist gilt, wird der Begriff der Einreiseverweigerung vollends zur Leerformel.[249] Schließlich sind die von der Freiheitsentziehung gemäß Art. 35 quarter der Ordnonnance 45-2658 betroffenen Personen auch dann im Sinne des Art. 5 Abs. 1 lit. f EMRK in das Staatsgebiet „eingedrungen", wenn sie von einer Wartezone in eine andere transportiert werden.[250] In diesen Fällen dient die Freiheitsentziehung nicht (mehr) der Verhinderung der Einreise, sondern der Außerlandesschaffung der betroffenen Ausländer. Es handelt sich damit in den Fällen, in denen sich die betroffene Person bereits jenseits der Grenzübergangstellen befindet, um eine Freiheitsentziehung zum Zweck der Außerlandesschaffung einer Person und damit um eine Freiheitsentziehung während eines „schwebenden" Ausweisungsverfahrens im Sinne des Art. 5 Abs. 1 lit. f 2. Alt. EMRK. Das Verfahren der Zurückweisung muss daher von der französischen Verwaltung mit der notwendigen Beschleunigung betrieben werden. Dass die Verwaltung nach Ablauf von 48 Stunden eine Verlängerung der Freiheitsentziehung beim Richter unter Begründung der Verzögerung beantragen muss, dient der Beschleunigung des Verfahrens. Sofern die Verwaltung das Zurückweisungsverfahren mit der erforderlichen Sorgfalt und Geschwindigkeit betreibt, verstößt die Freiheitsentziehung in den französischen Wartezonen nicht gegen Art. 5 Abs. 1 EMRK.

II. Freiheitsentziehung bei schwebendem Ausweisungsverfahren

Das französische Recht unterscheidet — wie auch das deutsche Recht — zwei Verfahren, die die Außerlandesschaffung eines Ausländers zum Ziel haben: die *expulsion* (Ausweisung) und die *reconduite à la frontière* (Zurückschiebung).

A. Expulsion

Bei der *expulsion* (Ausweisung) handelt es sich um einen durch die Verwaltung erlassenen Ausreisebefehl, der stets mit dem Verbot der Wiedereinreise verbunden ist.[251] Die Ausweisung von Ausländern, deren Voraussetzungen und Vollzug in den Art. 23ff. der Ordonnance 45-2658 geregelt sind, dient der Abwehr von Gefahren für die öf-

249. *Laier*, Flughafenverfahren, S. 96.
250. Auch wenn nach Art. 35 al. 7 der Ordonnance 45-2658 die betroffenen Personen trotz eines solchen Transportes als nicht eingereist gelten.
251. *Guimezanes*, Étrangers, p. 107.

fentliche Ordnung.[252] Der Innenminister kann gemäß Art. 23 der Ordonnance 45-258 die Ausweisung eines Ausländers anordnen, wenn die Anwesenheit des Ausländers eine ernsthafte Bedrohung für die öffentliche Ordnung darstellt. Der auszuweisenden Person muss die Ausweisung zuvor angekündigt werden. Dann muss sie vor einer eigens eingerichteten Kommission angehört werden, wobei ihr das Recht auf einen Anwalt zusteht und die Regeln eines fairen Prozesses eingehalten werden sollen, Art. 24 der Ordnonnance 45-2658. Nach dem mündlichen Verfahren vor der Kommission erlässt diese einen begründeten Bescheid *(avis)*, in dem sie sich für oder gegen die Ausweisung ausspricht. Dieser Bescheid wird an den Betroffenen sowie an die für die Ausweisung zuständige Behörde weitergeleitet, die dann ihre Entscheidung über die Ausweisung trifft. In dringenden Fällen kann jedoch von diesem Verfahren abgesehen werden, Art. 26 der Ordonnance 45-2658.[253]

B. Reconduite à la frontière

Der Begriff der *reconduite à la frontière* wird im französischen Recht nicht einheitlich verwendet. Zum einen bezeichnet die *reconduite à la frontière* traditionell den Akt der physischen Rückführung eines Ausländers an die Staatsgrenze und damit einen Akt der Verwaltungsvollstreckung. Durch das Gesetz vom 9. September 1986 *(Loi Pasqua)* wurde die *reconduite á la frontière* zudem als eigenständige Maßnahme der Verwaltung neben der Ausweisung eingeführt.[254] In diesem Sinne bezeichnet die *reconduite à la frontière* die durch den Präfekt verfügte Ausreiseverpflichtung eines Ausländers, der sich illegal in Frankreich aufhält, (Zurückschiebung). Da die *reconduite à la frontière* nach dem Willen des Gesetzgebers heute nicht mehr die Zwangsvollstreckung des Ausreisebefehls bezeichnen soll,[255] wird der Begriff auch im Folgenden für die Zurückschiebung verwendet.

Im Gegensatz zur Ausweisung stellt die Zurückschiebung keine Maßnahme zur Abwehr konkreter Gefahren für die öffentliche Ordnung, sondern in erster Linie eine Maßnahme zur Bekämpfung der illegalen Einreise dar. Ziel der Zurückschiebung ist es, den Aufenthalt desjenigen in Frankreich zu beenden, der sich illegal in Frankreich

252. *Bonichot*, RIDC 1986, 689 (689).
253. Schließlich regelt Art. 25 der Ordonnance 45-2658 die Fälle, in denen Ausländer nicht ausgewiesen werden können: Ein Ausweisungsverbot besteht danach unter anderem für Personen unter 18 Jahren, Personen, die seit mindestens einem Jahr mit einem französischen Staatsangehörigen verheiratet sind oder französische Kinder haben, Personen, die sich bereits seit mehr als 6-15 Jahren rechtmäßig in Frankreich aufhalten, Schwerkranke etc. Auch Personen, die einen Aufenthaltstitel haben und sich rechtmäßig in Frankreich aufhalten und nicht rechtskräftig zu einer Freiheitsstrafe von mindestens einem Jahr ohne Bewährung verurteilt worden sind, dürfen gemäß Art. 25 Nr. 7 der Ordonnance 45-2658 nicht ausgewiesen werden. Das Ausweisungsverbot gilt jedoch dann nicht, wenn die Ausweisung für die öffentliche Sicherheit oder die Sicherheit des Staates unbedingt erforderlich ist; vgl. zu den Ausweisungsverboten *Wölker* in: Frowein/Wolf, Ausländerrecht, 1985, S. 55.
254. Loi n° 86-1025 du 09.09.1986 relative aux conditions d´entrée et de séjour des étrangers en France, J.O. 12.09.1986, p. 9952.
255. *Benoît Rohmer*, RDP 1994, 429 (433).

aufhält.[256] Die Zurückschiebung kann durch den Strafrichter als Sanktion für den Verstoß gegen einreise- und aufenthaltsrechtliche Strafbestimmungen verhängt werden.[257] Aber auch die Verwaltung ist gemäß Art. 22 der Ordonnance 45-2658 dazu ermächtigt, eine Zurückschiebung anzuordnen, wenn ein Verstoß gegen formelle Einreise- oder Aufenthaltsbestimmungen vorliegt.[258]

C. *Assignation à résidence*

Einem Ausländer, der Adressat einer Ausweisung oder Zurückschiebung ist, jedoch weder in seinen Herkunftsstaat noch in einen Drittstaat ausreisen kann, kann durch den Innenminister ein bestimmter Aufenthaltsort zugewiesen werden *(assignation à résidence)*. An dem zugewiesenen Aufenthaltsort hat sich die betroffene Person solange aufzuhalten, bis sie der Ausweisungsanordnung nachkommen kann. Die betroffenen Ausländer haben sich regelmäßig bei der Polizei und der Gendarmerie zu melden. Bei einem Verstoß gegen die Aufenthaltsbeschränkungen droht den Betroffenen eine Freiheitsstrafe von sechs Monaten bis zu drei Jahren, Art. 28 der Ordonnance 45-2658.

Der Bereich, in dem sich die Betroffenen aufzuhalten haben, entspricht in der Regel einem französischen Departement oder einem Verwaltungsbezirk.[259] Durch die Aufenthaltspflicht wird zwar die Freizügigkeit der betroffenen Person der Betroffenen beschränkt, es handelt sich jedoch nicht um eine allseitige Beschränkung der körperlichen Bewegungsfreiheit auf eng umgrenzten Raum.[260] Bei der richterlichen Anweisung eines Aufenthaltsortes im Sinne des Art. 28 der Ordonnance 45-2658 handelt es sich somit nicht um eine Freiheitsentziehung im Sinne des Art. 5 Abs. 1 EMRK.[261]

---

256. Während eine Ausweisung einer erneuten Einreise nach Frankreich entgegensteht, ist nach einer Zurückschiebung eine erneute Einreise des Betroffenen möglich, sofern die Einreisebestimmungen eingehalten werden, *Benoît Rohmer*, RDP 1994, 429 (434); *D'Haem*, Reconduite, p. 4.

257. Eingeführt in Art. 4 des Gesetzes du 29.10.1981 n° 81-973 J.O. 30.10.1981, p. 2970; vgl. dazu *D'Haem*, Reconduite, p. 5ff.

258. Dies ist gemäß Art. 22 der Ordonnance 45-2658 dann der Fall, wenn der Ausländer nicht die Rechtmäßigkeit seiner Einreise nachweisen kann oder im nicht Besitz einer Aufenthaltsberechtigung ist; wenn der Ausländer sich nach Ablauf der Geltung seines Visums, weiter in Frankreich aufhält; wenn ihm eine Aufenthaltsberechtigung versagt wurde und er sich nach Ablauf eines Monats ab Bekanntgabe der Versagungsentscheidung trotzdem noch in Frankreich aufhält; wenn der Ausländer nicht die Erneuerung bzw. Verlängerung seiner zeitlich befristeten Aufenthaltserlaubnis beantragt hat und sich einen Monat nach Ablauf der Aufenthaltsberechtigung immer noch in Frankreich aufhält oder, wenn der Ausländer rechtskräftig wegen Fälschung der aufenthaltsberechtigenden Papiere verurteilt wurde.

259. Vgl. beispielsweise Conseil d'Etat du 29.12.1997 n° 165590 zur Anordnung des Aufenthalts im Departement Florac; Conseil d'Etat du 29.12.1997 n° 168042 zur Anordnung des Aufenthalts im Departement Finistère; Conseil d'Etat du 30.09.1998 n° 159286 zur Anordnung des Aufenthalts im Arrondissement Lons-Le-Saunier; vgl. dazu auch *D'Haem*, Reconduite, p. 48.

260. Vgl. oben Kapitel 2 Abschnitt 1 Seite 72ff.

D. Abschiebung

Die Ausweisung und die Zurückschiebung sind Verwaltungsakte, die zwar die Ausreisepflicht der Adressaten begründen, ihre körperliche Bewegungsfreiheit jedoch nicht aufheben. Ausweisung und die Zurückschiebung stellen daher für sich genommen keine Freiheitsentziehung dar.[262] Erst die zwangsweise Verbringung der Betroffenen an die Grenze oder die Inhaftierung im Rahmen der Abschiebungshaft begründen eine Freiheitsentziehung im Sinne des Art. 5 Abs. 1 EMRK.

Der Vollzug eines im Rahmen einer Ausweisung oder Zurückschiebung ergangenen Ausreisebefehls kann dadurch erfolgen, dass die ausreisepflichtige Person freiwillig das Land verlässt. Kommt die betroffene Person ihrer Ausreiseverpflichtung jedoch nicht freiwillig nach, so kann die Ausreisepflicht gemäß Art. 26bis der Ordonnance 45-2658 durch die Verwaltung zwangsweise vollstreckt werden.[263] Die Ausreisepflicht *soll* sogar regelmäßig mittels Verwaltungszwang durchgesetzt werden, da von ihr in erster Linie Personen betroffen sind, die eine Gefahr für die öffentliche Ordnung darstellen.[264] Die Abschiebung ist daher in der französischen Verwaltungspraxis in den meisten Fällen mit Zwang, d.h. einer Eskorte der Polizei oder der Gendarmerie verbunden.[265]

Die zwangsweise Verbringung einer Person zur Staatsgrenze durch eine polizeiliche Eskorte stellt, wie bereits dargestellt,[266] eine Freiheitsentziehung im Sinne des Art. 5 Abs. 1 EMRK dar.[267] Die mit der zwangsweisen Vollstreckung eines Ausreisebefehls einhergehende Freiheitsentziehung ist aber gemäß Art. 5 Abs. 1 lit. f 2. Alt. EMRK gerechtfertigt. Die physische Entfernung eines Ausländers vom Staatsgebiet stellt auch nach französischem Recht den letzten Akt eines Ausweisungs- oder Zurückschiebungsverfahrens dar, sodass die Freiheitsentziehung während eines „schwebenden" Ausweisungsverfahrens im Sinne des Art. 5 Abs. 1 lit. f 2. Alt. EMRK erfolgt und folglich nicht gegen Art. 5 Abs. 1 EMRK verstößt.

E. Abschiebungshaft

Der Umgang mit Ausländern, gegen die ein Ausreisebefehl ergangen ist, die aber aus rechtlichen oder tatsächlichen Gründen das Land nicht oder nicht sofort verlassen können, war in Frankreich lange Zeit rechtlich problematisch. Die Ordonnance

---

261. Entsprechend entschied die EKMR im Fall Nezmi, Aygün/Suède, 09.10.1989, DR 63, 195 (199), dass die richterliche Anweisung des Aufenthalts in der Stadt Stockholm keine Freiheitsentziehung im Sinne des Art. 5 EMRK darstelle; vgl. auch EKMR 27.05.1991 Ciancimino/Italy DR 70, 103 (112); *Pettiti*, Convention, Art. 5 Rn. 197.
262. *Cliquennois*, CEDH, p. 54.
263. Vgl. zur 'exécution d'office' oben Kapitel 3 Abschnitt 3 Seite 177.
264. *Guimezanes*, Étrangers, p. 157.
265. *Debray* in: Fulchiron, Étrangers, p. 331; *Julien-Laferrière*, Étrangers, p. 172.
266. Vgl. oben Kapitel 9 Abschnitt 2 Seite 353ff.
267. Vgl. EKMR 07.10.1976 X,Y/Suede, DR 7, 123 (124).

45-2658 sah für diese Fälle allein die gerichtliche Anordnung eines Aufenthaltsortes vor *(assignation à résidence)*, wonach den Betroffenen ein bestimmter Aufenthaltsort zugewiesen, ihnen jedoch nicht die Freiheit entzogen werden konnte. In der Praxis wurden die Betroffenen jedoch zwangsweise in Abschiebungshaftanstalten untergebracht.[268] Erst 1981 wurde mit der Einführung des Art. 35bis in die Ordonnance 45-2658 die Abschiebungshaft gesetzlich geregelt.[269]

1. Voraussetzung der Freiheitsentziehung

Gemäß Art. 35bis der Ordnonnance 45-2658 kann ein Ausländer, nach schriftlicher und begründeter Entscheidung des Präfekten in Abschiebehaft genommen werden, wenn:

- er als nicht EG-Bürger den Behörden des EG-Staates, der ihn hat einreisen lassen, oder aus dem er direkt eingereist ist, übergeben werden soll, das Land aber nicht sofort verlassen kann;
- er ausgewiesen wurde, das Land aber nicht sofort verlassen kann;
- er an die Grenze zurückgeschoben werden soll, das Land aber nicht sofort verlassen kann;
- er nach einer Abschiebungs- oder Zurückschiebungshaft seinem Ausreisebefehl nicht innerhalb von sieben Tagen nachkommt.[270]

Voraussetzung für die Anordnung einer Abschiebungshaft ist gemäß Art. 35bis al. 1 der Ordonnance 45-2658 zudem, dass die Haft erforderlich ist *(s'il y a nécessité)*.[271] Als erforderlich in diesem Sinne wird die Abschiebungshaft allerdings schon dann angesehen, wenn tatsächliche oder juristische Hindernisse einer sofortigen Abschiebung entgegenstehen.[272]

Die Unterbringung der inhaftierten Personen erfolgt in Örtlichkeiten, die nicht den Strafvollzugsbehörden unterstehen.[273] Der Betroffene wird, wenn erforderlich, mit Hilfe eines Dolmetschers über seine Rechte informiert: Das Recht auf einen Arzt und einen Rechtsbeistand sowie das Recht, mit dem entsprechenden Konsulat Kontakt aufzunehmen. Über den Personenstand der Inhaftierten und die Haftbedingungen wird

268. *Wachsmann*, Libertés, p. 297.
269. Wenngleich die französischen Gerichte die Abschiebungshaftpraxis vorher bereits durch Art. 120 CP a.F. als gerechtfertigt ansah, vgl. *Lebullenger*, Rev. Adm. 1982, 259 (269).
270. Diese letzte Voraussetzung wurde durch das Gesetz n° 97-395 22.04.1997 (J.O. 25.04.1997, p. 6268) eingeführt. Der Conseil Constitutionnel erklärte die Bestimmung entgegen der Rechtsprechung der Cour de Cassation für mit der Verfassung vereinbar. Die Cour de Cassation hatte befunden, dass eine mehrfache Abschiebungshaft aufgrund ein und derselben Abschiebungsanordnung nicht zulässig sei, Conseil Constitutionnel 22.04.1997 J.O. 25.04.1997, p. 6271.
271. Dazu Conseil Constitutionnel 09.01.1980, J.O. 11.01.1980 „Considérant enfin que, sauf le cas indiqué ci-dessus, les mesures d'exécution forcée prévues par la loi, qui ne peuvent être mises en oeuvre qu'en cas de nécessité, ne sont pas contraires à la Constitution.".
272. So Staatssekretär Autain vor der Assemblée Nationale in: J.O. Débats Ass. Nat. Séance, 10.10.1981, p. 1673; *Lebullenger*, Rev. Adm. 1982, 259 (269) mwN.
273. Vgl. zur Unterbringung *Lebullenger*, Rev. Adm. 1982, 259 (269).

Buch geführt, das der Oberstaatsanwalt jederzeit einsehen kann. Der Oberstaatsanwalt darf sich zudem jederzeit an Ort und Stelle über die Haftbedingungen informieren.

Die Abschiebungshaft wird durch den Präfekten zunächst für bis zu 48 Stunden angeordnet. Soll die Abschiebungshaft nach Ablauf dieser Frist verlängert werden, hat die Verwaltung den Freiheitsrichter *(juge des libertés)* anzurufen, der nach Anhörung des Betroffenen und eines Vertreters der Verwaltung über das weitere Vorgehen entscheidet. Liegen zum Zeitpunkt der richterlichen Entscheidung noch alle Voraussetzungen für die Abschiebungshaft vor, kann der Freiheitsrichter eine Verlängerung der Haft um bis zu fünf Tage anordnen. Der Richter kann jedoch ausnahmsweise, wenn der Ausländer über Garantien effektiver Repräsentation verfügt, statt einer Verlängerung der Abschiebungshaft den Aufenthalt an einem bestimmten Ort anordnen *(assignation à résidence)*. Der Ausländer hat in diesem Fall seinen Pass bei der Polizei zu hinterlegen.[274] Nur in Ausnahmefällen, also in Fällen absoluter Dringlichkeit, in denen eine Bedrohung besonderer Intensität für die öffentliche Ordnung besteht oder die Abschiebung nicht vollzogen werden kann, weil der Betroffene seine Reisepapiere verloren oder zerstört hat, seine Identität nicht preisgibt, oder seine Abschiebung absichtlich ver- bzw. behindert, kann die Haft um weitere fünf Tage verlängert werden.

Die Abschiebungshaft ist jedoch in jedem Fall sofort zu beenden, wenn eine ihrer Voraussetzungen wegfällt. Das ist beispielsweise dann der Fall, wenn der betroffene Ausländer ausreisen kann, aber auch dann, wenn die Freiheitsentziehung zur Sicherung der Ausweisung bzw. Zurückschiebung nicht mehr erforderlich ist, etwa, weil eine Abschiebung oder Zurückschiebung dauerhaft unmöglich ist.[275]

2. Vereinbarkeit mit Art. 5 EMRK

Art. 5 Abs. 1 lit. f 2. Alt. EMRK berechtigt die Staaten, Personen die Freiheit zu entziehen, wenn und solange diese von einem „schwebenden" Ausweisungsverfahren betroffen sind. Da der Begriff der Ausweisung im Sinne des Art. 5 Abs. 1 EMRK alle ausländerrechtlichen Maßnahmen, die auf die Außerlandesschaffung von Ausländern gerichtet sind, umfasst,[276] stellt auch die französische *reconduite à la frontière* eine Ausweisung in diesem Sinne dar. Die französische Abschiebungshaft ist gemäß Art. 35bis der Ordnonnance 45-2658 nur zulässig, wenn ein Ausweisungs- oder Zurückweisungsverfahren gegen die betroffene Person läuft *(si une procédure d'expulsion est en cours)*. Die Haft darf nur solange aufrecht erhalten werden, wie es zur Außerlandesschaffung der betroffenen Person erforderlich ist und darf nur zum Zweck der Außerlandesschaffung angeordnet werden. Soweit die Verwaltung bei der Ent-

274. Dieses Regel-Ausnahme-Verhältnis war bis zum Gesetz n° 93-1027 vom 24.08.1993 (J.O. 29.08.1993, p. 12196) genau andersherum. Die gerichtliche Anweisung des Aufenthaltsortes stellte die Regel, die Verlängerung der Abschiebungshaft die Ausnahme dar. Durch Art. 27 des Gesetzes n° 93-1027 wurde die Verlängerung der Haft zur Regelentscheidung des Richters.

275. *D'Haem*, Reconduite, p. 51.

276. Vgl. dazu oben Kapitel 9 Abschnitt 1 Seite 326.

scheidung über die Ausweisung oder Zurückweisung die notwendige Sorgfalt und Geschwindigkeit einhält, ist die französische Abschiebungshaft daher mit Art. 5 Abs. 1 EMRK vereinbar.[277]

Abschnitt 4: Vereinigtes Königreich

Die wichtigsten ausländerrechtlichen Regelungen des Vereinigten Königreichs finden sich im Immigration Act 1971 und im Immigration Act 1999. Diese regeln unter anderem Einreise-, Niederlassungs- und Aufenthaltsrechte. Sie ermächtigen zu Maßnahmen zur Verhinderung der illegalen Einreise, zur Ausweisung und Abschiebung, regeln Rechtsschutzmöglichkeiten und stellen Strafnormen auf. Wichtige Vorschriften, die die Ermächtigung zur Inhaftierung von Ausländern beinhalten, finden sich in Sched. 2 und 3 des Immigration Act 1971 und in Sec. 128 Immigration Act 1999. Auch im Vereinigten Königreich hat die Polizei danach weitreichende Ermächtigungen zur Inhaftierung von illegalen Einwanderen, Ausländern, die sich nach Ablauf ihres Aufenthaltsrechts weiter auf dem Staatsgebiet des Vereinigten Königreichs aufhalten, Ausländern, die auf ihre Abschiebung warten und von Personen, die auf eine Entscheidung über ihre Einreiseerlaubnis warten.[278]

I. Freiheitsentziehung zur Verhinderung der illegalen Einreise

Zur Verhinderung der illegalen Einreise sieht das Recht des Vereinigten Königreichs eine Kontrolle von Personen bei der Einreise vor. Gemäß Sched. 2 para. 2 des Immigration Act 1971 muss sich jede Person, die im Vereinigten Königreich auf einem Schiff, einem Flugzeug oder durch den Kanaltunnel angekommen ist — selbst wenn es sich um Mitglieder der Crew und Transitpassagiere handelt — einer Kontrolle durch die Grenzbehörde *(immigration officer)* unterwerfen.[279] Nach dem Ausländerrecht des Vereinigten Königreichs gilt eine Person, die an den Grenzkontrollstellen auf dem Staatsgebiet des Vereinigten Königreichs kontrolliert wird, als im Vereinigten Königreich angekommen *(arrived)*, jedoch noch nicht als eingereist *(entered)*.[280] Für die Einreise in das Vereinigte Königreich ist grundsätzlich eine besondere Einreiseerlaubnis *(leave to enter)* erforderlich. Von diesem Erlaubnisvorbehalt ausgenommen sind britische Staatsangehörige und Staatsangehörige der EU-Staaten sowie Staatsangehörige eines Commonwealth-Staates, denen ein Niederlassungsrecht *(right to abode)* zuerkannt ist.[281] Die Einreiseerlaubnis wird von der zuständigen Grenzbehörde in der

277. *Teitgen-Colly* in: Fulchiron, Étrangers, p. 298.
278. *Hill*, Police Powers, p. 37; *Samuels*, PL 1997, 623.
279. Sched. 2 para. 2-4 Immigration Act 1971 as adapted to the Channel Tunnel (S.I. 1993 N° 1813, Sched. 4 para 1 (11); S.I. 1994 n° 1405 art. 1); zum Ablauf dieser Prüfung vgl. auch *Macdonald/Blake*, Immigration, p. 58ff.
280. Sched. 2 para. 2(1) Immigration Act 1971; *Macdonald/Blake*, Immigration, p. 539.
281. Zu den Aufenthaltstiteln vgl. *Davy*, Integration, S. 801ff.

Regel durch einen Stempel in den Pass erteilt, Sec. 4 Immigration Act 1971.[282] Verweigert werden kann die Erteilung der Einreiseerlaubnis unter anderem, wenn die betroffene Person über keinen oder über einen gefälschten Pass verfügt, wenn sie zuvor bereits ausgewiesen wurde, wenn sie ein Visum benötigt, jedoch keines vorweisen kann oder wenn aus medizinischen Gründen eine Einreise nicht zu vertreten ist.[283] Eine Ablehnung des Gesuchs um eine Einreiseerlaubnis ist durch den *chief immigration inspector* schriftlich und begründet zu erteilen.[284]

A. Voraussetzungen der Freiheitsentziehung

Während der Kontrolle bei der Einreise und während der Entscheidung über die Erteilung einer Einreiseerlaubnis kann die betroffene Person von den Grenzbehörden festgehalten werden, Sched. 2 para. 16(1) Immigration Act 1971. Kommt eine Person mit dem Schiff, dem Flugzeug oder durch den Kanaltunnel im Vereinigten Königreich an und wird ihr die Einreise verweigert, so können der Kapitän des Schiffes oder Flugzeuges bzw. die Betreiber des Kanaltunnels dazu verpflichtet werden, die betroffene Person wieder vom Staatsgebiet zu entfernen, Sched. 2 Sec. 8 Immigration Act 1971.[285] Während der Entscheidung über die Einreiseerlaubnis, der Anordnung der Außerlandesschaffung und bis zu ihrer tatsächlichen Entfernung vom Staatsgebiet *(removal)* kann die betroffene Person inhaftiert werden, Sched. 2 Sec. 16(1) Immigration Act 1971.

1. Unterbringung

Die Haft während der Entscheidung über die Zurückweisung dient dazu, die betroffene Person während der Entscheidung über die Einreiseerlaubnis den Behörden zur Verfügung zu halten und darf nur zu diesem Zweck angeordnet werden.[286] Die Betroffenen werden in der Regel zunächst in Hafträumen *(detention facilities)* am Flughafen, im Grenzkontrollbereich des Hafens, im Grenzkontrollbereich des Kanaltunnelsystems oder in anderen durch den Secretary of State entsprechend gewidmeten Gefängniszentren inhaftiert. Wenn nach Ablauf von fünf Tagen nicht die Möglichkeit besteht, die Person binnen der nächsten zwei Tage abzuschieben, muss die Haft in einer speziellen Haftanstalt *(detention centre)* oder einem Krankenhaus fortgesetzt

282. Die Einreiseerlaubnis kann befristet oder unbefristet erteilt werden. Unter bestimmten Umständen kann sie von einem medizinischen Attest abhängig gemacht werden. Die Einreisererlaubnis kann schließlich mit bestimmten Auflagen versehen werden, wie etwa, dass sich die betroffene Person regelmäßig bei der Polizei melden muss, Sec. 3 und 4 Immigration Act 1971.

283. Immigration Rules 1994, para. 320.

284. Vgl. dazu auch *Supperstone/O'Dempsey*, Immigration, p. 284.

285. Die Erstreckung der Ermächtigung auf die Betreiber des Kanaltunnels wurde durch S.I. 1993 n° 1813, Sched. 4, para 1 (11); S.I. 1994 n° 1405 art. 1 eingeführt.

286. R v. Governor of Durham Prison, ex parte Hardial Singh [1984] 1 All ER 983; R v Secretary of State, ex parte B [1998] Imm AR 182.

werden.[287] Eine Haft ist aber auch auf dem Schiff oder in dem Flugzeug möglich, mit dem die Betroffenen im Vereinigten Königreich angekommen sind. In diesem Fall ordnet die Grenzbehörde an, dass die betroffene Person das Schiff oder Flugzeug bis zur Entscheidung über die Einreiseerlaubnis bzw. bis zu ihrer Außerlandesschaffung *(removal)* nicht verlassen darf, Sched. 2 para. 16(3) Immigration Act 1971. Von dieser Ermächtigung wird insbesondere dann Gebrauch gemacht, wenn größere Gruppen von Asylbewerbern aus einem speziellen politischen Brennpunkt die Einreise in das Vereinigte Königreich begehren.[288]

Einer Person, die gemäß Sched. 2 para. 16 Immigration Act 1971 inhaftiert ist, kann auf schriftliche Anordnung eines *immigration officer* die vorübergehende Einreise *(temporary admission)* erlaubt werden, Sched. 2 para. 21(1) Immigration Act 1971. Die Personen, denen eine solche vorübergehende Einreiseerlaubnis erteilt wird, unterliegen jedoch bestimmten Beschränkungen hinsichtlich ihres Aufenthaltsortes und müssen sich regelmäßig bei der Polizei melden. Gemäß Sec. 4 Immigration Act 1999 kann der Secretary of State für diese Personen bestimmte Unterkünfte zur Verfügung stellen. Die vorübergehende Einreisegenehmigung steht einer späteren Haft nicht entgegen, Sched. 2 para. 21(1) Immigration Act 1971, da nach dem Ausländerrecht der Vereinigten Königreichs eine Person, der die Einreise vorübergehend gewährt wurde, als nicht eingereist gilt.[289]

2. Dauer

Die Freiheitsentziehung anlässlich eines Einreiseversuchs kann unbefristet angeordnet werden und unterliegt keiner zeitlichen Begrenzung. Zwar hat die Behörde nach Beendigung der Untersuchung der Person die Entscheidung über die Einreiseerlaubnis innerhalb von 24 Stunden zu treffen,[290] die Untersuchung der Person gilt jedoch erst dann als beendet, wenn der entscheidenden Behörde alle entscheidungsrelevanten Informationen vorliegen. Zur Untersuchung in diesem Sinne gehört daher nicht nur die Kontrolle der Person und ihre Befragung an der Grenze, sondern beispielsweise auch das Einholen von Informationen aus dem entsprechenden Herkunftsstaat.[291] Erst wenn die relevanten Informationen vorliegen, haben die Betroffenen nach Ablauf der Frist von 24 Stunden einen Anspruch auf Erteilung einer auf sechs Monate befristeten Aufenthaltserlaubnis. Einen weiteren Anreiz für eine beschleunigte Entscheidung der zuständigen Behörde schafft die Regelung in Sched. 2 para. 8(1) und (2) Immig-

287. Die Einrichtung dieser detention centers und bestimmte Verfahrensrechte der dort untergebrachten Personen wurden durch den Immigration Act 1999 geregelt, Sec. 47-159 Immigration Act 1999, vgl. dazu *Jackson*, Immigration, p. 240.

288. *Macdonald/Blake*, Immigration, p. 62.

289. Es handelt sich weiter um einen Fall des Antrags auf Einreise, der im weiteren Verfahren auch abgelehnt werden kann, *Jackson*, Immigration, p. 240, der bezweifelt, dass der EGMR diese Beurteilung der 'temporary admission' durch das Recht des Vereinigten Königreichs teilen wird.

290. Sched. 2 para. 6(1) Immigration Act, as amended.

291. R v. Chief Immigration Officer of Manchester Airport, ex parte Insah Begum [1973] 1 All ER, 594.

ration Act 1971, wonach die Transportunternehmen, mit denen die Betroffenen auf das Gebiet des Vereinigten Königreichs gelangt sind, im Fall der Einreiseverweigerung nur binnen zwei Monaten für die Außerlandesschaffung der Betroffenen in Anspruch genommen werden können.

Zwar wird davon ausgegangen, dass das Festhalten der Person während der Entscheidung über ihre Einreiseerlaubnis in der Regel von kurzer Dauer ist, dies gilt jedoch nicht für Asylbewerber, da diese bis zur Entscheidung über ihr Asylbegehren inhaftiert bleiben können.[292] Die Rechtsprechung des Vereinigten Königreichs hat aber, ähnlich wie das deutsche Bundesverfassungsgericht, ein Beschleunigungsgebot postuliert. Demzufolge darf die Haft einer Person im Rahmen des Ausländerrechts des Vereinigten Königreichs nur solange andauern, wie es zur Erfüllung des Zwecks der Haft erforderlich ist.[293] Dies gilt auch für die Personen, die während der Einreisekontrolle und während der Entscheidung über die Einreiseerlaubnis bzw. bis zu ihrer Außerlandesschaffung festgehalten werden.[294]

B. Vereinbarkeit mit der EMRK

Das Festhalten von Personen während der Kontrolle an den Grenzbehörden und während der Entscheidung über die Einreiseerlaubnis dient dazu, das unberechtigte Eindringen von Personen in das Staatsgebiet des Vereinigten Königreichs zu verhindern. Nachdem die Betroffenen die Grenzübergangsstelle passiert haben, wie etwa bei einer Freiheitsentziehung jenseits der Grenzkontrolle, vor allem aber nach einer vorübergehenden Einreiseerlaubnis, kann eine Freiheitsentziehung jedoch nicht (mehr) mit der in Art. 5 Abs. 1 lit. f 1. Alt. EMRK geforderten Absicht erfolgen, die betroffene Person an der Einreise in das Staatsgebiet im Sinne der EMRK zu hindern. Die Freiheitsentziehung dient in diesen Fällen allein der Sicherung der Außerlandesschaffung der Betroffenen und stellt insofern eine Freiheitsentziehung während eines „schwebenden" Ausweisungsverfahrens im Sinne des Art. 5 Abs. 1 lit. f 2. Alt. EMRK dar.[295] Die Freiheitsentziehung zur Verhinderung der Einreise nach dem Recht des Vereinigten Königreichs ist, sofern das Verfahren der Zurückschiebung mit der erforderlichen Beschleunigung durchgeführt wird, mit Art. 5 Abs. 1 EMRK vereinbar. Problematisch erscheint allerdings angesichts des weiten Ermessensspielraums und der geringen gerichtlichen Überprüfbarkeit der Rechtmäßigkeit der Haft die Vereinbarkeit der Regelungen mit Art. 5 Abs. 4 EMRK.[296]

---

292. *Macdonald/Blake*, Immigration, p. 539.
293. R v. Governor of Durham Prison, ex parte Sigh [1984] 1 All ER, 983.
294. Zur Anwendbarkeit der Rechtsprechung auf die Haft zur Verhinderung der Einreise vgl. *Macdonald/Blake*, Immigration, p. 545.
295. Vgl. dazu oben Kapitel 9 Abschnitt 2 Seite 336ff.
296. Vgl. dazu unten Kapitel 10 Abschnitt 4 Seite 457.

II. Freiheitsentziehung bei schwebendem Ausweisungsverfahren

Das Recht des Vereinigten Königreichs unterscheidet, wie auch das deutsche Ausländerrecht, Maßnahmen, die der Außerlandesschaffung von Personen dienen, die illegal in das Staatsgebiet eingereist sind *(removal of illegal entrants)* und Maßnahmen, die der Außerlandesschaffung von ausgewiesenen Personen dienen *(deportation)*.

A. Inhaftierung illegal eingereister Ausländer

Illegal eingereiste Personen können gemäß Sched. 2 para. 16(1) Immigration Act 1971 in Haft genommen werden. Illegale Einwanderer in diesem Sinne sind nicht nur Personen, die unter Umgehung der Einreisekontrollen heimlich eingereist sind, sondern auch solche, die ihre Einreiseerlaubnis durch Täuschung beispielsweise über den Aufenthaltszweck oder ihre Identität erwirkt haben oder aufgrund eines Fehlers der Grenzbehörden erteilt bekommen haben.[297] Wird eine illegal eingereiste Person aufgegriffen und wird ihr keine Einreiseerlaubnis erteilt, so kann die Person, die für die Einreise des illegalen Einwanderer verantwortlich ist — das Transportunternehmen oder der jeweilige Kapitän — dazu verpflichtet werden, den illegalen Einwanderer außer Landes zu schaffen, Sched. 2 para. 9 Immigration Act 1971.[298] Die aufgegriffenen illegal eingewanderten Personen können gemäß Sched. 2 para. 16(1) Immigration Act 1971 in Haft genommen werden, bis sie das Staatsgebiet verlasssen haben. Auch für das Verfahren der Entscheidung über die Zurückschiebung gilt das von der Rechtsprechung der Gerichte des Vereinigten Königreichs postulierte Beschleunigungsgebot.[299] Soweit sich die zuständigen Behörden bei der Entscheidung über die Zurückschiebung und deren Durchführung an dieses Gebot halten, ist die Inhaftierung illegal eingereister Personen als Freiheitsentziehung während eines schwebenden Ausweisungsverfahrens im Sinne des Art. 5 Abs. 1 lit. f 2. Alt. EMRK gerechtfertigt.

B. Abschiebungshaft

Während eines Ausweisungsverfahrens kann den betroffenen Personen durch die zuständige Behörde eine Aufenthaltsbeschränkung und eine Pflicht zur regelmäßigen Meldung bei der Polizei auferlegt werden *(restriction order)*, Sched. 3 para. 2(5) und

297. Khawaja and others v. Secretary of the State for the Home department [1984] 1 AC 74, 96f.; R v. Secretary of State for the Home Department ex parte Rehal [1989] ImmAR 576; dazu *Bibby*, Judicial Review, p. 143; *Shutter*, Immigration, p. 191.

298. Die Entscheidung über die Zurückschiebung illegaler Einwanderer erfolgt in einem im Verleich zur Ausweisung vereinfachten Verfahren, vgl. *Macdonald/Blake*, Immigration, p. 536.

299. R v. Governor of Durham Prison, ex parte Sigh [1984] 1 All ER, 983; vgl. dazu *Samuels*, Public Law, 1997, 623; zur Anwendbarkeit bei der Zurückschiebung illegaler Einwanderer vgl. *Macdonald/Blake*, Immigrantion, p. 545.

(6) Immigration Act 1971. Die von einem Ausweisungsverfahren betroffenen Personen können aber auch in Haft genommen werden, Sched. 2 para. 2(1) Immigration Act 1971, wobei beide Maßnahmen gleichermaßen eingesetzt werden können.[300]

1. Voraussetzungen der Freiheitsentziehung

Auch wenn das nationale Ausländerrecht begrifflich nicht zwischen dem Ausreisebefehl und dem Vollzugsakt unterscheidet, gliedert sich das Ausweisungsverfahren im wesentlichen in zwei Phasen. In der ersten Phase wird von der Verwaltung aufgrund einer Empfehlung eines Gerichts oder aus eigener Initiative über die Ausreiseverpflichtung einer Person entschieden. Eine Ausweisung kann gemäß Sec. 3(5) Immigration Act 1971 verfügt werden, wenn:

- die betroffene Person die mit der Aufenthaltserlaubnis verbundenen Auflagen nicht erfüllt oder sich nach Ablauf der Aufenthaltsgenehmigung im Vereinigten Königreich aufhält,
- der Secretary of State der Auffassung ist, die Ausweisung sei für die öffentliche Ordnung dienlich,
- die betroffene Person minderjährig ist und bestimmte Familienmitglieder ausgewiesen werden, oder wenn
- ein Gericht anlässlich der Verurteilung der betroffenen Person wegen einer Straftat die Ausweisung der Person empfiehlt.[301]

Auch in den Fällen, in denen die Ausweisung einer Person der Verwaltung anlässlich eines Strafverfahrens durch das zuständige Gericht empfohlen wird, entscheidet letztlich stets das Innenministerium über die Ausweisung. In den weitaus meisten Fällen folgt das Innenministerium jedoch den Empfehlungen der Gerichte.[302] Nach der Ausweisungsempfehlung durch ein Gericht, aber auch nach dem Entschluss der Verwaltung, von sich aus ein Ausweisungsverfahren einzuleiten, kann die betroffene Person gemäß Sched. 3 para. 2(1) und (2) bis zur Entscheidung über die Ausweisung in Haft genommen werden, wenn sie nicht vorher freiwillig ausreist.

Kommt die Verwaltung zu dem Schluss, dass die betroffene Person ausgewiesen werden soll, und stehen der Ausweisung keine Ausweisungshindernisse entgegen,[303] erlässt sie den Ausweisungsbefehl *(deportation order)*. Mit dem Erlass dieser Anordnung beginnt die zweite Phase des Ausweisungsverfahrens. Die zuständige Behörde verpflichtet ein Transportunternehmen, den Kapitän eines Schiffes oder Flugzeuges oder die Betreiber des Kanaltunnels, die ausgewiesene Person in einen anderen Staat zu schaffen, Sched. 3 para. 1(2) Immigration Act 1971. Dies ist entweder der Staat, dessen Staatsangehöriger die Person ist, oder ein Staat, bei dem davon auszugehen

---

300. *Macdonald/Blake*, Immigration, p. 539.

301. Zu den einzelnen Ausweisungsgründen vgl. ausführlich *Macdonald/Blake*, Immigration, p. 480ff.; *Shutter*, Immigration, p. 180ff.

302. *Shutter*, Immigration, p. 183.

303. Vgl. zu den Abschiebungshindernissen *Jackson*, Immigration, p. 633ff.; *Macdonald/Blake*, Immigration, p. 492ff.

ist, dass er die Person aufnimmt, Sec. 5(5) Sched. 3 para. 1(1) Immigration Act 1971.[304] Um sicherzustellen, dass das Transportunternehmen seiner Verpflichtung auch nachkommt, bestimmt Sched. 2 para. 11 Immigration Act 1971, dass die Betroffenen an Bord des jeweiligen Transportmittels von einem Grenzbeamten bewacht werden können. Kommt die zur Außerlandesschaffung verpflichtete Person der Anordnung der zuständigen Behörde nicht nach, macht sie sich zudem gemäß Sec. 27 (a)(ii) Immigration Act 1971 strafbar. Auf diese Weise setzt das Vereinigte Königreich das Personal der Transportunternehmen als eine Art Verwaltungshelfer ein.[305] Vom Zeitpunkt des Erlasses des Ausreisebefehls bis zur Außerlandesschaffung selbst kann den Betroffenen gemäß Sched. 3 para. 2(3) Immigration Act 1971 die Freiheit entzogen werden. Es findet damit auch während des Vollzugs der Ausreisepflicht eine staatliche Freiheitsentziehung statt. An der staatlichen Verantwortlichkeit für die Freiheitsentziehung während des Transports der betroffenen Person vermag auch der Einsatz von Privatpersonen nichts zu ändern, die aufgrund sanktionsbewährter staatlicher Anordnung tätig werden.

a) Verhältnismäßigkeit

Auch nach dem Recht des Vereinigten Königreichs darf eine Haft im Ausländerrecht als besonders einschneidendes Mittel nur dann angeordnet werden, wenn die Haft verhältnismäßig ist.[306] Nach dem Recht des Vereinigten Königreichs setzt dies voraus, dass die Entscheidung nicht so unvernünftig ist, dass sie von keiner vernünftigen Behörde getroffen worden wäre.[307] Es ist daher nur im Ausnahmefall Haft anzuordnen, wenn keine andere Möglichkeit besteht, die Außerlandesschaffung der betroffenen Person sicherzustellen.[308] Dies ist nach den Vorgaben des Home Office insbesondere dann der Fall, wenn Anhaltspunkte dafür bestehen, dass die Regeln des Ausländerrechts verletzt oder umgangen werden oder dass Fluchtgefahr besteht.[309] Anders als beispielsweise in Schottland geht man jedoch in England davon aus, dass in auslän-

---

304. Während im Fall der Verweigerung der Einreise das Transportunternehmen die Kosten des (Rück-)Transports selbst übernehmen muss, zahlt im Fall der Ausweisung der Staat die Kosten, *Macdonald/Blake*, Immigration, p. 549; zur Durchführung des Transports vgl. *Shutter*, Immigration, p. 188.

305. *Macdonald/Blake*, Immigration, p. 548: „Obviously the intention ist to get airlines to act as unofficial policemen for the immigration authorities".

306. Vgl dazu Halsbury's Law of England, 4th ed., Vol. 4 (2) Rn. 121.

307. Lord Greene in: Associated Provincial Picture Houses Limited v. Wednesbury Corporation [1948] KB 223, 233, CA: „The court is entitled to investigate the action of the local authority with a view to seeing whether they have taken into account matters which they ought not to take into account, or, conversely have refused to take into account or neglected to take into account matters which they ought to take into account. Then the court can investigate whether the local authority came to a conclusion so unreasonale that no reasonable authority could ever have come to it."

308. Earl Ferres in: HL debs Vol 543 n° 104 2.3.1993, col 631: „I can assure, noble Lords that there is no intention whatsoever to exercise the power of detention when there is a practical alternative. Apart from the obvious effect on the detainee, detention is costly. The Home Office has no wish to tie up limited detention accomodation unnecessarily".

derrechtlichen Fällen stets eine Fluchtgefahr besteht, die eine Haft erforderlich macht.[310] Das Gesetz selbst sieht diese Gefahr nicht als zwingende Voraussetzung für die Rechtmäßigkeit der Haft vor. Die Haft ist daher solange rechtmäßig, solange der Wednesbury-Maßstab eingehalten wird, d.h. solange die Entscheidung nicht völlig unvernünftig ist.[311]

b) Dauer

Die Abschiebungshaft ist gesetzlich zeitlich nicht befristet. Dass der zulässigen Dauer der Abschiebungshaft dennoch Grenzen gesetzt sind, wird im Vereinigten Königreich durch die neuere Rechtsprechung gewährleistet.[312] In der Entscheidung *R v. Govenor of Durham Prison, ex parte Hardial Singh*[313] wurde erstmals eine zeitliche Beschränkung der Haft im Ausländerrecht angesprochen. Die Richter erklärten, dass die Abschiebungshaft nur so lange andauern dürfe, wie es zur Erreichung des Zweckes der Haft unbedingt erforderlich sei. Zudem seien die zuständigen Behörden verpflichtet, alle notwendigen Schritte zur Ermöglichung einer schnellstmöglichen Abschiebung zu treffen. Andernfalls werde die Haft rechtswidrig.[314] Beruhe die Verzögerung der Abschiebung jedoch auf dem Verschulden der inhaftierten Person selbst, beispielsweise weil diese nicht mit den Behörden kooperiere, führe diese Verlängerung der Haftdauer nicht zur Rechtswidrigkeit der Abschiebungshaft.[315]

Ist oder wird die Abschiebung aus rechtlichen oder tatsächlichen Gründen dauerhaft unmöglich, so ist die betroffene Person aus der Haft zu entlassen.[316]

---

309. White Paper der Regierung des Vereinigten Königreichs „Fairer, Faster and Firmer - a Modern Approach to Immigration and Asylum" vom 27.07.1998, para. 12.3: „ The Government has decided that, whilst there is a presumption in favour of temporary admission or release, detention is normally justified in the following circumstances - where there is a reasonable belief that the individual will fail to keep the terms of temporary admission or temporary release; - initially, to clarify a person's identity and the basis of their claim; or where removal is imminent. In particular, where there is a systematic attempt to breach the immigration control, detention is justified wherever one or more of those criteria is satisfied." zitiert in: Saadi, Maged, Hassan & Mohammed v. Secretary of State for the Home Department (High Court of Justice) Cases n° CO/0074/01 und CO/4559/00 und CO/4533/00 vom 07.09.2001; *Jackson*, Immigration, p. 241.
310. Sokha v. Secretary of State for the Home Departement [1992], Imm AR 14; *Hughes*, Detention, p. 22.
311. Vgl. dazu unten Kapitel 10 Abschnitt 4 Seite 457.
312. Tan Te Lam v. Superintendent of Tai Chau Detention Centre [1996] 2 WLR 863 623, 625.
313. R v. Governor of Durham Prison, ex parte Sigh [1984] 1 All ER, 983; vgl. dazu *Samuels*, Public Law, 1997, 623.
314. So auch *Wasfi Suleiman Mahmod*, [1995] ImmAR 311.
315. Tan Te Lam v. Superintendent of Tai Chau Detention Centre [1996] 2 WLR 863.
316. Tan Te Lam v. Superintendent of Tai Chau Detention Centre [1996] 2 WLR 863, 873; vgl. dazu auch *Samuels*, Public Law, 1997, 623, 625: „If it becomes clear, that removal is not going to be possible within a reasonable time, further detention is not authorised."

2. Vereinbarkeit mit der EMRK

Die Freiheitsentziehung während der Entscheidung über den Erlass eines Ausreisebefehls und während der Außerlandesschaffung einer Person ist eine Freiheitsentziehung während eines schwebenden Ausweisungsverfahrens im Sinne des Art. 5 Abs. 1 lit. f 2. Alt. EMRK. Sie ist nach dem Recht des Vereinigten Königreichs nur zum Zweck der Sicherung der Außerlandesschaffung einer Person zulässig. Sofern die Abschiebung auf einem seinerseits rechtmäßigen Ausreisebefehl beruht und das Verfahren mit der hinreichenden Beschleunigung betrieben wird, ist die Abschiebungshaft daher mit Art. 5 Abs. 1 EMRK vereinbar.

C. Haft nach dem Anti-Terrorism Act 2001

1. Voraussetzungen der Freiheitsentziehung

Eine neue Ermächtigung zur Inhaftierung bestimmter Personen enthält Sec. 23 Anti-Terrorism Act 2001. Danach können Personen, die verdächtig sind, internationale Terroristen zu sein, auch dann gemäß Sched. 2 para. 16 Immigration Act 1971 in Haft genommen werden, wenn ihrer Abschiebung in einen anderen Staat internationale Abkommen oder praktische Erwägungen vorübergehend oder dauerhaft entgegenstehen. Eine Person ist nach diesem Gesetz schon dann als „internationaler Terrorist" anzusehen, wenn sie Verbindungen zu einer Gruppe hat, die nach der Einschätzung des Secretary of State an der Vorbereitung oder Ausführung terroristischer Straftaten beteiligt ist, Sec. 21 Anti-Terrorism Act 2001. Die zu inhaftierende Person muss ihrerseits nur verdächtig sein, ein internationaler Terrorist in diesem Sinne zu sein. Dazu genügt es, wenn der Secretary of State der Auffassung ist, dass die Person einer dieser Gruppen angehört, Sec. 21 Anti-Terrorism Act 2001.

Wenn eine Person, gegen die ein Ausweisungsverfahren läuft oder die als illegaler Einwanderer aufgriffen wird, zugleich in diesem Sinne verdächtig ist, ein internationaler Terrorist zu sein, kann sie nach der Neuregelung auch dann in Haft genommen werden, wenn ihre Abschiebung unmöglich ist. Mit dieser Bestimmung wird das bisher geltende Recht geändert, wonach eine Freiheitsentziehung im Zurückweisungs-, Zurückschiebungs- und Abschiebungsverfahren nur dann zulässig war, wenn eine realistische Möglichkeit bestand, dass die betroffene Person innerhalb absehbarer Zeit tatsächlich das Land verlassen kann.

2. Vereinbarkeit mit der EMRK

Die Inhaftierung von Personen, die verdächtig sind, internationale Terroristen zu sein, erfolgt gemäß Sec. 23 Anti-Terrorism Act 2001 iVm. Sched. 2 para. 16 und Sched. 3 para. 2 Immigration Act 1971 im Rahmen eines Ausweisungsverfahrens. Auch die vermeintlichen internationalen Terroristen können nach dieser Regelung nur im Rahmen eines Ausweisungs- bzw. Zurückschiebungsverfahrens festgehalten werden.

Dennoch ist die Freiheitsentziehung nach dieser Regelung nicht vom Haftgrund des „schwebenden" Ausweisungsverfahrens im Sinne des Art. 5 Abs. 1 lit. f 2. Alt. EMRK umfasst. Art. 5 Abs. 1 lit. f 2. Alt. EMRK ermächtigt die Vertragsstaaten dazu, Maßnahmen zu ergreifen, die auf die Außerlandesschaffung von Ausländern gerichtet sind.[317] Die Freiheitsentziehung im Sinne der Sec. 23 Anti-Terrorism Act 2001 erfolgt jedoch ab dem Moment, in dem der Behörde klar ist, dass eine Abschiebung der betroffenen Person unmöglich ist, nicht mehr in der Absicht, die betroffene Person außer Landes zu schaffen. Die Freiheitsentziehung, zu der der Anti-Terrorism Act 2001 ermächtigt, dient somit nicht dem Zweck, bestimmte Personen vom Territorium des Vereinigten Königreichs zu entfernen, sondern vielmehr dazu, die Bevölkerung vor den betroffenen Personen zu schützen und den Terrorismus zu bekämpfen.[318] Die Freiheitsentziehung gemäß Sec. 23 Anti-Terrorism Act 2001 dient damit nicht der Durchführung eines Ausweisungs- oder Auslieferungsverfahrens im Sinne des Art. 5 Abs. 1 lit. f 2. und 3. Alt. EMRK.[319]

Die Inhaftierung einer Person gemäß Sec. 23 Anti-Terrorism Act 2001 setzt jedoch voraus, dass die betroffene Person verdächtig ist, ein internationaler Terrorist zu sein. Der Secretary of State muss dazu der Auffassung sein, dass die Person einer Gruppe angehört, die nach seiner Einschätzung an der Vorbereitung oder Ausführung terroristischer Handlungen beteiligt ist. Viele der denkbaren Handlungen im Zusammenhang mit terroristischen Taten, wie beispielsweise die Mitgliedschaft in einer terroristischen Vereinigung oder deren Unterstützung, sind seit dem Erlass des Terrorism Act 2000 strafbar, sodass eine Freiheitsentziehung zu ihrer Verhinderung gemäß Art. 5 Abs. 1 lit. c 2. Alt. EMRK gerechtfertigt ist. Die Inhaftierung im Sinne der Sec. 23 Anti-Terrorism Act 2001 setzt aber weder die Begehung einer Straftat noch das unmittelbares Bevorstehen einer Straftat voraus. Abgesehen davon, dass eine Vorführung vor eine zuständige Behörde, wie sie gemäß Art. 5 Abs. 3 EMRK erforderlich wäre, nicht erfolgt, genügt es für die Freiheitsentziehung nach dem Anti-Terrorism Act 2001, dass der Secretary of State den Verdacht hat, dass die Person ein Risiko für die nationale Sicherheit darstellt und in die Begehung von oder Anstiftung zu terroristischem Handeln oder dessen Vorbereitung involviert ist oder war *(a person who is or has been involved in the commission, preparation or instigation of acts of terrorism)*. Diese Form der Verwicklung in terroristische Handlungen selbst stellt keine Straftat dar. Die Freiheitsentziehung im Sinne der Sec. 23 Anti-Terrorism Act 2001 ist daher zumindest in diesem Fall nicht wegen Verdachts einer strafbaren Tat im Sinne des Art. 5 Abs. 1 lit. c 1. Alt. EMRK gerechtfertigt. Die Freiheitsentziehung ist vielmehr allein aufgrund der vermeintlichen Gefährlichkeit der betroffenen Personen zulässig. Art. 5 Abs. 1 lit. c 2. Alt. EMRK lässt jedoch gerade keine Freiheitsentziehungen allein aufgrund der vermeintlichen Gefährlichkeit einer Person zu.[320] Auch die frühere oder aktuelle Verwick-

317. *Davy*, Asyl, Bd. 2, S. 273.
318. Explanatory Notes to Anti-Terrorism, Crime And Security Act 2001, 2001 Chapter 24.
319. Eine Freiheitsentziehung ist nach diesem Haftgrund nicht (mehr) gerechtfertigt, wenn sich während des behördlichen Verfahrens herausstellt, dass die Ausweisung oder Auslieferung aus rechtlichen oder tatsächlichen Gründen unmöglich ist, vgl. dazu oben Kapitel 9 Abschnitt 1 Seite 326.

lung in zudem nicht strafbares Verhalten — wie die Vorbereitung terroristischer Taten — kann eine Freiheitsentziehung im Sinne dieses Haftgrundes daher nicht rechtfertigen.[321]

Die Regierung des Vereinigten Königreichs stellte aus diesen Gründen zu Recht fest, dass zumindest die Einführung der Ermächtigungsgrundlage des Sec. 23 Anti-Terrorism Act 2001 nicht mit der EMRK vereinbar ist und erklärte den öffentlichen Notstand.[322] Durch dieses Vorgehen sollte unter anderem Art. 5 EMRK außer Geltung gesetzt werden. Ob die Erklärung des öffentlichen Notstandes im Hinblick auf Art. 15 EMRK einer Überprüfung durch EGMR stand halten könnte, ist indes zu bezweifeln.[323]

320. EGMR 06.11.1980 Guzzardi/Italy, Series A 39 para. 102; EGMR 31.07.2000 Jecius/Lithuania Appl. No. 34578/97 para. 51, vgl. dazu oben Kapitel 4 Abschnitt 1 Seite 213 und Seite 239.

321. So auch Lord Lloyd, Hansard, H.L., Vol. 613, col. 676; a. A. die Regierung des Vereinigten Königreichs in: EKMR 29.11.1988 Brogan/United Kingdom, Series A 145-B para. 50: „[...]the definition of terrorism in the Act was compatible with the concept of an offence and satisfied the requirements of paragraph 1 (c) (art. 5-1-c) in this respect, as the Court's case-law confirmed."

322. Declaration contained in a note verbale from the Permanent representation of the United Kingdom 18.12.2001, registerd by the Secretary General 18.12.2001.

323. Vgl. dazu oben Kapitel 2 Abschnitt 1 Seite 88ff.

Kapitel 10: Habeas Corpus — das Recht auf Haftprüfung

Abschnitt 1: Das Recht auf Haftprüfung aus Art. 5 Abs. 4 EMRK

Die Europäische Menschenrechtskonvention schützt die körperliche Bewegungsfreiheit des Einzelnen nicht nur durch das grundsätzliche Verbot staatlicher Freiheitsentziehung und die abschließende Aufzählung zulässiger Haftgründe in Art. 5 Abs. 1 EMRK. Ganz in der Tradition des englischen Freiheitsschutzes beinhaltet Art. 5 EMRK darüber hinaus einen besonderen Kontrollmechanismus, das sogenannte Habeas Corpus Verfahren. Gemäß Art. 5 Abs. 4 EMRK hat jedermann, dem seine Freiheit durch Festnahme oder Haft entzogen wird, das Recht, ein Verfahren zu beantragen, in dem von einem Gericht unverzüglich über die Rechtmäßigkeit der Haft entschieden wird und im Falle der Widerrechtlichkeit seine Entlassung angeordnet wird:

> „Everyone who is deprived of his liberty by arrest or detention shall be entitled to take proceedings by which the lawfulness of his detention shall be decided speedily by a court and his release ordered if the detention is not lawful."
>
> „Toute personne privée de sa liberté par arrestation ou détention a le droit d'introduire un recours devant un tribunal, afin qu'il statue à bref délai sur la légalité de sa détention et ordonne sa libération si la détention est illégale."

Durch dieses Recht auf Haftprüfung soll gewährleistet werden, dass eine gerichtliche Kontrolle der Vereinbarkeit der Freiheitsentziehung sowohl mit geltendem nationalem Recht als auch mit Art. 5 Abs. 1 bis 3 EMRK erfolgt. Damit stellt die Konvention ein praktikables prozessuales Schutzinstrument bereit, das — so die Überzeugung des Europarats — für einen effektiven Schutz der materiellen Grund- und Menschenrechte unverzichtbar ist. Ohne einen solchen Schutz, so die Parlamentarische Versammlung des Europarats, seien diese Garantien nicht viel mehr als „abstrakte Lippenbekenntnisse" oder schlichte Zielvorstellungen.[1]

I. Entstehungsgeschichte

Die Sicherung des Rechts der persönlichen Freiheit durch Verfahrensregeln hat eine lange Tradition.[2] Zurückgeführt wird das Recht auf Haftprüfung auf das britische Habeas Corpus-Recht. „Habeas Corpus" waren ursprünglich die Anfangsworte eines Befehls der Krone an einen Gefängnisdirektor oder sonst eine Person, in deren Gewahrsam sich der Betroffene befand und von der die Vorführung der inhaftierten Person verlangt wurde. Mit dem Gedanken der Sicherung der persönlichen Freiheit, mit dem das Habeas Corpus-Verfahren heute verbunden wird, hatte dieses Habeas Corpus-Recht des späten Mittelalters nichts gemein.[3] Insbesondere verbürgte das ur-

1. Europarat Resolution 703 (1979), para. 4, diese Resolution wurde anlässlich des 300-jährigen Bestehens der britischen Habeas Corpus Akte von 1679 in einer Feierstunde von der Parlamentarischen Versammlung des Europarats verabschiedet.
2. Vgl. dazu oben Kapitel 2 Abschnitt 1 Seite 54.
3. *Brown* PL, 2000, 31 (34); *Duker*, Habeas Corpus, p. 27; *Riedel*, Kontrolle, S. 58f.

sprüngliche Habeas Corpus-Verfahren kein subjektives Recht der inhaftierten Person. Anspruch auf Vorführung einer Person hatte zunächst nur die Krone selbst. Doch bereits aus dem 14. Jahrhundert sind frühe Beispiele von Habeas Corpus-Befehlen bekannt, die von Inhaftierten bei der Krone beantragt wurden und eine Überprüfung der Verhaftungsgründe zum Ziel hatten. Habeas Corpus entwickelte sich damit im Laufe der Zeit langsam zu einer eigenständigen Klageart.[4]

Eine erste Kodifizierung des Rechts, einen Antrag an die Krone zu richten, einen Habeas Corpus-Befehl zu erlassen, erfolgte im berühmten Habeas Corpus Act 1679.[5] In diesem Act wurde festgeschrieben, dass jeder Beamte, der eine Person in seinem Gewahrsam hält, nach der Vorlage eines Habeas Corpus-Befehls, diese Person innerhalb einer bestimmten Frist und unter Angabe der Gründe für die Verhaftung dem Lordkanzler, dem Lordsiegelbewahrer von England oder den Richtern des Gerichtshofs, der den Habeas-Corpus-Befehl erlassen hat, vorzuführen hat.[6] Mit dem Habeas Corpus Act 1816 wurde dann erstmals Habeas Corpus-Verfahren, das ursprünglich nur Fälle betraf, in denen eine Person im Zusammenhang mit der Begehung einer Straftat inhaftiert war, auch für Freiheitsentziehungen ohne strafrechtlichen Bezug kodifiziert.[7]

Das englische Habeas Corpus-Verfahren wurde später zum Vorbild für alle folgenden gesetzlichen Regelungen zum Schutz der persönlichen Freiheit. Insbesondere die Verfassungen und Menschenrechtserklärungen der nordamerikanischen Staaten und die Menschenrechtserklärungen der kontinental-europäischen Verfassungen haben die Rechtsgarantien des Habeas Corpus-Verfahrens in ihre Regelungen zum Schutz der persönlichen Freiheit aufgenommen.[8] Diese Rechte finden sich beispielsweise in Art. 7 der französischen Erklärung der Menschen- und Bürgerrechte von 1789 oder in Art. 31 der — auch für die deutsche Verfassungsentwicklung prägenden — belgischen Verfassung von 1831. Der Schwerpunkt dieser Regelungen lag jedoch eher auf dem ebenfalls der Habeas Corpus Akte entnommenen Erfordernis einer gesetzlichen Grundlage für staatliche Freiheitsentziehungen als auf der Kodifizierung eines Rechts auf Haftprüfung. Die Verfasser der EMRK beschränkten sich jedoch nicht auf die Formulierung eines Gesetzesvorbehalts für staatliche Freiheitsentziehungen. In Art. 5 Abs. 4 EMRK nahmen sie auch ein Recht auf Haftprüfung auf. Bezeichnenderweise waren es die Vertreter des Vereinigten Königreichs, die die Aufnahme dieses Verfah-

4. Dazu Halsbury's Law of England, 4th ed., vol 1 (1), para. 207.

5. Zur Entstehungsgeschichte der Habeas Corpus Acts vgl. *Badshah*, Habeas Corpus, p. 44.

6. Zur Entwicklung des Habeas Corpus Verfahrens vgl. *Brown* PL 2000, 31 (34); *Sharpe*, Habeas Corpus, p. 3 ff.; *De Smith/Brazier*, Constitutional Law, p. 439; nicht gerichtlich überprüfbar blieben auch nach dem Habeas Corpus Act 1679 Verhaftungsanordnungen des Parlaments, was der englischen Verfassungspraxis entsprach, die keinen Vorrang bestimmter Gesetze vor dem Parlamentsgesetz kennt, vgl. dazu *Ollinger*, Richtervorbehalt, S. 206 mwN.

7. Halsbury's Law of England, 4th. ed., vol. 1(1), para. 213; die 'Habeas Corpus Acts' haben jedoch nicht den Charakter der rechtsfortbildenden Kodifizierung, sondern dienen in erster Linie der Zusammenfassung und Bekräftigung richterrechtlich entwickelter Verfahrensrechte, vgl. *Riedel*, EuGRZ 1980, 192 (195).

8. *Hantel*, JuS 1990, 865 (865).

rensrechts in die EMRK beantragten.[9] Das Recht auf Haftprüfung wurde auf diesen Antrag hin neben anderen Verfahrensrechten ohne weitere Diskussion in Art. 6 Abs. 4 des Entwurfs im Bericht des Expertenausschusses an das Ministerkomitee und später in Art. 5 Abs. 4 EMRK aufgenommen.[10]

II. Verhältnis zu Art. 6 EMRK und Art. 13 EMRK

Art. 5 Abs. 4 EMRK beinhaltet einen Anspruch des Einzelnen auf eine Entscheidung durch ein nationales Gericht. Einen solchen Anspruch gewähren auch Art. 6 Abs. 1 EMRK und Art. 13 EMRK. Nach Art. 6 Abs. 1 EMRK hat jedermann Anspruch darauf, dass seine Sache von einem unparteiischen Gericht gehört wird, das über zivilrechtliche Ansprüche und Verpflichtungen oder über die Stichhaltigkeit der gegen ihn erhobenen strafrechtlichen Anklage zu entscheiden hat.[11] Art. 6 Abs. 1 EMRK gilt damit nur für Verfahren vor nationalen Gerichten, in denen entweder über zivilrechtliche Ansprüche oder eine strafrechtliche Anklage entschieden wird. Die Entscheidung über die Rechtmäßigkeit einer Freiheitsentziehung stellt jedoch weder eine Entscheidung über einen zivilrechtlichen Anspruch noch über eine strafrechtliche Anklage dar, so dass Art. 6 Abs. 1 EMRK auf Haftprüfungsentscheidungen keine Anwendung findet.[12] Art. 5 Abs. 4 EMRK und Art. 6 Abs. 1 EMRK gewähren daher das Recht auf gerichtliche Kontrolle für unterschiedliche Sachverhalte.

Art. 13 EMRK gewährt jeder Person, die in ihren Rechten aus der Konvention verletzt wurde, einen Anspruch darauf, Beschwerde bei einer nationalen Instanz einzulegen.[13] Zwar stellt auch eine rechtswidrige Freiheitsentziehung eine Verletzung der Rechte der betroffenen Person dar, das Recht auf Haftprüfung ist jedoch insoweit das speziellere Recht.[14] Art. 5 Abs. 4 EMRK stellt an die Haftprüfung höhere Anforderun-

9. Änderungsantrag des Vereinigten Königreichs Doc. CM/WPIU (50) 2; A 915, TP Vol. III Ch. XI, p. 282f.

10. Auch die Häufigkeit, mit der Beschwerden über die Verletzung des Art. 5 Abs. 4 EMRK von den Konventionsorganen zu behandeln sind, belegt die Bedeutung dieses Rechts. Neben Art. 6 EMRK betreffen die meisten Beschwerden vor den Konventionsorganen Art. 5 Abs. 4 EMRK, vgl. *Clements*, Human Rights, p. 126; *Moser*, Menschenrechtskonvention, S. 141.

11. Art. 6(1): „In the determination of his civil rights and obligations or of any criminal charge against him, everyone is entitled to a fair and public hearing within a reasonable time by an independent and impartial tribunal established by law";
Article 6 al. 1: „Toute personne a droit à ce que sa cause soit entendue équitablement publiquement et dans un délai raisonnable, par un tribunal indépendant et impartial, établi par la loi, qui décidera, soit des contestations sur ses droits et obligations de caractère civil, soit du bien-fondé de toute accusation en matière pénale dirigée contre elle."

12. EGMR 27.06.1968 Neumeister/Austria, Series A 8, para. 23; EGMR 21.02.1975 Golder/United Kingdom, Series A 18, para. 33; *Kopetzki*, Unterbringung, Bd. 1, S. 361f., der darauf verweist, dass Verfahren, die ausschließlich den Freiheitsschutz zum Gegenstand haben und damit keinerlei Auswirkungen auf Rechtsbeziehungen zwischen Privaten aufweisen, in keinem Fall dem Zivilrechtsbegriff des Art. 6 EMRK zugeordnet werden können; *Peukert* in: Frowein/Peukert, EMRK-Kommentar, Art. 5 Rn. 144; *Velu/Ergec*, Convention, p. 298.

gen, als Art. 13 EMRK sie für die Verletzung anderer Rechte der EMRK aufstellt.[15] Und während eine Beschwerde nach Art. 13 EMRK an irgendeine nationale Behörde zu richten ist,[16] kann die Haftprüfung im Sinne des Art. 5 Abs. 4 EMRK nur durch ein Gericht erfolgen. Zudem kann im Haftprüfungsverfahren nach Art. 5 Abs. 4 EMRK — anders als im Beschwerdeverfahren nach Art. 13 EMRK — auch die Verletzung nationaler Vorschriften gerügt werden, die keine Entsprechung in der Konvention haben.[17]Als *lex specialis* verdrängt Art. 5 Abs. 4 EMRK daher für den Fall einer Verletzung des Rechts auf Freiheit das Beschwerderecht aus Art. 13 EMRK. Art. 13 EMRK findet als Auffangrecht jedoch dann Anwendung, wenn der Haftprüfungsanspruch aus Art. 5 Abs. 4 EMRK nicht oder nicht (mehr) greift.[18] Das ist vor allem dann der Fall, wenn die beanstandete Freiheitsentziehung zum Zeitpunkt der Beschwerde bereits beendet ist.[19]

III. Voraussetzungen des Haftprüfungsanspruchs

Ein Anspruch auf Prüfung der Rechtmäßigkeit der Haft besteht gemäß Art. 5 Abs. 4 EMRK grundsätzlich immer dann, wenn einer Person die Freiheit durch Festnahme oder Haft entzogen wurde. Umgekehrt bedeutet dies für jeden Vertragsstaat der EMRK, dass er verpflichtet ist, jeder Person, der er die Freiheit entzogen hat, Zugang zu einem Haftprüfungsverfahren vor nationalen Gerichten zu gewähren.[20] Der Grund für die Freiheitsentziehung spielt dabei keine Rolle. Die gerichtliche Instanz hat dann zu prüfen, ob die Freiheitsentziehung mit dem geltenden Recht vereinbar ist. Ein Recht auf Haftprüfung im Sinne des Art. 5 Abs. 4 EMRK besteht auch dann, wenn die Haft

---

13. Article 13: „Everyone whose rights and freedoms as set forth in this Convention are violated shall have an effective remedy before a national authority [...]";
Article 13: „Toute personne dont les droits et libertés reconnus dans la présente Convention ont été violés, a droit à l'octoi d'un recours effectif devant une instance nationale [...]."
14. St. Rspr. EGMR 18.06.1971 de Wilde, Ooms and Versyp/Belgium, Series A 12, para. 95; EGMR 22.05.1984 De Jong, Baljet, Van den Brink/Netherlands, Series A 77, para. 60: „there was no call to examine the case under Article 13 (art. 13) in view of the conclusion reached under the lex specialis of Article 5 para. 4 (art. 5-4)"; *Van Dijk/Van Hoof*, Convention, p. 289; *Velu/Ergec*, Convention, p. 298.
15. EGMR 21.02.1975 Golder/United Kingdom, Series A 18, para. 33; EGMR 06.09.1978 Klass/Germany, Series A 28, para. 67.
16. Als Behörden im Sinne des Art. 13 EMRK kommen nach der Rechtsprechung nur solche in Betracht, die die Verletzung feststellen und die verletzende Handlung oder Entscheidung aufheben oder rückgängig machen können, vgl. EGMR 06.09.1978 Klass/Germany, Series A 28, para. 67.
17. *Cohen-Jonathan*, Convention, p. 345.
18. *Trechsel*, Menschenrechtskonvention, S. 237.
19. *Kopetzki*, Unterbringung, Bd. 1, S. 366; vgl. dazu auch unten Kapitel 10 Abschnitt 1 Seite 391.
20. EGMR 18.06.1971 de Wilde, Ooms, Versyp/Belgium, Series A 12, para. 76: „Article 5 para. 4 (art. 5-4) obliges the Contracting States to make available to the person detained a right of recourse to a court."

rechtmäßig ist bzw. nicht gegen Art. 5 Abs. 1 EMRK verstößt,[21] denn erst durch eine Haftprüfung kann festgestellt werden, ob eine Freiheitsentziehung rechtmäßig ist oder nicht.[22]

Es handelt sich bei Art. 5 Abs. 1 EMRK und Art. 5 Abs. 4 EMRK um selbständige und voneinander unabhängige Rechte. Die Konventionsorgane können daher eine Verletzung von Art. 5 Abs. 4 EMRK selbst dann feststellen, wenn die Haft mit Art. 5 Abs. 1 EMRK vereinbar ist.[23] Umgekehrt hindert die Feststellung der Verletzung des Art. 5 Abs. 1 EMRK nicht die Prüfung, ob Art. 5 Abs. 4 EMRK ebenfalls als verletzt anzusehen ist.[24]

A. Anspruch nach Beendigung der Freiheitsentziehung

Nach dem Wortlaut des Art. 5 Abs. 4 EMRK besteht ein Anspruch auf ein Kontrollverfahren nur dann, wenn die Person ihrer Freiheit beraubt *ist (is deprived of his liberty)*. Zu prüfen ist daher nicht, ob eine Freiheitsentziehung rechtmäßig *war*.[25] Bereits der Wortlaut des Art. 5 Abs. 4 EMRK macht damit deutlich, dass es beim Haftprüfungsverfahren des Art. 5 Abs. 4 EMRK nur um die Beurteilung einer gegenwärtigen Freiheitsentziehung geht. Ganz im Sinne des englischen Habeas Corpus-Verfahrens soll mit dem Recht auf Haftprüfung im Sinne des Art. 5 Abs. 4 EMRK erreicht werden, dass eine Person möglichst schnell aus einer rechtswidrigen Haft entlassen wird.[26] Dieser Zweck kann jedoch nicht mehr erreicht werden, wenn die Person bereits aus der Haft entlassen wurde.[27] Art. 5 Abs. 4 EMRK gewährleistet daher kein Recht auf nachträgliche Feststellung der Unrechtmäßigkeit einer Freiheitsentziehung.[28]

---

21. Zu dieser Frage vgl. *Trechsel*, Menschenrechtskonvention, S. 237, der die abweichende Meinung der Richter Balladore, Palleri, Verdross, Holmbäck, Rodenburg, Ross, Favre und Bilge im Fall de Wilde, Ooms, Versyp fälschlicherweise dahingehend auslegt, dass diese Richter das Recht auf Haftprüfung aus Art. 5 Abs. 4 EMRK auf die Fälle beschränken wollen, in denen ein Verstoß gegen Art. 5 Abs. 1 EMRK vorliegt, EGMR 18.06.1971 de Wilde, Ooms, Versyp/Belgium, Series A 12.
22. *Cohen-Jonathan*, Convention, p. 340; *Villiger*, Handbuch, Rn. 366.
23. St. Rspr. EGMR 18.06.1971 de Wilde, Ooms and Versyp/Belgium, Series A 12, para. 73; EGMR 29.02.1988 Boumar/Belgium, Series A 129, para. 55: „Although the Court has found that there was a breach of paragraph 1 of Article 5 (art. 5-1) in the instant case, that finding does not dispense it from proceeding to inquire whether there was a failure to comply with paragraph 4 (art. 5-4), as the two provisions are distinct."
24. *Pettiti*, Convention, p. 230.
25. *Kopetzki*, Unterbringung, Bd. 1 , S. 328.
26. EGMR 21.02.1990 Van der Leer/Netherlands, Series A 170-A, para. 35; EKMR 07.10.1976 X/Sweden, DR 7, 123 (124).
27. *Davy*, Asyl, Bd. 2, S. 275.
28. EKMR 31.07.1980 Caprino/United Kingdom, DR 22, 5 (12); EKMR 05.05.1982 DR 28, 235 (238): „once a detainee has been released from detention Article 5 (4) ceases to be applicable in this way"; EKMR 15.05.1984 Bozano/France, DR 39, 119 (142); *Trechsel*, EuGRZ 1980, 514 (517); *Van Dijk/Van Hoof*, Convention, p. 284; *Velu/Ergec*, Convention, S. 300.

Die Prüfung der Rechtmäßigkeit der Haft, deren Ziel die Freilassung einerrechtswidrig inhaftierten Person ist, kann aber unter bestimmten Umständen auch dann noch sinnvoll sein, wenn die betroffene Person nur vorübergehend in die Freiheit entlassen wurde.[29] Wenn eine inhaftierte Person vorübergehend aus der Haft entlassen wird, die Haftentlassung jedoch jederzeit widerrufen werden kann, wirkt die Anordnung der Freiheitsentziehung noch fort. Mit einem Haftprüfungsverfahren im Sinne des Art. 5 Abs. 4 EMRK kann in diesen Fällen erreicht werden, dass die jederzeit aktualisierbare Entscheidung über die Freiheitsentziehung überprüft und gegebenenfalls aufgehoben wird. Es kann der betroffenen Person nicht zugemutet werden, ihre nächste Inhaftierung abzuwarten, bevor sie (erneut) einen Antrag auf Haftprüfung stellen kann. Auch wenn sich eine Person durch Flucht der Haft entzogen hat, kann sie jederzeit nach ihrem Ergreifen wieder inhaftiert werden. Nach der Rechtsprechung des EGMR ist aus diesem Grund auch in solchen Fällen zu prüfen, ob die noch andauernde Verfügung der Freiheitsentziehung rechtmäßig ist.[30] Ein Anspruch auf Haftprüfung aus Art. 5 Abs. 4 EMRK entfällt somit erst, nachdem die Haft endgültig aufgehoben wurde.[31]

B. Anspruch bei kurzer Freiheitsentziehung

Daraus, dass ein Anspruch auf Haftprüfung nach der endgültigen Haftentlassung nicht mehr besteht, folgt nicht, dass der Anspruch auf Haftprüfung im Sinne des Art. 5 Abs. 4 EMRK regelmäßig schon dann nicht besteht, wenn die Freiheitsentziehung kürzere Zeit andauert oder andauern soll, als ein mögliches Haftprüfungsverfahren in Anspruch nehmen würde. Auch wenn einer Person nur vorübergehend und für einen kurzen Zeitraum die Freiheit entzogen werden soll, steht ihr gemäß Art. 5 Abs. 4 EMRK ab dem Moment der Inhaftierung ein Anspruch auf gerichtliche Überprüfung der Haft zu. Zwar kann, wenn die Freiheitsentziehung tatsächlich kürzer dauert, als dies für die Durchführung einer Haftprüfung erforderlich wäre, im Einzelfall der Anspruch auf Haftprüfung durch die Freilassung bereits vor der gerichtlichen Prüfung der Haft entfallen. Grundsätzlich muss das nationale Recht jedoch auch für kurzfristige Freiheitsentziehungen die Möglichkeit eines Haftprüfungsverfahrens vorsehen. Dies ergibt sich schon daraus, dass Art. 5 Abs. 4 EMRK alle Fälle der Freiheitsentziehung im Sinne des Art. 5 Abs. 1 EMRK erfasst. Eine Frist, binnen derer die Staaten ohne Gewährung einer Haftprüfung einer Person die Freiheit entziehen können, ist Art. 5 EMRK nicht zu entnehmen.[32]

---

29. EGMR 21.02.1990 Van der Leer/Netherlands, Series A 170-A, para. 35: „Neither the fact that the applicant absconded nor even the fact that she was granted probationary leave could render such a decision unnecessary."

30. EGMR 21.02.1990 Van der Leer/Netherlands, Series A 170-A, para. 35.

31. EKMR 07.10.1976 X/Sweden, DR 7, 123 (124); EKMR 15.05.1984 Bozano/France, DR 39, 119 (142); *Kopetzki*, Unterbringung, Bd. 1, S. 328; *Peukert* in: Frowein/Peukert, EMRK-Kommentar, Art. 5 Rn. 133; *Villiger*, Handbuch, Rn. 369 .

32. *Davy*, Asyl, Bd. 2, S. 275 mit näherer Begründung in Fn. 285.

Der EGMR ist hingegen anderer Auffassung. So stellte der Gerichtshof beispielsweise in seiner Entscheidung *Fox, Campbell und Hartley* fest, dass sich bei einer kurzfristiger Freiheitsentziehung die Frage nach einer Verletzung von Art. 5 Abs. 4 EMRK nicht stelle.[33] Die Beschwerdeführer dieses Verfahrens, M. Fox, Mrs. Campbell und M. Hartley, wurden von der irischen Polizei angehalten und aufgrund des Verdachts der Mitgliedschaft in einer terroristischen Organisation festgehalten. Nach 44 Stunden wurden sie aus Mangel an Beweisen entlassen. Der EGMR war in diesem Fall der Auffassung, dass es für die Vereinbarkeit der Freiheitsentziehung mit Art. 5 EMRK wegen der kurzen Dauer der Haft nicht darauf ankomme, ob die Beschwerdeführer die Möglichkeit hatten, eine gerichtliche Haftprüfung herbeizuführen.[34] Aber selbst wenn eine staatliche Maßnahme üblicherweise von so kurzer Dauer ist, dass eine Haftprüfung in der Regel nicht vor der Freilassung erfolgen kann, macht die Einrichtung eines Haftprüfungsverfahrens insofern Sinn, als nur mit Hilfe der möglichen richterlichen Kontrolle festgestellt werden kann, ob die Freiheitsentziehung im Einzelfall tatsächlich nur den vorgesehen Zeitraum in Anspruch nimmt.[35]

Da aus diesem Grund immer ein Anspruch auf Haftprüfung mit der Inhaftierung einer Person entsteht, ist die betroffene Person bereits dann in ihrem Recht aus Art. 5 Abs. 4 EMRK verletzt, wenn ihr während der Freiheitsentziehung kein Verfahren im Sinne des Art. 5 Abs. 4 EMRK zur Verfügung steht, unabhängig davon, wie lange die Freiheitsentziehung tatsächlich andauert.[36]

C. Anspruch nach gerichtlicher Anordnung der Freiheitsentziehung

Der Zweck des Rechts auf Haftprüfung aus Art. 5 Abs. 4 EMRK ist es, die gerichtliche Überprüfung der Rechtmäßigkeit einer staatlichen Freiheitsentziehung sicherzustellen. Eine solche Überprüfung erlangt insbesondere in den Fällen Bedeutung, in denen die Verwaltung zur Vornahme von Freiheitsentziehungen ermächtigt wird.[37] Es stellt sich jedoch die Frage, ob ein Anspruch auf Haftprüfung auch dann besteht, wenn die staatliche Freiheitsentziehung durch ein Gericht angeordnet wurde. Der EGMR und Teile der Literatur verneinen diese Frage.[38] Im Urteil *de Wilde, Ooms, Versyp* entwickelte der EGMR zu dieser Frage die sogenannte „Inkorporationstheorie": Wenn eine Freiheitsentziehung bereits durch ein Gericht angeordnet wurde, sei in dieser Ent-

33. EGMR 30.08.1990 Fox, Campbell, Hartley/United Kingdom, Series A 182.
34. EGMR 30.08.1990 Fox, Campbell, Hartley/United Kingdom, Series A 182, para. 44ff.
35. Dies verkennt die EKMR in: EKMR 07.10.1976 X/Sweden, DR 7, 123 (125); a. A. auch *Van Dijk/Van Hoof*, Convention, p. 290; *Velu/Ergec*, Convention, p. 300.
36. *Davy*, Asyl, Bd. 2, S. 275.
37. *Cohen-Jonathan*, Convention, p. 340.
38. St. Rspr. EGMR 18.06.1971 de Wilde, Ooms, Versyp/Belgium, Series A 12 para. 76; EGMR 08.06.1976 Engel/Netherlands, Series A 22 para. 77; EGMR 24.06.1982 Van Droogenbroeck/Belgium, Series A 50 para. 44; EGMR 23.02.1984 Luberti/Italy, Series A 75 para. 31; *Harris/O'Boyle/Warbrick*, Convention, p. 151; Murdoch, Article 5, p. 46; *Peukert* in: Frowein/Peukert, EMRK-Kommentar, Art. 5 Rn. 133; *Van Dijk/Van Hoof*, Convention, p. 284; *Velu/Ergec*, Convention, p. 300.

scheidung die Haftprüfung des Art. 5 Abs. 4 EMRK inkorporiert. Ein Anspruch auf erneute richterliche Entscheidung lasse sich in diesen Fällen Art. 5 Abs. 4 EMRK nicht entnehmen.[39] Zwar deute der Wortlaut der Regelung auf den ersten Blick darauf hin, dass ein Haftprüfungsanspruch in jedem Fall staatlicher Freiheitsentziehung bestehe, der Begriff „Gericht" sei in Art. 5 Abs. 4 EMRK jedoch nur im Singular verwendet. Art. 5 Abs. 4 EMRK, so die Auslegung des EGMR, verlange daher nur die Entscheidung durch *ein* Gericht. Zudem stelle die authentische englische Fassung klar, dass gemäß Art. 5 Abs. 4 EMRK nur ein Anspruch auf *„proceedings"* vor einem Gericht bestehe. Dadurch, dass die englische Fassung nicht die Begriffe *„appeal"*, *„recourse"* oder *„remedy"* verwende, sei klar, dass nur ein Anspruch auf eine einzige gerichtliche Entscheidung und nicht auf einen Instanzenzug gewährt werden solle.[40]

Mit dem Wortlaut des Art. 5 Abs. 4 EMRK ist diese Auslegung durch den EGMR dennoch nur schwerlich zu vereinbaren. So verwendet die ebenfalls authentische französische Fassung der Norm den Begriff *„recours"*, der nach französischem Begriffsverständnis das Anrufen einer höheren Instanz bedeutet und damit durchaus eine Beschwerde gegen eine gerichtliche Entscheidung umfasst. Legt man daher das Recht auf Haftprüfung im Sinne des Schutzes des Einzelnen vor Willkür möglichst weit aus, so ist der französischen Fassung zu folgen, die einen engeren Begriff für die Haftprüfung verwendet. So ist zwar jeder *„recours"* ein *„proceeding"* aber nicht jeder *„proceeding"* ist zugleich ein *„recours"*.[41] Auch lässt sich allein daraus, dass der Begriff „Gericht" im Singular verwendet wird, keine Beschränkung des Rechts auf Haftprüfung herleiten.[42] Eine Formulierung, derzufolge jedermann Anspruch darauf hat, ein Verfahren zu beantragen, in dem von *Gerichten* über die Rechtmäßigkeit der Haft entschieden wird, würde nicht darauf hindeuten, dass auch eine Haftprüfung gegen die durch ein Gericht angeordnete Freiheitsentziehung erfolgen muss. Aus der Verwendung des Begriffs 'Gericht' im Plural wäre vielmehr zu schließen, dass über die Rechtmäßigkeit der Haft in jedem Fall mehrere Gerichte zu entscheiden haben. Da schließlich das Recht auf Haftprüfung durch Art. 5 Abs. 4 EMRK ausdrücklich „[jedem], der seiner Freiheit durch Festnahme oder Haft beraubt ist" zuerkennt, ergibt sich aus dem Wortlaut dieser Vorschrift keine Beschränkung des Anspruchs auf Haftprüfung auf bestimmte Arten der Anordnung einer Freiheitsentziehung.[43]

Der Anspruch auf Haftprüfung entfällt somit nicht in jedem Fall gerichtlicher Anordnung der Freiheitsentziehung. Es kommt vielmehr entscheidend darauf an, ob die richterliche Entscheidung, durch die die Freiheitsentziehung angeordnet wird, den Anforderungen des Art. 5 Abs. 4 EMRK an eine gerichtliche Prüfung der Rechtmäßigkeit der Freiheitsentziehung genügt. Der Anspruch auf gerichtliche Haftprüfung ist nur dann durch eine gerichtliche Anordnung der Freiheitsentziehung bereits erfüllt, wenn anlässlich dieser Anordnung unter Einhaltung der Verfahrenserfordernisse durch ein

---

39. EGMR 18.06.1971 de Wilde, Ooms, Versyp/Belgium, Series A 12 para. 76.
40. EGMR 18.06.1971 de Wilde, Ooms, Versyp/Belgium, Series A 12 para. 76.
41. *Trechsel*, HRLJ, Vol. 1 (1980), 88 (128).
42. *Trechsel*, HRLJ, Vol. 1 (1980), 88 (128).
43. So auch *Cohen-Jonathan*, Convention, p. 340.

Gericht, das den Anforderungen des Art. 5 Abs. 4 EMRK entspricht, eine vollständige Prüfung der Rechtmäßigkeit der Haft erfolgt ist. Nur in diesem Fall kann in der gerichtlichen Entscheidung eine Haftprüfung im Sinne des Art. 5 Abs. 4 EMRK gesehen werden.[44]

Auch nach einer gerichtlichen Anordnung der Haft, die allen Anforderungen des Art. 5 Abs. 4 EMRK genügt, kann sich aus Art. 5 Abs. 4 EMRK aber dann ein Anspruch auf erneute Haftprüfung ergeben, wenn die Möglichkeit besteht, dass eine ursprünglich rechtmäßige Haft inzwischen rechtswidrig geworden ist.[45]

D. Anspruch auf wiederholte Haftprüfung

Durch das Recht auf Haftprüfung aus Art. 5 Abs. 4 EMRK soll gewährleistet werden, dass niemandem rechtswidrig die Freiheit entzogen wird. Zwar gewährt Art. 5 Abs. 4 EMRK nur das Recht, *ein* Verfahren zur Haftprüfung zu beantragen. In den Fällen, in denen die Rechtmäßigkeit der Freiheitsentziehung von veränderlichen Umständen abhängig ist, kann eine einmalige Kontrolle der Haft jedoch nicht garantieren, dass die betroffene Person nach dem Wegfall der Rechtmäßigkeitsvoraussetzungen aus der Haft entlassen wird. Es entspricht daher nicht dem Sinn und Zweck des Art. 5 Abs. 4 EMRK, eine Freiheitsentziehung unter diesen Umständen durch eine einmalige Überprüfung ihrer Rechtmäßigkeit gegen jede weitere Kontrolle immun zu machen.[46] Obwohl nicht ausdrücklich in der EMRK positiviert, entnimmt der EGMR Art. 5 Abs. 4 EMRK aus diesem Grund einen Anspruch auf regelmäßige Überprüfung der Rechtmäßigkeit einer Freiheitsentziehung in sinnvollen Abständen, sofern die Möglichkeit besteht, dass die Voraussetzungen für deren Rechtmäßigkeit entfallen.[47]

Eine regelmäßige Kontrolle der Rechtmäßigkeit der Freiheitsentziehung ist insbesondere dann erforderlich, wenn die Rechtmäßigkeit der Haft von persönlichen Eigenschaften abhängt, wie dies beispielsweise bei der Unterbringung psychisch Kranker der Fall ist. Bei der zwangsweisen Unterbringung psychisch Kranker können die Voraussetzungen für die Freiheitsentziehung — inbesondere in Anbetracht der möglichen Besserung oder Heilung der Krankheit — entfallen. Eine Unterbringung, die aufgrund

44. So auch der EGMR 24.10.1979 Winterwerp/Netherlands, Series A 33, para. 57: „Nevertheless, the intervention of such a body will satisfy Article 5 para. 4 (art. 5-4) only on condition that the procedure followed has a judicial character and gives to the individual concerned guarantees appropriate to the kind of deprivation of liberty in question."

45. *Cohen-Jonathan*, Convention, p. 340.

46. EGMR 24.10.1979 Winterwerp/Netherlands, Series A 33, para. 55: „Consequently, it would be contrary to the object and purpose of Article 5 (see paragraph 37 above) to interpret paragraph 4 thereof (art. 5-4), read in its context, as making this category of confinement immune from subsequent review of lawfulness merely provided that the initial decision issued from a court. The very nature of the deprivation of liberty under consideration would appear to require a review of lawfulness to be available at reasonable intervals."; EGMR 05.11.1981, X/United Kingdom, Series A 46, para. 52.

47. St. Rspr. EGMR 24.10.1979 Winterwerp/Netherlands, Series A 33, para. 57; EGMR 28.05.1985 Ashingdane/United Kingdom, Series A 93, para. 44.

der Schwere der psychischen Erkrankung ursprünglich rechtmäßig war, kann bei ihrer Fortdauer nach einer Besserung des Zustandes, spätestens aber mit der Heilung der betroffenen Person zu einer rechtswidrigen Freiheitsentziehung werden,[48] da gemäß Art. 5 Abs. 1 lit. e 2. Alt. EMRK eine zwangsweise Unterbringung psychisch Kranker nur solange gerechtfertigt ist, bis die betroffene Person genesen ist, bzw. die psychische Erkrankung nicht mehr derart schwerwiegend ist, dass eine Unterbringung gerechtfertigt wäre.[49] Ob dies der Fall, ist muss daher in regelmäßigen Abständen gerichtlich überprüft werden können.[50]

Auch die Untersuchungshaft, deren Rechtmäßigkeit vom Vorliegen bestimmter Haftgründe wie der Flucht- oder Verdunkelungsgefahr abhängt, kann rechtswidrig werden, wenn die Gründe für die Haft entfallen.[51] Bei der Vollstreckung eines Strafurteils ist dagegen eine regelmäßige Kontrolle der Haftvoraussetzungen nicht erforderlich, da der rein formelle Haftgrund der Verurteilung zu einer Freiheitsstrafe in der Regel nicht wegfallen kann. Ein Anspruch auf regelmäßige Kontrolle besteht hingegen beim Vollzug einer Freiheitsstrafe, wenn durch gerichtliches Urteil eine unbegrenzte Strafhaft angeordnet wurde, deren Dauer vom Fortbestehen bestimmter Umstände abhängig gemacht wurde.[52] Dies entschied der EGMR erstmals im Fall *Van Droogenbroek.*[53] Van Droogenbroek wurde wegen schweren Diebstahls zu einer Haftstrafe verurteilt und aufgrund der wiederholten Begehung von Straftaten unter die „Verfügungsbefugnis der Regierung" gestellt *(placed at government´s disposal)*. Die Maßnahme des *placing at government´s disoposal* stellte eine Freiheitsentziehung dar, da sie durch eine Inhaftierung in einem staatlichen Gebäude vollzogen wurde. Die Dauer dieser Freiheitsentziehung wurde im Urteil nicht näher bestimmt, sondern von einer Besserung von Van Droogenbroeks Neigung zur Kriminalität und seiner erfolgreichen Resozialisierung abhängig gemacht und in das Ermessen des zuständigen Ministeriums gestellt. Es wurde also gerade eine Änderung des Zustandes des Beschwerdeführers erwartet. Ob diese Änderung eingetreten ist, mit der Konsequenz, dass Van Droogenbroek entlassen werden konnte, hätte durch ein Gericht im Sinne des Art. 5 Abs. 4 EMRK überprüfbar sein müssen.[54] Im Fall *Weeks* stellte der EGMR die gleichen Anforderungen an die Haftprüfung im Fall der Verurteilung zu einer lebenslangen Freiheitsstrafe, deren Aufhebung in das Ermessen der Verwaltung gestellt war *(discretionary life sentence)*.[55] Auch die Aufhebung der lebenslangen Freiheitsstrafe war nach

48. Vgl. dazu oben Kapitel 5 Abschnitt 1 Seite 249.
49. *Peukert* in: Frowein/Peukert, EMRK-Kommentar, Art. 5 Rn. 96 und 136.
50. EGMR 24.10.1979 Winterwerp/Netherlands, Series A 33, para. 57; EGMR 05.11.1981 X/United Kingdom, Series A 46, para. 52; EGMR 23.02.1984 Luberti/Italy, Series A 75, para. 31; EGMR 12.03.1992 Megyeri/Germany, Series A 237-A, para. 22; EGMR 21.02.1996 Hussain, Sigh/United Kingdom, Reports 1996-I, para. 53; EGMR 25.03.1999 Musial/Poland, Reports 1999-II, para. 43.
51. EGMR 25.10.1989 Bezicheri/Italy, Series A 164, para. 21.
52. So auch EGMR 21.02.1996 Hussain, Sigh/United Kingdom, Reports 1996-I, para. 53.
53. EGMR 26.06.1982 Van Droogenbroek/Belgium, Series A 50.
54. EGMR 26.06.1982 Van Droogenbroek/Belgium, Series A 50, para. 47; zum Urteil Van Droogenbroek vgl. *Hofmann*, EuGRZ 1984, 13f.

nationalem Recht vom Verhalten des Betroffenen abhängig. Ob die Bedingungen für die Aufhebung eingetreten sind, hätte daher ebenfalls in regelmäßigen Zeitabständen überprüfbar sein müssen.[56]

Der genaue Rhythmus der gemäß Art. 5 Abs. 4 EMRK erforderlichen Haftprüfung lässt sich nicht im Voraus bestimmen und hängt in erster Linie davon ab, wie schnell sich die Voraussetzungen der Haft ändern.[57] Je eher mit der Möglichkeit eines Wegfalls der Voraussetzungen für eine rechtmäßige Freiheitsentziehung zu rechnen ist, desto kürzer müssen die Abstände sein, in der eine Überprüfung erfolgen kann.[58] So stellte der EGMR fest, dass bei der Untersuchungshaft, deren Voraussetzungen durch neue Beweismittel in sehr kurzer Zeit entfallen können, eine Überprüfung der Haft in kurzen Intervallen erforderlich ist. Der EGMR hielt ein Intervall von einem Monat für ausreichend.[59] Die Voraussetzungen für die zwangsweise Unterbringung psychisch Kranker ändern sich hingegen meist nur mittelfristig. Die Häufigkeit der erforderlichen Überprüfung der Unterbringung ist dabei von der Art und Prognose der Krankheit sowie von den Möglichkeiten einer therapeutischen Beeinflussung der vom Patienten ausgehenden Gefahr abhängig.[60] Eine Zeitspanne von 15 Monaten oder 2 Jahren zwischen den gerichtlichen Kontrollen wurde vom EGMR im Fall der Unterbringung aufgrund der Erkrankung an einer *paranoia querulans* als zu lang bewertet. Ein Intervall von 9 Monaten wurde vom EGMR hingegen nicht beanstandet.[61] Von der EKMR wurde eine Überprüfung der Unterbringung in Abständen von sechs Monaten als ausreichend angesehen.[62] Im Fall einer lebenslangen Freiheitsstrafe, die nach dem Ermessen der Verwaltung ausgesetzt werden kann *(discretionary life sentence)*, bewertete der EGMR eine Zeitspanne von 2 Jahren zwischen den gerichtlichen Verfahren als zu lang.[63] Der Rechtsprechung lässt sich damit die Tendenz entnehmen, dass die Rechtmäßigkeit einer Untersuchungshaft in Intervallen von wenigen Wochen zu erfolgen hat. Für die Prüfung der Rechtmäßigkeit einer zwangsweisen Unterbringung bzw. einer *discretionary life sentence* wird hingegen ein Intervall von weniger als einem Jahr als ausreichend, und ein Intervall von mehr als einem Jahr als nicht den Anforderungen einer Kontrolle in sinnvollen Abständen genügend angesehen, solange nicht außergewöhnliche Umstände eine längere Zeitspanne rechtfertigen.[64]

---

55. EGMR 02.03.1987 Weeks/United Kingdom, Series A 114.
56. EGMR 02.03.1987 Weeks/United Kingdom, Series A 114, para. 58; EGMR 25.10.1990 Thynne, Wilson, Gunnel/United Kingdom, Series A 190-A, para. 76.
57. *Harris/O'Boyle/Warbrick*, Convention, p. 153; *Villiger*, Handbuch, Rn. 369.
58. *Kopetzki*, Unterbringung, Bd. 1, S. 358.
59. EGMR 25.10.1989 Bezicheri/Italy, Series A 164, para. 21.
60. *Kopetzki*, Unterbringung, Bd. 1, S. 359.
61. EGMR 24.09.1992 Herczegfalvy/Austria, Series A 244, para. 77.
62. EKMR 13.03.1975 X/Belgium, DR 2, 108 (109): „Given the nature of internment under consideration, which is justified by a mental disease exclusing any sudden positive develpoment, the commission finds that the Belgian Legislator did not affect the rights to take proceedings guaranteed unter Art. 5 (4) in precribing that this right could only be exercised in periods of six month."
63. EGMR 26.09.2000 Oldham/United Kingdom, Appl. no. 36273/97, para. 37.

IV. Gericht

Anders als Art. 5 Abs. 3 EMRK, der eine Vorführung der gemäß Art. 5 Abs. 1 lit. c EMRK inhaftierten Person sowohl vor einen Richter als auch vor einen anderen gesetzlich zur Ausübung richterlicher Funktionen ermächtigten Beamten zulässt, muss das Verfahren, in dem über die Rechtmäßigkeit der Haft entschieden wird, gemäß Art. 5 Abs. 4 EMRK von einem Gericht *(court/tribunal)* durchgeführt werden.

A. Unabhängigkeit

Die staatliche Stelle, die die Rechtmäßigkeit der Haft überprüft, muss nicht zwingend ein der üblichen Justizorganisation angehöriger Spruchkörper sein.[65] Sie muss jedoch *gerichtlichen* Charakter aufweisen. Dazu muss das zuständige nationale Gericht vor allem von den Parteien und der Verwaltung unabhängig sein.[66] Auch nach außen muss das Gericht den Anschein der Unparteilichkeit und Unabhängigkeit vermitteln.[67] Erforderlich ist dazu eine nicht nur funktionelle, sondern auch organisatorische und personelle Unabhängigkeit von der Exekutive und den Parteien.[68] Aufgrund mangelnder Unabhängigkeit hat der EGMR die Staatsanwaltschaft,[69] den Justizminister,[70] den Innenminister[71] und den Amtsarzt[72] nicht als Gericht im Sinne des Art. 5 Abs. 4 EMRK anerkannt. Auch die Intervention eines Parlamentariers bei der Staatsanwaltschaft zugunsten einer zwangsweise untergebrachten Person stellt nach der Rechtsprechung des EGMR keine Haftprüfung im Sinne des Art. 5 Abs. 4 EMRK dar.[73] Im Fall *D.N. gegen die Schweiz* erklärte der EGMR jüngst einen Richter in einem Verfahren um Entlassung aus einer psychiatrischen Haft für nicht ausreichend unparteiisch,

---

64. So fasst der EGMR seine Rechtsprechung auch selbst zusammen, EGMR 26.09.2000 Oldham/United Kingdom, Appl. no. 36273/97, para. 32: „In previous cases, the Convention organs have accepted periods of less than a year between reviews and rejected periods of more than one year."; vgl. auch EGMR 26.02.2002 Magalhaes/Portugal, Appl. no. 44872/98.
65. EGMR 05.11.1981 X/United Kingdom, Series A 46, para. 53; *Peukert* in: Frowein/Peukert, EMRK-Kommentar, Art. 5 Rn. 140.
66. EGMR 27.06.1968 Neumeister/Austria, Series A 8, para. 24; EGMR 18.06.1971 de Wilde/Ooms/Versyp/Belgium, Series A 12, para. 77; EGMR 29.03.2001 D.N./Switzerland, Appl. no. *27154/95*, para. 42: „[..] independence is one of the most important constitutive elements of the notion of a 'court', as referred to in several Articles of the Convention."
67. EGMR 29.03.2001 D.N./Switzerland, Appl. no. *27154/95*, para. 46: „What is at stake is the confidence which the courts in a democratic society must inspire in the public."; vgl. dazu auch EGMR 24.05.1989 Hauschildt/Denmark, Series A 154, para. 48.
68. So auch das schweizerische Bundesgericht vom 28.9.1989 in: EuGRZ 1989, 441.
69. EGMR 24.10.1979 Winterwerp/Netherlands, Series A 33, para. 64; EGMR 21.12.2000 Vodenicarov/Slovakia, Appl. no. 24530/94, para. 37.
70. EGMR 25.10.1990 Keus/Netherlands, Series A 185-C, para. 28.
71. EGMR 05.11.1981 X/United Kingdom, Series A 46, para. 61.
72. EGMR 05.11.1981 X/United Kingdom, Series A 46, para. 61.
73. EGMR 05.11.1981 X/United Kingdom, Series A 46, para. 61.

weil dieser zuvor im selben Verfahren als Gutachter tätig war. Diese Verquickung von Funktionen erwecke zumindest den Anschein der Parteilichkeit und sei daher nicht mit der in Art. 5 Abs. 4 EMRK geforderten unabhängigen und unparteilichen Kontrolle vereinbar.[74] Ein Untersuchungsrichter hingegen genügt nach der Rechtsprechung des EGMR den Anforderungen, die Art. 5 Abs. 4 EMRK an das Gericht stellt, auch wenn er im weiteren Sinne in die Strafverfolgung eingebunden ist.[75]

B. Kompetenz zur Freilassung

Gemäß Art. 5 Abs. 4 EMRK muss das Gericht kompetent sein, die Betroffenen unter Umständen aus der Haft zu entlassen.[76] Die zuständige staatliche Stelle darf also nicht nur beratend tätig sein, sie muss verbindlich über eine Freilassung entscheiden können. Im Fall X *gegen das Vereinigte Königreich* hatte der EGMR die Prüfung der Unterbringung psychisch Kranker im Vereinigten Königreich durch ein sogenanntes Mental Health Review Tribunal auf seine Vereinbarkeit mit der EMRK hin zu überprüfen. Nach dem Mental Health Act 1959 hatte dieses Gericht jedoch nur beratende Funktion und war nicht dazu ermächtigt, im Fall der Rechtswidrigkeit der Unterbringung eine Freilassung der rechtswidrig inhaftierten Person verbindlich anzuordnen. Der EGMR stellte aus diesem Grund fest, dass das durch den Mental Health Act 1959 eingerichtete Mental Health Review Tribunal nicht den Anforderungen an ein Gericht im Sinne des Art. 5 Abs. 4 EMRK genüge.[77]

V. Verfahren

Das gerichtliche Haftprüfungsverfahren im Sinne des Art. 5 Abs. 4 EMRK muss nach der Rechtsprechung des EGMR im wesentlichen drei Anforderungen genügen: es muss hinreichend einfach zugänglich sein, prozessuale Fairness garantieren und schnell durchgeführt werden können.[78]

A. Zugang

Um einen Schutz gegen willkürliche Freiheitsentziehungen bieten zu können, muss das nationale Haftprüfungsverfahren so ausgestaltet sein, dass es von den Betroffenen wirksam ergriffen werden kann. Zwar wird der Zugang zum Gericht stets vom nationalen Recht geregelt und von bestimmten Voraussetzungen abhängig gemacht. Die nationalen Verfahrensregeln dürfen den Zugang zum Gericht jedoch nicht unan-

74. EGMR 29.03.2001 D.N./Switzerland, Appl. No. 27154/95, para. 44.
75. EGMR 25.10.1989 Bezicheri/Italy, Series A 164, para. 20; vgl. dazu *Harris/O'Boyle/Warbrick*, Convention, p. 147.
76. *Harris, O'Boyle, Warbrick*, Convention, p. 147.
77. EGMR 05.11.1981 X/United Kingdom, Series A 46, para. 61.
78. *Murdoch*, ICLQ, Vol. 42 (1993), 494 (519).

gemessen erschweren. Das Haftprüfungsverfahren muss stets für den Einzelnen faktisch zugänglich sein. Die Betroffenen müssen die Gelegenheit haben, sich über ihre gerichtlichen Beschwerdemöglichkeiten zu informieren und entsprechende Anträge bei Gericht zu stellen. Das Haftprüfungsverfahren muss gemäß Art. 5 Abs. 4 EMRK zudem von *jeder* Person beantragt werden können, der die Freiheit entzogen wurde. Auch Minderjährigen und psychisch Kranken muss daher die Prozessfähigkeit zur selbständigen Ausübung dieses Rechts eingeräumt werden.[79]

Nach der Rechtsprechung der Konventionsorgane muss das Haftprüfungsverfahren des weiteren hinreichend bestimmt sein.[80] Ein Verfahren, bei dem sich die betroffene Person — etwa aufgrund einer uneinheitlichen Rechtsprechung — nicht sicher sein kann, ob sich das anzurufende Gericht für zuständig erklären wird und inwieweit es die Rechtmäßigkeit der Freiheitsentziehung tatsächlich überprüfen wird, genügt dieser Anforderung nicht. Im Urteil de *Van Droogenbroek* hatte der Gerichtshof zu überprüfen, ob eine Beschwerde an den belgischen *juge des référés* (Richter für den einstweiligen Rechtsschutz) den Anforderungen des Art. 5 Abs. 4 EMRK genügte. Zum Zeitpunkt der Inhaftierung war die belgische Rechtsprechung zur Zuständigkeit dieses Richters jedoch sehr uneinheitlich. Es war daher unklar, ob der angerufene Richter über die Rechtmäßigkeit der Freiheitsentziehung überhaupt entscheiden würde, sodass es sich bei dieser Beschwerdemöglichkeit nach Auffassung des EGMR nicht um ein hinreichend bestimmtes und sicheres Haftprüfungsverfahren handelte.[81]

Es muss gemäß Art. 5 Abs. 4 EMRK nur möglich sein, ein entsprechendes Verfahren „zu beantragen". Die Bestimmung des Art. 5 Abs. 4 EMRK verpflichtet den Gesetzgeber lediglich zur Schaffung eines Rechtsmittels. Ein Anspruch auf automatische Kontrolle der Rechtmäßigkeit der Freiheitsentziehung besteht gemäß Art. 5 Abs. 4 EMRK nicht.[82] Das schließt jedoch nicht aus, dass auch eine Prüfung der Rechtmäßigkeit einer Freiheitsentziehung „von Amts wegen" den Anforderungen des Art. 5 Abs. 4 EMRK genügt.[83] Wird die Prüfung nach nationalem Recht durchgeführt, ohne dass die betroffene Person dazu einen entsprechenden Antrag stellen muss, wird dadurch, sofern eine regelmäßige Überprüfung gesichert ist, sogar ein besserer Schutz

---

79. *Kopetzki*, Unterbringung, Bd. 1, S. 342.
80. EGMR 18.06.1971 de Wilde/Ooms/Versyp/Belgium, Series A 12, para. 62; EGMR 24.06.1982 Van Droogenbroek/Belgium, Series A 50.
81. EGMR 24.06.1982 Van Droogenbroek/Belgium, Series A 50, para. 54: „this is a matter which at present turns on issues of Belgian domestic law that are unsettled, with case-law of very recent date which is still being developed and is the subject of debate. [...] The existence of a remedy must be sufficiently certain, failing which it will lack the accessibility and effectiveness which are required by Article 5 par. 4 (art. 5-4). At least at the time of the events in question, the possibility of applying to the juge des référés on a matter covered by the 1964 Act did not satisfy this condition."
82. Vgl. EGMR 05.11.1981 X/United Kingdom, Series A 46, para. 52.
83. EGMR 12.05.1992 Megyeri/Germany, Series A, para. 22; EGMR 21.12.2000, Appl. no. 30873/96, para. 94.

des Rechts auf Freiheit gewährleistet. Auch durch eine Prüfung der Rechtmäßigkeit der Freiheitsentziehung von Amts wegen kann daher den Anforderungen des Art. 5 Abs. 4 EMRK entsprochen werden.[84]

B. Verfahrensrechte

Art. 5 Abs. 4 EMRK verlangt nicht ausdrücklich, dass alle Verfahrensgarantien eingehalten werden, wie sie Art. 6 EMRK für Entscheidungen über zivilrechtliche Ansprüche oder strafrechtliche Anklagen vorsieht. Dennoch ergeben sich bestimmte Anforderungen an das Haftprüfungsverfahren zum einen daraus, dass Art. 5 Abs. 4 EMRK ein *gerichtliches* Verfahren fordert und zum anderen aus dem Sinn der Vorschrift, einen effektiven Rechtsschutz zu gewährleisten.[85] Welche Verfahrensrechte im einzelnen zu gewähren sind, damit die Haftprüfung entsprechend effektiv ist, hängt unter anderem von der Art der Haft ab.[86]

Bei der Beurteilung der Frage, wie ein Verfahren ausgestaltet sein muss, um den Anforderungen des Art. 5 Abs. 4 EMRK zu genügen, ist dabei stets auch zu beachten, dass die Gewährung bestimmter Verfahrensgarantien wie die Anhörung, zu einer Verzögerung des Haftprüfungsverfahrens führen können. Gemäß Art. 5 Abs. 4 EMRK muss eine Entscheidung über die Freiheitsentziehung jedoch „unverzüglich" ergehen. Damit stehen die Verfahrensgarantien des Haftprüfungsverfahrens in einem Spannungsverhältnis zur Dauer des Haftprüfungsverfahrens. Das nationale Recht hat daher bei der Ausgestaltung des gerichtlichen Haftprüfungsverfahrens beide Forderungen des Art. 5 Abs. 4 EMRK miteinander in Einklang zu bringen. Auch die Konventionsorgane versuchen in ihrer Rechtsprechung, zwischen den gegenläufigen Anforderungen des Art. 5 Abs. 4 EMRK praktische Konkordanz herzustellen. Zwar stellte der EGMR im Fall *Neumeister* noch fest, dass Art. 5 Abs. 4 EMRK eine Entscheidung „in kurzer Frist" verlange, und dass daher eine Anhörung und andere Verfahrensrechte, die zu einer Verzögerung des Verfahrens führen könnten, zu unterbleiben hätten.[87] Schon wenig später im Fall *de Wilde, Ooms, Versyp* kam der Gerichtshof jedoch zu dem Schluss, dass das Haftprüfungsverfahren trotz des Erfordernisses einer raschen Entscheidung zum Schutz der Freiheit bestimmten grundlegenden Verfahrensrechten Rechnung zu tragen habe.[88]

84. EGMR 05.11.1981 X/United Kingdom, Series A 46, para. 52.
85. EGMR 18.06.1971 de Wilde/Ooms/Versyp/Belgium, Series A 12, para. 76: „in order to constitute such a 'court' an authority must provide the fundamental guarantees of procedure applied in matters of deprivation of liberty."
86. EGMR 27.09.1990 Wassink/Netherlands, Series A 185-A, para. 30; EGMR 12.05.1992 Megyeri/Germany, Series A 237-A, para. 22.
87. EGMR 27.06.1968 Neumeister/Austria, Series A 8, para. 24.
88. EGMR 18.06.1971 de Wilde/Ooms/Versyp/Belgium, Series A 12, para. 76

1. Gerichtliches Gehör

Eines der grundlegenden Verfahrensrechte jedes gerichtlichen Verfahrens — und damit zugleich eine Mindestanforderung an das Verfahren nach Art. 5 Abs. 4 EMRK — ist die Wahrung des rechtlichen Gehörs. Der Betroffene muss Gelegenheit haben, die Argumente vorzubringen, die seiner Auffassung nach gegen die Zulässigkeit der Freiheitsentziehung sprechen. Auch der EGMR hält es für „unentbehrlich", dass sich die inhaftierte Person am Verfahren beteiligen kann und die Möglichkeit hat, entweder persönlich oder, wenn erforderlich, durch einen Vertreter gehört zu werden.[89] Kann die betroffene Person ihre Interessen nicht selbst vor Gericht vertreten, etwa weil sie minderjährig, der Gerichtssprache nicht mächtig oder psychisch krank ist, so ist ihr zu diesem Zweck ein Rechtsbeistand bzw. einen Dolmetscher zur Seite zu stellen.[90] Da die betroffene Person in diesen Fällen nur mit Hilfe eines Rechtsanwalts die Möglichkeit hat, effektiv um Rechtsschutz nachzusuchen, ist ihr der Rechtsbeistand auch dann zur Seite zu stellen, wenn sie nicht selbst nach einem Anwalt verlangt.[91]

Der Tradition des Habeas Corpus-Verfahrens, dessen Ziel es war, die inhaftierte Person „vor die Schranken des Gerichts" zu bringen, entspräche am ehesten eine mündliche Anhörung der betroffenen Person.[92] Da Art. 5 Abs. 4 EMRK jedoch keine ausdrückliche Regelung für das Verfahren trifft, gehen die Konventionsorgane davon aus, dass eine schriftliche Anhörung der inhaftierten Person den Anforderungen des Art. 5 Abs. 4 EMRK genügen kann.[93] Eine schriftliche Anhörung wird jedoch nur dann als ausreichend angesehen, wenn die betroffene Person zuvor über alle Gründe und Argumente für ihre Inhaftierung in Kenntnis gesetzt wurde, so dass sie durch eine mündliche Anhörung keine bessere Einflussnahmemöglichkeit hätte.[94]

---

89. St. Rspr. EGMR 29.02.1988 Bouamar/Belgium, Series A 129, para. 60; EGMR 25.10.1990, Keus/Netherlands, Series A 185-C, para. 27; EGMR 12.05.1992 Megyeri/Germany, Series A 237-A, para. 22; EGMR 10.10.2000 Grauzinis/Lithuania, Appl. no. 37975/97, para. 34; EGMR 12.10.2000 Wloch/Poland, Appl. no. 27785/95, para. 129.
90. St. Rspr. EGMR 24.10.1979, Winterwerp/Netherlands, Series A 33, para. 60; EGMR 29.02.1988 Bouamar/Belgium, Series A 129, para. 60 (für Jugendliche); EGMR 25.10.1990, Keus/Netherlands, Series A 185-C, para. 27; EGMR 12.05.1992 Megyeri/Germany, Series A 237-A, para. 22; EKMR 11.10.1983 Zamir/United Kingdom DR 40, 42 (55) in diesem Fall stand dem Betroffenen ein Recht auf einen Anwalt deshalb zu, weil der Fall komplex war und der Betroffene nur beschränkte Sprachkenntnisse besaß.
91. EGMR 12.05.1992 Megyeri/Germany, Series A, para. 22ff.; EGMR 26.02.2002 Magalhaes/Portugal, Appl. no. 44872/98; *Harris/O'Boyle/Warbrick*, Convention, p. 149.
92. So auch die abweichende Meinung der Richter Van der Meersch und Walch zum Fall EGMR 21.10.1986 Sanchez-Reisse/Switzerland, Series A 107.
93. EGMR 21.10.1986 Sanchez-Reisse/Switzerland, Series A 107, para. 51; EKMR 17.03.1981 X/Switzerland, DR 22, 131 (135).
94. EGMR 21.10.1986 Sanchez-Reisse/Switzerland, Series A 107, para. 51; EKMR 17.03.1981 X/Switzerland, DR 22, 131 (135).

2. Waffengleichheit

Für die inhaftierte Person kann sich ein Anspruch auf mündliche Anhörung auch aus dem Grundsatz der „Waffengleichheit" bzw. dem Grundsatz prozessualer Fairness ergeben, die das für die Haftprüfung zuständige Gericht zu beachten hat.[95] Nach der Rechtsprechung der Konventionsorgane stellt die Einhaltung des Grundsatzes der „Waffengleichheit" ebenfalls eine Mindestvoraussetzung für ein unabhängiges *gerichtliches* Verfahren und damit für ein Verfahren im Sinne des Art. 5 Abs. 4 EMRK dar. Nach dem Grundsatz der Waffengleichheit muss das Gericht Rechte, die es einer Verfahrenspartei einräumt, auch der anderen Partei gewähren. Wird der Gegenpartei die Gelegenheit gegeben, sich mündlich vor Gericht zur Rechtmäßigkeit der Freiheitsentziehung zu äußern, so ist auch die inhaftierte Person mündlich zu hören.[96] Aus dem Recht auf Waffengleichheit bzw. auf prozessuale Fairness können sich auch weitere Rechte der betroffenen Person ergeben. Stützt sich die Inhaftierung der betroffenen Person auf medizinische und sonstige Beweismittel, muss die betroffene Person zumindest die Möglichkeit haben, diese anzugreifen und zu den tatsächlichen und rechtlichen Argumenten Stellung zu nehmen. Besonderes Gewicht kommt dabei der Möglichkeit zu, im Falle der Unterbringung aufgrund psychischer oder ansteckender Krankheit, ein ärztliches Gegengutachten von einem selbst gewählten Arzt vorlegen zu können.[97]

Wird der für die Freiheitsentziehung verantwortlichen staatlichen Stelle Einsicht in die Gerichtsakten gewährt, so muss auch die inhaftierte Person oder ihr Anwalt die Möglichkeit haben, die Akten einzusehen.[98] Ein Akteneinsichtsrecht besteht unabhängig davon immer dann, wenn es der betroffenen Person nur mit Hilfe der Informationen aus den Akten möglich ist, Gründe vorzubringen, die gegen die Rechtmäßigkeit der Freiheitsentziehung sprechen.[99]

C. Dauer

Um zu verhindern, dass Personen längere Zeit rechtswidrig festgehalten werden, fordert Art. 5 Abs. 4 EMRK, dass das Gericht *„speedily"* bzw. *„à bref délai"* über die Rechtmäßigkeit der Haft zu entscheiden hat. Die Begriffe der authentischen Fassungen *„speedily"* und *„à bref délai"* wurden zunächst in den verschiedenen (nicht au-

---

95. EGMR 21.10.1986 Sanchez-Reisse/Switzerland, Series A 107, para. 51; EGMR 02.03.1987 Weeks/United Kingdom, Series A 114, para. 66; so auch *Kopetzki*, Unterbringung, Bd. 1, S. 345.
96. EGMR 12.12.1991 Toth/Austria, Series A 224, para. 84; EGMR 12.10.2000 Wloch/Poland, Appl. No. 27785/95, para. 129; so auch *Riedel*, EuGRZ 1980, 192 (199).
97. EGMR 24.10.1979 Winterwerp/Netherlands, Series A 33, para. 58; *Kopetzki*, Unterbringung, Bd 1, S. 346.
98. EGMR 12.10.2000 Wloch/Poland, Appl. No. 27785/95, para. 129.
99. EGMR 02.03.1987 Weeks/United Kingdom, Series A 114, para. 66; EGMR 30.03.1989 Lamy/Belgium, Series A 151, para. 29; EGMR 13.02.2001 Garcia Alva/Germany Appl. no. 23541/94, para. 41; EGMR 13.02.2001 Lietzow/Germany Appl. no. 24479/94, para. 47.

thentischen) deutschsprachigen Fassungen der EMRK unterschiedlich übersetzt. So hieß es in der deutschen Fassung, dass die Haftprüfung „unverzüglich" zu erfolgen habe. Nach der österreichischen Fassung der EMRK war die Prüfung „ehetunlichst" und nach der schweizer Fassung „raschmöglichst" durchzuführen. Diese unterschiedlichen Begriffe wurden 1998 vereinheitlicht. Seither muss die Haftprüfung gemäß Art. 5 Abs. 4 EMRK nach allen deutschsprachigen Formulierungen „in kurzer Frist" erfolgen.[100]

Das Verfahren, auf dessen Geschwindigkeit es gemäß Art. 5 Abs. 4 EMRK ankommt, beginnt mit dem Eingang des Antrags auf Haftprüfung und endet mit der Sachentscheidung durch das zuständige Gericht,[101] nicht aber mit einer Selbstbefreiung oder einer bedingten Haftentlassung.[102] Eine Verzögerung des Haftprüfungsverfahrens kann sich beispielsweise daraus ergeben, dass einer inhaftierten Person das Rechtsmittel erst nach Ablauf einer längeren Zeit überhaupt zugänglich gemacht wird. Auch dadurch wird das Recht der betroffenen Person auf eine schnelle Prüfung der Rechtmäßigkeit der Freiheitsentziehung aus Art. 5 Abs. 4 EMRK verletzt. So entschied der EGMR im Fall *de Jong, Baljet und Van den Brink* dass die Niederlande dadurch gegen Art. 5 Abs. 4 EMRK verstießen, dass sie den Beschwerdeführern, die sich in militärischem Arrest befanden, erst nach Ablauf einer Woche das Recht zugestanden, eine Haftprüfung zu beantragen.[103] Art. 5 Abs. 4 EMRK enthält damit zwei Garantien:

- Zum einen muss den Personen, denen die Freiheit entzogen wurde, innerhalb kurzer Frist die Möglichkeit gegeben werden, ein Haftprüfungsverfahren zu beantragen,
- und zum anderen muss das Verfahren, wenn es durch den Antrag in Gang gesetzt ist, innerhalb kurzer Frist abgeschlossen werden.[104]

Die Frage, innerhalb welcher Frist zu entscheiden ist und eine Haftprüfung damit *„speedily"* bzw. *„à bref délai"* erfolgt, kann aufgrund der unterschiedlichen Umstände, in denen eine Haftprüfung erforderlich werden kann, nicht abstrakt entschieden werden.[105] Die zlässige Dauer der gerichtlichen Kontrolle hängt vielmehr von der Würdigung der konkreten Umstände des Einzelfalls ab. [106] Bei der Entscheidung, wie lange eine Haftprüfung im Sinne des Art. 5 Abs. 4 EMRK im Einzelfall dauern darf, ist zu beachten, dass unter Umständen die Einhaltung bestimmter Verfahrensrechte oder das Einholen der erforderlichen Entscheidungsgrundlagen den

100. Bereinigte Übersetzung der EMRK unter Berücksichtigung des Prot. Nr. 11 (zwischen Deutschland, Liechtenstein, Österreich und der Schweiz abgestimmte Fassung), vgl. Bekanntmachung der Neufassung der Konvention vom 4. November 1950 zum Schutze der Menschenrechte und Grundfreiheiten vom 17. Mai 2002, BGBl. II, 1054 (1058).

101. EGMR 21.10.1986 Sanchez-Reisse/Switzerland, Series A 107, para. 54.

102. EGMR 21.02.1990 Van der Leer/Netherlands, Series A 170-A, para. 35.

103. EGMR 22.05.1984 de Jong, Baljet, Van den Brink/Netherlands, Series A 77, para. 58; vgl. auch *Harris/O'Boyle/Warbrick*, Convention, p. 155.

104. *Harris/O'Boyle/Warbrick*, Convention, p. 156.

105. Schweizerisches Bundesgericht 28.09.1989, EuGRZ 1989, 441 (442).

106. EGMR 21.10.1986 Sanchez-Reisse/Switzerland, Series A 107, para. 55.

Entscheidungsprozess verzögern können. Auch die Komplexität des zu beurteilenden Sachverhalts spielt bei der Beurteilung der Verfahrensdauer eine wichtige Rolle.[107] Nach der Rechtsprechung der Konventionsorgane verstößt es beispielsweise nicht gegen Art. 5 Abs. 4 EMRK, wenn ein Verfahren zur Überprüfung der Rechtmäßigkeit einer Untersuchungshaft fünf bis zwanzig Tage dauert.[108] Eine Verfahrensdauer von mehreren Monaten zur Überprüfung einer Untersuchungshaft erklärte der Gerichtshof jedoch für konventionswidrig.[109] Die Prüfung der Rechtmäßigkeit einer Auslieferungs- oder Ausweisungshaft darf, so die Rechtsprechung, in einem wenig komplizierten Fall zehn, nicht aber 31 Tage dauern.[110]

Eine längere Verfahrensdauer kann ausnahmsweise aufgrund der Komplexität des Sachverhalts gerechtfertigt sein. Dies ist zum Beispiel dann der Fall, wenn das nationale Gericht für die Beurteilung der Rechtmäßigkeit der Freiheitsentziehung medizinische oder andere Gutachten einzuholen hat.[111] Die Prüfung der Rechtmäßigkeit der Unterbringung psychisch Kranker kann daher regelmäßig längere Zeit in Anspruch nehmen als beispielsweise die Prüfung der Rechtmäßigkeit einer Untersuchungshaft, da die Gerichte gerade bei der Überprüfung der zwangsweisen Unterbringung psychisch Kranker häufig ärztliche Gutachten einzuholen haben. Welche Verfahrensdauer unter diesen Umständen den Anforderungen des Art. 5 Abs. 4 EMRK genügt, ist jedoch ebenfalls stark von den Umständen des Einzelfalls abhängig. Eine Verfahrensdauer von drei Monaten für die Prüfung der Rechtmäßigkeit einer Unterbringung wurde von der EKMR, eine Dauer von zwei, vier und fünf Monaten vom Gerichtshof für nicht mit Art. 5 Abs. 4 EMRK vereinbar erklärt.[112]

---

107. EGMR 21.10.1986 Sanchez-Reisse/Switzerland, Series A 107, para. 57; EGMR 29.08.1990 E./Norway, Series A 181-A, para. 64; EGMR 12.12.1991 Toth/Austria, Series A 224, para. 77; EGMR 25.03.1999 Musial/Poland, Reports 1999-II, para. 47.

108. EGMR 26.06.1991 Letellier/France, Series A 207, para. 56; EKMR 01.03.1979, Christinet/Switzerland, DR 17, 35 (46) (sechs Tage für die Überprüfung des Widerrufs einer Haftentlassung); EKMR 05.12.1988 Egue/France, DR 57, 47 (59) (fünf Tage zur Prüfung einer Untersuchungshaft).

109. EGMR 05.10.1989 Bezicheri/Italy, Series A 164, para. 24.

110. Zur Vereinbarkeit einer 10-tägigen Dauer der Prüfung einer Ausweisungshaft mit Art. 5 Abs. 4 EMRK vgl. EKMR 07.10.1987 A/Sweden, DR 53, 128 (139); zur Unvereinbarkeit einer 31 bzw. 46-tägigen Prüfung einer Auslieferungshaft vgl. EGMR 21.10.1986 Sanchez-Reisse/Switzerland, Series A 107, para. 55.

111. EGMR 28.03.2000 Baranowski/Poland, Appl. no. 28358/95, para. 72; EGMR Jablonski/Poland 21.12.2000, Appl. no. 33492/96, para. 92.

112. EKMR 07.10.1987 A/Sweden, DR 53, 128 (139); EGMR 21.02.1990, Van der Leer/The Netherlands, Series A 170-A, para. 36 (fünf Monate); EGMR 29.08.1990 E/Norway, Series A 181-A, para. 65f (in diesem Fall vergingen zwischen dem Antrag auf Haftprüfung und der Anhörung 5 Wochen, davon 12 Tage, bis der Richter aus den Ferien zurück war, 9 Tage, um den Anwalt des Betroffenen zu erreichen und fast weitere zwei Wochen, um die Sache „auf den richtigen Weg zu bringen", nach der Anhörung brauchte der Richter drei Wochen bis zur Verkündung seines Urteils); EGMR 25.10.1990 Koendjbiharie/Netherlands, Series A 185-B, para. 29 (vier Monate).

Die Notwendigkeit, in einem komplexen Fall Gutachten oder andere Informationen einzuholen, befreit den Staat aber nicht von seiner Verpflichtung, sich bei der Durchführung des Verfahrens zu beeilen.[113] Bei der Beurteilung der Verfahrensdauer muss sich der Staat zudem Verzögerungen durch Dritte, wie etwa durch einen Sachverständigen, zurechnen lassen.[114] Pflicht des Staates aus Art. 5 Abs. 4 EMRK ist es, die entsprechenden Voraussetzungen für einen schnellen Rechtsschutz zu schaffen. Führt eine mangelhafte Organisation dazu, dass die zuständigen Richter überarbeitet oder im Urlaub sind, und dass sich aus diesem Grund das Verfahren der Haftprüfung verzögert, hat der Staat damit seine Pflicht aus Art. 5 Abs. 4 EMRK verletzt.[115] Nicht dem Staat zugerechnet werden hingegen Verzögerungen des Verfahrens, die auf dem Verhalten der inhaftierten Person selbst beruhen. Verzögert eine Person die Haftprüfung etwa dadurch, dass sie einen erforderlichen Beitrag zum Verfahren verspätet leistet oder aus der Haft flieht, so führt die dadurch verursachte Verzögerung nicht zu einem Verstoß des Staates gegen Art. 5 Abs. 4 EMRK.[116]

Allgemein lässt sich damit lediglich festhalten, dass der Anspruch auf Entscheidung „in kurzer Frist" verletzt wird, wenn dem Gericht aufgrund der Umstände des Falles eine früherere Entscheidung vernünftigerweise möglich gewesen wäre.[117]

VI. Prüfungsumfang

Das für ein Haftprüfungsverfahren zuständige nationale Gericht muss gemäß Art. 5 Abs. 4 EMRK entscheiden, ob die Haft rechtmäßig *(lawful/légale)* ist. Verstößt die Freiheitsentziehung im Zeitpunkt der gerichtlichen Kontrolle gegen geltendes Recht, so ist die betroffene Person gemäß Art. 5 Abs. 4 EMRK aus der Haft zu entlassen. Entscheidungserheblicher Zeitpunkt für die Beurteilung der Rechtmäßigkeit der Freiheitsentziehung ist somit der Zeitpunkt der gerichtlichen Kontrolle. Nicht von Bedeutung ist es hingegen, ob die Freiheitsentziehung zum Zeitpunkt der entsprechenden staatlichen Entscheidung rechtmäßig war.[118]

Eine Freiheitsentziehung ist nur dann rechtmäßig im Sinne des Art. 5 EMRK, wenn sie sowohl mit Art. 5 EMRK als auch mit nationalem Recht vereinbar ist und nicht willkürlich erfolgt.[119] Die Überprüfung der Rechtmäßigkeit der Freiheitsentziehung durch

---

113. EKMR 11.04.1991 Bouderas/France, DR 69, 236 (249f.); 23.02.1984 Luberti/Italy, Series A 75, para. 34.

114. EGMR 25.03.1999 Musial/Polen, Reports 1999-II, para. 44.

115. EGMR 25.10.1989 Bezicheri/Italy, Series A 164, para. 25; EGMR 29.08.1990 E/Norway, Series A 181-A, para. 66: „The Convention requires, however, the Contracting States to organise their legal systems so as to enable the courts to comply with its various requirements."; *Pettiti*, Convention, p. 233.

116. EGMR 23.02.1984 Luberti/Italy, Series A 75, para. 35 (Luberti hatte sich einer psychiatrischen Untersuchung durch Flucht entzogen); EGMR 23.11.1993 Navarra/France, Series A 273-B, para. 29 (verspäteter Berufungsantrag).

117. So auch das schweizerische Bundesgericht 28.09.1989 EuGRZ 1989, 441 (442).

118. *Kopetzki*, Unterbringung, Bd. 1, S. 328.

das nationale Gericht muss daher umfassend genug sein, um sich auf all jene Umstände zu erstrecken, die nach der Konvention aber auch nach nationalem Recht für die Beurteilung der Recht- und Gesetzmäßigkeit der Inhaftierung unerlässlich sind.[120] Die Rechtmäßigkeit der Haft im Sinne des Art. 5 Abs. 4 EMRK umfasst damit sowohl die formellen als auch die materiellen Haftvoraussetzungen.[121]

Die Freiheitsentziehung ist auf alle eventuellen Verstöße gegen geltendes Recht und nicht etwa nur auf qualifiziert rechtswidriges Handeln der Behörde hin zu untersuchen. Dazu gehört vor allem die Überprüfung der tatsächlichen Umstände, die für die Rechtmäßigkeit der Freiheitsentziehung maßgeblich sind. Das Gericht muss daher zur Beurteilung aller Rechts- und Tatfragen und vor allem auch zur Aufnahme und Würdigung von Beweisen zuständig sein.[122] Dies gilt auch dann, wenn sich die Haftentscheidung auf vertrauliche Informationen stützt. Selbst wenn der Gebrauch vertraulichen Materials durch die Verwaltung unvermeidbar ist, weil es um die nationale Sicherheit geht, entbindet dies die Staaten nicht von der Pflicht zu wirksamer Kontrolle staatlicher Behörden durch die innerstaatlichen Gerichte. Dem über die Rechtmäßigkeit der Freiheitsentziehung entscheidenden Gericht müssen die vertraulichen Informationen daher zugänglich gemacht werden.[123]

Durch das Haftprüfungsverfahren muss gemäß Art. 5 Abs. 4 EMRK eine Entscheidung über die Rechtmäßigkeit der Haft herbeigeführt werden. Eine Entscheidung über die Zweckmäßigkeit der Haft ist hingegen nicht erforderlich, da eine im Rahmen und im Sinne des Gesetzes erfolgte behördliche Ermessensausübung gerade nicht zur Rechtswidrigkeit der Freiheitsentziehung führt.[124] Nicht grundsätzlich notwendig ist es deshalb, dass das Gericht sein Ermessen an die Stelle des behördlichen Ermessens setzen kann.[125]

Eine fehlerhafte Ermessensentscheidung kann jedoch auch die Rechtswidrigkeit der Freiheitsentziehung zur Folge haben. So kann beispielsweise ein Verstoß der Ermessensausübung gegen den Grundsatz der Verhältnismäßigkeit dazu führen, dass die Freiheitsentziehung rechtswidrig ist. Eine behördliche Entscheidung muss daher zumindest insoweit auf Ermessensfehler überprüfbar sein, als diese nach nationalem Recht zur Rechtswidrigkeit der Freiheitsentziehung führen können.[126]

---

119. EGMR 05.11.1981 X/United Kingdom, Series A 46, para. 57; EGMR 24.06.1982 Van der Leer/The Netherlands, Series A 50, para. 48; *Harris/O'Boyle/Warbrick*, Convention, p. 153; *Murdoch*, Article 5, p. 46.
120. EGMR 25.10.1990 Thynne, Wilson, Gunnell/United Kingdom, Series A190-A, para. 68; EGMR 15.11.1996 Chahal/United Kingdom, Reports 1996-V, para. 127; so auch das schweizerische Bundesgericht 28.09.1989, EuGRZ 1989, 441 (442); *Pettiti*, Convention, p. 323.
121. *Peukert* in: Frowein/Peukert, EMRK-Kommentar, Art. 5 Rn. 148.
122. *Kopetzki*, Unterbringung, Bd. 1, S. 336f.
123. EGMR 15.11.1996 Chahal/United Kingdom, Reports 1996-V, para. 130.
124. EGMR 18.06.1971 de Wilde, Ooms, Versyp/Belgium, Series A 12, para. 83; EGMR 28.05.1985 Ashingdane/United Kingdom, Series A 93, para. 52; *Villiger*, Handbuch, Rn. 371.
125. *Trechsel*, Menschenrechtskonvention, S. 242.

Abschnitt 2: Deutschland

Die deutsche Rechtsordnung sieht richterliche Kontrolle der Rechtmäßigkeit von Freiheitsentziehungen als verfassungsrechtlich verankertes Recht vor. Gemäß Art. 104 Abs. 2 GG bedarf grundsätzlich jede Freiheitsentziehung der vorherigen Anordnung durch den Richter. Dieser Richtervorbehalt des Grundgesetzes stellt eine Besonderheit des deutschen Rechts dar. Anders als beim traditionellen britischen Habeas Corpus-Verfahren, bei dem die inhaftierte Person das Recht hat, von sich aus eine gerichtliche Entscheidung herbeizuführen, greift der Richter im deutschen Recht damit — zumindest grundsätzlich — bereits vor der Freiheitsentziehung und auf Antrag der staatlichen Behörde und nicht erst auf Verlangen der betroffenen Person hin in das Verfahren der Freiheitsentziehung ein.[127]

I. Entstehungsgeschichte

Das Recht auf richterliche Kontrolle der Rechtmäßigkeit verwaltungsrechtlicher Verwahrungen wurde in der deutschen Verfassungsgeschichte erstmals in der Paulskirchenverfassung von 1849 verankert. Gemäß § 138 Abs. 3 der Paulskirchenverfassung hatte eine Polizeibehörde jeden, den sie in Verwahrung genommen hatte, im Laufe des folgenden Tages entweder freizulassen oder der richterlichen Behörde zu übergeben.[128] Der Richter musste nach dieser Regelung zwar nicht vor einer Freiheitsentziehung, aber doch am nächsten Tag angerufen werden. Durch diese Regelung sollte für freiheitsentziehende Maßnahmen des Staates eine möglichst enge Gesetzesbindung erreicht werden, die man beim Richter am wenigsten gefährdet sah.[129]

Diese in der Paulskirchenverfassung vorgesehene verfahrensrechtliche Sicherung des Rechts auf Freiheit wurde in die Weimarer Verfassung nicht aufgenommen. Art. 114 WRV bestimmte lediglich, dass eine Beeinträchtigung oder Entziehung der persönlichen Freiheit durch die öffentliche Gewalt nur aufgrund von Gesetzen zulässig ist. Damit übernahm Art. 114 der Weimarer Reichsverfassung von seinem großen Vorbild, der Habeas Corpus Akte 1679, nur dessen Forderung nach einer gesetzlichen Ermächtigungsgrundlage für Eingriffe in das Freiheitsrecht.[130] Ein Recht auf Haftprüfung, eine richterliche Anordnung von Freiheitsentziehungen oder eine nachträgliche Vorführung inhaftierter Personen vor den Richter war in der Weimarer Reichsverfassung hingegen nicht verfassungsrechtlich abgesichert.

---

126. EGMR 29.08.1990 E/Norway, Series A 181-A, para. 50; EGMR 15.11.1996 Chahal/United Kingdom, Reports 1996-V, para. 127; *Murdoch*, Article 5, p. 50; *Peukert* in: Frowein/Peukert, EMRK-Kommentar, Art. 5 Rn. 148.
127. *Ollinger*, Richtervorbehalt, S. 25.
128. Vgl. dazu *Kühne*, Paulskirchenverfassung, S. 335.
129. Vgl. *Kühne*, Paulskirchenverfassung, S. 330f.
130. *Anschütz*, Verfassung, Anm. 3; *Nipperdey*, Reichsverfassung, Bd. 1, S. 316f.

Angesichts der im Dritten Reich massenhaft vorgenommenen Schutzhaft rückte nach dem Ende des zweiten Weltkriegs die Bedeutung des Schutzes der Freiheit des Einzelnen wieder mehr in den Vordergrund.[131] In die nach dem Ende des Zweiten Weltkriegs entstandenen Landesverfassungen wurden daher zum Schutz des Rechts auf Freiheit bestimmte Verfahrensgarantien — darunter in einigen Ländern auch ein Richtervorbehalt — aufgenommen.[132] Auch bei der Diskussion über die Formulierung des Rechts auf körperliche Bewegungsfreiheit im Grundgesetz spielten die Erfahrungen des Dritten Reichs eine bedeutende Rolle.[133] Es sollte verfassungsrechtlich gewährleistet werden, dass sich die polizeiliche Schutzhaftpraxis dieser Zeit nicht wiederholen konnte.[134] Dem Machtmissbrauch der Exekutive sollte unter anderem durch eine richterliche Kontrolle staatlicher Freiheitsentziehungen entgegengewirkt werden.[135]

Bereits der Herrenchiemseer-Entwurf beinhaltete den Grundsatz, dass jeder von der öffentlichen Gewalt Festgenommene auf Verlangen dem zuständigen Richter vorzuführen ist. Dies musste nach dem Entwurf spätestens am Tage nach der Festnahme geschehen. Der Richter hatte dem Festgenommenen dann mitzuteilen, von welcher Behörde und aus welchen Gründen die Festnahme verfügt wurde. Er musste ihm darüber hinaus Gelegenheit geben, Einwendungen gegen die Festnahme zu erheben und eine Person seines Vertrauens von der Festnahme zu verständigen. Der Richter hatte sodann entweder die Festhaltung zu bestätigen oder den Festgenommenen unverzüglich in Freiheit zu setzen, Art. 3 des Herrenchiemseer-Entwurfs. Diese Regelung war nicht auf strafrechtliche Freiheitsentziehungen beschränkt. Der Einzelne sollte durch die richterliche Kontrolle auch vor anderen Beschränkungen der persönlichen Freiheit, wie beispielsweise der zwangsweisen Unterbringung psychisch Kranker oder Geschlechtskranker, der Schutzhaft und der Unterbringung gefährdeter Jugendlicher geschützt werden.[136] Wie schon § 138 der Paulskirchenverfassung sah aber auch Art. 3 des Herrenchiemseer-Entwurfs nur eine nachträgliche Intervention des Richters vor.

---

131. Vgl. dazu oben Kapitel 2 Abschnitt 2 Seite 92.

132. Art. 102 Abs. 2 der Bayerischen Verfassung vom 02.12.1946; Art. 23 der Hessischen Verfassung vom 01.12.1946 sah gesonderte Rechte für die aufgrund psychischer oder körperlicher Krankheit Untergebrachten vor. Art. 24 der Verfassung regelte abschließend die Fälle zulässigen Freiheitsentzugs.

133. Abg. Zinn in der 4. Sitzung des Grundsatzausschusses am 23.09.1948 in: Der Parlamentarische Rat 1948-1949 Bd. 5/1, S. 78; *Aschmann*, Richtervorbehalt, S. 40; *Gusy* in: v. Mangoldt/Klein, GG-Kommentar, Art. 104 Rn. 6; *Podlech* in: AK-GG, Art. 104 Rn. 10.

134. Zu der Diskussion vgl. auch *Gusy* in: v. Mangoldt/Klein, GG-Kommentar, Art. 104 Rn. 7; *Hantel*, Freiheitsentziehung, S. 229.

135. Bericht über den Verfassungskonvent auf Herrenchiemsee in: Der Parlamentarische Rat 1948-1949, Bd. 2, S. 579.

136. Bericht über den Verfassungskonvent auf Herrenchiemsee in: Der Parlamentarische Rat 1948-1949 Bd. 2, S. 579.

Die Aufnahme des Grundsatzes der richterlichen Anordnung von Freiheitsentziehungen in das Grundgesetz, wonach der Richter bereits vor einer staatlichen Freiheitsentziehung angerufen werden muss, geht auf einen Antrag eines einzelnen Abgeordneten in der 7. Sitzung des Rechtspflegeausschusses zurück. Der Abgeordnete *Dr. Strauß* hatte beantragt, in das Grundgesetz aufzunehmen, dass über die Zulässigkeit und Fortdauer von Freiheitsentziehungen nur der Richter entscheiden darf. Bei jeder nicht auf richterlicher Anordnung beruhender Freiheitsentziehung sollte unverzüglich eine richterliche Entscheidung einzuholen sein.[137] In der Diskussion über diesen Vorschlag wurde insbesondere die Einbeziehung des Richters auch im Fall von Freiheitsentziehungen im Verwaltungsrecht als zu weitgehend kritisiert, da der Aufwand für die Gewährleistung dieses Rechts unverhältnismäßig sei.[138] Auch sei die Ausdehnung richterlicher Entscheidungskompetenz auf außerstrafrechtliche Freiheitsentziehungen abzulehnen, da gerade Polizeimacht in den Händen des Richters etwas „unorganisches" sei.[139] Dennoch einigte man sich schließlich auf eine Aufnahme des Richtervorbehalts auch für außerstrafrechtliche Freiheitsentziehungen, um den Gefahren zu begegnen, die mit einem zu großen Entscheidungsspielraum der Polizei verbunden sind.[140] Der Richtervorbehalt wurde schließlich in Art. 104 Abs. 2 GG kodifiziert.

II. Zeitpunkt der richterlichen Kontrolle

Mit der Aufnahme des Richtervorbehalts in Art. 104 Abs. 2 S. 1 GG wurde der Grundsatz festgeschrieben, dass Freiheitsentziehungen grundsätzlich durch den Richter anzuordnen sind. Will eine Behörde einer Person die Freiheit entziehen, so hat sie danach zuvor die Entscheidung eines Richters einzuholen. Nur dieser kann die Freiheitsentziehung anordnen.

Eine Ausnahme von dieser Regel sieht Art. 104 Abs. 2 S. 2 GG vor. Danach ist die richterliche Entscheidung, wenn sie nicht vor der Freiheitsentziehung erfolgt, unverzüglich herbeizuführen. Liegt eine richterliche Anordnung zum Zeitpunkt der Freiheitsentziehung nicht vor, so muss gemäß Art. 104 Abs. 2 S. 3 GG spätestens bis zum Ende des Tages nach dem Ergreifen der Person die Freiheitsentziehung durch einen Richter kontrolliert werden. Andernfalls ist die betroffene Person freizulassen. Gemäß Art. 104 Abs. 2 S. 3 GG kann somit niemand länger als bis zu 48 Stunden festgehalten werden, ohne dass eine gerichtliche Prüfung der Freiheitsentziehung erfolgt.[141] Von der Möglichkeit nachträglicher Herbeiführung einer richterlichen Ent-

---

137. Abg. Dr. Strauß in der 7. Sitzung des Rechtspflegeausschusses vom 06.12.1948, JöR n.F. 1, S. 746.
138. Vgl. dazu *Podlech* in: AK-GG, Art. 104 Rn. 18.
139. Abg. Laforet in der 7. Sitzung des Rechtspflegeausschusses vom 06.12.1948, JöR n.F. 1, S. 747.
140. Zur Diskussion des Rechts auf Freiheit vgl. auch *Gusy* in: v. Mangoldt/Klein, GG-Kommentar, Art. 104 Rn. 7; *Hantel*, Freiheitsentziehung, S. 229.
141. Vgl. dazu *Gusy* in: v. Mangoldt/Klein, GG, Art. 104 Rn. 56.

scheidung wird insbesondere in den Fällen Gebrauch gemacht, in denen der mit der Freiheitsentziehung verfolgte Zweck nicht erreichbar wäre, wenn die Behörde zunächst die richterliche Entscheidung einholen würde.[142]

Eine richterliche Entscheidung unterbleibt nach deutschem Recht ausnahmsweise nur dann, wenn anzunehmen ist, dass die Entscheidung des Richters erst nach dem Wegfall der Voraussetzungen der Freiheitsentziehung und damit nach dem Zeitpunkt der Entlassung der betroffenen Person ergehen würde.[143] Die Verlängerung einer staatlichen Freiheitsentziehung durch das Einholen einer richterlichen Entscheidung widerspräche sowohl dem Ziel des Art. 104 Abs. 2 GG als auch dem Schutzzweck des Art. 5 Abs. 4 EMRK, die schnellstmögliche Entlassung einer Person aus einem rechtswidrigen oder rechtswidrig gewordenen staatlichen Gewahrsam zu erreichen. Dennoch muss das nationale Recht gemäß Art. 5 Abs. 4 EMRK auch der von einer auf kurze Dauer angelegten Freiheitsentziehung betroffenen Person die Möglichkeit einräumen, einen Antrag auf Prüfung der Rechtmäßigkeit der Haft zu stellen, wenn die Freiheitsentziehung wider Erwarten länger andauert.[144] Das deutsche Recht trägt dieser Anforderung der EMRK zum einen dadurch Rechnung, dass die zuständige Behörde stets verpflichtet ist, unverzüglich eine richterliche Entscheidung herbeizuführen. So ist nach der Rechtsprechung des Bundesverfassungsgerichts die unverzügliche Nachholung der richterlichen Entscheidung auch dann nicht entbehrlich, wenn der Freiheitsentzug vor Ablauf der Frist des Art. 104 Abs. 2 S. 3 GG endet. Diese Vorschrift setzt dem Festhalten einer Person ohne richterliche Entscheidung mit dem Ende des auf das Ergreifen folgenden Tages eine äußerste Grenze, befreit aber nicht von der Verpflichtung, eine solche Entscheidung unverzüglich herbeizuführen.[145] Zum anderen steht das Recht, eine richterliche Entscheidung herbeizuführen, auch der inhaftierten Person zu, falls die Behörde dieser verfassungsrechtlichen Pflicht nicht nachkommt.[146]

142. BVerfGE 22, 311 (317); BVerfG 15.03.2002 2 BvR/00.
143. BVerwGE 45, 63 (64); BVerfG 15.03.2002 2 BvR/00.
144. Vgl. dazu oben Kapitel 10 Abschnitt 1 Seite 392.
145. BVerfGE 83, 24 (33); BVerfG 15.03.2002 2 BvR/00; *Dürig*, in Maunz/Dürig, GG Art. 104 Rn. 41; *Gusy* in: v.Mangoldt/Klein, GG, Art. 104 Rn. 58.
146. Vgl. dazu unten Kapitel 10 Abschnitt 2 Seite 420 und Seite 424.

III. Richter im Sinne des Art. 104 Abs. 2 GG

Ziel des Richtervorbehalts des Art. 104 Abs. 2 GG ist es, staatliche Freiheitsentziehungen einer Kontrolle durch eine unabhängige und neutrale Instanz zu unterwerfen.[147] Das Grundgesetz geht davon aus, dass Richter aufgrund ihrer persönlichen und sachlichen Unabhängigkeit und ihrer strikten Unterwerfung unter das Gesetz die Rechte der Betroffenen im Einzelfall am besten und sichersten wahren können.[148]

A. Unabhängigkeit

Die Unabhängigkeit der Richter ist verfassungsrechtlich durch Art. 97 GG gewährleistet. Danach sind die Richter unabhängig und nur dem Gesetz unterworfen. Sie sind sowohl von der Legislative als auch von der Exekutive und sogar der Judikative selbst unabhängig.[149] Für hauptamtliche und planmäßig angestellte Richter sichert Art. 97 Abs. 2 GG zudem die persönliche Unabhängigkeit, indem gewährleistet wird, dass Richter vor Ablauf ihrer Amtszeit nur unter strengen Voraussetzungen ihres Amtes enthoben werden können. Der Richter, der gemäß Art. 104 Abs. 2 GG über die Freiheitsentziehung zu entscheiden hat, ist stets ein gesetzlicher Richter im Sinne von Art. 101 Abs. 1 S. 2 GG. Auch seine persönliche Unabhängigkeit ist somit verfassungsrechtlich gewährleistet.[150]

B. Unparteilichkeit

Das in Art. 20 Abs. 3 GG verfassungsrechtlich verankerte Rechtsstaatsprinzip gebietet, dass der Richter auch von den Parteien unabhängig sein muss.[151] Einfachgesetzlich geregelt ist das Erfordernis der Unparteilichkeit des Haftrichters in § 6 FGG, wonach ein Richter in Sachen, in denen er selbst, sein Ehegatte, sein Lebenspartner oder ein engerer Verwandter beteiligt ist bzw. in Sachen, in denen er als Vertreter eines Beteiligten bestellt ist oder gesetzlicher Vertreter eines solchen ist, von der Ausübung des Richteramts kraft Gesetzes ausgeschlossen ist. Der Richter im Sinne des Art. 104 Abs. 2 GG genügt damit den Anforderungen, die Art. 5 Abs. 4 EMRK an die Unabhängigkeit und Unparteilichkeit des für die Haftprüfung zuständigen Richters stellt.

---

147. BVerfGE 57, 346 (355 f.); 76, 83 (91); nach herrschender Auffassung in der deutschen rechtswissenschaftlichen Literatur handelt es sich beim Richtervorbehalt zwar der Sache nach eher um eine Verwaltungstätigkeit, die Entscheidung des Richters bleibe jedoch ein Richterakt in einer nicht-streitigen Angelegenheit und habe insofern ausschlaggebend den Charakter präventiven Rechtsschutzes, vgl. Schieder, KritV 83 (2000), 218, 227 mwN.

148. BVerfGE 77, 1 (51); 103, 142 (151); BVerfG 22.01.2002 NJW 2002, 1333; a. A. *Storz*, DÖV 1954, 330 (331).

149. *Schulze-Fielitz* in: Dreier, GG-Kommentar, Art. 97 Rn. 21ff.

150. *Gusy*, NJW 1992, 457 (461); *Schulze-Fielitz* in: Dreier, GG-Kommentar, Art. 104 Rn. 35.

151. *Schulze-Fielitz* in: Dreier, GG-Kommentar, Art. 20 (Rechtsstaat) Rn. 195.

C. Entscheidungskompetenz

Der für die Haftprüfung zuständige Richter hat gemäß Art. 104 Abs. 2 GG über die Zulässigkeit und Fortdauer der Freiheitsentziehung zu entscheiden. Ordnet er die Freiheitsentziehung oder ihre Fortdauer nicht an oder hebt er sie auf, so ist die betroffene Person unverzüglich zu entlassen. Der Richter ist damit im Sinne des Art. 5 Abs. 4 EMRK kompetent, die Freilassung einer inhaftierten Person verbindlich anzuordnen.

D. Zuständigkeit

Art. 104 Abs. 2 GG überträgt die Aufgabe der Entscheidung über die Zulässigkeit und Fortdauer einer Freiheitsentziehung ganz allgemein dem „Richter". Richter in diesem Sinne können sowohl die an einem ordentlichen als auch die an einem Verwaltungsgericht tätigen Richter sein.[152] Welcher Richter im Einzelfall für die Entscheidung über die Rechtmäßigkeit der Freiheitsentziehung zuständig ist, richtet sich nach einfachem Gesetzesrecht. Durch die einfachen Gesetze wurden diese Aufgabe vorwiegend den Amtsgerichten übertragen. So kann gemäß § 3 FreihEntzG nur das Amtsgericht die Freiheitsentziehung anordnen. Auch die Landespolizeigesetze erklären das Amtsgericht für die Entscheidung über eine polizeiliche Freiheitsentziehung zuständig.[153] Für die Entscheidung über die Zulässigkeit und Fortdauer zwangsweiser Unterbringungsmaßnahmen ist gemäß § 70 Abs. 2 FGG das Vormundschaftsgericht, und damit gemäß § 35 FGG ebenfalls das Amtsgericht, sachlich zuständig.

Allein über die Anordnung der Ersatzzwangshaft entscheidet nach den Verwaltungsvollstreckungsgesetzen der Bundesländer und dem Bundesverwaltungsvollstreckungsgesetz das Verwaltungsgericht.[154]

152. *Dürig* in: Maunz/Dürig, GG-Kommentar, Art. 104 Rn. 30.

153. § 28 Abs. 4 S. 1 PolG BW; Art. 18 Abs. 3 BayPAG; § 31 Abs. 3 ASOG Bln; § 18 Abs. 2 Bbg PolG; § 16 Abs. 3 BremPolG; § 13a Abs. 2 HmbSOG; § 33 Abs. 2 HSOG; § 19 Abs. 2 NGefAG; § 36 Abs. 2 PolG NW; § 15 Abs. 2 POG R-P; § 14 Abs. 2 SPolG; § 22 Abs. 8 SächsPolG; § 38 Abs. 2 SOG LSA; § 20 Abs. 2 ThürPAG.

154. § 16 Abs. 1 S. 1 VwVG-Bund; § 24 Abs. 1 LVwVG BW und § 24 LVwVG BW iVm. § 49 Abs. 1 PolG BW; Art. 57 Abs. 1 BayPAG und § 33 VwZVG Bayern; § 5 Abs. 2 S. 1 BlVwVfG iVm. § 16 Abs. 1 S. 1 VwVG-Bund; § 57 Abs. 1 S. 1 BbgPolgG und § 21 Abs. 1 VwVG Bbg; § 20 VwVG Bremen; § 51 Abs. 1 S. 1 HSOG; § 91Abs. 1 S. 1 SOG M-V; § 70 NdsVwVG iVm. § 68 Abs. 1 S. 1 NGefAG; § 61 Abs. 1 S. 1 VwVG NW und § 54 Abs. 1 S. 1 PolG NW; § 54 Abs. 1 S. 1 POG R-P und § 67 LVwVG R-P; § 48 Abs. 1 S. 1 SPolG; § 23 Abs. 1 SächsVwVG; § 57 Abs. 1 S. 1 SOG LSA; § 49 Abs. 1 ThürVwZVG und § 55 Abs. 1 S. 1 ThürPAG; vgl. dazu unten Kapitel 10 Abschnitt 2 Seite 424.

IV. Verfahren

Wie Art. 5 Abs. 4 EMRK enthält Art. 104 Abs. 2 GG keine konkreten Regelungen für das Verfahren der richterlichen Entscheidung über eine Freiheitsentziehung. Aus der Zuständigkeit des Richters ergibt sich jedoch, dass die Freiheitsentziehung nur aufgrund eines *gerichtlichen* Verfahrens angeordnet werden darf. Ein *gerichtliches* Verfahren in diesem Sinne setzt voraus, dass der Richter nur nach sorgfältigem, mit wesentlichen verfahrensrechtlichen Garantien ausgestattetem Erkenntnisweg seine Entscheidungen trifft.[155] Der Richter hat dazu selbst die Voraussetzungen der Freiheitsentziehung zu prüfen und der betroffenen Person die Möglichkeit zu geben, auf das Verfahren Einfluss auszuüben.[156] Es besteht daher die Pflicht des zuständigen Richters zu hinreichender Sachaufklärung, sowie gegebenenfalls das Recht der betroffenen Person auf einen Verfahrensbeistand oder auf einen Dolmetscher.[157] Vor allem aber ist die betroffene Person durch den Richter vor der Entscheidung anzuhören.[158] Nicht ausreichend ist es dagegen, wie das Bundesverfassungsgericht feststellen musste, statt der betroffenen Person lediglich den festnehmenden Polizeibeamten anzuhören.[159]

Auch in besonders eilbedürftigen Fällen darf der Richter von diesen wesentlichen Verfahrensrechten nicht absehen. Die Eilbedürftigkeit einer richterlichen Entscheidung kann eine Vereinfachung und Verkürzung des gerichtlichen Verfahrens rechtfertigen, darf aber dadurch die für die unabhängige — aufgrund der Justizförmigkeit des Verfahrens besonders verlässliche — Entscheidungsfindung nicht gefährden.[160]

A. Verfahren nach dem FGG

Einfachgesetzlich ergeben sich Verfahrensregeln für die richterliche Prüfung der Rechtmäßigkeit von Freiheitsentziehungen im Sinne des Art. 104 Abs. 2 GG vor allem aus dem Gesetz über die freiwillige Gerichtsbarkeit (FGG), das insoweit als Ausführungsgesetz zu Art. 104 Abs. 2 GG zu verstehen ist.[161] Die §§ 70- 70n FGG regeln das Verfahren für die zivilrechtliche Unterbringung von Minderjährigen und Volljährigen, für die öffentlich-rechtliche Unterbringung psychisch Kranker und sonstige freiheitsentziehende oder unterbringungsähnliche Maßnahmen.[162] Kraft Verweis gel-

155. *Dürig* in: Maunz/Dürig, GG-Kommentar, Art. 104 Rn. 31.
156. BVerfGE 64, 135 (145); 65, 171 (174f.); 66, 313 (318); *Schulze-Fielitz* in: Dreier, GG-Kommentar, Art. 20 (Rechtsstaat) Rn. 203.
157. BVerfGE 63, 380 (391) zum Recht auf einen Verteidiger; BVerfGE 70, 297 (322f.); zum verfassungsrechtlichen Recht auf Anhörung vgl. umfassend *Gusy* in: v. Mangoldt/Klein, GG, Art. 104 Rn. 51.
158. BVerfGE 58, 208 (221); 65, 317 (323); 70, 297 (322f.); *Gusy* in: v. Mangoldt/Klein, GG, Art. 104 Rn. 50; *Schieder*, KritV 83 (2000), 218 (235); *Schulze-Fielitz* in: Dreier, GG-Kommentar, Art. 104 Rn. 36f.
159. BVerfGE 83, 24 (34f); vgl. dazu *Gusy*, NJW 1992, 457 (463).
160. BVerfGE 83, 24 (33); BVerfG 20.02.2001 2 BvR 1444/00.
161. Gemäß Art. 104 Abs. 2 S. 4 GG ist das Nähere gesetzlich zu regeln.

ten die allgemeinen Verfahrensregelungen des FGG zudem auch für eine Reihe anderer freiheitsentziehender Maßnahmen. So erklärt beispielsweise § 3 FreihEntzG die allgemeinen Verfahrensregeln des FGG auch für Freiheitsentziehungen, die auf Grund Bundesrechts angeordnet werden, für anwendbar.[163]

1. Zugang

Der Zugang des Einzelnen zum Haftprüfungsverfahren nach dem FGG wird in erster Linie dadurch gewährleistet, dass — entsprechend den verfassungsrechtlichen Vorgaben — die Freiheitsentziehung grundsätzlich nur durch den Richter und nur nach entsprechender Prüfung angeordnet werden kann. Das Verfahren der richterlichen Anordnung der Freiheitsentziehung nach dem FGG ist ein Antragsverfahren. Das Gericht kann nur auf Antrag einer Behörde und nicht von sich aus eine entsprechende Freiheitsentziehung anordnen.[164] Der Antrag auf richterliche Anordnung einer Freiheitsentziehung oder ihre Fortdauer ist von der Behörde zu stellen, die die Freiheitsentziehung vornehmen will. Für die betroffene Person erfolgt eine erste richterliche Prüfung der Freiheitsentziehung somit, ohne dass sie selbst einen Antrag auf Haftprüfung stellen muss.

Im richterlichen Entscheidungsverfahren ist gemäß § 70a FGG jede betroffene Person ohne Rücksicht auf ihre Geschäftsfähigkeit verfahrensfähig, wenn sie das vierzehnte Lebensjahr vollendet hat. Ungeachtet einer möglichen psychischen Störung hat die betroffene Person damit im Verfahren alle Befugnisse eines Geschäftsfähigen. Sie kann insbesondere alle Angriffs- und Verteidigungsmittel vorbringen, Prozesskostenhilfe beantragen, Rechtsmittel selbst einlegen und einen Rechtsanwalt mit ihrer Vertretung beauftragen.[165] Auch die Bekanntmachung von Entscheidungen an die betroffene Person kann nicht durch eine Bekanntmachung an einen gesetzlichen Vertreter oder Betreuer ersetzt werden.[166] Mit dem Recht eigene Beweisanträge zu stellen, steht der betroffenen Person zudem die Möglichkeit offen, selbst ärztliche Gutachten beizubringen.

Ist die betroffene Person der deutschen Sprache nicht mächtig, ist gemäß § 185 Abs. 1 GVG ein Dolmetscher hinzuzuziehen, damit die betroffene Person ihre Verfahrensrechte wirksam ausüben kann. Die Zuziehung darf gemäß § 9 FGG nur unterbleiben, wenn der Richter selbst der Sprache, in der sich die beteiligten Personen erklären, mächtig ist. Den von einem Verfahren nach dem FGG betroffenen Personen wird damit der effektive Zugang zum richterlichen Verfahren und die Möglichkeit der Vertretung ihrer Interessen gewährt.

---

162. Vgl. dazu auch oben Kapitel 5 Abschnitt 2 Seite 257.
163. § 3 S. 2 FreihEntzG.
164. BayObLG 21.10.1968, BayObLGZ 1968, 257 (260); *Kayser* in: Keidel/Kuntze/Winkler, FGG, Vorb. zu §§ 70-70n Rn. 8.
165. *Bumiller/Winkler*, FGG, § 70a Rn. 1; *Kayser* in: Keidel/Kuntze/Winkler, FGG, § 70a Rn. 4.
166. *Kayser* in: Keidel/Kuntze/Winkler, FGG, § 70a Rn. 4.

2. Rechtsbeistand

Um eine bessere Vertretung der Interessen der betroffenen Person vor Gericht sicherzustellen, haben die Beteiligten gemäß § 13 FGG das Recht, vor Gericht mit einem Beistand zu erscheinen. Die betroffene Person hat nach dem FGG aber nicht automatisch einen Anspruch auf einen Anwalt.[167] Ein Rechtsanwalt wird der betroffenen Person gemäß § 14 FGG, § 114, § 121 Abs. 2 ZPO nur dann zugeordnet, wenn sie Prozesskostenhilfe in Anspruch nimmt.[168]

Soweit dies zur Wahrnehmung der Interessen der betroffenen Person erforderlich ist, ist ihr gemäß § 70 FGG ein Pfleger für das Verfahren zu bestellen. Durch diese Regelung wird gewährleistet, dass die Person, die aufgrund einer psychischen Erkrankung untergebracht werden soll, trotz ihrer Erkrankung effektiv ihre Rechte wahrnehmen kann. Aufgabe des Verfahrenspflegers ist es, die Nachteile auszugleichen, die die betroffene Person aufgrund ihrer psychischen Störung oder Behinderung hat. Bei der zwangsweisen Unterbringung von Personen aufgrund einer psychischen Erkrankung wird die Bestellung eines Verfahrenspflegers regelmäßig erforderlich sein, da es sich um vermeintlich psychisch gestörte Menschen handelt, die die Behörde einweisen will oder bereits eingewiesen hat. Zugunsten der betroffenen Person ist damit davon auszugehen, dass sie nicht in der Lage ist, ihre Interessen selbst wahrzunehmen.[169] Bei dem gemäß § 70b FGG hinzuzuziehenden Verfahrenspfleger handelt es sich jedoch nicht notwendigerweise um einen Juristen.[170] Da dem Verfahrenspfleger aber die gleichen Verfahrensrechte zustehen wie der betroffenen Person selbst, kann auch er einen Rechtsanwalt als Prozessbevollmächtigten bestellen.[171]

3. Anhörung

Gemäß § 70 c FGG hat das Gericht den Betroffenen vor einer Unterbringungsmaßnahme *persönlich* anzuhören und sich einen unmittelbaren Eindruck von ihm zu verschaffen. Soweit erforderlich, verschafft sich das Gericht diesen Eindruck in der üblichen Umgebung des Betroffenen. Unterbleibt die Anhörung, stellt dies einen Verfahrensfehler dar, der in aller Regel zur Aufhebung der Beschwerdeentscheidung durch das Rechtsmittelgericht führt.[172]

---

167. *Bumiller/Winkler*, FGG, § 70b Rn. 2; *Kayser* in: Keidel/Kuntze/Winkler, FGG, § 70b Rn. 11; ein Anwalt ist der betroffenen Person jedoch zuzuordnen, wenn sie gemäß §§ 14 FGG, 114, 121 Abs. 2 ZPO Prozesskostenhilfe in Anspruch nimmt.
168. Dazu LG Hannover 24.03.1992 FamRZ 1993, 216.
169. OLG Schleswig 29.12.1993 FamRZ 1994, 781 (782); so auch *Kayser* in: Keidel/Kuntze/Winkler, FGG, § 70b Rn. 2.
170. *Koch*, NJW 1970, 1953 (1953); *Volckart* in: Marschner/Volckart, Freiheitsentziehung, S. 281.
171. *Volckart* in: Marschner/Volckart, Freiheitsentziehung, S. 279.
172. BayObLG 11.09.1981, FamRZ 1982, 199.

Von der Anhörung kann aber gemäß § 70c S. 5 FGG iVm. § 68 Abs. 2 FGG unter bestimmten Umständen abgesehen werden. Die persönliche Anhörung des Betroffenen kann danach unterbleiben, wenn der Betroffene nach dem unmittelbaren Eindruck des Gerichts offensichtlich nicht in der Lage ist, seinen Willen kundzutun. Eine Anhörung würde in diesen Fällen nicht zu einer Verbesserung der Rechtsschutzmöglichkeiten der betroffenen Person führen. Eine Anhörung kann jedoch auch unterbleiben, wenn nach ärztlichem Gutachten von der richterlichen Anhörung erhebliche Nachteile für die Gesundheit des Betroffenen zu befürchten sind. Die betroffene psychisch kranke Person soll auf diese Weise vor Gesundheitsschäden durch eine Anhörung bewahrt werden. Da sich aber auch die Unterbringungsentscheidung und deren Vollstreckung auf die Situation der betroffenen Person negativ auswirkt, ist diese Möglichkeit des Absehens von einer Anhörung eng auszulegen.[173]

4. Akteneinsicht

Ein Recht auf Akteneinsicht, wie es Art. 5 Abs. 4 EMRK fordert, steht der betroffenen Person gemäß § 34 FGG zu, wenn sie ein berechtigtes Interesse daran glaubhaft machen kann, d.h. wenn sie ein nach vernünftiger Erwägung durch die Sachlage gerechtfertigtes Interesse hat. Eine von einem Unterbringungsverfahren betroffene Person wird ein solches berechtigtes Interesse stets glaubhaft machen können.[174] Das Ermessen, das dem Gericht für die Gewährung der Akteneinsicht gemäß § 34 FGG zugestanden wird, ist zudem dadurch eingeschränkt, dass sich aus Art. 103 Abs. 1 GG ein Recht der von einer Freiheitsentziehung betroffenen Person auf rechtliches Gehör ergibt.[175] Der von einem behördlichen Unterbringungsantrag betroffenen Person ist folglich stets Gelegenheit zu geben, sich vor Einlegung eines Rechtsmittels oder zur Begründung eines bereits eingelegten Rechtsmittels über den gesamten Inhalt der Gerichtsakten zu unterrichten.[176]

5. Besonderheiten der einstweiligen Anordnung

Weniger strengen Verfahrensvorschriften unterliegt die Unterbringung durch einstweilige Anordnung des Gerichts. Gemäß § 70h FGG kann durch eine einstweilige Anordnung in Fällen besonderer Dringlichkeit eine vorläufige Unterbringungsmaßnahme angeordnet werden.[177] Auch im Verfahren der einstweiligen Anordnung ist das

173. OLG Karlsruhe, FamRZ 1999, 670, wonach der Verzicht auf die Anhörung drohende schwerwiegende, insbesondere irreversible oder lebensgefährliche Schäden voraussetze. Vorübergehende Beeinträchtigungen oder Nachteile, denen medikamentös entgegengewirkt werden könne, reichten hingegen für einen Verzicht auf die Anhörung nicht aus; dazu auch *Volckart* in: Marschner/Volckart, Freiheitsentziehung, S. 288, der vom unzulässigen „Schutz des Richters" vor einer zeitraubenden und vielleicht peinlichen und emotional belastenden Begegnung spricht.

174. *Kahl*, in: Keidel/Kuntze/Winkler, FGG, § 34 Rn. 13.

175. *Schulze-Fielitz* in: Dreier, GG-Kommentar, Art. 103 Rn. 40.

176. *Kahl* in: Keidel/Kuntze/Winkler, FGG, § 34 Rn. 16a.

177. Vgl. dazu oben Kapitel 5 Abschnitt 2 Seite 259.

Gericht jedoch nicht vom Erfordernis einer zureichenden richterlichen Sachaufklärung entbunden.[178] So sind auch in diesem Verfahren die betroffene Person und ihr Verfahrenspfleger grundsätzlich vor der Anordnung der vorläufigen Unterbringung anzuhören, um zu gewährleisten, dass das Gericht eine ausreichende Grundlage für seine Entscheidung hat.[179] Nur sofern „Gefahr im Verzug" vorliegt, kann die vorläufige Unterbringung gemäß § 70h Abs. 1 S. 2 iVm. § 69f Abs. 1 FGG vor der persönlichen Anhörung der betroffenen Person erfolgen, die Anhörung ist jedoch unverzüglich nachzuholen.[180] Sofern dies im Sinne des § 70b FGG erforderlich ist, ist der betroffenen Person auch im Verfahren der einstweiligen Anordnung ein Verfahrenspfleger zu bestellen. Nur bei Gefahr im Verzug kann eine Anordnung der Unterbringung vor der Bestellung des Verfahrenspflegers erfolgen, § 70h Abs. 1 S. 2 iVm. § 69f FGG.[181]

6. Regelmäßige richterliche Kontrolle

Eine regelmäßige Kontrolle der zwangsweisen Unterbringung nach den Landesunterbringungsgesetzen, wie sie vom EGMR gefordert wird, wird im Verfahren nach dem FGG unter anderem dadurch gewährleistet, dass gemäß § 70f Abs. 1 Nr. 3 FGG die Unterbringung für höchstens ein Jahr, bei offensichtlich langer Unterbringungsbedürftigkeit für höchstens zwei Jahre angeordnet werden kann. Die vorläufige Unterbringung darf gemäß § 70h Abs. 2 S. 1 FGG nur bis zu sechs Wochen dauern. Durch § 70f Abs. 1 Nr. 3 FGG und § 70h Abs. 2 S. 1 FGG werden jedoch lediglich Höchstfristen für Freiheitsentziehungen nach diesem Gesetz bestimmt. Die Dauer, für die eine zwangsweise Unterbringung angeordnet werden darf, ist auf Grund einer Prüfung im Einzelfall zu bestimmen, wobei die Ausnutzung der gesetzlichen Höchstfrist die Ausnahme zu bleiben hat.

Mit dem Ablauf der Frist endet die Unterbringungsmaßnahme, ohne dass es einer Aufhebung der Entscheidung bedarf, sofern die Unterbringung nicht vor Ablauf der Frist durch ein Gericht verlängert wird. Das Amtsgericht entscheidet somit in der Regel spätestens nach einem Jahr erneut über die Rechtmäßigkeit der Unterbringung.

Sobald während der richterlich angeordneten Dauer die Voraussetzungen der Unterbringung entfallen, ist die Unterbringung gemäß § 70i FGG zudem durch den Richter von Amts wegen unverzüglich aufzuheben. Die Aufhebung der Unterbringungsentscheidung kann auch die betroffene Person selbst jederzeit beantragen.[182] Mit der Regelung des § 70i FGG und der Anerkennung der vollen Verfahrensfähigkeit in § 70a FGG wurden landesrechtliche Regelungen derogiert, die es ermöglichten,

178. BVerfG 23.03.1998, NJW 1998, 1774 (1775).
179. BayObIG 15.09.1999, BayObLGZ 1999, 269 (270).
180. *Kayser*, in: Keidel/Kuntze/Winkler, FGG, § 69f Rn. 13; eine Gefahr ist in diesem Sinne im „Verzug", wenn die Einhaltung der vorgeschriebenen Verfahrensregeln zu einer Vereitelung des Erfolgs der Maßnahme führen würde.
181. *Kayser* in: Keidel/Kuntze/Winkler, FGG, § 69f Rn. 13
182. *Bassenge/Herbst/Roth*, FGG, § 70i Rn. 3.

dass einem Entlassungsantrag eines Betroffenen nicht immer nachgegangen werden musste.[183] So regelten das baden-württembergische, das bremische und das nordrhein-westfälische Landesunterbringungsgesetz, dass, falls der Untergebrachte seine Entlassung beantragte, von einem Bescheid abgesehen werden konnte, wenn aus der Form und dem Inhalt des Antrags ersichtlich war, dass eine Verständigung mit ihm nicht möglich ist.[184] Nach einer mittlerweile ebenfalls aufgehobenen Bestimmung des bayerischen Verwahrungsgesetzes musste das Gericht einen Antrag auf Entlassung, den der Untergebrachte selbst stellte, nur dann prüfen, wenn der Untergebrachte nicht entmündigt war. In Hessen musste der Antrag einer untergebrachten Person zwar beschieden werden, angehört wurde aber nur ein Facharzt, wobei auch dessen Anhörung unterbleiben konnte, sofern der Antrag offensichtlich unbegründet war.[185]

Nach der Regelung des FGG hat das Gericht nun auch auf den Antrag einer aufgrund einer psychischen Störung zwangsweise untergebrachten Person hin im Rahmen der Amtsermittlung gemäß § 12 FGG festzustellen, ob die Voraussetzungen der Unterbringung noch vorliegen. Gegebenenfalls hat der Richter daraufhin die Unterbringungsmaßnahme aufzuheben und die Freilassung der Person anzuordnen. Bei eindeutiger Sachlage ist das Gericht sogar verpflichtet, die Unterbringung sofort aufzuheben, ohne ein Gutachten einzuholen oder andere Verfahrenshandlungen, die zu einer Verzögerung führen können vornehmen zu müssen. Nach den Regelungen des FGG besteht somit ein ständiger Zugang zu einer gerichtlichen Entscheidung. Zudem erfolgt eine regelmäßige antragsunabhängige Überprüfung der Rechtmäßigkeit der Unterbringung durch das zuständige Gericht in Zeitabständen von in der Regel weniger als einem Jahr. Den Anforderungen des Art. 5 Abs. 4 EMRK an eine wiederholte Kontrolle der Rechtmäßigkeit der Freiheitsentziehung wird damit entsprochen.

7. Rechtsmittel

a) Beschwerde gegen die richterliche Anordnung

Gegen die gerichtliche Anordnung der Unterbringung und die Ablehnung eines Antrags auf Beendigung der Unterbringung stehen der zwangsweise untergebrachten Person Rechtsmittel zur Verfügung, die ebenfalls zur Aufhebung der Anordnung und somit zur Freilassung führen können. Zulässiges Rechtsmittel gegen die Anordnung und die einstweilige Anordnung einer öffentlich-rechtlichen Unterbringung ist gemäß § 70m Abs. 1 iVm. § 70 Abs. 1 Nr. 3 FGG die sofortige Beschwerde. Gemäß § 20

183. Kritisch zu diesen Regelungen bereits *Stöcker*, EuGRZ 1978, 398 (403) in einer Anmerkung zum Urteil Winterwerp, der feststellt, dass sich ein dem Fall 'Winterwerp' vergleichbarer Fall auch in deutschen Anstalten abspielen könnte.

184. In Nordrhein-Westfalen wurde diese Bestimmung erst mit dem Gesetz über Hilfen und Schutzmaßnahmen bei psychischen Krankheiten des Landes Nordrhein-Westfalen (PsychKG) vom 17. Dezember 1999 (GVBl. S. 662) aufgehoben.

185. § 23 Abs. 1 S. 2 hessisches Gesetz über die Entziehung der Freiheit geisteskranker, geistesschwacher, alkohol- und rauschgiftsüchtiger Personen, aufgehoben durch Gesetz vom 5. Februar 1992, (GVBl. I, S. 66).

FGG ist die betroffene Person zunächst selbst beschwerdeberechtigt. Aufgrund des Verweises in § 70m Abs. 2 FGG auf § 70d FGG können aber auch der Ehegatte, die Eltern oder die Kinder, wenn der Betroffene bei ihnen lebt, der Betreuer, der Leiter der Einrichtung, in der der Betroffene lebt, und der Verfahrenspfleger sofortige Beschwerde einlegen.

Die Beschwerdeinstanz prüft die Rechtmäßigkeit der angegriffenen richterlichen Entscheidung, wobei die Beschwerde auch auf neue Tatsachen und Beweise gestützt werden kann, § 23 FGG. Mit der sofortigen Beschwerde steht der betroffenen Person daher eine weitere Möglichkeit vollständiger gerichtlicher Prüfung der Rechtmäßigkeit der Freiheitsentziehung zur Verfügung. Auch die Verfahrensrechte der ersten richterlichen Entscheidung sind im Beschwerdeverfahren zu gewährleisten.[186] In entsprechender Anwendung des § 70c FGG ist die untergebrachte Person grundsätzlich erneut vom Gericht anzuhören. Eine erneute Anhörung kann, wie auch die anderen Verfahrensschritte, nur dann unterbleiben, wenn sie bereits im ersten Rechtszug vorgenommen wurde und von einer erneuten Vornahme keine zusätzlichen Erkenntnisse zu erwarten sind. Aufgrund der Schwere des Eingriffs kann die Anhörung jedoch nur in besonderen Ausnahmefällen unterbleiben.[187]

Auch die Beschwerdeentscheidung kann mit einem Rechtsmittel — der weiteren Beschwerde — angegriffen werden. Anders als die sofortige Beschwerde, die eine erneute gerichtliche Prüfung der Tatsachen ermöglicht, ist die Prüfung der weiteren Beschwerde gemäß § 27 FGG auf Rechtsfehler beschränkt.[188] Die weitere Beschwerde führt daher nicht zu einer nochmaligen vollständigen Überprüfung der Rechtmäßigkeit der Unterbringung im Sinne des Art. 5 Abs. 4 EMRK.

b) Rechtsschutz bei Verstoß gegen den Richtervorbehalt

Da der Richtervorbehalt sowohl nach dem FGG als auch nach dem FreihEntzG als Antragsverfahren ausgestaltet ist, prüft der Richter die Rechtmäßigkeit einer staatlichen Freiheitsentziehung grundsätzlich nur, wenn die handelnde Behörde einen entsprechenden Antrag stellt. Stellt die Behörde einen solchen Antrag entgegen den Vorschriften des einfachen Rechts und unter Verstoß gegen Art. 104 Abs. 2 GG nicht, verhindert sie dadurch, dass es zu einer richterlichen Entscheidung über die Freiheitsentziehung kommt. Die Behörde nimmt damit der durch die Freiheitsentziehung betroffenen Person auch die ihr gegen die richterliche Anordnung zustehenden Rechts-

186. Gemäß § 70m Abs. 3 FGG iVm. § 69g Abs. 5 FGG sind die Vorschriften des ersten Rechtszuges auf das Beschwerdeverfahren entsprechend anzuwenden.
187. *Kayser* in: Keidel/Kuntze/Winkler, FGG, § 70m Rn. 17; *Zimmermann*, FamRZ 1990, 1308 (1317).
188. Das für die weitere Beschwerde zuständige OLG kann die jeweilige Beurteilung des Tatrichters daher nur dahingehend überprüfen, ob der Tatrichter die betreffenden unbestimmten Rechtsbegriffe verkannt hat, von ungenügenden oder verfahrenswidrig zustande gekommenen Feststellungen ausgegangen ist, wesentliche Umstände außer Betracht gelassen, der Bewertung maßgeblicher Umstände unrichtige Maßstäbe zugrunde gelegt, gegen die Denkgesetze verstoßen oder Erfahrungssätze nicht beachtet hat, BayObLG 28.07.1999 NJW 2000, 881 (882).

schutzmöglichkeiten. Wenn es die Exekutive entgegen ihrer Verpflichtung aus Art. 104 Abs. 2 GG unterlässt, eine richterliche Entscheidung von sich aus herbeizuführen, steht der betroffenen Person jedoch schon wegen der in Art. 19 Abs. 4 GG verankerten Rechtsweggarantie das Recht zu, die Entscheidung des zuständigen Amtsrichters durch einen entsprechenden Antrag selbst herbeizuführen.[189] Damit besteht auch im Fall dieser rechts- und verfassungswidrigen Verhaltens der Verwaltung die Möglichkeit, eine richterliche Kontrolle der Rechtmäßigkeit der Haft im Sinne des Art. 5 Abs. 4 EMRK zu beantragen.

B. Verfahren nach dem FreihEntzG

Das gerichtliche Verfahren für Freiheitsentziehungen, die auf Grund von Bundesrecht angeordnet werden, regelt das Freiheitsentziehungsgesetz, § 1 FreihEntzG. Anwendung findet das FreihEntzG damit in erster Linie auf Freiheitsentziehungen nach dem Ausländergesetz und die Unterbringung nach dem Infektionsschutzgesetz.

Der Anwendungsbereich des FreihEntzG ist auf Freiheitsentziehungen im Sinne des § 2 FreihEntzG beschränkt. Danach stellt nur die Unterbringung einer Person in einem Haftraum, einer abgeschlossenen Verwahranstalt, einer abgeschlossenen Anstalt der Fürsorge, einer abgeschlossenen Krankenanstalt oder einem abgeschlossenen Teil einer Krankenanstalt eine Freiheitsentziehung in diesem Sinne dar. Für die Anwendbarkeit des FreihEntzG auf Freiheitsentziehungen des Ausländerrechts ergeben sich aus dieser Definition bestimmte Einschränkungen. So stellt nach höchstrichterlicher deutscher Rechtsprechung weder die Abschiebung eines Ausländers, noch der Aufenthalt von Ausländern im Transitbereich eines Flughafens im sogenannten Flughafenverfahren eine Freiheitsentziehung im Sinne des § 2 FreihEntzG dar.[190] Aus diesem Grund wird weder von der zuständigen Behörde eine richterliche Entscheidung herbeigeführt, noch stehen den Betroffenen die Rechtsschutzmöglichkeiten des FreihEntzG zur Verfügung. Wie bereits festgestellt, stellen aber sowohl die Abschiebung, als auch der zwangsweise Aufenthalt in den Transiträumlichkeiten Freiheitsentziehungen im Sinne des Art. 5 Abs. 1 EMRK dar. Dass der durch die Abschiebung oder das Flughafenverfahren betroffenen Person die Möglichkeit der Haftprüfung verwehrt bleibt, verstößt damit gegen das Recht auf richterliche Prüfung der Rechtmäßigkeit der Freiheitsentziehung aus Art. 5 Abs. 4 EMRK.[191]

Das FreihEntzG ist jedoch insofern von besonderer Bedeutung, als seine Regelungen kraft Verweis in den Landespolizeigesetzen auch für den polizeilichen Gewahrsams gelten.[192] Das FreihEntzG selbst wiederum verweist für wesentliche Verfahrensvorschriften auf die Regelungen des FGG. So gelten für das gerichtliche Verfahren

189. BVerwG 08.01.1989 NJW 1989, 1048; OVG Münster 03.11.1989 NJW 1990, 3324; *Habermehl*, Polizei- und Ordnungsrecht, S. 239; *Tegtmeyer*, Polizeigesetz, § 36 Rn. 12; *Ule/Rasch*, Polizei- und Ordnungsrecht, S. 133, die jeweils darauf hinweisen, dass gegen die Freiheitsentziehung durch die Polizei Widerspruch und Anfechtungsklage unzulässig sind.

190. Vgl. dazu oben Kapitel 9 Abschnitt 2 Seite 342 und Seite 353ff.

191. Vgl. dazu oben Kapitel 9 Abschnitt 2 Seite 353.

gemäß § 3 FreihEntzG die Vorschriften des FGG, soweit nicht in den §§ 4 ff. FreihEntzG Abweichendes geregelt ist. Demzufolge gilt auch im Verfahren nach dem FreihEntzG insbesondere die Pflicht zur Ermittlung von Amts wegen (§ 12 FGG) sowie die Regelung des Beweisverfahrens (§ 15 FGG) aber auch das Recht auf Akteneinsicht (§ 34 FGG) und das Recht, einen Prozessbevollmächtigten zu bestellen (§ 13 FGG). Auch im gerichtlichen Verfahren nach dem FreihEntzG ist danach die betroffene Person unabhängig von ihrer Geschäfts- oder Handlungsfähigkeit als verfahrensfähig anzusehen und selbst am Verfahren zu beteiligen. Kann die betroffene Person ihre Verfahrensrechte nicht oder nur eingeschränkt wahrnehmen, so ist ihr in entsprechender Anwendung des § 70b FGG ein Verfahrenspfleger zur Seite zu stellen.

1. Anhörung

Nach § 5 FreihEntzG hat das Gericht die Person, der die Freiheit entzogen werden soll, mündlich zu hören. Da auch die Anhörung nach dem FreihEntzG dazu dient, dass sich der entscheidende Richter selbst einen Eindruck von der betroffenen Person verschaffen kann, muss die Anhörung persönlich erfolgen und darf grundsätzlich nicht durch einen ersuchten Richter vorgenommen werden. Die Anhörung kann indes gemäß § 5 Abs. 2 FreihEntzG unterbleiben, wenn sie nicht ohne Nachteil für den Gesundheitszustand des Anzuhörenden ausführbar ist oder wenn der Anzuhörende an einer übertragbaren Krankheit im Sinne des Infektionsschutzgesetzes leidet. Beides ist durch ein ärztliches Gutachten zu belegen.[193] Der betroffenen Person ist in diesen Fällen ein Verfahrenspfleger zu bestellen, § 5 Abs. 2 S. 2 FreihEntzG. Auch das Verfahren nach dem FreihEntzG gewährleistet somit die wesentlichen Verfahrensgarantien eines gerichtlichen Verfahrens im Sinne des Art. 104 Abs. 2 GG aber auch im Sinne des Art. 5 Abs. 4 EMRK.

2. Regelmäßige richterliche Kontrolle

Der Anwendungsbereich des FreihEntzG umfasst Freiheitsentziehungen, deren Voraussetzungen von persönlichen Eigenschaften oder äußeren Umständen abhängig sind und die im Laufe der Zeit entfallen können. Eine an einer ansteckenden Krankheit erkrankte Person kann genesen, eine Abschiebungshaft wegen Undurchführbarkeit der Abschiebung nicht mehr erforderlich sein. Auch die Gründe für eine polizeiliche Ingewahrsamnahme können entfallen, während sich die Betroffenen in Gewahrsam

192. Art. 18 Abs. 3 S. 3 BayPAG; § 31 Abs. 3 S. 2 ASOG Bln; § 18 Abs. 2 S. 2 BbgPolG; § 33 Abs. 2 S. 2 HSOG; § 29 Abs. 4 SOG M-V (für die Identitätskontrolle), §§ 56 Abs. 2 iVm. 29Abs. 4 SOG M-V (für den Gewahrsam) und §§ 51 Abs. 4 iVm. 29 Abs. 4 SOG M-V (für die Vorführung); § 16 Abs. 3 S. 2 BremPolG; § 13a Abs. 2 S. 2 HbgSOG; § 15 Abs. 2 S. 2 POG R-P; § 14 Abs. 2 S. 2 SPolG; § 22 Abs. 8 S. 2 SächsPolG; § 38 Abs. 2 S. 2 SOG LSA; § 20 Abs. 2 S. 2 Thür PAG; nur wenige Landespolizeigesetze verweisen direkt auf die Vorschriften des FGG: § 28 Abs. 4 S. 2 PolG BW; § 19Abs. 4 NGefAG.

193. *Marschner* in: Marschner/Volckart, Freiheitsentziehung, S. 416.

befinden. Die Möglichkeit, dass die Voraussetzungen der Freiheitsentziehung und damit auch deren Rechtmäßigkeit wegfallen, macht es gemäß Art. 5 Abs. 4 EMRK erforderlich, die Freiheitsentziehung einer regelmäßigen richterlichen Kontrolle zu unterziehen.

Das FreihEntzG gewährleistet diese wiederholte Überprüfbarkeit der Freiheitsentziehung zum einen dadurch, dass gemäß § 9 FreihEntzG eine Freiheitsentziehung durch das zuständige Gericht nur bis zu einer Höchstdauer von einem Jahr angeordnet werden kann. Noch vor Ablauf dieser Frist muss das Gericht über die Fortdauer der Freiheitsentziehung entscheiden. Andernfalls ist die untergebrachte Person freizulassen. Bei der Jahresfrist des § 9 FreihEntzG handelt es sich um eine Höchstfrist, die in der Regel nicht ausgeschöpft werden darf.[194] Die zulässige Dauer einer Freiheitsentziehung richtet sich im Einzelfall danach, wann mit einem Wegfall der Voraussetzungen der Freiheitsentziehung zu rechnen ist. Die Dauer der Unterbringung nach dem Infektionsschutzgesetz ist daher beispielsweise am Wegfall der Ansteckungsgefahr zu orientieren.[195] Die Höchstdauer der die Abschiebungshaft ist in § 57 AuslG besonders geregelt.[196]

Zudem ist die Freiheitsentziehung während der gerichtlich angeordneten Dauer vom zuständigen Gericht gemäß § 10 FreihEntzG von Amts wegen aufzuheben, wenn ihre Voraussetzungen weggefallen sind. Bei der Abschiebungshaft ist dies beispielsweise dann der Fall, wenn keine Möglichkeit mehr besteht, die Abschiebung durchzuführen. Sobald das Gericht Kenntnis vom Wegfall der Haftvoraussetzungen hat, muss die Aufhebung der Freiheitsentziehung von Amts wegen erfolgen. Kenntnis vom Wegfall der Haftvoraussetzungen kann das Gericht außer durch eigene Untersuchungen durch die Mitteilung der zuständigen Behörde erlangen. Die Behörde ist verpflichtet, die Aufhebung der Freiheitsentziehung zu beantragen, wenn ihr Umstände bekannt werden, die den Wegfall der Voraussetzungen der Freiheitsentziehung begründen.[197] Aber auch die anderen Verfahrensbeteiligten und damit auch die inhaftierte Person und ihre gesetzlichen Vertreter können einen diesbezüglichen Antrag bei Gericht stellen, § 10 Abs. 2 FreihEntzG. Eine regelmäßige richterliche Prüfung der Rechtmäßigkeit von Freiheitsentziehungen — in Abständen von maximal einem Jahr — ist daher auch im Verfahren nach dem FreihEntzG vorgesehen.

3. Rechtsmittel

Die Rechtsschutzmöglichkeiten gegen eine Freiheitsentziehung erschöpfen sich auch nach dem FreihEntzG nicht in der richterlichen Anordnung der Freiheitsentziehung oder der Anordnung ihrer Fortdauer. Gegen die jeweilige Entscheidung des Amtsge-

194. *Marschner* in: Marschner/Volckart, Freiheitsentziehung, S. 423.
195. *Marschner* in: Marschner/Volckart, Freiheitsentziehung, S. 424.
196. Vgl. dazu Kapitel 9 Abschnitt 2 Seite 357ff.
197. *Marschner* in: Marschner/Volckart, Freiheitsentziehung, S. 425.

richts, das die Haft anordnet, steht der betroffenen Person sowie ihrem gesetzlichen Vertreter, ihrem Ehegatten oder einer Vertrauensperson gemäß § 7 FreihEntzG die Möglichkeit der sofortigen Beschwerde zu.[198]

Sofern es die Verwaltungsbehörde entgegen § 13 FreihEntzG und unter Verstoß gegen Art. 104 Abs. 2 GG unterlässt, eine richterliche Entscheidung über die Freiheitsentziehung herbeizuführen, hat die betroffene Person die Möglichkeit, die Freiheitsentziehung der Verwaltungsbehörde anzufechten. Über die Anfechtung der Freiheitsentziehung wird gemäß § 13 Abs. 2 FreihEntzG ebenfalls im gerichtlichen Verfahren nach den Vorschriften des FreihEntzG entschieden.

C. Ersatzzwangshaft

Für die Anordnung der Ersatzzwangshaft nach den Landesverwaltungsvollstreckungsgesetzen, den Landespolizeigesetzen und dem Bundesverwaltungsvollstreckungsgesetz ist, anders als bei Freiheitsentziehungen im Sinne des FreihEntzG oder im Verfahren nach FGG, das Verwaltungsgericht zuständig.[199] Das Verwaltungsgericht hat zu überprüfen, ob die Voraussetzungen für die Anordnung einer Ersatzzwangshaft vorliegen. Die Entscheidung über die Ersatzzwangshaft ergeht stets nach der Anhörung des Betroffenen.[200] Das Gericht entscheidet auf Antrag der Vollzugsbehörde nach seiner freien Überzeugung durch Beschluss und kann eine Freiheitsentziehung von mindestens einem Tag und höchstens zwei Wochen anordnen. Zwar ist eine automatische Wiederholung der richterlichen Prüfung der bis zu zwei Wochen dauernden Freiheitsentziehung nicht vorgesehen. Der Vollzug der Ersatzzwangshaft ist jedoch auszusetzen und die betroffene Person aus der Haft zu entlassen, sobald innerhalb dieser Zeit die Voraussetzungen für die Ersatzzwangshaft — etwa aufgrund der Zahlung des Zwangsgeldes — entfallen.[201] Gegen die verwaltungsgerichtliche Anordnung der Ersatzzwangshaft ist nach § 146 Abs. 1 VwGO die Beschwerde an das Oberverwaltungsgericht zulässig. Auch das „Haftprüfungsverfahren" vor dem Verwaltungsgericht genügt damit den Anforderungen des Art. 5 Abs. 4 EMRK.

---

198. Für das Beschwerdeverfahren gelten die allgemeinen Regelungen des FGG, vgl. dazu oben Kapitel 10 Abschnitt 2 Seite 419f.

199. § 16 Abs. 1 S. 1 VwVG-Bund; § 24 Abs. 1 LVwVG BW und § 24 LVwVG BW iVm. § 49 Abs. 1 PolG BW; Art. 57 Abs. 1 BayPAG und § 33 VwZVG Bayern; § 5 Abs. 2 S. 1 BlVwVfG iVm. § 16 Abs. 1 S. 1 VwVG-Bund; § 57 Abs. 1 S. 1 BbgPolgG und § 21 Abs. 1 VwVG Bbg; § 20 VwVG Bremen; § 51 Abs. 1 S. 1 HSOG; § 91Abs. 1 S. 1 SOG M-V; § 70 NdsVwVG iVm. § 68 Abs. 1 S. 1 NGefAG; § 61 Abs. 1 S. 1VwVG NW und § 54 Abs. 1 S. 1 PolG NW; § 54 Abs. 1 S. 1 POG R-P und § 67 LVwVG R-P; § 48 Abs. 1 S. 1 SPolG; § 23 Abs. 1 SächsVwVG; § 57 Abs. 1 S. 1 SOG LSA; § 49 Abs. 1 ThürVwZVG und § 55 Abs. 1 S. 1 ThürPAG.

200. *Sadler*, VwVG, § 16 Rn. 4ff.; die Pflicht zur Anhörung der betroffenen Person ergibt sich auch direkt aus Art. 104 Abs. 2 GG, vgl. BVerfGE 58, 208, 220f.

201. *Engelhardt/App*, VwVG, § 16 Rn. 7.

V. Dauer

Für die Vereinbarkeit des deutschen Haftprüfungsverfahrens mit Art. 5 Abs. 4 EMRK kommt es auch darauf an, ob durch das jeweils zuständige Gericht „in kurzer Frist" (*speedily/à bref délai*) im Sinne des Art. 5 Abs. 4 EMRK über die Rechtmäßigkeit der Freiheitsentziehung entschieden wird.[202]

Ordnet der Richter die Freiheitsentziehung an, bevor diese vorgenommen wird, kommt es auf die Verfahrensdauer nicht an, da sich die betroffene Person bis zur richterlichen Entscheidung noch in Freiheit befindet. Den Anforderungen des Art. 5 Abs. 4 EMRK, der gewährleisten will, dass sich eine Person möglichst kurze Zeit ohne richterliche Prüfung der Freiheitsentziehung in Haft befindet, ist damit genüge getan. Von Bedeutung ist die Dauer des gerichtlichen Entscheidungsverfahrens daher in erster Linie dann, wenn die betroffene Person bereits inhaftiert wurde, bevor eine richterliche Entscheidung ergangen ist. In diesen Fällen ist die Entscheidung eines Richters gemäß Art. 104 Abs. 2 S. 2 GG *unverzüglich* nachzuholen. Unverzüglich im Sinne des Art. 104 Abs. 2 S. 2 GG bedeutet, dass die Entscheidung ohne jede objektiv vermeidbare Verzögerung zu ergehen hat.[203] Auf ein Verschulden der Verwaltung kommt es dabei nicht an.[204] Die Frist für die Herbeiführung der richterlichen Entscheidung im Sinne des Art. 104 Abs. 2 GG beginnt im Zeitpunkt der Freiheitsentziehung zu laufen.[205] Die Höchstfrist, innerhalb derer eine Person ohne richterliche Entscheidung festgehalten werden darf, bestimmt Art. 104 Abs. 2 S. 3 GG. Danach darf die Verwaltung eine Person „aus eigener Machtvollkommenheit" nur bis zum Ende des Tages nach dem Ergreifen festhalten.[206] Die Einholung einer nachträglichen richterlichen Entscheidung muss demnach in jedem Falle innerhalb dieser Frist erfolgen.[207] Andernfalls ist die betroffene Person zu entlassen. Der Richter muss daher „in kurzer Frist" angerufen werden.

Auch die richterliche Entscheidung selbst muss gemäß Art. 104 Abs. 2 S. 2 GG „unverzüglich" ergehen. Den Anforderungen des Art. 104 Abs. 2 S. 2 GG ist nicht bereits damit genügt, dass die Behörde unverzüglich den Antrag stellt. Vielmehr ist die Entscheidung erst dann „herbeigeführt" im Sinne des Art. 104 Abs. 2 S. 2 GG, wenn der Richter über die Freiheitsentziehung entschieden hat.[208] Die richterliche Entscheidung muss daher jedenfalls in der Frist des Art. 104 Abs. 2 S. 3 GG ergehen. Regel-

---

202. Vgl. dazu oben Kapitel 10 Abschnitt 1 Seite 403ff.
203. BVerwGE 45, 51 (63f.); OVG Münster, NJW 1980, 138 (139).
204. Vgl. dazu auch *Dürig* in: Maunz/Dürig, GG-Kommentar, Art. 104 Rn. 38; *Gusy* in: v. Mangoldt/Klein, GG, Art. 104 Rn. 48; *Kunig* in: v. Münch/Kunig, GG, Art. 104 Rn. 23; *Schieder*, KritV 83 (2000), 218 (235).
205. Vgl. umfassend *Hantel*, Freiheitsentziehung, S. 39 ff.
206. Vgl. dazu oben Kapitel 2 Abschnitt 2 Seite 99.
207. Vgl. auch *Podlech* in: AK-GG, Art. 104 Rn. 37.
208. BVerfGE 83, 24 (33f.); *Gusy* in: v. Mangoldt/Klein, GG, Art. 104 Rn. 54; *Schulze-Fielitz* in: Dreier, GG-Kommentar, Art. 104 Rn. 45.

mäßig muss der Richter somit noch am gleichen Tag entscheiden.[209] Auch die richterliche Entscheidung selbst erfolgt damit „in kurzer Frist" im Sinne des Art. 5 Abs. 4 EMRK.

VI. Prüfungsumfang

Voraussetzung für die Vereinbarkeit des deutschen „Haftprüfungssystems" mit Art. 5 Abs. 4 EMRK ist schließlich, dass das zuständige Gericht bzw. der zuständige Richter in vollem Umfang die Rechtmäßigkeit der Freiheitsentziehung prüfen darf und prüfen muss, bevor er die Freiheitsentziehung oder ihre Fortdauer im Sinne des Art. 104 Abs. 2 GG anordnet. Um den Anforderungen des Art. 5 Abs. 4 EMRK zu genügen, muss der nach nationalem Recht über die Freiheitsentziehung entscheidende Richter prüfen, ob die Freiheitsentziehung den Anforderungen aus Art. 5 Abs. 1 lit. f EMRK genügt und mit nationalem Recht vereinbar ist.

Der Richter, der aufgrund der Regelung in Art. 104 Abs. 2 GG über die Zulässigkeit und Fortdauer einer Freiheitsentziehung zu entscheiden hat, hat sich nach deutschem Recht stets selbst vollumfänglich vom Vorliegen der tatsächlichen und rechtlichen Voraussetzungen für die Freiheitsentziehung unter Einschluss insbesondere einer Überprüfung der Grenzen des Ermessens zu überzeugen.[210] Entsprechend bestimmt § 12 FGG, dass das Gericht von Amts wegen die zur Feststellung der Tatsachen erforderlichen Ermittlungen vorzunehmen und die geeignet erscheinenden Beweise aufzunehmen hat. Dies gilt auf Grund des Verweises in § 3 FreihEntzG auch für die Verfahren des Freiheitsentziehungsgesetzes. Für die verwaltungsgerichtliche Anordnung der Ersatzzwangshaft ergibt sich der Grundsatz der Amtsermittlung aus § 86 Abs. 1 VwGO.

Der Amtsermittlungsgrundsatz entbindet die Behörde, die die Freiheitsentziehung beantragt, jedoch nicht von der Pflicht, das Vorliegen der Voraussetzungen für die Unterbringung darzulegen.[211] Der Richter, der die Exekutive im Sinne des Art. 104 Abs. 2 GG zu kontrollieren hat, darf sich aber bei der Prüfung eines Haftantrages der Verwaltung in keinem Fall — wie es in der Praxis oft vorzukommen scheint — mit einer Überprüfung der von der Exekutive vorgetragenen Tatsachen und Bewertungen be-

209. *Schulze-Fielitz* in: Dreier, GG-Kommentar, Art. 104 Rn. 45; die verfassungsrechtliche Pflicht des Staates, der Bedeutung des Richtervorbehalts Rechnung zu tragen, erfordert nach der neueren Rechtsprechung des Bundesverfassungsgerichts geeignete organisatorische Maßnahmen, um die Erreichbarkeit eines Richters zu gewährleisten; BVerfGE 103, 142 (152f.); BVerfG 15.07.2002 2 BvR 2292/00; es muss in jedem Fall gewährleistet sein, dass der Richter innerhalb der Frist des Art. 104 Abs. 2 S. 3 GG eine Entscheidung treffen kann, BVerwGE 45, 51 (63f.).

210. BVerfGE 22, 311 (318f.); 58, 208 (220); 65, 3 17 (361); 83, 24 (34); BVerfG 24.10.1999 NJW 2000, 502 (503); *Aschmann*, Richtervorbehalt, S. 69f.; *Gusy*, NJW 1992, 457 (463); *Schulze-Fielitz* in: Dreier, GG-Kommentar, Art. 104 Rn. 36.

211. So muss die beantragende Behörde bei der Unterbringung psychisch Kranker bereits selbst ein entsprechendes ärztliches Gutachten eingeholt haben, vgl. oben Kapitel 5 Abschnitt 2 Seite 257f.; für die Abschiebungshaft, *Hailbronner*, AuslR, § 57 AuslG Rn. 64.

gnügen.[212] Kritisch sind daher insbesondere Fälle zu beurteilen, in denen richterliche Anordnungen auf Vordrucken durch Ankreuzen und Unterstreichungen ergehen.[213] Erfolgt in der richterlichen Praxis abweichend von den Vorgaben des nationalen Rechts keine vollumfängliche Prüfung der Rechtmäßigkeit der angeordneten Freiheitsentziehung, stellt dieses Vorgehen zugleich auch einen Verstoß gegen Art. 5 Abs. 4 EMRK dar.

A. Unterbringung psychisch Kranker

Der Grundsatz, dass sich der Richter selbst vom Vorliegen der Voraussetzungen für die Freiheitsentziehung überzeugen muss, gilt auch im Verfahren der Unterbringung psychisch Kranker. Für die Unterbringung psychisch Kranker gilt gemäß § 12 FGG, dass das Gericht von Amts wegen seine Beweisaufnahme auf alle Tatsachen zu erstrecken hat, die für die Entscheidung darüber, ob die Voraussetzungen für eine Unterbringung vorliegen, von Bedeutung sind.[214] Wichtigste Voraussetzung für eine Unterbringung nach den Landesunterbringungsgesetzen ist, dass die betroffene Person psychisch krank ist oder an einer in den Auswirkungen der psychischen Krankheit vergleichbaren psychischen Störung oder Suchtkrankheit leidet. Um dies festzustellen, hat der Richter gemäß § 70c FGG den Betroffenen vor einer Unterbringungsmaßnahme persönlich anzuhören und sich persönlich einen unmittelbaren Eindruck von ihm zu verschaffen.

Problematisch ist die Feststellung einer psychischen Erkrankung — und damit einer wesentlichen Voraussetzung für die Freiheitsentziehung — für den Richter jedoch deshalb, weil ihm in der Regel die erforderlichen medizinischen Kenntnisse fehlen. Der Richter ist somit nicht in der Lage, selbst festzustellen, ob und wie stark eine Person an einer psychischen Störung oder psychischen Krankheit leidet. Zwar wird von einem Richter, der über die Unterbringung psychisch Kranker zu entscheiden hat, verlangt, dass er sich fachspezifisch in die Materie einarbeitet,[215] mit der Diagnose einer psychischen Erkrankung ist der Richter dennoch überfordert. Der Richter hat daher in diesen Fällen einen unabhängigen Sachverständigen heranzuziehen.[216]

Einfachgesetzlich ist die Pflicht zur Heranziehung eines Arztes in § 70e FGG geregelt. Danach hat das Gericht vor der Unterbringungsmaßnahme das Gutachten eines Sachverständigen einzuholen, der den Betroffenen persönlich zu untersuchen oder zu befragen hat. Um dem Richter die Subsumtion unter den rechtlichen Begriff der psychischen Krankheit zu ermöglichen, müssen aus dem Gutachten die Tatsachen her-

212. BVerfGE 103, 142 (152) für die richterliche Kontrolle einer Durchsuchung; *Schulze-Fielitz* in: Dreier, GG-Kommentar, Art. 104 Rn. 36.
213. BVerfGE 83, 24 (33f.); vgl. dazu auch *Aschmann*, Richtervorbehalt, S. 75.
214. OLG Celle 24.02.1984 R&P 1984, 101 (102).
215. *Podlech* in: AK-GG, Art. 104 Rn. 31.
216. BVerfGE 58, 208 (223); 66, 191 (198); 70, 297 (319).

vorgehen, die der Sachverständige der Begutachtung zugrunde legt, die Methoden, mit denen er diese Tatsachen ermittelt hat und die allgemeinen wissenschaftlichen Erfahrungssätze, mit denen er gearbeitet hat.[217]

Ein Teil der Prüfung der Freiheitsentziehung wird damit auf den Arzt verlagert. Der Richter, der auch den Arzt zu kontrollieren hat, ist aber an das ärztliche Gutachten nicht gebunden.[218] Der Richter hat zudem, nachdem der Arzt das Vorliegen einer entsprechenden Erkrankung festgestellt hat, selbst zu prüfen, ob die rechtlichen Anforderungen an eine Unterbringung vorliegen. Insbesondere ist es Aufgabe des Richters festzustellen, ob von der betroffenen Person aufgrund deren krankheitsbedingtem Verhalten eine Gefahr ausgeht, und ob die Unterbringung verhältnismäßig ist. Auch bei der Unterbringung psychisch Kranker hat der Richter somit selbst die Rechtmäßigkeit der Freiheitsentziehung zu prüfen.

B. Abschiebungshaft

Für den Umfang der richterlichen Prüfung der Abschiebungshaft ergeben sich Besonderheiten daraus, dass die Abschiebungshaft als Teil des Abschiebungsvorgangs in ein Verwaltungsverfahren eingebettet ist und der Freiheitsentziehung in der Regel Verwaltungsmaßnahmen vorangehen, deren Überprüfung dem Haftrichter teilweise entzogen ist.[219] So herrscht in der Literatur aber auch in der Rechtsprechung der deutschen Gerichte weitgehend Einigkeit darüber, dass Verwaltungsentscheidungen im Rahmen des Abschiebungsverfahrens allein vor dem Verwaltungsgericht angegriffen werden können. Die Abgrenzung der Zuständigkeiten des Amts- und des Verwaltungsrichters wird in der Literatur und in der Rechtsprechung der deutschen Gerichte jedoch nicht einheitlich vorgenommen.

1. Prüfung durch das Amtsgericht

Für die Prüfung der Zulässigkeit der Abschiebungshaft ist gemäß § 3 FreihEntzG das Amtsgericht zuständig. Dieses hat gemäß § 3 FreihEntzG iVm. § 12 FGG von Amts wegen zu ermitteln, ob die Voraussetzungen für die Abschiebungshaft vorliegen.

Voraussetzung für die Rechtmäßigkeit einer *Vorbereitungshaft* ist nach deutschem Ausländerrecht die Absicht der zuständigen Behörde, eine Person auszuweisen, § 57 Abs. 1 AuslG. Zudem darf über die Ausweisung nicht sofort entschieden werden können und es muss die Gefahr bestehen, dass die Abschiebung der betroffenen Person ohne die Inhaftnahme wesentlich erschwert wird, § 57 Abs. 1 AuslG. Das Vorliegen dieser Voraussetzungen hat der für die Anordnung der Haft zuständige Amtsrichter vollumfänglich zu prüfen,[220] wobei die Absicht der Behörde, die betroffene Person

217. *Kayser* in: Keidel/Kuntze/Winkler, FGG, § 70e Rn. 3.
218. BVerfGE 58, 208 (223); 66, 191 (197): „die richterliche Kontrolle einer Freiheitsentziehung darf nicht bloße Formsache sein; sie dient dem Zweck, den ärztlichen Gutachten richterliche Kontrolle entgegenzusetzen."; BVerfGE 70, 297 (319); *Pentz*, NJW 1990, 2777 (2779).
219. *Remmel* in: GK-AuslR, § 57 Rn. 72.

auszuweisen, allerdings nur schwerlich widerlegt werden kann. Das zuständige Gericht kann daher nur prüfen, ob ein entsprechendes Verfahren „schwebt", wobei die Ausreisepflicht zwar nicht feststehen aber zumindest wahrscheinlich sein muss.[221] Es erfolgt damit bei der Anordnung der Vorbereitungshaft eine Rechtmäßigkeitskontrolle, die den Anforderungen des Art. 5 Abs. 4 EMRK genügt.

Voraussetzung für die Anordnung einer *Sicherungshaft* ist gemäß § 57 Abs. 2 AuslG, dass die betroffene Person im Sinne des § 49 AuslG vollziehbar ausreisepflichtig ist und sich wahrscheinlich ohne die Festnahme der Abschiebung entziehen oder diese behindern wird. Letzteres ist in der Regel dann der Fall, wenn einer der Sicherungshaftgründe der § 57 Abs. 2 Nr. 1-5 AuslG vorliegt. Die Sicherungshaft ist unzulässig, wenn feststeht, dass aus von dem Ausländer nicht zu vertretenen Gründen die Abschiebung nicht innerhalb der nächsten drei Monate durchgeführt werden kann, § 57 Abs. 2 S. 4 AuslG. Um den Anforderungen des Art. 5 Abs. 4 EMRK an eine vollumfängliche Rechtmäßigkeitskontrolle zu genügen, müsste das Vorliegen all dieser Voraussetzungen der Sicherungshaft von einem Gericht geprüft werden können. Während der als Haftrichter im Sinne des Art. 104 Abs. 2 GG agierende Amtsrichter unbestritten das Vorliegen der Haftgründe des § 57 Abs. 2 Nr. 1-5 AuslG zu prüfen hat, wird ihm die Prüfungskompetenz bezüglich der übrigen Voraussetzugen durch die Rechtsprechung jedoch teilweise abgesprochen.[222]

a) Ausreisepflicht

Unumstritten ist, dass die Anordnung der Sicherungshaft nach nationalem Recht zunächst eine vollziehbare Ausreisepflicht der betroffenen Person voraussetzt.[223] Die Ausreisepflicht besteht für illegal eingereiste Ausländer bereits kraft Gesetzes. Oft geht der Ausreisepflicht jedoch eine Entscheidung der zuständigen Behörde über die Ausweisung der betroffenen Person voraus. In diesen Fällen ist der Haftrichter, so die wohl herrschende Auffassung, darauf beschränkt, zu prüfen, ob eine solche Ausreisepflicht durch die Behörde verhängt wurde.[224] Eine Kompetenz zur Prüfung der Recht-

---

220. BayOblG 16.07.1998, InfAuslR 1999, 82 (83); BayOblG 25.11.1993 InfAuslR 1994, 144; a. A. *Kanain/Renner*, AuslR, § 57 AuslG Rn. 7, der feststellt, dass über die Grundvoraussetzungen der Haft allein die Ausländerbehörde und nicht der Haftrichter zu entscheiden habe. Bei der Vorbereitungshaft sei neben der Einhaltung der regulären Höchstdauer von sechs Monaten nur die Feststellung, ob die Abschiebung tatsächlich ohne die Abschiebungshaft wesentlich erschwert oder vereitelt würde vom Prüfungsumfang des Haftrichters umfasst.
221. BayOblG 09.12.1986 BayVBl. 1987, 249 (250).
222. So wird die Kompetenz des Amtsrichters teilweise gar auf die Prüfung lediglich formaler Kriterien des Vorliegens nicht nichtiger Entscheidungen und eines Antrages der Ausländerbehörde beschränkt gesehen, VG Ansbach 29.04.1985 InfAuslR 1985, 210; andere halten den Haftrichter nur für die Prüfung der Haftgründe zuständig; VG Berlin 04.11.1998, InfAuslR 1999, 80 (81).
223. *Kloesel/Christ/Häußer*, AuslR, § 57 AuslG Rn. 17; *Renner*, AuslR, § 57 AuslG Rn. 11; *Hailbronner*, AuslR, § 57 AuslG Rn. 17.
224. BVerfG NJW 1987, 3076; BGHZ 78, 145, BGH v. 12.06.1986 NJW 1986, 3024; BayObLGZ 1993, 150; OLG Karlsruhe NVwZ 1993, 811.

mäßigkeit der der Ausweisung und Abschiebung zugrundeliegenden Verwaltungsakte steht danach nur dem Verwaltungsgericht, nicht aber dem Amtsrichter zu. Der Abschiebungshaftrichter ist nach deutschem Recht an die der Abschiebungsandrohung und Abschiebung zugrundeliegenden Verwaltungsakte der zuständigen Behörden — ausgenommen bei deren Nichtigkeit — gebunden und hat nicht zu prüfen, ob die Abschiebung zu Recht betrieben wird.[225] Gemäß Art. 5 Abs. 4 EMRK muss jedoch auch nur die Rechtmäßigkeit der Freiheitsentziehung und nicht die Ausreisepflicht gerichtlich überprüft werden. Die Beschränkung des Prüfungsumfangs des Haftrichters ist daher nur dann nicht mit Art. 5 Abs. 4 EMRK vereinbar, wenn sich eine Rechtswidrigkeit der durch Verwaltungsakt begründeten Ausreisepflicht nach nationalem Recht auf die Rechtmäßigkeit der Abschiebungshaft auswirkt. Nur dann umfasst die Prüfung des deutschen Amtsrichters nicht alle für die Vereinbarkeit mit nationalem Recht wesentlichen Voraussetzungen der Haft. Gemäß § 57 Abs. 2 AuslG ist jedoch nur das Bestehen einer vollziehbaren Ausreisepflicht Voraussetzung für die Rechtmäßigkeit der Abschiebungshaft. Überprüft der Amtsrichter, ob sich eine solche Ausreisepflicht aus der behördlichen Anordnung ergibt, ob die behördliche Anordnung also nicht nichtig ist und die Ausreisepflicht gemäß § 42 AuslG vollziehbar ist,[226] genügt er damit den Anforderungen des Art. 5 Abs. 4 EMRK.

Aber auch die Kompetenz zur Prüfung, ob überhaupt eine Ausreisepflicht besteht, wird dem Amtsrichter durch die Rechtsprechung teilweise abgesprochen. So wird von einigen Gerichten die Auffassung vertreten, dass die Ausreisepflicht zwar Voraussetzung für die Anordnung einer Sicherungshaft sei, diese sei jedoch nicht vom Amtsrichter zu überprüfen. Begründet wird diese Auffassung damit, dass die noch von § 57 Abs. 2 AuslG 1990 verlangte Prüfung der Ausreisepflicht und der Abschiebungserfordernisse nach der Neufassung der Regelung des § 57 Abs. 2 AuslG bei der richterlichen Anordnung der Sicherungshaft grundsätzlich nicht mehr erforderlich sei. § 57 Abs. 2 AuslG n.F. nenne die Ausreisepflicht ausdrücklich nur noch als Voraussetzung für die Abschiebungshaft illegal eingereister Ausländer, und nur in diesem Fall sei das Vorliegen einer Ausreisepflicht daher vom Amtsrichter überhaupt zu prüfen.[227] Durch die Änderung des Wortlauts des § 57 AuslG habe der Gesetzgeber, so die weitere Begründung, das Abschiebungshaftverfahren erleichtern wollen. Der Haftrichter habe nicht mehr mit der Prüfung einer Ausreisepflicht belastet werden sollen.[228]

225. BVerfG 01.04.1999, 2 BvR 400/99; *Kloesel/Christ/Häußler*, Ausländerrecht, Bd. 1, § 57 AuslG Rn. 28.
226. Die Vollziehbarkeit der aufenthaltsbeendenden Maßnahme ist Voraussetzung der Anordnung der Abschiebungshaft. Liegt sie nicht vor, was gerade bei Ausweisungsverfügungen der Fall sein kann, darf keine Abschiebungshaft angeordnet werden. An die angeordnete oder kraft Gesetzes bestehende Vollziehbarkeit eines aufenthaltsbeendenden Bescheids ist der Haftrichter grundsätzlich gebunden; vgl. *Remmel* in: GK- AuslR, § 57 AuslG Rn. 187.
227. BayObLG 29.07.1992 InfAuslR 1992, 316 (317); BayObLG 01.04.1993 BayObLGZ 93, 150 (151); KG 05.09.1996 NVwZ 1997, 516; VG Berlin 04.11.1998 InfAuslR 1999, 80 (81); VG Aachen 08.03.2000 InfAuslR 2000, 227; so auch *Hailbronner*, AuslR, § 57 AuslG Rn. 70.

Da das Bestehen der Ausreisepflicht aber auch nach der Änderung des Ausländergesetzes weiterhin Voraussetzung für die Rechtmäßigkeit der Sicherungshaft ist, muss diese Voraussetzung gemäß Art. 5 Abs. 4 EMRK gerichtlich überprüfbar sein. Wird nicht überprüft, ob eine Ausreispflicht besteht, so erfüllt das richterliche Prüfungsverfahren nicht die Anforderungen des Art. 5 Abs. 4 EMRK, falls nicht eine entsprechende Kontrolle durch ein anderes Gericht, wie beispielsweise das Verwaltungsgericht, erfolgt.[229]

Keine Ausreisepflicht besteht beispielsweise in den Fällen, in denen die betroffene Person einen *Asylantrag* gestellt hat. Personen, die an der Grenze um Asyl nachsuchen, haben bereits aufgrund des Asylrechts aus Art. 16a Abs. 1 GG allein aufgrund des gestellten Antrags zumindest bis zum bestandskräftigen Abschluss des Anerkennungsverfahrens grundsätzlich ein Einreise- und vorläufiges Bleiberecht.[230] Einfachgesetzlich ergibt sich das Aufenthaltsrecht von Asylbewerbern aus § 55 Abs. 1 AsylVfG, wonach einem Ausländer, der um Asyl nachsucht, zur Durchführung des Asylverfahrens der Aufenthalt im Bundesgebiet gestattet ist. Der Asylantrag steht damit auch der Rechtmäßigkeit einer Sicherungshaft entgegen. Dennoch gab es insbesondere Anfang der 80er Jahre in der Rechtsprechung eine Tendenz, die Kompetenz des Haftrichters für die Feststellung eines der Abschiebung entgegenstehenden Asylantrags zu verneinen. So stellte der BGH fest, dass im Freiheitsentziehungsverfahren keine eigene Prüfungskompetenz des Haftrichters hinsichtlich der Frage bestehe, ob der von der Behörde angestrebten Abschiebung ein Asylantrag entgegenstehe. Diese Frage sei allein den Verwaltungsgerichten zur Prüfung zugewiesen. Habe die Ausländerbehörde trotz Kenntnis des Asylantrags Haftantrag gestellt, müsse das Amtsgericht davon ausgehen, dass die Ausländerbehörde das Vorbringen des Asylbewerbers als unbeachtlich ansehe.[231] Diese Rechtsprechung wurde durch das BVerfG bestätigt. Das BVerfG stellte 1987 fest, dass es nicht grundgesetzlich geboten sei, dass der Haftrichter die Rechtswidrigkeit einer Abschiebung aufgrund eines entgegenstehenden Asylantrags prüfe. Rechtsstaatlichen Anforderungen werde bereits dadurch genüge getan, dass das Gericht die von der Behörde ausdrücklich oder durch den Haftantrag oder dessen Aufrechterhaltung schlüssig vorgetragene Wertung, dass das Asylbegehren unbeachtlich oder aus anderen Gründen kein rechtliches Hindernis für eine Abschiebung sei, auf das Vorliegen von Nichtigkeitsgründen überprüft. Dem Asylbewerber stehe im übrigen die Möglichkeit zu, die Rechtmäßigkeit dieser Wertung verwaltungsgerichtlich prüfen zu lassen.[232]

---

228. KG 05.09.1996 NVwZ 1997, 516; dieses Argument ist indes insofern angreifbar, als sich aus den Gesetzgebungsmaterialien, auf die diese Gerichte verweisen nicht hervorgeht, dass auch der Umfang der Rechtmäßigkeitskontrolle durch den Amtsrichter begrenzt werden sollte. Durch die Einführung von konkreten Haftgründen sollte lediglich die schwierige Prognoseleistung, ob der Ausländer sich wahrscheinlich ohne die Haft einer Abschiebung entziehen würde, entfallen, BT-Drs. 12/2062 S. 45.

229. Zur verwaltungsgerichtlichen Prüfung vgl. unten Kapitel 10 Abschnitt 2 Seite 434.

230. BVerfGE 67, 43 (56); BVerfGE 78, 7 (18); BVerfGE 80, 68 (73); vgl. dazu auch *Lübbe-Wolff* in: Dreier GG-Kommentar, Art. 16a Rn. 56.

231. BGHZ 78, 145 (147).

Nach heute wohl herrschender Rechtsprechung hat der Haftrichter eine nach § 55 Abs. 1 S. 1 AsylVfG mit der Asylantragstellung einhergehende Aufenthaltsgestattung zu beachten.[233] Wird gegenüber dem Haftrichter ein Erstasylantrag gestellt, so muss er — aufgrund der verfassungsrechtlichen Bindung an die Grundrechte — seine Mitwirkung an einer aufenthaltsbeendenden Maßnahme versagen. Andernfalls verstieße er gegen das Grundrecht auf Asyl. [234] Da die Ausreisepflicht nach deutschem Recht Rechtmäßigkeitsvoraussetzung für die Sicherungshaft ist, verstieße es zudem auch gegen Art. 5 Abs. 4 EMRK, wenn der Richter einen der Ausreisepflicht entgegenstehenden Asylantrag nicht berücksichtigen könnte.

b) Abschiebungshindernisse

Die Sicherungshaft dient dazu, die Abschiebung eines ausreisepflichtigen Ausländers zu sichern. Stehen der Abschiebung der betroffenen Person faktische oder rechtliche Gründe — wie die Abschiebungshindernisse des § 53 AuslG — entgegen, so kann die angestrebte Außerlandesschaffung der betroffenen Person mit der Sicherungshaft nicht (mehr) erreicht werden. Der in der Verfassung verankerte rechtsstaatliche Grundsatz der Verhältnismäßigkeit gebietet es daher, im Falle der Undurchführbarkeit der Abschiebung von der Sicherungshaft abzusehen.[235] Auch Art. 5 Abs. 1 lit. f EMRK lässt eine Abschiebungshaft im Falle der Undurchführbarkeit der Abschiebung nicht zu, da spätestens in dem Zeitpunkt, in dem sich die Undurchführbarkeit der Abschiebung herausstellt, das Ausweisungsverfahren nicht mehr im Sinne des Art. 5 Abs. 1 lit. f 2. Alt. EMRK „schwebt".[236]

Abschiebungshindernisse, die der Außerlandesschaffung einer Person entgegenstehen und diese unmöglich machen können, sind jedoch nach der deutschen Rechtsprechung grundsätzlich nicht vom Haftrichter zu prüfen.[237] Dieser hat lediglich die vom Verwaltungsgericht oder der Ausländerbehörde bereits festgestellten Abschiebungshindernisse zu berücksichtigen, sofern sich daraus eine dauerhafte Undurchführbarkeit der Abschiebung ergibt.[238] Die ordentlichen Gerichte können damit nicht selbst darüber entscheiden, ob die Abschiebung — etwa wegen einer der betroffenen Person im Abschiebungsstaat drohenden Todesstrafe — ausgeschlossen ist.[239] Der Amtsrichter hat lediglich vom Verwaltungsgericht bereits festgestellte Hindernisse zu berücksichtigen, wenn sich daraus eine dauerhafte Undurchführbarkeit der Abschiebung ergibt.[240] Wenn sich aus der Verwaltungsentscheidung oder der verwaltungsge-

232. BVerfG 21.05.1987 NJW 1987, 3076.

233. BayObLG 29.07.1992 InfAuslR 1992, 316 (317); BayOblG 01.04.1993 BayOblGZ 1993, 50 (151); OLG Frankfurt 08.12.1995 NVwZ-Beil 1996 (5), 40; OLG Naumburg, 24.02.2000 10 Wx 4/00.

234. Vgl. dazu auch *Wegner*, ZAR 1996, 77 (82).

235. BVerfG 15.12.2000 2BvR 347/00 - Juris; BVerfG 29.02.2000, InfAuslR 2000, 221 (222).

236. Vgl. dazu oben Kapitel 9 Abschnitt 1 Seite 326.

237. OLG Köln 05.10.1993 InfAuslR 1994, 54; OLG Naumburg 24.02.2000 10 Wx 4/00; vgl. auch *Hailbronner*, AuslR, § 57 AuslG Rn. 67.

richtlichen Entscheidung über ein Abschiebungshindernis kein Hinweis darauf ergibt, wie lange eine Abschiebung unmöglich ist, muss der Haftrichter mangels eigener Prüfungskompetenz die Sicherungshaft anordnen. Nur wenn das Abschiebungshindernis von der zuständigen Behörde oder einem Verwaltungsgericht festgestellt wurde bzw. für den Haftrichter absehbar ist, dass die für ihn bindende Entscheidung des Verwaltungsgerichts über das Bestehen eines Abschiebungshindernisses noch zu lange auf sich warten lassen wird, darf der Haftrichter die Sicherungshaft nicht anorden.[241] Dies führt zu dem auch nach deutschem Recht unbefriedigenden Ergebnis, dass der Amtsrichter den für die Haftanordnung nach § 57 Abs. 2 S. 4 AuslG entscheidenden Gesichtspunkt des Bestehens eines Abschiebungshindernisses nicht in seine Prüfung einbeziehen darf.[242]

Diese Beschränkung des Prüfungsumfangs des die Haft anordnenden Amtsrichters führt dazu, dass der Amtsrichter, der die Sicherungshaft anordnet, nicht alle Rechtmäßigkeitsvoraussetzungen der Sicherungshaft prüfen darf.[243] In der deutschen Rechtsprechung wird dies jedoch insoweit als unproblematisch angesehen, als die durch die Beschränkung des Prüfungsumfangs des Amtsrichters entstehende Rechtsschutzlücke durch die Möglichkeit verwaltungsgerichtlichen Rechtsschutzes geschlossen werde.[244] Werde ein Ausländer beispielsweise trotz eines bestehenden Abschiebungshindernisses in Abschiebungshaft genommen, könne er die Verpflichtung der Ausländerbehörde, seine Entlassung aus der Haft zu erwirken, im Verwaltungsrechtsweg mit einem Antrag auf Erlass einer einstweiligen Anordnung erwirken.[245]

---

238. OLG Köln 05.10.1993 InfAuslR 1994, 54; VG Berlin 04.11.1998 InfAuslR 1999, 80 (81): „Insbesondere dann, wenn sich aus der verwaltungsgerichtlichen Entscheidung keine Hinweise darauf ergeben, wie lange eine Abschiebung aus tatsächlichen oder rechtlichen Gründen unmöglich ist, hat der Haftrichter mangels eigener Prüfungskompetenz und Sachkunde keine Möglichkeit, diesen für die Haftanordnung sehr wohl entscheidenden Gesichtspunkt in seine Prüfung einzubeziehen. Um diese Rechtsschutzlücke zu schließen, erscheint es geboten, dem Verwaltungsgericht eine Zuständigkeit für die Entlassung aus der Abschiebungshaft unter ausländerrechtlichen Gesichtspunkten zuzubilligen."

239. *Hailbronner*, AuslR, § 57 AuslG Rn. 67.

240. OLG Köln 05.10.1993 InfAuslR 1994, 54.

241. BVerfG 15.12.2000 2 BvR 347/00; das VG Wiesbaden ist der Auffassung, dass solange nicht geklärt ist, wie sich bestimmte Umstände auf die Zulässigkeit der Durchführung der Abschiebung auswirken, der Haftrichter die Anordnung der Abschiebungshaft ablehnen kann, VG Wiesbaden 11.07.1986, InfAuslR 1987, 41; ein vom Verwaltungsgericht angenommenes Abschiebungshindernis ist zudem vom Amtsgericht, das über die Anordnung von Abschiebungshaft entscheidet, dann zu beachten, wenn über das gegen die verwaltungsgerichtliche Entscheidung eingelegte Rechtsmittel noch nicht entschieden ist, und der Rechtsstandpunkt des Verwaltungsgerichts nicht offentsichtlich unhaltbar ist, OLG Köln 05.10.1993, InfAuslR 1995, 54.

242. VG Berlin 04.11.1998, InfAuslR1999, 80 (81).

243. Vgl. dazu auch *Göbel-Zimmermann*, ZAR 1996, 110 (118).

244. KG 05.09.1996 NVwZ 1997, 516.

245. Hess VGH 26.02.1988 DÖV 1988, 934; VG Berlin 04.11.1998 InfAuslR 1999, 80, 81, das seine Zuständigkeit auch damit begründet, dass die aktuelle Kompetenzverteilung zwischen den Gerichtsbarkeiten misslich sei.

2. Verwaltungsgerichtliche Prüfung

Die eingeschränkte Prüfungskompetenz des Amtsrichters wird im deutschen Rechtssystem durch die Prüfung des Verwaltungsgerichts ergänzt. Die Kombination dieser beiden Rechtswege könnte im Ergebnis daher eine vollständige Prüfung der Rechtmäßigkeit der Abschiebungshaft im Sinne des Art. 5 Abs. 4 EMRK gewährleisten.[246] Dafür spricht, dass in der Rechtsprechung davon ausgegangen wird, dass die Prüfung der Freiheitsentziehung dem Haftrichter nur insoweit entzogen sei, wie auch die Kompetenz des Verwaltungsrichters reiche.[247] Bezüglich der nicht seiner Prüfung unterliegenden Punkte habe der Haftrichter den Ausländer zudem über seine Rechtsschutzmöglichkeiten vor dem Verwaltungsgericht zu belehren, Anträge weiterzuleiten und aufzunehmen.[248] Dadurch soll gewährleistet werden, dass die betroffene Person einen möglichst effektiven Zugang auch zum Verfahren vor den Verwaltungsgerichten hat.

Dennoch besteht der Zugang zum Verwaltungsgericht in der Praxis nicht in jedem Fall. Der Rechtsschutz gegen Freiheitsentziehungen durch Kombination der beiden Rechtswege ist vor allem insoweit problematisch, als sich Verwaltungsgerichte im Einzelfall für nicht zuständig erklären, über die Rechtmäßigkeit der Abschiebungshaft zu entscheiden.[249] Begründet wird dies von den Verwaltungsgerichten damit, dass für die Anordnung der Freiheitsentziehung nach dem FreihEntzG der Haftrichter zuständig sei. Diese abdrängende Spezialzuweisung an die ordentliche Gerichtsbarkeit gelte auch dann, wenn der Betroffene vor Ablauf der Haft eine Entscheidung über deren Rechtmäßigkeit erreichen wolle.[250] Für einen gegen die Ausländerbehörde gerichteten Antrag, diese zur Rücknahme des Antrages auf Erlass der Abschiebungshaft zu verpflichten, sei der Verwaltungsgerichtsweg daher nicht eröffnet.

Andere Verwaltungsgerichte halten sich zwar für sachlich zuständig, weisen einen Antrag auf Haftentlassung jedoch als unzulässig ab. Zwar sei die Frage, ob die Ausländerbehörde ein Abschiebungsverfahren zu Recht betreibe, ausschließlich durch die Verwaltungsgerichte zu prüfen. Es fehle aber am Rechtsschutzbedürfnis für einen solchen Antrag, da die Ausländerbehörde durch ihre Bindung an Recht und Gesetz verpflichtet sei, von sich aus den Ausländer aus der Abschiebungshaft zu entlassen, wenn eine Abschiebung dauerhaft oder endgültig nicht möglich ist. Diese Pflicht müsse das Verwaltungsgericht nicht erst feststellen, da die Annahme gelte, dass sich die Behörde rechtstreu verhalte.[251] Die von einer Sicherungshaft betroffene Person könne daher

---

246. Der EGMR hat anerkannt, dass der von Art. 5 Abs. 4 EMRK geforderte Rechtschutz grundsätzlich auch durch die Kombination verschiedener Rechtsbehelfe gewährleistet werden kann, vgl. EGMR 05.11.1981 X/United Kingdom, Series A 46, para. 60, EGMR 02.03.1987 Weeks/United Kingdom, Series A 114, para. 69.

247. OLG Frankfurt, 08.12.1995, NVwZ-Beil. 5, 1996, 40.

248. KG 05.09.1996 NVwZ 1997, 516.

249. OVG Rheinland-Pfalz 28.06.1988 InfAuslR 1989, 72; VG Berlin 08.11.1984 InfAuslR 1985, 110; VG Berlin 02.10.1985 InfAuslR 1986, 50.

250. VG Berlin 08.11.1984 InfAuslR 1985, 110.

vor dem Verwaltungsgericht nicht direkt einen auf Freilassung gerichteten Antrag einreichen, sondern müsse sich in einem Fall, in dem die Rechtmäßigkeit der Sicherungshaft von der Rechtmäßigkeit einer Verwaltungsentscheidung abhängt, zunächst mit einer Anfechtungsklage an das Verwaltungsgericht wenden. Habe sie damit Erfolg, müsse der Haftrichter bei seiner erneuten Anrufung einem Antrag der betroffenen Person auf Aufhebung der Freiheitsentziehung stattgeben.[252] Andere Verwaltungsgerichte sind hingegen der Auffassung, dass eine in Sicherungshaft befindliche Person erfolgreich einen Antrag beim Verwaltungsgericht stellen kann, die Ausländerbehörde im Wege der einstweiligen Anordnung zu verurteilen, den Antrag auf Erlass eines Haftbefehls zurückzunehmen.[253]

Aufgrund dieser uneinheitlichen Rechtsprechung bestehen zumindest Zweifel an der Effektivität des Rechtsschutzes im Sinne des Art. 5 Abs. 4 EMRK. So wird auch in der deutschen rechtswissenschaftlichen Literatur kritisiert, dass die Aufteilung der Sachfragen „auch für Sachkenner kaum nachvollziehbar", „schwer vorhersehbar", „umständlich" und „ineffektiv" sei.[254] Es wird daher vorgeschlagen, das Haftprüfungsverfahren für die Abschiebungshaft gänzlich dem Verwaltungsgericht zu übertragen.[255]

Auch die von Art. 5 Abs. 4 EMRK geforderte Kompetenz zur Freilassung der betroffenen Person kommt den Verwaltungsgerichten nicht direkt zu. Sie können angefochtene Verwaltungsakte der Ausländerbehörden aufheben, woraufhin der Haftrichter die Abschiebungshaft aufzuheben bzw. nicht anzuordnen hat. Die Verwaltungsgerichte können auch die Behörde verpflichten, den Antrag auf Erlass eines Haftbefehls zurückzunehmen oder die Aufhebung der Abschiebungshaft zu beantragen.[256] Das Verwaltungsgericht kann jedoch nicht selbst direkt die Freilassung der betroffenen Person anordnen.[257]

---

251. VG Berlin 08.11.1984 InfAuslR 1985, 110; VG Berlin 02.10.1985 InfAuslR 1986; VG Aachen 08.03.2000 InfAuslR 2000, 227 (228); für den Fall, dass das Verwaltungsgericht sich ebenfalls für unzuständig erklärt, billigen die ordentlichen Gerichte vereinzelt eine Ersatzkompetenz der Haftrichter als Auffanginstanz, um mögliche Rechtsschutzlücken und damit einen Verstoß gegen Art. 19 Abs. 4 GG zu vermeiden, OLG Karlsruhe 11.07.1997, InfAuslR 1997, 408, 409.

252. OVG Rheinland-Pfalz 28.06.1988 InfAuslR 1989, 72 (73).

253. HessVGH 26.02.1988, DÖV 1988, 934; OVG Saarlouis 09.04.1986, InfAuslR 1986, 211, wonach ein in Abschiebungshaft genommener Ausländer, dessen Abschiebung rechtliche Hindernisse entgegenstehen, vor dem Verwaltungsgericht beantragen kann, die Ausländerbehörde im Wege der einstweiligen Anordnung zu verurteilen, den Antrag auf Erlass eines Haftbefehls zurückzunehmen.

254. *Göbel-Zimmermann*, ZAR 1996, 110 (118); *Knösel*, ZAR 1990, 75 (82); *Wegner* ZAR, 1996, 77 (81): „Würde man dieses Verfahren auf die Untersuchungshaft übertragen, so würde das zu dem grotesken Ergebnis führen, dass ein Richter zunächst nur die Haftgründe prüft und bei bestehender Fluchtgefahr Untersuchungshaft anordnet, während über den dringenden Tatverdacht erst später und von einem anderen Gericht entschieden würde."

255. VG Berlin 04.11.1998 InfAuslR 1999, 80, 82; *Brunn*, Abschiebungshaft Rn. 495; *Remmel* in: GK-AuslR, § 57 AuslG Rn. 89; *Knösel*, ZAR 1990, 75 (82).

256. OVG Saarlouis 09.04.1986, InfAuslR 1986, 211; vgl. auch *Brunn*, Abschiebungshaft Rn. 494ff.

Durch die „Rechtswegspaltung" kommt es schließlich zu erheblichen Verzögerungen der Prüfung der Rechtmäßigkeit der Sicherungshaft. Neben der grundsätzlich längeren Dauer der Verfahren vor Verwaltungsgerichten sind Verfahrensverzögerungen vor allem darauf zurückzuführen, dass die Akte der betroffenen Person, die Grundlage jeder gerichtlichen und behördlichen Entscheidung ist, nur in einfacher Ausfertigung vorhandenen ist.[258] Sind in der Verwaltungsgerichtsbarkeit mehrere Beschlussverfahren anhängig und sind gleichzeitig Entscheidungen durch den Haftrichter zu treffen, so führt schon die Nichtverfügbarkeit der Akte zu Verzögerungen. Zudem ziehen die Haftrichter in der Regel erst dann Konsequenzen aus verwaltungsgerichtlichen Urteilen, wenn die Urteile in vollem Wortlaut vorliegen, weil es teilweise in der Haftentscheidung auf die verwaltungsgerichtliche Begründung ankommt. Verzögerungen der gerichtlichen Überprüfung der Rechtmäßigkeit einer Freiheitsentziehung sind bei einem Haftprüfungsverfahren im Sinne des Art. 5 Abs. 4 EMRK nach der Rechtsprechung des EGMR aber nur dann hinnehmbar, wenn sie der Wahrung von Verfahrensrechten der Betroffenen oder der Komplexität des Sachverhalts geschuldet sind. Da die Verzögerung der Prüfung der Sicherungshaft jedoch allein durch die Kompetenzverteilung zwischen den Gerichten hervorgerufen wird, erfolgt eine umfassende Prüfung der Rechtmäßigkeit der Abschiebungshaft regelmäßig auch nicht „in kurzer Frist" *(speedily/à bref délai)* im Sinne des Art. 5 Abs. 4 EMRK.

Nach der deutschen Rechtsprechung prüft somit der Amtsrichter — als der für die Anordnung der Freiheitsentziehung und deren Fortdauer zuständige Richter — nicht alle Voraussetzungen der Rechtmäßigkeit der Sicherungshaft. Eine Ergänzung dieses Rechtsschutzes im Sinne eines „vollständigen" Habeas Corpus Verfahrens wie es Art. 5 Abs. 4 EMRK vorsieht, erfolgt durch die verwaltungsgerichtliche Ergänzung der Haftprüfung nicht. Da zudem eine einheitliche Rechtsprechung über die genauen Kompetenzverteilungen aktuell nicht erkennbar ist, ist der Rechtsschutz für die betroffenen Personen auch nicht hinreichend bestimmt *(certain)*. Das Haftprüfungsverfahren des deutschen Ausländerrechts genügt daher nicht den Anforderungen des Art. 5 Abs. 4 EMRK.

VII. Vereinbarkeit mit der EMRK

Vom dargestellten Problem der Rechtswegspaltung abgesehen, kann die richterliche Kontrolle von Amts wegen im Sinne des deutschen Richtervorbehalts den Anforderungen des Art. 5 Abs. 4 EMRK genügen. Die richterliche Kontrolle bereits vor der Freiheitsentziehung würde sogar einen besonders wirksamen Schutz des Rechts auf Freiheit gewährleisten, da danach grundsätzlich niemand ohne vorherige Entscheidung eines Richters inhaftiert oder festgehalten werden kann. In der Praxis wird jedoch weit häufiger von der ursprünglich als Ausnahme gedachten Regelung Gebrauch gemacht, wonach eine richterliche Entscheidung bei jeder nicht auf richterlicher Anord-

---

257. *Kränz*, NVwZ 1986, 22 (23).
258. *Knösel*, ZAR 1990, 75 (82).

nung beruhenden Freiheitsentziehung unverzüglich herbeizuführen ist.[259] Auch die unverzügliche Herbeiführung einer richterlichen Entscheidung im Sinne des Art. 104 Abs. 2 S. 2 GG kann indes den Anforderungen des Art. 5 Abs. 4 EMRK genügen. Insbesondere hat die richterliche Entscheidung über die Freiheitsentziehung durch die Verwaltung spätestens bis zum Ende des auf das Ergreifen folgenden Tages und damit „in kurzer Frist" zu ergehen. Auch die gesetzlichen Verfahrensvorschriften für diese richterliche Entscheidung über die Freiheitsentziehung sind, wie dargestellt, mit Art. 5 Abs. 4 EMRK vereinbar. Wichtig ist aber, dass in der Praxis die Verfahrensrechte auch eingehalten werden. Zweifel an der Einhaltung der Verfahrensregelungen, wie vor allem der hinreichenden eigenständigen Sachverhaltsermittlung und der Anhörung der Betroffenen, ergeben sich schon daraus, dass das Bundesverfassungsgericht mehrfach feststellen musste, dass das Vorgehen der zuständigen Richter in der Praxis den Anforderungen des Art. 104 Abs. 2 GG nicht genügte.[260] So rügte das Bundesverfassungsgericht, dass sich Richter bei ihrer Ermittlungstätigkeit darauf beschränkten, zu prüfen, ob die von der Polizei vorgetragenen Gründe für die Freiheitsentziehung plausibel erschienen.[261] Im gleichen Verfahren musste das Bundesverfassungsgericht feststellen, dass die Anhörung der betroffenen Person nicht durch den Richter erfolgt war. Der Richter war vielmehr davon ausgegangen, dass eine Anhörung der betroffenen Person durch die Polizei ausreichend ist.[262] In anderen Fällen war die Anhörung der betroffenen Person sogar ganz unterblieben.[263] Die Einhaltung der gesetzlichen und grundgesetzlichen Verfahrensvorschriften durch die einzelnen Haftprüfungsrichter im Sinne des Art. 104 Abs. 2 GG ist jedoch zwingende Voraussetzung der Vereinbarkeit des deutschen Richtervorbehalts mit Art. 5 Abs. 4 EMRK.

Abschnitt 3: Frankreich

Der französischen Verfassungstradition ist ein besonderes Haftprüfungsverfahren fremd, nach dem — in der Art des britischen Habeas Corpus Verfahrens — ein bestimmtes Gericht über die Rechtmäßigkeit staatlicher Freiheitsentziehungen entscheidet.[264] Auch das Erfordernis der Anordnung einer Freiheitsentziehung durch einen Richter kennt das französische Recht nicht. Nur die Menschenrechtserklärung des Ver-

---

259. Vgl. *Hantel*, Freiheitsentziehung, S. 26; *Hartlaub*, Freiheitsentziehung, S. 86; *Schulze-Fielitz* in: Dreier, GG-Kommentar, Art. 104 Rn. 41.
260. BVerfGE 58, 208 (221); 66, 191 (195); 70, 297 (322); BVerfGE 83, 24 (34f.); vgl. dazu *Gusy*, NJW 1992, 457 (463), ders. JZ 1998, 167 (168).
261. BVerfGE 83, 24 (35).
262. BVerfGE 83, 24 (36).
263. BVerfGE 58, 208 (221); 66, 191 (195).
264. *Burdeau*, Libertés, p. 143; *Robert*, Violations, p. 75f., der die Auffassung vertritt, dass die Einführung eines solchen Verfahrens auch nicht zur Verbesserung des französischen Rechtsschutzes beitragen würde.

fassungsentwurfs vom 19. April 1946 beinhaltete ausdrücklich die Notwendigkeit einer richterlichen Intervention im Fall staatlicher Freiheitsentziehungen. In Art. 9 dieses Entwurfs hieß es:

> „[...] Nul ne peut être maintenu en détention, s' il a comparu dans les quarante-huit heures, devant un juge appelé à statuer sur la légitimité de l'arrestation et si ce juge n'a confirmé, chaque mois, la détention par décision motivée."

Die in dieser Regelung vorgesehene automatischen Haftprüfung wurde jedoch nie zu geltendem Recht. Sie scheiterte zusammen mit dem Verfassungsentwurf am 5. Mai 1946 an einem Referendum.[265] In die französischen Verfassungen der IV. und der V. Republik wurde diese Form der richterlichen Intervention ebenfalls nicht aufgenommen, da sie neben dem Recht auf Freiheit des Art. 7 der Erklärung der Menschen- und Bürgerrechte von 1789, auf die die Verfassungen jeweils in ihrer Präambel verweisen, für überflüssig gehalten wurde.[266] Art. 7 der Erklärung von 1789 beinhaltet jedoch nur den Grundsatz, dass niemandem außer in den gesetzlich vorgesehenen Fällen die Freiheit entzogen werden darf. Eine Prüfung staatlicher Freiheitsentziehungen durch einen Richter sieht die Erklärung der Menschen- und Bürgerrechte von 1789 dagegen nicht vor.

Der Schutz des Rechts auf Freiheit ist nach der französischen Verfassung nicht auf den Verweis der Präambel auf die Erklärung der Menschenrechte von 1789 beschränkt. Auch Art. 66 der Verfassung garantiert dem Einzelnen Schutz vor willkürlichem staatlichem Freiheitsentzug:

> „Nul ne peut être arbitrairement détenu."

Darüber hinaus unterstellt Art. 66 der Verfassung von 1958 dieses Freiheitsrecht zugleich dem Schutz der Behörden der ordentlichen Gerichtsbarkeit *(autorité judiciaire)*:

> „L'autorité judiciaire, gardienne de la liberté individuelle, assure le respect de ce principe dans les conditions prévues par la loi."

Aufgabe der *autorité judiciaire* ist es danach, im Rahmen der geltenden Gesetze daüber zu wachen, dass niemand willkürlich seiner Freiheit beraubt wird. Die Verfassungsbestimmung des Art. 66 geht auf einen Vorschlag von *Marcel Waline* zurück. *Waline* schlug 1958 dem beratenden Verfassungsausschuss vor, ein französisches Habeas Corpus-Verfahren in die Verfassung zu integrieren, um den Einzelnen besser vor willkürlichem Freiheitsentzug zu schützen.[267] Letztlich einigte man sich jedoch darauf, lediglich die Verantwortlichkeit der *autorité judiciaire* für das Recht auf Freiheit in die Verfassung aufzunehmen.[268] Zur *autorité judiciaire* in diesem Sinne gehören die Richter der ordentlichen Gerichtsbarkeit aber auch die Staatsanwaltschaft.[269]

Da im französischen Recht grundsätzlich das Prinzip des *régime répressif* gilt, wonach in das Recht auf Freiheit der Bürger grundsätzlich nur dann eingegriffen werden soll, wenn sich dieser in strafbarer Weise verhält, findet Art. 66 der Verfassung von

265. Zum Verfassungsprojekt vom April 1946 vgl. auch *Robert*, Libertés, p. 49.
266. *Burdeau*, Libertés, p. 143; *Itin*, Grundrechte, S. 9.
267. *Renoux/Villiers*, Code Constitutionnel, p. 514; *Itin*, Grundrechte, S. 9.
268. *Armand*, Autorité judiciaire, p. 33; *Renoux/Villiers*, Code Constitutionnel, p. 514 mwN.

1958 zudem in erster Linie auf die Verfahren der Strafverfolgung Anwendung.[270] Für die Untersuchungshaft *(détention provisoire)* regelt das einfache Gesetzesrecht ein spezielles Haftprüfungsverfahrenin Art. 148 CPP.[271] Diese Vorschriften des CPP finden auf die Freiheitsentziehung im Verwaltungsrecht jedoch keine Anwendung.

Der Anwendungsbereich des Art. 66 der Verfassung von 1958 ist jedoch nicht ausschließlich auf Freiheitsentziehungen im Zusammenhang mit der Strafrechtspflege beschränkt. Dem Wortlaut der Verfassungsbestimmung zufolge wacht die *autorité judiciaire* auch über Freiheitsentziehungen durch die Verwaltung. Dies ist für das französische Recht insofern ungewöhnlich, als nach dem Grundsatz der Gewaltentrennung *(séparation des pouvoirs)* in Frankreich für die Kontrolle von Maßnahmen der Verwaltung grundsätzlich nur die Verwaltungsgerichte zuständig sind.[272] Dass sich die Verfassung dennoch für die allgemeine Zuständigkeit der *autorité judicaire* entschieden hat, ist wohl zum einen darauf zurückzuführen, dass der Hauptanwendungsbereich der Norm im Bereich des Strafrechts gesehen wurde. Zum anderen ist die Entscheidung des Verfassunggebers aber auch darin begründet, dass den Verwaltungsgerichten, die ursprünglich nicht von der Verwaltung unabhängig waren, traditionell ein gewisses Mißtrauen entgegengebracht wird.[273] Auch die Kontrolle von Freiheitsentziehungen durch die Verwaltung wurde daher den Behörden der ordentlichen Gerichtsbarkeit übertragen.

Nach der Rechtsprechung des Conseil Constitutionnel hindert Art. 66 der Verfassung von 1958 den Gesetzgeber zwar nicht daran, die *autorité administrative* zu freiheitsentziehenden Maßnahmen im Bereich der Gefahrenabwehr zu ermächtigen. Art. 66 verpflichtet den Gesetzgeber in einem solchen Fall aber dazu, bestimmte, angemessene Modalitäten vorzusehen, um die Kontrolle dieser Freiheitsentziehungen durch die *autorité judiciaire* zu ermöglichen.[274] Wie die Kontrolle der Freiheitsentziehung durch die *autorité judiciaire* im Einzelnen zu erfolgen hat, kann der Gesetzge-

---

269. Conseil Constitutionnel 19 et 20.01.1981, n° 81-127, J.O. 22.01.1981, p. 308; Conseil Constitutionnel 27.12.1990, n° 90-281, Rec. CC 1990, 91; Conseil Constitutionnel 11.08.1993, n° 93-326, J.O. 15.08.1993, p. 11599; *Armand*, Autorité judiciaire, p. 315; *Favoreu*, Droit Constitutionnel, p. 820; zur rechtlichen Stellung und zur Organisation der Staatsanwaltschaft vgl. *Debeaurain*, Institutions juridictionnelles, p. 155; *Lemesle*, Procureur, p. 20; *Vincent/Guinchard/Montagnier/Varinard*, Justice, p. 433.

270. Vgl. dazu oben Kapitel 3 Abschnitt 3.

271. Zur Untersuchungshaft vgl. *Wachsmann*, Libertés, p. 353f.

272. Bei dem Prinzip der 'séparation des autorités' handelt es sich um einen Grundsatz, der zum Teil aus dem Grundsatz der Gewaltenteilung und zum Teil aus dem Grundsatz der 'séparation des autorités', das durch Art. 13 der Gesetzes 16-24.08.1790 und durch décret vom 16. Fructidor Jahr III normiert wurde, entnommen wird, vgl. TC 12.05.1997, Rec. Dalloz Jur. 1997, 567 (568); ob diesem Prinzip Verfassungsrang zukommt, ist umstritten: *Auby*, Rec. Dalloz Jur., 1980, 249; *Chauvaux*, ADJA 1997, 575f; *Favoreu*, Rec. Dalloz Chr., 1968, 169 (173); *Renoux/de Villiers*, Code Constitutionnel, p. 530.

273. Conseil Constitutionnel 22.07.1980, n° 80- 119, J.O. 24.07.1980, p. 1868; *Fromont* in: Mosler (Hrsg.), Gerichtsschutz, S. 221 (241).

274. Conseil Constitutionnel 25.02.1992, n° 92-307, J.O. 27.02.1992, p. 3003; vgl. dazu *Armand*, Autorité judiciaire, p. 404f.; *David-Pecheul*, RFDA 1998, 362 (377).

ber, nach der Auffassung des Conseil Constitutionnel, selbst bestimmen.[275] Die Art der Kontrolle und deren Umfang kann dabei abhängig vom Grad der Beeinträchtigung der individuellen Freiheit variieren.[276] Die Kontrolle muss jedoch stets *effectif, réel* und *complèt* sein. Eine rein formelle Kontrolle der Maßnahmen durch die *autorité judiciaire* genügt den Anforderungen des Art. 66 der Verfassung von 1958 nicht. Es muss vielmehr auch die Angemessenheit und die Verhältnismäßigkeit der freiheitsentziehenden Maßnahme überprüft werden.[277] Der Gesetzgeber muss nach der Rechtsprechung des Conseil Constitutionnel zudem darauf achten, dass die vorgesehene richterliche Entscheidung über die Freiheitsentziehung innerhalb kurzer Fristen *(à bref délai)* erfolgen kann.[278]

Nachdem der Conseil Constitutionnel mit dieser Begründung mehrere Gesetzesvorhaben für nicht mit der Verfassung vereinbar erklärt hatte, ergänzte der französische Gesetzgeber die einzelnen gesetzlichen Ermächtigungsgrundlagen jeweils um die Möglichkeit der Kontrolle der verwaltungsrechtlichen Freiheitsentziehung durch die *autorité judiciaire*. Auf diese Weise wurde zwar kein einheitliches Verfahren der Haftprüfung geschaffen. Es entstanden aber diverse spezielle Rechtsschutzverfahren, die im Folgenden dargestellt und jeweils auf ihre Vereinbarkeit mit den Anforderungen aus Art. 5 Abs. 4 EMRK hin überprüft werden sollen.

I. Spezieller Rechtsschutz

A. Unterbringung psychisch Kranker

Ein besonderer Rechtschutz ist für die Unterbringung psychisch Kranker im Art. L3211-12 CSP vorgesehen. Danach kann jede zwangsweise in einer Anstalt für psychisch Kranke untergebrachte oder dort festgehaltene Person oder ihr gesetzlicher Vertreter, Lebensgefährte, Verwandter und jede andere Person, bei der davon ausgegangen werden kann, dass sie im Interesse des Betroffenen handelt, zu jeder Zeit durch einfachen Antrag *(requête)* Rechtsmittel beim Präsidenten des Tribunal de Grande Instance (TGI) einlegen. Nach mündlicher Verhandlung *(débat contradictoire)* und entsprechenden eigenen Ermittlungen *(vérifications nécessaires)* ordnet dieser Richter gegebenenfalls die sofortige Entlassung der betroffenen Person an.[279] Der Richter kann aber auch von Amts wegen entsprechend tätig werden und die Be-

---

275. Conseil Constitutionnel n° 92-307 du 25.02.1992, J.O. du 12.03.1992, p. 3003: „Considérant que, dans l'exercice de sa compétence, le législateur peut fixer des modalités d'intervention de l'autorité judiciaire différentes selon la nature et la portée des mesures touchant à la liberté individuelle qu'il entend édicter; qu'il a la faculté de ne pas soumettre à des règles identiques une mesure qui prive un individu de toute liberté d'aller et venir et une décision qui a pour effet d'entraver sensiblement cette liberté".

276. Conseil Constitutionnel 25.02.1992, n° 92-307, J.O. 12.03.1992, p. 3003.

277. *Renoux/de Villiers*, Code Constitutionnel, p. 528.

278. Conseil Constitutionnel 09.01.1980, n° 79-109, Rec. Dalloz Jur. 1980, p. 249.

279. Zum Verfahren vgl. *Loiseau*, Hospitalisation, p. 114f.

endigung der zwangsweisen Unterbringung anordnen, Art. L3213-12 CSP. Damit soll die Möglichkeit geschaffen werden, eine Person auch gegen oder ohne den Willen ihrer Verwandten oder der Behörde zu entlassen, wenn die Voraussetzungen für die Unterbringung nicht mehr vorliegen.[280]

1. Kontrollumfang

Die Kontrolle der zwangsweisen Unterbringung ist durch den CSP damit der ordentlichen Gerichtsbarkeit zugewiesen. Da jedoch die zwangsweise Unterbringung stets auf einer Verwaltungsentscheidung beruht, kollidiert diese gesetzliche Aufgabenzuweisung mit dem Prinzip der *séparation des autorités*, demzufolge für die Beurteilung der Rechtmäßigkeit von Verwaltungshandlungen ausschließlich die Verwaltungsgerichte zuständig sind. Um dieses Prinzip der *séparation des autorités* zu wahren, haben insbesondere der Conseil d'État und das Tribunal des Conflits in ihrer Rechtsprechung den Prüfungsumfang des ordentlichen Richters beschränkt. Danach verfügt der ordentliche Richter am TGI über die ausschließliche Kompetenz, das Vorliegen der materiellen Voraussetzungen und die Verhältnismäßigkeit der Unterbringung zu überprüfen.[281] Der Haftrichter hat folglich festzustellen, ob tatsächlich eine psychische Krankheit und eine durch diese hervorgerufene Störung der öffentlichen Ordnung besteht, die eine zwangsweise Unterbringung erforderlich macht.[282]

Aufgabe der Verwaltungsgerichte ist es hingegen, über die formelle Rechtmäßigkeit der Unterbringung zu entscheiden. Wenn daher beispielsweise Streit über die Zuständigkeit der handelnden Behörde oder die Einhaltung der Verfahrensrechte besteht, ist die Kontrolle dieser Rechtmäßigkeitsvoraussetzungen dem Haftrichter entzogen. So entschied das Tribunal des Conflits, dass die Frage, ob nach einer vorläufigen Unterbringung der Präfekt die zwangsweise Unterbringung innerhalb der gesetzlich vorgesehenen Frist angeordnet hat, nur von Verwaltungsgerichten entschieden werden dürfe.[283]

Anders beurteilte das TGI Bar-le-Duc in zwei Entscheidungen von 1982 die Kompetenzverteilung zwischen den Gerichtsbarkeiten. Das Zivilgericht erklärte sich auch für kompetent, die Frage zu beurteilen, ob der Präfekt einen Unterbringungsbescheid

---

280. *Nicolau*, Rec. Dalloz. Chr. 1991, 29 (35), die die Einführung der amtswegigen Kontrolle begrüßt, jedoch Zweifel äußert, ob von dieser Möglichkeit in der Praxis Gebrauch gemacht werden wird.

281. Conseil d'État 08.06.1932, Gazette du Palais 1932 II, 400; Conseil d'État 04.12.1968, Rec. CE 1968, p. 614; Conseil d'État 07.11.1969, Rec. CE 169, 480: „la jurisdiction administrative est compétente pour connaître da la régularité des décisions administratives qui ordonnent un internement dans un hôpital psychiatrique; qu'en revanche il n'appartient qu'à l'autorité judiciaire en vertu de la loi du 30.06.1838 d'apprécier la nécessité de la mesure [...]"; *Armand*, Autorité judiciaire, p. 461.

282. TC 27.11.1995, Rec. Dalloz Jur. 1996, 285; TGI Bar- le-Duc 21.06.1982, Rec. Dalloz Jur. 1983, 94; *Chapus*, Droit Administratif, p. 793.

283. TC 27.11.1995, Rec. Dalloz Jur. 1996, 285, vgl. dazu die Anmerkung von *Cayla*, Rec. Dalloz Jur. 1996, 286.

hinreichend begründet hat, ob die Unterbringungsentscheidung also formell rechtmäßig war. Das TGI Bar-le-Duc begründete seine Zuständigkeit damit, dass der Gesetzgeber mit der Einführung des Haftprüfungsverfahrens in den Code de la Santé Publique ein echtes Habeas Corpus-Verfahren einrichten wollte. Den für die Haftprüfung zuständigen Richtern müsse daher die Kompetenz zustehen, vollumfänglich die Rechtmäßigkeit der Freiheitsentziehung zu prüfen.[284] Auch der Cour d'appel Paris sprach dem *juge judiciaire* die vollumfängliche Kompetenz zur Beurteilung der Unterbringung psychisch Kranker zu.[285] Nach Auffassung der Cour d'appel Paris gebietet Art. 66 der Verfassung von 1958, die Kontrolle staatlicher Freiheitsentziehungen durch die ordentlichen Gerichte durchzuführen. Trotz dieser Rechtsprechung der Fachgerichte blieb das Tribunal des Conflits bei seiner Rechtsprechung, wonach nur das Verwaltungsgericht die formelle Rechtmäßigkeit der zwangsweisen Unterbringung einer Person prüfen darf.[286] Da das Tribunal des Conflits letztinstanzlich über die Kompetenzverteilung zwischen den Gerichtsbarkeiten entscheidet, kann der Haftrichter im französischen Recht letztlich nicht die volle Übereinstimmung der zwangsweisen Unterbringung einer Person mit nationalem Recht prüfen. Die Haftprüfung im Sinne des Art. L3211-12 CSP genügt damit allein nicht den Anforderungen des Art. 5 Abs. 4 EMRK.[287]

In der französischen Literatur wird daher die Auffassung vertreten, dass nur die Kombination des Rechtsschutzes vor den ordentlichen Gerichten und den Verwaltungsgerichten eine umfängliche Kontrolle der Rechtmäßigkeit einer Unterbringung gewährleiste und damit den Anforderungen des Art. 5 Abs. 4 EMRK genüge.[288] Die uneinheitliche Rechtsprechung der Gerichte führt jedoch im Ergebnis dazu, dass es gerade bei Haftprüfungsanträgen psychisch Kranker oft zu Klageabweisungen aufgrund einer (vermeintlichen) Unzuständigkeit des Gerichts kommt.[289] Die Konsequenzen der uneinheitlichen Rechtsprechung und der daraus resultierenden Unklarheit über die Kompetenzverteilung werden noch dadurch verschärft, dass es keine Norm gibt, derzufolge die Gerichte an die jeweils andere Gerichtsbarkeit verweisen

284. TGI Bar-le-Duc 21.06.1982, Rec. Dalloz Jur. 1983, 94; TGI Bar-le Duc, 13.10.1982, Rec. Dalloz Jur. 1983, 96.
285. CA Paris 31.05.1996, Rec. Dalloz Jur. 1997, 554.
286. TC 17.12.1997, JCP 1997 II-22885.
287. A. A. EKMR 11.04.1991, Boucheras and Groupe information Asiles/France, DR 69, 236 (242), die Kommission geht in dieser Entscheidung abweichend von der sonstigen Rechtsprechung der Konventionsorgane davon aus, dass Art. 5 Abs. 4 EMRK nicht verlange, dass auch die formelle Rechtmäßigkeit einer Unterbringung überprüfbar sein müsse. Die Kommission verweist für diese Feststellung auf das Urteil des EGMR vom 05.11.1981 im Fall X/United Kindom, Series A 46, para. 58. In diesem Urteil stellte der EGMR jedoch nur fest, dass die Haftprüfung gemäß Art. 5 Abs. 4 EMRK nicht erfordere, dass das Gericht bei einer Ermessensentscheidung sein Ermessen an die Stelle des Ermessens der Behörde setzen kann. Die Rechtmäßigkeit einer Freiheitsentziehung sei hingegen stets zu überprüfen.
288. *Sermet*, Contentieux administratif, p. 170.
289. *Douraki*, Malades et Mariginaux, p. 292: „C'est ainsi que le demandeur n'est jamais sûr d'avoir saisi la juridiction compétente."

muss. Statt dessen weisen die Gerichte die Klage als unzulässig ab.[290] Hält sich auch die andere Gerichtsbarkeit für nicht zuständig, so muss das zuletzt angerufene Gericht seinerseits die Zuständigkeitsfrage dem Tribunal des Conflits vorlegen, das dann im Einzelfall entscheidet, welches Gericht zuständig ist.[291]

Das System der geteilten Kompetenzen stellt somit aufgrund der Unklarheit, welches Gericht für welche Beschwerde anzurufen ist, kein hinreichend bestimmtes *(certain)* und aufgrund seiner Dauer und Komplexität kein effektives *(effectif)* Haftprüfungsverfahren im Sinne des Art. 5 Abs. 4 EMRK dar.

2. Regelmäßige Kontrolle

Während der Zeit der Unterbringung einer Person einer muss gemäß Art. L3213-3 CSP und Art. L3212-7 CSP regelmäßig der Gesundheitszustand der betroffenen Person durch einen Psychiater untersucht werden. Das erste Gutachten erfolgt bei der Einweisung der betroffenen Person, das zweite innerhalb von 15 Tagen nach der Einweisung und das dritte Gutachten wird nach einem Monat erstellt. Danach finden monatlich ärztliche Untersuchungen der untergebrachten Person statt. Über den Gesundheitszustand der betroffenen Person wird der Staatsanwalt regelmäßig unterrichtet. Stellt der untersuchende Psychiater bei einer der Untersuchungen fest, dass die Voraussetzungen der Unterbringung nicht mehr vorliegen, so unterrichtet er den Präfekten, der dann über die Freilassung zu entscheiden hat, Art. L3212-5 CSP.

Eine regelmäßige Kontrolle der zwangsweisen Unterbringung wird auch im französischen Unterbringungsrecht dadurch gewährleistet, dass das Gesetz die Notwendigkeit einer regelmäßigen Verlängerung der Unterbringung vorsieht, Art. L3213-4 CSP. Die Unterbringung kann durch den Präfekten nur für einen Zeitraum von bis zu maximal sechs Monaten angeordnet werden. Stellt sich nach Ablauf dieser Frist heraus, dass eine Verlängerung der Maßnahme nicht erforderlich ist oder unterbleibt die Verlängerung aus anderen Gründen, so wird die betroffene Person entlassen.[292] Da die Verlängerung der Unterbringung jedoch ebenfalls durch den Präfekt angeordnet wird und somit keine Intervention des Richters erforderlich ist, genügt dieses Verfahren allein nicht den Anforderungen des Art. 5 Abs. 4 EMRK.

---

290. Die französische Regierung empfiehlt ihren Bürgern daher, sich vor einem Antrag auf Haftprüfung genau zu informieren, welche Gerichtsbarkeit für die konkrete Frage zuständig ist: „Juge administratif ou juge judiciaire? Avant de saisir le tribunal administratif, renseignez-vous bien pour savoir si votre litige est de la compétence du juge administratif ou du juge judiciaire (juges des tribunaux civils et pénaux). Si votre demande n'est pas de la compétence du juge administratif, elle sera rejetée", http://vosdroits.service-public.fr

291. *Laubadère*, Droit administratif, vol. 1, p. 443; *Peiser*, Droit administratif, p. 168, zudem führt das System oft zu widersprüchlicher Rechtsprechung der beiden Gerichtszweige.

292. Dieser Automatismus der Überprüfung der Unterbringungsvoraussetzungen ist erst durch loi n° 90-527 du 27.06.1990, J.O. 30.06.1990, p. 766 eingeführt worden.

Der Überwachung der Rechtmäßigkeit der zwangsweisen Unterbringung psychisch Kranker wird ferner durch die Commisions Departementales des Hospitalisations Psychiatriques (CODHOPSY) gewährleistet, Art. L3222-5 CSP. Diese Kommission, die der französische Gesetzgeber aufgrund einer Empfehlung der Europarats eingeführt hat,[293] hat die Aufgabe, die Situation der untergebrachten Personen hinsichtlich des Respekts ihrer persönlichen Freiheit und ihrer menschlichen Würde zu überprüfen. Die CODHOPSY setzt sich aus einem Psychiater, der vom Staatsanwalt ernannt wird, einem *magistrat*, der durch den vorsitzenden Richter am Berufungsgericht eingesetzt wird und zwei weiteren qualifizierten Personen, die durch den Präfekt und den Präsidenten des Conseil Général eingesetzt werden, zusammen, Art. L3223-2 CSP. Die Kommission prüft die Situation derer, die länger als drei Monate untergebracht sind, überwacht insbesondere die Eileinweisungsfälle, stattet den Anstalten regelmäßig Kontrollbesuche ab und veröffentlicht einen Jahresbericht. Die Freilassung einer Person kann sie jedoch dem vorsitzenden Richter am TGI nur vorschlagen. Selbst zur Entlassung befugt ist die CODHOPSY nicht. Schon deswegen stellt die Kontrolle durch diese Kommission keine Haftprüfung im Sinne des Art. 5 Abs. 4 EMRK dar.[294]

Eine regelmäßige *richterliche* Kontrolle der Rechtmäßigkeit einer zwangsweisen Unterbringung kann im französischen Recht damit ausschließlich durch eine Wiederholung des Haftprüfungsantrags gemäß Art. L3211-12 CSP herbeigeführt werden. Dieser Antrag kann von der betroffenen Person und den anderen Antragsberechtigten jederzeit und auch mehrmals gestellt werden. Da Art. 5 Abs. 4 EMRK keine automatische Kontrolle der Rechtmäßigkeit einer Freiheitsentziehung fordert, sondern die Möglichkeit eines Haftprüfungsantrags ausreichen lässt, genügt diese Kontrollmöglichkeit des französischen Rechts den Anforderungen des Art. 5 Abs. 4 EMRK.

B. Abschiebungshaft

Ein spezialgesetzliches Haftprüfungsverfahren sieht auch das französische Ausländerrecht vor. Nachdem der Conseil Constitutionnel mehrfach Gesetzgebungsvorhaben als mit Art. 66 der Verfassung von 1958 für unvereinbar erklärt hatte, hat der französische Gesetzgeber die Kontrolle der Abschiebungshaft und des Festhaltens in der sogenannten Transitzone durch die *autorité judiciaire* gesetzlich geregelt.[295]

a) Abschiebungshaft

Die Inhaftierung von Ausländern, gegen die ein Ausreisebefehl ergangen ist, wird zunächst vom Präfekt angeordnet. Von der Inhaftierung der Person ist sodann umgehend der Staatsanwalt zu benachrichtigen. Innerhalb von 48 Stunden nach der Inhaftierung ist schließlich der *juge des libertés et de la détention* einzuschalten, Art. 35bis

293. Empfehlung des Europarats R 818 (1977), die die Einrichtung von Kommissionen oder unabhängigen Gerichten anregt, die auf eigene Initiative oder auf Antrag der untergebrachten Person tätig werden und die Einhaltung der Rechte der Betroffenen überwachen soll.
294. Zur CODHOPSY vgl. *Loiseau*, Hospitalisation, p. 81f.

der Ordonnance 45-2658,[296] der nach eigener Ermittlung des Sachverhalts und nach Anhörung der betroffenen Person über eine Verlängerung der Freiheitsentziehung entscheidet. Die betroffene Person hat im Verfahren vor dem *juge des libertés* das Recht auf einen Dolmetscher, einen Arzt und einen Rechtsbeistand. Gegen die Verlängerung der Abschiebungshaft durch den *juge des libertés* kann die betroffene Person Berufung beim Präsidenten des Cour d'Appel einlegen, der innerhalb von 48 Stunden über die Sache zu entscheiden hat.

Bis Mitte der 90er Jahre galt auch die Prüfungskompetenz dieses Haftrichters aufgrund des Prinzpis der *séparation des autorités* als auf die materielle Rechtmäßigkeit der Haft beschränkt.[297] Nach der neueren Rechtsprechung die Cour de Cassation ist der Richter, der über die Verlängerung der Abschiebungshaft entscheidet, jedoch befugt, die Abschiebungshaft vollumfänglich auf ihre Rechtmäßigkeit hin zu überprüfen.[298] Auch formelle Fehler der Anordnung der Abschiebungshaft können heute vor dem *juge des libertés* gerügt werden. Bis Mitte der 90er Jahre wurde dem zuständigen Haftrichter auch die Kompetenz abgesprochen, die Freilassung der betroffenen Person anzuordnen. Kam der Richter zu dem Ergebnis, dass die Voraussetzungen für eine Abschiebungshaft nicht vorlagen, konnte er lediglich Druck auf die Verwaltung ausüben, die betroffene Person freizulassen.[299] Nach der gefestigten neuen Rechtsprechung der Cour de Cassation ist der *juge des libertés* nunmehr befugt, die Anordnung der Abschiebungshaft aufzuheben und die betroffene Person freizulassen.[300] Auch der Conseil Constitutionnel entschied, dass der *juge judiciaire* befugt sei, die Freilassung des Betroffenen aus der Abschiebungshaft anzuordnen.[301]

---

295. Conseil Consitutitonnel 09.01.1980, n° 79-109, Rec. CC 1980, 29: Der Conseil Constitutionnel hielt das vorgelegte Gesetz für insofern mit Art. 66 der Verfassung unvereinbar, als dieses für abgeschobene Personen den Art. 120 CPP für anwendbar erklärt, wonach der Richter über eine Verlängerung der durch die Verwaltung angeordnete Haft erst nach sieben Tagen zu befinden hätte. Diese Zeitspanne hält der CC für eine wirksame gerichtliche Kontrolle für zu lang; Conseil Constitutionnel 03.09.1986, n° 86-216, Rec. CC 1986, 135: Der Conseil Constitutionnel hält das vorgelegte Gesetz für mit Art. 66 der Verfassung nicht vereinbar, weil es die Möglichkeit einer Verlängerung der Haft durch den Präfekten um weitere drei Tage vorsah. Diese Verlängerung war dem Conseil Constitutionnel trotz richterlicher Kontrolle zu lang; Conseil Constitutionnel 25.02.1992, n° 92-307, Rec. CC 1992, 71: der im vorgelegten Gesetz vorgesehene durch die Verwaltung angeordnete Zwangsaufenthalt von Ausländern in der 'zone de transit' von 20 Tagen vor Anrufung des Richters, verstieß gegen Art. 66 der Verfassung.

296. Zur Beurteilung der Rechtmäßigkeit einer Freiheitsentziehung und zur Entscheidung über ihre Verlängerung wurde durch Gesetz vom 15. Juni 2000 der 'juge des libertés' eingesetzt. Der juge des libertés übernimmt als unabhängiger Richter die Aufgabe, freiheitsentziehende Maßnahmen der Verwaltung zu kontrollieren.

297. So noch Cour de Cassation 03.02.1988, Rec. Dalloz Somm. 1989, 433; vgl. *Armand*, Autorité judiciaire, p. 413.

298. Cour de Cassation 28.06.1995, Rec. Dalloz Somm. 1996, 102.

299. Cour de Cassation 03.02.1988, Rec. Dalloz Somm. 1989, 433.

300. Cour de Cassation 28.05.1995, Bull. Civ. 1995, n°122; Cour de Cassation 28.05.1995, Bull. Civ. 1995, n° 218; Cour de Cassation 28.05.1995, Bull. Civ. 1995, n° 211.

Die Prüfung der Rechtmäßigkeit eines der Abschiebungshaft zugrunde liegenden Ausreisebefehls ist jedoch aufgrund des Prinzips der *séparation des pouvoirs* weiterhin allein Aufgabe der Verwaltungsgerichte.[302] Dem *juge des libertés* ist es daher nicht möglich, die Freilassung einer Person mit der Begründung anzuordnen, dass ihre Abschiebungshaft auf einem rechtswidrigen Ausreisebefehl beruht.[303] Da gemäß Art. 35bis der Ordonnance 45-2658 nur das Vorliegen eines Ausreisebefehls, nicht aber dessen Rechtmäßigkeit Voraussetzung für die Vereinbarkeit einer Abschiebungshaft mit nationalem Recht ist, ist die Kontrolle der zugrundeliegenden Verwaltungsentscheidungen jedoch auch nicht durch Art. 5 Abs. 4 EMRK gefordert.

b) Flughafenverfahren

Für die Kontrolle der Rechtmäßigkeit des Festhaltens von Ausländern in der sogenannten Transitzone von Flughäfen oder Häfen gelten im wesentlichen die gleichen Regelungen wie für die Kontrolle der Abschiebungshaft. Die Verwaltung kann jedoch den zwangsweisen Aufenthalt einer Person in der Transitzone für bis zu vier Tage anordnen. Erst nach vier Tagen muss der *juge des libertés* über eine weitere Verlängerung der Freiheitsentziehung entscheiden, Art. 35ter der Ordonnance 45-2658.

Da die Cour de Cassation ihre neuere Rechtsprechung zur Kontrolle der Abschiebungshaft ausdrücklich nicht auf die Prüfung der Rechtmäßigkeit des Aufenthalts in der Transitzone übertragen hat, ist der Umfang der Prüfung des *juge des libertés* in diesem Fall weniger weit. Der Richter habe, so die Cour de Cassation, beispielsweise nicht die Rechtmäßigkeit der Anordnung des Präfekten zu prüfen, derzufolge einreisewilligen Ausländern das Verlassen des Schiffes untersagt wurde.[304] Die Cour de Cassation reagierte mit dieser Entscheidung auf das Urteil des Tribunal des Conflits, das in diesem Fall die Verwaltungsgerichte für zuständig erklärt hatte.[305] Die betroffene Person hat daher mit einer Beschwerde gegen die Anordnung des Aufenthalts in der Transitzone grundsätzlich die Verwaltungsgerichtsbarkeit anzurufen. Nur in Fällen offensichtlicher Rechtswidrigkeit des Verwaltungshandelns *(voie de fait)* ist im Rahmen einer Unzuständigkeitsbeschwerde daneben auch das ordentliche Gericht zuständig.[306] Da unter den Gerichten aber heillos umstritten ist, wann eine solche offen-

301. Conseil Constitutionnel 22.04.1997, n° 97-389, J.O. 25.04.1997, p. 6271; entsprechend erklärt sich das TA Versailles 1996 für die Beurteilung der Rechtmäßigkeit der Abschiebungshaft für unzuständig, TA Versailles 21.06.1996, Rec. Dalloz Somm. 1997, 33 mit Anmerkung von *Julien-Laferriière.*

302. Conseil Constitutionnel, 28.07.1989, n° 89-261, Rec. CC 1989, vol. 1, 370; Conseil d'État 26.05.1995, Rec. Dalloz Somm. Com. 1996, 96f.; vgl. dazu *Chatiel*, RDP, 2000, p. 160; *D'Haem*, Reconduite, p. 70.

303. *Armand*, Autorité judiciaire, p. 493.

304. Cour de Cassation 19.11.1998, RCDIP, 1999, 500.

305. TC 12.05.1997, AJDA 1997, 635, *Chauvaux*, ADJA 1997, 575.

306. TC 12.05.1997, AJDA 1997, 635.

sichtliche Rechtswidrigkeit *(voie de fait)* vorliegt, die eine Kompetenz der ordentlichen Gerichte begründet, ist die Haftprüfung in diesem Fall wenig „sicher" *(certain)* im Sinne des Art. 5 Abs. 4 EMRK.

C. *Identitätskontrolle*

Zum Festhalten von Personen anlässlich von Identitätskontrollen zur Gefahrenabwehr wurde die Polizei erstmals 1981 durch Gesetz ermächtigt. Im Hinblick auf Art. 66 der Verfassung von 1958 wies der Gesetzgeber die Zuständigkeit für diese Maßnahmen der *police judiciaire* und nicht der *police administrative* zu.[307] Wird eine Person zur Feststellung der Identität festgehalten, so kann sie jederzeit beantragen, dass der Staatsanwalt informiert wird und über die Freilassung entscheidet. Diese Intervention der *autorité judiciaire* in Form des Staatsanwalts wurde vom Conseil Constitutionnel als mit Art. 66 der Verfassung von 1958 vereinbar erklärt.[308] Den Anforderungen des Art. 5 Abs. 4 EMRK ist mit der Anrufung des Staatsanwalts jedoch nicht genüge getan.

Gegen die Identitätskontrolle und gegen das Festhalten anlässlich derselben kann die betroffenen Person aber zudem gerichtlich vorgehen. Die gesetzliche Regelung der Identitätskontrollen lässt jedoch offen, welche Gerichtsbarkeit für diese Kontrolle zuständig ist. Da aber auch die Identitätskontrolle zum Zweck der Gefahrenabwehr durch die *police judiciaire* und nicht durch die *police administrative* vorgenommen wird, und die *police judiciare* nicht als Verwaltung in dem Sinne angesehen wird, dass ihr Handeln nur durch die Verwaltungsgerichte überprüfbar ist, spricht in diesem Fall das Prinzip der *séparation des autorités* nicht gegen eine Zuständigkeit der ordentlichen Gerichte. Der Conseil Constitutionnel sprach die Kompetenz zur Prüfung der Rechtmäßigkeit von freiheitentziehenden Maßnahmen anlässlich einer Identitätskontrolle folglich den ordentlichen Gerichten zu.[309] Diese Entscheidung wird auch von

---

307. Vgl. dazu oben Kapitel 3 Abschnitt 3 Seite 172.

308. Conseil Constitutionnel 19. et 20.01.1981, n° 80.127, J.O. 22.01.1981, p. 308; Conseil Constitutionnel 05.08.1993, n° 93-323, J.O. 07.08.1993, p. 11193: „Considérant que le législateur a confié au procureur de la République, magistrat de l'ordre judiciaire, la responsabilité de définir précisément les conditions dans lesquelles les procédures de contrôle et de vérification d'identité qu'il prescrit doivent être effectuées; que la circonstance que le déroulement de ces opérations conduise les autorités de police judiciaire à relever des infractions qui n'auraient pas été visées préalablement par ce magistrat ne saurait, eu égard aux exigences de la recherche des auteurs de telles infractions, priver ces autorités des pouvoirs qu'elles tiennent de façon générale des dispositions du code de procédure pénale; que par ailleurs celles-ci demeurent soumises aux obligations qui leur incombent en application des prescriptions de ce code, notamment à l'égard du procureur de la République; que, dès lors, les garanties attachées au respect de la liberté individuelle sous le contrôle de l'autorité judiciaire ne sont pas méconnues; qu'ainsi le grief invoqué doit être écarté."

309. Conseil Constitutionnel 05.08.1993, n° 93-323, J.O. 07.08.1993, p. 11193: „[...] qu'ainsi il revient à l'autorité judiciaire gardienne de la liberté individuelle de contrôler en particulier les conditions relatives à la légalité, à la réalité et à la pertinence des raisons ayant motivé les opérations de contrôle et de vérification d'identité."

den Zivilgerichten beachtet. So entschied die Cour de Cassation, dass die ordentliche Gerichtsbarkeit kompetent sei, über die Rechtmäßigkeit des Festhaltens anlässlich einer Identitätskontrolle zu entscheiden.[310]

Zur Überprüfung der Rechtmäßigkeit von Freiheitsentziehungen zum Zweck der Identitätskontrolle sind daher unstreitig die ordentlichen Gerichte zuständig, die die Maßnahme der *police judiciaire* vollumfänglich auch ihre Vereinbarkeit mit dem nationalen Recht hin überprüfen können. Die gerichtliche Kontrolle der Freiheitsentziehung anlässlich einer Identitätsfeststellung ist insoweit mit Art. 5 Abs. 4 EMRK vereinbar.

II. Rechtsschutz in anderen Fällen

A. Zuständiges Gericht

Greift eine spezielle Kompetenz des *juge judiciaire* zur Prüfung der Rechtmäßigkeit der Freiheitsentziehung durch die Verwaltung nicht ein — wie beispielsweise im Fall der Unterbringung ansteckend Kranker — bleibt für die Beantwortung der Frage, welches Gericht zuständig ist, eigentlich nur der Rückgriff auf die allgemeine Norm des Art. 66 der Verfassung von 1958. Einfachgesetzlich ist die Zuständigkeitsverteilung auch in Art. 136 CPP geregelt, wonach für die Beurteilung der Rechtmäßigkeit einer Freiheitsentziehung stets die ordentlichen Gerichte zuständig sind.[311] Die Auslegung des Art. 66 der Verfassung von 1958, aber auch des seinem Wortlaut nach recht eindeutigen Art. 136 CPP, ist indes in der Literatur und der Rechtsprechung sehr umstritten.[312] Wie bereits gezeigt, kollidieren bei der Frage, welche Gerichtsbarkeit für die Kontrolle der Rechtmäßigkeit von Freiheitsentziehungen durch die Verwaltung zuständig ist, zwei Prinzipien: das Prinzip *autorité judiciaire gardienne de la liberté individuelle* aus Art. 66 der Verfassung von 1958 und das Prinzip der *séparation des autorités*.[313] Während Art. 66 der Verfassung von 1958 und Art. 136 CPP die Kompetenz zur Prüfung freiheitsentziehender Maßnahmen ausschließlich der *autorité judiciaire* zuweist, gebietet das Prinzip der *séparation des pouvoirs*, dass ausschließlich Verwaltungsgerichte über Maßnahmen der Verwaltung — und damit auch über die durch die Verwaltung angeordneten Freiheitsentziehungen — zu entscheiden haben. Der Conseil Constitutionnel hat dem Prinzip der *séparation des autorités* den Verfassungsrang abgesprochen.[314] Dieses Prinzip müsse hinter die in Art. 66 der Verfassung von

---

310. Cour de Cassation 25.04.1985, Rec. Dalloz Jur. 1985, 329 (affaire Bogdan); Cour de Cassation 25.04.1985, Rec. Dalloz Jur. 1985, 329 (affaire Vockovich).

311. Art. 136 CPP: „Dans tous les cas d'atteinte à la liberté individuelle, le conflit ne peut jamais être élevé par l'autorité administrative et les tribunaux de l'ordre judiciaire sont toujours exclusivement compétents."

312. Vgl. *Armand*, Autorité judicaire, p. 382; *Chavaux*, AJDA 1997, 575ff.; *Favoreu*, Rec. Dalloz Chr. 1986, 169ff.; *Renoux/de Villiers*, Code Constitutionnel, p. 530.

313. Vgl. dazu schon oben Kapitel 10 Abschnitt 3 Seite 439.

314. Conseil Constitutionnel 23.01.1987, n° 86-224, Rec. CC 1987, 8ff.

1958 vorgesehene Kompetenzverteilung zurücktreten. Dementsprechend erklären sich die gegen Freiheitsentziehungen durch die Verwaltung angerufenen ordentliche Gerichte oft für die Beurteilung der Rechtmäßigkeit für zuständig.[315] Das für die verbindliche Entscheidung über die Kompetenzverteilung zuständige Tribunal des Conflits hält hingegen weiter an seiner Rechtsprechung fest, wonach nur Verwaltungsgerichte über Maßnahmen der Verwaltung urteilen können. Die ordentlichen Gerichte sind nach der Rechtsprechung des Tribunal des Conflits nur dann zuständig, wenn die Freiheitsentziehung durch die Verwaltung offensichtlich rechtswidrig ist *(voie de fait)*.[316] Obwohl auch ein Haftprüfungsantrag an die ordentlichen Gerichte bisweilen Erfolg hat, ist aufgrund der abschließenden Entscheidungskompetenz des Tribunal des Conflits über die Verteilung der Zuständigkeiten der Gerichtsbarkeiten in Frankreich — abgesehen von den genannten spezialgesetzlich geregelten Verfahren — weiterhin grundsätzlich die Verwaltungsgerichtsbarkeit anzurufen, wenn es um die Rechtmäßigkeit einer von der Verwaltung angeordneten Freiheitsentziehung geht.[317]

B. Verwaltungsgerichtliches Verfahren

Zuständig für die Beurteilung der Rechtmäßigkeit von durch die Verwaltung angeordneten Freiheitsentziehungen und damit zuständiges Gericht im Sinne des Art. 5 Abs. 4 EMRK ist in erster Linie das Verwaltungsgericht. Die Verwaltungsgerichte sind in Frankreich von der Exekutive und der Legislative unabhängig, und die Richter am Verwaltungsgericht sind unparteilich.[318] Die Verwaltungsgerichte sind damit Gerichte im Sinne des Art. 5 Abs. 4 EMRK.[319] Auch werden im Verfahren vor den Verwaltungsgerichten, das neben den Bestimmungen im Code des Tribunaux administratives d'appel vor allem durch die Rechtsprechung geprägt ist, die für ein gerichtliches Verfahren im Sinne des Art. 5 Abs. 4 EMRK wesentlichen Verfahrensrechte gewahrt. Das Verfahren ist stets kontradiktorisch, so dass die betroffene Person die Möglichkeit hat, auf die richterliche Entscheidung Einfluss zu nehmen.[320] Zudem gilt im verwaltungsgerichtlichen Verfahren der Untersuchungsgrundsatz, wonach der Richter selbst den Sachverhalt zu ermitteln hat.[321]

---

315. Cour de Cassation 25.04.1985, Rec. Dalloz Jur. 1985, 329; Cour d'Appel de Paris 31.05.1996, Rec. DAlloz, Jur 1997, 554 (555).
316. St. Rspr. TC 16.11.1964, Rec. CE 1964, 796; TC 12.05.1997, Rec. Dalloz Jur. 1997, 567 (568): „[les] dispositions, qui dérogent au principe de séparation des autorités administratives et judiciaires posé par l'article 13 de la loi des 16-24.08.1790 et par le décret du 16 fructidor an III, ne sauraient être interpretées comme autorisant les tribunaux judiciaires à faire obstacle à l'exécution des décisions prises par l'administration en dehors des cas de voie de fait."
317. So auch Conseil d'État 26.05.1995, Rec. CE 1995, 217; *Armand*, Autorité judiciaire, p. 429.
318. Conseil d'État 08.01.1959, Rec. CE 1959, 15.
319. Conseil Constitutionnel 22.07.1980, n° 80-119, Rec. CC 1980, 46; *Fromont* in: Mosler (Hrsg.) Gerichtsschutz, S. 221 (241).
320. Conseil d'État 10.10.1962, Rec. CE 1962, 525; *Fromont* in: Mosler (Hrsg.), Gerichtsschutz, S. 221 (248).

1. Recours pour excès de pouvoir

Vor dem Verwaltungsgericht kann die betroffene Person die Entscheidung der Verwaltung über die Freiheitsentziehung mit einer — am ehesten mit der deutschen Anfechtungsklage vergleichbaren — Klageart *(recours pour excès de pouvoir)* angreifen. Mit dieser Klageart kann neben der Aufhebung der Verwaltungsentscheidung zugleich die Verpflichtung der Behörde zur Freilassung einer Person erreicht werden.[322] Die Voraussetzungen für die Zulässigkeit einer solchen Klage sind sehr weit gefasst.[323] So ist beispielsweise die Geltendmachung der Verletzung eines subjektiven Rechts nicht Voraussetzung für die Klageerhebung. Der Kläger muss lediglich ein eigenes Interesse gelten machen können.[324] Dies ist bei inhaftierten Personen, die ihre Freilassung erreichen wollen, stets der Fall. Das Verwaltungsgericht prüft das Verwaltungshandeln auf seine formelle *(légalité interne)* und auf seine materielle Rechtmäßigkeit *(légaltité externe)*. Auch auf mögliche Ermessensfehler hin wird das Verwaltungshandeln geprüft. Insbesondere wenn es um den Schutz von Grundrechten geht, hat die Prüfung durch den Verwaltungsrichter nach der Rechtsprechung des CE eine besonders hohe Kontrolldichte.[325] Kommt das Gericht bei dieser Prüfung zu dem Ergebnis, dass die durch die Verwaltung angeordnete Freiheitsentziehung rechtswidrig ist, hebt es die zugrunde liegende Entscheidung der Verwaltung auf und ordnet die Freilassung der betroffenen Person an.[326] Sowohl das Verfahren vor den Verwaltungsgerichten als auch der Prüfungsumfang dieser Gerichte stehen somit mit Art. 5 Abs. 4 EMRK in Einklang.

2. Einstweiliger Rechtsschutz

Um den Anforderungen des Art. 5 Abs. 4 EMRK zu genügen, muss eine Entscheidung über die Rechtmäßigkeit einer Freiheitsentziehung auch in kurzer Frist ergehen. Das Verfahren des *recours pour excès de pouvoir* wird jedoch selbst von der französischen Literatur und Rechtsprechung als zu langsam eingestuft, um wirksamen Rechtsschutz gewährleisten zu können.[327] Da auch die bisherigen Formen des einstweiligen Rechtsschutzes vor allem wegen ihrer Komplexität und ihres eingeschränkten Anwendungsbereichs nicht als ausreichend angesehen wurden,[328] führte der französische Gesetzgeber 2001 eine neue Form des einstweiligen Rechtsschutzes in den Code de la Justice Administrative ein.[329] Danach kann die von einer Freiheitsentziehung be-

321. *Koch*, Verwaltungsrechtsschutz, S. 101f.
322. Vgl. Art. L8-2 CTADAA.
323. *Philippe*, Droit administratif, p. 95.
324. *Chapus*, Contentieux administratif, p. 181; *Debbasch/Ricci*, Contentieux administratif, p. 619.
325. *Koch*, Verwaltungsrechtschutz, S. 183f.
326. Durch die Einführung der Möglichkeit des Verwaltungsgerichts, die Freilassung der von einer rechtswidrigen Freiheitsentziehung betroffenen Person anzuordnen, hat der französische Gesetzgeber das Verwaltungsprozessrecht den Anforderungen des Art. 5 Abs. 4 EMRK angepasst, *Sermet*, Contentieux administratif, p. 203.

troffene Person einstweiligen Rechtsschutz beim *juge des référés* beantragen. Hat dieser bei summarischer Prüfung ernsthafte Zweifel an der Rechtmäßigkeit der Anordnung, so kann er deren Vollziehung aussetzen. Er kann gemäß Art. L521-2 Code de la Justice Administrative zudem alle Maßnahmen anordnen, die für den Schutz der Grundfreiheiten erforderlich sind. Der *juge des référés* entscheidet nach Anhörung der Betroffenen innerhalb von 48 Stunden. Damit besteht seit 2001 auch im französischen Verwaltungsprozessrecht die Möglichkeit, innerhalb „kurzer Frist" im Sinne des Art. 5 Abs. 4 EMRK, die Entscheidung eines Richters herbeizuführen.

C. Verfahren vor dem juge judiciaire

Ist dem ordentlichen Richter die Kompetenz zur Prüfung der Rechtmäßigkeit einer Freiheitsentziehung nicht durch ein spezielles Gesetz zugewiesen, so kann er — zumindest nach der Rechtsprechung des Tribunal des Conflits — nur dann über die Rechtmäßigkeit des Freiheitsentzugs durch die Verwaltung entscheiden, wenn die Freiheitsentziehung offensichtlich rechtswidrig und das Recht auf Eigentum oder ein Freiheitsrecht verletzt ist *(voie de fait)*.[330] Funktion dieser von der Rechtsprechung entwickelten Rechtsfigur des *voie de fait* war ursprünglich, der Verwaltung in den Fällen, in denen sie krass rechtswidrig handelt, das Privileg einer eigenen Gerichtsbarkeit zu entziehen.[331] Das Vorliegen einer *voie de fait* können die ordentlichen Gerichte selbst feststellen. Sie sind insoweit nicht auf eine Unzuständigkeitserklärung der Verwaltungsgerichte angewiesen. Im Fall der *voie de fait* können die ordentlichen Gerichte *vollumfänglich* die Rechtmäßigkeit der Freiheitsentziehung durch die Verwaltung überprüfen und gegebenenfalls die Freilassung der betroffenen Person anordnen.[332] Neben dem zuständigen TGI kann im Fall der besonderen Dringlichkeit der Entscheidung auch der *juge des référés* angerufen werden, der im Wege der einstweiligen Anordnung über die Freilassung entscheidet.

---

327. CA Colmar 21.11.1985, Rec. Dalloz Somm. 1987, 80ff; CA Paris 29.09.1988, Rec. Dalloz Somm. 1989, 43, beide Gerichte beriefen sich sogar auf Art. 5 Abs. 4 EMRK um ein Verfahren zu beschleunigen. So hat der Cour d'appel de Paris eine Person freigelassen, weil das Verfahren unter anderem aufgrund der Verschleppung des Aktenweges zu lange gedauert hat. Der Cour d'appel de Colmar stellte losgelöst von allen gesetzlichen Regelungen fest, dass in den Fällen, in denen der zuständige Richter nicht schnell genug tätig wird, sich der Betroffene direkt an das Berufungsgericht werden kann; vgl. auch *Sermet*, Contentieux administratif, p. 335, der den Verwaltungsgerichten eine durchschnittliche Verfahrensdauer von 5-6 Jahren konstatiert.

328. Vgl. das Exposé des motifs de la loi du 30.06.2000 relative au référé devant les juridictions administratives, dazu *Debbasch/Ricci*, Contentieux administratif, p. 403f.

329. Loi n° 2000-597 30.06.2000, J.O. 01.07.2000, p. 9948; das Gesetz trat am 01.01.2001 in Kraft.

330. *Auby*, Contentieux administratif, p. 569; *Debbasch/Ricci*, Contentieux administratif, p. 91; *Laubadère*, Droit administratif, p. 411.

331. *Armand*, Autorité judiciaire, p. 420.

332. *Chapus*, Droit Administratif, p. 807; *Debbasch/Ricci*, Contentieux administratif, p. 93.

Abgesehen davon, dass nicht immer klar ist, ob im Einzelfall eine die Kompetenz des ordentlichen Richters begründende *voie de fait* vorliegt,[333] genügt das Verfahren vor den ordentlichen Gerichten damit den Anforderungen an eine Haftprüfung aus Art. 5 Abs. 4 EMRK.

III. Vereinbarkeit mit der EMRK

Auch das französische Rechtsschutzsystem, das keine vorrangige und auch keine amtswegige richterliche Kontrolle von Freiheitsentziehungen durch die Verwaltung gewährt, kann grundsätzlich den Anforderungen des Art. 5 Abs. 4 EMRK genügen. Wie im deutschen Recht erweist sich jedoch auch in der französischen Rechtsordnung die Aufteilung der Kompetenzen zwischen den Gerichtsbarkeiten und vor allem die dadurch hervorgerufene Rechtsunsicherheit als problematisch. Die französische Haftprüfung — mit Ausnahme der Prüfung des polizeilichen Gewahrsams zur Identitätsfeststellung — würde aus diesem Grund einer Prüfung durch den EGMR wohl nicht standhalten.

Abschnitt 4: Vereinigtes Königreich

Im Herkunftsland des 'Habeas Corpus', dem Vereinigten Königreich, hat sich dieser traditionelle Rechtsschutz bis heute erhalten. Daneben wurden jedoch inzwischen weitere Rechtsmittel eingeführt, mit denen die Rechtmäßigkeit einer Freiheitsentziehung überprüft und die Freilassung einer inhaftierten Person erreicht werden kann.

I. Habeas Corpus

Das für die Entwicklung des Freiheitsschutzes im Vereinigten Königreich bedeutendste Haftprüfungsverfahren ist das Verfahren des *„writ of Habeas Corpus ad subjiciendum"*.[334] Aus dem ursprünglich von der Krone an einen Gefängnisdirektor gerichteten Befehl, einen Gefangenen vorzuführen, hat sich im Laufe der Zeit ein Recht jeder inhaftierten Person auf gerichtliche Überprüfung der Rechtmäßigkeit der Freiheitsentziehung entwickelt.

---

333. Vgl. beispielsweise TC 12.05.1997, ADJA 1997, 635 das Tribunal des Conflits entschied, dass es sich beim Festhalten von Asylbewerbern auf einem Schiff für mehrere Tage ohne die gesetzlich vorgesehene richterliche Anordnung nicht um eine voie de fait handelte, während das angerufene TGI im gleichen Fall zu einem anderen Ergebnis kam.

334. In Schottland gibt es dieses Verfahren nicht. Dort können Freiheitsentziehungen durch die Verwaltung mittels eines Antrags auf Aufhebung der Haft (petition of suspension) gerichtlich überprüft werden. Liegt der Freiheitsentziehung eine Entscheidung der Verwaltung zugrunde, so kann letztere vor Gericht mit einer Nichtigkeitsklage (action for reduction) angegriffen werden, vgl. *Bradley/Ewing*, Constitutional Law, p. 829; *Mitchell*, Constitutional Law, p. 341; *Tiemann*, Kontrolle, S. 16f.

Beim *„writ of Habeas Corpus ad subjiciendum"* handelt es sich um einen außerordentlichen Rechtsbehelf *(prerogative writ)* mit dessen Hilfe die Freilassung einer inhaftierten Person erreicht werden kann. Das System der *'writs'* gehört zu den Besonderheiten des Rechts des Vereinigten Königreichs. Die *prerogative writs* sind klageähnliche Gerichtsverfahren, die ursprünglich als schriftliche Befehle des Monarchen an einen Sheriff oder einen Gerichtsherrn entwickelt wurden.[335] Mittels der *prerogative writs* konnte der Monarch die Gerichte dazu anhalten, zu kontrollieren, ob die öffentlichen Stellen ihre Pflichten gegenüber der Krone erfüllten.[336] Mit dem königlichen Befehl *„habeas corpus ad subjiciendum"* konnte der Monarch die Gründe für die Haft eines jeden Untertanen überprüfen lassen.[337] Erst später entwickelte sich aus der königlichen Kontrollbefugnis die Möglichkeit des Bürgers, seine Rechte vor Gericht durchzusetzen. Wollte ein Bürger Rechtsschutz erhalten, musste er dazu zunächst den Erlass des entsprechenden *writs* in der königlichen Kanzlei *(Chancellor's Office)* beantragen.[338] Die ursprünglich für den Einzelfall gedachten *writs* wurden später zu Formularen für typische Einzelfälle. Auf diese Weise entwickelte sich im Common Law zunächst eine Art Aktionenrecht. Ein Begehren konnte danach nur dann vor Gericht gebracht werden, wenn einer der *writs* dem Klagebegehren entsprach. Gegen Ende des 16. Jahrhunderts konnten diese Rechtsbehelfe dann von jedermann im Namen der Krone eingelegt werden, ohne dass dazu eine besondere Genehmigung erforderlich war.[339]

Während das Aktionenrecht im Vereinigten Königreich mittlerweile als überholt gilt und die meisten der *writs* zugunsten eines allgemeinen Klageverfahrens abgeschafft wurden,[340] hat das Habeas Corpus-Verfahren alle Reformbewegungen des Verwaltungsprozessrechts des Vereinigten Königreichs relativ unverändert überstanden.[341] Die aktuelle praktische Bedeutung dieses Verfahrens wird von der Law Commission und in der rechtswissenschaftlichen Literatur jedoch als eher gering bewertet.[342] Seinen wichtigsten Anwendungsbereich habe das Habeas Corpus-Verfahren, in den Fällen, in denen gerichtlich die Freilassung aus einer durch die Verwaltung angeorden-

---

335. *MacDermott*, Protection, p. 85.
336. *Wade*, Administrative Law, p. 583.
337. Halsbury's Law of England, 4th ed., vol 1(1), para. 207.
338. *Loewenstein*, Staatsrecht, Bd. 2, S. 274f.
339. *Wade*, Administrative Law, p. 582.
340. Vgl. *Loewenstein*, Staatsrecht, Bd. 2, p. 120.
341. Auch im Rahmen der Reform der 'Rules of the Supreme Court' wurde das Habeas Corpus-Verfahren nicht angetastet. Zwei Gründe scheinen einer Reform des Habeas Corpus Verfahrens entgegenzustehen. Der erste ist die Seltenheit, mit der dieses Verfahren genutzt wird. Der zweite ist der Respekt vor der Tradition dieses Rechtsbehelfs als einer der ältesten Garantien gegen willkürlichen Freiheitsentzug, vgl. B v. Barking Havering and Brentwood Community Healthcare NHS Trust [1999] 1 FLR 106, 114.
342. Law Commission Report n° 226, 1994, para. 11.6; Halsbury's Law of England, 4th. ed., vol, 1(1), para. 217; *Riedel*, Kontrolle, S. 60; *De Smith/Woolf/Jowell*, Judicial Review, p. 673.

ten Haft — wie beispielsweise im Fall der Unterbringung psychisch Kranker oder der Abschiebungshaft — begehrt werde.[343] Gerade für diese Arbeit spielt das Verfahren des Habeas Corpus damit eine besondere Rolle.

A. Verfahren

Neben den Verfahrensregelungen, die sich aus dem Common Law ergeben, und das Habeas Corpus-Verfahren auch heute noch entscheidend prägen, ist dieses Haftprüfungsverfahren heute in Order 54 der Rules of the Supreme Court[344] und dem Administration of Justice Act 1960 kodifiziert.

1. Zugang

Ziel des Habeas Corpus-Verfahrens ist es auch heute noch, sicherzustellen, dass jede rechtswidrig inhaftierte Person vor Gericht ihre Freilassung erreichen kann.[345] Antragsberechtigt ist daher unabhängig von ihrer Geschäftsfähigkeit oder ihrer Staatsangehörigkeit jede Person, der die Freiheit entzogen ist. Das Habeas Corpus-Verfahren soll zudem einen für den Bürger leicht zugänglichen, schnellen und effektiven Rechtsschutz bieten. Habeas Corpus-Verfahren haben daher vor Gericht Vorrang vor allen anderen anhängigen Verfahren.[346] Das Habeas Corpus Verfahren ist darüber hinaus an keine Frist gebunden. Solange sich eine Person in Haft befindet kann sie jederzeit den Antrag auf Habeas Corpus stellen. Als außerordentlicher Rechtsbehelf ist das Habeas Corpus-Verfahren zudem selbst dann zulässig, wenn andere Rechtsbehelfe zur Verfügung stehen, mittels derer die Rechtmäßigkeit der Freiheitsentziehung überprüft werden kann.[347]

Das zuständige Gericht hat in diesem Verfahren schließlich — anders als beispielsweise im Judicial Review Verfahren — kein Ermessen, ob es sich mit dem Antrag auf Haftprüfung befassen will.[348] Nur wenn sich bei der Prüfung des Haftprüfungsantrags ergibt, dass Habeas Corpus nicht zulässig oder der Antrag offensichtlich rechtsmissbräuchlich ist, kann das Gericht den Antrag abweisen.[349] Die Verfahrensregeln des Habeas Corpus-Verfahrens ermöglichen damit jedermann den Zugang zum Verfahren.

343. Halsbury's Law of England, 4th. ed., vol 1(1), para. 230; *De Smith/Woolf/Jowell*, Judicial Review, p. 673; *Lewis*, Judicial Remedies, p. 381; *Riedel*, Kontrolle, S. 60f; *Wade*, Administrative Law, p. 583.
344. S.I. 1965, n° 1776.
345. R v. Secretary of State for the Home Department, ex parte Khawaja [1984] AC 74; *Wade*, Administrative Law, p. 584.
346. R v. Secretary of State for the Home Department, ex parte Cheblak [1991] 2 All ER 319 (322); *Brown*, PL 2000, 31 (40); Halsbury's Law of England, 4th ed., vol 1(1), para. 231.
347. R v. Pentonville Prison Governor, ex parte Azam [1974] AC 18 (31).
348. Greene v. Secretary of State for Home Affairs [1942] A.C. 284 (302); *Lewis*, Judicial Remedies, p. 386; *Sharpe*, Habeas Corpus, p. 58; *Wade*, Administrative Law, p. 584.
349. *De Smith/Woolf/Jowell*, Judicial Review, p. 676; *Sharpe*, Habeas Corpus, p. 58.

2. Antrag

Eingeleitet wird das Habeas Corpus-Verfahren durch einen einseitigen *(ex parte)* Antrag der betroffenen Person, ihres Bevollmächtigten, eines Freundes oder Verwandten an das zuständige Gericht.[350] Zuständig für Habeas Corpus-Verfahren ist ausschließlich der High Court, genauer die Divisional Courts der Queen's Bench Division.[351] Mit dem Antrag auf Habeas Corpus muss eine eidesstattliche Versicherung *(affidavit)* der betroffenen Person oder des Bevollmächtigten eingereicht werden, aus der hervorgeht, dass der Antragsteller davon ausgeht, ohne zureichenden Rechtsgrund in Gewahrsam genommen worden zu sein, Order 54, r. 1(2). Diese Erklärung soll dem Gericht unmittelbar greifbare Anhaltspunkte für die Rechtswidrigkeit der Freiheitsentziehung nennen.[352]

3. Writ of Habeas Corpus

Ergibt sich aus dem Vorbringen der inhaftierten Person, dass die Freiheitsentziehung möglicherweise rechtswidrig ist, kann das Gericht förmlich einen Haftprüfungstermin anordnen. Das Gericht erlässt dazu den Habeas Corpus-Befehl *(issues the writ)*. Mittels dieser gerichtlichen Verfügung wird derjenige, der die betroffene Person in Gewahrsam hat, aufgefordert, diese innerhalb einer bestimmten Frist vor Gericht zu bringen und die Gründe für ihre Inhaftierung zu nennen.[353] Der *writ* wird direkt der Person, die den Gewahrsam ausübt, zugestellt und muss zu dem angegebenen Zeitpunkt vor Gericht mit der Begründung für die Inhaftierung wieder vorgelegt werden *(return to the writ)*. Vor Gericht findet dann in Anwesenheit der betroffenen Person eine mündliche Verhandlung statt, bei der zunächst der *return to the writ* verlesen wird. Dann wird der Prozessvertreter des Antragstellers zu den vorgebrachten Gründen gehört. Der Antragsgegner erhält dann die Möglichkeit, erneut die Rechtmäßigkeit der Freiheitsentziehung zu begründen. Das letzte Wort hat schließlich der Vertreter der inhaftierten Person.[354] Aufgrund der Verhandlung entscheidet das Gericht sodann über die Freilassung der Person.

4. Adjournment

In der Praxis stellt dieses förmliche Vorgehen und der Erlass der Habeas CorpusVerfügung jedoch eher die Ausnahme dar.[355] Nur in besonderen Fällen, wenn beispielsweise die Gefahr besteht, dass der Antragsgegner die inhaftierte Person während des

350. Halsbury's Law of England, 4th. ed., vol 1(1), para. 230; *Lewis*, Judicial Remedies, p. 389f.
351. Law Commission Report, n° 226, 1994, para. 11.3; nur bei der Inhaftierung Jugendlicher ist die Familiy Division des High Court zuständig, Rules of the Supreme Court Order 54, r. 11.
352. *Lewis*, Judicial Remedies, p. 390; *Sharpe*, Habeas Corpus, p. 218.
353. *Lewis*, Judicial Remedies, p. 391; *Sharpe*, Habeas Corpus, p. 219.
354. Zur mündlichen Verhandlung vgl. *Lewis*, Judicial Remedies, p. 392.
355. *Lewis*, Judicial Remedies, p. 390; *Sharpe*, Habeas Corpus, p. 219.

Verfahrens in das Ausland abschiebt und sie auf diese Weise der Jurisdiktion des Gerichts entzieht, ordnet das Gericht noch die Vorführung der betroffenen Person an.[356] Im Regelfall wird in der aktuellen Rechtspraxis die Sache durch das Gericht jedoch zunächst vertagt *(adjourned)* und der Antragsgegner von dem Verfahren in Kenntnis gesetzt, Order 54 r. 2(1)(b).[357] Frühestens acht Tage nach der Information des Antragsgegners findet dann die mündliche Verhandlung statt, in der der Antragsgegner seine Gründe für die Inhaftierung der betroffenen Person darlegen kann. An dieser Verhandlung nimmt die betroffene Person nur in besonderen Ausnahmefällen selbst teil.[358] Sie wird in der Regel durch einen Prozessbevollmächtigten vertreten. Kommt das Gericht aufgrund der Verhandlung zu dem Ergebnis, dass die Freiheitsentziehung rechtswidrig ist, ordnet es die unverzügliche Freilassung der betroffenen Person an.

5. Beweislast

Zwar muss der Antragsteller im Habeas Corpus-Verfahren zunächst glaubhaft machen, dass seine Inhaftierung rechtswidrig sei *(prima facie)*, die Beweislast für die Rechtmäßigkeit der Freiheitsentziehung vor Gericht liegt sodann aber bei der für die Freiheitsentziehung verantwortlichen Stelle.[359] Wenn der Antragsgegner aber glaubhaft machen kann, dass er im Rahmen einer Ermächtigungsgrundlage gehandelt hat, muss der Antragsteller seinerseits darlegen, dass die Freiheitsentziehung — etwa aufgrund formeller Fehler oder weil die Voraussetzungen der Ermächtigungsgrundlage nicht vorlagen — dennoch rechtswidrig ist.[360]

6. Regelmäßige Prüfung

Nachdem ein Habeas Corpus-Antrag einmal durch das zuständige Gericht abgewiesen wurde, kann ein weiterer Antrag grundsätzlich nicht mehr gestellt werden. Nur wenn neue Beweise vorliegen, die die Rechtswidrigkeit der Freiheitsentziehung belegen, kann erneut ein Haftprüfungsantrag gestellt werden, Sec. 14(2) Administration of Justice Act 1960. Durch diese Regelung bleibt gewährleistet, dass eine wiederholte Haftprüfung in den Fällen durchgeführt werden kann, in denen die Voraussetzungen für die Rechtmäßigkeit der Freiheitsentziehung zwischenzeitlich weggefallen sind und somit neue Beweise für die Rechtswidrigkeit der Haft vorliegen.

---

356. R v. Home Secretary, ex parte Muboyayi [1992] 1 QB 222.
357. *De Smith/Woolf/Jowell*, Judicial Review, p. 675; *Sharpe*, Habeas Corpus, p. 219.
358. *Lewis*, Judicial Remedies, p. 391; *Loewenstein*, Staatsrecht, Bd. 2, S. 280.
359. *Wade*, Administrative Law, p. 300.
360. *Lewis*, Judicial Remedies, p. 385.

B. Prüfungsumfang

Der Umfang der gerichtlichen Prüfung im Rahmen des Habeas Corpus-Verfahrens ist einem ständigen Wandel unterworfen. Ursprünglich war die Kompetenz der Richter im Habeas Corpus-Verfahren sehr begrenzt. Nach Common Law konnte das zuständige Gericht lediglich prüfen, ob die von der Stelle, die die betroffene Person in Gewahrsam hielt, vorgebrachten Gründe, abstrakt eine Freiheitsentziehung rechtfertigen konnten.[361] Ob die vorgebrachten Tatsachen der Wirklichkeit entsprachen, etwa ob eine untergebrachte Person tatsächlich psychisch krank war, konnte das Gericht hingegen nicht kontrollieren, solange das Vorbringen der Behörde zumindest auf den ersten Blick stichhaltig *(valid on its face)* war.[362] Der Habeas Corpus Act 1816 erweiterte dann — entsprechend einer Tendenz in der Rechtsprechung — den Prüfungsumfang des Richters im Habeas Corpus-Verfahren. Danach waren die Gerichte auch in nicht-strafrechtlichen Verfahren ermächtigt zu prüfen, ob die vorgebrachten Gründe für die Freiheitsentziehung tatsächlich vorlagen:

> „[...] in all cases provided for by this Act, although the return to any writ of habeas corpus shall be good and sufficient in law, it shall be lawful for the justice or baron before whom such a writ may be returnable, to proceed to examine into the truth of the facts set forth in such return [...]"[363]

Die Tendenz zur Ausweitung der Prüfungskompetenz des Haftrichters, die schon der Regelung des Habeas Corpus Acts 1816 vorausgegangen war, setzte sich danach weiter fort. Seit dem Urteil im Fall *Anisminic v. Foreign Compensation Commission*[364] erklärten sich die zuständigen Gerichte auch zur Prüfung aller Rechtsfehler der Freiheitsentziehung für kompetent.[365]

1. Wednesbury principles

Im Habeas Corpus-Verfahren kann unstreitig überprüft werden, ob die vorgebrachten Gründe für die Inhaftierung abstrakt die handelnde Behörde zu einer Freiheitsentziehung ermächtigen. Liegt überhaupt keine einschlägige Ermächtigungsgrundlage für die Maßnahme vor, ordnet das Gericht die Freilassung der betroffenen Person an. Im Fall *Daisy Hopkins*, die in Cambridge inhaftiert worden war, weil ihr *'walking with a member of the University'* vorgeworfen wurde, ordnete das Gericht die sofortige Freilassung an, da das der Betroffenen vorgeworfene Verhalten nach dem geltenden Recht kein Vergehen darstellte.[366]

Besteht im Einzelfall eine Ermächtigung der Verwaltung, eine Freiheitsentziehung vorzunehmen, so ist die Prüfungskompetenz der Gerichte bezüglich der Rechtmäßigkeit der durch die Verwaltung angeordneten Freiheitsentziehung beschränkt. Das Ge-

---

361. R v. Board of control, ex parte Rutty [1956] 2 QB 109 (124).
362. *Brown*, PL 2000, p. 31 (35); *Sharpe*, Habeas Corpus, p. 64.
363. Habeas Corpus Act 1816, Sec. 3.
364. Anisminic v. Foreign Compensation Commision [1969] 2 A.C., 147.
365. Law Commission Report n° 226, 1994, para. 11.16; *Sharpe*, Habeas Corpus, p. 21f.
366. Ex. parte Hopkins (1891) 17 CoxCC, 444.

richt kann — im Rahmen der sogenannten *Wednesbury Principles*[367] — lediglich feststellen, ob die Behörde rechtmissbräuchlich oder bösgläubig handelte oder eine Entscheidung traf, die keine vernünftige Person getroffen hätte.[368] Das Gericht kann hingegen nicht prüfen, ob die Behörde den Sachverhalt richtig ermittelt hat, weil die Ermittlung des entscheidungserheblichen Sachverhalts ausschließlich als Aufgabe der Behörde angesehen wird.[369] Diese Beschränkung des Prüfungsumfangs des Habeas Corpus-Verfahrens wurde vom EGMR im Urteil *X gegen das Vereinigte Königreich* als Verletzung des Art. 5 Abs. 4 EMRK gerügt.[370] Das zuständige nationale Gericht hatte sich im Rahmen des Habeas Corpus-Verfahrens angesichts des Ermessens der Exekutive darauf beschränkt, zu prüfen, ob die Entscheidung der Behörde, die betroffene Person zwangsweise in einer Anstalt unterzubringen, aufgrund der der Behörde vorliegenden Anhaltspunkte nicht so unvernünftig war, dass keine vernünftige Person sie anstelle der Behörde getroffen hätte.[371] Eine eigene Untersuchung der betroffenen Person nahm das nationale Gericht indes nicht vor. Der EGMR stellte daraufhin fest, dass es den Gerichten im Habeas Corpus-Verfahren nicht möglich sei, die materiellen Voraussetzungen einer Freiheitsentziehung selbst zu überprüfen. Sofern Art. 5 Abs. 1 EMRK für eine Freiheitsentziehung materielle Voraussetzungen aufstelle, wie etwa das Bestehen einer psychischen Krankheit, müssten diese auch vor den nach nationalem Recht zuständigen Gerichten überprüfbar sein.[372]

Gerichtlich vollumfänglich überprüfbar sind nach der Rechtsprechung der englischen Gerichte ausschließlich die sogenannten *precedent facts* oder *jurisdictional facts*. Dabei handelt es sich um Umstände, deren Vorliegen Voraussetzung für die Rechtmäßigkeit der Freiheitsentziehung ist. Wann eine Rechtmäßigkeitsvoraussetzung einer Freiheitsentziehung als voll überprüfbarer *jurisdictional fact* und wann als nur eingeschränkt überprüfbar eingestuft wird, bestimmen die Gerichte. Im Fall *Khawaja*, in dem die Rechtmäßigkeit einer Freiheitsentziehung eines illegalen Einwanderers zu beurteilen war, wurde die Tatsache, dass es sich bei der betroffenen Person tatsächlich um einen illegalen Einwanderer handelt, als *jurisdictional fact* einer vollständigen gerichtlichen Prüfung unterzogen.[373] Im Fall *Tan Te Lam*, in dem die Rechtswidrigkeit einer Freiheitsentziehung während eines schwebenden Ausweisungsverfahrens gerügt wurde, überprüfte das Gericht im Habeas Corpus-Verfahren, ob tatsächlich ein Abschiebungsverfahren gegen die inhaftierte Person betrieben wurde.[374] Im Fall *Rutty*, in dem das Gericht die Unterbringung einer psychisch kranken Person aufgrund de-

367. Benannt nach dem Urteil des Court of Appeal im Fall Associated Provincial Picture Houses limited v. Wednesbury Corporation, [1948] 1 KB, 223.
368. Vgl. ausführlich zur Praxis des Wednesbury Review: *Irvaine of Lairg*, PL 1996, 59ff.
369. *Aldous/Alder*, Judicial Review, p. 191.
370. EGMR 05.11.1981 X/United Kingdom, Series A 46.
371. Vgl. EGMR 05.11.1981 X/United Kingdom, Series A 46, para. 28.
372. EGMR 05.11.1981 X/United Kingdom, Series A 46, para. 58.
373. R v. Secretary of State for the Home Department, ex parte Khawaja [1984] AC 74.
374. Tan Te Lam v. Superintendent of the Tai A Chau Detention Center [1996] 2 WLR, 863.

ren Vernachlässigung zu prüfen hatte, stellte das Gericht fest, dass es sich bei der Unterbringungsvoraussetzung der Vernachlässigung um einen voll gerichtlich überprüfbaren *jurisdictional fact* handelt.[375]

2. Underlying administrative decision

Besonders problematisch ist auch im Recht des Vereinigten Königreichs die gerichtliche Prüfung der von der Verwaltung angeordneten Freiheitsentziehungen. Es stellt sich hier erneut das Problem, inwieweit das Haftprüfungsgericht die der Freiheitsentziehung zugrunde liegende Verwaltungsentscheidung auf ihre Rechtmäßigkeit hin überprüfen kann. Im Fall *Armah* stellte der High Court bezüglich dieser Frage fest, dass grundsätzlich auch die Entscheidung der Verwaltung, die der Freiheitsentziehung zugrunde liegt, mit dem Habeas Corpus Verfahren angegriffen und von den Gerichten aufgehoben werden kann.[376] Das Habeas Corpus-Verfahren wurde zu diesem Zweck mit einer Anfechtungsklage *(certiorari)*, verbunden.[377]

Zu Beginn der 90er Jahre beschränkte jedoch der Court of Appeal den Prüfungsumfang des Richters im Habeas Corpus-Verfahren.[378] In seinen Urteilen in den Fällen *Cheblak*[379] und *Muboyayi*[380] stellte der Court of Appeal fest, dass eine Freiheitsentziehung mit dem Habeas Corpus-Verfahren nunmehr nur noch mit der Begründung angegriffen werden könne, es habe keine Zuständigkeit der Behörde für die Inhaftierung bestanden.[381] Werde eine Freiheitsentziehung dagegen mit der Begründung angegriffen, dass sie auf einer Entscheidung der Verwaltung beruhe, so könne die zugrundeliegende Verwaltungsentscheidung nicht im Rahmen des Habeas Corpus-Verfahrens gerichtlich überprüft werden. Lag die Entscheidung über die Freiheitsentziehung grundsätzlich in der Kompetenz der handelnden Behörde, bleibe die Entscheidung der Verwaltung rechtmäßig, bis sie durch eine Entscheidung des Gerichts im Judicial Review Verfahren aufgehoben werde.[382] Ob die Entscheidung der Verwaltung selbst prozessuale Fehler aufweist oder auf Fehlinterpretationen des Gesetzes oder

375. R v. Board of Control, ex parte Rutty [1956] 2 QB, 109; zu den 'precedent fact's vgl. *Aldous/Alder*, Judicial Review, p. 191.
376. Armah v. Government of Ghana [1968] A.C., 192 (237).
377. Vgl. zum 'Certiorari- in-aid-of- Habeas Corpus' *Wade*, Administrative Law, p. 588, Fn. 53.
378. *Brown*, PL 2000, 31 (36).
379. R v. Secretary of State for the Home Department, ex parte Cheblak [1991] 1 WLR 890.
380. R v. Secretary of State for the Home Department, ex parte Muboyayi [1992] 1 QB, 244.
381. Lord Donaldson in: R v. Secretary of State for the Home Department, ex parte Muboyayi [1992] 1 QB, 244 (254): „where the power to detain is dependent upon the existence of a paritcular state of affairs („a precedent fact") and the existence of that fact is challanged by or on behalf of the person detained, a challenge to detention may be mounted by means of habeas corpus under Order 54."
382. Lord Donaldson in R v. Secretary of State for the Home Department ex p Cheblak [1991] 1 WLR 890 894: „the decision or action is lawful until set aside by a court of competent jurisdiction. In the case of detention, if the warrant, or the underlying decision to deport, were set aside but the detention continued, a writ of habeas corpus would issue."

der Verkennung der Tatsachen beruht, bzw. ob die Entscheidung wegen grundsätzlicher Unangemessenheit nicht hätte getroffen werden dürfen, kann nach dieser Rechtsprechung ausschließlich im Verfahren des Judicial Review geprüft werden.[383] Durch diese heftig kritisierten,[384] aber nie aufgehobenen Entscheidungen des Court of Appeal wurde die Prüfungskompetenz des Haftrichters im Habeas Corpus-Verfahrens nachhaltig beschränkt.[385]

Unklar bleibt auch nach diesen Urteilen des Court of Appeal, wann ein überprüfbarer *jurisdictional fact* und wann eine unüberprüfbare Entscheidung der Verwaltung vorliegt.[386] Im Fall *Cawley*[387] war die Rechtmäßigkeit der Ersatzzwangshaft Jugendlicher zu beurteilen, die aufgrund eines Haftbefehls inhaftiert worden waren, der keine Gründe für die Inhaftierung enthielt. Allein der Formfehler hätten jedoch nicht die Rechtswidrigkeit der Freiheitsentziehung zur Folge gehabt. Es stellte sich daher die Frage, ob der *magistrate* nur vergaß, die Gründe der Freiheitsentziehung zu benennen, oder ob er die Freiheitsentziehung verfügte, ohne sich Gedanken über deren rechtliche Begründung zu machen, was wiederum die Rechtswidrigkeit der Maßnahme zur Folge gehabt hätte. Der Divisional Court entschied in diesem Fall, dass für die Überprüfung der Verfügung des *magistrate* Judicial Review den flexibleren und passenderen Rechtsbehelf darstelle und kein Bedürfnis für ein ergänzendes Habeas Corpus-Verfahren bestehe. Der Antrag auf Habeas Corpus wurde zurückgewiesen. Anders entschied der Court of Appeal im Fall S-C.[388] In diesem Fall beantragte eine wegen einer psychischen Krankheit untergebrachte Person ihre Freilassung mit der Begründung, dass ihr Vater als ihr nächster Verwandter im Sinne des Mental Health Act 1983 der zwangsweisen Unterbringung widersprochen habe. Rechtswidrigerweise habe der zuständige Sozialarbeiter dennoch die Unterbringung bei der Anstaltsleitung beantragt, wobei er angab, dass der nächste Verwandte keinen Widerspruch gegen die Unterbringung eingelegt habe. Der Court of Appeal folgte in diesem Fall nicht der Argumentation der Anstalt, die sich darauf berief, dass die Entscheidung über die Voraussetzungen der Unterbringung allein Aufgabe der zuständigen Anstaltsleitung sei. Das Gericht prüfte die der Unterbringung zugrundeliegende Verwaltungsentscheidung im Rahmen des Habeas Corpus-Verfahrens vielmehr vollumfänglich und kam zu dem Ergebnis, dass die Voraussetzungen für eine Unterbringung nicht vorlagen. In

383. Lord Donaldson in: R v. Secretary of State for the Home Department, ex parte Cheblak [1991] 1 WLR 890 (894): „A writ of habeas corpus will issue where someone is detained without any authority or the purported authority is beyond the powers of the person authorising the detention and so unlawful. The remedie of judicial review is available where the decision or action sought to be impunged is within the powers of the person taking it but, due to procedural error, a misinterpretation of the law, a failure to take into account of relevant matters, a taking into account of irrelevant matters or the fundamental unreasonableness of the decision or action, it should never have been taken."

384. Law Commission Report n° 226, 1994, para. 11.14f.; *Lewis*, Judicial Remedies, p. 384.

385. *Brown*, PL 2000, 31 (38).

386. *Wade*, [1997] LQR, 55 (58).

387. R v. Oldham justices, ex parte Cawley [1996] 1 All ER, 464.

388. Re S-C (Mental Patient) [1996] QB 599.

einem vergleichbaren Fall, *B v. BHB Community Healthcare NHS Trust*, hingegen wies der Court of Appeal darauf hin, dass Judicial Review für die Feststellung der Rechtswidrigkeit einer zwangsweisen Unterbringung nach dem Mental Health Act 1983 der geeignetere und damit der einzig zulässige Rechtsbehelf sei.[389]

Bezüglich des Prüfungsumfangs des Habeas Corpus-Verfahrens bleibt mit der rechtwissenschaftlichen Literatur daher festzustellen, dass zum einen durch die Rechtsprechung des Court of Appeal eine Beschränkung der Haftprüfung erfolgt ist und zum anderen, dass aufgrund der widersprüchlichen Rechtssprechung im Einzelfall unklar ist, ob das Verfahren des Habeas Corpus zur Prüfung der Rechtmäßigkeit der Freiheitsentziehung geeignet ist.[390] Die Rechtsunsicherheit, die für eine inhaftierte Person aufgrund der widersprüchlichen Rechtsprechung entsteht, wird aber zum Teil dadurch aufgefangen, dass in einigen Fällen die Gerichte auf die Einhaltung der Formalitäten verzichten und den ihrer Meinung nach nicht einschlägigen Antrag auf Habeas Corpus in das entsprechende Verfahren des Judicial Review umwandeln.[391] Eine Abweisung der Haftprüfungsbeschwerde kann zudem dadurch verhindert werden, dass sowohl ein Antrag auf Habeas Corpus als auch auf Judicial Review gestellt wird. Beide Anträge sind nebeneinander zulässig.[392]

C. Rechtsmittel

Gegen die Entscheidung des Gerichts im Habeas Corpus-Verfahren kann Berufung *(appeal)* beim Court of Appeal eingelegt werden, Sec. 15(1) Administration of Justice Act 1960. Auch gegen die Freilassung des Antragstellers kann Berufung eingelegt werden. Die Berufung muss jedoch entweder vom entscheidenden Gericht oder vom Court of Appeal selbst zugelassen werden.[393]

D. Vereinbarkeit mit der EMRK

Dass die nationalen Gerichte seit der Entscheidung *Cheblak* und *Muboyayi* im Rahmen des Habeas Corpus nicht mehr die einer Freiheitsentziehung zugrundeliegenden Verwaltungsentscheidungen auf ihre Rechtmäßigkeit hin überprüfen dürfen bzw. sollen, ist in den Fällen für die Vereinbarkeit des Habeas Corpus Verfahrens mit Art. 5 Abs. 4 EMRK irrelevant, in denen weder nach nationalem Recht noch nach Art. 5 EMRK die Rechtmäßigkeit der Verwaltungsentscheidung Voraussetzung der Rechtmäßigkeit der Freiheitsentziehung ist. Im Fall *Cheblak* beispielsweise hat der Court of Ap-

389. B v. BHB Community Healthcare NHS Trust [1999] 1 FLR 106.

390. Law Commission Report n° 226, 1994, para. 11.2; *Brown*, PL 2000, 31 (36); *Lewis*, Judicial Remedies, p. 385; *Wade*, [1997] LQR, 55 (58).

391. Vgl. R v. Secretary of State for the Home Department, ex parte Muboyayi [1992] 1 QB, 244; *Wade*, Administrative Law, p. 588.

392. R v. Secretary of State for the Home Department, ex parte Khawaja [1984] AC 74, 99; R v. Home Secretary, ex parte Hanshad Patel (1994) 7 Admin LR, 56.

393. *Lewis*, Judicial Remedies, p. 394; *Sharpe*, Habeas Corpus, p. 209.

peal nicht geprüft, ob der Betroffene tatsächlich eine Gefahr für die öffentliche Ordnung und die nationale Sicherheit darstellte und aus diesem Grund abgeschoben werden durfte. Voraussetzung für die Rechtmäßigkeit der Abschiebungshaft ist jedoch gemäß Sec. 3(5) Immigration Act 1971 auch nur, dass der Secretary of State der Auffassung ist, die Ausweisung sei 'für die Aufrechterhaltung der öffentliche Ordnung dienlich'. Die Frage, ob tatsächlich eine Störung der öffentliche Ordnung besteht, ist daher für die Vereinbarkeit der Freiheitsentziehung mit nationalem Recht unbeachtlich und musste folglich auch nicht geprüft werden. Im Fall *Muboyayi* hatte das Gericht die Rechtmäßigkeit einer Zurückschiebungshaft zu beurteilen, die nach Ansicht des Antragstellers auf einer rechtswidrigen Verweigerung einer Aufenthaltsgenehmigung beruhte. Der Court of Appeal prüfte im Habeas Corpus-Verfahren nicht, ob die Ablehnung des Antrags auf Erteilung einer Aufenthalterlaubnis rechtswidrig war. Die Rechtmäßigkeit der Freiheitsentziehung setzt indes nach nationalem Recht auch nur voraus, dass die inhaftierte Person illegal eingereist ist, Sched. 2 para. 16(1) Immigration Act 1971. Diese Voraussetzung wurde vom Gericht überprüft.

Voraussetzung für die Vereinbarkeit der Abschiebungshaft mit Art. 5 Abs. 1 EMRK ist, dass gegen den Betroffenen ein Abschiebungsverfahren „schwebt", und dass die Abschiebung möglich ist. Auch diese Voraussetzungen sind trotz der Entscheidungen des Court of Appeal im Fall *Cheblak* und *Muboyayi* von den Gerichten im Habeas Corpus-Verfahren zu prüfen.[394] Dass die Abschiebung oder Auslieferung ihrerseits rechtmäßig ist, fordert Art. 5 Abs. 1 lit. f EMRK hingegen nicht.

Wenn allerdings nicht nur die der Anordnung der Freiheitsentziehung zugrundeliegende Verwaltungsentscheidung sondern die die Anordnung der Freiheitsentziehung durch die Verwaltung selbst formell oder materiell rechtswidrig ist, so hat dies auch in der Rechtsordnung des Vereinigten Königreichs in der Regel die Rechtswidrigkeit der Freiheitsentziehung zur Folge. Prüft das für die Haftprüfung im Rahmen des Habeas Corpus-Verfahrens zuständige Gericht die Anordnung der Freiheitsentziehung wie beispielsweise im Fall *Cawley* nicht, da es sich um eine ausschließlich mit dem Rechtsbehelf des Judicial Review angreifbare Verwaltungsentscheidung handel, so erfolgt keine vollständige Prüfung der Vereinbarkeit der Haft mit nationalem Recht,[395] wie sie Art. 5 Abs. 4 EMRK fordert. Die eingeschränkte Prüfung der Rechtmäßigkeit der Freiheitsentziehung des Habeas Corpus-Verfahrens kann daher nicht gewährleisten, dass jede inhaftierte Person die Rechtmäßigkeit ihrer Freiheitsentziehung überprüfen lassen kann und genügt damit nicht den Anforderungen des Art. 5 Abs. 4 EMRK.[396]

Die Straßburger Organe haben aus Art. 5 Abs. 4 EMRK in den letzten Jahrzehnten ein umfassendes Recht auf gerichtliche Haftkontrolle entwickelt, das in seinen konkreten Ausprägungen und Verfahrensgarantien über den ursprünglichen Gehalt der Habeas Corpus Garantie hinausgeht.[397] Das große Vorbild dieser Haftprüfung — das

394. Vgl. auch R v Governor of Durham prison, ex parte Hardial Singh [1984] 1 All ER 983.

395. Law Commission Report n° 226, 1994, para. 11.19.

396. *Frowein*, Rechtsschutz, S. 24: „Man kann es als eine Tragik der Rechtsgeschichte bezeichnen, dass Großbritannien das erste Land war, dessen habeas-corpus-Verfahren als dem Art. 5 Abs. 4 EMRK nicht entsprechend festgestellt wurde."

britische Habeas Corpus Verfahren — das in seiner ursprünglichen Form im Recht des Vereinigten Königreichs erhalten blieb, genügt den Anforderungen der EMRK heute nicht mehr.

II. Judicial Review

Das Verfahren des Habeas Corpus wird im Recht des Vereinigten Königreichs durch das Verfahren des Judicial Review ergänzt. Auch das Verfahren des Judicial Review hat seinen Ursprung im Verfahren der *prerogative writs*, wurde jedoch mittlerweile zu einem Klageverfahren umgewandelt und in den Rules of the Supreme Court, Order 53 kodifiziert.[398] In diesem Klageverfahren wurden verschiedene bedeutende *writs*, wie der *writ of certiorari*, mit dem die Aufhebung eines rechtswidrigen staatlichen Akts erreicht werden konnte, der *writ of prohibition*, mit dem der Staatsgewalt ein Unterlassen auferlegt werden konnte und der *writ of mandamus*, mit dem eine Behörde gerichtlich zur Vornahme einer bestimmten Handlung verpflichtet werden konnte, zusammengefasst. Mit Hilfe eines Antrags auf Judicial Review — in Form des *certiorari* — kann heute die Überprüfung und die Aufhebung staatlicher Entscheidungen und auch der Entscheidungen der Verwaltung erreicht werden.[399] Nach der neueren Rechtsprechung des Court of Appeal ist das Verfahren des Judicial Review auch dann die richtige Verfahrensart, wenn der Antragsteller mit der Begründung seine Freilassung aus staatlichem Gewahrsam verlangt, die der Freiheitsentziehung zugrundeliegende Verwaltungsentscheidung sei rechtswidrig.

A. Verfahren

Anders als das Habeas Corpus Verfahren kennt das Verfahren des Judicial Review ein Zulassungsverfahren *(application for leave)*, Order r. 3. In einem ersten Verfahrensschritt entscheidet das Gericht, ob über einen Antrag verhandelt werden soll. Das Zulassungsverfahren soll dazu dienen, missbräuchliche und belanglose Fälle zurückzuweisen.[400] Im Regelfall steht den Gerichten bei der Entscheidung über die Zulassung eines Verfahrens ein Ermessensspielraum zu. Wenn dem Gericht jedoch ein Antrag einer inhaftierten Person vorliegt, der darauf gerichtet ist, die Rechtmäßigkeit einer Freiheitsentziehung zu überprüfen, so muss das Gericht aufgrund des hohen Stellenwerts des Rechts auf Freiheit den Antrag stets zulassen.[401] Aus dem gleichen Grund hat auch das Judicial Review-Verfahren, das auf die Freilassung einer Person gerichtet ist, wie das Habeas Corpus-Verfahren, Vorrang vor allen anderen anhängigen Verfahren.[402]

---

397. *Kopetzki*, Unterbringung, Bd. 1, S. 320.
398. *Bartlett/Sandland*, Mental Health, p. 148.
399. *Bradley* in: Mosler, Gerichtsschutz, S. 332ff.
400. *Bibby*, Judicial Review, p. 64.
401. *Brown*, PL 2000, 31 (40).

Nachdem das Gericht den Antrag auf Feststellung der Rechtswidrigkeit der Freiheitsentziehung zugelassen hat, stellt es allen von dem Verfahren Betroffenen den Antrag und eine Vorladung zu. In der Regel zehn Tage nach dieser Zustellung findet die Verhandlung statt, während derer der Antragsteller und die anderen Beteiligten zur Sache gehört werden, Order r. 9. Kommt das Gericht zu dem Ergebnis, dass die angegriffene Verwaltungsentscheidung rechtswidrig ist, hebt es sie auf.

B. Prüfungsumfang

Nach der dargestellten neuen Rechtsprechung des Court of Appeal tritt das Verfahren des Judicial Review an die Stelle des Habeas Corpus-Verfahrens, wenn die Rechtmäßigkeit einer der angegriffenen Freiheitsentziehung zugrunde liegenden Entscheidung der Verwaltung zu beurteilen ist. Im Verfahren des Judicial Review kann eine Verwaltungsentscheidung daraufhin überprüft werden, ob ein rechtlicher Fehler vorliegt, ob also die zuständige Behörde im Rahmen ihrer gesetzlichen Ermächtigungsgrundlage tätig wurde und ob deren Voraussetzungen tatsächlich vorlagen *(illegality)*. Die Verwaltungsentscheidung kann durch das Gericht aber auch daraufhin überprüft werden, ob sie 'unvernünftig' *(irrational)* ist. Diesbezüglich prüft das Gericht jedoch nur, ob die Behörde alle entscheidungserheblichen Tatsachen und auch nur diese bei ihrer Entscheidung berücksichtigt hat und ob sie eine Entscheidung getroffen hat, die nicht so unvernünftig ist, dass sie keine vernünftige Person getroffen hätte.[403] Das Gericht prüft aufgrund des der Verwaltung zugestandenen Ermessensspielraums indes nicht, ob die Maßnahme verhältnismäßig in dem Sinne war, dass sie das mildeste Mittel zur Erreichung des angestrebten Zwecks darstellte und angemessen war.

Eine Freiheitsentziehung im Sinne des Art. 5 Abs. 1 EMRK ist jedoch nur dann mit der Konvention vereinbar, wenn sie auch in diesem Sinne verhältnismäßig ist.[404] So darf eine staatliche Freiheitsentziehung zur Verhinderung einer Straftat gemäß Art. 5 Abs. 1 lit. c EMRK nur dann erfolgen, wenn die Freiheitsentziehung zu diesem Zweck 'notwendig' ist. Aber auch die Freiheitsentziehung im Sinne der anderen Haftgründe darf nach der Rechtsprechung der Konventionsorgane nur dann erfolgen, wenn es unbedingt erforderlich ist und kein milderes Mittel zur Verfügung steht.[405] Zumindest

402. *Brown*, PL 2000, 31 (40): „Detention cases get priority listing whether or not the challange is by habeas corpus."; zu den Vorteilen des Habeas Corpus-Verfahrens gegenüber dem Judicial Review-Verfahren vgl. *Shrimpton*, PL 1993, 24 (25ff.).

403. Lord Greene in: Associated Provincial Picture Houses Limited v. Wednesbury Corporation [1948] KB 223 (233): „The court is entitled to investigate the action of the local authority with a view to seeing whether they have taken into account matters which they ought not to take into account, or, conversely have refused to take into account or neglected to take into account matters which they ought to take into account. Then the court can investigate whether the local authority came to a conclusion so unreasonale that no reasonable authority could ever have come to it."

404. Vgl. oben Kapitel 2 Abschnitt 1 Seite 83.

405. Vgl. EGMR 04.04.2000 Witold Litwa/Poland, Appl. No. 26629/95; vgl. Verhältnismäßigkeitsprüfung des EGMR vgl. auch EGMR 26.09.1995 Vogt/Germany, Series A 323, para. 52; EGMR 27.09.1999 Smith and Grady/United Kingdom, Reports 1999-VI, para. 138.

diese Rechtmäßigkeitsvoraussetzung einer Freiheitsentziehung kann das Gericht im Verfahren des Judicial Review aber aufgrund des anderen Verhältnismäßigkeitsmaßstabs des Rechts des Vereinigten Königreichs nicht prüfen.[406]

Zudem wird die an sich gegebene Überprüfbarkeit von Entscheidungen der Verwaltung dadurch beschränkt, dass zahlreiche Ermächtigungsgrundlagen der Verwaltung ein sehr weites Ermessen einräumen und damit unüberprüfbare Handlungsspielräume der Verwaltung ausdrücklich schaffen.[407] Im Fall der Verurteilung zu einer lebenslangen Freiheitsstrafe, deren Aufhebung in das Ermessen der Verwaltung gestellt ist *(discretionary life sentence)*, kann der Secretary of State beispielsweise die Entlassung widerrufen, wenn er dies für notwendig erachtet (*„if he thinks fit"*).[408] Diese Einschätzung des Secretary of State ist vor Gericht im Verfahren des Judicial Review nur auf Willkür und Machtmissbrauch hin überprüfbar. Der EGMR stellte daher eine Verletzung von Art. 5 Abs. 4 EMRK fest.[409] Auch bei der Entscheidung über die Fortdauer der Unterbringung steht dem Secretary of State ein weites, gerichtlich nicht überprüfbares, Ermessen zu. Der Secretary of State muss „davon überzeugt" *(satisfied)* sein, dass eine Entlassung möglich ist, Sec. 42(1) Mental Health Act 1983. Zu der gerichtlichen Prüfung der Entlassung einer Person im Sinne der wortgleichen Regelung in Sec. 66 (1) Mental Health Act 1959 stellte der EGMR fest, dass Art. 5 Abs. 4 EMRK verletzt sei, wenn die Beschränkung der gerichtlichen Überprüfbarkeit der Entscheidung über die Entlassung aus der zwangsweisen Unterbringung im Sinne des Wednesbury-Prinzips nur auf Willkür, Missbrauch und Abwegigkeit hin überprüft werden könne. Dass das nationale Gericht sich aufgrund des dergestalt begrenzten Prüfungsumfangs nicht in der Lage sah, seinerseits zu prüfen, ob die betroffene Person tatsächlich psychisch krank im Sinne des Art. 5 Abs. 1 lit. e 2. Alt. EKMRK und ihre Unterbringung damit *„lawful"* war, hatte somit eine Verletzung des Art. 5 Abs. 4 EMRK zur Folge.[410]

III. Mental Health Review Tribunal

Für die Prüfung der Rechtmäßigkeit der Unterbringung psychisch Kranker steht den Betroffenen neben der Möglichkeit, die oben dargestellten Verfahren des Habeas Corpus und des Judicial Review einzuleiten, zudem ein spezielles gerichtliches Prüfungsverfahren vor dem eigens für diese Fälle eingerichteten Mental Health Review Tribunal offen. Eingeführt wurde diese Prüfungsinstanz bereits durch den Mental Health Act 1959. Nach Sec. 3 des Mental Health Act 1959 setzten sich diese Gerichte aus einem Anwalt, einem unabhängigen Psychiater und einem dritten Mitglied mit entsprechenden Kenntnissen in der Materie zusammen. Aufgabe des Gerichts war es, den Home Secretary regelmäßig über den Zustand der untergebrachten Person zu un-

406. *Irvine of Lairg*, PL 1998, 221 (233).
407. *Riedel*, EuGRZ 1980, 193 (197).
408. Prison Act 1952.
409. EGMR 02.03.1987 Weeks/United Kingdom, Series A 114, para. 69.
410. EGMR 05.11.1981 X/United Kingdom, Series A 46, para. 29, 58.

terrichten. An die Empfehlungen des Mental Health Review Tribunals war der für eine Entlassung der betroffenen Person zuständige Home Secretary jedoch nicht gebunden. Dem Mental Health Review Tribunal fehlte es daher an der von Art. 5 Abs. 4 EMRK geforderten Kompetenz zur verbindlichen Entscheidung über die Rechtmäßigkeit der Unterbringung und vor allem zur Freilassung der betroffenen Person. Dies stellte der EGMR im Fall X *gegen das Vereinigte Königreich* fest.[411] Selbst wenn das Mental Health Review Tribunal hinreichend unabhängig wäre und die von Art. 5 Abs. 4 EMRK geforderten Verfahrensrechte gewährleisten würde, so der EGMR, genüge die Prüfung der zwangsweisen Unterbringung durch das Mental Health Review Tribunal schon deshalb nicht den Anforderungen des Art. 5 Abs. 4 EMRK, weil das Tribunal nicht zur Anordnung der Freilassung der betroffenen Person befugt sei.[412]

Im Mental Health Act 1983 hat der Gesetzgeber daraufhin die Mental Health Review Tribunals mit weitreichenderen Befugnissen ausgestattet.[413] So können die Mental Health Tribunals nach dem Mental Health Act 1983 Personen nunmehr selbst aus der Unterbringung entlassen, Sec. 72 Mental Health Act 1983.[414] Auch diese neuen unabhängigen Mental Health Review Tribunals setzen sich aus Mitgliedern mit entsprechenden rechtlichen Kenntnissen, Psychiatern und Laien zusammen, die jeweils durch den Lordkanzler *(Lord Chancellor)* nach Konsultation des Gesundheitsministeriums berufen werden, Sched. 2 Mental Health Act 1983. Die berufenen Personen müssen persönlich die Garantie für ihre Unabhängigkeit bieten und dürfen daher beispielsweise nicht in Verbindung zu der unterbringenden Behörde stehen.[415]

A. Verfahren

Das Verfahren vor dem Mental Health Review Tribunal ist neben den Sec. 66ff. Mental Health Act 1983 in den Mental Health Review Tribunal Rules[416] geregelt.[417] Personen, die nach dem Mental Health Act 1983 zur Untersuchung zwangsweise untergebracht werden, können danach innerhalb von 14 Tagen, Personen, die zur Behandlung untergebracht werden, innerhalb von sechs Monaten das Mental Health Review Tribunal anrufen, Sec. 66(1) Mental Health Act 1983. Der Antrag auf Entlassung bzw. auf Überprüfung der Rechtmäßigkeit der Unterbringung kann von der betroffenen Person selbst, aber auch von ihrem nächten Verwandten gestellt werden. Um zu gewährleisten, dass die Betroffenen von diesem Recht Gebrauch machen können, sind die untergebrachte Person selbst sowie ihr nächster Verwandter über ihr Antragsrecht zu informieren.[418] Da sich in der Praxis jedoch gezeigt hat, dass viele der

411. EGMR 05.11.1981 X/United Kingdom, Series A 46.
412. EGMR 05.11.1981 X/United Kingdom, Series A 46, para. 61.
413. *Bartlett/Sandland*, Mental Health, p. 145; *Brown*, PL 2000, 31 (41).
414. *Feldmann*, Civil Liberties, p. 309.
415. Mental Health Review Tribunal Rules Rule 8(2), S.I. 1983 n° 942; *Hoggett*, Mental Health, p. 186.
416. S.I. 1983, n° 942.
417. Vgl. ausführlich zum gerichtlichen Verfahren *Hoggett*, Mental Health, p. 177ff.

zwangsweise untergebrachten Personen trotzdem nicht von ihrem Recht auf Antragstellung Gebrauch machen, wurde durch den Mental Health Act 1983 zudem eine regelmäßige automatische Prüfung der Unterbringung eingeführt:[419] Der Manager der Klinik muss das Mental Health Review Tribunal auf jede untergebrachte Person hinweisen, die von ihrem Recht auf Anrufung des Mental Health Review Tribunal innerhalb von sechs Monaten keinen Gebrauch gemacht hat, Sec. 68(1) Mental Health Act 1983. Gleiches gilt, nachdem die zunächst maximal auf sechs Monate befristete Unterbringung einer Person gemäß Sec. 20 Mental Health Act 1983 verlängert wurde. In diesem Fall hat die Anstaltsleitung die betroffene Person erneut dem Gericht zu melden, wenn diese nicht von sich aus einen Antrag auf gerichtliche Überprüfung ihrer Unterbringung stellt, Sec. 68(2) Mental Health Act 1983. Diese Regelung gewährleistet eine regelmäßige gerichtliche Überprüfung der Rechtmäßigkeit zwangsweiser Unterbringungen. Schließlich kann auch der Secretary of State zu jeder Zeit — *„if he thinks fit"* — die Unterbringung einer Person durch das Mental Health Review Tribunal überprüfen lassen, Sec. 67(1) Mental Health Act 1983.

Welche Verfahrensschritte im einzelnen vor der mündlichen Verhandlung erfolgen müssen und welche Fristen einzuhalten sind, hängt davon ab, ob sich der Antrag der betroffenen Person gegen eine Unterbringung zu Untersuchungszwecken richtet oder ob das Gericht über eine Unterbringung für längere Zeit *(long term cases)* zu entscheiden hat. Im Fall der Unterbringung zur Untersuchung hat die mündliche Verhandlung bei Gericht spätestens sieben Tage nach der Antragstellung stattzufinden. Bei der Prüfung der *long term cases* sind die Fristen dagegen länger. In diesen Fällen setzt das Gericht die Verfahrensbeteiligten zunächst von der Antragstellung in Kenntnis. Die für die Unterbringung verantwortliche Stelle hat sodann innerhalb von drei Wochen bei Gericht eine Stellungnahme zur Sache sowie ein aktuelles medizinisches Gutachten und die Krankenakte der betroffenen Person einzureichen. Erst nachdem diese Stellungnahme bei Gericht eingegangen ist, setzt das Mental Health Review Tribunal den Termin für die mündliche Verhandlung fest, die zumeist in dem Krankenhaus oder der Anstalt stattfindet, in der die betroffene Person untergebracht ist. Parteien des Verfahrens sind die untergebrachte Person, der Antragsteller, falls der Antrag nicht von der betroffenen Person selbst gestellt wurde und die für die Unterbringung verantwortliche Stelle. Alle Parteien sind vom Gericht im Verlauf der Verhandlung zur Notwendigkeit einer weiteren Unterbringung zu hören, wobei sich die untergebrachte Person im Verfahren vor dem Mental Health Review Tribunal auch durch eine andere Person, beispielsweise einen Anwalt, vertreten lassen kann, r. 10.

---

418. Code of Practice, para. 14.13.
419. Vgl. dazu *Hogget*, Mental Health, p. 179.

B. Prüfungsumfang

Das Mental Health Review Tribunal befasst sich nicht mit der Frage, ob die ursprüngliche Entscheidung, die betroffene Person zwangsweise unterzubringen, rechtmäßig oder rechtswidrig war.[420] Auch die Behandlung der betroffenen Person in der Anstalt oder dem Krankenhaus wird vom Gericht nicht überprüft. Aufgabe des Mental Health Review Tribunals ist es nur festzustellen, ob die betroffene Person noch länger untergebracht werden muss, ob also die Unterbringung zum Zeitpunkt der gerichtlichen Entscheidung rechtmäßig ist. Zu diesem Zweck prüft das Gericht, ob die Voraussetzungen für eine Unterbringung zur Untersuchung bzw. zur Behandlung (noch) vorliegen, ob also die betroffene Person tatsächlich psychisch gestört ist und ob die Art und der Grad der psychischen Störung die zwangsweise Unterbringung rechtfertigen, Sec. 72(1) Mental Health Act 1983. Das Mental Health Review Tribunal ist bei dieser Prüfung nicht an die Grenzen der „Wednesbury-Prüfung" gebunden. Um sich einen eigenen Eindruck vom Gesundheitszustand der betroffenen Person zu verschaffen, wird diese vor der Verhandlung von einem der medizinischen Mitglieder des Gerichts untersucht, r. 11.[421] Das Gericht stellt zudem eigene Erwägungen zu der Frage an, ob aufgrund der eventuell gegebenen psychischen Störung der betroffenen Person ihre Unterbringung zu ihrem eigenen Schutz oder zum Schutz Dritter erforderlich ist, Sec. 72(2) Mental Health Act 1983.

Kommt das Gericht nach der mündlichen Verhandlung zu der Überzeugung, dass die weitere Unterbringung der betroffenen Person nicht erforderlich ist, weil die Gründe für eine zwangsweise Unterbringung nicht (mehr) vorliegen, ordnet es die Freilassung der Person an.[422]

C. Rechtsmittel

Gegen die Entscheidung des Mental Health Review Tribunals kann im Wege des Judicial Review innerhalb von drei Tagen Klage *(certiorari)* beim High Court erhoben werden, der dann über die Rechtmäßigkeit der Entscheidung des Mental Health Review Tribunals urteilt, Order 53 of the Rules of the Supreme Court.

Das Mental Health Review Tribunal kann aber auch bereits vor seiner Entscheidung über die Freilassung von sich aus oder auf Antrag der Parteien den Fall zur Entscheidung an den High Court weiterleiten *(state a case)*, Sec. 78(8) Mental Health Act 1983. Der High Court gibt dann dem Mental Health Review Tribunal vor, wie es zu entscheiden hat. Gegenüber dem Judicial Review-Verfahren hat dieses vorlage-

420. R v. Hallstrom and another, ex parte W [1985] 3 All ER 775, 784-5CA; *Bartlett/Sandland*, Mental Health, p. 134.
421. *Hoggett*, Mental Health, p. 190.
422. Dazu *Bartlett/Sandland*, Mental Health, p. 145; *Feldmann*, Civil Liberties, p. 309.

ähnliche Verfahren den Vorteil, dass der High Court selbst in die Beweisaufnahme einsteigen kann, wenn er den Eindruck gewinnt, der Sachverhalt sei unzureichend ermittelt worden.[423]

D. Vereinbarkeit mit der EMRK

Mit der Änderung des Verfahrens und der Kompetenz der Mental Health Review Tribunals reagierte der Gesetzgeber 1983 auf die Kritik des EGMR an der Unvereinbarkeit des Rechtsschutzsystems des Vereinigten Königreichs mit Art. 5 Abs. 4 EMRK. Das Verfahren vor dem Mental Health Review Tribunal ist nach der neuen Regelung jeder Person, die aufgrund des Mental Health Act 1983 zwangsweise untergebracht wurde, leicht zugänglich und gewährleistet eine regelmäßige Kontrolle der Unterbringung durch das Gericht. Anders als sonst im Prozessrecht des Vereinigten Königreichs üblich, ist das Mental Health Review Tribunal bei seiner Prüfung der Verhältnismäßigkeit auch nicht im Sinne der *Wednesbury-Principles* beschränkt. Vor allem aber verlieh der Gesetzgeber dem Mental Health Review Tribunal 1983 die Kompetenz, selbst die Entlassung einer Person aus einem Krankenhaus oder einer Anstalt anzuordnen, wenn es zu dem Ergebnis kommt, dass die Voraussetzungen für die Unterbringung nicht länger vorliegen und eine weitere Unterbringung daher rechtswidrig wäre. Das Gericht und das Verfahren des Mental Health Act 1983 genügen somit den Anforderungen, die Art. 5 Abs. 4 EMRK an eine gerichtliche Überprüfbarkeit der Rechtmäßigkeit einer Freiheitsentziehung stellt.[424]

---

423. *Feldmann*, Civil Liberties, p. 309; *Hoggett*, Mental Health, p. 200f.

424. Anders als noch im Fall X gegen das Vereinigte Königreich, dem noch die Regelung des Mental Health Act 1959 zugrunde lag, erklärte die EKMR die Prüfungs- und die Entscheidungskompetenz der Mental Health Review Tribunals nach ihrer Novellierung durch den Mental Health Act 1983 daher für mit Art. 5 Abs. 4 EMRK vereinbar, EKMR 02.03.1994 Kay/United Kingdom, Report, Appl. no. 17821/91.

Kapitel 11: Freiheitsentziehung im Verwaltungsrecht — Ergebnisse und Ausblick

Abschnitt 1: Verstöße gegen Art. 5 EMRK

Die Analyse der nationalen Freiheitsentziehungsbefugnisse aller drei untersuchten Rechtsordnungen hat im Ergebnis zur Feststellung einer Reihe von Verstößen gegen Art. 5 Abs. 1 EMRK geführt. Dabei handelt es sich sowohl um Verstöße, die durch die Konventionsorgane bereits festgestellt wurden als auch um Verstöße, die bei entsprechender Auslegung des Art. 5 EMRK durch die Konventionsorgane noch feststellbar wären. Vergleicht man die Ursachen für die jeweiligen konventionswidrigen Zustände im nationalen Recht stellt man fest, dass den Verstößen des nationalen Rechts gegen Art. 5 Abs. 1 EMRK verschiedene Ursachen zugrunde liegen.

Grundvoraussetzung einer nach Art. 5 Abs. 1 EMRK zulässigen Freiheitsentziehung ist, dass für den staatlichen Eingriff in das Recht auf Freiheit eine nationale *Ermächtigungsgrundlage* besteht. Obwohl es sich bei dieser Anforderung um eines der elementarsten Gebote der Rechtsstaatlichkeit handelt, erfüllen einige der untersuchten staatlichen Freiheitsentziehungen diese Voraussetzung nicht. So findet sich beispielsweise nach der hier vertretenen Auffassung im deutschen Recht weder für die Maßnahme des Polizeikessels, noch für den Verbringungsgewahrsam oder das Inhaftieren von Asylbewerberen auf dem Gelände von Flughäfen eine gesetzliche Ermächtigungsgrundlage, die den Anforderungen des Art. 5 Abs. 1 EMRK genügt. Im französischen Recht ergibt sich eine Ermächtigung zum Festhalten von Personen, die an der Begehung einer Straftat gehindert werden sollen, allein aus Art. 78-2 al. 1 CPP. Danach können die betroffenen Personen jedoch nur zur Identitätsfeststellung festgehalten werden. Allerdings werden in der polizeilichen Praxis Frankreichs auch Personen in Gewahrsam genommen, obwohl ihre Identität bereits bekannt ist oder obwohl sie sich ausweisen können. Für diese polizeilichen Ingewahrsamnahmen gibt es keine gesetzliche Ermächtigungsgrundlage.

Schwierigkeiten bereitet in allen drei Rechtsordnungen auch die durch Art. 5 Abs. 1 EMRK geforderte hinreichende *Bestimmtheit* der jeweiligen Eingriffsregelungen. Zudem bereitet die von Art. 5 Abs. 1 lit. b EMRK geforderte Bestimmtheit einer gesetzlichen Pflicht, zu deren Durchsetzung nach nationalem Recht Freiheitsentziehungen zugelassen werden, den einzelnen Staaten Schwierigkeiten. So sind insbesondere einige der unkodifizierten Ermächtigungen zu Eingriffen in das Recht auf Freiheit in der Rechtsordnung des Vereinigten Königreichs aufgrund ihrer Unbestimmtheit nicht mit Art. 5 Abs. 1 EMRK vereinbar. Dies gilt beispielsweise für das Rechtsinstitut des *breach of the peace*, das zur Festnahme von Personen ermächtigt, die den königlichen Frieden stören. Diese Ermächtigung zu Freiheitsentziehungen wird von den nationalen Gerichten so unterschiedlich interpretiert, dass für den Einzelnen nicht zu erkennen ist, mit welchem Verhalten er gegen den königlichen Frieden verstößt und daher mit einer Freiheitsentziehung rechnen muss. Auch das Verfahren des *binding over* genügt, wie dargestellt, den Anforderungen an eine hinreichend bestimmte Ermächtigung im Sinne des Art. 5 Abs. 1 EMRK nicht. Nicht hinreichend bestimmt im Sinne des des Art. 5 Abs. 1 EMRK ist indes nicht nur das unkodifizierte Recht des Vereinigten Königreichs. Auch die Polizeigesetze der Länder Baden-Württemberg und Sachsen, die zur Ingewahrsamnahme einer Person ermächtigen, wenn dies zur Verhinderung eines Verstoßes gegen die öffentliche Sicherheit und Ordnung erforderlich ist, sind aufgrund ihrer Unbestimmtheit nicht mit Art. 5 Abs. 1 EMRK vereinbar. Zwar sind die Begriffe der öffentlichen Sicherheit und der öffentlichen Ordnung durch die deutsche Rechtsprechung hinreichend konkretisiert, um den allgemeinen Anforderungen des Art. 5 Abs. 1 EMRK an die Bestimmtheit von Ermächtigungsgrundlagen zu genügen. Die Pflicht zur Einhaltung der öffentlichen Sicherheit und Ordnung hingegen ist zu allgemein, um eine hinreichend konkrete Pflicht im Sinne des Art. 5 Abs. 1 lit. b 2. Alt. EMRK darzustellen.

Auch die Anforderungen des Art. 5 Abs. 1 EMRK an die *Verhältnismäßigkeit* staatlicher Freiheitsentziehungen bereitet in den einzelnen Rechtsordnungen erhebliche Schwierigkeiten. So ist im deutschen Recht festzustellen, dass die nach baden-württembergischem Polizeirecht zulässige 14-tägige Ingewahsamnahme einer Person zur Feststellung ihrer Identität weder erforderlich noch angemessen ist. Auch die Unterbringung zur Beobachtung, die nach den Landesunterbringungsgesetzen bis zu sechs Wochen andauern kann, genügt den Anforderungen des Art. 5 Abs. 1 EMRK an die Verhältnismäßigkeit der Freiheitsentziehung nicht.

Durch eine Überprüfung der nationalen freiheitsentziehenden Maßnahmen am Maßstab des Art. 5 Abs. 1 EMRK könnten die Mitgliedstaaten daher von den Konventionsorganen dazu angehalten werden, die rechtsstaatlichen Grundsätze der Bestimmtheit des Rechts und der Verhältnismäßigkeit einzuhalten.

Auch mit den in Art. 5 Abs. 1 EMRK abschließend aufgezählten und von vielen Autoren als zu weit gefasst kritisierten *Haftgründen* sind nicht alle der untersuchten nationalen Ermächtigungen zu freiheitsentziehenden Maßnahmen vereinbar. So verstößt beispielsweise der deutsche Schutzgewahrsam gegen Art. 5 Abs. 1 EMRK, soweit nur eine hilflose Lage, nicht aber eine psychische Störung Voraussetzung für die Ingewahrsamnahme ist. Das Vereinigte Königreich verstößt mit der Regelung des Terrorism Act 2001, wonach bestimmte Personen in Abschiebungshaft genommen werden können, obwohl der Vollzug der Abschiebung unmöglich ist, ebenfalls gegen Art. 5 Abs. 1 EMRK. In Frankreich ermächtigt Art. L3341-1 Code de la Santé Publique die Polizei dazu, eine betrunkene Person zu inhaftieren. Da nach dieser Vorschrift auch einer Person die Freiheit entzogen werden kann, die weder alkoholabhängig im Sinne des Art. 5 Abs. 1 lit. e 3. Alt. EMRK ist, noch an einer zumindest vorübergehenden psychischen Störung im Sinne des Art. 5 Abs. 1 lit. e 2. Alt. EMRK leidet, ist auch die Ausnüchterungshaft des französischen Rechts von keinem der Haftgründe des Art. 5 Abs. 1 S. 2 EMRK umfasst.

Bei der Analyse der staatlichen Ermächtigungen zu Freiheitsentziehungen im Rahmen der Gefahrenabwehr ist besonders ins Auge gefallen, dass in den einzelnen Staaten die Tendenz besteht, auf bestimmte als bedrohlich empfundene Situationen damit zu reagieren, in stärkerem Maße staatliche Freiheitsentziehungen auch und gerade im außerstrafprozessualen Bereich vorzunehmen. Gerade wenn es darum geht, durch die Freiheitsentziehung ein im vorhinein nur schwer bestimmbares Verhalten zu verhindern, das noch nicht strafbar ist, das aber auch nicht geduldet werden kann, greifen oft nationale Ermächtigungen zu freiheitsentziehenden Maßnahmen ein, die von den Haftgründen des Art. 5 Abs. 1 lit. c EMRK nicht gedeckt werden. Ein Beispiel für diese in der Regel sehr weitreichenden Ermächtigungsgrundlagen sind die Anti-Terror-Gesetze des Vereinigten Königreichs. Misst man die Regelungen dieser Anti-Terror-Gesetze — trotz des vom Vereinigten Königreich erklärten Notstands im Sinne des Art. 15 EMRK — an Art. 5 EMRK, lässt sich feststellen, dass viele der Regelungen der Anti-Terrorgesetze die Polizei zu Freiheitsentziehungen ermächtigen, mit Art. 5 Abs. 1 EMRK nicht vereinbar sind. Eine Freiheitsentziehung zur Verhinderung strafbaren Verhaltens im Sinne des Art. 5 Abs. 1 lit. c EMRK ist nur dann zulässig, wenn eine konkrete Straftat unmittelbar bevorsteht. Nach dem Terrorism Act 2000 können Personen jedoch auch dann inhaftiert werden, wenn sie noch keine Straftat begangen haben und auch die Begehung einer konkreten Straftat noch nicht bevorsteht. Die Voraussetzungen des Art. 5 Abs. 1 lit. c EMRK sind damit nicht erfüllt.

Auf die Bedrohung der Gesellschaft durch rückfallgefährdete Straftäter reagierten und reagieren deutschen Landesgesetzgeber durch die Einführung ähnlich weitgefasster Ermächtigungsgrundlagen. So ermächtigen die Straftäter-Unterbringungsgesetze der Bundesländer Baden-Württemberg, Bayern und Sachsen-Anhalt dazu, Straftäter, die in einer Justizvollzugsanstalt eine Freiheitsstrafe verbüßen, auch nach dem Ende ihrer Freiheitsstrafe für unbefristete Zeit in der Justizvollzugsanstalt unterzubringen. Voraussetzung für diesen schwerwiegenden Eingriff in das Recht auf Freiheit ist lediglich, dass auf Grund von Tatsachen, die nach der Verurteilung eingetreten sind, davon auszugehen ist, dass von dem Betroffenen eine erhebliche gegenwärtige Gefahr für bestimmte Rechtsgüter Dritter ausgeht. Eine konkrete Straftat muss nicht bevorstehen. Für die Annahme einer Gefahr für Dritte genügt es vielmehr, wenn die betroffene Person während des Vollzugs der Freiheitsstrafe beharrlich die Mitwirkung an der Erreichung des Vollzugsziels verweigert. Diese weitreichende Ermächtigung ist nicht mit Art. 5 Abs. 1 EMRK vereinbar. Auch der Verstoß der deutschen Straftäterunterbringungsgesetze gegen Art. 5 Abs. 1 EMRK ist darin begründet, dass Personen die Freiheit entzogen werden kann, von denen lediglich angenommen wird, sie seien in besonderer Weise gefährlich. Auch die deutschen Gesetze zur Straftäter-Unterbringung genügen damit den Anforderungen des Art. 5 Abs. 1 lit. c EMRK an das Bevorstehen einer konkreten Straftat nicht. Ziel des Art. 5 EMRK war es nach dem Willen seiner Verfasser, willkürliche staatliche Freiheitsentziehungen zu verhindern. Gerade staatliche Freiheitsentziehungen, die dazu dienen, im Vorfeld strafbaren Verhaltens Personen, die aus irgendeinem Grund für gefährlich gehalten werden, „aus dem Verkehr zu ziehen", bergen jedoch — wie sich in der Vergangenheit immer wieder gezeigt hat — in besonderem Maße die Gefahr willkürlichen Freiheitsentzugs in sich.

Um willkürliche Freiheitsentziehungen zu verhindern, lässt Art. 5 Abs. 1 EMRK freiheitsentziehende Maßnahmen nur zu, wenn es gilt, eine konkrete, unmittelbar bevorstehende Straftat zu verhindern oder eine konkrete gesetzliche Pflicht durchzusetzen.

Mit der Ratifikation der EMRK sind die Mitgliedstaaten auch die Verpflichtung eingegangen, diesen Anforderungen des Art. 5 Abs. 1 EMRK zu genügen. Ob die jeweiligen nationalen Ermächtigungen zu freiheitsentziehenden Maßnahmen diesen rechtsstaatlichen Anforderungen genügen, kann durch den EGMR auch überprüft werden. Auf diese Weise kann der Tendenz der Staaten, auf besondere Gefahrenlagen oder besonderes bedrohlich empfundene Situationen mit weitgefassten Ermächtigungen zu staatlichem Freiheitsentzug zu reagieren, völkerrechtlich entgegengewirkt werden.

Schließlich muss eine staatliche Freiheitsentziehung, um mit Art. 5 Abs. 1 EMRK vereinbar zu sein, stets auch *mit nationalem Recht vereinbar* sein. Viele der festgestellten Verstöße nationaler Freiheitsentziehungen beruhen darauf, dass dieser Anforderung des Art. 5 Abs. 1 EMRK nicht genüge getan wird. Dies trifft in besonderem Maße auf das deutsche Recht zu, das seinerseits besondere Anforderungen an freiheitsentziehende staatliche Maßnahmen stellt. So findet sich nach der hier vertretenen Auffassung beispielsweise weder für die Maßnahme des Polizeikessels, noch für den Verbringungsgewahrsam eine gesetzliche Ermächtigungsgrundlage. Eine solche gesetzliche Ermächtigungsgrundlage ist nicht nur gemäß Art. 5 Abs. 1 EMRK Voraussetzung für die Vereinbarkeit einer Freiheitsentziehung mit der EMRK. Gemäß Art. 104 Abs. 1 S. 1 GG ist das Bestehen eines förmlichen Gesetzes, das zur Vornahme eines Eingriffs in das Recht auf Freiheit ermächtigt, auch für die Vereinbarkeit freiheitsentziehender Maßnahmen mit nationalem Verfassungsrecht von Bedeutung. Die genannten Maßnahmen sind daher auch nicht mit nationalem Recht vereinbar und somit nicht *„lawful"* im Sinne des Art. 5 Abs. 1 EMRK. Auch die Praxis, Ausländer zur Verhinderung der Einreise in bestimmten Räumen auf dem Flughafengelände zu inhaftieren, verstößt nach der hier vertretenen Auffassung unter anderem aufgrund fehlender gesetzlicher Ermächtigungsgrundlage gegen das deutsche Grundgesetz. Das sogenannte „Flughafenverfahren" des deutschen Rechts ist zudem auch insofern nicht mit nationalem Recht vereinbar, als entgegen dem in Art. 104 Abs. 2 GG verankerten Richtervorbehalt kein Richter die Unterbringung der Betroffenen in den Transiträumen anordnet. Das deutsche Flughafenverfahren stellt damit ebenfalls aufgrund seiner Unvereinbarkeit mit nationalem Recht einen Verstoß gegen Art. 5 Abs. 1 EMRK dar. Auch in Frankreich verstoßen bestimmte freiheitsentziehende Maßnahmen, die vom Staat gegen einreisewillige Ausländer ergriffen werden, gegen nationales Recht und sind allein aus diesem Grund nicht mit Art. 5 Abs. 1 EMRK vereinbar. So verstößt es gegen nationales Recht, mit dem Schiff auf französischem Staatsgebiet ankommende Ausländer auf dem Schiff zu inhaftieren. Diese Praxis ist somit nicht *„lawful"* im Sinne des Art. 5 Abs. 1 EMRK. Werden die betroffenen Ausländer hingegen in den vorgesehenen Transiträumlichkeiten eingesperrt, so ist diese Praxis mit französischem Recht und auch mit Art. 5 EMRK vereinbar.

Art. 5 Abs. 1 EMRK kommt damit für den Schutz des Rechts auf Freiheit auch heute noch eine besondere Bedeutung zu, da auch das geltende Recht der untersuchten drei Vertragsstaaten nicht in vollem Umfang mit Art. 5 Abs. 1 EMRK vereinbar ist. Mittels Individual- oder Staatenbeschwerden vor dem EGMR könnten diese Staaten dazu angehalten werden, in ihren Gesetzen und in der behördlichen Praxis, Freiheitsentziehungen nur im Rahmen der Haftgründe des Art. 5 Abs. 1 EMRK vorzunehmen. Sie könnten vom EGMR wegen einer Verletzung von Art. 5 Abs. 1 EMRK verurteilt werden, wenn und soweit das nationale Recht gar keine oder keine hinreichend bestimmte Ermächtigungsgrundlage für den jeweiligen Eingriff in das Recht auf Freiheit enthält. Staaten, die keine hohen nationalen Anforderungen an die Zulässigkeit von Freiheitsentziehungen stellen, sind aufgrund des Art. 5 Abs. 1 EMRK dazu verpflichtet, zumindest gewisse Mindeststandards einzuhalten und den Grundsatz der Verhältnismäßigkeit zu beachten. Schließlich können die Vertragsstaaten — entsprechend der Absicht der Verfasser der EMRK — durch den EGMR dazu angehalten werden, ihr jeweiliges nationales Recht einzuhalten. Auch wenn die Mitgliedstaaten nach ihrer eigenen Überzeugung und laut der Präambel der EMRK ein gemeinsames Erbe an *„Achtung der Freiheit und Vorherrschaft des Gesetzes besitzen"*, kann die völkerrechtliche Verpflichtung der Staaten durch Art. 5 EMRK ganz im Sinne der Präambel der Konvention tatsächlich einen bedeutenden Beitrag zur Wahrung und Entwicklung auch des Schutzes des Rechts auf Freiheit in den Vertragsstaaten leisten.

Abschnitt 2: Freiheitsentziehung — Gründe und Verfahren

Die Gründe, aus denen die nationalen Rechtsordnungen Freiheitsentziehungen im Bereich der Gefahrenabwehr zulassen, sind trotz in der Theorie oft unterschiedlicher Konzepte im wesentlichen vergleichbar. In den Rechtsordnungen der untersuchten Europaratsstaaten finden sich, wie dargelegt, unterschiedliche Konzepte des Freiheitsschutzes. Während in Deutschland Freiheitsentziehungen im Verwaltungsrecht — insbesondere im Gefahrenabwehrrecht — durchaus keinen Fremdkörper darstellen, werden Freiheitsentziehungen im außerstrafprozessualen Bereich sowohl in der französischen Rechtsordnung, als auch im Gefahrenabwehrrecht des Vereinigten Königreichs als besondere Ausnahme aufgefasst. Nach dem französischen Recht sollen staatliche Freiheitsentziehungen in der Regel nur dann erfolgen, wenn eine Straftat bereits begangen wurde, *régime répressif*. Im Recht des Vereinigten Königreichs spielen Freiheitsentziehungen im Bereich der Gefahrenabwehr deshalb eine weniger bedeutende Rolle, weil viele Störungen der öffentlichen Ordnung zugleich einen Straftatbestand verwirklichen, weshalb die Freiheitsentziehung in diesen Fällen oft dem Bereich der Strafverfolgung zuzuordnen ist. Dennoch hat diese Arbeit gezeigt, dass die Gründe, aus denen Personen im außer-strafprozessualen Bereich die Freiheit entzogen wird, in allen drei untersuchten Staaten durchaus vergleichbar sind. So kann letztlich in allen drei Rechtsordnungen einer Person die Freiheit entzogen werden, wenn sie eine *Gefährdung der öffentlichen Sicherheit und Ordnung* im weiteren Sinne darstellt. Während das besondere Ordnungsrecht — wie die Bestimmungen bezüglich der Verhinderung der Ausbreitung ansteckender Krankheiten, der Unterbringung psychisch Kranker und der Abschiebungshaft — in allen drei untersuchten Rechtsordnungen relativ einheitlich ausgestaltet ist, weisen die Ermächtigungen für Freiheitsentziehungen im Bereich des allgemeinen Ordnungs- oder Polizeirechts zumindest in der Theorie erhebliche Unterschiede auf.

I. Freiheitsentziehungen im allgemeinen Polizei- und Ordnungsrecht

Die detailliertesten Ermächtigungsgrundlagen zum Freiheitsentzug, zur Durchsetzung einer gesetzlichen Pflicht und zur Verhinderung strafbaren Verhaltens enthält das *deutsche Recht* mit seinen polizeirechtlichen Gewahrsamsvorschriften. In der deutschen Rechtsordnung sind die einzelnen Ermächtigungen zur Ingewahrsamnahme und das Verfahren der Freiheitsentziehung schon deshalb besonders geregelt, weil das deutsche Verfassungsrecht für Eingriffe in Grundrechte stets eine besondere gesetzliche Ermächtigungsgrundlage fordert und reine Aufgabenzuweisungen nicht ausreichen lässt.

Das *französische Recht* geht, wie gezeigt, von der Prämisse aus, dass Freiheitsentziehungen zur Gefahrenabwehr grundsätzlich nicht erfolgen sollen. Als Ausnahme von diesem Grundsatz ermächtigt das französische Recht, ebenso wie das deutsche Recht zur zwangsweisen Unterbringung psychisch kranker Personen. Zudem beinhaltet das französische Ausländerrecht Ermächtigungen zur Inhaftierung von Ausländern zur Sicherung ihrer Abschiebung oder Zurückschiebung. Im Code de la santé publique findet sich die Ermächtigung, betrunkene Personen unter bestimmten Umständen zum Zweck der Ausnüchterung in Gewahrsam zu nehmen, Art. L3341-1. Nur wenige französische Gesetze ermächtigen jedoch zu Freiheitsentziehungen im Bereich der allgemeinen Gefahrenabwehr.

Vergleicht man den Bestand präventiv-polizeilicher Befugnisnormen Frankreichs und Deutschlands, zeigt sich, dass insbesondere die in den deutschen Polizeigesetzen geregelten Gewahrsamsformen, wie der Schutz-, Sicherungs-, Unterbindungs- und Identitätsfeststellungsgewahrsam, sowie die Ingewahrsamnahme zur Durchsetzung eines Platzverweises in der französischen Rechtsordnung keine Entsprechung haben. Dies bedeutet jedoch im Ergebnis nicht, dass in Frankreich durch die Polizei keine Freiheitsentziehungen zum Zweck der Verhinderung von Straftaten, zur Verhinderung eines Suizids oder zur Durchsetzung eines Platzverweises vorgenommen werden können und werden.

So ist zum einen festzustellen, dass in den Fällen, die in Deutschland der Gefahrenabwehr zugeordnet sind, nach französischem Recht vielfach bereits strafprozessuale Ermittlungsbefugnisse greifen. Zum anderen bedarf es nach unausgesprochenem Verständnis keiner gesonderten Eingriffsermächtigung, wenn lediglich ein genereller normativer Befehl im Einzelfall konkretisiert wird. Aus einem kommunalen Betteleiverbot kann beispielsweise die Befugnis abgeleitet werden, den zur Durchsetzung erforderlichen Platzverweis im Einzelfall auszusprechen. Dieser kann dann unter den — allerdings recht engen — Voraussetzungen der *exécution d'office* auch zwangsweise durchgesetzt werden.

Personen, die unmittelbar vor der Begehung eines Suizids stehen, können im französischen Recht, ebenso wie im deutschen Recht, vorübergehend untergebracht werden, wenn — wie im Regelfall — zunächst der Verdacht besteht, dass sie zumindest an einer vorübergehenden psychischen Störung leiden. Nach dem Code Général des Collectivités Territoriales kommt die Aufgabe, die notwendigen vorläufigen Maßnahmen gegen psychisch gestörte Personen zu ergreifen, wenn deren Zustand schädlich für die *morale publique* ist oder die Sicherheit von Personen oder Eigentum gefährdet, der *police municipale* zu. Die *police municipale* kann die betroffene Person danach in Gewahrsam nehmen und sie gegebenenfalls dem Unterbringungsverfahren zuführen. Diese Ermächtigung ist jedoch weniger weit als die Ermächtigung zum Schutzgewahrsam der deutschen Landespolizeigesetze. Die deutschen Polizeigesetze ermächtigen auch dazu, einer Person, die sich in hilfloser Lage befindet unabhängig von einer psychischen Störung gegen ihren Willen in Gewahrsam zu nehmen. Insoweit sind die deutschen Landesgesetze jedoch, wie gezeigt, nicht mit der EMRK vereinbar. Durch die völkerrechtlich geforderte Aufhebung dieser Vorschriften käme es daher zu einer Rechtsangleichung im Bereich des polizeilichen Schutzgewahrsams.

Ganz anders als das deutsche Recht regelt das französische Recht den polizeilichen Unterbindungsgewahrsam. Die einzige Ermächtigung der Polizei, im Fall einer bevorstehenden Begehung einer Straftat einzuschreiten, stellt Art. 78-2 al. 1 CPP dar. Danach kann die französische Polizei, anders als die deutsche Polizei, die Person, die im Begriff ist, eine Straftat zu begehen nicht sogleich in Gewahrsam nehmen. Art. 78-2 al. 1 CPP ermächtigt die Polizei seinem Wortlaut nach zunächst allein dazu, die Identität der Person, von der Indizien vermuten lassen, dass sie sich auf die Begehung einer Straftat vorbereitet, zu kontrollieren. Diese Möglichkeit polizeilichen Einschreitens wurde vom Gesetzgeber geschaffen, damit der Polizei im Fall der Begehung bzw. Vorbereitung von Vergehen oder Verbrechen die Ingewahrsamnahme möglich ist. Eine Ingewahrsamnahme der betroffenen Person ist jedoch gemäß Art. 78-3 CPP nur dann zulässig, wenn sie sich weigert, ihre Identität nachzuweisen oder dazu nicht in der Lage ist. Entgegen dem Wortlaut des Art. 78 CPP hat die Rechtsprechung diese Ermächtigungsgrundlage jedoch dahingehend ausgelegt, dass sie auch zu Freiheitsentziehungen ermächtigt, wenn der handelnden Behörde die Identität der betroffenen Person bereits bekannt ist. Art. 78 CPP ist daher die einzige Ermächtigungsgrundlage, auf die sich die Polizei bei der Ingewahrsamnahme von Personen im Rahmen der allgemeinen Gefahrenabwehr stützen kann.

Im Ergebnis können also auch nach französischem Recht Freiheitsentziehungen zum Zwecke der Gefahrenabwehr vorgenommen werden. Bei genauerer Betrachtung erweist sich damit das *régime répressif* Frankreichs als inkonsequent. Die grundlegende Verschiedenheit des deutschen und des französischen präventiv-polizeilichen Befugnissystems verliert vor dem Hintergrund dieser Besonderheiten an Bedeutung.

In der Rechtsordnung des *Vereinigten Königreichs* sind viele Verhaltensweisen strafbar, die in der deutschen Rechtsordnung dem Gefahrenabwehrrecht zugeordnet sind. Freiheitsentziehungen im Zusammenhang mit diesen Verhaltensweisen unterfallen daher nach dem Recht des Vereinigten Königreichs dem Bereich der Strafverfolgung. Dennoch bestehen auch im Recht des Vereinigten Königreichs Ermächtigungen zu Freiheitsentziehungen im Rahmen der Gefahrenabwehr. Anders als die strafprozessualen Eingriffe in das Recht auf Freiheit, die zum Großteil kodifiziert wurden, ergibt sich die Ermächtigung zum Festhalten von Personen im Rahmen der Gefahrenabwehr ausschließlich aus dem Richterrecht des Vereinigten Königreichs. Danach ist jedermann berechtigt, eine Person, die den königlichen Frieden stört, festzunehmen. Die Ermächtigung zur Festnahme einer Person wegen eines *breach of the peace* ist insofern weiter als die deutschen Ermächtigungen zur polizeilichen Ingewahrsamnahme, als nicht nur Polizeibeamte, sondern jede Person zur Festnahme des „Störers" ermächtigt ist. Auf der anderen Seite stellt nicht jede bevorstehende Straftat oder Ordnungswidrigkeit einen *breach of the peace* dar. Auch bei der Bedrohung privater Rechte liegt nicht in jedem Fall ein Verstoß gegen den königlichen Frieden vor. Voraussetzung für die Festnahme einer Person wegen eines *breach of the peace* ist vielmehr stets die Anwendung oder Androhung von Gewalt bzw. ein Verhalten, das den Einsatz von Gewalt zumindest hervorrufen kann. Damit ist nach dem Recht des Vereinigten Königreichs nicht jeder polizeiliche Unterbindungsgewahrsam oder Sicherungsgewahrsam zulässig, zu dem die deutschen Landesgesetze die Polizei ermächtigen. Durch die Rechtsprechung der Gerichte des Vereinigten Königreichs wurde jedoch insbesondere die Tatbestandsvariante der Gewaltprovokation sehr weit ausgelegt. So erklärten es nationale Gerichte für ausreichend, wenn aufgrund des Fehlverhaltens der betroffenen Person auch nur entfernt mit gewalttätigem Verhalten Dritter zu rechnen ist. In Anwendung dieser Rechtsprechung umfasst die Ermächtigung zur Freiheitsentziehung wegen *breach of the peace* des Vereinigten Königreichs auch die Fälle, in denen die Polizei nach deutschem Recht zur Ingewahrsamnahme einer Person ermächtigt ist.

Auch eine Ermächtigung zur Ingewahrsamnahme zur Durchsetzung eines Platzverweises kennt das Recht des Vereinigten Königreichs nicht. Das Nichtbefolgen eines polizeilichen Aufenthaltsverbots kann jedoch unter bestimmten Umständen einen *breach of the peace* darstellen. Bei einer Zuwiderhandlung gegen polizeiliche Anordnungen, wie einen Platzverweis handelt es sich zudem um eine 'Behinderung eines Polizeibeamten in der Ausübung seines Amtes *(obstructing a police officer in the execution of his duty)* und damit um ein strafrechtlich verfolgbares Delikt. Auch im Recht des Vereinigten Königreichs können daher Personen festgenommen und festgehalten werden, die einem Platzverweis nicht nachkommen.

Sowohl die Freiheitsentziehung wegen Störung des öffentlichen Friedens, als auch die Freiheitsentziehung wegen der Behinderung von Polizeibeamten setzen nach dem Recht des Vereinigten Königreichs voraus, das durch das Verhalten der betroffenen Person Interessen Dritter oder der Allgemeinheit beeinträchtigt werden. Eine Eigengefährdung genügt diesen Anforderungen nicht. Eine Ingewahrsamnahme, die allein dem Schutz der in Gewahrsam genommenen Person dienen soll, ist daher nach den Ermächtigungen des Common Law nicht zulässig. Eine solche Ermächtigung ergibt sich jedoch aus dem Mental Health Act 1983. Nach dem Mental Health Act 1983 kann eine Person, die an einem öffentlichen Ort aufgefunden wird und an einer psychischen Krankheit zu leiden scheint, vorübergehend in polizeilichen Gewahrsam genommen werden, wenn dies zu ihrem eigenen Schutz erforderlich erscheint. Auch nach dem Recht des Vereinigten Königreichs können daher Personen gegen ihren Willen und zu ihrem eigenen Schutz in Gewahrsam genommen werden, wenn zumindest Indizien darauf hindeuten, dass die Person aufgrund einer aktuellen psychischen Störung nicht in der Lage ist, einen eigenen Willen zu bilden.

Allein die Ermächtigung zum Festhalten einer Person zum Zweck der Identitätsfeststellung, wie sie das deutsche Recht vorsieht und die vor allem im französischen Recht von großer praktischer Bedeutung ist, hat im Recht des Vereinigten Königreichs kein Pendant. Der Grund für das Fehlen einer derartigen Ermächtigung ist vor allem, dass im Recht des Vereinigten Königreichs weder eine Ausweispflicht noch Identitätskontrollen vorgesehen sind. Es besteht daher im Vereinigten Königreich auch keine Notwendigkeit, eine solche Pflicht mittels staatlicher Freiheitsentziehung durchsetzen zu können.

Im Ergebnis lässt sich daher feststellen, dass — so unterschiedlich das Gefahrenabwehrrecht der untersuchten Staaten auf den ersten Blick erscheint — in allen drei Staaten auf vergleichbare Gefahrenlagen mit staatlicher Freiheitsentziehung reagiert werden kann.

II. Unterbringung psychisch Kranker

Vergleicht man die gesetzliche Regelung der zwangsweisen Unterbringung psychisch kranker Personen im Recht der drei untersuchten Staaten, stellt man eine weitgehende Übereinstimmung insbesondere der materiellen Unterbringungsvoraussetzungen fest. So ist in allen drei Staaten stets das Vorliegen einer psychischen Krankheit und einer daraus resultierenden Gefährdung der Interessen der betroffenen Person selbst oder Dritter Voraussetzung für eine Unterbringung. Die Freiheitsentziehung muss zudem in allen drei Staaten aufgrund der Schwere der psychischen Störung und der drohenden Gefahr erforderlich sein.

Auch das Unterbringungsverfahren ist in den drei Staaten vergleichbar. So ist die wichtigste Voraussetzung der Unterbringung stets, dass die psychische Erkrankung oder Störung, aufgrund derer die Unterbringung erfolgen soll, durch ein unabhängiges ärztliches Gutachten festgestellt wurde. In Frankreich wurde diese Verfahrensvoraussetzung jedoch erst 1990 aufgrund des offensichtlichen Verstoßes gegen Art. 5 EMRK eingeführt. Die EMRK und die Rechtsprechung der Konventionsorgane haben insoweit bereits einen wichtigen Beitrag sowohl zum Schutz der Rechte der Betroffenen, als auch zur Angleichung der nationalen Unterbringungsverfahren geleistet. Die Verfahrensvorschriften der drei Staaten unterscheiden sich aktuell vor allem darin, dass unterschiedliche staatliche Stellen für die Anordnung der Unterbringung zuständig sind. Während in Deutschland aufgrund des verfassungsrechtlich verankerten Richtervorbehalts die zwangsweise Unterbringung einer Person nur durch einen Richter angeordnet werden kann, ist in Frankreich der Präfekt für die Anordnung der Unterbringung zuständig. Im Vereinigten Königreich erfolgt die Unterbringung aufgrund eines Antrags des nächsten Verwandten der betroffenen Person oder eines zugelassenen Sozialarbeiters durch die Gesundheitsbehörden.

III. Freiheitsentziehung im Ausländerrecht

Die Gründe, aus denen das Ausländerrecht der drei untersuchten Rechtsordnungen zu freiheitsentziehenden staatlichen Maßnahmen ermächtigt, sind ebenfalls im wesentlichen die gleichen. Die Haftgründe des Ausländerrechts haben die Verfasser der EMRK in Art. 5 Abs. 1 lit. f EMRK zusammengefasst. Es sind zum einen Maßnahmen, die dazu dienen sollen, ein Eindringen unerwünschter Ausländer in das Staatsgebiet zu verhindern und zum anderen Maßnahmen, die der Außerlandesschaffung von Ausländern dienen sollen. Als freiheitsentziehende Maßnahme zur Verhinderung illegaler Einreise sehen alle drei Staaten die Zurückweisungshaft vor, von der Ausländer betroffen sind, die an den Grenzkontrollstellen aufgegriffen werden. Eine Zurückweisungshaft dient jedoch dann nicht mehr der Verhinderung der Einreise, wenn die betroffene Person einmal die Grenzkontrollstellen passiert hat. Obwohl alle drei untersuchten Staaten die Zurückweisungshaft auch in diesen Fällen als Freiheitsentziehung zur Verhinderung der Einreise vorsehen, kann diese Haft nach völkerrechtlichem Maßstab nur als Haft während eines „schwebenden" Ausweisungsverfahrens gerechtfertigt sein.

Als freiheitsentziehende Maßnahme während eines schwebenden Ausweisungsverfahrens sehen alle drei Staaten zudem die Abschiebungshaft vor. Diese darf nach dem Ausländerrecht aller drei Staaten nur solange andauern, wie es unbedingt erforderlich ist und solange die Abschiebung noch möglich ist. Deutschland, Frankreich und das Vereinigte Königreich erfüllen damit die Anforderungen, die der EGMR an die Inhaftierung von Ausländern während eines schwebenden Ausweisungsverfahrens stellt. Eine Ausnahme stellt lediglich die Regelung des Anti-Terrorism Act 2001 dar, wonach Personen, die verdächtig sind, internationale Terroristen zu sein, auch dann gemäß Sched. 2 para. 16 Immigration Act 1971 in Haft genommen und in Haft gehalten werden dürfen, wenn ihrer Abschiebung in einen anderen Staat internationale Abkommen oder praktische Erwägungen vorübergehend oder dauerhaft entgegenstehen. Diese Ermächtigung, die von den Regelungen des Ausländerrechts Deutschlands und Frankreichs abweicht, ist mit der EMRK nicht vereinbar. Wendet man trotz des durch das Vereinigte Königreich erklärten Notstands den Maßstab des Art. 5 Abs. 1 lit. f EMRK an, so wäre diese Ermächtigung aufzuheben und es käme zu einer noch weiteren Angleichung der ausländerrechtlichen Freiheitsentziehungsbefugnisse der drei untersuchten Staaten.

Die Analyse der deutschen und französischen Freiheitsentziehungsermächtigungen und der des Vereinigten Königreichs hat gezeigt, dass die Gründe und das Verfahren für Freiheitsentziehungen im Verwaltungsrecht der einzelnen nationalen Rechtsordnungen trotz im Einzelfall bestehender Unterschiede erstaunlich viele Übereinstimmungen aufweisen. Zu einer noch weiteren Rechtsangleichung kann auch die EMRK einen Beitrag leisten, wenn und soweit die Vertragsstaaten von sich aus oder nach einer Verurteilung durch den EGMR ihren völkerrechtlichen Verpflichtungen aus Art. 5 Abs. 1 EMRK nachkommen und einzelne abweichende nationale Regelungen, die EMRK-widrig sind, aufheben. Auf diese Weise kann der Schutz des Rechts auf Freiheit in Art. 5 Abs. 1 EMRK ganz im Sinne der Präambel der Konvention dazu beitragen, eine „größere Einigkeit" unter den Mitgliedern des Europarats herbeizuführen.

Abschnitt 3: Nationaler Rechtsschutz

Nicht nur bezüglich der Gründe, aus denen die nationalen Rechtsordnungen Freiheitsentziehungen im Bereich der Gefahrenabwehr zulassen, bestehen in den untersuchten Rechtsordnungen in der Theorie unterschiedliche Konzepte. Auch die Haftprüfung ist in den drei Vertragsstaaten der EMRK konzeptionell unterschiedlich ausgestaltet: Während gemäß Art. 104 Abs. 2 S. 1 GG in Deutschland grundsätzlich jede Freiheitsentziehung durch einen Richter angeordnet worden sein muss, genügt in Frankreich und im Vereinigten Königreich grundsätzlich eine nachträgliche richterliche Kontrolle. Während in Frankreich der Staatsanwalt als Teil der *autorité judiciaire* bei der Kontrolle staatlicher Freiheitsentziehungen eine große Rolle spielt, obliegt die Prüfung der Rechtmäßigkeit von Freiheitsentziehungen in Deutschland und im Vereinigten Königreich ausschließlich dem Richter. Während in Deutschland grundsätzlich eine Haftprüfung von Amts wegen, d.h. ohne gesonderten Antrag der betroffenen Person erfolgt, wird in Frankreich und im Vereinigten Königreich der Richter grundsätzlich erst auf einen entsprechenden Antrag hin tätig.

Von allen diesen Grundsätzen, die die unterschiedlichen nationale Haftprüfungsverfahren prägen, gibt es indes in der Theorie und in der Praxis eine ganze Reihe von Ausnahmen. Dies führt dazu, dass die Haftprüfung im einzelnen in den drei Staaten nicht so unterschiedlich ist, wie der Vergleich der zugrundeliegenden Konzepte vermuten lässt. Im Einzelnen:

Eine Besonderheit der Haftprüfung stellt ohne Zweifel der deutsche Richtervorbehalt dar. Anders als in Frankreich und im Vereinigten Königreich müssen danach Freiheitsentziehungen grundsätzlich durch den Richter angeordnet werden. Der Richter prüft die Rechtmäßigkeit einer staatlichen freiheitsentziehenden Maßnahme nach diesem Grundsatz bereits, bevor die Verwaltung eine Person in Gewahrsam nehmen kann. Wenn die Ingewahrsamnahme ausnahmsweise nicht auf richterlicher Anordnung beruht, ist die richterliche Entscheidung unverzüglich nachzuholen. Der Fall, in dem einer Person die Freiheit entzogen wird, ohne dass dies durch den Richter angeordnet wurde, soll demzufolge eine Ausnahme von diesem Grundsatz darstellen. Gerade im Bereich der Gefahrenabwehr verkehrt sich dieses Regel-Ausnahme-Verhältnis jedoch in sein Gegenteil. Der Grund dafür ist, dass für ein Eingreifen der Polizei im Rahmen der Gefahrenabwehr bereits eine Gefahr für bestimmte Rechtsgüter vorliegen muss, d.h. eine richterliche Entscheidung in der Regel nicht mehr rechtzeitig eingeholt werden kann. So gehen auch die Polizeigesetze der Länder davon aus, dass im Regelfall einer Person zunächst ohne gerichtliche Anordnung die Freiheit entzogen wird und die richterliche Entscheidung sodann nachgeholt wird. Gerade bei Freiheitsentziehungen zum Zweck der Gefahrenabwehr, wie auch bei der Unterbringung psychisch Kranker stellt die vorherige richterliche Anordnung, wie sie Art. 104 Abs. 2 GG fordert, die Ausnahme dar. Statt des Grundsatzes vorheriger richterlicher Entscheidung wird damit in der Praxis, aber auch schon auf einfachgesetzlicher Ebene eher der Grundsatz unverzüglicher nachträglicher Einholung einer richterlichen Entscheidung eingehalten. Angesichts all dieser Ausnahmen verliert die deutsche Besonderheit des Richtervorbehalts gerade im Gefahrenabwehrrecht erheblich an Bedeutung.

Bemerkenswert ist darüber hinaus, dass der Vorbehalt richterlicher Entscheidung auch dem Recht des Vereinigten Königreichs nicht völlig fremd ist. Ein Vorbehalt richterlicher Entscheidung besteht in der Rechtsordnung des Vereinigten Königreichs indes nur für den Fall der Inhaftierung ansteckend kranker Personen. So kann gemäß Sec. 37 des Public Health Act 1984 nur der Friedensrichter *(justice of the peace)* auf Antrag der Gesundheitsbehörde eine Person zwangsweise in ein Krankenhaus einweisen, wenn diese an einer meldepflichtigen Krankheit leidet.

Als weitere Besonderheit der deutschen Haftprüfung, die ihre Grundlage ebenfalls in Art. 104 Abs. 2 GG findet, wird aber auch die „automatische" Haftprüfung angesehen. Erfolgt eine Anordnung der Freiheitsentziehung nicht vorher durch den Richter, so ist von der handelnden Behörde von Amts wegen unverzüglich nach der Freiheitsentziehung eine richterliche Entscheidung herbeizuführen. Die Freiheitsentziehung durch die Exekutive darf gemäß Art. 104 Abs. 2 S. 3 GG in keinem Fall länger als bis zum Ende des Tages nach dem Ergreifen der betroffenen Person andauern. Ein Antrag der betroffenen Person auf Prüfung der Haft durch den Richter, wie ihn das französische Haftprüfungsverfahren und das Haftprüfungsverfahren des Vereinigten Königreichs zur Einleitung der richterlichen Kontrolle fordern, ist damit nicht erforderlich. Aber auch dieser Grundsatz findet in der Praxis nicht auf alle Freiheitsentziehungen im Sinne des Art. 5 Abs. 1 EMRK Anwendung. So wird nach deutschem Recht keine richterliche Entscheidung über die Unterbringung von Ausländern in den Transiträumlichkeiten eines Flughafens eingeholt oder herbeigeführt. Auch bei der Abschiebung, die nach hier vertretener Auffassung ebenfalls regelmäßig eine Freiheitsentziehung im Sinne des Art. 5 Abs. 4 EMRK darstellt, wird kein Richter angerufen, um die Rechtmäßigkeit dieser Maßnahme zu überprüfen.

Bei nährerem Hinsehen stellt sich zudem heraus, dass auch die Prozessordnungen Frankreichs und des Vereinigten Königreichs, wenn auch nicht als Grundsatz, so doch zumindest in speziellen Verfahren eine richterliche Kontrolle von Amts wegen vorsehen. So ist nach dem Recht des Vereinigten Königreichs die aufgrund eines *breach of the peace* festgenommene Person unverzüglich dem *magistrate* und damit einem Richter vorzuführen. Von Amts wegen ist auch die Rechtmäßigkeit der Unterbringung psychisch Kranker gerichtlich zu prüfen. Nach dem Mental Health Act 1983 muss das Mental Health Review Tribunal auf jede untergebrachte Person hinweisen, die von ihrem Recht auf Anrufung des Mental Health Review Tribunal innerhalb von sechs Monaten keinen Gebrauch gemacht hat, Sec. 68(1) Mental Health Act 1983. Gleiches gilt, nachdem die zunächst maximal auf sechs Monate befristete Unterbringung einer Person gemäß Sec. 20 Mental Health Act 1983 verlängert wurde. In diesem Fall hat die Anstaltsleitung die betroffene Person erneut dem Gericht zu melden, wenn diese nicht von sich aus einen Antrag auf gerichtliche Überprüfung ihrer Unterbringung stellt, Sec. 68(2) Mental Health Act 1983. Das Mental Health Review Tribunal überprüft in diesen Fällen, ob die tatsächlichen und rechtlichen Voraussetzungen für eine zwangsweise Unterbringung noch vorliegen.

In Frankreich wurde die automatische richterliche Kontrolle staatlicher freiheitsentziehender Maßnahmen vor allem im Ausländerrecht eingeführt. Gemäß Art. 35bis der Ordonnance 45-2658 kann eine Abschiebungshaft durch den Präfekten nur für bis zu 48 Stunden angeordnet werden. Soll die Abschiebungshaft nach Ablauf dieser Frist verlängert werden, hat die Verwaltung den Freiheitsrichter *(juge des libertés)* anzurufen, der nach Anhörung des Betroffenen und eines Vertreters der Verwaltung über das weitere Vorgehen entscheidet. Nur der Richter kann eine Verlängerung der Haft anordnen. Die Unterbringung von Ausländern in den sogenannten Wartezonen kann nur für die Dauer von maximal vier Tagen von der Verwaltung angeordnet werden. Nach Ablauf dieser Frist jedoch kann der weitere Aufenthalt der Betroffenen in der Wartezone gemäß Art. 35 quarter der Ordonnance 45-2658 nur durch den *juge des libertés et de la détention* und damit ebenfalls durch einen Richter angeordnet werden. Auch im französischen Recht, das die Aufgabe der Kontrolle von Freiheitsentziehungen durch die Verwaltung häufig dem Staatsanwalt überträgt, wurde durch diese Regelung in der Ordonannce 45-2658 die Rolle des Richters gestärkt.

Obwohl der deutsche Richtervorbehalt weder im französischen Recht noch in der Rechtsordnung des Vereinigten Königreichs eine Entsprechung hat, sind die Unterschiede der einzelnen Haftprüfungsverfahren in der Praxis weitaus geringer, als es die unterschiedlichen theoretischen Konzepte erwarten lassen.

Vergleichbar sind insbesondere die Probleme, die sich den Staaten bei der Gewährleistung einer effektiven und hinreichend schnellen Haftprüfung gerade von Freiheitsentziehungen stellen, die auf einer Entscheidung der Verwaltung beruhen. In Deutschland stellt sich dieses Problem insbesondere im Ausländerrecht. Obwohl das Bestehen einer Ausreisepflicht und das Nichtvorliegen von Abschiebungshindernissen nach deutschem Recht Voraussetzung für die Rechtmäßigkeit der Abschiebungshaft sind, steht dem Haftrichter die Kompetenz zur Prüfung dieser Voraussetzungen nur teilweise zu. Begründet wird dies damit, dass die Überprüfung von Verwaltungsentscheidungen grundsätzlich Aufgabe der Verwaltungsgerichte und nicht Aufgabe des Haftrichters sei. Ganz ähnlich stellt sich das Problem in Frankreich dar. Nach französischem Recht gebietet das Prinzip der *séparation des autorités*, dass Verwaltungsentscheidungen nur durch Verwaltungsgerichte kontrolliert werden können. Dies gilt jedoch nicht — wie in Deutschland — nur für Entscheidungen, die der Anordnung der

Freiheitsentziehung zugrunde liegen, sondern grundsätzlich auch für die behördliche Anordnung der Freiheitsentziehung selbst. Auch in Frankreich sind die Verwaltungsgerichte jedoch nicht ausschließlich für die Beurteilung der Rechtmäßigkeit von Freiheitsentziehungen durch die Verwaltung zuständig. So kann die ordentliche Gerichtsbarkeit angerufen werden, wenn die Freiheitsentziehung durch die Verwaltung offensichtlich rechtswidrig ist. Es kommt in Frankreich daher ebenfalls zu einer Spaltung der Zuständigkeit für Haftprüfungen.

Im Vereinigten Königreich stellt sich das Problem der Überprüfbarkeit von Entscheidungen der Verwaltung im Rahmen einer Haftprüfung auch. Der Haftrichter ist im Rahmen des Habeas Corpus-Verfahrens darauf beschränkt, zu prüfen, ob die Entscheidung der Verwaltung offensichtlich rechtsmissbräuchlich ist. Ob die Entscheidung der Verwaltung selbst prozessuale Fehler aufweist oder auf Fehlinterpretationen des Gesetzes oder der Verkennung der Tatsachen beruht, bzw. ob die Entscheidung wegen grundsätzlicher Unangemessenheit nicht hätte getroffen werden dürfen, kann ausschließlich im Verfahren des Judicial Review geprüft werden. Damit kommt es zwar nicht zu einer Aufteilung der Haftprüfung zwischen verschiedenen Gerichtsbarkeiten, jedoch kann im Vereinigten Königreich das leichter zugängliche Verfahren des Habeas Corpus allein nicht zu einer vollumfänglichen Prüfung der Rechtmäßigkeit der Haft führen, wenn dieser eine Verwaltungsentscheidung zugrunde liegt. Das Recht des Vereinigten Königreichs zeigt aber zugleich eine mögliche Lösung für das Problem der Rechtsweg- bzw. Verfahrensspaltung auf. Es konzentriert die Prüfung der Haft in dem Verfahren, in dem auch über die Rechtmäßigkeit von Verwaltungsentscheidungen entschieden werden kann, dem Verfahren des Judicial Review. Auf die französische und die deutsche Rechtsordnung übertragen hieße dies, dass die Kompetenz zur Prüfung von Freiheitsentziehungen durch die Verwaltung oder Freiheitsentziehungen, denen Entscheidungen durch die Verwaltung zugrunde liegen, ebenfalls ausschließlich einer Gerichtsbarkeit zu übertragen wären. Nur dann könnte gewährleistet werden, dass die Haftprüfung den Anforderungen des Art. 5 Abs. 4 EMRK genügt.

Auch und gerade im Bereich der Haftprüfung kann die EMRK damit einen Beitrag zur Verbesserung des Grundrechtsschutzes in den einzelnen Mitgliedstaaten aber auch zur Angleichung des Verwaltungs- und Prozessrechts der Europäischen Staaten leisten.

Literaturverzeichnis

Aldous, Alder / *Grahame*, John, Applications for Judicial Review, London 1993 – Judicial Review.

Alleweldt, Ralf, Schutz vor Abschiebung bei drohender Folter oder unmenschlicher oder erniedrigender Behandlung, Berlin 1996 – Schutz.

Alternativkommentar, Kommentar zum Grundgesetz für die Bundesrepublik Deutschland, Band I und III, 3. Aufl. Neuwied 2001 – Bearbeiter in: AK-GG.

Anschütz, Gerhard, Die Verfassung des Deutschen Reichs vom 11. August 1919, 14. Aufl. Berlin 1933 – Verfassung.

Armand, Gilles, L'autorité judiciaire, gardienne de la liberté individuelle dans la jurisprudence du Conseil Costitutionnel, thèse, Caen 2000 – Autorité judiciaire.

Aschmann, Tjark Erich, Der Richtervorbehalt im deutschen Polizeirecht, Würzburg 1999 – Richtervorbehalt.

Auby, Jean-Marie, Le droit de la santé, Paris 1981 – Santé.

Auby, Jean-Bernard, Note sur la décision du Conseil Constitutionnel du 09. Janvier 1980, Rec. Dalloz Jur. 1980, p. 249-253.

Bacot, Guillaume, La déclaration de 1789 et la constitution de 1958, RDP 1989, p. 685-737.

Badshah, K. Mian, English Habeas Corpus: Law history and politics, San Francisco 1984 – Habeas Corpus.

Baer, Rolf, Psychiatrie für Juristen, München 1988 – Psychiatrie.

Baldarelli, Marcello, Zur Rechtmäßigkeit polizeilicher Maßnahmen gegen Menschenansammlungen unter Berücksichtigung der Versammlungsfreiheit, Die Polizei 1988, S. 61-69.

Bales, Stefan / *Baumann*, Hans Georg / *Schnitzler*, Norbert, Infektionsschutzgesetz, Stuttgart 2001 – Infektionsschutzgesetz.

Barloy, François, Le conseil constitutionnel, la liberté individuelle et l'ordre public, Rev. Adm. 1995, p. 483-492.

Bartlett, Peter / *Sandland*, Ralph, Mental Health Law – Policy and Practice, London 2000 – Mental Health.

Bassenge, Peter / *Herbst*, Gerhard, Gesetz über die Angelegenheiten der freiwilligen Gerichtsbarkeit, 8. Auflage, Heidelberg 1999 – FGG.

Bauer, Steffen, Verfassungsgerichtlicher Grundrechtsschutz in Frankreich, Baden–Baden 1988 – Grundrechtsschutz.

Bean, Philip, Mental disorder and legal control, Cambridge 1986 – Mental disorder.

Beddard, Ralph, The status of the European Convention on Human Rights in domestic law, ICLQ 1967, p. 206-217 – EHCR.

Benoît–Rohmer, Florence, Reconduite à la frontière - développements récents, RDP 1994, p. 429-478.

Bergener, Manfred, Die zwangsweise Unterbringung psychisch Kranker, Berlin 1986 – Unterbringung.

Berghaus, Günter / *Horny*, Jan / *Dotzauer*, Günther, Ausnüchterung im Polizeigewahrsam, Archiv für Kriminologie, 167 (1981), S. 1-10.

Berner, Gerd / *Köhler*, Michael, Polizeiaufgabengesetz, 16. Aufl. München 2000 – Polizeiaufgabengesetz.

Bersier, Roland, Contribution de la liberté individuelle. L´internement des aliénés et des assosiaux, Lausanne 1968 – Internement.

Bibby, Peter, Effectif Use of Judicial Review, Exeter 1995 – Judicial Review.

Birch, D.J., Powers of Arrest and Detention, CrimLR 1985, p. 545-557.

Bischofberger, Peter, Die Verfahrensgarantien der Europäischen Konvention zum Schutze der Menschenrechte (Art. 5 und 6) und ihre Einwirkung auf das schweizerische Strafprozessrecht, Diss. Zürich 1972 – Verfahrensgarantien.

Blackstone, William, Commentaries on the laws of England, Vol. 1, Oxford 1765 – Commentaries.

Blankenagel, Alexander, Verlängerung des polizeilichen Unterbindungsgewahrsams in Bayern, DÖV 1989, S. 689-698.

Bleckmann, Albert, Verfassungsrang der Menschenrechtskonvention?, EuGRZ 1994, S. 149-155.

Bohnert, Cornelia, Unterbringungsrecht, München 2000 – Unterbringungsrecht.

Bonichot, Jean–Claude, Le contrôle juridictionnel du pouvoir discrétionnaire dans l´expulsion et l'extradition des étrangers, RIDC 1986, p. 689-703.

Bowyer, George, Commentaries on the constitutional law of England, London 1842 – Commentaries.

Bradley, A.W., Judicial Protection of the Individual against the executive in Great Britain, in: Mosler, Hermann (Hrsg.), Gerichtsschutz gegen die Exekutive, Köln 1969 – Mosler, Gerichtsschutz.

Bradley, A.W. / *Ewing*, K.D., Constitutional and administrative Law, 12. ed., London 1997 – Constitutional Law.

Brown, Simon, Habeas Corpus – A new chapter, Public Law, 2000, p. 31-44.

Brunn, Bernd, Abschiebungshaft, Neuwied 1987 – Abschiebungshaft.

Bruschi, Christian, Les étrangers et la convention européenne de sauvegarde des droit de l´homme et des libertés fondamentales, in: Fulchiron, Hugues (Hrsg.), La rétention, Paris 1999 – Étrangers.

Buergenthal, Thomas, Les droits de l´homme en droit interne et en droit international, in: Institut d´études européennes - Université Libre de Bruxelles; Actes du 2e colloque international sur la CEDH, Vienne 1965 (Hrsg.), Confrontation de la Jurisprudence des Tribunaux, Les droits de l´homme en droit interne et en droit international, Bruxelles, 1968, p. 263–288 – Doits de l'homme.

Bumiller, Ursula / *Winkler*, Karl, Freiwillige Gerichtsbarkeit, 7. Aufl. München 1999 – FGG.

Burdeau, Georges, Les libertés publiques, 4. Aufl. Paris 1972 – Libertés.

Caballero, Francis, Droit de la drogue, 2. éd. Paris 2000 – Drogue.

Calliess, Christian, Sicherheit im freiheitlichen Rechtsstaat, ZRP 2002, S. 1-7.

Carmarz, André, Les Pouvoirs de la police administrative et les libertés individuelles: La liberté d'aller et venir et la vie privée, thèse, Grenoble 1996 – Police.
Carroll, Alex, Constitutional and administrative law, 2nd ed. Essex 1998 – Constitutional Law.
Casey, Patricia / *Craven*, Ciaran, Psychiatry and the Law, Dublin 1999 – Psychiatry.
Castberg, Frede, The European Convention on Human Rights, Leiden 1974 – Convention.
Cayla, Jean-Simon, Note sur l'arrêt du Tribunal des Conflits du 27. Novembre 1995, Rec. Dalloz Jur. 1996, p. 285-286.
Chaltiel, Florence, Le juge administratif, juge de l'immigration, RDP 2000, p. 153-193.
Chandran, Parosha, The Human Rights Act 1998, London 1999 – HRA.
Chapus, René, Droit administratif général, 11. éd. Paris 1997 – Droit Administratif.
Chauvaux, Didier / *Girardot*, Thierry–Xavier, Note, AJDA 1997, p. 575-584.
Chiavario, Mario, La Convenzione Europea di Diritti dell'uomo, Milano 1969 – Convenzione.
Clement, Luke, European Human Rights – Taking A Case Under The Convention, London 1994 – Human Rights.
Cliquennois, Martine, La Convention Européenne des droits de l'homme et le juge français, Paris 1997 – CEDH.
Clutterbuck, Richard, Public Safety and Civil Liberties, Ipswich 1997 – Public Safety.
Cohen-Jonathan, Gérard, La Convention Européenne des Droits de l'Homme, Paris 1989 – Convention.
Cohen-Jonathan, Gérard, La place de la CEDH dans l'ordre juridique français, in: Frédéric Sudre (Hrsg.), Le droit français et la Convention européene des droits de l'homme 1974-1992, Strasbourg 1994 – Place.
Colliard, Claude-Albert, Libertés publiques, 7. éd. Paris 1989 – Libertés.
Coppel, Jason, The Human Rights Act 1998: Enforcing the European Convention in the domestic courts, Chichester 1999 – HRA.
Current Law Statutes annotated, London 1948 – Bearbeiter in: Current Law Statutes Annoteted (vol.).
D'Haem, Rudolph, La reconduite à la frontière des étrangers en situation irrégulière, Paris 1997 – Reconduite.
Danjean, Gustave, De l'internement des alcooliques, Paris 1907 – Alcooliques.
David-Pecheul, Tania–Marie, La contribution de la jurisprudence constitutionnelle à la théorie de la police administrative, RFDA 1998, p. 362-383.
Davy, Ulrike, Persönliche Freiheit und verfassungsgerichtliche Kontrolle, ZfV 1992, S. 14-23.
Davy, Ulrike, Asyl und internationales Flüchtlingsrecht, Band I: Völkerrechtlicher Rahmen, Band II: Innerstaatliche Ausgestaltung, Wien 1996 – Asyl.
Davy, Ulrike (Hrsg.), Die Integration von Einwanderern, Frankfurt a.M. 2001 – Integration.

Davy, Ulrike, Das neue Zuwanderungsrecht: Vom Ausländergesetz zum Aufenthaltsgesetz, ZAR 2002, 171-179.

Debbasch, Charles / *Ricci*, Jean–Claude, Contentieux administratif, 7. éd. Paris 1999 – Contentieux administratif.

Debeaurain, Jean, Théorie et pratique des institutions juridictionnelles, 3. éd. Aix-en-Provence 1998 – Institutions juridictionnelles.

Debène, Marc, La modernisation de la loi de 1838 sur les aliénés, AJDA 1990, p. 871-883.

Debray, Jacques, Les procédures judiciaires et administratives d´éloignement au regard des articles 5 et 6 de la Convention Européenne des droits de l´Homme et des libertés fondamentales, in: Fulchiron, Hugues (Hrsg.) Les étrangers et la convention européenne de sauvegarde des droit de l´homme et des libertés fondamentales, Paris 1999 – Étrangers.

Decocq, André / *Montreuil*, Jean / *Buisson*, Jaques, Le droit de la police, 2. éd. Paris 1998 – Police.

Dicey, Albert Venn, Introduction to the study of the constitution, 10th ed. London 1968 – Introduction.

van Dijk, Pieter / *van Hoof*, G.J.H., Theory and Practice of the European Convention on Human Rights, 3. ed. Deventer–Boston 1998 – Convention.

Dodegge, Georg, Das neue Gesetz über Hilfen und Schutzmaßnahmen bei psychischen Krankheiten/Nordrhein–Westfalen, FamRZ 2000, S. 527-530.

Doehring, Karl, Völkerrecht, Heidelberg 1999 – Völkerrecht.

Dölling, Dieter, Suizid und unterlassene Hilfeleistung, NJW 1986, S. 1011-1017.

Dougin, Anne-Marie, La jurisprudence de la Commission Européenne des droits de l´homme sur le droit à la liberté et à la sécurité de la personne dans un contexte non pénal, in: Michele de Salvia/ Mark E. Villiger (Hrsg.) The Birth of European Human Rights Law, Baden–Baden 1998 – Jurisprudence.

Douraki, Thomais, La Convention Européene des Droits de l´Homme et le droit à la liberté de certains malades et mariginaux, Paris 1986 – Malades et Mariginaux.

Dreier, Horst (Hrsg.), Grundgesetz, Band I (Art. 1-19), Tübingen 1996, Band II (Art. 20-82), Tübingen 1998, Band III (Art. 83-146), Tübingen 2000 – Bearbeiter in: Dreier, GG-Kommentar.

Drews, Bill / *Wacke*, Gerhard / *Vogel*, Klaus / *Martens*, Wolfgang, Gefahrenabwehr, 9. Aufl. Köln 1986 – Gefahrenabwehr.

Drzemczewski, Andrew, European Human Rights Convention in domestic law, Oxford, 1983 – Convention.

Duffar, Jean, Droits de l'homme et libertés fondamentales, 6. éd. Paris 1996 – Droits de l'homme.

Duker, William, A Constitutional History of Habeas Corpus, London 1980 – Habeas Corpus.

Dupuis, Georges / *Guédon*, Marie-José / *Chrétien*, Patrice, Droit administratif, Paris 1998 – Droit administratif.

Echterhölter, Rudolf, Die Europäische Menschenrechtskonvention in der juristischen Praxis, JZ 1956, S. 142-146.

Eissen, Marc-André, Case–Law on Article 5 of the Convention for the Protection of Human Righs and Fundamental Freedoms, Strasbourg 1996 – Article 5.

Ellis, Rachel, Asylum-seekers and immigration act prisoners – the practice of detention, London 1998 – Asylum–seekers.

Engelhardt, Hanns /*App*, Michael, VwVG- VwZG-Kommentar, 5. Aufl. München, 2001 – VwVG.

English, *Jack* / *Card*, Richard, Police Law, 6th ed. London 1999 – Police Law.

Erdle, Helmut, Infektionsschutzgesetz – Kommentar, Landsberg 2000 – Infektionsschutzgesetz.

Ermacora, Felix, Menschenrechte in der sich wandelnden Welt, Band 1, Wien 1974 – Menschenrechte.

Esmein, Adhemar, Eléments de droit constitutionnel français et comparé, 8. éd., vol. 1 Paris 1927 – Droit Constitutionnel.

Estoup, Pierre, La Convention Européenne des Droits de l´Homme et le juge français, Gaz. Pal. 1990, p. 110-115.

Favoreu, Louis, La Cour de Cassation, le Conseil Constitutionnel et l´article 66 de la constitution, Rec. Dalloz Chron. 1986, p. 169.

Favoreu, Louis, Note sur la décision n° 93–323 du 5. Août 1993, RFDConst 1993, p. 835-843.

Favoreu, Louis / *Gaia*, Patrick / *Mestre*, Jean-Louis / *Pfersmann*, Otto / *Roux*, André / *Scoffoni*, Guy, Droit constitutionnel, Paris 1998 – Droit Constitutionnel.

Favoreu, Louis / *Philip*, Loic, Les grandes décisions du Conseil Constitutionnel, 11. éd. Paris 2001 – Décisions.

Fawcett, J.E.S., The Application of the European Convention on Human Rights, Oxford 1987 – Convention.

Feldman, David, Civil Liberties and Human Rights in England and Wales, Oxford 1993 – Civil Liberties.

Fennell, Phil, The mental Health Act Code of Practice, MLR 1990, p. 499-509.

Fenwick, Helen, Civil Liberties, 2nd ed. London 1998 – Civil Liberties.

Feuerlein, *Wilhelm* / *Küfner*, Heinrich / *Soyka*, Michael, Alkoholismus – Mißbrauch und Abhängigkeit, 5. Aufl. Stuttgart 1998 – Alkoholismus.

Fillastre, Colette, La prévention des maladies contagieuses, RDSS 1983, p. 312-319.

Flauss, Jean-François, Le juge administratif français et la Convention européenne des droits de l´homme, AJDA 1983, p. 387-401.

de *Forges*, Jean-Michel / *de Seuvic*, Jean-François, L´hospitalisé, 2. éd. Nancy 1983 – L'hospitalisé.

Fortson, Rudi, The Law on The Misuse of Drugs and Drug Trafficking Offences, 3rd ed. London 1996 – Misuse of drugs.

Fromont, Michel, La protection juridictionnelle du particulier contre le pouvoir exécutif en France, in: Mosler, Hermann (Hrsg.), Gerichtsschutz gegen die Exekutive Band 1, Köln 1969 – in: Mosler, Gerichtsschutz.

Frowein, Jochen Abraham / *Ulsamer*, Gerhard (Hrsg.), Europäische Menschenrechtskonvention und nationaler Rechtsschutz, Heidelberg 1985 – Rechtsschutz.

Frowein, Jochen Abraham / *Wolf*, Joachim, Ausländerrecht im internationalen Vergleich, Heidelberg 1985 – Ausländerrecht.

Frowein, Jochen Abraham, Das Bundesverfassungsgericht und die Europäische Menschenrechtskonvention, Festschrift für Zeidler 1987, S. 1763-1774 – Bundesverfassungsgericht.

Frowein, Jochen/ *Peukert*, Wolfgang (Hrsg.), EMRK-Kommentar, 2. Aufl. Kehl 1996 – Bearbeiter in: Frowein/Peukert, EMRK-Kommentar.

Funk, Bernd–Christian / *Gimpel–Hinteregger*, Monika, Der Schutz der persönlichen Freiheit in Österreich, EuGRZ 1985, S. 1-17.

Gaia, Patrick, Note sur la décision n° 92–307 du 25. Février 1992, RFDConst 1992, p. 311-317.

Gassin, Raymond, L´arrestation, Encyclopédie Dalloz de droit pénal n°35 (1967) – Arrestation.

Gearty, Conor (Hrsg.), The United Kingdom, European Civil Liberties and the European Convention on Human Rights – a comparative study, The Hague 1997 – Liberties.

Gehler, Andreas, Der Schutz der Grundfreiheiten in Frankreich durch die Überprüfung der Verfassungsmäßigkeit geltender Gesetze, Diss. München 1996 – Grundfreiheiten.

Geißler, Michael / *Haase*, Florian / *Subatzus*, Ulrich, Überlegungen zum Problem der Ingewahrsamnahme nach Fußballspielen am Beipiel Hamburg, NVwZ 1998, S. 711-713.

Gemeinschaftskommentar zum Asylverfahrensgesetz 1992, Loseblatt Band 1, Neuwied Stand September 2000 – Bearbeiter in: GK-AsylVfG.

Gemeinschaftskommentar zum Ausländerrecht, Roland Fritz (Hrsg.), Loseblatt, Neuwied, Stand September, 1998 – Bearbeiter in: GK-AuslR.

Genevois, Bruno, L´entrée des étrangers en France: le rappel des exigences constitutionnelles, RFDA 1992, p. 185-201.

Gerkens, Klaus / *Hüllinhorst*, Rolf / *Wimmer*, Dirk, Handbuch Sucht, Stand: Juni, 2001 – Sucht.

Giakoumopulos, Christos / *Hughes*, Jane / *Libeaut*, Fabrice (Hrsg.), Detention of Asylum Seekers in the light of Article 5 of the Europeacn Convention on Human Rights in: Hughes, Jane/Libeaut, Fabrice (Hrsg.) Detention of Asylum Seekers in Europe, The Hague 1998 – Detention.

Gibbons, Thomas, The offence of Obstruction, CrimLR 1983, p. 21-28.

Gloria, Christian, Völkerrecht, München 1999 – Völkerrecht.

Göbel, Petra, Die Ersatzzwangshaft nach dem VwVG NW, VR 1993, S. 425-429.

Göbel–Zimmermann, Ralph, Die Anordnung und der Vollzug der Abschiebungshaft, ZAR 1996, S. 110-119.

Göbel–Zimmermann, Ralph/ *Masuch*, Thorsten, Das Flughafenverfahren nach § 18a AsylVfG und das Grundrecht auf Freiheit der Person, InfAuslR 1997, S. 171-177.

Göbel–Zimmermann, Ralph, Asyl- und Flüchtlingsrecht, München 1999 – Asyl.

Göddeke, Dieter, Nochmals: Neues Polizeigesetz in Bremen, NVwZ 2002, 181-183.

Goll, Ulrich / *Wulf*, Rüdiger, Schutz vor besonders rückfallgefährdeten Straftätern: Das baden-württembergische Modell, ZRP 2001, S. 284-287.

Gollwitzer, Walter, in: Rieß, Peter (Hrsg.), Die Strafprozessordnung und das Gerichtsverfassungsgesetz (Großkommentar/Löwe–Rosenberg), Berlin 1996 – StPO–Kommentar.

Götz, Volkmar, Allgemeines Polizei- und Ordnungsrecht, 13. Aufl. Göttingen 2001 – Polizeirecht.

Grabitz, Eberhard, Freiheit der Person, in: Josef Isensee (Hrsg.) Handbuch des Staatsrechts Band VI, Heidelberg 1989 – HStR.

Greiner, August, Über den Verbringungsgewahrsam als unkonventionelle Maßnahme der Gefahrenabwehr, Die Polizei 1979, S. 92-95.

Guilbert, Françoise, Liberté individuelle et hospitalisation des malades mentaux, Paris 1974 – Hospitalisation.

Guimezanes, Nicole, Le droit des étrangers, Paris, 1957 – Étrangers.

Guradze, Heinz, Der Stand der Menschenrechte im Völkerrecht, Göttingen 1956 – Menschenrechte.

Guradze, Heinz, Die Europäische Menschenrechtskonvention, Berlin 1968 – EMRK-Kommentar.

Gusy, Christoph, Freiheitsentziehung und Grundgesetz, NJW 1992, S. 457-463.

Gusy, Christoph, Die Grundrechte in der Weimarer Republik, Zeitschrift für Neurere Rechtsgeschichte 1993, S. 163-183.

Gusy, Christoph, Einführung in das Versammlungsrecht JA, 1993, S. 321-329.

Gusy, Christoph, Die Weimarer Reichsverfassung, Tübingen 1997 – Weimarer Reichsverfassung.

Gusy, Christoph, Verfassungsfragen vorbeugenden Rechtsschutzes, JZ 1998, S. 167-174.

Gusy, Christoph, Polizeirecht, 4. Aufl. Tübingen 2000 – Polizeirecht.

Gusy, Christoph in: Dreier, Horst (Hrsg.), Die Verfassungsbeschwerde, Festschrift 50 Jahre Bundesverfassungegericht, Bd. 1, Tübingen 2001 – Verfassungsbeschwerde.

Habermehl, Kai, Polizei– und Ordnungsrecht, 2. Aufl. Baden-Baden 1993 – Polizei und Ordnungsrecht.

Hailbronner, Kay, Rückübernahme eigener und fremder Staatsangehöriger, Heidelberg 1996 – Rückübernahme.

Hailbronner, Kay, Ausländerrecht–Kommentar (Loseblatt) Ordner 1 und 3, Stand: Dezember 2000, Heidelberg – AuslR.

Haller, Reinhard, Das psychiatrische Gutachten, Wien 1996 – Gutachten.
Haller, Walter, Polizeigesetzgebung und Europäische Menschenrechtskonvention, in: Recht als Prozess und Gefüge (Festschrift Huber), Bern 1981 – Polizeigesetzgebung.
Halsbury's Law of England, 4th ed. London, vol. 1(1) 2001, vol. 3(1) 1989, vol. 4(2) 1992, vol. 8(2) 1996, vol. 11(1) 1990, vol. 12(2) 1999, vol. 14(1) 1993, vol., 26 1999, vol. 30 1992 – Halsbury's Law of England.
Hanraths, Stefan, Freiheitsbeschränkungen nach dem Grundgesetz: Arten und Abgrenzungen nach der Rechtsprechung, VR 1992, S. 243-250.
Hantel, Peter, Der Begriff der Freiheitsentziehung in Art. 104 Abs. 2 GG, Berlin 1988 – Freiheitsentziehung.
Hantel, Peter, Das Grundrecht der Freiheit der Person nach Art. 2 II 2, 104 GG, JuS 1990, S. 865-872.
Harris, D.J., The European Convention on Human Rights and English Criminal Law, CrimLR 1966, p. 205-216 und p. 266-279.
Harris, D.J. / *O´Boyle*, M. / *Warbrick*, C., Law of the European Convention on Human Rights, London 1995 – Convention.
Harsch, Helmut, Alkoholismus, 5. Aufl. Gütersloh 1993 – Alkoholismus.
Hartlaub, Iris, Theorie und Praxis der Freiheitsentziehungen nach Strafverfahrens- und Polizeirecht – im Lichte des Habeas-Corpus-Artikels des Grundgesetzes Art. 104 GG, Frankfurt a.M. 2000 – Freiheitsentziehungen.
Harvey, Colin, Seeking Asylum in the UK – Problems and Prospects, London 2000 – Asylum.
Heckenberger, Wolfgang, Aufgaben und Befugnisse der Vollzugspolizei in England und Deutschland, Diss. Köln 1997 – Vollzugspolizei.
Heim, Aristide R., Der Begriff "Sicherheit" in Art. 5 der Europäischen Menschenrechtskonvention und der Humanitätsgeanke der schweizerischen ausservertraglichen Haftpflichtgesetzgebung, 2. Aufl. Basel 1978 – Sicherheit.
Heise, Gerd / *Riegel*, Reinhard, Musterentwurf eines einheitlichen Polizeigesetzes, 2. Aufl. Stuttgart 1978 – Musterentwurf.
Henne, Jean-Pierre, Note sur l´arrêt de la Cour d´Appel de Paris du 29. Septembre 1988, Rec. Dalloz Jur. 1989, p. 43-45.
Herzog, Roman, Grundrechtsbeschränkung nach dem Grundgesetz und Europäische Menschenrechtskonvention, Diss. München, 1958 – Grundrechtsbeschränkung.
Herzog, Roman, Das Grundrecht auf Freiheit in der Europäischen Menschenrechtskonvention, AöR 86 (1961), S. 194-244.
Hesse, Konrad, Bedeutung der Grundrechte, in: Benda, Ernst/Maihofer, Werner/ Vogel, Hans Jochen (Hrsg.), Handbuch des Verfassungsrechts der Bundesrepublik Deutschland, Berlin 1994 – Handbuch des Verfassungsrechts.
Hetzer, Wolfgang, Zur Bedeutung des Grundrechts auf Freizügigkeit (Art. 11 GG) für polizeiliche Aufenthaltsverbote, JR 2000, S. 1-10.

Hilf, Meinhard, Der Rang der Europäischen Menschenrechtskonvention im deutschen Recht, in: Entwicklung der Menschenrechte innerhalb der Staaten des Europarates, Heidelberg 1987 – Rang.

Hill, J.B / *Fletcher–Rogers*, Karen E., Police powers and the rights of the individual, London 1988 – Police Powers.

Hobbes, Thomas, Leviathan, Stuttgart 1980 – Leviathan.

Hodler, Christian, Die Europäische Menschenrechtskonvention und das Bonner Grundgesetz, Diss. Göttingen 1953 – Menschenrechtskonvention.

Hoffmann, Reinhard, Polizeiliche "Schutzhaft" und Grundrechte, DVBl. 1970, S. 473-481.

Hofmann, Jochen, Zur Frage der Rechtswidrigkeit polizeilicher Maßnahmen – "Hamburger Kessel", NVwZ 1987, S. 769-771.

Hofmann, Rainer, Anmerkung zum Urteil Van Droogenbroek, EuGRZ 1984, S. 13-14.

Hogan, Greer, Constitutional and administrative law, 4th ed. London 1996 – Constitutional Law.

Hoggett, Brenda, Mental Health Law, 4th ed. London 1996 – Mental Health.

Huber, Barbara, Die Freiheitsstrafe in England und Wales, Köln 1983 – Freiheitsstrafe.

Huber, Berthold, Handbuch des Ausländer- und Asylrechts, München, Loseblatt Stand: 2001 – Bearbeiter in: Huber, Handbuch.

Huber, Ernst Rudolf, Grundrechte im Bismarkschen Reichssystem, in: Ehmke, Horst/ Kaiser, Joseph/ Kewenig, Wilhelm/Meessen, Karl Matthias/Rüfner, Wolfgang (Hrsg.), Grundrechte im Bismarkschen Reichssystem, Festschrift für Ulrich Scheuner zum 70. Geburtstag, Berlin 1973 – Grundrechte.

Huber, Hans, Der Hauptentscheid des Europäischen Gerichtshofs für Menschenrechte in der Sache Lawless, ZaöR 1961, S. 649-666.

Hughes, Jane / *Liebaut*, Fabrice, Detention of asylum seekers in Europe, The Hague 1998 – Detention.

Huss, Magnus, Chronische Alkoholkrankheit oder Alcoholismus Chronicus, Stockholm 1852 – Alkoholkrankheit.

Ipsen, Knut, Völkerrecht, München 1999 – Völkerrecht.

Lord *Irvine of Lairg*, Ian, Constitutional Law, 2nd ed. London 2000 – Consitutional Law.

Lord *Irvine of Lairg*, Alexander Andrew, Judges and Decision-Makers: The Theory and Practice of Wednesbury Review, Public Law 1996, p. 59-78.

Lord *Irvine of Lairg*, Alexander Andrew, The Develoment of Human Rights in Britain under an Incorporated Convention on Human Rights, Public Law 1998, p. 221-236.

Isensee, Josef, Das Grundrecht auf Sicherheit, Berlin 1983 – Sicherheit.

Israel, Jean-Jaques, Droit des libertés fondamentales, Paris 1998 – Libertés.

Itin, Marco, Grundrechte in Frankreich, Diss. Zürich 1992 – Grundrechte.

Jackson, David, Immigration: Law and Practice, London 1999 – Immigration.

Jacobs, Francis G. / *White*, Robin C.A., The European Convention on Human Rights, 2nd ed. Oxford 1996 – ECHR.
Jahn, Ralf, Das zweite Gesetz zur Änderung des bayrischen Polizeiaufgabengesetzes, DVBl. 1989, S. 1038-1044.
Janssen–Pevtschin, G. / *Velu*, Jaques / *Vanwelkenhuyzen*, André, La Convention de sauvegarde des droits de l'homme et des libertés fondamentales et le fonctionnement des juridictions belges, Chronique de politique étrangère p. 199-245 – Convention
Jellinek, E.M., The Disease Concept of Alcoholism, New Haven 1960 – Alcoholism.
Jeschek, Hans Heinrich, Die Europäischen Konvention zum Schutze der Menschenrechte und Grundfreiheiten, NJW 1954, S. 783-786.
Julien–Laferrière, François, L'éloignement du territoire – les lois Pasqua et Debré à la loi Chevènnement, in: François, Fulchiron, Hugues (Hrsg.), Les étrangers et la convention européenne de sauvegarde des droit de l'homme et des libertés fondamentales, Paris 1999, p. 229-242 – L'éloignement.
Julien–Laferrière, François, Droit des étrangers, Paris 2000 – Étrangers.
Kanein, Werner / *Renner*, Günter, Ausländerrecht, 6. Aufl. München 1993 – AuslR.
Kanger, Helle, Human Rights in the U.N. Declaration, Uppsala 1984 – Human Rights.
Kappeler, Ann-Marie, Der Verbringungsgewahrsam im System vollzugspolizeilicher Eingriffsbefugnisse, DöV 2000, S. 227-234.
Kazatchkine, Natascha, Note, RTDH 1997, p. 655-683.
Keidel, Theodor / *Kuntze*, Joachim / *Winkler*, Karl, Freiwillige Gerichtsbarkeit, 13. Aufl. München 1992 – Bearbeiter in: Keidel/Kutze, FGG.
Kern, Eduard, Freiheitsentziehung durch die Verwaltungsbehörden, DÖV 1954, p. 112-113.
Kerrigan, Kevin, Breach of the peace and the European Convention, Journal of Criminal Law 1999, p. 246--50.
Kessel, Neil / *Walton*, Henry, Alcoholism, Middlesex 1975 – Alcoholism.
Kessler, C. / *Freyberger*, H.J., Internationale Klassifikation neurologischer Erkrankungen, Bern 2001 – Internationale Klassifikation.
Kinzig, Jörg, Als Bundesrecht gescheitert – als Landesrecht zulässig?, NJW 2001, S. 1455-1459.
Kinzig, Jörg, Neues von der Sicherungsverwahrung – ein Überblick über den Stand der Gesetzgebung, StV 2002, S. 500-504.
Kinzig, Jörg, Das Gesetz zur Einführung der vorbehaltenen Sicherungsverwahrung, NJW 2002, S. 3204-3208.
Klein, Hans, Zur Auslegung des Rechtsbegriffs der "öffentlichen Sicherheit und Ordnung", DVBl. 1971, S. 233-243
Kloesel, Arno / *Christ*, Rudolf / *Häußler*, Otto, Deutsches Ausländerrecht Kommentar Band 1-3, 4. Aufl. Stuttgart, Stand: Mai 2000 – Ausländerrecht.
Klug, Francesca, The Human Rights Act 1998, Pepper v. Hart and all that, Public Law, 1999, p. 246-273.

Knösel, Peter, Die Abschiebung im Lichte des Verfassungsrechts, ZAR 1990, S. 75-83.

Knösel, Peter, Freiheitlicher Rechtsstaat und Abschiebung, Diss. Berlin 1991 – Abschiebung.

Koch, Johannes, Verwaltungsrechtsschutz in Frankreich, Diss. Berlin 1998 – Verwaltungsrechtsschutz

Koch, Hans-Jörg, Das Unterbringungsdezernat, NJW 1970, S. 1953-1956.

Kokott, Juliane, Zur Rechtstellung von Asylbewerbern in Transitzonen, EuGRZ 1996, S. 569-571.

Kopetzki, Christian, Art. 5 und Art. 6 MRK, in: Ermacora, Felix (Hrsg.), Die Europäische Menschenrechtskonvention in der Rechtssprechung der österreichischen Höchstgerichte, Wien 1983 – Art. 5.

Kopetzki, Christian, Art. 5 und 6 EMRK und das österreichische Verwaltungsverfahrensrecht, EuGRZ 1983, S. 173-190

Kopetzki, Christian, Unterbringungsrecht (Band I und II), Wien 1995 – Unterbringungsrecht.

Koschwitz, Jürgen, Die kurzfristige polizeiliche Freiheitsentziehung, Berlin 1969 – Freiheitsentziehung.

Kränz, Joachim, Prozessuale Probeme des Abschiebungshaftverfahrens, NVwZ 1986, S. 22-29.

Krings, Ernest, Droit de la sécurité et droit à la sécurité, in: Velu, Jaques (Hrsg.) Présence du droit public et des droits de l'homme, Tome II, Bruxelles 1992 – Sécurité.

Kugelmann, Dieter, Verfassungsmäßigkeit der Flughafenregelung des § 18a AsylVfG, ZAR 1994, S. 158-167.

Kühne, Jörg-Detlef, Die Reichsverfassung der Paulskirche, 2. Aufl. Neuwied 1998 – Paulskirchenverfassung.

Kündig-Schaad, Renata, Das Verhältnis Frankreichs zur Europäischen Menschenrechtskonvention, Diss. Zürich 1983 – Verhältnis.

Labayle, Henri, L'éloignement des étrangers devant la Cour Européene des Droits de l'Homme, RFDA 1997, p. 977-998.

Laier, Tanja, Das Flughafenverfahren nach § 18a AsylVfG in rechtsvergleichender Perspektive, Berlin 1999 – Flughafenverfahren.

Lange, Richard, in: Kohlrausch–Lange (Hrsg.), Strafgesetzbuch, 43. Aufl. Berlin 1961 – StGB.

Larkin, LaRae, The legitimacy in international law of the detention and internment of aliens and minorities in the interest of national security, Mellen 1996 – Internment of aliens.

Laubadère, André / *Venezia*, Jean–Claude, Traité de droit administratif, Paris 1997 – Droit administratif.

Lavroff, Dmitri Georges, Le droit constitutionnel de la Vème République, 3. éd. Paris 1999 – Droit constitutionnel.

Lebreton, Gilles, Libertés publiques et droits de l´homme, 4. éd. Paris 1999 – Libertés.
Lebullenger, Joel, La loi du 29. Octobre 1981 et le statut des étrangers en France, Revue administrative 1982, p. 259-270.
Leggereit, Rainer, Der Verbringungsgewahrsam – ein generell rechtswidriges Instrumentarium der Vollzugspolizei, NVwZ 1999, S. 263-265.
Lehngut, Georg / *Maaßen*, Hans-Georg, Freiheitsentziehung durch die Unterbringung von nicht einreiseberechtigten Ausländern im Transitbereich von Flughäfen?, DÖV 1997, S. 316-322.
Leigh, L. H., Police Powers in England and Wales, 2nd ed. London 1985 – Police Powers.
Lemesle, Laurent / *Pansier*, Frédéric-Jérôme, Le procureur de la République, Paris 1998 – Procureur.
Levasseur, Georges, La Convention Européenne des Droits de l'Homme et la procédure pénale française, rapport au colloque de Besancon, Besancon 1970, p. 595-637.
Lewis, Clive, Judicial Remedies in Public Law, London 2000 – Judicial Remedies.
Lidstone, K.W., A Policeman's duty no to take liberties, CrimLR 1975, p. 617-628.
Lisken, Hans / *Denninger*, Erhard (Hrsg.), Handbuch des Polizeirechts, 3. Aufl. München 2001 – Bearbeiter in: Lisken/Denninger, Polizeirecht.
Locke, John, Zwei Abhandlungen über die Regierung, Frankfurt a.M. 1967 – Regierung.
Loewenstein, Karl, Staatsrecht und Staatspraxis von Grossbritannien, Band II, Berlin 1967 – Staatsrecht.
Loiseau, Corinne, L´hospitalisation psychiatrique – la loi du 27. Juin 1990, Paris 1991 – Hospitalisation.
Lombard, Martine, Droit administratif, 2. éd. Paris 1998 – Droit administratif.
Loveland, Ian, Constitutional Law, London 2000 – Constitutional Law.
Lübbe–Wolff, Gertrude, Das Asylgrundrecht nach den Entscheidungen des Bundesverfassungsgerichts vom 14.05.1996, DVBl. 1996, S. 833-841.
Luchaire, François / *Conac*, Gérard, La constitution de la Républic Française, Paris 1987 – Constitution.
Luchaire, François, La sûreté: droit de l´homme ou sabre de prudhomme?, RDP 1989, p. 609–634.
Maaß, Rainald, Der Verbringungsgewahrsam nach dem geltenden Polizeirecht, NVwZ 1985, S. 151–158.
MacDermott, John Clarke, Protection from power under English law, London 1957 – Protection.
Macdonald, Ian, Immigration law and practice, 4th ed. London 1995 – Immigration.
Maillard Desgrées du Loû, Dominique, Note sur la décision du TGI de Paris du 25. Mars 1992, Rec. Dalloz Jur. 1993, p. 47-52.
von *Mangoldt*, Hermann / *Klein*, Friedrich (Hrsg.), Das Bonner Grundgesetz, Band 3, 4. Aufl. München 2001 – Bearbeiter in: v. Mangoldt/Klein, GG.

Marilla, Georges–Daniel, Les pouvoirs du maire, Paris 1997 – Pouvoirs.
Marschner, Rolf/ *Volckart*, Bernd, / *Wagner*, Bernd (Hrsg.) Freiheitsentziehung und Unterbringung, 4. Aufl. München 2001 – Bearbeiter in: Marschner/Volckart, Freiheitsentziehung.
Marston, Geoffrey, The United Kingdom's part in the preparation of the European Convention on Human Rights 1950, ICLQ 1993, p. 796-826.
Marston, John / *Ward*, Richard, Constitutional and administrative law, 4th ed. London 1997 – Constitutional Law.
Martens, Wolfgang, Wandlungen im Recht der Gefahrenabwehr, DÖV 1982, S. 89-98.
Martinstetter, Hermann, Die Staatsgrenzen, Siegburg 1952 – Staatsgrenzen.
Marx, Reinhard, Das Flughafenverfahren nach § 18a AsylVfG, ZAR 1993, S. 160-168.
Marx, Reinhard, Kommentar zu Asylverfahrensgesetz, 4. Aufl. Neuwied 1999 – AsylVfG–Kommentar.
Maunz, Theodor / *Dürig*, Günter, Grundgesetz, Loseblatt Ausgabe, München – Bearbeiter in: Maunz/Dürig.
Mayer, Danièle, Note sur la décision de la Cour de Cassation du 10. Novembre 1992, Rec. Dalloz Jur. 1993, p. 36-38.
Mayer, Danièle, Prévention et répression en matiére de contrôles d'identité: une distinction trompeuse, Rec. Dalloz Chron. 1993, p. 272-274.
Mayer, Otto, Deutsches Verwaltungsrecht (erster Band), 3. Aufl. München 1924 – Verwaltungsrecht.
McBride, Jeremy / *Brown*, L. Neville, The United Kingdom, the European Community and the European Convention on Human Rights, Yearbook of European Law 1981, p. 167-205.
Melchior, Klaus, Eingriffe in die Freiheit der Person durch den Bundesgrenzschutz (BGS) im Flughafenbereich bei der Einreise und bei Rückführungen, ZAR 2000, S. 110-115.
Menzel, Eberhard, Die Einwirkung der Europäischen Menschenrechtskonvention auf das deutsche Recht, DÖV 1970, S. 509-517.
Mitchell, J.D.B., Constitutional Law, Edinburgh 1968 – Constitutional Law.
Montesquieu, Charles, De l'esprit des lois, Genf 1748 – L'esprit.
Morange, Jean, Les vérifications d'identité, AJDA 1981, 285-291.
Morange, Jean, Libertés publiques, Paris 1985 – Libertés.
Morange, Jean, Les contrôles préventifs d'identité, RFDA 1986, p. 444-449.
Moreau, Jaques, Code général des collectivités territoriales, Paris 1997 – CGCT 1997-1998.
Moreau, Jacques / *Truchet*, Didier, Droit de la santé publique, 4. éd. Paris 1998 – Santé publique.
Moser, Berthold, Die Europäische Menschenrechtskonvention und das bürgerliche Recht, Wien 1972 – Menschenrechtskonvention.

Muchlinsky, P.T., Mental Health Patient's Rights and the European Human Rights Convention, Human Rights Review 1980, p. 90-116.

von *Münch*, Ingo / *Kunig*, Philip (Hrsg.), Grundgesetz Kommentar, Bd. III, 3. Aufl., München, 1996 – Bearbeiter in: v. Münch/Kunig, GG.

Murdie, Alan, Imprisonment for non–payment of poll tax, Solicitors Journal 1992, p. 830-831.

Murdoch, Jim, Safeguarding the liberty of the person; recent strasbourg jurisprudence ICLQ 42 (1993), p. 494-522.

Murdoch, Jim L., Article 5 of the European Convention on Human Rights The Protection of liberty and security of person, Strasbourg 1996 – Article 5.

Mußmann, Eike, Allgemeines Polizeirecht in Baden–Württemberg, 4. Aufl. Stuttgart 1994 – Polizeirecht.

Nedjati, Zaim M., Human Rights under the European Convention, Amsterdam 1978 – Human Rights.

Nguyen Quoc, Dinh / *Dallier*, Patrick / *Pellet*, Alain, Droit international public, Paris 1980 – Droit international.

Nicolau, Gilda, L'héritière - reflexions sur la loi n° 90-527 du 27. Juin 1990 relative aux droits et à la protection des personnes hospitalisées en raison de troubles mentaux et à leurs conditions d'hospitalisation, Rec. Dalloz Chron. 1991, p. 29–36.

Nicolson, Donald, Arrest for breach of the peace and the European Convention on Human Rights, CrimLR 1996, p. 746-775.

Niemi–Kiesiläinen, Johanna, Art. 9, in: Asbjorn Eide / Gudmundur Alfredson / Goran Melandor, Lars Adam Rehof and Allan Rosas (Hrsg.),The Universal Declaration of Human Rights – a commentary, Drammen (Norway) 1992 – UDHR.

Niethammer, Rüdiger, Aktuelle Probleme bei Gewahrsam, BayVBl. 1989, S. 449-455.

Nipperdey, Hans-Carl (Hrsg.), Die Grundrechte und Grundpflichten der Reichsverfassung – Kommentar zum zweiten Teil der Reichstverfassung (erster Band Allgemeine Bedeutung der Grundrechte und die Artikel 102-117), Berlin 1929 – Bearbeiter in: Nipperdey, Grundrechte.

Nogueras, Diego Linan, El détentido en el convenio europeo de los derechos humanos, Granada 1980 – Detenido.

Oliva, Eric, Droit constitutionnel; libertés, Paris 1998 – Droit constitutionnel.

Ollinger, Thomas, Die Entwicklung des Richtervorbehalts im Verhaftungsrecht, Berlin 1997 – Richtervorbehalt.

Oppermann, Thomas, Europarecht, 2. Aufl. München 1999 – Europarecht.

Pansier, Frédéric–Jérôme / *Garay*, Alain, Le médecin, le patient et le droit, Rennes 1999 – Le médecin.

Parkin, Alan, Caring for Patients in the Community, MLR 1996, S. 414-426.

Partsch, Karl Josef, Die Rechte und Freiheiten der europäischen Menschenrechtskonvention, Berlin 1966, – Menschenrechtskonvention.

Peglau, Jens, Das baden-württembergische Straftäterunterbringungsgesetz – tatsächlich als Landesrecht unzulässig?, NJW 2001, S. 2436-2439.
Peiser, Gustave, Droit administratif, 19. éd. Paris 1998 – Droit administratif.
Pellet, Alain, La ratification par la France de la convention européenne des droits de l'homme, RDP 1974, p. 1319-1379.
Pentz, Adolf, Verfahrensfehler bei der Freiheitsentziehung, NJW 1990, S. 2777-2782.
Peters, Uwe Henrik, Wörterbuch der Psychiatrie und medizinischen Psychologie, 3. Aufl. München 1984 – Wörterbuch der Psychiatrie.
Pettiti, Louis-Edmond / *Decaux*, Emmanuel / *Imbert*, Pièrre-Henri, La convention européenne des droits de l'homme: commentaire article par article, 2. éd. Paris 1999 – Convention.
Philip, Loic, Internements administratifs, Rec. Dalloz Chron. 1962, p. 135-142.
Philippe, Xavier, Droit administratif des libertés, Paris 1998 – Droit administratif.
Phillips, Owen Hood / *Jackson*, Paul, Constitutional and administrative law, London 1987 – Constitutional Law.
Picard, Étienne, Les contrôles d'identité au regard des droits fondamentaux: des régimes inutilement hértéroclites, RFDA 1994, p. 959-992.
Pieroth, Bodo, Gesetzgebungskompetenz- und Grundrechtsfragen der nachträglichen Sicherungsverwahrung, JZ 2002, S. 922-928.
Pollard, David / *Parpworth*, Neil / *Hughes*, David, Constitutional and administrative law, 2nd ed. London 1997 – Administrative Law.
Porter, L. / *Arif*, A.E. / *Curran*, W.J., The Law and Treatment of Drug- and Alcohol-dependent Persons, Genf 1986 – Drug- and alcohol-dependent persons.
Prévault, Jacques, L'internement administratif des aliénés, Paris, 1955 – Internement.
Rasch, Wilfried, Forensische Psychiatrie, 2. Aufl. Stuttgart 1999 – Forensische Psychiatrie.
Renoux, Thierry S. / *de Villiers*, Michel, Code constitutionnel commenté et annoté, Paris 1994 – Code Constitutionnel.
Riedel, Eibe, Kontrolle der Verwaltung im englischen Rechtssystem, Berlin 1976 – Kontrolle.
Riedel, Eibe, Die Habeas Corpus-Akte, EuGRZ 1980, S. 192-200.
Riegel, Reinhard, Polizeiliche Personenkontrolle, Stuttgart 1979 – Personenkontrolle.
Rietdorf, Fritz / *Heise*, Gerd / *Böckenförde*, Dieter / *Strehlau*, Bert, Handbuch des Ordnungs- und Polizeirechts Nordrhein-Westfalens, 3. Aufl. Köln 1973 – Handbuch.
Ritter, Markus, Das Flughafenverfahren am Flughafen Frankfurt/Main, ZAR 1999, S. 176-181.
Rivero, Jean, Les libertés publiques, Paris 1997 – Libertés.
Rivero, Jean / *Waline*, Jean, Droit administratif, Paris 1998 – Droit administratif.
Rivers, Julian, Menschenrechtsschutz im Vereinigten Königreich, JZ 2001, S. 127-132.

Robbers, Gerhard, Sicherheit als Menschenrecht, Baden-Baden 1987 – Sicherheit.
Robert, Jacques, Les violations de la liberté individuelle commises par les agents publics et le problème des responsabilités, thèse Paris 1955 – Violations.
Robert, Jaques / *Duffar*, Jean, Droits de l'homme et libertés fondamentales, Paris 1999 – Libertés.
Robinson, Nehemiah, The Universal declaration of Human rights, New York 1958 – Declaration.
Rommelfanger, Ulrich/ *Rimmele*, Peter, Polizeigesetz des Freistaates Sachsen, Stuttgart 2000 – Polizeigesetz.
Rosenmayr, Stefan, Das Recht auf Freiheit und Freizügigkeit bei der Einreise von Ausländern, EuGRZ 1988, S. 153-158.
von *Rotteck*, Karl / *Welcker*, Karl, in: Karl Welcker (Hrsg.), Das Staats-Lexikon; Enzyklopädie sämtlicher Staatswissenschaften für alle Stände, Leipzig 1861 – Staats-Lexikon.
Rougevin–Baville, Michel / *Denoix de Saint Marc*, Renaud / *Labetoulle*, Daniel, Leçons de droit administratif, Paris 1989 – Droit administratif.
Rousseau, Jean-Jaques, Vom Gesellschaftsvertrag, Stuttgart 1975 – Gesellschaftsvertrag.
Ruder, Karl-Heinz, Polizei- und Ordnungsrechtliche Unterbringung von Obdachlosen, Baden-Baden 1999 – Obdachlose.
Ruder, Karl-Heinz, Platz- bzw. Hausverweis, Betretungs- und Rückkehrverbot für gewalttätige Ehepartner?, VBlBW 2002, 11-16.
Ruidisch, Peter, Einreise, Aufenthalt und Ausweisung im Recht der Bundesrepublik Deutschland, Diss. München 1975 – Einreise.
Sadler, Gerhard, Verwaltungsvollstreckungsgesetz- Verwaltungszustellungsgesetz, 4. Aufl. Heidelberg 2000 – Verwaltungsvollstreckungsgesetz.
Samuels, Alec, A bad idea, Solicitors Journal 1997, p. 400.
Samuels, Harriet, Administrative detention in immigration cases: The Hardial Singh principles revisted, Public Law 1997, p. 623-629.
Samwer, Sigmar-Jürgen, Die französische Erklärung der Menschen- und Bürgerrechte von 1789/91, Hamburg, 1970 – Menschen– und Bürgerrechte.
Schieder, Alfons, Die richterliche Bestätigung polizeilich veranlaßter Freiheitsentziehungen, KritV 83 (2000), S. 218-251.
Schiedermair, Rudolf, Handbuch des Ausländerrechts der Bundesrepublik Deutschland, Frankfurt a.M. 1968 – Handbuch.
Schieren, Stefan, Der Human Rights Act und seine Bedeutung für Großbritanniens Verfassung, ZParl 1999, S. 999-1013.
Schmitz, Wolfgang, Rechtsstaat und Grundrechtsschutz im französischen Polizeirecht, Baden-Baden 1989 – Rechtsstaat.
Schoer, Bernhard, Der Obdachlose als Störer der öffentlichen Ordnung oder der öffentlichen Sicherheit?, DVBl. 1989, S. 739-746.

Schorn, Hubert, Die Europäische Konvention zum Schutze der Menschenrechte und Grundfreiheiten und ihr Zusatzprotokoll in Einwirkung auf das deutsche Recht, Frankfurt a.M. 1965 – EMRK.
Schubarth, Martin, Art. 5 und 6 der Konvention insbesondere im Hinblick auf das schweizerische Strafprozeßrecht, ZSR 94 (1975), S. 465-493.
Schumacher, Wolfgang / *Meyn*, Egon, Bundes–Seuchengesetz, 4. Aufl. Köln 1992 – Bundesseuchengesetz.
Seidel, Gerd, Handbuch der Grund- und Menschenrechte auf staatlicher, europäischer und universeller Ebene, Baden-Baden 1996 – Handbuch.
Seidl–Hohenveldern, Ignaz / *Stein*, Torsten, Völkerrecht, 10. Aufl. Köln 2000 – Völkerrecht.
Sermet, Laurent, Convention Européene des droits de l'homme et contentieux administratif français, Paris 1996 – Contentieux.
Sharpe, R.J., The Law of Habeas Corpus, 2nd ed. Oxford 1989 – Habeas Corpus.
Shorts, Edwin / *Than*, Claire, Civil Liberties, London 1998 – Civil Liberties.
Shrimpton, Michael, In the defence of Habeas Corpus, Public Law, 1993, p. 24-30.
Shutter, Sue, Immigration & nationality law handbook, London 1992 – Immigration.
Siegrist, Dave, Hoheitsakte auf fremdem Staatsgebiet, Diss. Zürich, 1987 – Hoheitsakte.
Singer, M.V. / *Teyssen*, S., Alkohol- und Alkoholfolgekrankheiten, Heidelberg 1999 – Alkohol.
Smith, A.T., The Public Order Act 1986, The new offences, CrimLR 1987, p. 156-167.
Smith, John / *Hogan*, Brian, Criminal Law, 8. Aufl. London 1996 – Criminal Law.
De *Smith*, Stanley / *Woolf*, Harry / *Jowell*, Jeffrey Lionel, Judicial review of administrative action, London 1995 – Judicial Review.
De *Smith*, Stanley / *Brazier*, Rodney, Costitutional and administrative law, London 1998 – Constitutional Law.
Staebe, Erik, Die Europäische Menschenrechtskonvention und ihre Bedeutung für die Rechtsordnung der Bundesrepublik Deutschland, JA 1996, S. 75-81.
Stahl, Klaus, Die Sicherung der Grunfreiheiten im öffentlichen Recht der fünften französischen Republik, Hamburg 1970 – Grundfreiheiten.
Stefani, Gaston / *Levasseur*, Georges / *Bouloc*, Bernard, Droit pénal général, Paris 1997 – Droit pénal.
Stein, Torsten, Wehrdisziplinarrecht vor dem Europäischen Gerichtshof für Menschenrechte, EuGRZ 19760, S. 285-288.
Stoermer, Christian, Der polizeirechtliche Gewahrsam, Berlin 1998 – Gewahrsam.
Stöcker, Hans, Anmerkung zum Urteil Winterwerp, EuGRZ 1978, S. 402-403.
Sudre, Frédéric, La premiere affaire française devant la Cour Européenne des Droits de l'Homme, RGDIP 1987, p. 533-585.
Supperstone, Michael / *O'Dempsey*, Declan, Immigration and Asylum, London 1996 – Immigration.

Symmons, Clive, The effect of the European Convention on Human Rights on the preparation and amendment of legislation, delegated legislation and administrative rules in the United Kingdom, in: Furmston, M.P. / Kerridge, R. / Sufrin, B.E. (Hrsg.), The Effect on English Domestic Law of Membership of the European Communities and of Ratification of the European Convention on Human Rights, The Hague 1983 – Legislation.

Tegtmeyer, Henning, Polizeigesetz Nordrhein–Westfalen, 8. Aufl. Stuttgart 1995 – Polizeigesetz.

Teitgen–Colly, Catherine, L´éloignement des étrangers et les articles 5 et 6 de la Convention Européenne des Droits de l´Homme, in: Fulchiron, Hugues (Hrsg.), Les étrangers et la convention européenne de sauvegarde des droit de l´homme et des libertés fondamentales, Paris 1999 – Étrangers.

Thorold, Oliver, The implications of the European Convention on Human Rights for United Kingdom Mental Health, European Human Rights Law Review 1996, p. 619-636.

Thorton, Peter, Public Order Law, London 1987 – Public Order.

Tiemann, Axel, Der Schutzbereich des Art. 2 II 2 GG, NVwZ 1987, S. 10-15.

Tiemann, Axel, Gerichtliche Kontrolle der Verwaltung in Schottland, Berlin 1988 – Kontrolle.

Trechsel, Stephan, Die europäische Menschenrechtskonvention, ihr Schutz der persönlichen Freiheit und die schweizerischen Strafprozessrechte, Bern 1974 – Menschenrechtskonvention.

Trechsel, Stefan, The right to liberty and security of the Person - Article 5 of the European Convention on Human Rights in the Strasbourg Case-Law, Human Rights Law Journal, vol. 1, 1980, p. 88-135.

Trechsel, Stefan, Die Garantie der persönlichen Freiheit, EuGRZ 1980, S. 514-532.

Trechsel, Stefan, Grundrechtsschutz bei der internationalen Zusammenarbeit in Strafsachen, EuGRZ 1987, S. 69-78.

Trechsel, Stephan, Liberty and security of person, in: Macdonald, R.St.J. / Matscher, F. / Petzold, H. (Hrsg.), The European System for the protection of Human Rights, Dordrecht 1993 – Liberty.

Turpin, Dominique, Les libertés publiques, 3. éd. Paris 1996 – Libertés.

Uhl, Alfred / *Kopf*, Nikolaus (Hrsg.) Handbuch Alkohol – Österreich, Wien 2001 – Handbuch Alkohol.

Ule, Hermann / *Rasch*, Ernst, Allgemeines Polizei- und Ordnungsrecht, 2. Aufl. München 1982 – Polizei- und Ordnungsrecht.

Ullenbruch, Thomas, Nachträgliche Sicherungsverwahrung – Fragen über Fragen, NStZ 2002, S. 466-471.

Velu, Jaques / *Rusen*, Ergec, La Convention Européenne des Droits de l´Homme, Brüssel 1990 – Convention

Vidal, Roger / *de Monsembernard*, Guy Senac, Manuel des gardes et de police locale, Paris 1996 – Police locale.

Villiger, Mark, Handbuch der Europäischen Menschenrechtskonvention, 2. Aufl. Zürich 1999 – Handbuch.

Vincent, Jean / *Guinchard*, Serge / *Montagnier*, Gabriel / *Varinard*, André, La justice et ses institutions, 3. éd, Paris 1991 – Justice.

Wachenfeld, Magaret G., The Human rights of the mentally ill in Europe under the ECHR, Nordic Journal of International Law 1991, p. 115-259.

Wachsmann, Patrick, Note sur la décision du Conseil Constitutionnel du 5. Août 1933, AJDA 1993, p. 815-819.

Wachsmann, Patrick, Libertés publiques, 2. éd. Paris 1998 – Libertés.

Wade, H.W.R., Habeas Corpus and Judicial Review, LQR 1997, p. 55-66.

Wade, William, Administrative Law, Oxford 2000 – Administrative Law.

Wadham, John, Protecting our rights, Solicitors Journal 1997, p. 452.

Waechter, Kay, Freizügigkeit und Aufenthaltsverbot, NdsVBl. 1996, S. 197-202.

Walch, Emile, La déclaration des droits de l'homme et du citoyen et l'assemblée constituante – travaux préparatoires, thèse Paris 1903 – Déclaration.

Ward, Richard, English Legal System, London 1998 – Legal System.

Wegner, Jörg, Die Abschiebungshaft auf dem verfassungsrechtlichen Prüfstand, ZAR 1996, S. 77-85.

Weil, Gordon L., The European Convention on Human Rights, Leyden 1963 – Convention.

Welte, Hans-Peter, Ausländerrecht, Baden-Baden 2000 – Ausländerrecht.

Williams, Glanville, Arrest for breach of the peace, CrimLR 1954, p. 578-592.

Williams, Glanville, The Interpretation of statutory Powers of Arrest without warant, CrimLR 1958, p. 83–8 und p. 155-162.

Witmer, Jürg, Grenznachberliche Zusammenarbeit, Diss. Zürich 1979 – Zusammenarbeit.

Wittzack, Maren, Das Recht der französischen Vollzugspolizeien, Diss. Würzburg 2002 – Vollzugspolizeien.

Wolf, Heinz / *Stephan*, Ulrich, Polizeigesetz für Baden–Württemberg, 5. Aufl. Stuttgart, 1999 – Polizeigesetz.

De *Wolf*, V., L'arrestation administrative, Bruxelles 1986 – Arrestation.

Wölker, Ulrich, Das Ausländerrecht Frankreichs, in: Frowein, Jochen Abraham / Wolf, Joachim (Hrsg.), Ausländerrecht im internationalen Verleich, Heidelberg 1985 – Ausländerrecht.

Würtenberger, Thomas/ *Heckmann*, Dirk/ *Riggert*, Rainer, Polizeirecht in Baden-Württemberg, 4. Aufl. Heidelberg 1999 – Polizeirecht.

Würtenberger, Thomas / *Sydow*, Gernot, Die nachträgliche Anordnung der Sicherungsverwahrung, NVwZ 2001, S. 1201-1208.

De *Wyl*, Marion, Stellt die Unterbringung im Flughafenverfahren abgelehnter Asylbewerber im Transitbereich eine Freiheitsentziehung dar? ZAR 1997, S. 82-86.

Zander, Michael, The police and Criminal Evidence Act 1984, 3rd ed. London 1995 – PACE.

Zeitler, Stefan, Probleme im Zusammenhang mit der Beantragung von Abschiebungshaft, NVwZ 1997, S. 628-632.

Zimmermann, Walter, Das neue Verfahren in Unterbringungssachen, FamRZ 1990, S. 1308-1318.

Zwingenberger, Kurt, Die Europäische Konvention zum Schutz der Menschenrechte in ihrer Auswirkung auf die BRD, Diss. Heidelberg 1958 – Europäische Konvention.

Stichwortverzeichnis

P

Q

R

T

U

V

Peter Lang · Europäischer Verlag der Wissenschaften

Stefan Laun

Alternative Sanktionen zum Freiheitsentzug und die Reform des Sanktionensystems

Frankfurt/M., Berlin, Bern, Bruxelles, New York, Oxford, Wien, 2002.
345 S., zahlr. Abb.
Würzburger Schriften zur Kriminalwissenschaft.
Herausgegeben von Klaus Laubenthal. Bd. 9
ISBN 3-631-50083-1 · br. € 50.10*

Die Suche nach alternativen Sanktionen zum Freiheitsentzug stellt bereits seit einiger Zeit einen wesentlichen Bestandteil der strafrechtswissenschaftlichen Diskussion dar. Aktuelle Bedeutung gewinnt die Problematik durch die von der Bundesregierung beabsichtigte Reform des Sanktionensystems. Diese lässt einen weiteren Ausbau ambulanter Sanktionen erwarten. Wesentliche Bestandteile der beabsichtigten Reform sind die Ausdehnung des Anwendungsbereichs des Fahrverbots, die Einführung des elektronisch überwachten Hausarrests und der Ausbau der gemeinnützigen Arbeit.
Die Vor- und Nachteile dieser Sanktionen werden im Rahmen dieser Abhandlung diskutiert. Ausgangspunkt ist hierbei die Begründung eines konkreten Bedürfnisses nach ambulanten Sanktionen. Es folgt eine kritische Auseinandersetzung mit den genannten alternativen Sanktionen. Schließlich finden auch weitere Reformansätze auf Basis des bestehenden Sanktionensystems Berücksichtigung.

Aus dem Inhalt: Sinn und Zweck von Strafe · Begründung eines konkreten Bedürfnisses nach alternativen Sanktionen · Generelle Probleme eines erweiterten Sanktionenkatalogs · Alternative Sanktionen als selbständige Strafen · Lösungsversuch im Rahmen des derzeitigen Sanktionensystems unter Berücksichtigung informeller Sanktionen

Frankfurt/M · Berlin · Bern · Bruxelles · New York · Oxford · Wien
Auslieferung: Verlag Peter Lang AG
Moosstr. 1, CH-2542 Pieterlen
Telefax 00 41 (0) 32 / 376 17 27

*inklusive der in Deutschland gültigen Mehrwertsteuer
Preisänderungen vorbehalten

Homepage http://www.peterlang.de

FSC
www.fsc.org
MIX
Papier | Fördert
gute Waldnutzung
FSC® C083411

Kolibri 360 GmbH
Ferdinand-Jühlke-Straße 7
99095 Erfurt, Deutschland
produktsicherheit@kolibri360.de

Druck:
CPI Druckdienstleistungen GmbH
im Auftrag der
Kolibri 360 GmbH
Ferdinand-Jühlke-Str. 7
99095 Erfurt